2021 한국프로야구를
더 깊고, 더 넓고, 더 크게 볼 수 있는 '뉴노멀' 가이드북

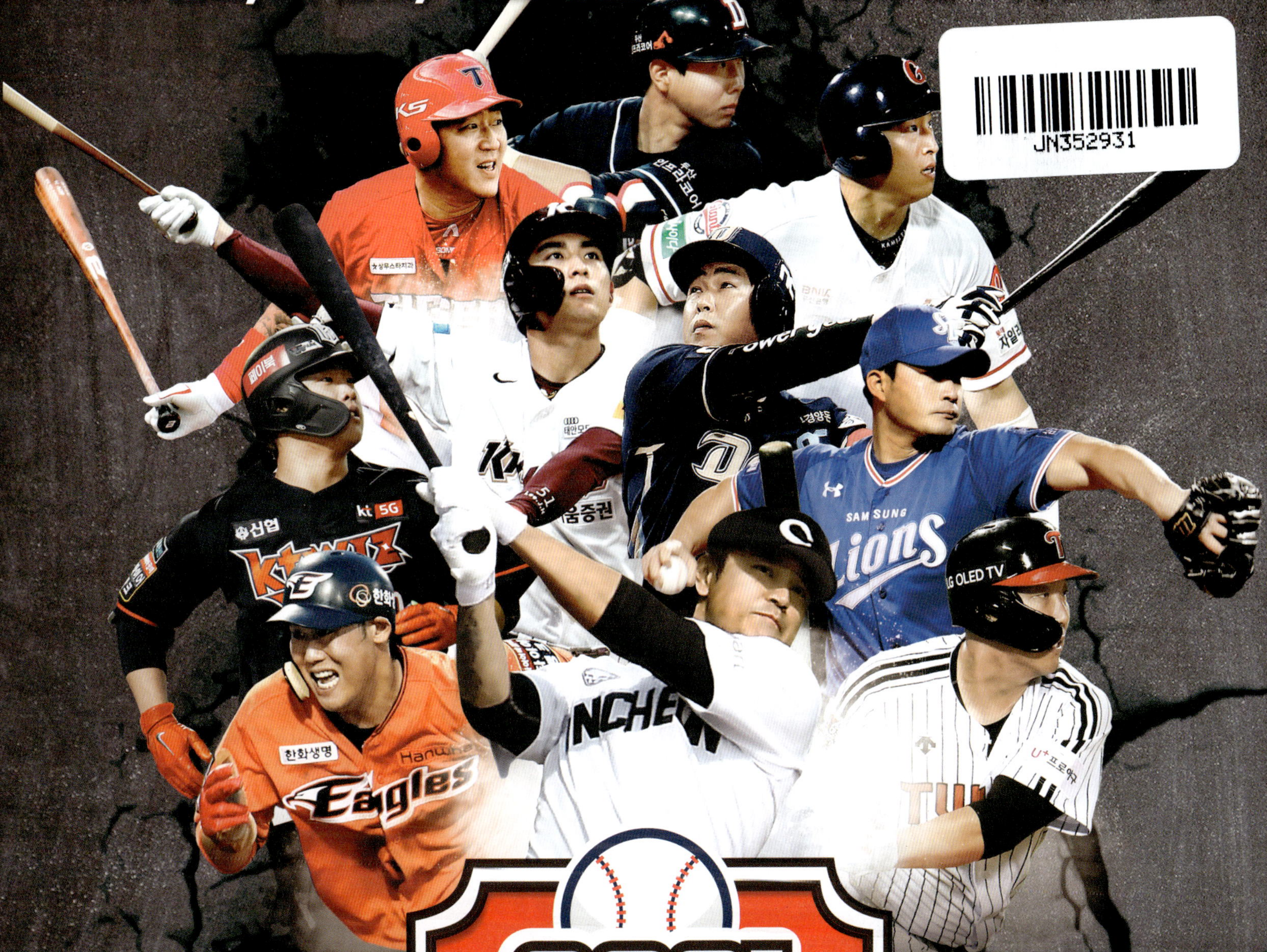

# 2021 크보 뎁스차트
## 2021 KBO DEPTH CHART

 2021 KBO DEPTH CHART

박재호 정현석 권인하 노재형 박상경 김진회 김영록 나유리

# CONTENTS:

## CHAPTER 1. FEATURE

1. 외국인 선수 전성시대? 어떻게 봐야 할까?  6
2. 코로나19가 만든 새로운 야구장 풍경  8
3. 숫자로 보는 KBO 리그  9
4. 10개 구단 가성비 최고 vs 최악  10
5. 10개 구단 선수 이동 현황  12
6. 한국프로야구 2020년 리뷰 & 2021년 프리뷰  14

## CHAPTER 2. 2021 KBO DEPTH CHART

**1. NC 다이노스** 20
① 팀 프로필
② 2021 NC 다이노스 뎁스차트
③ 창원 NC파크 파크팩터
④ 감독 & 코칭스태프
⑤ 선수들

**2. 두산 베어스** 46
① 팀 프로필
② 2021 두산 베어스 뎁스차트
③ 잠실야구장 파크팩터
④ 감독 & 코칭스태프
⑤ 선수들

**3. KT 위즈** 72
① 팀 프로필
② 2021 KT 위즈 뎁스차트
③ 수원KT위즈파크 파크팩터
④ 감독 & 코칭스태프
⑤ 선수들

**4. LG 트윈스** 98
① 팀 프로필
② 2021 LG 트윈스 뎁스차트
③ 잠실야구장 파크팩터
④ 감독 & 코칭스태프
⑤ 선수들

**5. 키움 히어로즈** 124
① 팀 프로필
② 2021 키움 히어로즈 뎁스차트
③ 고척 스카이돔 파크팩터
④ 감독 & 코칭스태프
⑤ 선수들

**6. KIA 타이거즈** 150
① 팀 프로필
② 2021 KIA 타이거즈 뎁스차트
③ 광주 기아챔피언스 필드 파크팩터
④ 감독 & 코칭스태프
⑤ 선수들

**7. 롯데 자이언츠** 176
① 팀 프로필
② 2021 롯데 자이언츠 뎁스차트
③ 사직야구장 파크팩터
④ 감독 & 코칭스태프
⑤ 선수들

**8. 삼성 라이온즈** 202
① 팀 프로필
② 2021 삼성 라이온즈 뎁스차트
③ 대구 삼성라이온즈파크 야구장 파크팩터
④ 감독 & 코칭스태프
⑤ 선수들

**9. SSG 랜더스** 228
① 팀 프로필
② 2021 SSG 랜더스 뎁스차트
③ 인천 문학구장 파크팩터
④ 감독 & 코칭스태프
⑤ 선수들

**10. 한화 이글스** 254
① 팀 프로필
② 2021 한화 이글스 뎁스차트
③ 대전 한화생명이글스파크 파크팩터
④ 감독 & 코칭스태프
⑤ 선수들

# PROLOGUE

가끔 이런 생각을 합니다. 기자는 전문가인가, 아닌가.
야구에 국한시키면, 야구 기자는 어떤가. 야구가 덜 분화됐던 수십 년 전에는 정보에 접근할 수 있는 방법이 제한돼 있었죠. 세상은 빠르게 흘러갑니다. 손만 뻗으면 데이터가 넘쳐나고 새로운 뉴스도 차고 넘칩니다. 이런 초스피드 시대. 한순간에 딱 멈춰있는 활자, 그것도 책에 정보를 담는 것은 어떤 의미일까요. 가치 부여는 다양하겠지만 한 가지 분명한 것은 활자를 새기는 이는 두 번, 세 번 확인하고 의미를 투영합니다. 한번 새기면 돌이킬 수 없음을 알기 때문이죠.
야구 '찐팬'들의 365일 1년 시계는 야구와 함께합니다. 봄에는 설레고, 여름은 뜨거운 함성으로 채우고, 가을에는 희비가 엇갈리죠. 그리고 겨울은 다시 희망을 키우는 시간입니다. 야구 기자의 시간도 묶음 단위로 흐릅니다. 1경기의 하루, 3연전의 사흘, 6경기의 1주일, 한 달, 그리고 7개월의 페넌트레이스, 그리고 한 달의 가을 야구, 짧은 늦가을을 보내면 금방 스토브리그가 찾아오죠. FA와 신인을 챙기다 스프링캠프에 들어가면 새 시즌이 시작되죠.
저는 스포츠 기자 생활 26년 중 13년을 야구 기자로 보냈습니다. 타 스포츠 기자들은 모이면 해당 스포츠 얘기만을 하진 않습니다. 하지만 야구 기자들은 식사 자리든 술자리든 결국 야구 이야기로 끝이 납니다. 팀원 9명 중 절반 가까이는 노안이 온 지 수 년이 지났습니다. <스포츠조선> 야구팀 취재 기자들은 능력은 부족할지라도 오랜 기간 야구판을 뒹굴며 속살을 살펴봤습니다. 절로 체득한 경험과 인맥, 미미한(?) 통찰력을 이 책에 쏟아부었습니다. 발품을 팔며 10개 구단 선수에 대한 주위 평가와 시즌 전망, 실제 능력치 근삿값을 측정했습니다.
야구 보는 재미를 조금이나마 더할 수 있도록 최선을 다했습니다. 이곳저곳 찾아다니시지 않아도 될 만큼 기자들이 발품을 팔아서 정말 궁금해할 만한 부분들을 체크했습니다. 정보는 다양하게 담고 핵심만 추렸습니다. 10분 안에 선수의 현 상태와 팀 내 평가, 올 시즌 활약과 기대치, 상난점을 파악할 수 있습니다. 시원한 인포그래픽을 최대한 활용해 가독성도 높였습니다. TV중계를 보실 때 곁에 두고 한 번씩 찾아보실 수 있도록 만들었습니다. 기자들 스스로도 한 권씩 옆에 끼고 한 시즌을 보낼 수 있도록 알차게 구성했습니다.
아마 10개 구단 관계자들의 도움과 공조가 없었다면 불가능했을 일입니다. 다시 한번 감사 인사를 전합니다. 약 2년간 유튜브 채널 <야구부장의 크보 핵인싸>를 운영하면서 500건 가까운 콘텐츠를 만들었습니다. 다양한 야구팬과 피드백을 주고받았습니다. 라이트팬이 원하는 일목요연함, 헤비팬이 원하는 집요함을 모두 담았다고 자부하긴 어렵지만 이 책을 보시면서 또 다른 자료를 찾아보는 수고스러움만은 피할 수 있다고 자부합니다. 준비를 하면서 기자들 스스로 더 많은 깨우침이 있었다는 얘기도 합니다. 2020년 일상이 사라졌던 코로나 시대. 늘 당연시했던 야구 관람과 응원, 박수, 함성이 그리워지는 순간이 많았습니다. 한층 더 야구에 대한 애정이 깊어진 시간이었습니다. 2021년, 우리는 다시 한번 봄 여름 가을 겨울을 맞이합니다. 다시 찾아온 야구와 함께 말입니다.

박재호
<스포츠조선> 스포츠콘텐츠팀 데스크 겸 야구부장

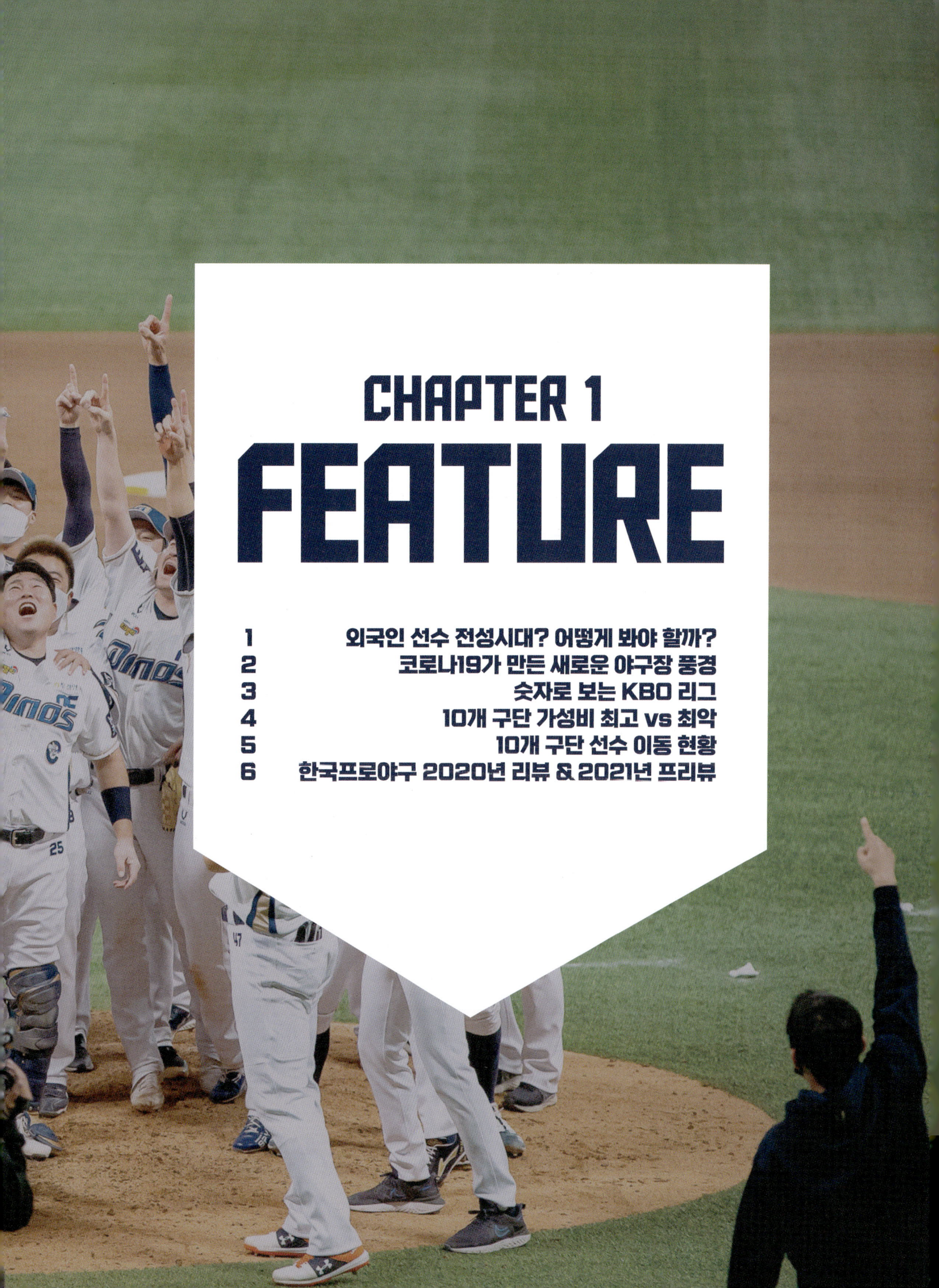

# CHAPTER 1
# FEATURE

1 외국인 선수 전성시대? 어떻게 봐야 할까?
2 코로나19가 만든 새로운 야구장 풍경
3 숫자로 보는 KBO 리그
4 10개 구단 가성비 최고 vs 최악
5 10개 구단 선수 이동 현황
6 한국프로야구 2020년 리뷰 & 2021년 프리뷰

## FEATURE #1
# 외국인 선수 전성시대? 어떻게 봐야 할까?

지금 KBO리그는 외국인 선수가 지배하고 있다. 팀별 외국인 투수가 1, 2선발을 꿰차고 외국인 타자는 중심에서 활약한다. 외국인 선수 농사가 시즌 성패를 좌우한다는 얘기가 이제 현실이 됐다.

최근 개인 타이틀 순위에서도 외국인 선수가 상위권을 휩쓸다시피 한다. 2020년만 해도 KT 멜 로하스 주니어가 홈런(47개), 타점(135개), 득점(118개), 장타율(0.680) 등에서 4관왕에 올랐고 두산 호세 페르난데스가 최다 안타왕(199개)을 차지했다. 타격 8개 부문 중 5개를 외국인 선수가 가져갔다. 홈런 부문에서 2위도 LG 로베르토 라모스(38개)였고 SSG 제이미 로맥과 KIA 프레스턴 터커가 32개로 공동 6위, NC 애런 알테어가 31개로 8위에 오르는 등 무려 외국인 타자 5명이 톱10에 포함됐다. 선발 투수는 외국인 투수가 점령했다고 볼 수 있다. 두산 라울 알칸타라가 20승으로 다승왕과 함께 승률왕에 올랐고 키움 에릭 요키시가 평균자책점 2.14로 1위를 차지했다. 롯데 댄 스트레일리는 탈삼진 205개로 '닥터K'의 자리에 올랐다.

부문별 톱10에서 외국인 투수가 얼마나 국내 투수를 압도했는지를 알 수 있다. 다승 부문에서 15승 이상을 기록한 투수 6명이 전원 외국인이었다. 국내 투수는 SSG 박종훈과 KT 소형준 등 2명이 거둔 13승이 최고 성적이었다. 평균자책점은 1위부터 7위까지가 외국인 투수였다. 삼성 최채흥이 3.58로 국내 투수 중 1위였는데 전체 8위에 그친다. 탈삼진도 KIA 양현종(5위)이 가장 높은 순위였다. 상위 10명 중 3명만이 국내 투수였다.

선발 투수의 최우선 덕목 중 하나인 이닝 수를 보면 외국인 투수의 KBO 점령이 얼마나 심각한지 알 수 있다. 최다 이닝은 KT 오드리사머 데스파이네로 207⅔이닝이었다. 이하 6위 LG 케이시 켈리(173⅓이닝)까지 모두 외국인이었고 KIA 양현종이 7위(172⅓이닝)로 체면치레를 했다. 이후 13위까지 6명이 또 모두 외국인 투수였다. 최다 이닝 13명 중 12명이 외국인 투수였다.

10년 전인 2010시즌과 비교하면 큰 차이가 있음을 알 수 있다. 2010년 최다이닝 순위를 보면 1위가 SK 김광현(193⅔이닝), 2위가 한화 류현진(192⅔이닝), 3위가 LG 봉중근(178⅓이닝)이었다. 169⅔이닝으로 4위에 오른 롯데 라이언 사도스키가 외국인 투수 1위였다. 이후에도 KIA 양현종, 롯데 송승준, 두산 김선우 등 국내 투수가 순위에 올랐다. 10위 내에 국내 투수 6명, 외국인 투수 4명이 포진됐다. 15위까지로 확대하면 국내 10명, 외국인 5명으로 국내 투수 비중이 높았다.

세상이 바뀐다는 10년간 KBO리그의 현실이 진짜 달라졌다고 할 수 있다. 이렇게 외국인 선수의 전성시대가 된 것에는 여러 이유가 복합적으로 작용했다는 게 전문가들의 공통된 설명이다. 우선 KBO리그에 오는 외국인 선수들의 수준이 높아졌다. 최근 한국에 오는 선수들은 대부분 메이저리그 경력자다. 메이저리그를 좋아하는 팬들이 TV나 영상을 통해 봤던 선수들이 한국행을 택한다. KBO리그는 과거 외국인 선수 몸값을 30만 달러로 상한선을 뒀지만 이를 2014년부터 폐지했다. 지키지 않는 팀들이 많아지면서 몸값 제한이 유명무실해졌기 때문이다. 그 이후 좋은 성적을 위해 비싼 선수들이 몰려오기 시작했다. 최근 새로 계약하는 외국인 선수에 대해 총액 100만 달러(이적료 포함)의 상한선이 마련됐지만 이는 2021년 메이저리그 최저 연봉인 57만500달러보다 높다. 수준 높은 선수들이 올 수 있는 액수다.

KBO리그에서 좋은 성적을 올려 큰돈을 버는 선수들이 늘면서 KBO리그를 찾는 연령도 낮아지는 추세다. 예전에는 30세가 훨씬 넘어 더는 메이저리그 진입이 힘들어진 선수가 돈을 벌기 위해 찾았다면 이제는 20대 중반 선수가 올 정도가 됐다. 한국에서 메이저리그로 돌아가 좋은 성적을 올리는 선수도 나오면서 외국 선수들이 KBO리그를 바라보는 시각도 많이 달라졌다. 메릴 켈리의 경우 메이저리그에 가보지 못했지만 SK에서 4년간 좋은 성적을 거둔 뒤 2019년 메이저리그 애리조나 다이아몬드백스에 입

단하는 선례를 남겼다.

2010년대 들어 국내 투수들이 성장하지 못한 이유도 있다. 입단한 해에 신인왕을 받는 순수 신인왕이 2007년 임태훈 이후 2017년 키움 이정후가 받기 전까지 없었던 것이 방증이다. 그만큼 입단하자마자 선배들과 경쟁해서 이길 수 있는 실력을 갖춘 선수가 없었다. KBO리그는 류현진, 김광현, 양현종 등 2000년대 후반에 걸출한 스타들이 나온 이후 2010년대부터 주목할 좋은 투수를 발굴하지 못했다.

높아지는 선수들의 몸값도 좋은 외국인 선수를 영입하도록 부추겼다. 2012년 이택근이 50억 원, 2013년 김주찬이 50억 원을 받으면서 몸값이 높아지기 시작한 FA 시장은 2014년부터 '광풍'이라 불릴 정도로 몸값이 천정부지로 치솟기 시작했다. 웬만한 주전급 선수를 영입하려면 최소 40억원 이상이 필요해졌고 최대어로 불린 선수들은 매해 신기록을 썼다. 2017년 최형우가 삼성에서 KIA로 이적하면서 4년간 100억 원을 받으며 100억 원 선이 깨졌고 2019년 양의지는 125억 원이란 국내 FA 최고액 기록을 썼다. 큰돈을 들여 FA를 영입하기 쉽지 않은 구단들은 그 돈을 외국인 선수로 메우기 시작했다. 좋은 외국인 투수를 100만 달러 정도면 잡을 수 있기에 계약금만 수십억을 써야 하는 국내 FA를 잡는 것보다 낫다는 판단이었다.

여러 이유로 좋은 외국인 선수들이 들어오고 그들보다 나은 국내 선수가 드물다 보니 격차가 벌어지고 있는 상황이다. 개막전에 1선발로 낼 국내 선수가 점점 줄었다. 지난 2019년 SK 김광현과 KIA 양현종이 개막전 선발로 나섰다. 2020년에는 KIA 양현종, LG 차우찬, 삼성 백정현 등 3명이 개막전에 등판했다. 2018년에는 삼성 윤성환만이 개막전 선발로 나와 국내 투수의 자존심을 지키기도 했다. 이러다 외국인 선수들에게 주도권을 내주게 될까 하는 걱정이 들 수밖에 없다. 더스틴 니퍼트처럼 오래 한국에서 뛰면서 팬들로부터 프랜차이즈 스타로 대접받는 선수가 있었지만 KBO리그의 성공을 바탕으로 미국이나 일본으로 떠나는 선수도 있다. 아무래도 외국인 선수가 자주 바뀌면 구단의 스타가 사라지는 현상 때문에 팬층 확보에 어려움이 따를 수밖에 없다. 국내 선수들의 성적이 낮으면 그만큼 국내 선수를 좋아하는 팬이 줄어들고 그것은 곧 KBO 리그의 흥행에 악영향을 끼친다.

하지만 좋은 외국인 선수들은 그만큼 KBO리그의 수준을 높여주는 효과를 나타낸다. 국내 투수들보다 더 잘 던지고 잘 치는 선수를 상대하면서 자신의 실력을 더 높일 수 있다. KBO리그에서 좋은 성적을 올리는 국내 선수들이 해외 진출이 쉬워진 것은 그만큼 메이저리그에서 KBO리그의 수준을 높게 평가하기 때문이다. 당장 가더라도 메이저리그에서 뛸 수준을 가진 외국인 투수를 이겨내는 강한 타격을 보유한 타자나 외국인 타자를 상대로 잘 던지는 투수는 당연히 그 수준이 어느 정도인지를 가늠할 수 있다. 키움 김하성이 포스팅을 통해 샌디에이고 파드리스와 계약하며 메이저리그 진출에 성공한 것도 그의 실력을 높게 평가한 덕이다.

앞으로 그렇게 외국인 선수들에게 끌려다니지 않을 것이란 전망도 나오기 시작했다. 최근 들어 신인들의 실력이 기대감을 키우기 때문이다. 2019년 LG 정우영이 불펜 투수로서 신인왕을 따내더니 2020년엔 KT 소형준이 한국 야구의 에이스 계보를 이을 우완투수로 탄생했다. 13승 6패로 다승 공동 7위에 국내 투수 1위를 기록한 소형준은 포스트시즌에서도 긴장하지 않고 자신의 공을 뿌리는 모습으로 야구 팬들의 기대를 한 몸에 받았다. 2020년에는 소형준뿐만 아니라 NC 구창모(9승)와 송명기(9승 3패), 두산 최원준(10승 2패), 삼성 최채흥(11승 6패), LG 이민호(4승 4패) 등 좋은 선발 투수들이 발굴됐다. 2021시즌 신인들에 대한 기대감도 높다. 강속구 투수인 키움 장재영은 역대 신인 계약금 2위인 9억 원에 입단했다. 메이저리그 팀과 가계약을 했다가 롯데로 방향을 튼 내야수 나승엽은 신인 야수 최고액인 5억 원의 계약금을 받았다. 또 롯데 김진욱(3억7천만 원), 삼성 이승현(3억5천만 원), KIA 이의리(3억 원) 등 3억원 넘는 계약금을 받은 투수들도 있었다. 소형준의 계약금이 3억6천만 원이었다는 점을 고려하면 분명히 기대감을 높이는 2021년 신인들이다.

외국인 선수 전성시대는 KBO리그 전체에 걱정으로 떠올랐지만 오히려 한국 야구의 성장을 이끄는 자양분이 되고 있다. 언젠가 KBO리그 개막전에 국내 투수들이 외국인 투수들보다 더 많이 선발로 나가는 날이 올 희망이 생긴다.

## FEATURE #2
# 코로나19가 만든 새로운 야구장 풍경

관중석을 가득 메운 팬들의 신명 나는 응원, 엇갈리는 희비 속에 드러나는 극명하고도 재치 있는 리액션, 선수들의 포효. 바다 건너 일본뿐 아니라 본고장 미국까지 홀렸던 KBO리그만의 매력 포인트였다. 하지만 전 세계를 펜데믹 공포로 몰아간 코로나19는 우리가 사랑했던 야구장의 풍경을 빼앗아갔다. 고요함이 휘감은 녹색 그라운드는 낯설기만 했다.

2020 KBO리그는 프로야구 역사상 가장 기묘한 시즌으로 기억될 것이다. 더블헤더 부활과 서스펜디드제 도입, 유례없는 무관중 경기, 포스트시즌 고척돔 중립 경기 등 뒤늦게 시작한 일정을 채우기 위한 갖가지 방법이 동원됐다. 정규시즌 144경기에 이어 와일드카드결정전에서 한국시리즈까지 이어지는 포스트시즌을 완주하는 데 성공했지만 야구 관계자와 팬 모두 아쉬움이 진하게 남을 수밖에 없었다.

선수단의 마스크 착용은 이제 낯선 풍경이 아니다. 시즌 개막 전까지만 해도 각 구단은 마스크를 착용한 채 경기를 치르거나 벤치에 앉는 것에 적잖은 불편을 호소했다. 호흡이 쉽지 않은 데다 시야를 가리는 만큼 경기력에 지장을 줄 수도 있다는 우려가 컸다. 하지만 만에 하나 있을 수도 있는 감염을 방지하고 건강을 지키는 노력에 예외는 있을 수 없는 노릇이다. 시간이 흐르면서 마스크 착용은 자연스럽게 정착됐다.

KBO는 선수 간 접촉을 통한 감염 우려를 최소화하기 위해 하이파이브, 침 뱉기 금지 등의 조치를 내렸다. 홈런을 친 뒤 홈을 밟으며 동료들과 손바닥, 몸을 맞대는 행위조차 코로나19가 가로막았다. 하지만 썰렁한 관중석을 바라보면서 무미건조하게 경기를 치르기란 선수들에게도 고역일 수밖에 없다. KBO리거들은 더 화려해진 세리머니로 무관중 승부의 아쉬움을 달래려 했다. 안타나 홈런을 칠 때마다 벤치를 향해 펼치는 '팀 세리머니'뿐만 아니라 선수 개인의 세리머니도 늘어났고 풍성해졌다. 팀 세리머니는 선수단의 단합 상징이자 팬들에게 새로운 볼거리를 제공한다는 측면에서 각광 받았던 아이템이다. 그동안 LG의 '안녕 세리머니'와 키움의 'K 세리머니'가 선두주자 역할을 했지만 한화의 '엄지척 세리머니', 두산의 '1 세리머니' 등이 가세하면서 볼거리가 풍성해졌다. 선수 개인 세리머니 역시 호세 미구엘 페르난데스(두산)의 칼날 세리머니 등 재기 넘치는 장면들이 만들어지면서 함성이 사라진 그라운드의 흥을 돋우는 역할을 했다.

사라진 관중 함성은 팀 간 신경전을 늘리는 아이러니로 작용하기도 했다. 벤치에서 동료를 향해 보낸 응원에 자극을 받은 상대 팀의 어필이 종종 이어지곤 했다. 투수들의 기합 소리도 마찬가지였다. 롯데는 외국인 선수 댄 스트레일리가 무료한 벤치 분위기를 달래고자 클래퍼(짝짝이)와 전통악기인 징을 잇달아 들고 와 잠시 화제 몰이를 하기도 했다. 그러나 상대 팀을 불필요하게 자극한다는 의견이 대두되었다. 실제로 일부 팀들은 롯데 측에 어필하기도 했다.

야구장 바깥에서 낯선 손님도 자주 눈에 띄었다. 코로나 사태로 리그 일정이 연기된 미국에서 '야구 앓이' 끝에 KBO리그를 중계하기로 했다. 야구 본고장에 KBO리그 경기가 매일 송출됐고 코로나 사태 속에 진행되는 리그 상황을 취재하기 위해 전 세계 취재진이 모여들어 관심을 표했다. 생경한 한국 야구와 접점을 만들려는 미국 팬들의 위트도 돋보였다. NC는 노스캐롤라이나주 약자(NC)와 같다는 이유로 인기몰이를 했고 세계적 브랜드 인지도의 모기업을 둔 삼성과 LG 역시 지지를 받았다. 이대호, 박병호, 맷 윌리엄스 감독 등 전직 메이저리거들이 소속된 팀들 또한 미국 팬들의 주목을 받았다. 배트플립 등 미국에서 터부시되는 퍼포먼스가 아무렇지 않게 벌어지는 KBO리그의 활기를 본받자는 목소리도 있었다. 코로나19는 아이러니하게도 한국 야구를 본고장 미국에 알리는 계기가 된 것도 사실이다.

그라운드 바깥에서 각 구단은 언택트 시대에 발맞춰 팬 접점을 찾기 위해 부단히 애썼다. 2020 KBO리그의 대세는 비대면 응원이었다. 재기 넘치는 응원으로 만원 관중을 일사불란하게 움직였던 야전사령관인 응원단장들은 각자 단상 앞에 카메라를 놓고 팬들과 만났다. 경기장을 찾지 못하는 팬들은 실시간 TV 중계와 함께 온라인 생중계되는 응원에 맞춰 조금이나마 아쉬움을 달랠 수 있었다.

제한적 입장이 허용된 8월 이후 관중석 분위기도 변화가 불가피했다. 응원단 구호에 맞춘 함성, 육성 응원은 모두 금지됐고 동작을 따라 하거나 박수를 치는 정도로 제한됐다. 결정적 장면마다 터져 나오는 관중 함성을 모두 막을 순 없었지만 대부분 팬은 질서정연한 입장과 절제된 응원 등으로 방역수칙 지키기에 동참하면서 성숙한 팬 의식을 다시금 증명했다. 야구장의 꽃이었던 '치맥 응원' 등에 대한 그리움을 토로하는 목소리도 적지 않았지만 모두의 안전과 리그 완주라는 대명제에 모두가 고개를 끄덕였다. 그 결과 2020 KBO리그는 단축 시즌을 치른 미국, 일본과 달리 리그 일정을 모두 마칠 수 있었다.

코로나 펜데믹도 어느덧 1년을 넘겼다. 새 시즌 10개 구단 모두 해외 전지훈련을 포기하고 국내 스프링캠프에서 시즌을 준비한다. 오는 4월 예정인 2021 KBO리그에서도 무관중 체제가 이어질 것이라는 우려가 여전하다. 모두가 그리워하는 야구장의 응원과 함성, 재치를 되찾기까지 여전히 시간이 필요하다. 다시금 만원 관중의 열기 속에 승부의 환희를 느낄 수 있는 그 날이 오길 고대한다.

## FEATURE #3
# 숫자로 보는 KBO 리그

프로야구가 '국민 스포츠'의 위상을 지켜온 지 40년이 됐다. 1980년대 호랑이 담배 피던 시절의 초라했던 태동기, 1990년대 확장기와 2000년대 이후 중흥기를 거치며 어느 덧 장년에 접어들었다.
'어린이에겐 꿈을, 젊은이에겐 정열을, 온 국민에겐 건전한 여가선용'을 슬로건으로 내걸고 승승장구 해온 KBO리그는 그러나 지금 새로운 도전에 직면했다. 산업화와 세계화를 향해 더욱 전진해야 할 중차대한 시기에 예상치 못한 코로나19라는 절벽을 만나 돌파구를 찾아야 하는 상황이다.
하지만 프로야구는 계속적으로 존재해야 하는 '중단없는 기업(going concern)'이다. 올해도 새로운 역사가 쓰여져야 한다. KBO와 각 구단은 이러한 사명을 받들어 2021년 시즌을 힘차게 준비했다. KBO리그 10개 구단 등록 선수단의 면모를 소개한다.

### ▶ 허리띠 졸라 맨 구단들, 평균 연봉 대폭 하락

바야흐로 코로나19 시대다. 프로야구는 지난해에 이어 2021년에도 감염 사태의 직격탄을 피할 수 없게 됐다. 2월 말 백신 접종이 시작됐지만, 전 국민 집단 면역 수준으로 올라서려면 11월 이후다. 각 구단의 재정 상태는 여전히 어려울 수 밖에 없다. 긴축 재정을 도모해야 한다. 선수들 연봉이 크게 줄었다. 10개 구단 소속선수 532명(신인과 외국인선수 제외)의 평균 연봉은 1억2273만원으로 지난해 1억4448만원에서 무려 15.1%나 감소했다. 전체 연봉 총액 규모가 작년 739억7400만원에서 올해 652억9000만원으로 약 86억원8000만원이나 감소했다. 선수 평균 연봉은 2018년 처음으로 1억5000만원을 돌파해 2019년 1억5065만원으로 최고치를 찍은 뒤 지난해와 올해 연속으로 감소세를 나타냈다. 다수의 고액 연봉 선수가 은퇴하거나 해외로 진출했고 고연봉 FA들의 계약 기간이 끝난 때문으로 풀이되지만, 각 구단의 선수단 운영 기조가 내부 육성을 통한 리빌딩, 즉 허리띠 졸라매기로 옮겨가며 나타난 현상으로 봐야 한다. 다만 SK를 인수한 신세계는 평균 연봉 1억7421만원으로 작년 대비 20.3%가 올라 10개 구단 중 최고액과 인상률을 기록했다. 지난해 KBO리그 우승팀 NC가 평균 1억4898만원으로 SK의 뒤를 이었으며, 지난해 창단 첫 포스트시즌에 오른 KT는 평균 연봉이 6.7%가 증가했다.

### ▶ 메이저리거 추신수, 단 번에 연봉 킹 등극

메이저리그 출신 추신수가 올해 신세계와 27억원에 계약해 KBO리그에 입성하자마자 '연봉 킹'의 자리에 올랐다. 지난해까지 4년 연속 25억원을 받아 연봉 1위를 지켰던 이대호는 새롭게 FA 계약을 해 8억원으로 연봉이 대폭 삭감됐다. 추신수에 이어 NC 양의지와 키움 박병호가 15억원으로 연봉 공동 2위에 올랐고, 투수 부문에서는 삼성 오승환이 11억원으로 최다 연봉 선수가 됐다. 10억원 이상의 고연봉 클럽에는 이들을 포함해 SSG 최 정과 이재원(이상 11억원), 두산 허경민과 LG 김현수(이상 10억원) 등 총 8명이 이름을 올렸다. 연봉 10억원 이상 받는 선수는 7명이었던 2016년 이후 최소다. 지난해 10억원 이상을 받은 선수는 14명이었다. 그러나 연봉 1억원 이상을 받는 억대 연봉자는 지난해와 같은 161명을 기록했다. 키움 이정후는 올시즌 5년차를 맞아 5억5000만원에 계약해 같은 연차 역대 최고 연봉을 찍었다. 동료였던 김하성이 2018년 기록한 3억2000만원을 가뿐히 넘어선 것. 이정후는 2019년부터 올해까지 3년 연속 해당 연차 최고 연봉 기록을 세워 성장세를 그대로 드러냈다. 지난해 신인왕에 오른 KT 소형준은 2700만원에서 418.5%가 오른 1억4000만원에 재계약했다. 인상률은 지난해 SSG 하재훈이 기록한 455.6%에 이어 역대 2위의 기록이다.

### ▶ 신인들 대거 등록, 5년 연속 순수 신인왕 기대감

10개 구단 전체 등록선수는 총 610명으로 지난해 588명보다 22명이 늘었다. 포지션 별로는 투수가 314명으로 가장 많아 전체의 51.5%를 차지했고, 내야수 144명, 외야수 102명, 포수 50명이 각각 등록됐다. NC와 삼성이 나란히 64명으로 가장 많은 선수를 등록했고, KT, KIA, SSG, 한화가 각각 62명, LG와 롯데가 각 60명, 키움과 두산이 각각 58명과 56명의 선수를 등록 명단에 올렸다. 신인 선수는 총 51명으로 지난해 46명에서 소폭 증가했다. 신인 선수 포지션별 숫자는 투수 29명, 내야수 14명, 외야수와 포수가 각각 4명이다. 2017년 키움 이정후, 2018년 KT 강백호, 2019년 LG 정우영, 그리고 지난해 KT 소형준까지 최근 4년 연속 고등학교 졸업 선수들이 신인상 수상의 영광을 안았다. 올해도 키움 장재영, 롯데 김진욱, 삼성 이승현, KIA 이의리, 두산 김동주, LG 강효종, SSG 김건우, KT 한차현 등 주로 투수 유망주들이 신인왕을 다툴 것으로 예상된다.

### ▶ 최고령, 최장신 선수는? 각종 진기록 및 기타

올해 등록 선수 평균 연령은 27.1세로 지난해 27.3세보다 약간 젊어졌으며, 평균 연차도 지난해 8.4년에서 8.1년으로 낮아졌다. 최고령 선수는 롯데 투수 송승준으로 등록일 기준, 만 40세 7개월 3일이며, 최연소는 한화 신인 내야수 정민규로 그의 나이는 만 18세 22일이다. 최장신 선수는 한화 투수 신지후로 198㎝, 최단신은 삼성 내야수 김지찬과 외야수 김성윤으로 똑같이 163㎝로 등록됐다. 최중량은 롯데 내야수 이대호의 130㎏이고, 최경량은 62㎏의 삼성 김성윤이다. 선수들의 체격은 시대상을 반영한다. 출범 시즌인 1982년 전체 선수들의 평균 신장과 체중은 각각 176.5㎝, 73.9㎏이었다. 39년 만인 올해 신장은 182.5㎝, 체중은 86.8㎏으로 각각 6.0㎝, 12.9㎏이 증가했다. 충분한 영양 섭취와 의학의 발달, 체계적인 웨이트트레이닝 시스템 덕분이다. KBO리그 자체의 양적 팽창도 통계로 분명하게 드러난다. 출범 첫 시즌인 1982년 6개팀이 벌인 총 경기수는 240경기였다. 2015년 10개팀 체제로 확장되면서 총 경기수는 720경기로 늘었다. 선수들 평균 연봉은 1982년 1215만원에서 2021년 1억2273만원으로 910.1%가 증가했다. 코로나19 사태로 지난해와 마찬가지로 올해도 관중 수입은 크게 기대하기 힘들다. 지난해 10개 구단의 총 입장 관중은 32만8317명이었다. KBO가 모범적인 방역 대책을 수립해 실시하고 팬들의 능동적인 참여 덕분에 제한적이나마 팬들을 들일 수 있었다. 올해도 상황은 비슷하지만, 각 구단은 좀더 형편이 나아지기를 기대하고 있다.

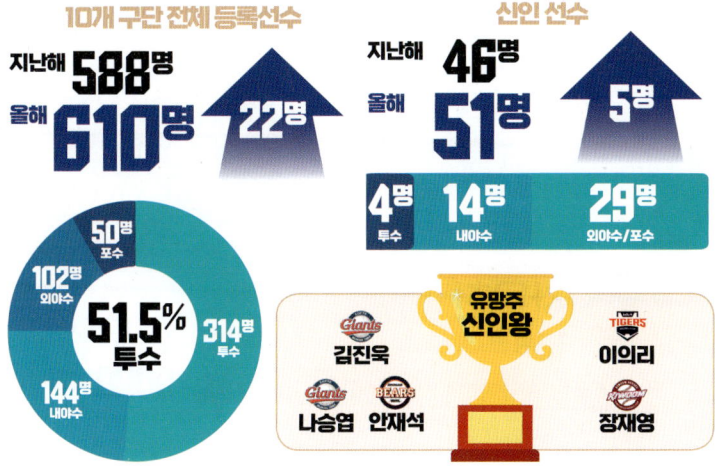
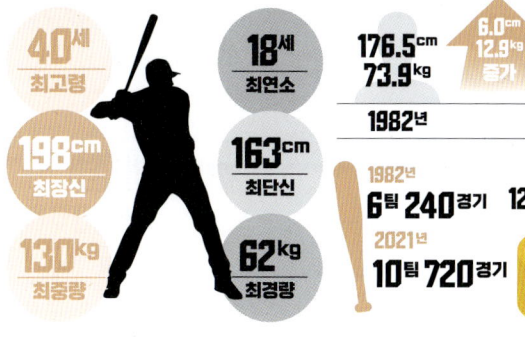

## FEATURE #4
# 10개 구단 가성비 최고 vs 최악

이대호는 KBO리그 4년 연속 '연봉킹'이다. 2017년 복귀 이후 연봉이 연 25억 원에 달한다. 하지만 지난해 이대호의 WAR(대체선수 대비 승리기여도, 스포츠투아이 기준)은 2.69. 타자 30걸에도 들지 못했다. 롯데는 3년 연속 선수단 연봉 1위팀이지만 같은 기간 7위, 10위, 7위에 그치며 가을 야구 필드를 한 번도 밟지 못했다. 프로야구는 정규시즌 144경기를 치르는 마라톤 레이스. 최종 우승을 위해서는 지난해 우승팀 NC처럼 핵심 선수들의 활약은 물론 성공적인 외국인 선수 영입, 알짜 선수들의 뒷받침이 곁들여져야 한다. 두산 역시 6년 연속 한국시리즈 진출의 금자탑을 달성했다. 우승에는 실패했지만 고비 때마다 터지는 화수분의 명성은 여전했다. KT는 지난 시즌 10개 구단 중 선수단 연봉 꼴찌팀이었다. 하지만 젊은 대들보들의 뒤를 받치는 언성 히어로들의 힘이 더해져 창단 첫 가을 야구를 맛봤다. 지난해 신인과 외국인 선수를 제외하고 연봉 대비 눈부신 활약을 펼친 '가성비 최고' 선수는 누구였을까? 반대로 '가성비 최악'은 누굴까? 구단별로 살펴보자.

## 1 NC 다이노스

😍 **강진성 3800만 원**

강진성은 데뷔 9년 만에 드라마 같은 터닝포인트를 맞이했다. 개막 후 두 달 간 4할 타율을 내달리며 전반기 태풍의 눈으로 떠올랐다. 후반기엔 다소 부진했지만 한국시리즈에서 3할 타율(23타수 7안타)로 활약해 팀 우승을 이끌었다.

 **이재학 2억 7600만 원**

5승 6패 ERA 6.55. 데뷔 11년 만에 최악의 해를 보냈다. 사실상 한화전(ERA 1.99) 전용 선발. 한국시리즈 엔트리 탈락이란 굴욕을 맛봤다.

 **송명기 2700만 원**

## 2 두산 베어스

😍 **최원준 5900만 원**

최원준은 2020년 두산의 히트상품이다. 단 8명뿐인 토종 선발 10승 투수에 당당히 이름을 올렸다. 한국시리즈에도 선발로 기용되며 유희관을 잇는 새로운 토종 에이스의 탄생을 예고했다.

 **이용찬 4억 2000만 원**

5경기 만에 팔꿈치 수술로 시즌아웃, 데뷔 이래 최악의 성적을 거뒀다. 올해 최고의 활약은 알칸타라에게 포크볼을 가르친 것. 부상 중임에도 FA를 신청했다. 예상대로 계약이 쉽지 않다.

 **박치국 8000만 원**

## 3 KT 위즈

😍 **주권 1억 5000만 원**

이숭용 단장이 인정한 고과 1위. 2년 연속 필승조로 맹활약해 KT를 창단 첫 정규시즌 2위에 올려놓은 1등 공신이다. 10개 구단 불펜 중 가장 많은 경기에 출전해 가장 많은 승리를 지켜냈다.

 **금민철 1억 5000만 원**

지난해 주권과 같은 연봉을 받았지만 3경기 등판에 그쳤다. 퓨처스에서도 좋지 못했고 1군에서는 최악의 부진을 보이며 7월 11일 2군행을 통보받았다. 급기야 시즌 도중인 8월 13일 방출됐다.

 **배정대 4800만 원**

## 4 LG 트윈스

😍 **홍창기 3800만 원**

홍창기는 LG 역사상 처음으로 규정타석을 채우면서 출루율 4할을 기록한 신인왕 후보다. 이형종과 이천웅의 부상을 틈타 기회를 잡았다. 시즌 초부터 독보적 출루율로 화제가 됐고 6월 말부터 타격에 눈을 뜨며 기어코 주전 한자리를 꿰찼다.

 **차우찬 10억 원**

팀 내 토종 선수 연봉 2위가 무색하다. 잃어버린 구속을 되찾지 못했고 7월 24일 부상으로 이탈한 뒤 포스트시즌에도 돌아오지 못했다.

 **정우영 8000만 원**

## 5 키움 히어로즈

 **김혜성** 1억 원

강정호 복귀가 무산되고 김하성(샌디에이고)이 떠나도 키움은 김혜성이 있어 걱정 없다. 에디슨 러셀의 합류로 유격수와 2루수, 좌익수를 오가면서도 흔들리지 않았다. 타격에서도 한 단계 더 성장했다.

 **박병호** 20억 원

천하의 박병호도 나이엔 어쩔 수 없는 걸까. 1년 내내 손목 부상 후유증에 시달렸다. 파워는 여전했지만 연신 헛도는 방망이는 눈을 의심케 했다.

 **야차상 양현** 9000만 원

## 6 KIA 타이거즈

 **최원준** 7000만 원

팀의 구멍으로 꼽혔던 중견수 자리를 꿰찼다. 시즌 초 수비로 고생했지만 7월 이후 타격에 눈을 떴다. 브룩스가 이탈한 와중에도 전상현과 최원준이 있어 KIA는 마지막까지 가을 야구 경쟁을 벌일 수 있었다.

 **김주찬** 4억 원

시즌초부터 수술과 슬럼프로 고전했다. 뒤늦게 1군에 등록된 지 2주 만에 허리 통증이 재발, 더는 출전 기회를 얻지 못했다. 시즌 후 현역 연장의 꿈도 무산됐다.

**야차상 전상현** 7600만 원

## 7 롯데 자이언츠

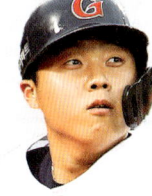 **한동희** 4900만 원

한동희는 마침내 팬들의 기대를 현실로 만들었다. 볼넷/삼진 비율과 득점권 타율, 풋워크 등 공수 기록 전반에서 장족의 발전을 이뤄냈다. KBO 역대 3루수 중 만 21세 이하 홈런 2위(1위 김태균)에 이름을 올렸다. '포스트 이대호' 시대를 준비하는 롯데의 클린업 후보다.

 **민병헌** 12억 5000만 원

주전 도약 후 최악의 시즌. 타격뿐 아니라 스피드와 수비력 등 기량 전반에서 급격한 하락을 보였다. 민병헌은 2021시즌 롯데와 FA 계약이 종료된다. 다만 1월 중순 뇌동맥류 수술을 받게 되면서 회복에 우선 전념해야 하는 상황이다.

  **야차상 정훈** 6400만 원

## 8 삼성 라이온즈

 **최채흥** 7500만 원

개인 첫 10승은 물론 국내 투수 중 평균자책점 1위에 오르는 기염을 토했다. 쉽게 무너지지 않는 안정된 커맨드가 최대 장점이다.

 **윤성환** 4억 원

지난해 기적 같은 반등을 이뤄냈지만 결국 나이 앞에 장사가 없었다. 5경기 등판에 그쳤고 8월 21일 1군에서 말소된 뒤 등판하지 못했다. 시즌 종료 후 방출됐다.

 **야차상 원태인** 8000만 원

## 9 SSG 랜더스

 **박민호** 1억 원

무너진 불펜의 마지막 자존심. '서태훈(서진용/김태훈/하재훈)' 트리오'의 동반 부진 속 마무리까지 오가며 홀로 분투했다.

 **이재원** 13억 원

고난의 한해. 4년 69억 원의 고액 FA 계약이 부끄러운 시즌을 보냈다. 타율 0.185, OPS 0.514라는 수치가 눈을 의심케 한다. 잔부상이 많았고 이전보다 동기부여가 떨어졌다는 냉정한 지적까지 나왔다. SSG로선 이재원이 반드시 살아나야 한다.

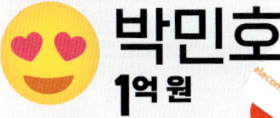  **야차상 문승원** 2억 5700만 원

## 10 한화 이글스

 **윤대경** 2800만 원

답답함만 가득했던 한화의 오아시스였다. 7년 간의 2군 생활과 일본 독립리그를 거친 무명의 설움을 털어내며 강재민에 이어 팀 내 고과 2위를 차지했다.

 **이성열** 5억 원

FA 계약 첫해가 악몽으로 남았다. 타율과 OPS는 데뷔 이래 최저. 다행인 점은 한화에 거포와 1루수가 부족한 데다 계약이 1년 더 남아있어 베테랑 대거 방출 러시에도 칼바람에 휩쓸리지 않았다는 사실이다.

  **야차상 김민우** 4200만 원

# FEATURE #5
# 10개 구단 선수 이동 현황

이번 FA 시장은 예상보다 빨리 뜨거워졌고 빨리 식었다. '역대급 한파'였던 2020시즌 FA 시장과는 달리 초반부터 확실한 타깃을 정한 구단들의 움직임이 눈에 띄었다. 하지만 주요 선수들이 계약을 마친 후부터는 시장이 느리게 움직였다. 김성현(SSG)과 김용의(LG)가 원 소속팀과 빠르게 계약을 마쳐 1, 2호 잔류에 성공했다. 양현종이 메이저리그 진출을 우선순위에 둔 가운데, 투수 FA들을 향한 관심은 예년보다 차가웠다. 그런 분위기 속에서 최대어는 허경민이었다. 여러 팀의 관심을 받았던 허경민은 결국 두산에 4+3년 최대 85억 원(첫 4년 계약금 25억 원 포함 65억 원, 이후 3년간 20억 원의 선수 옵션)에 도장을 찍어 잔류에 성공했다. 또 다른 대어 오재일과 최주환은 각각 삼성과 SSG로 이적했다. 두산과 한화가 막판까지 뜨거운 영입전을 펼쳤던 정수빈은 결국 두산과 6년 장기 계약을 맺으면서 친정팀에 남았다. 베테랑 유격수 김재호도 두산과 3년 25억 원에 재계약을 마쳤다. 이로써 7명의 내부 FA로 고민이 많았던 두산은 최주환, 오재일 두 명의 주전은 잃었지만 나머지 선수들을 지켜내면서 FA 전쟁에서 선방했다는 평가를 받았다. 최주환과 오재일을 제외하고는 이적생이 없었다. 이원석과 우규민은 삼성과 재계약했고 KIA도 최형우와 3년 47억 원의 조건에 재계약을 마쳤다. 키움과 협상이 지지부진하던 투수 김상수는 결국 사인&트레이드를 통해 SSG로 이적하게 됐다. 키움은 SSG로부터 현금 3억 원과 2차 4라운드 신인지명권을 획득했다. SSG는 모기업 신세계의 과감한 지원에 힘입어 MLB 스타 추신수를 연봉 27억 원 조건으로 전격 영입해 '랜더스 첫해'의 강력한 출발을 알렸다.

타팀 이적 선수가 2명뿐이라 보상 선수도 2명 발생했다. 두산은 최주환과 오재일의 보상선수로 모두 내야수를 선택했다. 최주환, 오재일은 둘 다 A 등급이었고 원소속팀인 두산은 직전 해 연봉의 200%와 20인 보호선수 외 1명을 보상선수로 받거나 직전 해 연봉의 300%를 보상금으로 받을 수 있었다. 두산은 SSG의 강승호를, 삼성의 박계범을 각각 지명했다. 이중 강승호는 과거 음주 사고 징계 사실로 인해 두산의 지명 사실이 논란에 휩싸이기도 했다. 두산은 2루수 최주환, 1루수 오재일이 빠진 자리를 보상 선수인 강승호, 박계범과 기존 젊은 내야수들을 경쟁하는 체제로 대체할 예정이다.

## # FA 이적 현황

| 이름 | 포지션 | 소속 | 계약 조건 |
| --- | --- | --- | --- |
| 김용의 | 내야수 | LG | 1년 2억 원 |
| 차우찬 | 투수 | LG | 2년 20억 원, 인센티브 14억 원 포함 |
| 김성현 | 내야수 | SSG | 2+1년 11억 원, 인센티브 3억 원 포함 |
| 허경민 | 내야수 | 두산 | 4+3년 85억 원 |
| 정수빈 | 외야수 | 두산 | 6년 56억 원, 인센티브 4억 원 포함 |
| 최주환 | 내야수 | 두산→SSG | 4년 42억 원, 인센티브 4억 원 포함 |
| 오재일 | 내야수 | 두산→삼성 | 4년 50억 원, 인센티브 4억 원 포함 |
| 김재호 | 내야수 | 두산 | 3년 25억 원 |
| 유희관 | 투수 | 두산 | 1년 10억 원, 인센티브 7억 원 포함 |
| 이원석 | 내야수 | 삼성 | 2+1년 20억 원, 인센티브 8억 원 포함 |
| 우규민 | 투수 | 삼성 | 1+1년 10억 원, 인센티브 6억 원 포함 |
| 최형우 | 외야수 | KIA | 3년 47억 원, 인센티브 7억 원 포함 |
| 이대호 | 내야수 | 롯데 | 2년 26억 원, 인센티브 2억 원 포함 |
| 김상수 | 투수 | 키움→SSG (사인&트레이드) | 2+1년 14.5억 원, 인센티브 1.5억 원 별도 |
| 추신수 | 외야수 | 텍사스→SSG | 연봉 27억 원, ※2007 해외파 특별 지명 |

## ※FA 보상 선수 이적

| 이름 | 포지션 | 소속 | 특이사항 |
| --- | --- | --- | --- |
| 강승호 | 내야수 | SSG→두산 | 최주환 보상선수 |
| 박계범 | 내야수 | 삼성→두산 | 오재일 보상선수 |

코로나19 여파와 하위권 팀들의 결단으로 이번 겨울은 그 어느 때보다 추웠다. 베테랑 선수들이 대거 방출됐으나 새 팀을 찾기 쉽지 않았다. 그런 와중에 극히 일부 선수들만 어렵게 새 둥지를 틀었다. 한화에서 방출된 베테랑 이용규와 안영명은 현역 연장에 성공했다. 이용규는 키움으로 이적해 새로운 팀을 찾았고 안영명은 여러 구단의 러브콜 끝에 KT로 이적했다. LG에서 방출된 전민수 역시 NC로 이적하며 선수 생활을 이어갈 수 있었다. 비시즌이지만 트레이드 시장도 활짝 열려있었다. NC와 LG는 한국시리즈가 끝난 직후 내야수 일대일 트레이드를 단행했다. 이상호와 윤형준을 맞바꾸는 트레이드로 두 선수는 유니폼을 갈아입는다. 롯데와 KT도 내야수, 투수를 골자로 한 트레이드를 성사시켰다. 신본기와 박시영이 KT로 이적하고 롯데는 KT로부터 투수 최건과 2차 3라운드 신인 지명권을 받았다.

2021년도 신인들은 지명 당시부터 화려한 스포트라이트를 받은 재목이 많다. 중학생 때부터 강속구 투수로 관심을 모았던 덕수고 장재영은 예상대로 키움의 1차 지명을 받았다. 장정석 전 키움 감독의 장남이기도 한 장재영은 구단 역대 최고인 9억 원의 계약금을 품에 안았다. 9억 원은 리그 역대 신인 최고 계약금인 한기주의 KIA 입단 당시 10억원에 살짝 못 미치는, 역대 두 번째 기록이다. 장재영뿐만 아니라 1차 지명에 눈에 띄는 선수가 많았다. 서울고 안재석을 픽한 두산은 2004년 김재호 이후 17년 만에 내야수를 1차 지명했다. KIA는 광주일고 투수 이의리를, LG는 충암고 투수 강효종을 각각 지명했고, 10개 구단 중 2개 팀이 1차 지명에서 투수를 선택했다. 나머지 2개 팀은 내야수를 지명했다. 한편 NC는 김해고 기대주 김유성을 1차지명에 선택했지만 과거 학교폭력 문제가 불거져 며칠 후 지명을 철회했다. 2차 드래프트에서 화제의 중심에 롯데가 있었다. 1라운드 1번, 2라운드 1번 지명권을 가지고 있었던 롯데는 1라운드에서 예상대로 강릉고 김진욱을 택했다. 2라운드에서는 덕수고 나승엽을 선택해 모두를 깜짝 놀라게 했다. 메이저리그 도전을 선언하며 신인 드래프트 불참을 택했던 나승엽은 지명 이후 롯데 구단의 간절한 설득에 마음을 돌려 입단을 결정했다. 1차 지명 손성빈(장안고)에 이어 김진욱, 나승엽까지 품에 안은 롯데는 1차 지명급 신인 3명을 얻었다는 평을 받았다. 이번 신인 드래프트에서도 구단들의 고졸 선호 현상이 계속됐다. 전체 110명 중 대졸 선수는 18명에 불과했다. 가장 높은 순번에서 지명된 대졸 선수는 KIA의 2차 1라운드 지명을 받은 고려대 투수 박건우였다. 또 파주 챌린저스 출신인 김동진은 삼성의 2차 5라운드 지명을 받아 화제가 됐고 김기태 전 KIA 감독의 장남인 김건형은 KT의 2차 8라운드 지명을 받아 꿈에 그리던 프로 생활을 시작한다.

# 트레이드, 방출 후 이적

| 이름 | 포지션 | 소속 | 특이사항 | 이름 | 포지션 | 소속 | 특이사항 |
|---|---|---|---|---|---|---|---|
| 안영명 | 투수 | 한화→KT | 방출 후 이적 | 전민수 | 내야수 | LG→NC | 방출 후 이적 |
| 이용규 | 외야수 | 한화→키움 | 방출 후 이적 | 고효준 | 투수 | 롯데→LG | 방출 후 이적 |
| 이상호 | 내야수 | NC→LG | 트레이드 | 함덕주 | 투수 | 두산→LG | 트레이드 |
| 윤형준 | 내야수 | LG→NC | 트레이드 | 채지선 | 투수 | 두산→LG | 트레이드 |
| 박시영 | 투수 | 롯데→KT | 트레이드 | 양석환 | 내야수 | LG→두산 | 트레이드 |
| 신본기 | 내야수 | 롯데→KT | 트레이드 | 남호 | 투수 | LG→두산 | 트레이드 |
| 최건 | 투수 | KT→롯데 | 트레이드 | | | | |

# 2021년도 신인 드래프트 결과

### 1차지명

| 구단명 | 선수명 | 포지션 | 최종 소속 |
|---|---|---|---|
| 키움 | 장재영 | 투수 | 덕수고 |
| LG | 강효종 | 투수 | 충암고 |
| 두산 | 안재석 | 내야수 | 서울고 |
| SSG | 김건우 | 투수 | 제물포고 |
| KT | 신범준 | 투수 | 장안고 |
| KIA | 이의리 | 투수 | 광주일고 |
| 롯데 | 손성빈 | 포수 | 장안고 |
| 한화 | 정민규 | 내야수 | 부산고 |
| NC | 김유성 | 투수 | 김해고 (지명철회) |
| 삼성 | 이승현 | 투수 | 상원고 |

### 2차지명

| 라운드 | 롯데 | 한화 | 삼성 | KIA | KT |
|---|---|---|---|---|---|
| 1 | 김진욱/강릉고/투수 | 김기중/유신고/투수 | 이재희/대전고/투수 | 박건우/고려대/투수 | 권동진/원광대/내야수 |
| 2 | 나승엽/덕수고/내야수 | 송호정/서울고/내야수 | 홍무원/경기고/내야수 | 장민기/용마고/투수 | 한차현/성균관대/투수 |
| 3 | 김창훈/경남고/투수 | 조은/대전고/투수 | 오현석/안산공고/내야수 | 이승재/강릉영동대/투수 | 유준규/군산상고/내야수 |
| 4 | 송재영/라온고/투수 | 장규현/인천고/포수 | 주하울/배명고/외야수 | 권혁경/신일고/포수 | 지명성/신일고/투수 |
| 5 | 우강훈/야탑고/투수 | 배동현/한일장신대/투수 | 김동진/파주챌린저스/내야수 | 이영재/유신고/외야수 | 김영현/동성고/투수 |
| 6 | 정우준/강릉영동대/투수 | 조현진/마산고/내야수 | 홍승원/성남고/투수 | 김원경/비봉고/내야수 | 최성민/동성고/외야수 |
| 7 | 이병준/개성고/투수 | 이준기/경기상고/투수 | 김세민/청담고/포수 | 장시현/충암고/내야수 | 윤세훈/야탑고/투수 |
| 8 | 최우인/서울고/투수 | 김규연/공주고/투수 | 이창용/강릉영동고/내야수 | 이준범/동성고/내야수 | 김건형/보이시주립대/외야수 |
| 9 | 김정주/제물포고/투수 | 안진/경기상고/투수 | 김혁준/제물포고/외야수 | 김선우/강릉고/투수 | 정주원/영남대/투수 |
| 10 | 권동현/부경고/투수 | 문승진/서울고/투수 | 이기용/용마고/투수 | 박대명/동성고/투수 | 김민서/율곡고/외야수 |
| 라운드 | NC | LG | SSG | 키움 | 두산 |
| 1 | 김주원/유신고/내야수 | 이영빈/세광고/내야수 | 조형우/광주일고/포수 | 김휘집/신일고/내야수 | 김동주/선린인고/투수 |
| 2 | 이용준/서울디자인고/투수 | 김진수/중앙대/투수 | 고명준/세광고/내야수 | 강현황/성남고/투수 | 최승승/소래고/투수 |
| 3 | 오장한/장안고/외야수 | 조건희/서울고/투수 | 조병현/세광고/투수 | 김성진/계명대/투수 | 강현구/인천고/외야수 |
| 4 | 한재승/인천고/투수 | 이믿음/강릉영동대/투수 | 장지훈/동의대/투수 | 이주형/야탑고/외야수 | 김도윤/청주고/투수 |
| 5 | 오태양/청원고/내야수 | 김형욱/부산고/내야수 | 박정빈/경기고/외야수 | 김시앙/동성고/투수 | 임태윤/경동고/내야수 |
| 6 | 김준상/성남고/내야수 | 김지용/라온고/투수 | 박형준/대구고/외야수 | 김현우/개성고/외야수 | 이상연/부산고/투수 |
| 7 | 조성현/인천고/투수 | 김유민/덕수고/내야수 | 조경호/동강대/투수 | 양경식/제물포고/내야수 | 강원진/백송고/투수 |
| 8 | 김정호/성균관대/포수 | 김대현/성지고/투수 | 장우준/개성고/투수 | 정연제/한일장신대/내야수 | 박성재/부산고/포수 |
| 9 | 김재중/서울고/내야수 | 송승기/야탑고/투수 | 박제범/인상고/투수 | 이재홍/고려대/투수 | 김주완/동강대/투수 |
| 10 | 김진우/군산상고/투수 | 박민호/경남대/포수 | 권혁찬/홍익대/내야수 | 장민호/배재고/투수 | 양현진/영문고/외야수 |

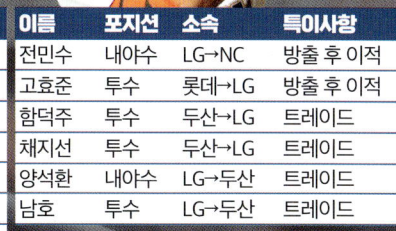

FEATURE #6
# 한국 프로야구 2020년 리뷰 & 2021년 프리뷰

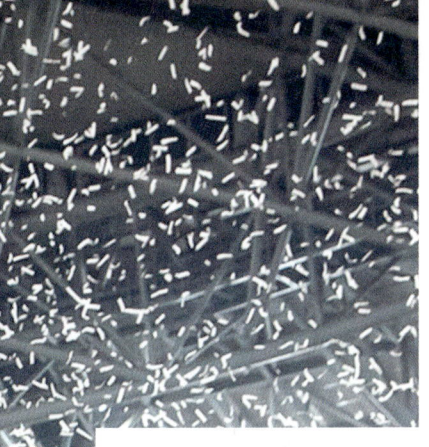

# 2020 REVIEW

2020 신한은행 쏠 KBO리그. 39년 프로야구 역사상 가장 힘든 시즌이었다. 연초부터 닥친 코로나19 광풍이 일으킨 불확실성의 먼지가 리그를 자욱하게 덮쳤다. 한 치 앞을 내다볼 수 없는 시계 제로의 상황이었다. 국경봉쇄 위기 속에 서둘러 해외 캠프를 접고 귀국한 구단들에 기약 없는 기다림이 시작됐다. 리그는 혼돈에 빠졌다.

개막 전 최종 리허설인 시범경기가 사상 처음으로 전격 취소됐다. 서막에 불과했다. 3월 28일로 예정됐던 개막이 4월로 미뤄졌다. 4월 개막도 또 한 번 미뤄졌다. 결국 예정보다 무려 38일이나 늦어진 5월 5일에야 가까스로 지각 개막이 이뤄졌다. 우여곡절 끝에 가까스로 개막했지만 야구장에는 이제껏 단 한 번도 경험하지 못한 낯선 풍경이 펼쳐졌다. 무관중 개막 속에 텅 빈 관중석이 사진과 인형, 플래카드로 채워졌다. 웃지 못할 풍경이었다. 관중 함성이 사라진 정적의 그라운드에서 선수들의 기합 소리, 더그아웃 파이팅이 빈 곳을 채웠다. 여기서 파생된 신경전도 이전에는 보기 힘들었던 모습이었다.

시즌 개막 두 달여가 흐른 7월 26일에야 관중 부분 입장이 허용됐다. 오래가지 못했다. 코로나19 재확산 속에 무관중과 부분 입장이 반복됐다. 무관중 시즌이나 다름없었던 시즌 속에서 각 구단 재정에 비상이 걸렸다. 관중 수입과 현장 마케팅 수입이 눈 녹듯 사라졌다. 구장 운영비조차 충당할 수 없었다. 그나마 60경기 단축 시즌에 마이너리그 선수 중단이란 피행을 겪은 메이저리그보다 낫다는 점이 위안거리였다. 미국 야구가 중단되면서 시작된 ESPN의 생중계는 KBO리그에 대한 미국 야구 팬들의 인식 변화를 가져왔다. 일명 '빠던'이라 불리는 KBO 리그의 자유로운 배트플립에 열광하기도 했다.

관중 열기가 사라진 그라운드였지만 상위권 순위경쟁은 막판까지 뜨거웠다. NC, KT 두 막내 구단의 약진 속에 '역대급' 상위권 경쟁이 펼쳐졌다. 정규 시즌 종료 하루 전에야 2~5위 순위가 결정되는 진풍경이 연출됐다.

NC는 위기 속에서도 선두를 놓치지 않았다. 모든 변수가 톱니바퀴처럼 맞아떨어진 최고의 시즌이었다. 드류 루친스키, 애런 알테어 등 외국인 선수의 투타 맹활약, 토종 에이스 구창모의 재발견, 김진성, 임창민 등 베테랑 활약 속 불펜진 안정, 양의지, 나성범, 박민우와 '출루율 1위' 박석민 등 기존 주포들에 새 얼굴 강진성의 가세 등이 어우러지며 최강 NC를 견인했다. 결국 창단 첫 정규시즌 우승을 거머쥔 NC는 '가을 야구 강자' 두산을 한국시리즈에서 물리치고 통합 우승의 새 역사를 썼다. '우승청부사' 양의지가 치켜든 집행검 세리머니는 새 역사를 알리는 상징적인 장면이었다.

KT 역시 첫 가을 야구를 만끽하며 창단 후 최고의 시즌을 보냈다. MVP 멜 로하스 주니어와 신인왕 소형준 등 개인 타이틀도 KT 천하였다. 홈런, 타점, 득점, 장타율 1위로 리그를 폭격하며 정상에 오른 로하스와 강백호, 황재균, 유한준 등 토종 타자들이 조화를 이뤄 막강 타선을 뽐냈다. '마당쇠' 오드리사머 데스파이네와 슈퍼루키 소형준, 윌리엄 쿠에바스가 38승을 합작해 선발진 안정을 이끌었다. 소형준은 두산과 플레이오프에서 1선발로 활약하며 2021시즌 더 큰 도약을 예고했다. 불펜에서는 주권이 전천후 활약으로 시즌 초 마무리 이대은의 공백을 메웠다. 주권은 홀드왕에 오르며 도루왕 심우준과 함께 창단 첫 개인 타이틀을 수상한 토종 선수로 이름을 올렸.

첫 가을야구 무대는 아쉬움을 남겼다. 정규리그 2위로 플레이오프에 진출했지만 '가을 야구 기술자' 두산에 아쉽게 패하며 첫 한국시리즈 진출을 내년으로 미뤘다. 2019년 통합 우승팀 두산은 시즌 초 부진 속에 한때 가을 야구 진출에도 비상이 걸렸지만 매서운 뒷심을 발휘했다. 3위로 시즌을 마친 뒤 한국시리즈까지 진출하는 저력을 보였다. 에이스 라울 알칸타라가 20승으로 다승왕에 오르며 시즌 내내 1선발로 마운드를 지켰고 부상에서 돌아온 크리스 플렉센은 포스트시즌 에이스로 맹활약했다. 시즌 초 엄청난 페이스로 치고 나간 호세 페르난데스는 외국인 선수 최초로 200안타에 도전했지만 단 1개 차로 실패해 안타왕에 만족해야 했다.

한국시리즈 진출을 노렸던 LG는 두산과 반대였다. 뒷심이 부족했다. 정규시즌 2위를 눈앞에 두고 한화, SK 등 하위 2팀과 마지막 2경기에서 모두 패해 4위로 추락한 것이 뼈아팠다. 준플레이오프에서 두산에 패한 LG는 결국 류중일 감독과 재계약을 포기하고 프랜차이즈 스타 류지현 신임 사령탑을 선임해 재도전에 나선다.

키움 역시 뒷심이 부족했다. 한때 선두 NC를 위협하며 창단 첫 우승에 도전했지만 가을 이후 내리막을 탄 끝에 5위로 가을 야구에 턱걸이했다. 평균자책점 1위 에릭 요키시와 구원왕 조상우, 메이저리그에 진출한 김하성과 완전체로 진화한 이정후가 투타에서 맹활약했지만 결과는 아쉬웠다. 시즌 막판 손혁 감독이 석연치 않은 경질성 자진 사퇴로 충격을 던져 팀 분위기가 가라앉았다. 와일드카드 결정전에서 곧바로 탈락한 키움은 시즌 후에도 어수선했다. 새 감독 선임이 미뤄지는 가운데 이택근이 폭로한 팬 사찰 논란에 휘말리기도 했다.

외국인 사령탑 맷 윌리엄스 감독 체제로 출발한 KIA는 가을 야구 진출의 희망을 이어갔지만 2년 연속 포스트시즌 진출에 실패했다. 시즌 막판 가족의 교통사고로 에이스 애런 브룩스가 이탈해 동력을 잃었다. 최형우는 시즌 막판 뒷심을 발휘하며 KIA 이적 후 처음으로 타격왕에 오르는 노익장을 과시했다.

허문회, 허삼영의 새 사령탑이 부임한 롯데와 삼성은 시즌 초중반까지 가을 야구 희망을 이어갔지만 여름 이후 주춤하며 아쉽게 시즌을 마감했다. 삼성은 2015년을 끝으로 5년 연속 가을야구 진출에 실패하며 암흑기를 이어갔다. 탈삼진왕 댄 스트레일리와 15승 투수 데이비드 뷰캐넌은 각각 롯데와 삼성과 재계약해 2021년 가을 야구 재도전의 선봉에 선다. 한편 일본 프로야구와 미국 메이저리그를 거쳐 7년 만에 친정 삼성으로 돌아온 오승환은 한미일 통산 400세이브 기록을 달성했다. 올 시즌 18세이브를 추가하며 리그 첫 개인 통산 300세이브 기록에 -5로 성큼 다가섰다.

9위 SK와 최하위 한화는 최악의 시즌을 보냈다. 두 팀 모두 감독 대행 체제로 시즌을 치렀다. SK는 염경엽 감독이 건강 문제로 이탈했고 한화는 한용덕 감독이 성적 부진으로 물러났다. 일찌감치 8위와 너무 멀어져 '그 둘만의 리그'를 보내야 했다. 시즌 후 SSG는 김원형 감독, 한화는 창단 후 첫 외국인 사령탑인 카를로스 수베로 감독을 선임해 2021년 반등 준비에 나섰다.

한편 2020시즌을 끝으로 은퇴를 선언한 '영원한 LG' 박용택은 팀 우승의 숙원을 끝내 이루지 못한 채 정든 그라운드를 떠났다. 시즌 막판 달성한 리그 최초 2500안타란 금자탑이 위안거리였다. 한화 프랜차이즈 스타 김태균과 LG 정근우 등 82년생 스타들과 삼성 레전드 권오준과 윤성환 등 대스타들이 줄줄이 은퇴를 선언해 아쉬움을 남겼다.

# 2021 PREVIEW

프로야구는 FA 선수 한 명을 영입했다고 해서 전력이 크게 향상되는 종목이 아니다. 144경기, 6개월의 대장정 동안 희비의 그래프가 요동치기 때문이다. 그만큼 많은 변수에 휩싸일 수밖에 없다. KBO리그 10개 구단이 전력 평준화와 한국시리즈 우승을 외치지만 상위권이 쉽게 깨지지 않는 이유. 상위권 반열에 올라선 팀들은 매 시즌 꾸준하게 상위권을 지키면서 한국시리즈 우승을 바라볼 수 있다. 지난 시즌은 분위기가 약간 달랐다. 2018년 통합우승을 거둔 SK가 추락하면서 KT가 그 자리를 메웠다. 지난해 5월 13일부터 10월 31일까지 정규 시즌 1위를 놓치지 않았던 NC, 역대 최다 연패 타이인 18연패라는 불명예를 안은 한화를 제외하고 나머지 팀들은 '역대급' 5강 전쟁을 펼쳤다. 그렇다면 2021년 KBO리그는 어떻게 모습으로 전개될까.

## ▶ 1강 8중 1약

2021시즌 KBO리그 구도는 '1강 8중 1약'으로 예상된다. 1강은 전력 공백 없는 NC가 차지할 것으로 보인다. 비시즌 기간 주축 타자 나성범의 미국 메이저리그 진출 여부가 관건이었지만 결국 성사되지 않았다. 나성범이 그대로 타순에 남게 된 NC는 선발진도 두텁다. 새 외국인 투수 웨스 파슨스의 기량이 베일에 싸여있긴 하지만 기존 드루 루친스키와 재계약했고 토종 구창모, 송명기가 든든하게 버틴다.

나머지 팀들의 순위싸움은 그야말로 예측불허다. KT를 비롯해 두산, LG, KIA, 삼성, SSG, 롯데, 키움이 가을 야구 초대장을 놓고 지난해보다 치열한 싸움을 펼칠 전망이다. 올겨울 하위권 팀들이 부족한 부분을 FA 영입으로 채웠기 때문에 2020시즌 하위권 팀이라도 만만하게 볼 팀은 없어졌다. 특히 야수 최주환과 투수 김상수를 각각 FA와 사인&트레이드로 영입한 SSG가 자존심 회복을 꿈꾼다. 여기에 지난 시즌 5할 승률 이상임에도 시즌 막판 변수로 5강 무대 진출에 실패했던 KIA도 전력 누수 없이 애런 브룩스, 다니엘 멩덴이라는 강력한 원투펀치를 구축했다는 평가를 받는다. 삼성도 두산에서 FA 오재일을 4년 50억 원에 영입해 장타력과 클린업트리오의 파괴력을 한층 끌어올린 모습이다. 키움은 김하성이 메이저리그로 이적하긴 했지만 두터운 선수층으로 충분히 상위권을 유지할 수 있는 전력이다. 다만 1약은 한화로 평가된다. 한화는 외부 영입 없이 내부정리에 힘을 쏟았다. 새 외국인 투수와 외국인 타자를 모두 바꾸는 데 초점을 맞췄다. 닉 킹엄과 라이언 카펜터가 원투펀치로 활약할 경우 한화도 순위상승을 기대해볼 여지는 있지만 여전히 아시아 야구 적응이라는 변수에 사로잡혀 있다. 여기에 토종 투수들도 약한 모습이다. 화력에서도 큰 변화가 없을 것으로 보인다.

## ▶ '타고투저' 현상 지속

2019년에는 반발계수가 저하된 단일 경기사용구(공인구) 적응에 실패한 타자들이 많았다. 1년 만에 타자들은 달라졌다. 언제 그랬냐는 듯 타격지표가 상승했다. 총 안타(2019년 1만3145개, 2020년 1만3547개)를 비롯해 총 홈런(2019년 1014개, 2020년 1363개)과 총 득점(2019년 6548점, 2020년 7436점)이 모두 늘었다. 규정타석 소화를 기준으로 타율 3할 타자도 2019년(18명)보다 5명이 더 늘었다. 홈런왕을 차지한 로하스(47개)는 지난해 박병호(33개)보다 14개 더 많이 생산해냈다. 타자들이 제 컨디션을 회복하자 도루 비율(2019년 993개, 2020년 892개)이 감소했다. KBO리그의 모든 감독은 타격으로 승부를 볼 수 있다고 판단, 굳이 아웃카운트를 빼앗길 확률이 높은 도루에 초점을 맞추지 않았다. 반면 투수들은 많이 얻어맞았다. 평균자책점이 '투고타저' 현상이 짙었던 2019년 4.17에서 2020년 4.76으로 높아졌다. 2021년에도 '타고투저' 현상이 지속될 전망이다. KBO는 공인구 반발계수 조정을 염두에 두지 않는다. 공인구 반발계수는 지난해 수준인 평균 0.4153에서 결정될 전망이다. 합격 기준은 평균 0.4034~0.4234다.

## ▶ '괴물' 소형준의 프로 2년 차 징크스?

소형준은 2020시즌 혜성같이 나타나 KT 5선발로 26경기에 등판, 13승 6패 평균자책점 3.86을 기록했다. 팀 내 최다승 부문에서 외인 투수 오드리사머 데스파이네(15승)에 이어 2위를 차지했다. 특히 2006년 류현진 이후 14년 만에 고졸 신인 두 자릿수 승수를 따내며 KBO리그 신인상을 차지했다. 소형준은 신인 연봉 2700만 원에서 5배 이상 인상된 1억4000만 원에 도장을 찍었다. 팀 내 연봉인상률 1위를 찍었다. 전문가들은 "소형준의 프로 2년 차 징크스는 없을 것"이라고 입을 모은다. 이강철 KT 감독은 "소형준의 강점은 강심장이다. 어린 나이에도 주눅 들지 않는다. 승부욕이 뛰어나 한국시리즈 진출에 실패했을 때 펑펑 울었다고 하더라. 무엇보다 지난해 많이 던지긴 했지만 관리를 열심히 했기 때문에 어깨 과부하 등 건강함 부분에선 문제없을 것"이라고 설명했다. 류현진은 데뷔 시즌 18승을 배달한 뒤 2007년 17승을 따낸 바 있다. '류현진과 닮은꼴'이라는 소형준의 2021년이 기대되는 이유다. 소형준은 2020년에 관해 묻자 "완벽했다"라고 답했다. 2021년 목표는 "2020년보다 더 잘하고 싶다"는 것이었다.

## ▶ 비디오판독 확대, 부상선수 등록 변경

KBO는 지난해 12월 이사회에서 심판 판정의 논란을 줄이고 공정성 확보를 위해 내년부터 비디오판독 대상 플레이 확대를 결정했다. 추가된 항목은 ①공식 야구 규칙 5.08(a)에 의거한 3아웃 이전 주자의 득점, ②주자의 누의 공과, ③주자의 선행주자 추월, ④주자가 다음 베이스로 진루하기 위해 태그업할 때 일찍 했는지에 대한 심판의 판정 등 네 가지다. 부상자 명단 운영도 달라진다. 부상자 명단 등재는 선수의 경기 출장일 다음 날부터가 아닌 엔트리 말소일부터 3일 이내에 신청서와 진단서를 제출하도록 했다. 또한 부상자 명단(10일, 15일, 30일)에 등록된 일자로부터 최소 10일이 지나야 다시 등록할 수 있는 조항을 추가했다.

## ▶ 살벌한 선수들이 쏟아진다

코로나 19 여파 속 2020시즌을 안정적으로 마친 KBO리그. 구단들은 매출 직격탄에도 주머니를 활짝 열어 아낌없이 투자했다. "좋은 선수들에게는 돈을 쓴다"는 분위기가 확인된 시간이었다. 2021년에는 2020년보다 더 기량이 좋은 FA 선수들이 시장에 쏟아져 나올 전망이다. 키움 박병호를 비롯해 나성범, 김재환, 김현수, 손아섭, 황재균이 주인공이다. 가장 주목받는 선수는 박병호다. 보상선수가 없는 C등급에 해당한다. 2021년 연봉(15억 원)에 150%(22억5000만 원)만 주면 된다. 김현수, 손아섭, 황재균은 B등급이라 보상선수와 보상금이 발생하지만 30대 초중반 나이라 4년 계약을 따낼 수 있다는 전망이 나온다. 이외에도 안치홍, 민병헌, 한현희, 서건창, 장성우, 박해민, 강민호, 최재훈 등도 등록일수에 따라 FA 자격을 갖출 수 있다. 투수보다 야수 보강에 관심을 두는 구단들의 선택폭이 넓어질 수 있다. 양도 많고 질도 좋아 역대급 돈 잔치도 예상된다.

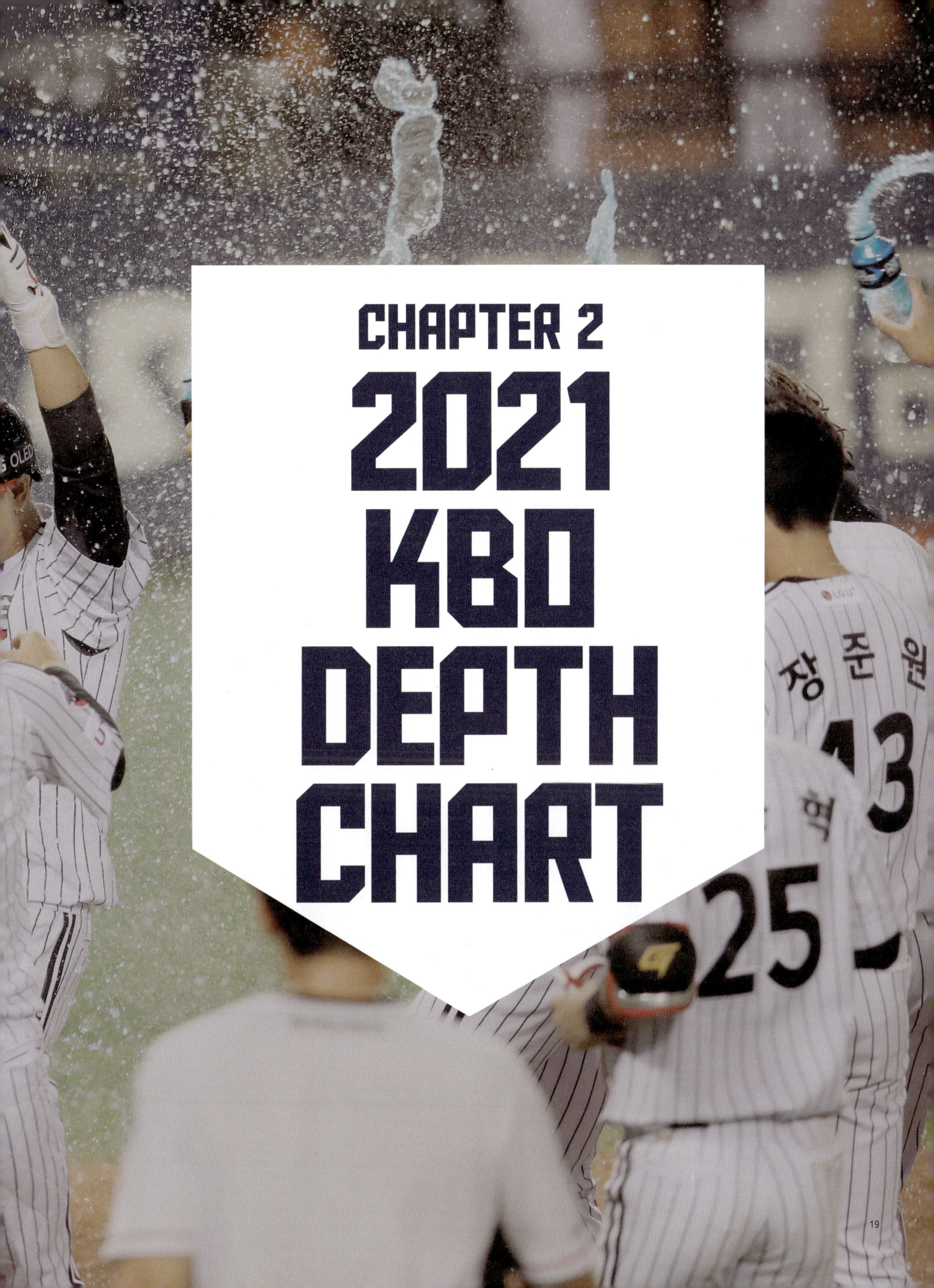

# CHAPTER 2
# 2021 KBO DEPTH CHART

## TEAM PROFILE

| | |
|---|---|
| 팀명 | NC 다이노스 |
| 창립년도 | 2011년 |
| 구단주 | 김택진 |
| 모기업 | NC소프트 |
| 대표이사 | 황순현 |
| 단장 | 김종문 |
| 감독 | 이동욱 |
| 연고지 | 경상남도 창원시 |
| 홈구장 | 창원 NC파크 |
| 영구결번 | 없음 |
| 한국시리즈 우승 | 2020 |

# 2021 NC DINOS DEPTH CHART

**MANAGER**
이동욱

**CENTER FIELDER**
알테어
이재율
최승민

**LEFT FIELDER**
이명기
김준완
오장한

**SHORTSTOP**
노진혁
김찬형
박준영
김주원

**2ND BASE**
박민우
지석훈
최정원

**RIGHT FIELDER**
나성범
전민수
박시원

**3RD BASE**
박석민
지석훈
김민수
도태훈

**1ST BASE**
강진성
모창민
윤형준

**CLOSER**
원종현

**STARTING PITCHER**
루친스키, 파슨스, 구창모
송명기, 김영규(이재학)

**BULLPEN**
김진성, 문경찬, 임창민
박진우, 임정호, 홍성민

**CATCHER**
양의지
김태군
정범모
이재용

**DH**
모창민
권희동
윤형준

# 2020 REVIEW & 2021 PREVIEW

NC 다이노스의 2020년은 KBO리그에 많은 것을 느끼게 했다. 구단이 좋은 성적을 거두려면 어떻게 해야 하는지 정석을 보여줬다. NC는 2013년 9번째 구단으로 1군에 데뷔해 2년째인 2014년부터 가을 야구에 오른 신흥 명문이다. 2018년 여러 악재가 겹쳐 꼴찌로 떨어졌지만 2019년에 5위로 부활했고 2020년엔 정규 시즌 우승에 한국시리즈까지 통합우승을 했다. 2011년 창단한 뒤 9년 만에 이룬 영광이다. 모기업 엔씨소프트가 탄탄한 투자를 해주는 가운데 구단과 방향이 같은 리더십을 갖춘 코칭스태프, 그리고 선수들의 의지가 결합한 결과였다. NC는 돈을 허투루 쓰지 않았다. 꼭 필요한 곳에 과감한 투자를 했다. 2015시즌 후 3루수 박석민과 당시 FA 최고액인 96억 원에 계약을 했다. 2018시즌 후엔 최고의 포수인 양의지를 역대 최고액인 125억 원에 잡았다. 성장할 수 있는 포지션과 힘든 포지션을 확실하게 정해 최고의 선수를 데려왔다. 그러다 보니 자연스럽게 약점이 없는 라인업이 완성됐다.

2018년 성적 부진으로 김경문 감독을 경질한 NC는 2019년 새 감독으로 무명의 이동욱 코치를 선임해 야구계를 놀라게 했다. 2년 만에 이 감독은 NC의 첫 우승을 만들어낸 명장이 됐다. NC가 추구하는 데이터 야구에 적합한 인물이었다. 배움에 있어서 어떠한 벽이 없던 이 감독은 최근 야구계에 부는 데이터 야구도 빠르고 적극적으로 받아들였다. 두산과 한국시리즈에서 보여준 극단적 수비 시프트는 야구계를 놀라게 했다. 단점을 보완하기보다 장점을 부각시키는 야구로 선수들이 그라운드에서 날아다니게 했다. 외국인 타자 애런 알테어가 초반 중심 타선에서 제 역할을 못 하자 하위 타선으로 내려 부담 없이 한국 야구에 적응하도록 배려했다. 그것이 신의 한 수가 돼 알테어는 8번 타자로 31홈런에 108타점을 올리는 놀라운 결과를 가져왔다. 창원NC파크가 홈런이 많이 나오자 NC는 좀 더 강한 타격을 시도했고 이는 장타력 상승으로 돌아왔다. 지난 시즌 팀 홈런 187개로 전체 1위였고 장타율도 0.462로 2위인 KT(0.436)와 큰 차이를 보였다. 나성범(34개), 양의지(33개), 알테어(31개) 등 3명이 30홈런 이상 때려내는 등 무려 7명이나 두 자릿수 홈런을 기록했다. 상하위 타선을 가리지 않고 터지는 장타력에 상대 마운드는 항상 긴장 속에 공을 던져야 했다. 득점(888점), 타점(845점), 안타(1483개)도 1위에 오른 NC는 언제든 역전할 힘이 있었다.

마운드에선 신구 조화가 돋보였다. 외국인 투수 루친스키가 19승을 거둬 에이스 역할을 했고 라이트도 11승으로 뒤를 받쳤다. 여기에 구창모(9승)와 송명기(9승)가 '깜짝' 활약을 하면서 선발진이 안정적으로 돌아갔다. 불펜진은 베테랑들이 이끌었다. 마무리 원종현(30세이브)이 뒷문을 잠가놓았고 김진성(3승 6홀드), 임창민(7승 2패 11홀드), 임정호(2승 2패 22홀드), 배재환(1승 3패 12홀드) 등이 중간에서 맹활약했다. 시즌 중반 트레이드로 온 문경찬도 11홀드로 힘을 보탰다. 3연패를 7월 말에 처음 할 정도로 승승장구했다. 시즌 7번째 경기에서 6승 1패로 1위를 한 이후 단 한 번도 1위를 놓치지 않고 우승을 이뤘다. 한국시리즈에서도 막강한 마운드와 힘 있는 타선, 그리고 이들을 이끈 주장 양의지의 맹활약이 더해져 NC는 6년 연속 한국시리즈 진출한 두산을 4승 2패로 눌렀다. 김택진 구단주는 정규시즌 우승 때부터 한국시리즈 우승까지 야구장을 하루도 빼놓지 않고 찾아 NC 선수들을 응원하는 열정을 보였다. NC의 활약에 더해 '택진이형'은 한국시리즈에서 큰 화제를 낳았다. 한국시리즈에 우승했을 땐 세리머니를 위해 만든 '집행검'을 직접 선수들에게 전달하기도 했다. 구단주의 야구 사랑이 팀에 어떤 영향을 끼치는지를 직접 보여줬다.

2021시즌도 NC는 강력한 우승 후보다. 메이저리그 진출을 노렸던 나성범이 잔류하면서 전력 손실이 없었다. 에이스 루친스키와 타자 알테어와 재계약에 성공했고 불안했던 라이트 대신 파스노를 영입해 전력이 좋아졌다는 평가다. 지난해 좋은 경험을 쌓았던 구창모와 송명기에 대한 기대감도 크다. 우승을 다툴 후보 팀들의 겨우내 전력보강이 눈에 띄지 않는 점도 NC의 우승 가능성을 키운다. 유일한 걱정은 자만심이다. 지난해 잘했다는 것에 취해 방심했다가 성적이 떨어지는 팀을 자주 볼 수 있었다. NC는 2021시즌에도 수성이 아닌 도전을 외친다.

# TEAM INFO

## 2020 팀 순위
포스트시즌 최종 순위 기준 - 1위

(2016: 2위, 2017: 4위, 2018: 10위, 2019: 5위, 2020: 1위)

## 유니폼
홈 / 원정

## 2020 시즌 공격력
| 0.291 | 187개 | 106개 | 997개 | 0.828 | 0.330 |
|---|---|---|---|---|---|
| 타율 | 홈런 | 병살타 | 삼진 | OPS | 득점권 타율 |
| 2위 | 1위 | 9위 | 4위 | 1위 | 1위 |

## 수비력
| 87개 | 9개 | 120개 | 46.2% |
|---|---|---|---|
| 실책 | 견제사 | 병살 성공 | 도루저지율 |
| 8위 | 공동 3위 | 10위 | 1위 |

## 주루
| 72.7% | 49개 | 7개 |
|---|---|---|
| 도루성공률 | 주루사 | 견제사 |
| 4위 | 공동 4위 | 4위 |

## 2021 예상 베스트 라인업

**수비 포지션별**
| 포수 | 1루수 | 2루수 | 3루수 | 유격수 |
|---|---|---|---|---|
| 양의지 | 강진성 | 박민우 | 박석민 | 노진혁 |

| 좌익수 | 중견수 | 우익수 | 지명타자 |
|---|---|---|---|
| 이명기 | 알테어 | 나성범 | 모창민 |

**선발 로테이션**
루친스키-파슨스-구창모-송명기-김영규(이재학)

**필승조**
김진성-문경찬-임창민-박진우-임정호-홍성민

**마무리**
원종현

## 2020년 팀별 상대전적표

| VS | 승-무-패 | 타율 | 홈런 | ERA |
|---|---|---|---|---|
| KT | 10승 1무 5패 | 0.269 | 20 | 4.5 |
| LG | 4승 3무 9패 | 0.288 | 14 | 5.47 |
| 두산 | 9승 0무 7패 | 0.293 | 20 | 5.74 |
| 키움 | 8승 0무 8패 | 0.283 | 22 | 4.87 |
| KIA | 7승 0무 9패 | 0.308 | 16 | 5.31 |
| 롯데 | 10승 0무 6패 | 0.318 | 19 | 4.54 |
| 삼성 | 9승 2무 5패 | 0.263 | 25 | 4.51 |
| SSG | 14승 0무 2패 | 0.285 | 21 | 2.88 |
| 한화 | 12승 0무 4패 | 0.306 | 30 | 3.36 |

# PARK FACTOR
## 창원 NC파크

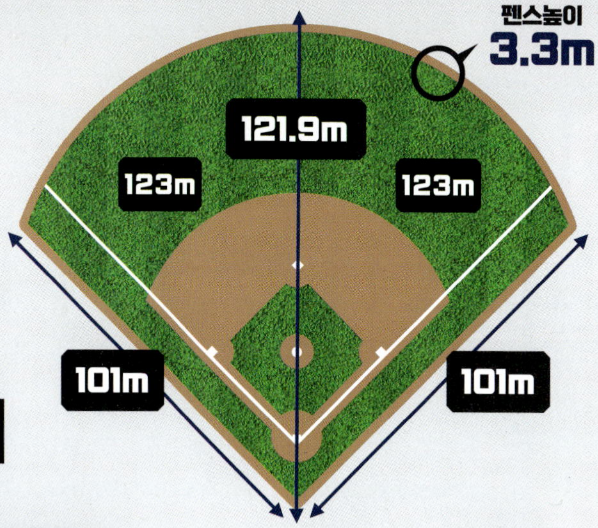

펜스높이 3.3m
121.9m
123m 123m
101m 101m

**경기수**
72 홈팀 / 72 원정팀

| 홈팀 | | 원정팀 |
|---|---|---|
| 타율 0.302 | | 타율 0.266 |
| 홈런 103 | | 홈런 89 |
| 실책 42 | | 실책 39 |

**좌타자 타율**
0.314 홈팀
0.271 원정팀

**우타자 타율**
0.292 홈팀
0.258 원정팀

**좌타자 홈런**
37 홈팀 / 40 원정팀

**우타자 홈런**
66 홈팀 / 48 원정팀

잠실야구장보다 높은 펜스, 해풍의 영향, 먼 펜스 거리 등 투수 친화적일 거란 예상을 깨고 홈런이 비교적 잘 터지는 타자 친화적 구장이다. 좌우 중간 직선형 펜스, 좁은 파울지역 탓일 가능성이 크다. NC에 홈런 타자가 즐비한 영향도 있다. 개방형 콘코스 구조로 바람 방향이 수시로 변한다.

좌석 1만 8285석

켄터키 블루그래스

# 70 이동욱
## MANAGER
### TO THE NEXT CLASS

| 생년월일 | 1974년 7월 17일 |
|---|---|
| 출신학교 | 부산배정초-대천중-동래고-동아대 |
| 주요경력 | 롯데 선수(1997~2003), 롯데 2군 수비코치(2004~2005), LG 2군 수비코치(2007~2011), NC 수비코치(2012~2017)/잔류군 수비코치(2018), NC 감독(2019~) |
| 연봉 | 2억5000만 원 |

초보사령탑이었던 이동욱 감독의 지난 2년. NC 다이노스와 함께 폭풍 성장을 한 시기였다. 초보 딱지를 뗀 자리에 우승 패치가 달렸다. "(우승 패치가 붙은) 팔이 너무 무겁다"라는 이동욱 감독의 농담 속에 녹아있는 부담감보다 기대가 더 크다. 우승 이후가 본격적인 '이동욱 야구'의 출발점이 될 수 있다. 지금까지 보여줬던 것보다 앞으로 보여줄 것이 훨씬 더 많은 준비된 사령탑인 덕분이다. 선수 자원도 탄탄하다. 다이노스 미래를 책임질 영스타들이 쑥쑥 자라고 있다. 퓨처스리그에는 미트를 찢을 듯한 150㎞짜리 강속구를 뿌리는 싱싱한 어깨들이 즐비하다. 거포도 있고 빠른 발의 재간둥이도 있다. 유망주로만 팀을 꾸려도 퓨처스리그에서 경쟁력 있는 전력이 될 만하다.

그래서일까. 야구계에서 조심스레 'NC 왕조'를 언급하는 목소리가 들린다. 결코 빈말이 아니다. 이 계산 속에는 이동욱 감독의 '형님 리더십'과 치밀한 분석 야구도 큰 몫을 차지한다. 실제로 지금까지 퍼포먼스가 이를 증명한다. 2018시즌 꼴찌였던 NC는 계단을 크게 생략하며 단 두 걸음 만에 정상에 우뚝 섰다. 이동욱 감독 부임과 함께 NC는 단숨에 5위, 우승으로 도약했다. 꼴찌 팀을 맡아 부임 첫해 가을 야구 진출, 이듬해 통합 우승으로 이끈 사령탑의 탁월한 리더십을 평가하지 않을 수 없다. 계약 만료 1년 앞서 미리 계약을 연장한 구단의 선택은 탁월했다.

오직 숨 가쁜 전진으로만 채웠던 지난 2년. 급히 오르다 보니 어느덧 정상이다. 더는 올라갈 곳 없는 디펜딩챔피언으로 맞을 세 번째 시즌이 개막한다. 더 오를 곳이 없는 목표 상실의 부담감은 없을까. 이동욱 감독 생각은 다르다. 오히려 제로베이스에서 새 출발을 강조한다. 이동욱 감독은 "2020년은 12월 31일을 끝으로 잊었다. 이제 다시 시작이다. 우승의 기억은 간직해야 할 자부심일 뿐이다. 우승했다고 1승 더 주고 시작하는 건 아니지 않나. 매 시즌 다른 조건으로 임하는 만큼 우리에게는 또다시 도전의 길"이라고 단호하게 말한다.

실제 도취해 있을 여유가 없다. 올 시즌은 이 감독에게 또 다른 시험대다. 하위 팀들이 외부 FA와 추신수, 외인 교체 등으로 대대적 전력을 보강하며 전열을 정비한 반면 NC는 딱히 플러스 요인이 없다. 나성범의 메이저리그 진출이 보류된 점 정도가 유일한 호재다. 배재환, 최성영, 김형준, 김성욱 등 알짜 선수들은 상무 입대로 빠져나갔다. 두툼한 선수층 유지에 대해 고민을 해야 할 시점이다. 이동욱 감독은 발 빠르게 대안 마련에 나섰다. 1군 캠프에 젊은 선수들을 대거 포함해 옥석 가리기를 시작했다. 이동욱 감독은 "김태현, 류진욱, 소이현, 김태경, 안인산, 박시원 등 연습경기를 통해 플랜B를 테스트해 봐야 한다"라며 대안 발굴의 중요성을 강조한다. 위기의 파도는 미리 준비한 자만이 슬기롭게 넘을 수 있다. 그만큼 대비가 중요하다.

선발진은 새로 영입한 파슨스의 적응과 토종 에이스 구창모의 건강, 송명기의 성장에 달렸다. 가장 큰 고민은 역시 불펜 안정이다. 김진성, 원종현, 임창민 등 주축에 노장이 많아 해가 바뀔수록 우려의 시선이 살짝 있다. NC에서 2년 차를 맞는 문경찬의 역할이 중요하다. '2019 버전' 패스트볼 회복이 관건이다. 성공하면 더블 마무리 체제도 가능해진다. 이 밖에도 젊은 유망주 발굴이 대거 이뤄져야 할 필드가 바로 불펜이다. 뒷문 단속 고민은 10개 구단 사령탑 모두 마찬가지다. 디펜딩챔피언의 이 감독도 예외는 아니다. 야수진에서는 박석민을 보완할 신예 3루수, 김성욱 역할을 해줄 외야수 발굴이 과제다. 테임즈도 거들떠보지 않고 재계약한 알테어가 '8테어'에서 벗어나 중심 타선을 맡아줄 수 있느냐에 따라서 짜임새와 파괴력이 달라질 전망이다.

잔치는 2020년에 끝났다. 이제는 새로운 출발이다. NC의 겨울은 들떠 있지 않았다. 차분하게 또 한 번의 도전을 준비 중이었다. 그 중심에 이동욱 감독이 있다. 순리와 분석, 그리고 '큰형님 리더십'을 통해 늘 기대 이상의 퍼포먼스를 끌어낸 젊은 리더 이동욱. 그는 "우승팀의 자부심을 새로운 목표로 이어가야 한다"고 강조한다. 조용하게 'NC 왕조' 탄생을 준비 중인 이동욱 감독의 행보 속에 한국 프로야구가 또 다른 역사를 준비한다.

# ◆ COACHING STAFF ◆

**83 강인권**
- 생년월일: 1972년 6월 26일
- 출신학교: 대전 신흥초-충남중-대전고-한양대
- 보직: 수석 코치
- 주요경력: 한화 선수(1995), 두산 선수(2002)/코치(2007), NC 코치(2012), 두산 코치(2015), 한화 코치(2018), NC 코치(2020)

**75 진종길**
- 생년월일: 1981년 9월 23일
- 출신학교: 성북초-동성중-부산고-동의대
- 보직: 작전/주루 코치
- 주요경력: 삼성 선수(2004), 동의대 코치(2007), NC 코치(2013)

**80 손시헌**
- 생년월일: 1980년 10월 19일
- 출신학교: 화곡초-선린중-선린정보고-동의대
- 보직: 퓨처스 수비 코치
- 주요경력: 두산 선수(2003~2013), NC 선수(2014~19), NC 코치(2020)

**81 손민한**
- 생년월일: 1975년 1월 2일
- 출신학교: 부산 대연초-대천중-부산고-고려대
- 보직: 투수 코치
- 주요경력: 롯데 선수(1997), NC 선수(2013), NC 코치(2019)

**77 용덕한**
- 생년월일: 1981년 4월 9일
- 출신학교: 대구중앙초-대구중-대구상고-동아대
- 보직: 배터리 코치
- 주요경력: 두산 선수(2004), 롯데(2012) 선수, KT(2015) 선수, NC(2015) 선수, NC 코치(2017)

**71 이대환**
- 생년월일: 1979년 5월 28일
- 출신학교: 춘천초-춘천중-춘천고-동국대
- 보직: 퓨처스 불펜 코치
- 주요경력: 현대 선수(2002~05), 히어로즈 선수(2009), 넥센 선수(2010), LG(2011~12) 선수, KIA 선수(2013~14), NC 선수(2015), NC 코치(2017)

**27 이호준**
- 생년월일: 1976년 2월 8일
- 출신학교: 광주 중앙초-충장중-광주제일고-호남대
- 보직: 타격 코치
- 주요경력: 해태 선수(1994), SK 선수(2012), NC 선수(2013), NC 코치(2018)

**97 유영준**
- 생년월일: 1962년 9월 20일
- 출신학교: 흥인초-배명중-배명고-중앙대
- 보직: 퓨처스 감독
- 주요경력: NC 감독대행(2018.6), NC 퓨처스 감독(2018.11)

**72 전준호**
- 생년월일: 1969년 2월 15일
- 출신학교: 마산상남초-마산동중-마산고-영남대
- 보직: 퓨처스 작전/주루 코치
- 주요경력: 롯데 선수(1991~96), 현대 선수(1997~2007), 우리 선수(2008), 히어로즈 선수(2009), NC 코치(2012)

**74 한규식**
- 생년월일: 1976년 9월 14일
- 출신학교: 장안초-건대부중-덕수상고-중앙대
- 보직: 수비 코치
- 주요경력: 롯데 선수(1999), LG 선수(2001), KIA 선수(2006), NC 코치(2014)

**87 김민호**
- 생년월일: 1961년 4월 28일
- 출신학교: 부산성서초-부산동성중-부산고-동국대
- 보직: 퓨처스 타격 코치
- 주요경력: 롯데 선수(1984), 롯데 코치(2005), 롯데 코치(2013), NC 코치(2017)

**79 조영훈**
- 생년월일: 1982년 11월 12일
- 출신학교: 영랑초-설악중-속초상고(설악고)-건국대
- 보직: 퓨처스 타격 코치
- 주요경력: 삼성 선수(2005~07), 경찰 선수(2008~09), 삼성 선수(2010~11), KIA 선수(2012), NC 선수(2013~18), NC 코치(2020)

**88 채종범**
- 생년월일: 1977년 12월 3일
- 출신학교: 용지초-마산동중-마산고-연세대
- 보직: 타격 코치
- 주요경력: 쌍방울 선수(1996), SK 선수(2000), KIA 선수(2008), KT 코치(2013), NC 코치(2018)

**44 김종민**
- 생년월일: 1986년 03월 30일
- 출신학교: 신흥초-충남중-대전고-단국대
- 보직: 퓨처스 배터리 코치
- 주요경력: 히어로즈 선수(2009), KT 선수(2014~17), NC 선수(2017), NC 코치(2021)

**76 지연규**
- 생년월일: 1969년 8월 15일
- 출신학교: 시목초-천안북중-천안북일고-동아대
- 보직: 퓨처스 투수 코치
- 주요경력: 빙그레 선수(1992~93), 한화 선수(1994~06), 한화 코치(2008), NC 코치(2012)

**98 김수경**
- 생년월일: 1979년 8월 20일
- 출신학교: 서화초-대현종-인천고
- 보직: 투수 코치(불펜)
- 주요경력: 현대 선수(1998), 히어로즈 선수(2008), 넥센 코치(2013), NC 코치(2018)

**73 김태룡**
- 생년월일: 1968년 2월 23일
- 출신학교: 대전현암초-한밭중-청주고-계명대
- 보직: 퓨처스 수비 코치
- 주요경력: 삼성 선수(1992), 해태 선수(1996), KIA 선수(2001), KIA 코치(2005), 롯데 코치(2019), NC 코치(2020)

**82 한문연**
- 생년월일: 1961년 4월 10일
- 출신학교: 성호초-마산동중-마산용마고-동아대
- 보직: 퓨처스 배터리 코치
- 주요경력: 롯데 선수(1983~1992), 롯데 코치(1993~2001), SK 코치(2001~2002), 롯데 코치(2003~2010), SK 코치(2011), NC 코치(2012)

**93 이종욱**
- 생년월일: 1980년 6월 18일
- 출신학교: 면목초-홍은중-선린정보고-영남대
- 보직: 주루 코치
- 주요경력: 현대 선수(2003), 두산 선수(2006), NC 선수(2014), NC 코치(2018)

**89 박석진**
- 생년월일: 1972년 7월 19일
- 출신학교: 수영초-대천중-경남고-단국대
- 보직: 퓨처스 투수 코치
- 주요경력: 삼성 선수(1995~96), 롯데 선수(1997~2003), 삼성 선수(2004~06), 롯데 선수(2006~07), LG 선수(2007~08), LG 코치(2012), NC 코치(2018)

# 59
# 구창모

**투수(좌투좌타)**

| | |
|---|---|
| 생년월일 | 1997년 2월 17일 |
| 신장/체중 | 183cm/85kg |
| 학력 | 천안남산초-덕수중-울산공고 |
| 연봉(2021) | 2억5000만 원 |
| 지명순위 | 2015 NC 2차 1라운드 3순위 |
| 입단년도 | 2015 NC |

NC의 2020년 우승에서 구창모를 빼놓을 수 없다. 시즌 전반기에 엄청난 피칭으로 팀 상승세를 이끌었고 한국시리즈에서도 5차전 호투로 우승에 큰 힘을 보탰다. 그동안 유망주였지만 이젠 한국 야구를 이끌어갈 에이스급으로 인정을 받은 해였다. 2015년 2차 1라운드 3순위로 NC에 온 구창모는 2017년 당시 김경문 감독으로부터 선발 기회를 얻어 31경기 7승 10패, 평균자책점 5.32를 기록했다. 2018년에도 5승 11패를 기록했다. 2019년 FA 포수 양의지의 조언에 자신감을 얻은 구창모는 10승 7패로 첫 두 자릿수 승리를 거뒀고 평균자책점도 3.20으로 처음으로 3점대에 진입했다. 하지만 시즌 최종전을 앞두고 허리 골절 진단을 받아 포스트시즌에는 나가지 못했다. 2020년 개막 지연이 호재가 됐다. 연기된 동안 컨디션을 끌어올려 5월 개막부터 최고의 피칭을 할 수 있었다. 5월 한 달간 4승 무패에 평균자책점이 무려 0.51였다. 좋은 기운이 이어졌고 7월 말까지 9승 무패 평균자책점 1.55로 다승 3위, 평균자책점 1위를 달렸다. 140㎞대 중반의 직구와 슬라이더, 포크볼, 커브 등을 섞는 완급조절 능력이 향상되며 타자와 승부를 즐기게 됐다. 왼팔에 문제가 생겼다. 전완근 부위에 피로골절이 문제였다. 다행히 시즌 막판에 돌아왔고 꿈에 그리던 한국시리즈에도 출전했다. 특히 2승 2패인 상황에서 우승의 향방을 가를 수 있는 5차전에서 선발로 나와 7이닝 동안 5안타 5탈삼진 무실점의 최고의 피칭을 선보여 팀 우승에 큰 역할을 했다. 잘했으니 연봉이 올랐다. 1억8천만 원에서 7천만 원(38.9%)이 오른 2억5천만 원에 재계약했다. 구창모의 2021시즌 키워드는 바로 풀시즌이다. 선발로 완벽하게 처음부터 끝까지 던진 적이 없다. 체력적 어려움이 있었고 부상도 있었다. 2020시즌에서 실력은 확실하게 인정을 받았다. 이제 긴 시즌도 충분히 던질 수 있는 몸을 증명해야 한다. 풀시즌을 완주한다면 NC는 물론, 한국 야구는 확실한 왼손 에이스를 얻는다.

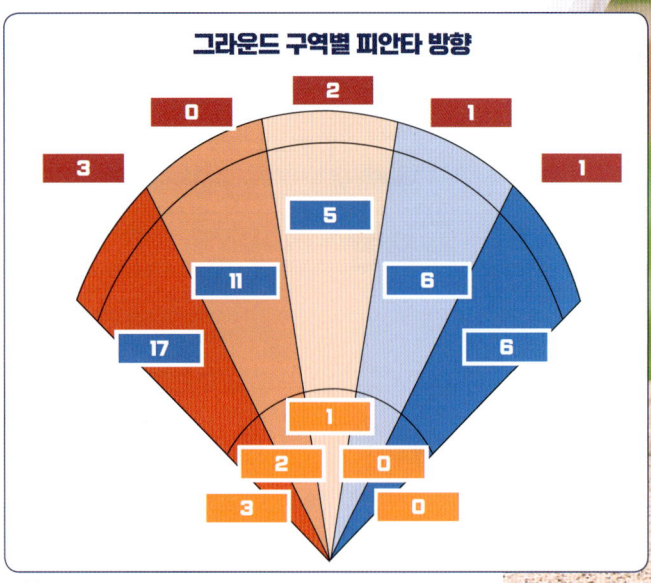

### 그라운드 구역별 피안타 방향

### 2020 시즌 & 통산 성적

| | 경기 | 선발 | 승 | 패 | 세이브 | 홀드 | 이닝 | 피안타 | 피홈런 | 볼넷 | 사구 | 삼진 | ERA |
|---|---|---|---|---|---|---|---|---|---|---|---|---|---|
| 2020 | 15 | 14 | 9 | 0 | 0 | 1 | 93.1 | 58 | 7 | 18 | 0 | 102 | 1.74 |
| 통산 | 144 | 90 | 35 | 29 | 0 | 4 | 517 | 500 | 65 | 198 | 20 | 517 | 4.09 |

### 2020 시즌 홈 / 원정 성적

| | 경기 | 선발 | 승 | 패 | 세이브 | 홀드 | 타자 | 이닝 | 피안타 | 피홈런 | 볼넷 | 사구 | 삼진 | 실점 | 자책점 | ERA |
|---|---|---|---|---|---|---|---|---|---|---|---|---|---|---|---|---|
| 홈 | 7 | 6 | 5 | 0 | 0 | 1 | 157 | 44.1 | 19 | 3 | 9 | 0 | 56 | 6 | 5 | 1.02 |
| 원정 | 8 | 8 | 4 | 0 | 0 | 0 | 191 | 49 | 39 | 4 | 9 | 0 | 46 | 14 | 13 | 2.39 |

### 2020 시즌 구종 구사

| 구종 | 평균구속 | 최고구속 | 구사율(%) | 피안타율 |
|---|---|---|---|---|
| 포심패스트볼 | 143 | 149 | 47.6 | 0.188 |
| 투심/싱커 | | | 0 | |
| 슬라이더/커터 | 131 | 138 | 26.1 | 0.179 |
| 커브 | 118 | 124 | 8.8 | 0.143 |
| 체인지업 | | | 0 | |
| 포크/SF | 131 | 136 | 17.6 | 0.149 |
| 너클볼/기타 | | | 0 | |

### 2020 시즌 상황별 기록

| 상황 | 안타 | 2루타 | 3루타 | 홈런 | 볼넷 | 사구 | 삼진 | 폭투 | 보크 | 피안타율 |
|---|---|---|---|---|---|---|---|---|---|---|
| vs좌 | 15 | 3 | 0 | 0 | 3 | 0 | 30 | 0 | 0 | 0.149 |
| vs우 | 39 | 5 | 0 | 6 | 14 | 0 | 72 | 2 | 0 | 0.190 |
| 주자없음 | 40 | 10 | 0 | 6 | 12 | 0 | 70 | 0 | 0 | 0.179 |
| 주자있음 | 18 | 2 | 0 | 1 | 6 | 0 | 32 | 2 | 0 | 0.175 |
| 득점권 | 8 | 0 | 0 | 1 | 2 | 0 | 20 | 0 | 0 | 0.151 |
| 만루 | 1 | 0 | 0 | 0 | 0 | 0 | 0 | 0 | 0 | 1.000 |

### 2020 시즌 상대팀 별 기록

| 구분 | 경기 | 방어율 | 승 | 패 | 세이브 | 홀드 | 이닝 | 안타 | 홈런 | 볼넷 | 삼진 | 피안타율 |
|---|---|---|---|---|---|---|---|---|---|---|---|---|
| KT | 4 | 2.42 | 2 | 0 | 0 | 0 | 26.0 | 20 | 3 | 6 | 31 | 0.211 |
| LG | 1 | 0.00 | 1 | 0 | 0 | 0 | 1.1 | 0 | 0 | 0 | 1 | 0.000 |
| SK | 1 | 1.29 | 1 | 0 | 0 | 0 | 7.0 | 8 | 0 | 1 | 6 | 0.320 |
| 키움 | 2 | 1.29 | 1 | 0 | 0 | 0 | 14.0 | 5 | 1 | 6 | 15 | 0.106 |
| 두산 | 1 | 1.13 | 0 | 0 | 0 | 0 | 8.0 | 2 | 1 | 1 | 7 | 0.077 |
| 롯데 | 1 | 2.57 | 1 | 0 | 0 | 0 | 7.0 | 5 | 2 | 1 | 11 | 0.208 |
| 삼성 | 3 | 1.59 | 2 | 0 | 0 | 0 | 17.0 | 7 | 1 | 4 | 16 | 0.123 |
| 한화 | 2 | 1.38 | 2 | 0 | 0 | 0 | 13.0 | 11 | 1 | 0 | 12 | 0.224 |
| 한화 | 4 | 0.00 | 0 | 0 | 0 | 3 | 3.2 | 2 | 0 | 2 | 3 | 0.154 |

# PLAYERS

## 55 김진성

**투수(우투우타)**

| | | | |
|---|---|---|---|
| 생년월일 | 1985년 3월 7일 | 신장/체중 | 186cm/92kg |
| 학력 | 인현초-성남중-성남서고 | | |
| 연봉(2021) | 2억 원 | | |
| 지명순위 | 2004 SK 2차 6라운드 52순위 | | |
| 입단년도 | 2004 SK | | |

김진성은 2020시즌 반전을 만든 주인공이다. 미운 오리 새끼처럼 마지막에 백조가 됐다. 전지훈련에서 연봉 협상 결과에 불만을 품고 돌연 귀국해 모두를 놀라게 했다. 이후 구단에 사과하고 국내에서 훈련했다. 이 때문인지 2군에서 좋은 성적을 올리고 있음에도 1군에 늦게 올라왔고 성적도 좋지 않았다. 6월에 올라왔는데 2경기에서 2이닝 3실점을 허용하며 불안했다. 7월에 돌아와서도 그리 좋지 못했지만 꾸준히 등판하며 컨디션을 올렸다. 점점 구위가 올라오더니 경험과 더해져 막강한 불펜의 모습이 됐다. 직구 구속이 140㎞ 중반까지 올라오자 주무기인 포크볼의 위력도 더해졌다. 원래 직구와 포크볼 위주에 슬라이더를 적절히 섞는 스타일이었던 김진성은 구종 다양화를 위해 지난해 서클체인지업을 추가했지만 역효과가 났다. 결국 잘하는 걸 더 잘하자는 쪽으로 방향을 바꿨고 그것이 부활의 키가 됐다. 1위 싸움이 한창이던 9월 14경기서 단 1실점(비자책)만 했고 10월에도 15경기 3실점만 하는 철벽 피칭을 했다. 9~10월 두 달간 29경기에서 28⅓이닝을 소화해 3승 6홀드를 기록했다. 4실점(3자책)만 내줘 평균자책점도 0.95였다. 정규 시즌 전체 기록은 48경기 3승 6홀드, 평균자책점 2.66이었다. 한국시리즈에서도 불펜 투수 중 유일하게 6차전까지 전 경기에 등판해 3홀드를 올렸다. 6⅔이닝 동안 5피안타 4탈삼진 무실점으로 평균자책점도 제로를 기록했다. 그만큼 이동욱 감독이 가장 믿는 불펜 투수였고 김진성은 완벽한 피칭으로 화답했다. 지난 시즌 20% 깎인 1억6000만 원에 재계약했던 김진성은 시즌을 마친 뒤 연봉을 백지위임했다. 그리고 다시 2억원에 계약했다. 김진성은 한국시리즈가 끝난 이후 곧바로 2021시즌을 위한 훈련에 돌입했다. 연봉 스트레스를 지우고 오로지 야구에만 전념한다는 결심이었다. 올해는 시즌 초반부터 믿음직한 그의 피칭을 볼 수 있을 전망이다.

### 2020 시즌 & 통산 성적

| | 경기 | 선발 | 승 | 패 | 세이브 | 홀드 | 이닝 | 피안타 | 피홈런 | 볼넷 | 사구 | 삼진 | ERA |
|---|---|---|---|---|---|---|---|---|---|---|---|---|---|
| 2020 | 48 | 0 | 3 | 0 | 0 | 6 | 47.1 | 41 | 4 | 10 | 0 | 56 | 2.66 |
| 통산 | 428 | 0 | 30 | 27 | 33 | 58 | 457.0 | 418 | 74 | 148 | 13 | 477 | 4.35 |

### 2020 시즌 홈 / 원정 성적

| | 경기 | 선발 | 승 | 패 | 세이브 | 홀드 | 타자 | 이닝 | 피안타 | 피홈런 | 볼넷 | 사구 | 삼진 | 실점 | 자책점 | ERA |
|---|---|---|---|---|---|---|---|---|---|---|---|---|---|---|---|---|
| 홈 | 23 | 0 | 2 | 0 | 0 | 4 | 89 | 22.2 | 17 | 2 | 6 | 0 | 23 | 9 | 8 | 3.18 |
| 원정 | 25 | 0 | 1 | 0 | 0 | 2 | 101 | 24.2 | 24 | 2 | 4 | 0 | 33 | 7 | 6 | 2.19 |

### 2020 시즌 구종 구사

| 구종 | 평균구속 | 최고구속 | 구사율(%) | 피안타율 |
|---|---|---|---|---|
| 포심패스트볼 | 143 | 147 | 54.2 | 0.212 |
| 투심/싱커 | | | 0 | |
| 슬라이더/커터 | 131 | 135 | 8.9 | 0.308 |
| 커브 | | | 0 | |
| 체인지업 | | | 0 | |
| 포크/SF | 128 | 135 | 36.9 | 0.246 |
| 너클볼/기타 | | | 0 | |

### 2020 시즌 상황별 기록

| 상황 | 안타 | 2루타 | 3루타 | 홈런 | 볼넷 | 사구 | 삼진 | 폭투 | 보크 | 피안타율 |
|---|---|---|---|---|---|---|---|---|---|---|
| vs 좌 | 14 | 3 | 1 | 2 | 3 | 0 | 28 | 1 | 0 | 0.187 |
| vs 우 | 27 | 5 | 1 | 2 | 7 | 0 | 28 | 0 | 0 | 0.265 |
| 주자없음 | 22 | 4 | 0 | 1 | 5 | 0 | 28 | 1 | 0 | 0.232 |
| 주자있음 | 19 | 4 | 2 | 3 | 5 | 0 | 28 | 0 | 0 | 0.232 |
| 득점권 | 7 | 2 | 2 | 1 | 3 | 0 | 15 | 1 | 0 | 0.143 |
| 만루 | 1 | 0 | 0 | 1 | 0 | 1 | 0 | 0 | 0 | 0.500 |

### 2020 시즌 상대팀 별 기록

| 구분 | 경기 | 방어율 | 승 | 패 | 세이브 | 홀드 | 이닝 | 안타 | 홈런 | 볼넷 | 삼진 | 피안타율 |
|---|---|---|---|---|---|---|---|---|---|---|---|---|
| KIA | 6 | 0.00 | 0 | 0 | 0 | 1 | 7.2 | 1 | 0 | 2 | 8 | 0.043 |
| KT | 4 | 4.91 | 0 | 0 | 0 | 0 | 3.2 | 2 | 1 | 0 | 4 | 0.167 |
| LG | 9 | 6.23 | 1 | 0 | 0 | 0 | 8.2 | 13 | 2 | 3 | 9 | 0.351 |
| SK | 2 | 0.00 | 1 | 0 | 0 | 0 | 2.1 | 2 | 0 | 0 | 2 | 0.250 |
| 키움 | 6 | 1.50 | 0 | 0 | 0 | 1 | 6.0 | 5 | 0 | 3 | 7 | 0.217 |
| 두산 | 6 | 5.06 | 0 | 0 | 0 | 0 | 5.1 | 8 | 1 | 1 | 7 | 0.333 |
| 롯데 | 5 | 0.00 | 0 | 0 | 0 | 0 | 4.2 | 3 | 0 | 0 | 7 | 0.167 |
| 삼성 | 6 | 0.00 | 0 | 1 | 0 | 0 | 5.2 | 2 | 0 | 0 | 8 | 0.111 |
| 한화 | 4 | 5.40 | 0 | 0 | 0 | 0 | 3.1 | 5 | 0 | 1 | 4 | 0.357 |

### 그라운드 구역별 피안타 방향

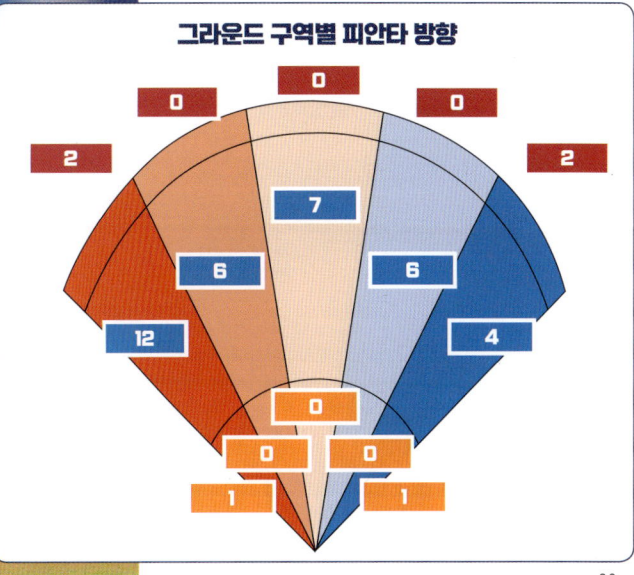

# 46
# 원종현

**투수(우언우타)**

| | |
|---|---|
| 생년월일 | 1987년 7월 31일 |
| 신장/체중 | 182cm/83kg |
| 학력 | 군산중앙초-군산중-군산상고 |
| 연봉(2021) | 3억 원 |
| 지명순위 | 2006 LG 2차 2라운드 11순위 |
| 입단년도 | 2006 LG |

마무리 원종현에게 2020시즌은 절대 잊을 수 없다. 마무리 투수라면 한국시리즈 마지막 타자를 잡고 포수와 얼싸안고 기뻐하는 환희의 순간을 꿈꾼다. 원종현이 바로 그 꿈을 이뤘다. 두산과 한국시리즈 6차전에서 4-2로 앞선 9회초 마운드에 올라 허경민을 뜬공, 정수빈을 땅볼로 처리했고 최주환을 포크볼로 헛스윙 삼진을 잡아내 우승을 확정했다. 원종현은 "한국시리즈 마지막 순간에 삼진을 잡을 수 있을까 상상하기도 했는데 정말 삼진을 잡았다. 살면서 가장 기억에 남는 순간이 될 것 같다"라며 감격의 순간을 생생하게 기억했다.

갖은 위기를 헤쳐나가며 지금의 위치에 오른 오뚝이 인생을 걸었다. 2006년 2차 2라운드로 LG에 입단했지만 한 번도 1군에 오르지 못하고 방출됐다. 뼛조각 제거수술과 팔꿈치 인대 수술을 받은 원종현은 마침 창단한 NC에 입단하며 야구 인생을 이어갔다. 2014년 5승 3패 1세이브 11홀드를 기록하면서 자신의 이름을 알리기 시작한 원종현은 이듬해 대장암 2기 판정을 받고 마운드를 떠났다. 수술과 항암치료를 받고 건강을 찾은 원종현은 2016년 5월 31일 두산 경기에서 9회 마운드에 올라 팬들에게 암을 이겨냈음을 알렸다. 이후 중간계투로 맹활약을 했고 이동욱 감독이 부임한 2019년부터 팀의 마무리를 맡았다. 2019년 31세이브를 거둔 원종현은 2020시즌에도 3승 5패 30세이브로 팀의 첫 정규시즌 우승을 이끌었다. 올해도 마무리로 나서는 원종현의 최고 무기는 150km를 넘나드는 빠른 직구다. 직구 못지 않은 스피드로 오다가 휘어지는 슬라이더로 상대 방망이를 유혹한다. 가끔 기복을 보이기도 해 평균자책점이 높은 편이고 불론세이브도 최정상급 마무리 투수로 보기엔 많은 편이다. 우타자(0.210)보다 좌타자(0.320)에게 약하다는 점도 마무리 투수로서는 불안감을 갖게 한다. 그런데도 마무리를 맡기는 이유는 빠른 공으로 자신감을 갖고 공격적인 피칭을 하기 때문이다. 숱한 어려움을 이겨낸 그에겐 거칠 것이 없다.

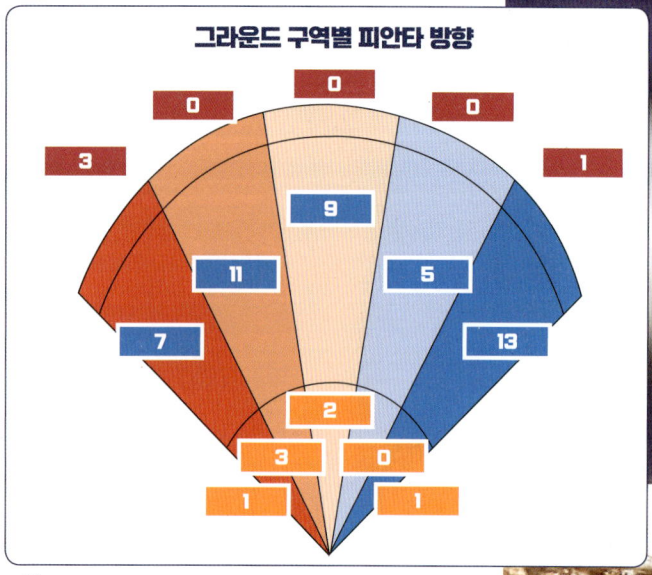

### 2020 시즌 & 통산 성적

| | 경기 | 선발 | 승 | 패 | 세이브 | 홀드 | 이닝 | 피안타 | 피홈런 | 볼넷 | 사구 | 삼진 | ERA |
|---|---|---|---|---|---|---|---|---|---|---|---|---|---|
| 2020 | 58 | 0 | 3 | 5 | 30 | 0 | 57.2 | 56 | 4 | 20 | 2 | 41 | 4.26 |
| 통산 | 372 | 0 | 20 | 26 | 67 | 67 | 403 | 395 | 30 | 127 | 25 | 353 | 4.15 |

### 2020 시즌 홈 / 원정 성적

| | 경기 | 선발 | 승 | 패 | 세이브 | 홀드 | 타자 | 이닝 | 피안타 | 피홈런 | 볼넷 | 사구 | 삼진 | 실점 | 자책점 | ERA |
|---|---|---|---|---|---|---|---|---|---|---|---|---|---|---|---|
| 홈 | 35 | 0 | 3 | 3 | 15 | 0 | 150 | 34.1 | 39 | 3 | 12 | 1 | 20 | 17 | 17 | 4.46 |
| 원정 | 23 | 0 | 0 | 2 | 15 | 0 | 95 | 22.2 | 17 | 1 | 8 | 1 | 21 | 13 | 10 | 3.97 |

### 2020 시즌 구종 구사

| 구종 | 평균구속 | 최고구속 | 구사율(%) | 피안타율 |
|---|---|---|---|---|
| 포심패스트볼 | 147 | 153 | 55.7 | 0.201 |
| 투심/싱커 | 146 | 151 | 7.4 | 0.450 |
| 슬라이더/커터 | 135 | 143 | 30.7 | 0.229 |
| 커브 | 114 | 117 | 0.2 | 0.000 |
| 체인지업 | | | | |
| 포크/SF | 137 | 144 | 6.0 | 0.462 |
| 너클볼/기타 | | | 0 | |

### 2020 시즌 상황별 기록

| 상황 | 안타 | 2루타 | 3루타 | 홈런 | 볼넷 | 사구 | 삼진 | 폭투 | 보크 | 피안타율 |
|---|---|---|---|---|---|---|---|---|---|---|
| vs 좌 | 31 | 4 | 1 | 0 | 10 | 1 | 12 | 1 | 0 | 0.320 |
| vs 우 | 25 | 0 | 0 | 4 | 10 | 2 | 29 | 3 | 0 | 0.210 |
| 주자없음 | 22 | 1 | 0 | 1 | 11 | 0 | 20 | 0 | 0 | 0.200 |
| 주자있음 | 34 | 4 | 1 | 3 | 9 | 2 | 21 | 4 | 0 | 0.321 |
| 득점권 | 18 | 4 | 0 | 2 | 6 | 2 | 15 | 3 | 0 | 0.261 |
| 만루 | 3 | 1 | 0 | 0 | 0 | 0 | 1 | 0 | 0 | 0.250 |

### 2020 시즌 상대팀 별 기록

| 구분 | 경기 | 방어율 | 승 | 패 | 세이브 | 홀드 | 이닝 | 안타 | 홈런 | 볼넷 | 삼진 | 피안타율 |
|---|---|---|---|---|---|---|---|---|---|---|---|---|
| KIA | 3 | 13.50 | 0 | 1 | 1 | 0 | 2.2 | 10 | 1 | 1 | 1 | 0.625 |
| KT | 7 | 1.35 | 1 | 0 | 4 | 0 | 6.2 | 4 | 1 | 4 | 5 | 0.167 |
| LG | 5 | 0.00 | 0 | 0 | 0 | 0 | 5.0 | 5 | 0 | 2 | 4 | 0.250 |
| SK | 6 | 6.43 | 0 | 0 | 6 | 0 | 7.0 | 6 | 1 | 2 | 7 | 0.214 |
| 키움 | 7 | 0.00 | 0 | 0 | 4 | 0 | 7.0 | 4 | 0 | 2 | 5 | 0.182 |
| 두산 | 6 | 6.00 | 0 | 0 | 1 | 0 | 6.0 | 7 | 0 | 1 | 4 | 0.304 |
| 롯데 | 7 | 8.22 | 0 | 2 | 3 | 0 | 7.2 | 5 | 1 | 7 | 3 | 0.208 |
| 삼성 | 9 | 4.70 | 1 | 1 | 5 | 0 | 7.2 | 9 | 0 | 2 | 6 | 0.281 |
| 한화 | 7 | 2.45 | 1 | 0 | 4 | 0 | 7.1 | 6 | 0 | 2 | 10 | 0.222 |

# PLAYERS

## 40
# 드류 루친스키

**투수(우투우타)**

| | | | |
|---|---|---|---|
| 생년월일 | 1988년 12월 30일 | 신장/체중 | 188cm/91kg |
| 국적 | 미국 | | |
| 연봉(2021) | 140만 달러 | | |
| 지명순위 | - | | |
| 입단년도 | 2019 NC | | |

이번 시즌 최고 연봉 선수다. 지난 시즌 20승을 거둔 두산의 라울 알칸타라가 올해 일본으로 떠나면서 19승을 거뒀던 루친스키가 올 시즌 최고 자리를 넘본다. 2019년 NC에 와서 30경기 9승 9패, 평균자책점 3.05(8위), 삼진 167개(3위)를 기록했다. 퀄리티스타트도 17차례. 득점 지원이 부족해 10승 달성에 실패했다는 판단 하에 NC는 루친스키와 기꺼이 재계약했다. 2020시즌 루친스키는 NC의 첫 통합 우승의 핵심이었다. 평균자책점은 3.05로 2019년과 같았지만 순위는 5위로 3계단 올랐다. 퀄리티스타트(20회)도 많아졌다. 팀 타격의 도움까지 더해지며 루친스키의 승리는 지난해보다 10승이 더해졌다. 19승 5패로 다승 2위를 기록했다. 한국시리즈에서도 가장 중요한 1차전서 선발로 나서 5⅓이닝 5안타 3실점(1자책)으로 승리투수가 됐다. 4차전에서는 2-0으로 앞선 7회에 등판해 9회 끝까지 2⅔이닝 동안 무안타 무실점으로 세이브를 올렸다. 이틀을 쉰 뒤 마지막 6차전에서는 선발로 나와 5이닝 6안타 무실점으로 승리를 거뒀다. NC의 한국시리즈 4승 중 3승이 루친스키의 활약으로 만들어졌다.

루친스키의 장점은 땅볼 유도다. 땅볼/뜬공 비율이 1.08로 땅볼이 더 많았다. 150㎞ 내외의 빠른 직구에 투심과 커터까지 더해 직구 계열을 75% 정도 던진다. 빠른 공인데 조금씩 떨어지니 타자들이 속기 쉽고 때려봤자 땅볼이 나온다. 여기에 포크볼과 커브 등 아래로 크게 떨어지는 변화구로 타자들의 타이밍을 뺏는다. 루친스키는 당연히 재계약 대상자였다. 구단은 총액 180만 달러(인센티브 20만 달러)에 재계약해 3년째 한국에서 뛴다. 보장액이 120만 달러에서 40만 달러가 올랐다. 한국에서 뛰는 30명의 외국인 선수 중 보장액과 총액 모두 1위에 올랐다. 루친스키는 가족과 함께 와서 즐겁게 자가격리를 한 뒤 스프링캠프에 정상적으로 참가했다. 성실하게 자신이 해야할 것을 정확히 하는 선수라 별걱정이 없다.

### 2020 시즌 & 통산 성적

| | 경기 | 선발 | 승 | 패 | 세이브 | 홀드 | 이닝 | 피안타 | 피홈런 | 볼넷 | 사구 | 삼진 | ERA |
|---|---|---|---|---|---|---|---|---|---|---|---|---|---|
| 2020 | 30 | 30 | 19 | 5 | 0 | 0 | 183.1 | 173 | 14 | 57 | 11 | 167 | 3.05 |
| 통산 | 60 | 60 | 28 | 14 | 0 | 0 | 360.1 | 337 | 27 | 102 | 22 | 286 | 3.05 |

### 2020 시즌 홈 / 원정 성적

| | 경기 | 선발 | 승 | 패 | 세이브 | 홀드 | 타자 | 이닝 | 피안타 | 피홈런 | 볼넷 | 사구 | 삼진 | 실점 | 자책점 | ERA |
|---|---|---|---|---|---|---|---|---|---|---|---|---|---|---|---|---|
| 홈 | 13 | 13 | 9 | 1 | 0 | 0 | 327 | 80.2 | 72 | 9 | 24 | 5 | 76 | 23 | 23 | 2.57 |
| 원정 | 17 | 17 | 10 | 4 | 0 | 0 | 443 | 102.1 | 101 | 5 | 33 | 6 | 91 | 44 | 39 | 3.43 |

### 2020 시즌 구종 구사

| 구종 | 평균구속 | 최고구속 | 구사율(%) | 피안타율 |
|---|---|---|---|---|
| 포심패스트볼 | 147 | 152 | 23.4 | 0.292 |
| 투심/싱커 | 146 | 156 | 29.4 | 0.250 |
| 슬라이더/커터 | 138 | 146 | 29.0 | 0.255 |
| 커브 | 128 | 146 | 12.4 | 0.200 |
| 체인지업 | 133 | 136 | 0.1 | 0.000 |
| 포크/SF | 135 | 141 | 5.7 | 0.178 |
| 너클볼/기타 | | | 0 | |

### 2020 시즌 상황별 기록

| 상황 | 안타 | 2루타 | 3루타 | 홈런 | 볼넷 | 사구 | 삼진 | 폭투 | 보크 | 피안타율 |
|---|---|---|---|---|---|---|---|---|---|---|
| vs 좌 | 85 | 6 | 2 | 9 | 26 | 1 | 78 | 6 | 0 | 0.266 |
| vs 우 | 88 | 5 | 1 | 5 | 31 | 10 | 89 | 5 | 0 | 0.237 |
| 주자없음 | 106 | 7 | 2 | 12 | 29 | 5 | 91 | 0 | 0 | 0.267 |
| 주자있음 | 67 | 5 | 1 | 2 | 28 | 6 | 76 | 11 | 0 | 0.228 |
| 득점권 | 29 | 3 | 0 | 1 | 20 | 6 | 44 | 6 | 0 | 0.201 |
| 만루 | 3 | 0 | 0 | 1 | 2 | 0 | 4 | 1 | 0 | 0.231 |

### 2020 시즌 상대팀 별 기록

| 구분 | 경기 | 방어율 | 승 | 패 | 세이브 | 홀드 | 이닝 | 안타 | 홈런 | 볼넷 | 삼진 | 피안타율 |
|---|---|---|---|---|---|---|---|---|---|---|---|---|
| KIA | 2 | 3.00 | 1 | 0 | 0 | 0 | 12.0 | 8 | 0 | 6 | 12 | 0.190 |
| KT | 5 | 4.94 | 3 | 1 | 0 | 0 | 31.0 | 39 | 7 | 9 | 34 | 0.310 |
| LG | 3 | 4.15 | 1 | 1 | 0 | 0 | 17.1 | 17 | 0 | 8 | 13 | 0.250 |
| SK | 5 | 1.09 | 5 | 0 | 0 | 0 | 33.0 | 23 | 1 | 9 | 30 | 0.197 |
| 키움 | 2 | 0.69 | 2 | 0 | 0 | 0 | 13.0 | 12 | 0 | 1 | 9 | 0.235 |
| 두산 | 3 | 3.50 | 1 | 1 | 0 | 0 | 18.0 | 16 | 2 | 6 | 16 | 0.232 |
| 롯데 | 3 | 5.63 | 2 | 1 | 0 | 0 | 16.0 | 18 | 3 | 5 | 10 | 0.295 |
| 삼성 | 4 | 2.19 | 3 | 0 | 0 | 0 | 24.2 | 22 | 1 | 10 | 23 | 0.239 |
| 한화 | 3 | 2.50 | 1 | 1 | 0 | 0 | 18.0 | 19 | 3 | 3 | 20 | 0.275 |

### 그라운드 구역별 피안타 방향

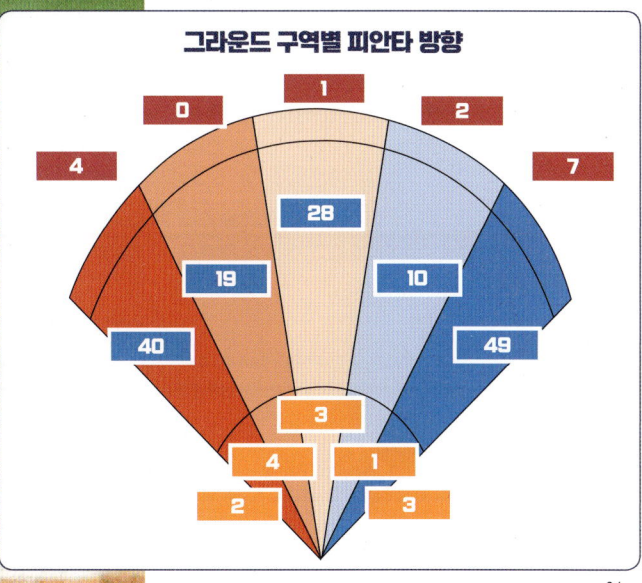

# 67
# 웨스 파슨스

**투수(우투우타)**

| | | | |
|---|---|---|---|
| 생년월일 | 1992년 9월 6일 | 신장/체중 | 196cm/93kg |
| 국적 | 미국 | | |
| 연봉(2021) | 32만 달러 | | |
| 지명순위 | - | | |
| 입단년도 | 2021 NC | | |

웨스 파슨스는 지난 시즌 11승을 거둔 마이크 라이트 대신 뽑은 외국인 투수다. 당연히 라이트보다 안정감 있는 피칭을 해줄 것으로 기대한다. 겨우내 별다른 전력보강을 하지 않은 NC에 가장 전력에 플러스가 될 수 있는 선수가 파슨스다. 파슨스는 196cm, 93kg의 체격을 가졌는데 스리쿼터 형으로 던진다. 최고 151km로 빠르고 투심과 슬라이더, 체인지업 등을 구사한다. 메이저리그 신인 드래프트에서 지명을 받지 못했지만 2012년 자유계약으로 애틀랜타 브레이브스와 계약했고 마이너리그를 거쳐 2018년 빅리그에 데뷔했다. 통산 33경기서 39⅔이닝을 던져 1승 3패 평균자책점 5.67을 기록했다. 트리플A에서는 47경기(선발 15경기)에서 9승 7패 5세이브, 평균자책점 3.41을 기록했다. NC로선 홈구장인 창원NC파크가 홈런이 많이 나오는 구장이라 루친스키처럼 땅볼 유도형 투수를 원했고 파슨스가 그런 유형이다. 특히 피홈런이 적었다. 파슨스의 개인 통산 9이닝당 피홈런은 0.5개다. KBO리그에서도 이런 홈런 억제력을 보여준다면 180이닝을 던질 때 피홈런이 10개에 불과하다. 땅볼 유도가 많다. 스리쿼터 형이라 직구에 변화가 많은 데다 슬라이더도 횡이 아닌 종으로 떨어지기 때문에 대부분 공이 떨어지는 유형이다. 땅볼/뜬공 비율이 1.57이다. 이 기록을 그대로 지난 시즌 KBO리그와 비교하면 전체 4위에 해당한다. 라이트의 경우는 피홈런이 12개로 많지는 않았지만 땅볼/뜬공 비율이 0.72로 규정이닝을 채운 투수 중 뜬공 비율이 가장 높았다. 파슨스는 기록상으로 NC가 원하는 스타일의 투수임에 분명하다. 코로나19의 여파로 지난해 뛰지 못했다는 점이 불안한 부분이지만 이전 모습만 보여준다면 충분히 역할을 할 가능성이 크다. 최고 포수 양의지의 리드가 있고 나성범이 잔류한 최강 타선이 있다. 한국에서 3년째 뛰는 루친스키가 있다는 점도 파슨스에겐 충분한 시간을 갖고 한국 야구에 적응할 수 있는 여건이다.

# PLAYERS

## 25 양의지

**포수(우투우타)**

| | |
|---|---|
| 생년월일 | 1987년 6월 5일 |
| 신장/체중 | 179cm/85kg |
| 학력 | 송정동초-무등중-진흥고 |
| 연봉(2021) | 15억 원 |
| 지명순위 | 2006 두산 2차 8라운드 59순위 |
| 입단년도 | 2006 두산 |

첫 우승의 일등 공신은 당연히 양의지다. 특A급 FA를 왜 많은 돈을 주고서라도 잡아야 하는지 양의지가 증명했다. 타격과 수비를 모두 잘하는 완전체 포수 양의지가 오면서 NC는 공격과 수비가 동반 상승하는 효과를 얻었다. 최고의 포수라는 믿음은 구창모, 송명기 등 젊은 투수들을 에이스급으로 성장시켰다. 안타를 치는 정확성에 홈런도 치는 파워까지 겸비한 타격은 팀 공격력을 크게 향상했다.

2018년 충격의 꼴찌를 한 NC는 양의지가 온 2019년 단숨에 5위, 2020년 정규 시즌과 한국시리즈 우승을 차지했다. 양의지는 정규 시즌 타율 3할2푼8리, 33홈런(4위), 124타점(2위)을 기록하는 커리어하이 시즌을 보냈다. 한국시리즈에서 진가는 더욱 빛났다. NC에는 한국시리즈 경험자가 많지가 않았다. 1차전 승리 후 2, 3차전서 패해 1승 2패로 뒤진 위기에서 양의지의 힘이 빛을 발했다. 5차전에서 포스트시즌에 처음 나선 송명기를 안정적으로 리드했고 0-0 균형 속 6회초 2사 2루에서 선취점을 뽑는 적시타를 때렸다. 5차전에서도 구창모의 7이닝 무실점 호투를 이끌었고 1-0으로 앞선 6회말 투런포로 승부에 쐐기를 박았다. 당시 5회말 2사 2루서 정수빈을 상대할 때 구창모를 리드한 양의지의 볼배합은 백미로 꼽혔다. 직구에 강점을 보인 정수빈을 상대로 연속 5개의 슬라이더를 던지게 한 뒤 커브를 결정구로 던져 2루수 앞 땅볼로 처리했다. 6차전에서도 두산의 타선을 막아내 원종현과 기쁨의 포옹을 할 수 있었다. 6차전에서도 양의지의 추천으로 빠른 공을 던지는 송명기를 8회에 내보낸 것도 우승 비하인드 중 하나였다. 양의지에 대한 믿음은 어느 때보다 크다. 유일한 걱정은 부상이다. 그가 부상으로 빠지면 NC로선 투타에서 큰 공백이 발생한다. 체력 소모가 큰 포수이기 때문에 지치지 않고 시즌 끝까지 갈 수 있도록 하는 체력 안배가 필요하다.

### 2020 시즌 & 통산 성적

| 연도 | 경기 | 타석 | 타수 | 안타 | 2루타 | 3루타 | 홈런 | 타점 | 도루 | 도실 | 볼넷 | 사구 | 삼진 | 타율 | 장타율 | 출루율 | OPS |
|---|---|---|---|---|---|---|---|---|---|---|---|---|---|---|---|---|---|
| 2020 | 130 | 528 | 461 | 151 | 26 | 1 | 33 | 124 | 5 | 2 | 46 | 14 | 47 | 0.328 | 0.603 | 0.400 | 1.003 |
| 통산 | 1,314 | 4,791 | 4,128 | 1,269 | 232 | 8 | 178 | 739 | 41 | 20 | 442 | 128 | 537 | 0.307 | 0.497 | 0.387 | 0.884 |

### 2020 시즌 홈 / 원정 성적

| | 경기 | 타석 | 타수 | 안타 | 2루타 | 3루타 | 홈런 | 타점 | 도루 | 도실 | 볼넷 | 사구 | 삼진 | 타율 | 장타율 | 출루율 | OPS |
|---|---|---|---|---|---|---|---|---|---|---|---|---|---|---|---|---|---|
| 홈 | 63 | 250 | 227 | 77 | 16 | 0 | 18 | 68 | 4 | 1 | 19 | 5 | 20 | 0.339 | 0.648 | 0.392 | 1.040 |
| 원정 | 67 | 278 | 234 | 74 | 10 | 1 | 15 | 56 | 1 | 1 | 27 | 12 | 27 | 0.316 | 0.560 | 0.408 | 0.968 |

### 2020 시즌 상황별 기록

| 상황 | 타석 | 안타 | 홈런 | 타점 | 볼넷 | 삼진 | 타율 |
|---|---|---|---|---|---|---|---|
| vs 좌 | 93 | 26 | 5 | 26 | 9 | 9 | 0.317 |
| vs 우 | 389 | 116 | 26 | 91 | 34 | 33 | 0.343 |
| vs 언더 | 46 | 9 | 2 | 4 | 3 | 5 | 0.220 |
| 주자있음 | 287 | 87 | 20 | 111 | 25 | 28 | 0.355 |
| 주자없음 | 241 | 64 | 13 | 13 | 21 | 19 | 0.296 |
| 득점권 | 164 | 57 | 13 | 95 | 16 | 16 | 0.425 |
| 만루 | 15 | 7 | 2 | 21 | 1 | 1 | 0.583 |

### 2020 시즌 상대팀 별 기록

| 구분 | 타석 | 홈런 | 볼넷 | 삼진 | 타율 | 출루율 | 장타율 | OPS |
|---|---|---|---|---|---|---|---|---|
| KIA | 57 | 3 | 9 | 8 | 0.261 | 0.386 | 0.500 | 0.886 |
| KT | 55 | 2 | 2 | 6 | 0.184 | 0.236 | 0.367 | 0.603 |
| LG | 76 | 5 | 9 | 4 | 0.300 | 0.355 | 0.514 | 0.869 |
| SK | 53 | 5 | 7 | 4 | 0.318 | 0.415 | 0.614 | 1.029 |
| 키움 | 58 | 5 | 3 | 5 | 0.288 | 0.345 | 0.596 | 0.941 |
| 두산 | 62 | 4 | 5 | 4 | 0.389 | 0.468 | 0.685 | 1.153 |
| 롯데 | 61 | 4 | 5 | 8 | 0.500 | 0.550 | 0.926 | 1.476 |
| 삼성 | 60 | 2 | 3 | 4 | 0.333 | 0.433 | 0.510 | 0.943 |
| 한화 | 46 | 3 | 3 | 4 | 0.366 | 0.413 | 0.732 | 1.145 |

### 그라운드 구역별 피안타 방향

| 구분 | 타석 | 안타 | 홈런 | 타점 | 볼넷 | 삼진 | 타율 |
|---|---|---|---|---|---|---|---|
| 0-0 | 88 | 29 | 7 | 22 | 6 | 0 | 0.377 |
| 0-1 | 44 | 14 | 2 | 9 | 0 | 0 | 0.350 |
| 0-2 | 26 | 6 | 0 | 4 | 0 | 5 | 0.231 |
| 1-0 | 44 | 21 | 5 | 16 | 0 | 0 | 0.500 |
| 1-1 | 53 | 25 | 5 | 21 | 0 | 0 | 0.510 |
| 1-2 | 74 | 19 | 6 | 23 | 0 | 19 | 0.268 |
| 2-0 | 19 | 8 | 1 | 6 | 0 | 0 | 0.444 |
| 2-1 | 30 | 4 | 0 | 4 | 0 | 0 | 0.138 |
| 2-2 | 65 | 12 | 4 | 9 | 0 | 16 | 0.188 |
| 3-0 | 6 | 0 | 0 | 0 | 6 | 0 | - |
| 3-1 | 36 | 5 | 0 | 1 | 20 | 0 | 0.313 |
| 3-2 | 43 | 8 | 3 | 9 | 14 | 7 | 0.276 |

### 2020 시즌 수비 성적

| 구분 | 수비이닝 | 실책 | 수비율 |
|---|---|---|---|
| C | 792.0 | 2 | 0.997 |

### 2020 시즌 핫 & 콜드존

| VS좌투 | | | | | VS우투 | | | |
|---|---|---|---|---|---|---|---|---|
| - 0/0 | - 0/0 | 0.400 2/5 | 0.250 1/4 | | - 0/0 | 0.333 2/6 | 0.571 4/7 | 0.333 2/6 | 0.000 0/1 |
| 0.250 1/4 | 0.400 2/5 | 0.375 3/8 | - 0/0 | | 0.200 2/10 | 0.382 13/34 | 0.280 7/25 | 0.091 1/11 | 0.200 1/5 |
| 0.000 0/2 | 0.400 4/10 | 0.182 2/11 | 0.250 1/4 | 0.500 1/2 | 0.222 6/27 | 0.357 15/42 | 0.386 17/44 | 0.455 10/22 | 0.000 0/1 |
| 0.333 1/3 | 0.667 4/6 | 0.200 1/5 | - 0/3 | | 0.296 8/27 | 0.361 13/36 | 0.421 16/38 | 0.333 4/12 | 0.000 0/1 |
| 0.000 0/3 | 0.250 1/4 | 0.667 2/3 | - 0/0 | | 0.200 1/5 | - 0/9 | 0.375 3/8 | - 0/1 | 0.000 0/1 |

# 2 박민우

**내야수(우투좌타)**

| | | | | |
|---|---|---|---|---|
| 생년월일 | 1993년 2월 6일 | 신장/체중 | 185cm/80kg | |
| 학력 | 마포초-선린중-휘문고 | | | |
| 연봉(2021) | 6억3000만 원 | | | |
| 지명순위 | 2012 NC 1라운드 9순위 | | | |
| 입단년도 | 2012 NC | | | |

박민우는 지난해 커리어하이를 찍었다. 타율 3할4푼5리에 161안타, 8홈런, 63타점, 82득점, 13도루를 기록했다. 건강하게 126경기를 소화하면서 좋은 타격을 보였다. 2014년부터 주전으로 뛰며 신인상을 받은 박민우는 뛰어난 타격 실력으로 성장해왔다. 2015년부터 6년 연속 3할 타율을 기록 중이다. 통산 타율이 3할3푼이나 될 정도로 정확성에서는 톱클래스 급이다. 발도 빨라 7년 연속 두 자릿수 도루를 기록 중이다. 2019년에 이어 2년 연속 골든글러브까지 수상해 현재 최고의 2루수임에 틀림없다. 수비에서 가끔 어이없는 실수를 하지만 갈수록 이런 불안감도 사라지고 있다. 테이블세터로 나서는 박민우지만 지난해 처음 60타점을 넘기며 타점 능력도 올렸다. 지난해 두산과 한국시리즈에서도 6차전에서 6회말 만루 기회에서 우승을 결정하는 2타점 적시타를 쳤다. 홈런도 8개로 커리어하이를 기록해 이제 두 자릿수 홈런까지 노릴 만하다.

올 시즌은 최고 2루수 자리를 지키는 해다. 예전에 골든글러브를 받았던 선배들이 각오를 다지는 데다 새롭게 2루수로 자리를 잡은 경쟁자들도 있기 때문이다. 지난해 부진했던 롯데 안치홍으로선 올 시즌 후 롯데와 재계약이나 타팀 이적 여부가 결정되기에 성적이 어느 때보다 중요하다. 키움 서건창은 최근 지명타자로 나서는 일이 많았지만 김하성이 미국으로 가면서 김혜성이 유격수로 이동해 주전 2루수로 나설 수 있게 됐다. FA를 앞둔 시즌이라 연봉도 스스로 대폭 삭감했다. FA로 SSG 유니폼을 입는 최주환은 작아진 인천에서 뛰어 타격 성적이 더 오를 수 있다. 2017년 타격왕 출신인 KIA 김선빈이나 유격수 골든글러브 출신인 삼성 김상수도 있다.

3년 연속 골든글러브는 특별하다. 2루수에서 90년대 이후 3년 연속 골든글러브를 받은 선수가 없기 때문이다. 정구선(청보·1983~1985년), 김성래(삼성·1986~1988년)만 3년 연속 수상자다. 5회 수상으로 2루수 골든글러브 최다 수상자인 박정태도 3년 연속 수상은 하지 못했다. 스토브리그 때 SNS에 구단을 저격하는 글을 올려 논란을 일으키기도 했지만 그의 능력을 의심하는 이는 아무도 없다. 부상만 없다면 언제나 기대한 성적을 올려줄 선수임에 틀림없다.

## 2020 시즌 & 통산 성적

| 연도 | 경기 | 타석 | 타수 | 안타 | 2루타 | 3루타 | 홈런 | 타점 | 도루 | 도실 | 볼넷 | 사구 | 삼진 | 타율 | 장타율 | 출루율 | OPS |
|---|---|---|---|---|---|---|---|---|---|---|---|---|---|---|---|---|---|
| 2020 | 126 | 530 | 467 | 161 | 27 | 5 | 8 | 63 | 13 | 6 | 36 | 15 | 48 | 0.345 | 0.475 | 0.402 | 0.877 |
| 통산 | 884 | 3,638 | 3,146 | 1,038 | 166 | 43 | 24 | 336 | 184 | 53 | 344 | 78 | 463 | 0.330 | 0.433 | 0.404 | 0.837 |

## 2020 시즌 홈 / 원정 성적

| | 경기 | 타석 | 타수 | 안타 | 2루타 | 3루타 | 홈런 | 타점 | 도루 | 도실 | 볼넷 | 사구 | 삼진 | 타율 | 장타율 | 출루율 | OPS |
|---|---|---|---|---|---|---|---|---|---|---|---|---|---|---|---|---|---|
| 홈 | 62 | 263 | 235 | 79 | 18 | 2 | 4 | 29 | 5 | 3 | 13 | 7 | 26 | 0.336 | 0.481 | 0.379 | 0.860 |
| 원정 | 64 | 267 | 232 | 82 | 9 | 3 | 4 | 34 | 8 | 3 | 23 | 8 | 22 | 0.353 | 0.470 | 0.423 | 0.893 |

## 2020 시즌 상황별 기록

| 상황 | 타석 | 안타 | 홈런 | 타점 | 볼넷 | 삼진 | 타율 |
|---|---|---|---|---|---|---|---|
| vs 좌 | 113 | 29 | 4 | 11 | 8 | 14 | 0.296 |
| vs 우 | 374 | 119 | 2 | 45 | 27 | 33 | 0.361 |
| vs 언더 | 43 | 13 | 2 | 7 | 1 | 1 | 0.333 |
| 주자있음 | 214 | 67 | 2 | 57 | 10 | 22 | 0.360 |
| 주자없음 | 316 | 94 | 6 | 6 | 26 | 26 | 0.335 |
| 득점권 | 127 | 40 | 1 | 53 | 7 | 11 | 0.388 |
| 만루 | 17 | 4 | 0 | 11 | 0 | 3 | 0.333 |

## 2020 시즌 상대팀 별 기록

| 구분 | 타석 | 홈런 | 볼넷 | 삼진 | 타율 | 출루율 | 장타율 | OPS |
|---|---|---|---|---|---|---|---|---|
| KIA | 41 | 1 | 6 | 5 | 0.256 | 0.293 | 0.333 | 0.626 |
| KT | 71 | 0 | 6 | 6 | 0.359 | 0.408 | 0.438 | 0.846 |
| LG | 67 | 1 | 5 | 5 | 0.315 | 0.418 | 0.444 | 0.862 |
| SK | 62 | 5 | 4 | 5 | 0.426 | 0.484 | 0.574 | 1.058 |
| 키움 | 57 | 0 | 3 | 5 | 0.220 | 0.263 | 0.260 | 0.523 |
| 두산 | 67 | 1 | 3 | 6 | 0.349 | 0.388 | 0.540 | 0.928 |
| 롯데 | 46 | 2 | 2 | 3 | 0.585 | 0.609 | 0.927 | 1.536 |
| 삼성 | 62 | 1 | 4 | 10 | 0.259 | 0.328 | 0.352 | 0.680 |
| 한화 | 57 | 1 | 7 | 4 | 0.354 | 0.429 | 0.458 | 0.887 |

## 그라운드 구역별 피안타 방향

| 구분 | 타석 | 안타 | 홈런 | 타점 | 볼넷 | 삼진 | 타율 |
|---|---|---|---|---|---|---|---|
| 0-0 | 39 | 13 | 0 | 5 | 0 | 0 | 0.394 |
| 0-1 | 54 | 18 | 0 | 6 | 0 | 0 | 0.360 |
| 0-2 | 33 | 9 | 0 | 8 | 0 | 10 | 0.290 |
| 1-0 | 41 | 18 | 1 | 6 | 0 | 0 | 0.462 |
| 1-1 | 55 | 19 | 0 | 5 | 0 | 0 | 0.358 |
| 1-2 | 69 | 19 | 0 | 6 | 0 | 20 | 0.284 |
| 2-0 | 11 | 3 | 1 | 2 | 0 | 0 | 0.300 |
| 2-1 | 50 | 19 | 2 | 6 | 0 | 0 | 0.404 |
| 2-2 | 80 | 20 | 2 | 8 | 0 | 13 | 0.267 |
| 3-0 | 10 | 0 | 0 | 0 | 8 | 0 | 0.000 |
| 3-1 | 33 | 9 | 1 | 5 | 10 | 0 | 0.409 |
| 3-2 | 55 | 14 | 1 | 4 | 16 | 5 | 0.368 |

## 2020 시즌 수비 성적

| 구분 | 수비이닝 | 실책 | 수비율 |
|---|---|---|---|
| 2B | 943.0 | 10 | 0.981 |

## 2020 시즌 핫 & 콜드존

### VS좌투

| - 0/0 | 0.333 1/3 | 0.375 3/8 | - 0/0 |
|---|---|---|---|
| 0.333 1/3 | 0.500 1/2 | 0.182 2/11 | 0.000 0/8 |
| 0.000 0/1 | 0.500 3/6 | 0.273 3/11 | 0.308 4/13 |
| - 0/0 | 0.400 2/5 | 0.222 2/9 | 0.333 2/6 |
| - 0/0 | 1.000 1/1 | 0.500 1/2 | 0.250 1/4 |

### VS우투

| 0.000 0/1 | 0.333 3/9 | 0.273 3/11 | 0.000 0/1 | 0.000 0/1 |
|---|---|---|---|---|
| 0.333 1/3 | 0.333 4/12 | 0.304 7/23 | 0.370 10/27 | 0.000 0/1 |
| 0.750 3/4 | 0.222 2/9 | 0.448 13/29 | 0.395 15/38 | 0.359 14/39 | 0.143 2/14 |
| - | 0.500 4/8 | 0.481 13/27 | 0.514 18/35 | 0.391 18/46 | 0.286 2/7 |
| 0.000 0/3 | 0.000 0/2 | 0.100 1/10 | 0.000 0/4 | 0.125 1/8 | 0.000 0/2 |

## PLAYERS

# 18 박석민

**내야수(우투우타)**

| | | | |
|---|---|---|---|
| 생년월일 | 1985년 6월 22일 | 신장/체중 | 178cm/88kg |
| 학력 | 율하초-경복중-대구고 | | |
| 연봉(2021) | 7억 원 | | |
| 지명순위 | 2004 삼성 1차 | | |
| 입단년도 | 2004 삼성 | | |

FA 이후 존재감이 없어진 선수를 꼽으라면 그중에 박석민도 있을 것이다. 삼성라이온즈에서 우승 반지 5개를 꼈던 박석민은 2015시즌 후 4년간 96억 원이라는 당시 최고액으로 NC로 이적했다. 첫해인 2016년에 타율 3할7리, 32홈런으로 이름값에 맞는 활약을 펼쳤지만 이후 스포트라이트를 받지 못했다. 너무 잘하지도 너무 못하지도 않았다. 잦은 부상 속에서 3년간 이렇다 할 활약을 하지 못했던 박석민은 지난해 완벽하게 부활했다. 건강한 몸에서 좋은 퍼포먼스가 나올 수 있다는 사실을 박석민이 몸소 보였다. 지난해 다이어트를 통해 야구를 잘할 수 있는 몸을 다시 만들었다. 체중을 빼기 위해 전지훈련에서 매일 자전거로 이동하고 웨이트트레이닝을 거르지 않았다. 그런 노력은 성적으로 나타났다. 타율 0.306, 14홈런, 63타점을 기록했다. 무엇보다 출루율 4할3푼6리로 출루율 1위에 올랐다. 생애 첫 타이틀이었다. 부상 없이 완주하니 성적은 자연스럽게 따라왔다. 박석민의 가치는 개인 성적만으로 설명할 수 없다. 타자들의 멘토로 NC 선수들이 타격에서 어려움을 겪을 때 박석민에게 자문을 구할 때가 많다고 한다. 열린 선배가 되고 싶었다는 박석민은 자신의 바람대로 후배들과 스스럼없이 대화를 나눈다.

2020시즌을 만족스럽게 보낸 박석민이지만 100% 만족할 수는 없는 일이다. 스스로 "타점이 부족했다. 그 부분에서는 아쉬운 한 해가 됐다"라고 말했다. 중심 타자로 2015년 116타점을 올리기도 했던 박석민은 지난해 63타점에 그쳤다. 2019년 74타점에서도 11타점 줄었다. 득점권 타율이 0.327로 좋았기에 큰 걱정은 없다. 스스로 몸 관리의 중요성을 깨달은 만큼 몸 관리를 잘하면서 꾸준히 나간다면 기록은 따라온다고 믿는다. 삼성의 4년 연속 통합우승을 이뤘던 박석민은 "처음 한 번 맛을 보면 선수들도 어느 정도 풀어가는 법을 알게 된다. 올해도 우승 가능성은 충분하다"라며 NC의 2연패를 자신했다.

### 2020 시즌 & 통산 성적

| 연도 | 경기 | 타석 | 타수 | 안타 | 2루타 | 3루타 | 홈런 | 타점 | 도루 | 도실 | 볼넷 | 사구 | 삼진 | 타율 | 장타율 | 출루율 | OPS |
|---|---|---|---|---|---|---|---|---|---|---|---|---|---|---|---|---|---|
| 2020 | 123 | 448 | 356 | 109 | 15 | 0 | 14 | 63 | 0 | 0 | 75 | 10 | 62 | 0.306 | 0.466 | 0.436 | 0.902 |
| 통산 | 1,592 | 6,154 | 5,057 | 1,469 | 260 | 10 | 258 | 990 | 23 | 17 | 807 | 206 | 1,072 | 0.290 | 0.499 | 0.406 | 0.905 |

### 2020 시즌 홈 / 원정 성적

| | 경기 | 타석 | 타수 | 안타 | 2루타 | 3루타 | 홈런 | 타점 | 도루 | 도실 | 볼넷 | 사구 | 삼진 | 타율 | 장타율 | 출루율 | OPS |
|---|---|---|---|---|---|---|---|---|---|---|---|---|---|---|---|---|---|
| 홈 | 65 | 246 | 189 | 66 | 10 | 0 | 9 | 39 | 0 | 0 | 48 | 5 | 28 | 0.349 | 0.545 | 0.486 | 1.031 |
| 원정 | 58 | 202 | 167 | 43 | 5 | 0 | 5 | 24 | 0 | 0 | 27 | 5 | 34 | 0.257 | 0.377 | 0.375 | 0.752 |

### 2020 시즌 상황별 기록

| 상황 | 타석 | 안타 | 홈런 | 타점 | 볼넷 | 삼진 | 타율 |
|---|---|---|---|---|---|---|---|
| vs 좌 | 84 | 20 | 4 | 12 | 21 | 13 | 0.323 |
| vs 우 | 318 | 77 | 9 | 45 | 46 | 45 | 0.297 |
| vs 언더 | 46 | 12 | 1 | 6 | 8 | 4 | 0.343 |
| 주자있음 | 227 | 59 | 4 | 53 | 34 | 33 | 0.326 |
| 주자없음 | 221 | 50 | 10 | 10 | 41 | 29 | 0.286 |
| 득점권 | 133 | 33 | 3 | 48 | 23 | 21 | 0.327 |
| 만루 | 14 | 3 | 0 | 7 | 0 | 5 | 0.250 |

### 2020 시즌 상대팀 별 기록

| 구분 | 타석 | 홈런 | 볼넷 | 삼진 | 타율 | 출루율 | 장타율 | OPS |
|---|---|---|---|---|---|---|---|---|
| KIA | 47 | 2 | 8 | 10 | 0.405 | 0.532 | 0.649 | 1.181 |
| KT | 42 | 5 | 7 | 4 | 0.353 | 0.476 | 0.706 | 1.182 |
| LG | 57 | 2 | 6 | 11 | 0.245 | 0.316 | 0.408 | 0.724 |
| SK | 50 | 0 | 11 | 5 | 0.306 | 0.469 | 0.361 | 0.830 |
| 키움 | 61 | 3 | 10 | 8 | 0.234 | 0.400 | 0.426 | 0.826 |
| 두산 | 53 | 0 | 5 | 6 | 0.250 | 0.415 | 0.250 | 0.665 |
| 롯데 | 44 | 1 | 7 | 8 | 0.361 | 0.465 | 0.528 | 0.993 |
| 삼성 | 43 | 2 | 8 | 4 | 0.412 | 0.535 | 0.647 | 1.182 |
| 한화 | 51 | 1 | 7 | 8 | 0.256 | 0.373 | 0.326 | 0.699 |

### 그라운드 구역별 피안타 방향

| 구분 | 타석 | 안타 | 홈런 | 타점 | 볼넷 | 삼진 | 타율 |
|---|---|---|---|---|---|---|---|
| 0-0 | 46 | 11 | 0 | 6 | 1 | 0 | 0.297 |
| 0-1 | 29 | 12 | 1 | 6 | 0 | 0 | 0.444 |
| 0-2 | 31 | 9 | 0 | 2 | 0 | 8 | 0.290 |
| 1-0 | 18 | 7 | 1 | 5 | 0 | 0 | 0.389 |
| 1-1 | 37 | 19 | 2 | 10 | 0 | 0 | 0.559 |
| 1-2 | 42 | 7 | 2 | 2 | 0 | 15 | 0.171 |
| 2-0 | 10 | 1 | 0 | 2 | 6 | 0 | 0.125 |
| 2-1 | 29 | 12 | 7 | 13 | 0 | 0 | 0.414 |
| 2-2 | 64 | 12 | 1 | 6 | 0 | 22 | 0.190 |
| 3-0 | 9 | 0 | 0 | 0 | 9 | 0 | - |
| 3-1 | 44 | 5 | 0 | 4 | 30 | 0 | 0.357 |
| 3-2 | 89 | 14 | 2 | 6 | 35 | 17 | 0.259 |

### 2020 시즌 수비 성적

| 구분 | 수비이닝 | 실책 | 수비율 |
|---|---|---|---|
| 3B | 825.0 | 14 | 0.939 |

### 2020 시즌 핫 & 콜드존

**VS좌투**

| 0.500 1/2 | 0.000 0/3 | 0.000 0/1 | - 0/0 | - 0/0 |
|---|---|---|---|---|
| 0.000 0/1 | 0.500 2/4 | 0.500 2/4 | 0.250 1/4 | - 0/0 |
| 0.500 3/6 | 0.000 0/3 | 0.667 2/3 | 0.800 4/5 | - 0/0 |
| 0.333 1/3 | 0.143 1/7 | 0.200 1/5 | 1.000 1/1 | - 0/0 |
| - 0/0 | 0.000 0/6 | 0.000 0/2 | 1.000 1/1 | - 0/0 |

**VS우투**

| 1.000 1/1 | 0.200 1/5 | 0.714 5/7 | 0.143 1/7 | - 0/0 |
|---|---|---|---|---|
| 0.500 3/6 | 0.300 6/20 | 0.400 6/15 | 0.077 1/13 | 0.000 0/2 |
| 0.316 6/19 | 0.368 14/38 | 0.385 10/26 | 0.412 7/17 | 0.000 0/2 |
| 0.313 5/16 | 0.280 7/25 | 0.241 7/29 | 0.294 5/17 | - 0/0 |
| 0.000 0/3 | 0.182 2/11 | 0.222 2/9 | 0.000 0/5 | 0.000 0/1 |

# 47
# 나성범

**외야수(좌투좌타)**

| | |
|---|---|
| 생년월일 | 1989년 10월 3일 |
| 신장/체중 | 183cm/100 kg |
| 학력 | 대성초-진흥중-진흥고-연세대 |
| 연봉(2021) | 7억8000만 원 |
| 지명순위 | 2012 NC 2라운드 10순위 |
| 입단년도 | 2012 NC |

나성범은 지난 시즌 팀을 우승으로 이끈 뒤 홀가분하게 방향을 미국으로 돌렸다. 메이저리그라는 꿈을 위해 포스팅을 신청했다. 코로나19로 얼어붙은 현지 사정으로 인해 나성범에게 기대한 오퍼가 오지 않았다. 나성범은 올해도 한국에서 뛰고 비FA 최고액인 7억8000만 원에 사인했다. 아직 나성범이 메이저리그 진출의 꿈을 갖고 있는지, KBO리그에서 커리어를 이어갈지는 확정된 바가 없다. 그로선 고민이 될 수밖에 없는 시즌이다. 연세대를 졸업하고 2013년 NC에 입단한 나성범은 올 시즌을 건강하게 치른다면 대졸 선수에게 주어지는 국내 FA 권리를 행사할 수 있다. FA로 국내 어느 팀에도 갈 수 있다. 해외 진출을 하려면 구단의 허락을 얻고 포스팅시스템을 통해야 한다. 나성범이 메이저리그에 이적료 없이 자유롭게 가려면 2022시즌까지 뛰고 FA를 선언해야 한다.

겨울에 메이저리그 진출을 추진하면서 현지에선 우려의 목소리가 많았다. 타율 3할2푼4리, 34홈런, 112타점의 성적은 분명히 나무랄 데가 없었다. 하지만 그들은 다른 것을 봤다. 먼저 2019년 다쳤던 무릎 상태에 믿음이 없었다. 지난해 시즌 막바지에 외야 수비를 나갔고 도루 시도도 4차례밖에 없었다. 2018년 17번의 도루를 시도했던 호타준족의 모습이 보이지 않았다. 외야수보다 지명타자로 많이 출전했고 예전과 다르게 도루 수도 줄었으니 미국 현지에서 무릎에 의문점을 품는 것은 당연했다. 또 하나는 삼진의 증가였다. 지난해 볼넷 49개를 얻는 동안 삼진을 148개나 기록했다. 한국에서 삼진이 많은데 메이저리그에서 삼진이 많아질 수 있다는 우려가 있었다. 나성범이 꿈을 이루기 위해선 올해 무릎에 아무런 문제가 없다는 것을 그라운드에서 증명하는 등 현지 언론이 지적한 문제점을 해결해야 한다. 그는 메이저리그 도전에 대해 "시즌 끝나고 상황을 봐야 한다"라고 말했다. 1989년생으로 내년이면 만 33세가 되기에 좋은 조건으로 진출하기는 쉽지 않은 상황인 것은 분명하다. 다시 NC로 돌아온 그의 목표는 한국시리즈 2연패다. 나성범은 "도전하는 마음이다. 지키는게 아니라 다시 쟁취해야 한다"라고 우승 의지를 밝혔다.

### 2020 시즌 & 통산 성적

| 연도 | 경기 | 타석 | 타수 | 안타 | 2루타 | 3루타 | 홈런 | 타점 | 도루 | 도실 | 볼넷 | 사구 | 삼진 | 타율 | 장타율 | 출루율 | OPS |
|---|---|---|---|---|---|---|---|---|---|---|---|---|---|---|---|---|---|
| 2020 | 130 | 584 | 525 | 170 | 37 | 2 | 34 | 112 | 3 | 1 | 49 | 9 | 148 | 0.324 | 0.596 | 0.390 | 0.986 |
| 통산 | 937 | 4,140 | 3,689 | 1,170 | 244 | 25 | 179 | 729 | 93 | 26 | 327 | 91 | 907 | 0.317 | 0.542 | 0.384 | 0.926 |

### 2020 시즌 홈 / 원정 성적

| | 경기 | 타석 | 타수 | 안타 | 2루타 | 3루타 | 홈런 | 타점 | 도루 | 도실 | 볼넷 | 사구 | 삼진 | 타율 | 장타율 | 출루율 | OPS |
|---|---|---|---|---|---|---|---|---|---|---|---|---|---|---|---|---|---|
| 홈 | 70 | 307 | 280 | 99 | 26 | 1 | 19 | 69 | 3 | 0 | 23 | 4 | 83 | 0.354 | 0.657 | 0.410 | 1.067 |
| 원정 | 60 | 277 | 245 | 71 | 11 | 1 | 15 | 43 | 0 | 1 | 26 | 5 | 65 | 0.290 | 0.527 | 0.368 | 0.895 |

### 2020 시즌 상황별 기록

| 상황 | 타석 | 안타 | 홈런 | 타점 | 볼넷 | 삼진 | 타율 |
|---|---|---|---|---|---|---|---|
| vs 좌 | 140 | 42 | 8 | 21 | 8 | 34 | 0.328 |
| vs 우 | 399 | 118 | 23 | 81 | 37 | 100 | 0.330 |
| vs 언더 | 45 | 10 | 3 | 10 | 4 | 14 | 0.256 |
| 주자있음 | 297 | 89 | 16 | 94 | 25 | 71 | 0.335 |
| 주자없음 | 287 | 81 | 18 | 18 | 24 | 77 | 0.313 |
| 득점권 | 176 | 52 | 8 | 73 | 18 | 44 | 0.338 |
| 만루 | 15 | 3 | 1 | 11 | 2 | 4 | 0.231 |

### 2020 시즌 상대팀 별 기록

| 구분 | 타석 | 홈런 | 볼넷 | 삼진 | 타율 | 출루율 | 장타율 | OPS |
|---|---|---|---|---|---|---|---|---|
| KIA | 71 | 2 | 6 | 21 | 0.338 | 0.394 | 0.585 | 0.979 |
| KT | 70 | 6 | 9 | 16 | 0.267 | 0.357 | 0.583 | 0.940 |
| LG | 64 | 0 | 4 | 11 | 0.362 | 0.422 | 0.466 | 0.888 |
| SK | 63 | 6 | 3 | 20 | 0.321 | 0.429 | 0.547 | 0.976 |
| 키움 | 56 | 5 | 9 | 18 | 0.388 | 0.464 | 0.755 | 1.219 |
| 두산 | 63 | 2 | 2 | 22 | 0.246 | 0.270 | 0.393 | 0.663 |
| 롯데 | 64 | 4 | 3 | 10 | 0.357 | 0.410 | 0.625 | 1.035 |
| 삼성 | 61 | 4 | 4 | 18 | 0.164 | 0.246 | 0.418 | 0.664 |
| 한화 | 75 | 8 | 4 | 12 | 0.456 | 0.507 | 0.956 | 1.463 |

### 그라운드 구역별 피안타 방향

| 구분 | 타석 | 안타 | 홈런 | 타점 | 볼넷 | 삼진 | 타율 |
|---|---|---|---|---|---|---|---|
| 0-0 | 99 | 45 | 8 | 32 | 0 | 0 | 0.469 |
| 0-1 | 30 | 11 | 2 | 5 | 0 | 0 | 0.379 |
| 0-2 | 40 | 9 | 4 | 6 | 0 | 17 | 0.231 |
| 1-0 | 37 | 15 | 3 | 11 | 0 | 0 | 0.417 |
| 1-1 | 38 | 20 | 8 | 14 | 0 | 0 | 0.541 |
| 1-2 | 108 | 24 | 4 | 9 | 0 | 58 | 0.226 |
| 2-0 | 4 | 1 | 0 | 1 | 3 | 0 | 0.250 |
| 2-1 | 23 | 9 | 4 | 5 | 0 | 0 | 0.391 |
| 2-2 | 102 | 23 | 4 | 17 | 0 | 50 | 0.232 |
| 3-0 | 1 | 0 | 0 | 0 | 7 | 0 | - |
| 3-1 | 21 | 4 | 1 | 2 | 16 | 0 | 0.800 |
| 3-2 | 71 | 8 | 2 | 6 | 24 | 23 | 0.170 |

### 2020 시즌 수비 성적

| 구분 | 수비이닝 | 실책 | 수비율 |
|---|---|---|---|
| RF | 379.0 | 0 | 1.000 |

### 2020 시즌 핫 & 콜드존

**VS좌투**

| - | 0.000 0/3 | 0.333 2/6 | 0.000 0/1 | - 0/0 |
|---|---|---|---|---|
| 0.000 0/1 | 0.333 2/6 | 0.444 4/9 | 0.250 1/4 | 0.000 0/2 |
| 0.000 0/3 | 0.200 2/10 | 0.615 8/13 | 0.538 7/13 | 0.500 1/2 |
| 0.500 2/4 | 0.375 3/8 | 0.182 2/11 | 0.400 4/10 | 0.571 4/7 |
| - 0/0 | 0.000 0/2 | 0.000 0/3 | 0.000 0/10 | 0.000 0/3 |

**VS우투**

| 0.000 0/1 | 0.000 0/4 | 0.333 2/6 | 0.333 2/6 | 0.250 1/4 |
|---|---|---|---|---|
| 0.200 1/5 | 0.214 3/14 | 0.346 9/26 | 0.250 6/24 | 0.143 1/7 |
| 0.429 6/14 | 0.346 9/26 | 0.667 18/27 | 0.426 20/47 | 0.222 2/9 |
| 0.200 2/10 | 0.615 8/13 | 0.394 13/33 | 0.512 22/43 | 0.111 1/9 |
| 0.000 0/9 | 0.000 0/17 | 0.056 1/18 | 0.050 1/20 | 0.000 0/2 |

# PLAYERS

## 23
## 애런 알테어

**외야수(우투우타)**

| | | | |
|---|---|---|---|
| 생년월일 | 1991년 1월 14일 | 신장/체중 | 196cm/97kg |
| 국적 | 미국 | | |
| 연봉(2021) | 110만 달러 | | |
| 지명순위 | - | | |
| 입단년도 | 2020 NC | | |

알테어는 그야말로 신데렐라다. 초반 퇴출을 생각할 정도로 심각했지만 갈수록 성장했고 이젠 테임즈가 생각나지 않는 선수가 됐다. '공포의 8번 타자'가 알테어에게 붙은 수식어다. 지난 시즌 성적만 보면 8번 타순이 이해가 되지 않을 정도다. 136경기에서 타율 0.278에 31홈런, 108타점을 기록했다. 타율이 좀 낮을 뿐 홈런과 타점은 웬만한 중심 타자보다 좋았다. 시즌 초반 1할대 타율로 어려워하자 NC는 그를 편한 하위타선으로 내렸다. 부담을 벗은 알테어는 조금씩 리그에 적응했다. 장타력을 갖춘 타자가 하위 타선에 있으니 중심 타선에서 만든 기회를 하위 타선이 득점으로 이을 수 있었다. 알테어는 한국시리즈에서도 가치를 증명했다. 1차전에서 스리런포를 날렸고 2승 2패에서 맞이한 5차전에서 선취 타점을 올려 승리를 견인했다. 한국시리즈 6경기에서 타율 3할3푼3리, 1홈런 5타점을 기록해. 큰 경기에 강한 스타임임을 입증했다.

올 시즌 정확성을 좀 더 높이면 좋겠지만 지난해 성적 정도만 거두더라도 대만족이다. 나성범이 잔류하면서 알테어가 좀 더 편한 타순에 갈 수 있게 됐다. NC는 알테어를 재계약 대상자로 분류했지만 예상치 못한 일이 벌어졌다. 에릭 테임즈가 자유계약 선수로 나온 것이었다. 미국에서 팀을 찾지 못해 일본이나 한국행도 염두에 두고 있어 테임즈가 NC로 오는 것 아니냐는 얘기도 있었다. 아무래도 팬들에겐 2016시즌 MVP인 테임즈에 대한 인상이 알테어보다 강렬하다. NC의 선택은 알테어였다. 장타력을 갖췄고 외야 수비가 좋은 데다 20도루 이상 할 수 있는 주력까지 갖췄다. 테임즈는 1루수라서 강진성과 포지션이 겹치는 문제가 있다. 테임즈가 떠난 사이 변한 KBO리그에 적응 부분도 무시할 수 없었다. KBO리그 2년 차로서 상대 분석을 이겨내느냐가 숙제다. 타율을 올린다면 더할 나위 없겠지만 지난해와 비슷해도 경쟁력은 분명히 있다.

### 2020 시즌 & 통산 성적

| 연도 | 경기 | 타석 | 타수 | 안타 | 2루타 | 3루타 | 홈런 | 타점 | 도루 | 도실 | 볼넷 | 사구 | 삼진 | 타율 | 장타율 | 출루율 | OPS |
|---|---|---|---|---|---|---|---|---|---|---|---|---|---|---|---|---|---|
| 2020 | 136 | 546 | 482 | 134 | 20 | 7 | 31 | 108 | 22 | 3 | 46 | 12 | 149 | 0.278 | 0.541 | 0.352 | 0.893 |
| 통산 | 136 | 546 | 482 | 134 | 20 | 7 | 31 | 108 | 22 | 3 | 46 | 12 | 149 | 0.278 | 0.541 | 0.352 | 0.893 |

### 2020 시즌 홈 / 원정 성적

| | 경기 | 타석 | 타수 | 안타 | 2루타 | 3루타 | 홈런 | 타점 | 도루 | 도실 | 볼넷 | 사구 | 삼진 | 타율 | 장타율 | 출루율 | OPS |
|---|---|---|---|---|---|---|---|---|---|---|---|---|---|---|---|---|---|
| 홈 | 71 | 273 | 237 | 66 | 8 | 5 | 16 | 60 | 11 | 2 | 25 | 7 | 69 | 0.278 | 0.557 | 0.359 | 0.916 |
| 원정 | 65 | 273 | 245 | 68 | 12 | 2 | 15 | 48 | 11 | 1 | 21 | 5 | 80 | 0.278 | 0.527 | 0.344 | 0.871 |

### 2020 시즌 상황별 기록

| 상황 | 타석 | 안타 | 홈런 | 타점 | 볼넷 | 삼진 | 타율 |
|---|---|---|---|---|---|---|---|
| vs 좌 | 91 | 26 | 10 | 18 | 6 | 18 | 0.313 |
| vs 우 | 398 | 98 | 20 | 79 | 35 | 117 | 0.281 |
| vs 언더 | 57 | 10 | 1 | 11 | 5 | 14 | 0.200 |
| 주자있음 | 267 | 71 | 14 | 91 | 23 | 70 | 0.305 |
| 주자없음 | 279 | 63 | 17 | 17 | 23 | 79 | 0.253 |
| 득점권 | 158 | 44 | 7 | 74 | 17 | 39 | 0.333 |
| 만루 | 18 | 5 | 1 | 18 | 2 | 6 | 0.385 |

### 2020 시즌 상대팀 별 기록

| 구분 | 타석 | 홈런 | 볼넷 | 삼진 | 타율 | 출루율 | 장타율 | OPS |
|---|---|---|---|---|---|---|---|---|
| KIA | 56 | 0 | 4 | 10 | 0.260 | 0.321 | 0.320 | 0.641 |
| KT | 58 | 4 | 4 | 22 | 0.255 | 0.310 | 0.529 | 0.839 |
| LG | 64 | 2 | 5 | 22 | 0.291 | 0.344 | 0.400 | 0.744 |
| SK | 67 | 6 | 4 | 14 | 0.237 | 0.328 | 0.576 | 0.904 |
| 키움 | 62 | 3 | 4 | 16 | 0.263 | 0.323 | 0.579 | 0.902 |
| 두산 | 62 | 6 | 2 | 19 | 0.333 | 0.419 | 0.685 | 1.104 |
| 롯데 | 65 | 2 | 5 | 20 | 0.317 | 0.369 | 0.533 | 0.902 |
| 삼성 | 61 | 7 | 6 | 13 | 0.255 | 0.328 | 0.673 | 1.001 |
| 한화 | 51 | 3 | 8 | 13 | 0.293 | 0.431 | 0.561 | 0.992 |

### 그라운드 구역별 피안타 방향

| 구분 | 타석 | 안타 | 홈런 | 타점 | 볼넷 | 삼진 | 타율 |
|---|---|---|---|---|---|---|---|
| 0-0 | 69 | 28 | 5 | 9 | 2 | 0 | 0.438 |
| 0-1 | 37 | 15 | 4 | 20 | 0 | 0 | 0.441 |
| 0-2 | 38 | 9 | 1 | 7 | 0 | 16 | 0.243 |
| 1-0 | 39 | 11 | 1 | 13 | 1 | 0 | 0.306 |
| 1-1 | 59 | 21 | 6 | 17 | 0 | 0 | 0.368 |
| 1-2 | 85 | 12 | 7 | 16 | 0 | 54 | 0.146 |
| 2-0 | 15 | 8 | 3 | 7 | 0 | 0 | 0.533 |
| 2-1 | 24 | 10 | 2 | 4 | 0 | 0 | 0.417 |
| 2-2 | 88 | 13 | 2 | 10 | 0 | 54 | 0.153 |
| 3-0 | 5 | 0 | 0 | 0 | 4 | 0 | 0.000 |
| 3-1 | 10 | 0 | 0 | 1 | 10 | 0 | 0.000 |
| 3-2 | 71 | 9 | 2 | 4 | 29 | 25 | 0.171 |

### 2020 시즌 수비 성적

| 구분 | 수비이닝 | 실책 | 수비율 |
|---|---|---|---|
| CF | 1094.0 | 2 | 0.994 |

### 2020 시즌 핫 & 콜드존

**VS좌투**

| - | 0.000 0/2 | 0.000 0/2 | - | 0.000 0/0 |
|---|---|---|---|---|
| 0.000 0/4 | 0.286 2/7 | 0.333 1/3 | 0.200 1/5 | - |
| 0.200 1/5 | 0.500 2/4 | 0.625 5/8 | 0.000 0/5 | 0.000 0/1 |
| 0.250 1/4 | 0.333 3/9 | 0.583 7/12 | 0.500 1/2 | 0.333 1/3 |
| 0.000 0/1 | 0.000 0/2 | 0.500 1/2 | 0.000 0/2 | 0.000 0/0 |

**VS우투**

| 0.500 1/2 | 0.273 3/11 | 0.222 2/9 | 0.000 0/9 | 0.000 0/5 |
|---|---|---|---|---|
| 0.000 0/3 | 0.300 6/20 | 0.200 4/20 | 0.286 6/21 | 0.333 2/6 |
| 0.167 3/18 | 0.387 12/31 | 0.487 19/39 | 0.357 10/28 | 0.167 1/6 |
| 0.250 3/12 | 0.290 9/31 | 0.444 16/36 | 0.350 7/20 | 0.000 0/5 |
| 0.000 0/18 | 0.077 1/13 | 0.150 3/20 | 0.000 0/13 | 0.000 0/1 |

## 투수(좌투좌타)
# 38 임정호

임정호는 상무 제대 후 첫 풀시즌이었던 지난 시즌 거의 유일한 좌완 '믿을맨'이었다. 예기치 못한 강윤구의 부진 속에 왼손 불펜 역할을 거의 홀로 전담했다. 69경기에 출전해 2승 2패 22홀드를 기록할 만큼 종횡무진 활약했다. 스리쿼터를 넘어 사이드암에 가까운 팔 각도에서 나오는 슬라이더와 커브가 특히 왼손 타자에게 위협적이다. 좌타자 상대 통산 피안타율이 2할대 초반에 불과하다. 특이한 팔 각도와 위력적인 변화구로 탈삼진 비율이 높지만 컨디션에 따라 제구가 들쑥날쑥 하다는 약점이 있다. 상무 전역 이후 제구와 위기 관리 측면에서 향상된 모습으로 조금씩 안정감을 보인다. 상무에서 연마한 투심패스트볼의 비율을 크게 올린 임정호는 우타자 상대 구종으로 요긴하게 사용할 수 있을 전망이다. 투구판 밟는 위치를 3루 쪽으로 바꾸면서 제구가 안정되고 있어 올 시즌 더 향상된 모습을 보여줄 전망이다. 좌완 불펜의 핵으로 변함없는 활약이 기대되는 예비역 투수다.

| | | | |
|---|---|---|---|
| 생년월일 | 1990년 4월 16일 | 연봉(2021) | 1억3000만 원 |
| 신장/체중 | 188cm/85kg | 지명순위 | 2013 NC 3라운드 30순위 |
| 학력 | 성동초-잠신중-신일고-성균관대 | 입단년도 | 2013 NC |

## 투수(좌투좌타)
# 68 강윤구

국내 최고의 좌완 투수의 탄생을 기대했던 유망주 출신. 어느덧 10년 넘는 세월이 훌쩍 지났다. 9구 3탈삼진이란 진기록을 세울 만큼 놀라운 구위의 소유자였지만 문제는 기복이 있는 밸런스다. 좋을 때와 나쁠 때의 차이가 있다. 긁히는 날 언더처블의 모습을 꾸준히 가져가야 한다. 지난해는 아쉬웠다. 등록일수 70일, 말소일수 110일로 1군에 머문 시간이 짧았다. 30경기 21이닝 소화가 전부였다. 1승 1패 3홀드, 6.86의 평균자책점이란 초라한 성적만 남았다. 올 시즌은 반등이냐 추락이냐 갈림길에 섰다. 지난해 한국시리즈 엔트리 탈락에 이어 스프링캠프 1군 명단에서도 빠졌다. "인원수용의 한계상 신예들을 테스트하기 위한 차원"이라는 설명을 들었지만 불안감을 감출 수 없다. 올해까지 부진하면 자리가 없을지 모른다는 절박함이 반등 동력이 될 수 있다. 여전히 위력적인 패스트볼과 날카로운 슬라이더를 보유한 데다 야구를 알고 할 수 있는 연차가 됐다. NC 마운드의 짜임새에 있어 강윤구의 반등은 무척 중요한 요소다.

| | | | |
|---|---|---|---|
| 생년월일 | 1990년 7월 10일 | 연봉(2021) | 1억 원 |
| 신장/체중 | 183cm/89kg | 지명순위 | 2009 히어로즈 1차 |
| 학력 | 이수초-경원중-장충고 | 입단년도 | 2009 히어로즈 |

## 투수(우투우타)
# 45 임창민

베테랑 임창민은 지난해 NC 첫 우승의 숨은 주역이었다. 동갑내기 김진성과 함께 후반 위기에서 불펜 수호신으로 맹활약했다. 팔꿈치 인대접합 수술 이후 맞은 첫 풀시즌이었다. 전반기에 살짝 주춤했지만 후반기 전성기를 방불케 하는 강력한 모습으로 뒷문을 지켰다. 8월 5경기 평균자책점 0.00, 9월 12경기 평균자책점 0.79의 완벽한 모습으로 정규 시즌 1위 수성에 앞장섰다. 시즌 성적은 44경기 37⅔이닝 7승 2패 11홀드 평균자책점 5.26이었다. 올 시즌도 변함없는 활약이 필요하다. 한국 나이 서른일곱이 되는 노장이지만 빼어난 투구 밸런스를 바탕으로 정교한 제구와 패스트볼, 슬라이더, 스플리터의 황금비율로 승부를 거는 유형이라서 에이징커브 우려는 크지 않다. 임창민에게 매년 새 시즌은 기적이다. 여전히 마운드에 오르고 힘찬 공을 던질 수 있는 순간에 감사함이 가득하다. "늘 절박함과 보답하는 마음으로 준비한다"라는 임창민은 국내에서 치러지는 캠프에 대비해 몸을 일찍 만들었다. 체력 문제만 극복하면 임창민의 2021년 시즌은 여전히 푸르를 전망이다.

| | | | |
|---|---|---|---|
| 생년월일 | 1985년 8월 25일 | 연봉(2021) | 1억4000만 원 |
| 신장/체중 | 183cm/85kg | 지명순위 | 2008 현대 2차 2라운드 11순위 |
| 학력 | 대성초-동성중-동성고-연세대 | 입단년도 | 2008 우리 히어로즈 |

# PLAYERS

### 투수(우투우타)
# 30 박진우

NC 이동욱 감독은 1990년생 투수 2인 이재학과 박진우를 2021년 마운드의 키플레이어로 꼽는다. "이재학, 박진우 등이 반등해야 올 시즌 팀 동력을 얻을 수 있다. 그럴 만한 능력을 갖춘 선수들"이라며 부활을 기대한다. 박진우의 반등 가능성은 충분하다. 지난해는 '2019년 여파'로 장점이던 제구력이 살짝 흔들렸다. 전년도 선발과 불펜을 오가며 140이닝 이상을 던지며 맹활약한 여파가 이듬해에 미쳤다. 결국 43경기에서 2승 2패, 7홀드 평균자책점 5.23의 평범한 성적을 남겼다. 이닝 소화도 43으로 뚝 떨어졌다. 엔트리 제외일이 무려 62일이나 됐다. 본의 아니게 쉬어갔던 시즌이었다. 올 시즌 반등의 에너지로 삼을 참이다. 박진우는 장점이 많다. 폭발적 스피드는 아니지만 구종 가치가 빼어난 슬라이더와 반대 궤적인 서클체인지업을 자유자재로 구사한다. 패스트볼, 슬라이더, 체인지업의 구사율이 흡사해 상대 타자의 게스히팅이 쉽지 않은 유형이다. 위기 관리 능력이 좋고 땅볼 유도율도 높다. 체력 회복을 통해 불펜 에이스로 돌아온다면 NC 마운드에 큰 동력이된다.

| 생년월일 | 1990년 2월 12일 | 연봉(2021) | 1억1500만 원 |
|---|---|---|---|
| 신장/체중 | 180cm/83kg | 지명순위 | 2013 NC 육성선수 |
| 학력 | 남부민초-대신중-부경고-건국대 | 입단년도 | 2015 NC |

### 투수(우투우타)
# 51 이재학

이재학에게 지난해는 아쉬움이었다. 창단 첫 우승의 순간에 본인이 선수단에 없었다. 한국시리즈 엔트리에 포함되지 못했기 때문이다. NC 다이노스 창단 멤버로서 자존심을 구겼던 한 해였다. 1, 2군을 오르내리는 들쑥날쑥 피칭 속에 19경기 5승 6패 평균자책점 6.55의 초라한 성적을 남겼다. 밸런스가 무너진 경기에서 장기인 체인지업의 위력을 살리지 못했다. 더 치열해질 5선발 경쟁 구도에서 살아남기 위해서는 불안했던 밸런스 회복이 급선무다. 패스트볼, 체인지업 투 피치 투수지만 밸런스만 잡히면 알고도 치기 힘들만큼 송곳처럼 날카로운 공을 던진다. 통산 227경기에서 1000이닝을 넘는 많은 경험을 쌓은 베테랑 투수인 만큼 밸런스를 회복해서 반등할 여지가 충분하다. 직전 연도인 2019년 10승에 복귀해 건재함을 알린 터라 체력적 문제일 가능성은 크지 않다. 스스로 해법을 찾아 건재함을 입증해야 할 시즌이다. 개인의 명예 회복과 팀 선발 안정의 두 가지 화두가 이재학의 밸런스 회복에 달려 있다.

| 생년월일 | 1990년 10월 4일 | 연봉(2021) | 2억 원 |
|---|---|---|---|
| 신장/체중 | 181cm/84kg | 지명순위 | 2010 두산 2라운드 10순위 |
| 학력 | 옥산초-경복중-대구고 | 입단년도 | 2010 두산 |

### 투수(우투우타)
# 62 송명기

2020시즌 후반을 지배했던 토종 투수는 단연 송명기였다. 선발 전환 후 파죽의 6연승으로 시즌을 마치며 선발 체질임을 과시했다. 36경기 9승 3패 3.70의 평균자책점. 그 흐름 그대로 한국시리즈 2경기에서 6이닝 2안타 무실점의 '퍼펙투'로 팀 우승에 일조했다. 2년 차 투수의 거침없는 무대 장악이었다. "차라리 볼넷보다는 어떻게 결과가 나오는 게 더 나은 것 같다"라는 두둑한 '배짱투'가 인상적이었다. "큰 무대에 선 경험이 큰 도움이 될 것 같다"라는 송명기에게 2021시즌은 토종 우완 에이스 굳히기 무대다. "제구와 밸런스, 체력, 세 가지에 포커스를 두고 있다"라며 캠프를 통해 한 시즌을 관통할 내구성을 기르고 있다. 오른손 타자보다 살짝 약했던 왼손 타자 공략을 위한 새 구종인 체인지업도 추가했다. 스리쿼터 각도에서 자연스레 휘어지는 내추럴 투심과 체인지업을 통해 왼손 타자에게 멀어지는 무기로 완벽을 꿈꾼다. 송명기가 토종 선발 마운드에서 듬직하게 성장해 준다면 NC의 2년 연속 우승의 꿈이 성큼 가까워질 공산이 크다.

| 생년월일 | 2000년 8월 9일 | 연봉(2021) | 1억1000만 원 |
|---|---|---|---|
| 신장/체중 | 191cm/93kg | 지명순위 | 2019 NC 2차 1라운드 7순위 |
| 학력 | 양남초-건대부중-장충고 | 입단년도 | 2019 NC |

## 투수(좌투좌타)
# 58 김영규

송명기와 함께 NC 선발 마운드의 10년 미래를 책임질 선발 유망주다. 큰 키에서 나오는 높은 타점과 디셉션, 빠른 투구 템포에 부드러운 투구 폼까지 대형 투수로 성장 자질을 두루 갖췄다. 아직 완벽하게 끌어올리지 못한 미완성 패스트볼과 풀시즌 체력 문제로 기복을 보이는 문제도 보인다. 스스로 과제를 잘 알고 있다. 2019년 초반 돌풍을 일으켰지만 체력 문제로 고전했던 그는 지난해 향상된 모습을 보였다. 20경기에서 2승 2패, 5.45를 기록했다. 전년도와 크게 다를 것 없는 성적이지만 세부 지표에서 발전 흔적이 뚜렷하다. 볼넷은 줄고 탈삼진은 늘었다. 그만큼 공격적인 피칭을 했다는 뜻이다. 그 바람에 늘어난 피홈런(7개에서 12개로) 관리는 올 시즌 과제 중 하나다. 패스트볼과 슬라이더 비중을 비슷하게 가져가는 투피치 투수였는데 올해 체인지업 비중을 높였다. 오른손 타자 상대로 큰 효과를 보고 있다. 올 시즌 선발 진입을 경쟁하는 동시에 내구성과 구종 가치 향상 등 성장 결실을 입증해야 한다.

| | | | |
|---|---|---|---|
| 생년월일 | 2000년 2월 10일 | 연봉(2021) | 8300만 원 |
| 신장/체중 | 188cm/86kg | 지명순위 | 2018 NC 2차 8라운드 79순위 |
| 학력 | 서석초-무등중-광주일고 | 입단년도 | 2018 NC |

## 투수(우투우타)
# 24 김건태

NC 이적 이후 불펜에서 다양한 역할을 소화하며 마당쇠로 활약하고 있는 투수다. 여러 상황에서 등판해 묵묵히 역할을 해줘 공헌도가 높다. 33경기 1승 1패 4홀드, 4.89의 평균자책점, 35이닝 29안타 4홈런 4사구 27개와 탈삼진 37K를 기록했다. 시즌 초 살짝 흔들리며 2019시즌의 강력함을 보여주지 못했으나 후반기에는 추격조와 롱릴리프를 오가며 활약했다. 올 시즌에도 중요한 역할을 해줘야 할 불펜 핵심이다. 평균 142km의 포심과 140km 초반의 투심, 포크볼, 체인지업, 커브 등 다양한 구종을 장착했다. 투심과 포크볼의 무브먼트가 좋은 편이다. 문제는 들쑥날쑥한 제구였지만 2019 시즌 이후 안정되면서 필승조 급 활약을 이어간다. 올 시즌 박진우, 홍성민과 함께 NC 불펜진의 안정화를 책임질 자원이다. 상황에 따라 긴 이닝을 소화할 수 있어 마운드 구성에 있어 없어서 안 된다. 예리한 변화구를 바탕으로 이닝당 탈삼진 비율이 1개 이상 잡아낼 능력의 소유자라서 위기 상황에서 전천후 활약이 기대된다.

| | | | |
|---|---|---|---|
| 생년월일 | 1991년 10월 2일 | 연봉(2021) | 8000만 원 |
| 신장/체중 | 185cm/85kg | 지명순위 | 2010 넥센 1라운드 2순위 |
| 학력 | 광주수창초-무등중-진흥고 | 입단년도 | 2010 넥센 |

## 투수(우투양타)
# 19 홍성민

홍성민은 NC 이적 첫 시즌이던 지난해 필승조 요원으로 안착했다. 1승 무패 8홀드에 1.04의 '짠물' 평균자책점을 기록하며 기대감을 키웠다. 고질이던 어깨 통증에 대한 안전운행 차원의 배려로 등록 가능 일수 절반은 말소돼 있었던 점이 옥에 티로 남는다. 시즌 등판도 30경기에 그쳤다. 건강하게 출발할 올 시즌은 출전 회수를 늘리며 다이노스 불펜의 필승조로 활약할 전망이다. 장신에서 시원하게 뿌리는 140km 중반대의 빠른 공과 좌타자 상대로 비중을 늘린 체인지업, 우타자 상대 커브를 공격적으로 구사한다. 어깨 상태가 좋으면 구사가 늘어나는 스플리터도 위력적이다. 박진우, 김건태와 함께 NC 불펜진의 유망주와 베테랑 사이에 가교 역할을 해줘야 한다. 올 시즌 최대 관건은 역시 건강한 몸 상태다. 어깨 통증 부담을 털고 풀시즌을 소화한다면 NC 불펜에 큰 힘이 될 수 있다.

| | | | |
|---|---|---|---|
| 생년월일 | 1989년 7월 15일 | 연봉(2021) | 1억1000만 원 |
| 신장/체중 | 191cm/82kg | 지명순위 | 2012 KIA 6라운드 56순위 |
| 학력 | 노암초-경포중-강릉고-한양대 | 입단년도 | 2012 KIA |

# PLAYERS

### 내야수(우투우타)
# 10 지석훈

화려하지 않아도 팀에 꼭 필요한 듬직한 노송 같은 선수가 지석훈이다. 탁월한 수비력과 유틸리티 능력으로 위기의 순간 나타나 멋지게 팀을 구한다. 대표적인 경우가 바로 지난 한국시리즈였다. 3루수 터줏대감 박석민이 수비 불안을 보이자 NC 벤치는 주저 없이 지석훈을 선택했다. 베테랑 내야수는 멋지게 화답했다. 1차전 5-3으로 앞선 9회 초 무사에서 김재호의 안타성 타구를 다이빙 캐치로 지워버려 1차전 승리를 지켰다. 타격에서도 4차전 2-0으로 앞선 9회초 알테어를 불러들이는 쐐기 적시타로 생애 첫 한국시리즈 안타이자 타점을 기록했다. 우승 길에 있어 결정적인 한 방이었다. 내야 전 포지션을 소화하는 수비능력으로 여전히 NC 내야의 '만능키'로 활약한다. 부상이나 컨디션 난조 시 전력 약화 없이 메울 수 있는 슈퍼 백업이다. '깜짝' 장타력도 갖춰 의외의 승부처에서 해결사로 등장하기도 한다. 올 시즌도 변함없는 만능 해결사로 팀의 2연패에 힘을 보탤 전망이다.

| | | | |
|---|---|---|---|
| 생년월일 | 1984년 3월 17일 | 연봉(2021) | 1억 원 |
| 신장/체중 | 181cm/74kg | 지명순위 | 2003 현대 2차 1라운드 6순위 |
| 학력 | 가동초-휘문중-휘문고 | 입단년도 | 2003 현대 |

### 외야수(우투좌타)
# 1 김준완

등에 새겨진 번호 1번. 김준완은 넘버 원 외야수다. 수비만 갖고 상을 준다면 단연 외야 골드글러브 감이다. 넓은 범위와 강견의 소유자 김준완의 수비가치는 보이는 것 이상이다. 결정적 순간 슈퍼 캐치로 팀을 구한다. 때론 그랜드슬램보다 가치 있는 호수비를 연출한다. 흐름을 확 바꾸는 결정적 순간들이다. 그래서 김준완은 1군에 꼭 필요한 가치 있는 선수다. 상무 전역 후 첫 풀시즌이었던 지난해는 조금 아쉬웠다. 두 차례 부상자 명단에 오르는 등 등록일만큼 말소일 수가 많았다. 45경기 출전에 그쳤고 0.215의 타율과 8득점, 5타점에 그쳤다. 무엇보다 건강한 몸 관리의 중요성을 새삼 깨달았던 시즌이었다. 올 시즌은 캠프부터 건강한 몸으로 시동을 걸었다. 대주자, 대수비를 넘어 풀타임 주전급 외야수로서 존재감 확보를 위해 구슬땀을 흘렸다. 김성욱의 상무 입대로 외야 백업 1순위로 떠올랐다. 특히 경기 막판 대수비로 투입되는 상황이 더 많아질 전망이다. 충분히 기회를 얻을 수 있을 것 같아 김준완의 그림 같은 호수비를 자주 볼 수 있을 것 같다.

| | | | |
|---|---|---|---|
| 생년월일 | 1991년 1월 20일 | 연봉(2021) | 6000만 원 |
| 신장/체중 | 174cm/73kg | 지명순위 | 2013 NC 육성선수 |
| 학력 | 길동초-건대부중-장충고-고려대 | 입단년도 | 2013 NC |

### 외야수(우투우타)
# 36 권희동

떠들썩한 존재감은 아니지만 팀에 꼭 필요한 선수가 권희동이다. 지난해도 소리 없이 강했다. 한결같은 모습으로 외야를 지키며 팀의 첫 우승에 이바지했다. 123경기 0.260의 타율과 12홈런, 50타점, 67득점을 기록했다. 2017년 이후 3년 만에 두 자릿수 홈런에 복귀해 부활을 알렸다. 300타석 이상 타자 중 타석당 투구수 1위, 볼넷 비율 9위, 순출루율 7위를 기록하면서 출루율 커리어하이를 찍었다. 한국시리즈에서도 0.417의 타율과 0.583의 장타율, 0.588의 출루율로 맹활약했다. 마케팅 측면에서도 구단은 적극적으로 권희동을 부각시켜 그동안의 공헌을 재평가했다. 박선민과 함께 팀 내 공을 가장 많이 골라내는 선구안과 일발 장타를 갖췄다. 늘 한 방이 필요한 순간, 어김없이 타석에 서는 권희동을 볼 수 있다. 올 시즌은 이명기와 좌익수 주전 자리를 놓고 경쟁한다. 특유의 클러치 능력과 일발 장타력이 폭발한다면 전성기 활약이 예상된다.

| | | | |
|---|---|---|---|
| 생년월일 | 1990년 12월 30일 | 연봉(2021) | 1억7000만 원 |
| 신장/체중 | 177cm/85kg | 지명순위 | 2013 NC 9라운드 84순위 |
| 학력 | 동천초-경주중-경주고-경남대 | 입단년도 | 2013 NC |

### 외야수(좌투좌타)
# 33 이명기

NC의 통합우승 요인은 다양하겠지만 2019년 트레이드를 통한 이명기 영입을 빼놓기 어렵다. 외야와 상위 타선에 활력을 불어넣은 이명기는 KIA의 우승 경험을 NC에 심었다. 통산타율 0.312에 빛나는 최고의 콘택트형 타자로서 NC 이적 이후 0.306의 고타율로 맹활약했다. 홈런포가 즐비한 NC 타선에서 꼭 필요한 물꼬를 튼다. 이동욱 감독은 "소금 같은 선수"라며 엄지를 치켜세운다. 지난해 1년 만에 3할 타율에 복귀하며 통합 우승을 이끌었다. 올 시즌은 또 다른 경쟁이 기다린다. 당장 권희동과 치열한 주전 경쟁을 불가피하다. 김성욱의 상무 입대 속에 김준완, 전민수도 호시탐탐 외야 주전을 노린다. 박시원, 이재율 등 급성장이 기대되는 젊은 선수도 즐비하다. 비록 노장 대열에 합류했지만 이명기는 NC에 여전히 꼭 필요한 외야수다. 큰 경기에서 이명기의 경험은 절대적이다. 과연 올 시즌도 변함없는 3할 타자로서 위용을 지킬지가 NC 상위타선의 주요 변수다.

| | | | |
|---|---|---|---|
| 생년월일 | 1987년 12월 26일 | 연봉(2021) | 2억7000만 원 |
| 신장/체중 | 183cm/87kg | 지명순위 | 2006 SK 2차 8라운드 63순위 |
| 학력 | 서화초-상인천중-인천고 | 입단년도 | 2006 SK |

### 내야수(우투우타)
# 49 강진성

강진성은 2020년 NC 다이노스 타자 중 최고 히트상품이었다. 프로 데뷔 9년 만에 가능성을 현실로 만드는 데 성공했다. 거포 잠재력에 누구 못지않게 성실하다. 그동안 잠재력이 터지지 않는 것을 주위 선수들이 의아해할 정도였다. 내야, 포수, 내야, 외야 등 고정 포지션 없이 전전하던 것이 늦은 만개의 원인이었다. 2020시즌을 앞두고 이동욱 감독의 조언 하에 타격폼을 레그킥에서 노스텝으로 수정하고 1루수를 준비했다. 제대로 주효했다. 시즌 초반부터 홈런을 펑펑 날리며 '1일 1깡'이란 유행어를 만들었다. 주전 1루수로 공수에서 활약하며 121경기 0.309의 타율과 12홈런, 70타점의 개인 최고 성적을 기록했다. 도루도 9개, 성공률은 90%에 달했다. 강진성의 등장으로 NC 하위 타선은 탄탄해졌다. 통합 우승을 거머쥘 수 있었던 배경이다. 연봉도 야수 최고 인상률을 기록하며 단숨에 억대로 진입했다. 주전 2년 차 시즌 강진성의 변함 없는 활약은 NC 2연패의 전제조건이다.

| | | | |
|---|---|---|---|
| 생년월일 | 1993년 10월 19일 | 연봉(2021) | 1억2000만 원 |
| 신장/체중 | 180cm/81kg | 지명순위 | 2012 NC 4라운드 33순위 |
| 학력 | 가동초-잠신중-경기고 | 입단년도 | 2012 NC |

### 내야수(우투우타)
# 16 모창민

모창민의 2020년은 아쉬운 한 해였다. 출발은 산뜻했다. 코로나19 여파 속 5월 5일로 연기된 삼성과 개막전에서 6번 1루수로 홈런을 포함해 4타수 3안타 2타점 맹활약으로 팀의 승리를 이끌었다. 부상에 발목을 잡혔다. 5월 8일 LG전 1회초 수비에서 땅볼 타구를 다이빙 캐치로 처리하다 어깨를 다쳤다. 1군에서 말소되면서 꼬이기 시작했다. 20여 일 공백 후 복귀했는데 상황이 달라져 있었다. 강진성이란 무시무시한 신예가 1루를 차지했다. 꾸준한 출전이 보장되지 않으면서 고난이 시작됐다. 단 62경기 출전, 트레이드마크인 홈런이 2개로 뚝 떨어졌다. 2개 모두 솔로홈런이었고 타점도 13개로 초라했다. 설상가상 9월에는 허리 통증으로 다시 엔트리에서 빠졌다. 시즌 막판 돌아왔지만 한국시리즈까지 존재감을 발휘하지 못했다. 모창민에게 2021년은 기로의 한 해다. 2019 시즌 전 맺은 FA 3년 계약의 마지막 해. 존재감이 절실한 시점이다. NC 벤치도 모창민에 대한 해결사 의존도를 줄여가야 한다는 입장이다. 하지만 성실파 모창민은 아직 보여줄 것이 많은 선수다.

| | | | |
|---|---|---|---|
| 생년월일 | 1985년 5월 8일 | 연봉(2021) | 3억 원 |
| 신장/체중 | 188cm/89kg | 지명순위 | 2008 SK 2차 1라운드 3순위 |
| 학력 | 화정초-충장중-광주제일고-성균관대 | 입단년도 | 2008 SK |

# PLAYERS

### 내야수(우투좌타)
## 52 노진혁

데뷔 첫 '20홈런 80타점'을 넘기며 통합 우승을 이끌었다. 그런데도 유격수에는 김하성이 버티고 있어 아쉬웠다. 생애 첫 골든글러브 수상도 가능했다는 아쉬움을 올 시즌에 풀기로 했다. 겨우내 필라테스로 1년 버틸 코어 근력을 단련 중이다. 25홈런 100타점으로 목표를 상향 조정해 골든글러브에 재도전할 참이다. 리그 정상급 유격수 수비를 자랑하지만 더 완벽해지기로 했다. 허리 부상 위험으로 몸을 사리던 것을 올해는 과감히 몸을 던지기로 했다. 정면 타구는 물론 양옆으로 범위를 길게 늘여 그물 수비를 펼치겠다는 각오다. 시야도 넓어졌다. 상대 타자 배트 각도에 따라 자연스레 시프트를 할 수 있을 정도로 경험이 쌓였다. 워낙 손목 힘이 좋은 데다 포인트를 앞에 두고 때리는 것에 익숙해져 장타는 꾸준히 양산될 전망. 딱 하나 우려는 부상이다. 지난해 피로 누적도 있는 만큼 관리에 각별히 신경 써야 한다. 커리어하이 시즌에 우승. 더 크게 폭발할 올 시즌이다. 디펜딩 챔피언 NC 다이노스의 2연패의 밑거름이 될 '노검사'의 행보다.

| 생년월일 | 1989년 7월 15일 | 연봉(2021) | 2억3000만 원 |
|---|---|---|---|
| 신장/체중 | 184cm/80kg | 지명순위 | 2012 NC 특별 20순위 |
| 학력 | 대성초-동성중-동성고-성균관대 | 입단년도 | 2012 NC |

### 포수(우투우타)
## 42 김태군

베테랑 포수 김태군에게 2021년은 중요하다. 백업 포수 경쟁을 하던 김형준의 상무 입대로 어깨가 무거워졌다. 양의지에 이은 제2포수로서 역할을 해줘야 한다. 정범모와 경쟁에서도 이겨야 한다. 지난해 김태군은 80경기 출전에 0.292의 타율과 18타점, 16득점을 기록했다. 적은 경기였지만 부쩍 향상된 타율이 고무적이다. 수비는 걱정할 필요가 없다. 블로킹, 송구, 프레이밍, 투수 리드 등 수비 전반에서 모자람이 없다. 체력적으로도 여전히 왕성하다. 많은 경기에 출전해도 잔부상 한번 없을 만큼 강철 체력을 자랑한다. 느린 발은 최대 약점 중 하나다. 무엇보다 올 시즌은 양의지와 안방을 분담해야 한다. 자기가 포수로 출전한 경기의 승률이 중요하다. 이를 위해서는 투수들과 호흡, 좋은 송구 등에 관해 더 많은 준비를 해야 한다. 김태군이 듬직하게 버텨줘야 정규 시즌 2연패가 가능하다.

| 생년월일 | 1989년 12월 30일 | 연봉(2021) | 2억 원 |
|---|---|---|---|
| 신장/체중 | 182cm/92kg | 지명순위 | 2008 LG 2차 3라운드 17순위 |
| 학력 | 양정초-대동중-부산고 | 입단년도 | 2008 LG |

### 투수(우투우타)
## 56 문경찬

NC 다이노스 이적 후 첫 캠프를 맞는 필승조 셋업맨. 지난해는 살짝 아쉬웠다. KIA 시절인 2019 시즌 마무리를 맡을 만큼 강력했던 직구 구위가 살짝 무뎌졌다. 56경기 5패 10세이브 11홀드로 수치가 하락했다. 52이닝 동안 탈삼진이 44개에 그쳤다. 2019년 1점대였던 평균자책점도 5.02로 치솟았다. 그러다 보니 두산과의 한국시리즈에서도 '믿을맨'다운 활약을 펼칠 기회가 없었다. 단 1경기에 등판, 1이닝 1실점. 우승을 몰고 다닌다는 말에 스스로 "이번에는 우승의 주역이 되겠다"라고 다짐했다. 그만큼 올 시즌 포커스가 확실하다. 자신의 장점 살리기, 화두는 직구 구위 완벽 회복이다. 2019시즌을 반추하며 해법을 찾았다. "밸런스, 체력 강화를 통한 회전수와 익스텐션 늘리기"다. 비시즌 동안 웨이트트레이닝을 잔뜩 했다. 2019년 버전 패스트볼의 구위 회복만 남았다. 구종 다양성은 둘째 문제다. 직구가 살면 변화구는 자연스레 살아나기 마련이다. 문경찬은 "목표가 없는 게 목표"라면서 새 시즌을 심플하게 준비했다. 타이거즈에서 완벽하게 가져오지 못했던 한가지. 거침없이 뿌리던 시원시원한 문경찬 표 직구의 부활이 임박했다.

| 생년월일 | 1992년 7월 8일 | 연봉(2021) | 1억1500만 원 |
|---|---|---|---|
| 신장/체중 | 186cm/85kg | 지명순위 | 2015 KIA 2차 2라운드 22순위 |
| 학력 | 부천북초-동인천중-인천고-건국대 | 입단년도 | 2015 KIA |

### 21 강동연

지난 시즌 거물급 불펜투수로 성장 가능성을 확인했다. 개인 통산 가장 많은 22경기에 출전해 1승 2패, 6.00의 평균자책점을 기록했다. 24이닝 동안 홈런 3방 포함, 27안타를 허용했고 탈삼진 17개, 4사구 12개를 기록했다. 묵직한 패스트볼, 각도 큰 슬라이더, 포크볼 조합으로 삼진을 잡는 이미지다. 2018년 상무 시절 마무리 활약의 기억을 되살리면 불펜에는 천군만마다.

| 투수 우투우타 | 생년월일 | 1992년 12월 18일 | 연봉(2021) | 4400만 원 |
|---|---|---|---|---|
| | 신장/체중 | 195cm/94kg | 지명순위 | 2011 두산 육성선수 |
| | 학력 | 진북초-덕수중-유신고 | 입단년도 | 2011 두산 |

### 94 한재승

또 한명의 우완 파이어볼러 유망주. 고교 시절 팔꿈치 부상으로 재활이 길어져 1년 유급했다. 고 3때 지난해 149km를 찍어 스카우트의 눈길을 사로잡았다. 7경기 21이닝 8안타 4볼넷 22탈삼진 평균자책점 0.43. 강력한 패스트볼과 종으로 떨어지는 커터성 슬라이더가 까다롭다. 오승환이 롤모델인 불펜 희망자. 1군에서 볼 가능성이 큰 신인이다.

| 투수 우투우타 | 생년월일 | 2001년 11월 21일 | 연봉(2021) | 3000만 원 |
|---|---|---|---|---|
| | 신장/체중 | 180cm/90kg | 지명순위 | 2021 NC 2차 4라운드 36순위 |
| | 학력 | 인천동막초-상인천중-인천고 | 입단년도 | 2021 NC |

### 66 최금강

지난해 말 군 전역 후 복귀 시즌을 준비 중인 불펜 투수. 복귀 후 의욕이 강했다. 페이스를 가파르게 끌어올리다가 어깨에 탈이 나 통영에서 캠프를 시작했다. 역동적 투구 폼으로 150km에 육박하는 강속구를 뿌리던 시절은 지났다. 불리한 카운트에서도 스트라이크를 잡을 수 있는 제구력의 슬라이더와 투심을 무기로 1군 복귀를 노린다.

| 투수 우투우타 | 생년월일 | 1989년 4월 26일 | 연봉(2021) | 1억 원 |
|---|---|---|---|---|
| | 신장/체중 | 195cm/95kg | 지명순위 | 2012 NC 육성 |
| | 학력 | 서흥초-동산중-인천고-인하대 | 입단년도 | 2012 NC |

### 48 이용준

최고 147km에 달하는 빠른 공을 던지는 신인. 패스트볼 끝의 힘과 슬라이더의 제구력이 좋은 편이다. 팔 스윙이 간결하고 빨라 공을 잘 때린다는 평가다. 고교 시절 많은 경기에 나서며 수비와 송구, 견제 능력 등 경기 운영 능력도 수준급으로 평가받는다. 첫해 목표는 NC창원파크 마운드 밟기, 궁극적 목표는 NC 수호신 되기다.

| 투수 우투우타 | 생년월일 | 2002년 5월 8일 | 연봉(2021) | 3000만 원 |
|---|---|---|---|---|
| | 신장/체중 | 180cm/95kg | 지명순위 | 2021 NC 2차 2라운드 16순위 |
| | 학력 | 중대초-양천중-서울디자인고 | 입단년도 | 2021 NC |

### 54 이승헌

거의 끝 순위 지명으로 문을 닫고 들어오다시피 했지만 활용도가 높다. 간결한 팔 동작에서 빠르게 나오는 부드러운 투구 폼이 공략하기 쉽지 않다. 우타자 몸쪽으로 파고드는 날카로운 슬라이더가 주무기다. 140km 초반으로 빠른 공은 아니지만 제구와 무브먼트가 실전용이다. 불펜 합류를 노리는 좌완투수.

| 투수 좌투좌타 | 생년월일 | 1995년 12월 20일 | 연봉(2021) | 3000만 원 |
|---|---|---|---|---|
| | 신장/체중 | 180cm/93kg | 지명순위 | 2018 NC 2차 9라운드 89순위 |
| | 학력 | 성동초-잠신중-신일고-고려대 | 입단년도 | 2018 NC |

### 31 안인산

투타를 모두 잘해 '제2의 나성범'으로 주목받던 선수. 선택은 반대였다. 고심 끝에 투수를 선택했다. 150km를 넘나드는 묵직한 패스트볼을 뿌리며 NC 팬들을 설레게 한다. 140km 가까운 빠른 슬라이더가 코너 구석구석에 제구될 만큼 위력적이다. 키킹 동작부터 전설 선동열의 폼을 닮았다. 타격도 좋지만 일단 에이스로 성장 가능성이 점쳐진다. 잠재력이 무궁무진하다.

| 투수 우투우타 | 생년월일 | 2001년 2월 27일 | 연봉(2021) | 3000만 원 |
|---|---|---|---|---|
| | 신장/체중 | 181cm/95kg | 지명순위 | 2020 NC 2차 3라운드 21순위 |
| | 학력 | 군포오금초(안양시리틀)-평촌중-야탑고 | 입단년도 | 2020 NC |

### 53 신민혁

안정된 제구력과 경기를 운영할 줄 아는 선발형 투수. 지난해 양의지의 사인에 고개를 젓는 장면이 화제를 모았다. 이동욱 감독은 "구속은 빠르지 않지만 신인답지 않게 경기를 운영한다"라고 칭찬했다. 실제 선발 기회도 줐다. 커브, 체인지업, 슬라이더 중 가장 자신 있는 구종은 체인지업이다. 몸쪽 공에 자신감이 있고 편안하게 공을 뿌려 여러 모로 성장 가능성이 크다.

| 투수 우투우타 | 생년월일 | 1999년 2월 04일 | 연봉(2021) | 4000만 원 |
|---|---|---|---|---|
| | 신장/체중 | 182cm/95kg | 지명순위 | 2018 NC 2차 5라운드 49순위 |
| | 학력 | 염강초(강서리틀)-매향중-야탑고 | 입단년도 | 2018 NC |

### 14 손정욱

안정된 제구력과 커브가 주무기인 좌완 불펜 투수. 딱딱듯한 독특한 투구 폼으로 좌타자에게 까다로운 각도에서 나오는 커브가 무기다. 빠른 공은 아니지만 슬라이더, 체인지업, 스플리터도 등 다양한 공을 던진다. 경험과 안정감 있는 좌완 불펜 자원이다. 유망주 성장 전까지 좌완 불펜 강윤구 임정호의 부담을 덜어줄 투수로 꼽힌다.

| 투수 좌투좌타 | 생년월일 | 1990년 12월 24일 | 연봉(2021) | 4400만원 |
|---|---|---|---|---|
| | 신장/체중 | 182cm/84kg | 지명순위 | 2013 NC 2라운드 10순위 |
| | 학력 | 서울곡초-홍은중-덕수고-경희대 | 입단년도 | 2013 NC |

### 50 소이현

최고 150km, 평균 146km를 시원시원하게 뿌리는 우완 파이어볼러. 제구가 살짝 불안해도 씩씩하게 자기 공을 뿌릴 줄 안다. 슬라이더와 체인지업도 똑같은 폼으로 던진다. 영점만 잡으면 단숨에 NC 마운드에 파란을 일으킬 수 있다. 불펜 필승조 활약이 기대된다.

| 투수 우투우타 | 생년월일 | 1999년 2월 9일 | 연봉(2021) | 3100만 원 |
|---|---|---|---|---|
| | 신장/체중 | 185cm/93kg | 지명순위 | 2017 NC 2차 3라운드 28순위 |
| | 학력 | 서울아수초-서울이수중-서울디자인고 | 입단년도 | 2017 NC |

### 44 배민서

평균 144km, 최고 147km의 빠른 공을 던지는 우완 사이드암 유망주. 빠른 공을 던질 때는 스리쿼터로 팔을 올리는 편이다. 볼 끝 힘이 좋고 슬라이더와 체인지업으로 타이밍을 빼앗는 등 성장 가능성이 크다. 구속도 좋고 구사하는 변화구 종류도 많아서 송명기와 더불어 미래 NC 마운드를 책임질 선발 감으로 기대를 모은다. 올겨울 송명기와 나란히 스마일 라식으로 안경을 벗었다.

| 투수 우투우타 | 생년월일 | 1999년 11월 18일 | 연봉(2021) | 3100만원 |
|---|---|---|---|---|
| | 신장/체중 | 184cm/81kg | 지명순위 | 2019 NC 2차 4라운드 37순위 |
| | 학력 | 대구수창초-경운중-대구상원고 | 입단년도 | 2019 NC |

### 39 박정수

문경찬 트레이드 때 KIA에서 NC로 넘어온 사이드암으로 투수. 다양한 구종을 고루 던지는 팔색조 투구가 강점이다. 평균 141km, 최고 147km, 옆구리 투수로는 빠른 공과 엄청난 회전수의 커브, 체인지업, 슬라이더를 거의 비슷한 비율로 구사한다. 여기에 투심까지 있어 타자들 머리를 복잡하게 한다. 구종이 다양해 제구만 보완하면 선발 한 자리를 차지할 기대주다.

| 투수 우투좌타 | 생년월일 | 1996년 1월 29일 | 연봉(2021) | 4500만원 |
|---|---|---|---|---|
| | 신장/체중 | 178cm/74kg | 지명순위 | 2015 KIA 2차 7라운드 65순위 |
| | 학력 | 서울청구초-서울이수중-야탑고 | 입단년도 | 2015 KIA |

### 41 류진욱

제구 안정 속에 올 시즌 활약이 주목받는 기대주. 소이현, 배민서, 안인산 등과 함께 불펜 역할을 부여받을 수 있을지 관심사다. 군 복무와 오른쪽 팔꿈치 수술을 거쳐 지난해 말 1군 데뷔전을 신고했다. 3경기 각각 1이닝씩 소화했는데 승패 없이 평균자책점 6.00이었다. 당당한 체구에서 뿌리는 정통파로 평균 145km의 패스트볼을 자랑한다. 슬라이더와 체인지업으로 타이밍을 빼앗는다.

| 투수 우투우타 | 생년월일 | 1996년 10월 10일 | 연봉(2021) | 3000만 원 |
|---|---|---|---|---|
| | 신장/체중 | 189cm/88kg | 지명순위 | 2015 NC 2차 2라운드 21순위 |
| | 학력 | 양정초-개성중-부산고 | 입단년도 | 2015 NC |

### 29 김태현

NC 다이노스의 지역 연고 첫 1차 지명 선수. 좋은 체격을 바탕으로 빠른 공을 뿌린다. 공격적 피칭과 위기 관리 능력이 뛰어나다. 자신만의 완벽한 밸런스를 찾는 데 애를 먹으며 성장이 다소 늦어졌다. 지난 시즌 막판 롯데전에서 1군 데뷔전을 치렀다. 밸런스 안정이 과제다. 1이닝 2볼넷 무실점. 소이현, 배민서, 안인산, 류진욱과 함께 불펜 B조 역할을 수행할 후보로 꼽힌다.

| 투수 좌투좌타 | 생년월일 | 1998년 03월 21일 | 연봉(2021) | 3000만 원 |
|---|---|---|---|---|
| | 신장/체중 | 188cm/95kg | 지명순위 | 2017 NC 1차 |
| | 학력 | 삼성초-내동중-김해고 | 입단년도 | 2017 NC |

### 60 김태경

프랜차이즈 우완 에이스로 성장 기대주. 좋은 체격 조건과 부드러운 투구 폼으로 힘 있는 패스트볼을 뿌린다. 슬라이더와 커브도 장착했다. 폭발적으로 성장할 자질을 두루 갖췄다. 퓨처스리그 기록은 19경기 1승 2패, 평균 자책점 4.460이다. 우승 확정 후 KIA와 최종전에서 1군 데뷔해 1이닝 무실점의 산뜻한 기록을 남겼다. 최고 구속은 145km. 올 시즌 선발 경쟁도 가능하다.

| 투수 우투우타 | 생년월일 | 2001년 4월 7일 | 연봉(2021) | 3000만 원 |
|---|---|---|---|---|
| | 신장/체중 | 188cm/95kg | 지명순위 | 2020 NC 1차 |
| | 학력 | 김해삼성초-내동중-용마고 | 입단년도 | 2020 NC |

### 61 김진호

사이드암과 쓰리쿼터 중간에서 뿌리는 빠른 공과 체인지업을 효과적으로 구사한다. 전성기 이재학처럼 발전 가능성이 충분한 선발형 투수. 패스트볼 회전수가 2500rpm이 넘을 정도로 구위가 좋은 편이다. 주종인 체인지업은 속도를 조절할 수 있다. 어깨와 팔꿈치의 회전력을 잘 활용한다. 상대가 타이밍을 잡기 쉽지 않다. 다소 기복 있는 제구 개선이 올 시즌 과제다.

| 투수 우투우타 | 생년월일 | 1998년 6월 7일 | 연봉(2021) | 3000만 원 |
|---|---|---|---|---|
| | 신장/체중 | 183cm/90kg | 지명순위 | 2017 NC 2차 2라운드 18순위 |
| | 학력 | 의왕부곡초-성일중-광주동성고 | 입단년도 | 2017 NC |

### 9 최승민

빠른 발과 정교한 타격 실력을 갖춘 리드오프형 외야수. 지난해 퓨처스 남부리그 도루 1위(26개)를 기록할 만큼 스피드가 출중하다. 퓨처스리그에서 3할 타율을 기록해 콘택트 능력도 나쁘지 않은 편이다. NC의 두터운 외야 뎁스와 이재율, 최정원 등 발 빠른 선수들과 대주자를 놓고 1군 생존 경쟁을 펼칠 전망이다.

| 외야수 우투좌타 | 생년월일 | 1996년 7월 1일 | 연봉(2021) | 3000만 원 |
|---|---|---|---|---|
| | 신장/체중 | 181cm/73kg | 지명순위 | 2015 NC 육성 |
| | 학력 | 학동초-대치중-신일고 | 입단년도 | 2015 NC |

# PLAYERS

### 43 박시원

차세대 주전 외야수로 주목받는 재능이 있다. 당당한 체격에 파워와 스피드까지 갖춘 5툴 플레이어. 잘생긴 외모까지 스타성을 두루 갖췄다. 제2의 나성범으로 성장이 기대된다. 실제 "롤 모델도 나성범 선배"라고 한다. 나성범처럼 고교 시절 투수 출신이라 엄청난 강견의 빨랫줄 송구를 자랑한다. 이동욱 감독도 차세대 주포로 주목한다. 올 시즌은 그 가능성을 확인할 원년이다.

| 외야수 우투좌타 | 생년월일 | 2001년 5월 30일 | 연봉(2021) | 3000만 원 |
|---|---|---|---|---|
| | 신장/체중 | 185m/85 | 지명순위 | 2020 NC 2차 2라운드 11번 |
| | 학력 | 광주서림초-동성중-광주제일고 | 입단년도 | 2020 NC |

### 35 전민수

이영민타격상 출신으로 타격 재능만큼은 인정받았다. LG에서 웨이버 공시된 막막했던 순간 유심히 지켜보던 이동욱 감독의 픽으로 NC 유니폼을 입었다. 자신의 가치를 인정해준 사령탑을 위해 불꽃을 태우는 각오다. 비록 나성범이 남았지만 김성욱의 입대로 출전 기회가 기대된다. 경기 막판 대타 요원으로 쏠쏠한 쓰임새가 예상된다.

| 외야수 우투좌타 | 생년월일 | 1989년 3월 18일 | 연봉(2021) | 5000만 원 |
|---|---|---|---|---|
| | 신장/체중 | 177m/76kg | 지명순위 | 2008 현대 2차 4라운드 27번 |
| | 학력 | 사당초-이수중-덕수고 | 입단년도 | 2008 우리 |

### 17 이재율

폭발적인 주력을 자랑하는 선수. 경기 막판 승부처에서 투입하면 발로 한 베이스를 더 갈 수 있는 대주자 1순위 후보다. 빠른 발을 바탕으로 폭넓은 외야 수비를 자랑한다. 다만, 어깨는 강하지 않은 편이다. 상무 제대 후 콘택트가 좋아져 타격에서도 기대를 모은다.

| 외야수 좌투좌타 | 생년월일 | 1993년 5월 2일 | 연봉(2021) | 3100만 원 |
|---|---|---|---|---|
| | 신장/체중 | 185m/75kg | 지명순위 | 2016 NC 2차 4라운드 33번 |
| | 학력 | 본리초-포철중-포철공고-영남대 | 입단년도 | 2016 NC |

### 91 오장한

장안고 시절 청룡기 대회에서 투타에서 맹활약해 팀의 창단 첫 8강을 견인한 다재다능 선수. 안인산처럼 투수냐 타자냐에 대한 고민을 던진다. 타자로서 성장 가능성이 더 크다는 평가다. 기본기와 힘이 좋아 강한 타구를 만들어낼 수 있는 중장거리형 타자로 성장이 점쳐진다. 투수 출신인 만큼 강견의 거물급 코너 외야수를 꿈꿀 만한 대형 신인 재목.

| 외야수 우투좌타 | 생년월일 | 2002년 5월 20일 | 연봉(2021) | 3000만 원 |
|---|---|---|---|---|
| | 신장/체중 | 185m/90kg | 지명순위 | 2021 NC 2차 3라운드 26번 |
| | 학력 | 희망대초-매향중-장안고 | 입단년도 | 2021 NC |

### 64 최정원

제2의 박민우를 꿈꾸는 내야수. 빠른 발과 이영민 타격상 출신의 정교한 콘택트, 안정감 있는 수비까지 두루 갖춘 재능이다. 체력적 한계만 극복하면 주전급 리드오프로 성장이 점쳐진다. 타고난 주루 센스에 비해 배팅 파워가 약한 편이다. 비시즌 동안 웨이트트레이닝으로 근육량을 늘려 캠프에 나타났다. 스페셜리스트로 꾸준히 1군에 머무는 것이 목표다.

| 내야수 우투좌타 | 생년월일 | 2000년 6월 24일 | 연봉(2021) | 3300만 원 |
|---|---|---|---|---|
| | 신장/체중 | 176m/70kg | 지명순위 | 2019 NC 2차 7라운드 67번 |
| | 학력 | 서원초-청주중-청주고 | 입단년도 | 2019 NC |

### 32 이원재

고양원더스 출신 강타자. 인상적인 배팅파워와 나쁘지 않은 콘택트 능력을 갖췄다. 대타와 대수비 요원으로 꾸준히 제 몫을 한다. 타격에 비해 수비력이 살짝 약한 점이 컴플렉스다. 왼손 대타 요원임에도 오히려 우투수 보다 좌투수에 강점을 보인다.

| 내야수 우투좌타 | 생년월일 | 1989년 5월 20일 | 연봉(2021) | 6600만 원 |
|---|---|---|---|---|
| | 신장/체중 | 186m/86kg | 지명순위 | 2013 NC 육성 |
| | 학력 | 수유초-이수중-청원고-호원대 | 입단년도 | 2013 |

### 28 윤형준

친정팀에서 초심 속 새 출발. 윤형준은 "가장 좋아하는 일을 하지 못하는 게 힘들었다. 결국 내가 할 수 있는 일은 야구 뿐임을 깨달았다"라고 말한다. 제2의 강진성 신화에 도전한다. 공교롭게 윤형준이 주전 도약을 위해 넘어야 할 1루 터줏대감이 바로 강진성이다. 공백 기간 중 떨어진 감각을 찾기 위한 정확한 타격 속에 파워를 실어 보낼 참이다. 팀에서 귀한 우타 거포다.

| 내야수 우투우타 | 생년월일 | 1994년 1월 31일 | 연봉(2021) | 3000만원 |
|---|---|---|---|---|
| | 신장/체중 | 186m/97kg | 지명순위 | 2013 NC 4라운드 31번 |
| | 학력 | 광주서림초-무등중-진흥고 | 입단년도 | 2013 |

### 96 오태양

빠른 발과 안정적 수비력을 자랑하는 다재다능 신인 내야수. 안정적 타격 폼으로 히팅타이밍을 잘 잡는다. 센스가 좋고 발이 빨라 단독 도루 능력을 지녔다. 수비에서도 풋스텝이 좋고 강한 어깨를 지녀 수비 범위가 넓다. 다양한 쓰임새가 예상되는 재간둥이 신예다.

| 내야수 우투우타 | 생년월일 | 2002년 4월 25일 | 연봉(2021) | 3000만 원 |
|---|---|---|---|---|
| | 신장/체중 | 178m/67kg | 지명순위 | 2021 NC 2차 5라운드 46번 |
| | 학력 | 방배초(노원리틀)-대치중-청원고 | 입단년도 | 2021 NC |

### 13 박준영

투수로 입단 1차 지명을 받았던 선수. 팔꿈치 부상으로 타자로 전향했다. 정확한 콘택트 능력으로 배팅에도 강점이 있는 선수라 시간이 흐를수록 두각을 나타낼 공산이 크다. 경험이 아직 부족한 내야 수비를 조금 더 가다듬으면 클러치 히터로 성장할 수 있는 두둑한 배짱의 소유자다.

| 내야수 우투우타 | 생년월일 | 1997년 8월 5일 | 연봉(2021) | 3200만 원 |
|---|---|---|---|---|
| | 신장/체중 | 181m/75kg | 지명순위 | 2016 NC 1차 |
| | 학력 | 도곡초(남양주리틀)-잠신중-경기고 | 입단년도 | 2016 NC |

### 15 도태훈

프로 지명 과정에서 상처를 극복하고 꿈을 향해 한 걸음씩 전진하는 성실파다. 상무 제대 후 첫 풀시즌으로 본격적인 도전에 나선다. 시즌을 종주할 수 있도록 웨이트트레이닝으로 몸을 불려 파워와 체력을 보강했다. 박석민의 백업으로 3루수로 출전할 전망이다. 공수에 걸쳐 기대를 모은다.

| 내야수 우투좌타 | 생년월일 | 1993년 3월 18일 | 연봉(2021) | 3200만 원 |
|---|---|---|---|---|
| | 신장/체중 | 184m/85kg | 지명순위 | 2016 NC 육성 |
| | 학력 | 양정초-개성중-부산고-동의대 | 입단년도 | 2016 NC |

### 6 김찬형

내야 백업으로 꾸준히 성장 중이다. 매년 스탯을 조금씩 끌어올리며 폭발적이지는 않지만 내실 있는 성장세를 이어간다. 초기 살짝 불안했던 수비력도 그림자를 지워가는 중이다. 노진혁의 부담을 덜어줄 쓰임새 많은 젊은 유격수다.

| 내야수 우투우타 | 생년월일 | 1997년 12월 29일 | 연봉(2021) | 4800만원 |
|---|---|---|---|---|
| | 신장/체중 | 182m/80kg | 지명순위 | 2016 NC 2차 6라운드 53순위 |
| | 학력 | 양정초-경남중-경남고 | 입단년도 | 2016 NC |

### 7 김주원

차세대 NC 유격수를 맡을 탑 유망주 신인. 스위치 히터로 좌우 타석 모두 콘택트 능력을 갖췄다. 타격 밸런스와 배트컨트롤이 좋아 밀어치기에도 능하다. 힘을 붙이면 장타력도 기대해볼 만하다. 안정적인 스텝과 좋은 밸런스로 넓은 수비 범위를 자랑한다. 수비는 김재호, 타격은 멜 로하스 주니어를 꿈꾸는 NC의 미래다.

| 내야수 우투양타 | 생년월일 | 2002년 7월 30일 | 연봉(2021) | 3000만 원 |
|---|---|---|---|---|
| | 신장/체중 | 185m/83kg | 지명순위 | 2021 NC 2차 1라운드 6순위 |
| | 학력 | 군포리틀-안산중앙중-유신고 | 입단년도 | 2021 NC |

### 5 김민수

공수주를 두루 갖춘 유망주 내야수. 콘택트 능력이 뛰어나고 안정적인 수비력과 주루 센스, 작전 수행 능력을 지닌 실전용 선수다. 일찌감치 군 복무를 해결하고 1군 도전에 나섰다. 1루수와 3루수를 안정적으로 볼 수 있다.

| 내야수 우투우타 | 생년월일 | 1998년 7월 16일 | 연봉(2021) | 3000만 원 |
|---|---|---|---|---|
| | 신장/체중 | 180m/83kg | 지명순위 | 2017 NC 2차 7라운드 68순위 |
| | 학력 | 삼성초-개성중-부산고 | 입단년도 | 2017 NC |

### 20 정범모

한화 입단 당시 보기 드문 5툴 포수로 큰 기대를 모았다. 기대만큼 성장을 이루지 못한 채 어느덧 노장 포수 대열에 합류했다. 포수로서 빠른 발과 일발 장타력, 강한 어깨를 바탕으로 한 송구 능력 등 장점이 많다. 통산 0.208의 낮은 타율과 기복 있는 모습도 있다. 김형준의 입대로 역할이 늘 것으로 보인다.

| 포수 우투우타 | 생년월일 | 1987년 3월 26일 | 연봉(2021) | 5000만 원 |
|---|---|---|---|---|
| | 신장/체중 | 184m/94kg | 지명순위 | 2006 한화 2차 3라운드 18번 |
| | 학력 | 내덕초-청주중-청주기공고 | 입단년도 | 2006 한화 |

### 84 이재용

배재고 2학년부터 주전 포수와 4번 타자로 활약했던 공격형 포수. 프로 지명 당시에도 배팅 재능을 인정받았다. 포수로서는 강견으로 송구가 좋다. 아직 다듬어지지 않은 원석 같다. 파워가 있어 성장 가능성이 크다.

| 포수 우투우타 | 생년월일 | 1999년 2월 28일 | 연봉(2021) | 3000만원 |
|---|---|---|---|---|
| | 신장/체중 | 182m/86kg | 지명순위 | 2017 NC 2차 5라운드 48순위 |
| | 학력 | 장자초(구리리틀)-자양중-배재고 | 입단년도 | 2017 NC |

### 37 윤수강

안정된 수비와 강한 어깨를 자랑하는 수비형 베테랑 포수. 은퇴하고 아마 지도자까지 갔다가 NC 유니폼을 입고 현역을 연장해 간절함이 몸에 배어있다. 배팅파워가 조금 떨어져도 콘택트 능력은 있다는 평가다. 백업 포수 김형준의 상무 입대로 1군에 머무는 시간이 늘어날 수 있을 전망이다.

| 포수 우투우타 | 생년월일 | 1990년 2월 22일 | 연봉(2021) | 3100만 원 |
|---|---|---|---|---|
| | 신장/체중 | 181cm/96kg | 지명순위 | 2012 롯데 9라운드 82순위 |
| | 학력 | 군산중앙초-충장중-광주제일고-성균관대 | 입단년도 | 2012 롯데 |

### TEAM PROFILE

| | |
|---|---|
| 팀명 | 두산 베어스 |
| 창립년도 | 1982년 |
| 구단주 | 박정원 |
| 모기업 | 두산 그룹 |
| 대표이사 | 전풍 |
| 단장 | 김태룡 |
| 감독 | 김태형 |
| 연고지 | 서울특별시 |
| 홈구장 | 잠실야구장 |
| 영구결번 | 21 박철순, 54 김영신 |
| 한국시리즈 우승 | 1982, 1995, 2001, 2015, 2016, 2019 |

# 2021 DOOSAN BEARS DEPTH CHART

**MANAGER** 김태형

**CENTER FIELDER**
정수빈
조수행

**LEFT FIELDER**
김재환
김인태
신성현

**RIGHT FIELDER**
박건우
국해성
백동훈

**SHORTSTOP**
김재호
박계범
안재석

**2ND BASE**
오재원
강승호

**3RD BASE**
허경민
박계범

**1ST BASE**
양석환
김민혁

**STARTING PITCHER**
로켓, 미란다, 최원준
이영하, 유희관, 김민규

**CLOSER**
김강률

**BULLPEN**
박치국
홍건희
이승진

**CATCHER**
박세혁
최용제
장승현

**DH**
페르난데스
김재환

# 2020 REVIEW & 2021 PREVIEW

야구는 계획대로 되지 않는다. 2020년 두산 베어스를 표현하는 문장이 아닐까. '디펜딩 챔피언'으로 시작한 2020시즌 두산은 이견 없는 우승 후보 1순위였다. 뚜껑을 열고 보니 시련과 위기의 연속이었고 선수들의 컨디션도 기대 이하 혹은 기대 이상으로 갈렸다. 모든 것이 뜻대로 되지 않은 시즌. 하지만 반대로 그 속에서 얻은 결과물은 그래서 더 보람찼고 가을의 진정한 주연으로 거듭날 수 있었다.

구상과 가장 달라졌던 부분은 선발진이다. 2015년 김태형 감독 부임 이후, 두산이 꾸준히 상위권 성적을 낼 수 있었던 원동력이 바로 일정한 선발 로테이션이었다. '판타스틱4'로 불렸던 더스틴 니퍼트, 마이클 보우덴, 유희관, 장원준이 우승의 중심에 있었고 그 이후로도 일정한 로테이션을 유지했다. 2019년 통합 우승의 중심에도 '외국인 에이스' 조쉬 린드블럼과 세스 후랭코프, 이영하, 유희관, 이용찬이 있었다. 2020시즌 선발진은 시작부터 어긋났다. 팔꿈치 통증을 참고 던졌던 이용찬은 인대 파열 진단과 함께 개막 한 달도 채 되지 않아 시즌 아웃됐다. 이영하는 이유 모를 부진에 빠졌다. 여기에 크리스 플렉센까지 7월 등판 도중 타자가 친 타구에 맞아 발 안쪽 뼈가 골절되는 부상을 입었다. 유희관의 부진도 이어졌다. 이탈 없이 풀타임을 소화한 선발 투수는 라울 알칸타라 한 명뿐이었다.

공격력도 우승 시즌에 못 미쳤다. 4번 타자 김재환은 30홈런 복귀에는 성공했으나 타율이 감소했고(0.266) 삼진 개수도 크게 늘었다. 오재일도 기복이 여전했고, 김재호와 박세혁이 중심인 하위 타순에서도 해결 능력이 하락하면서 공격 연결에 대한 고민이 깊어졌다. 시즌 초 2~3위를 오르내리던 성적은 후반부 시작과 함께 4위, 5위까지 떨어졌다. 잠시 6위까지 밀려나기도 했다. 상위권 팀들끼리 촘촘한 박빙 순위 싸움을 하기도 했지만 지난해 우승팀으로서 자존심이 상하는 결과였다.

그때 반전이 시작됐다. 외국인 선수들이 투타에서 무게감을 지킨 것이 주효했다. 알칸타라는 1년 만에 20승 투수로 거듭났다. 잠실 효과를 톡톡히 누려 다승 1위와 승률 1위, 골든글러브까지 손에 넣었다. 여기저기 구멍이 생긴 선발진은 젊은 투수들이 채웠다. 최원준은 데뷔 첫 10승을 차지하며 억대 연봉 대열에 올랐고 박종기, 조제영 등 나머지 대체 선발들도 희망을 보였다. 김태형 감독은 불펜 운영에도 승부수를 띄웠다. 부진하던 이영하를 마무리로 돌리고 함덕주에게 선발 기회를 줬다. 트레이드를 통해 영입한 이승진과 홍건희가 후반기 두산의 필승조로 자리를 잡았다. 결과는 대성공이었다. 뿐만 아니라 김민규, 채지선, 권휘 등 새로운 얼굴들이 두산 마운드에 등장하면서 새로운 경쟁 구도를 형성했다.

9월까지 중위권을 맴돌던 두산은 조금씩 승률을 끌어올렸다. 2개월 부상 공백에서 복귀한 플렉센은 9월 이후 괴물이 되어 알칸타라 홀로 지키던 마운드를 견인했다. 부상과 체력 저하로 가라앉아있던 타선도 살아나기 시작했다. 두산은 정규 시즌 마지막 10월 한 달간 23경기에서 16승 7패로 전체 1위 승률을 거뒀고 정규 시즌 마지막 경기에서 기적을 만들어냈다. 10월 30일 잠실 키움전에서 2-0으로 승리하면서 키움을 5위로 밀어냈고 같은 날 LG가 패하면서 3위로 정규 시즌을 마치는 놀라운 상황이 발생했다.

기세는 포스트시즌에도 이어졌다. 관록과 여유로 포스트시즌에 임한 두산은 준플레이오프에서 LG를 2승 무패로 꺾고 플레이오프에서 KT를 3승 1패로 격파하면서 한국시리즈에 진출했다. 2015년부터 이어진 6년 연속 한국시리즈 무대였다. 4년 만에 한국시리즈에서 다시 만난 두산은 NC와 맞붙었지만 이번에는 2승 4패로 고개를 떨궜다. 비록 우승하지는 못했지만 두산이 정규 시즌 막바지와 포스트시즌에서 보여준 저력은 베어스가 왜 강팀인지 확인했다.

준우승 아쉬움을 뒤로 하고, 두산은 이제 새 시즌을 준비한다. 2021시즌은 또 다른 시험 무대다. 오재일과 최주환이 타 팀으로 이적했고 허경민과 정수빈은 장기 계약을 맺어 잔류했다. 외국인 투수 원투펀치도 모두 교체했으며 불펜 구성과 공격 타순에도 많은 변화가 불가피한 상황이다. 일본 진출을 택한 알칸타라, 메이저리그 재도전에 나선 플렉센 대신 영입한 워커 로켓, 아리엘 미란다의 임무가 막중하다. 지난해 부진했던 이영하는 다시 선발 투수로 시즌을 준비하면서 부활을 노리고 최원준과 김민규, 홍건희 등 젊은 후보들이 선발 로테이션 경쟁에 나선다. 불펜진은 이승진, 박치국, 권휘 등 젊은 투수들과 김강률, 윤명준 등 베테랑 투수들이 조화를 이뤄 필승조를 꾸릴 전망이다.

핵심은 공격이다. 4번 타자 김재환이 자리를 지키는 가운데, 오재일과 최주환이 빠진 자리를 기존 선수들의 재구성으로 채워야 한다. 박건우, 페르난데스의 장타력 증가에 기대가 모인다. 오재일이 빠진 1루, 최주환이 빠진 2루에 젊은 선수들이 경쟁을 펼치는 만큼 상하위 타순에서 변화가 클 것으로 예상된다. 허경민, 정수빈이 상위 타순에 배치되면 하위 타순을 구성할 새로운 타자들의 역할이 크다.

# TEAM INFO

## 2020 팀 순위 — 포스트시즌 최종 순위 기준 - 2위

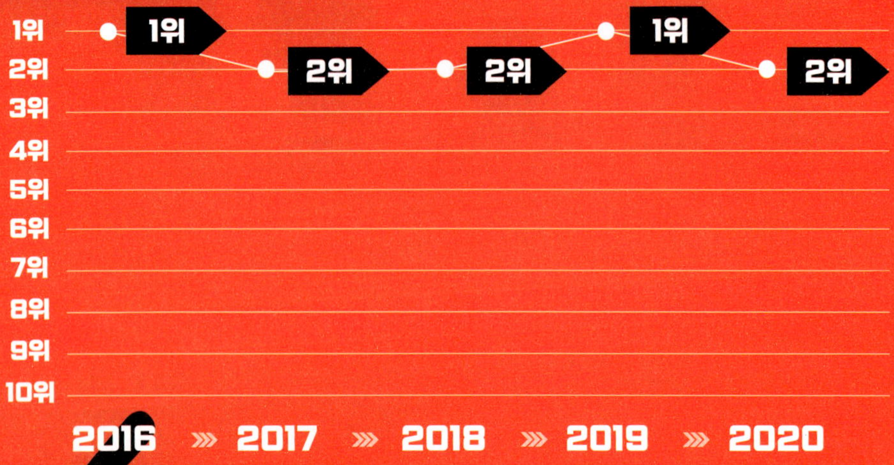

(2016: 1위, 2017: 2위, 2018: 2위, 2019: 1위, 2020: 2위)

## 유니폼
홈 / 원정 (백두산 00)

## 2020 시즌 공격력

| 0.293 | 125개 | 132개 | 796개 | 0.792 | 0.291 |
|---|---|---|---|---|---|
| 타율 | 홈런 | 병살타 | 삼진 | OPS | 득점권 타율 |
| 1위 | 9위 | 2위 | 10위 | 3위 | 3위 |

## 수비력

| 85개 | 10개 | 126개 | 21.6% |
|---|---|---|---|
| 실책 | 견제사 | 병살 성공 | 도루저지율 |
| 9위 | 2위 | 공동 7위 | 10위 |

## 주루

| 70.4% | 63개 | 4개 |
|---|---|---|
| 도루성공률 | 주루사 | 견제사 |
| 5위 | 2위 | 공동 8위 |

## 2021 예상 베스트 라인업

**수비 포지션별**

| 포수 | 1루수 | 2루수 | 3루수 | 유격수 |
|---|---|---|---|---|
| 박세혁 | 양석환 | 오재원 | 허경민 | 김재호 |

| 좌익수 | 중견수 | 우익수 | 지명타자 |
|---|---|---|---|
| 김재환 | 정수빈 | 박건우 | 페르난데스 |

**선발 로테이션**
로켓-미란다-최원준-이영하-유희관-김민규

**필승조**
박치국-홍건희-이승진

**마무리**
김강률

## 2020년 팀별 상대전적표

| VS | 승-무-패 | 타율 | 홈런 | ERA |
|---|---|---|---|---|
| NC | 7승 0무 9패 | 0.297 | 12 | 5.92 |
| KT | 7승 0무 9패 | 0.291 | 16 | 4.65 |
| LG | 9승 1무 6패 | 0.313 | 13 | 4.69 |
| 키움 | 6승 1무 9패 | 0.269 | 9 | 4.63 |
| KIA | 13승 0무 3패 | 0.331 | 15 | 3.17 |
| 롯데 | 7승 1무 6패 | 0.293 | 15 | 3.36 |
| 삼성 | 12승 0무 4패 | 0.276 | 15 | 5.17 |
| SSG | 12승 0무 4패 | 0.287 | 18 | 3.28 |
| 한화 | 9승 0무 7패 | 0.274 | 12 | 3.89 |

# PARK FACTOR
## 잠실야구장

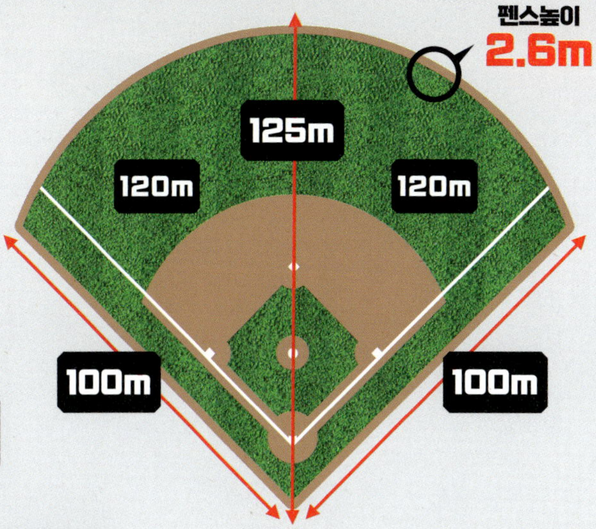

펜스높이 **2.6m**
125m
120m 120m
100m 100m

**경기수**

타율 0.278 | 타율 0.255
홈런 40 | 홈런 45
실책 45 | 실책 48

**72** 홈팀 / **72** 원정팀

**좌타자 타율**
0.272 홈팀
0.261 원정팀

**우타자 타율**
0.292 홈팀
0.253 원정팀

**좌타자 홈런**
32 홈팀 / 17 원정팀

**우타자 홈런**
6 홈팀 / 26 원정팀

내야부터 외야까지 둥지형 형태로 안정적인 좌석 배치로 인해 시각적으로 가장 이상적인 실외 야구장 형태에 가깝다. 펜스 거리가 멀고 구장의 특성상 타자보다 투수 친화형 구장으로 알려진다. 실제로 투수들이 심리적 편안함을 느끼는 구장.

**좌석 2만 5000석**

**천연잔디**

# 88
# 김태형
## MANAGER

| 생년월일 | 1967년 8월 14일 |
|---|---|
| 출신학교 | 서울화계초-신일중-신일고-단국대 |
| 주요경력 | OB-두산 선수(1990~2001), 두산 플레잉코치(2001)/1군 배터리코치(2002~2010)/2군 배터리코치(2010~2011), SK 1군 배터리코치(2012~2014) |
| 연봉 | 7억 원 |

"나는 시험을 보기 싫은데 자꾸 시험을 보라네." 김태형 감독이 특유의 농담 섞인 말투로 씩 웃었다. 김태형 감독이 두산 베어스 사령탑으로 부임한 이후 어느덧 7번째 시즌이다. 현재 KBO리그 10개 구단 중 최장기간 팀을 이끄는 사령탑이자 가장 오랜 경력을 자랑하는 감독이다. 단순히 두산의 감독일 뿐 아니라 리그를 대표하는 감독 중 1인으로서 어깨도 무거워졌다.

부임 이후 여러 성과를 만들어냈지만 올해도 그의 앞에는 산더미 같은 과제가 놓여있다. 두산을, 그리고 김태형 감독을 바라보는 외부의 시선은 '진정한 시험대' 시즌이다. 물론 그에게도 절대 낯설지 않은 상황이다. 2015년 두산 사령탑으로 처음 부임했을 때는 스타플레이어 출신이 아닌 초보 감독으로서 실력을 펼쳐야 하는 입장이었다. 첫해에 바로 한국시리즈 우승을 차지하고, 이듬해에는 과연 우승이 우연이었는지 실력이 있었는지 보여야 했다. 한국시리즈 2연패에 성공한 세 번째 시즌. 김태형 감독 앞에는 여전히 시험대가 놓여 있었고 그해에 준우승에 그치자 이제는 두산이 가진 힘이 떨어졌다는 의구심이 일었다. 그렇게 매해 의심과 증명이 반복되면서 리더로서 팀을 이끌어왔다.

팀의 특성이 반영된 과정이었다. 두산은 외부 영입과 공격적 전력 보강을 하는 팀이 아니다. 싹이 보이는 선수를 키워서 쓰는 이른바 '화수분 야구'의 대명사이기 때문에 반대로 전력 유출 속에서도 두산이 과연 올해도 버틸 수 있는지 날카로운 눈초리로 쳐다보는 시선이 많다. 그런 환경 아래에서 김태형 감독은 지난 6년간 많은 것을 이뤘다. 6년 연속 한국시리즈 진출과 3차례의 우승. 현역 감독 가운데 단연 최고의 성과다. 그 동안 김현수, 양의지, 민병헌 등 간판선수들이 팀을 떠난 상황에서도 두산은 흔들리지 않았다. 그래서 그 성적이 더 대단하게 느껴졌다. 2군에서 준비했던 김재환, 박건우, 박세혁이 이제는 팀의 핵심 멤버로 자리 잡았다. 김태형 감독의 부임 이후 함께 성장해 온 두산 선수단이다.

부임 7번째 시즌을 맞는 만큼 올해 역시 우려가 공존한다. 김태형 감독도 이 점을 누구보다 잘 알지만 걱정이 앞서지 않는 베테랑 감독의 여유가 장점이기도 하다. 감독도, 선수들도 서로 너무 잘 파악하고 있기 때문에 더 이상의 설명이 필요 없지만 반대로 익숙해지다 보니 새로움이 보이지 않는 단점도 공존한다. 지난해까지는 오직 '타이틀 방어'라는 목표를 향해 달려왔다면 이제는 자연스러운 리빌딩이 필요한 시점이라는 사실을 팀 구성원 모두가 인지하고 있다.

김태형 감독도 '시즌2'를 준비하고 있다. 주연은 당연히 선수들이다. 6년 전과 또 다른 핵심 선수들을 중심으로 성장할 선수들을 고대 중이다. 부임 기간 꾸준히 최대 약점으로 꼽혔던 투수진 강화에 큰 노력을 기울였다. 신인 중점 선발, 트레이드, 자유계약 선수 영입, 내부 FA 잔류 등을 통해 최대한 좋은 투수 자원을 많이 모으고자 애썼고 지난해부터 조금씩 결과물이 나타나기 시작했다. 장기적 관점으로 봤을 때 결국 정답은 투수라는 사실을 실현하고 있다. 아직 주전으로 자리 잡지 못한 젊은 선수들이 과연 1군에서 어느 정도의 성과를 보여주느냐가 올 시즌 첫 번째 핵심 요소라면 기존의 주전 선수들이 기대치만큼 활약을 채워주느냐가 두 번째다.

스프링캠프를 지켜본 김태형 감독은 '설렌다'고 표현했다. 김 감독은 "최주환과 오재일이 나갔지만 새로운 선수들도 왔다. 앞으로 신예 선수들이 얼마나 해줄까 하는 기대감이 크다. 선수들도 어떻게든 본인의 자리를 차지하기 위해 경쟁이 치열할 것 같고 그 과정이 감독으로서 보람차다. 어떤 새로운 인물이 나올까 궁금하다"라며 기대감을 높였다.

김 감독은 "올해 목표도 당연히 우승"이라고 말한다. 주전 선수들 몇몇이 빠지고 베테랑 선수들은 기량이 떨어지면서 두산의 전력이 예년만큼 우승 전력은 아니라는 평가를 들어도 감독의 시선은 늘 높은 곳에 닿아 있다. 그는 "목표는 늘 높게 잡아야 한다. 선수들을 파악하면서 마음속으로도 많은 준비를 하고 있다. 항상 위를 보고 있다"라고 강조했다. '미라클 두산'은 과연 올해도 유효할 수 있을까. 김태형 감독의 노하우는 어떤 식으로 발휘될까. 두산은 2021시즌에도 매우 흥미로운 팀이다.

# COACHING STAFF

**86 강석천**
- 생년월일: 1967년 12월 7일
- 출신학교: 신탄진초-한밭중-대전고-인하대
- 보직: 수석 코치
- 주요경력: 빙그레 선수(1989~2003), 한화 1군 수비코치(2006~2008)/1군 타격코치(2009~2012), 두산 1군 수비코치(2015~2017)/2군 감독(2018~2019)/1군 수석코치(2019~)

**71 이도형**
- 생년월일: 1975년 5월 24일
- 출신학교: 학동초-휘문중-휘문고
- 보직: 타격 코치
- 주요경력: OB/두산/한화 선수(1993~2010), NC 1군 타격코치(2017~2018), 두산 1군 (2019~)

**84 김상진**
- 생년월일: 1970년 3월 15일
- 출신학교: 마산월포초-마산동중-마산제일고
- 보직: 투수 코치
- 주요경력: OB/삼성/SK 선수(1989~2003), SK 1군 투수코치(2005~2011), 삼성 1군 투수코치(2017), 두산 2군 재활코치(2020)

**73 정재훈**
- 생년월일: 1980년 1월 1일
- 출신학교: 역삼초-휘문중-휘문고-성균관대
- 보직: 투수 코치
- 주요경력: 두산/롯데 선수(2003~2017), 두산 2군 불펜코치(2018)/1군 불펜코치(2019~2020)

**81 강동우**
- 생년월일: 1974년 4월 20일
- 출신학교: 칠성초-경상중-경북고-단국대
- 보직: 타격 코치
- 주요경력: 삼성/두산/KIA/한화 선수(1998~2013), 두산 1군 주루코치(2015~2017)/1군 타격코치(2019~)

**72 조경택**
- 생년월일: 1970년 11월 25일
- 출신학교: 중앙초-원주중-원주고
- 보직: 배터리 코치
- 주요경력: 태평양/OB/한화 선수(1989~2003), 한화 1군 배터리코치(2005~2009, 2011~2014), 두산 1군 배터리코치(2019)/2군 배터리코치(2019~2020)

**91 배영수**
- 생년월일: 1981년 5월 4일
- 출신학교: 대구칠성초-경복중-경북고
- 보직: 불펜 코치
- 주요경력: 삼성/한화/두산 선수(2000~2019), 두산 2군 투수코치(2020)

**101 이병국**
- 생년월일: 1980년 7월 13일
- 출신학교: 숭의초-대헌중-동산고-경희대
- 보직: 트레이닝 코치
- 주요경력: SK 코치(2010), 두산 코치(2015)

**79 정병곤**
- 생년월일: 1988년 3월 23일
- 출신학교: 내당초-경북중-경북고-단국대
- 보직: 수비 코치
- 주요경력: LG/삼성/두산 선수(2011~2019), 경북고 수비코치(2020)

**74 김지훈**
- 생년월일: 1973년 9월 2일
- 출신학교: 영풍초-신일중-신일고-고려대
- 보직: 배터리 코치
- 주요경력: 삼성/해태/KIA 선수(1998~2004), KIA 2군 배터리 코치(2005~2006)/1군 배터리코치(2011, 2013)/2군 배터리코치(2019), 상무 배터리코치(2020)

**102 유태현**
- 생년월일: 1982년 4월 27일
- 출신학교: 효성동초-청천중-부평고-한국체대
- 보직: 트레이닝 코치
- 주요경력: SK 코치(2012), 두산 코치(2016)

**70 유재신**
- 생년월일: 1987년 11월 21일
- 출신학교: 사직초-사직중-북일고
- 보직: 주루 코치
- 주요경력: 현대/넥센/KIA 선수(2006~2020)

**85 김주찬**
- 생년월일: 1981년 3월 25일
- 출신학교: 충암초-충암중-충암고
- 보직: 주루 코치
- 주요경력: 삼성/롯데/KIA 선수(2000~2020)

**103 천종민**
- 생년월일: 1984년 10월 30일
- 출신학교: 사직초-청수남중-오청고-한남대
- 보직: 트레이닝 코치
- 주요경력: -

**76 이정훈**
- 생년월일: 1963년 8월 28일
- 출신학교: 삼덕초-경상중-대구상고-동아대
- 보직: 2군 타격 코치
- 주요경력: 빙그레/한화(1987~94)/삼성(1995~96)/OB(1997) 선수, 한화 1군 코치(1999~2005), LG 1군 타격코치(2006), 한화 2군 감독(2013~15), 한화 스카우트 팀장(2017~18), 한화 육성군 타격코치(2016), 한일장신대 코치(2020), 두산 2군 타격코치(2021~)

**90 고영민**
- 생년월일: 1984년 2월 8일
- 출신학교: 도신초-영남중-성남고
- 보직: 주루 코치
- 주요경력: 두산 선수(2002~2016), KT 1군 주루코치(2018), 두산 1군 주루코치(2019~2020)

**87 박철우**
- 생년월일: 1964년 4월 12일
- 출신학교: 월산초-전남중-제일고-동국대
- 보직: 2군 감독
- 주요경력: 해태/쌍방울 선수(1987~1998), SK 1군 타격코치(2000), KIA 1군 타격코치(2001~2005), 진흥고 감독(2006~2009), 두산 1군 타격코치(2015~2017)/1군 벤치코치(2018~2019)

**89 공필성**
- 생년월일: 1967년 11월 11일
- 출신학교: 제황초-진해남중-마산상고-경성대
- 보직: 수비 코치
- 주요경력: 롯데 선수(1990~2000), 롯데 1군 수비코치(2004~2011)/1군 수비코치(2013~2014), 두산 2군 감독(2016~2017), 롯데 1군 수석코치/감독대행(2019), 두산 2군 야수총괄(2020)

**82 권명철**
- 생년월일: 1969년 10월 28일
- 출신학교: 서화초-동인천중-인천고-인하대
- 보직: 투수 코치
- 주요경력: OB/해태/SK/두산 선수(1992~2004), LG 1군 불펜코치(2011), 두산 1군 투수코치(2015~2017)/1군 수석코치(2019)/2군 투수총괄코치(2019~)

# 32
# 김재환

**외야수(우투좌타)**

| | |
|---|---|
| 생년월일 | 1988년 9월 22일 |
| 신장/체중 | 183cm/90kg |
| 학력 | 영랑초-상인천중-인천고 |
| 연봉(2021) | 7억6000만 원 |
| 지명순위 | 2008 두산 2차 1라운드 4순위 |
| 입단년도 | 2008 두산 |

4번 타자 김재환은 2018시즌 44홈런 133타점으로 리그 MVP를 차지하며 커리어 정점을 찍었다. 하지만 그는 지난 2시즌 연속 들쭉날쭉한 타격감에 고전했다. 공인구 변화와 슬럼프가 겹치면서 2019시즌 15홈런 91타점에 그쳤던 김재환은 2020시즌 홈런(30) 개수와 장타율(0.494), 출루율(0.373)이 소폭 상승했다. 2019시즌 113개에서 154개로 대폭 늘어난 삼진과 0.266으로 뚝 떨어진 타율은 2021시즌 그가 보완 수정해야 할 부분이다. 0.266의 타율은 김재환이 1군 주전으로 자리 잡은 이후 가장 낮은 수치다. 타격 정확성에 대한 고민을 지우지 못했다. 한국시리즈에서도 김재환의 부진이 치명적이었다. 시리즈 6경기에서 타율 0.043에 그쳤고 두산은 공격력 차이를 끝내 극복하지 못하고 NC에 우승을 헌납했다. 두산에도 김재환에게도 아픔이 깊은 한국시리즈였다.

김재환은 2021시즌에도 4번 타자를 맡아야 한다. 또 개인 첫 FA도 앞두고 있다. 두산의 선수 구성상 김재환은 여전히 팀의 중심 타자. 앞뒤에서 강한 클린업 트리오를 합작했던 오재일과 최주환이 이적하면서 두산은 장타를 칠 수 있는 타자에 대한 갈증이 더욱 심해졌다. 실질적으로 꾸준히 두 자릿수 홈런을 칠 수 있는 몇 안 되는 타자 중 한 명이 김재환이다. 선수단 내 입지도 더욱 탄탄해져야 하는 상황이다. 베테랑 타자 2명, 특히 최근 주장을 맡았던 오재일이 팀을 떠났기 때문에 구단 내에서도 김재환에게 거는 기대치는 더욱 높아졌다. 단순히 개인 성적뿐 아니라 고참 선수로서 모범도 보여야 해 어깨가 무겁다.

거포라는 이미지가 워낙 크지만 생각보다(?) 발이 빠른 편이다. 상대 배터리의 허를 찌르는 '깜짝 도루'도 종종 감행한다. 김재환은 2020시즌 6개의 도루를 모두 성공시켰다. 수비 포지션에 있어서도 큰 변화는 없을 전망이다. 이전보다 지명타자로 나서는 경기가 더 늘어날 수 있어도 기본적으로 두산은 좌익수 김재환, 중견수 정수빈, 우익수 박건우 체제를 고정할 가능성이 매우 높다. 타구 판단 속도가 김재환의 약점이지만 투수 친화형 잠실구장을 홈으로 쓰는 이점과 더불어 평균 수준의 수비는 곧잘 해낸다는 평가다.

### 2020 시즌 핫 & 콜드존

**VS좌투**

| - | 0.000<br>0/2 | 0.000<br>0/2 | 0.000<br>0/2 | - |
|---|---|---|---|---|
| 0.000<br>0/1 | 0.444<br>4/9 | 0.200<br>3/15 | 0.300<br>3/10 | 0.000<br>0/2 |
| -<br>0/0 | 0.429<br>6/14 | 0.500<br>7/14 | 0.300<br>6/20 | 0.200<br>1/5 |
| 0.600<br>3/5 | 0.833<br>5/6 | 0.545<br>6/11 | 0.200<br>3/15 | 0.167<br>1/6 |
| -<br>0/0 | | 0.000<br>0/2 | 0.000<br>0/6 | 0.125<br>1/8 |

**VS우투**

| 1.000<br>1/1 | 0.167<br>1/6 | 0.000<br>0/6 | 0.000<br>0/1 | 0.000<br>0/1 |
|---|---|---|---|---|
| 0.000<br>0/5 | 0.300<br>3/10 | 0.289<br>11/38 | 0.217<br>5/23 | 0.000<br>0/1 |
| 0.286<br>2/7 | 0.273<br>6/22 | 0.296<br>8/27 | 0.333<br>14/42 | 0.429<br>3/7 |
| 0.167<br>1/6 | 0.304<br>7/23 | 0.290<br>9/31 | 0.361<br>13/36 | 0.143<br>1/7 |
| | 0.067<br>0/6 | 0.111<br>1/15 | 2/18 | 0.000<br>0/15 | 0.000<br>0/5 |

### 2020 시즌 & 통산 성적

| 연도 | 경기 | 타석 | 타수 | 안타 | 2루타 | 3루타 | 홈런 | 타점 | 도루 | 도실 | 볼넷 | 사구 | 삼진 | 타율 | 장타율 | 출루율 | OPS |
|---|---|---|---|---|---|---|---|---|---|---|---|---|---|---|---|---|---|
| 2020 | 140 | 614 | 516 | 137 | 26 | 1 | 30 | 113 | 6 | 0 | 91 | 1 | 154 | 0.266 | 0.494 | 0.373 | 0.867 |
| 통산 | 850 | 3,390 | 2,926 | 878 | 166 | 12 | 174 | 620 | 29 | 7 | 403 | 25 | 711 | | 0.543 | 0.385 | 0.928 |

### 2020 시즌 홈 / 원정 성적

| | 경기 | 타석 | 타수 | 안타 | 2루타 | 3루타 | 홈런 | 타점 | 도루 | 도실 | 볼넷 | 사구 | 삼진 | 타율 | 장타율 | 출루율 | OPS |
|---|---|---|---|---|---|---|---|---|---|---|---|---|---|---|---|---|---|
| 홈 | 68 | 284 | 241 | 55 | 11 | 1 | 11 | 49 | 2 | 0 | 40 | 1 | 74 | 0.228 | 0.419 | 0.338 | 0.757 |
| 원정 | 72 | 330 | 275 | 82 | 15 | 0 | 19 | 64 | 4 | 0 | 51 | 0 | 80 | 0.298 | 0.560 | 0.403 | 0.963 |

### 2020 시즌 상황별 기록

| 상황 | 타석 | 안타 | 홈런 | 타점 | 볼넷 | 삼진 | 타율 |
|---|---|---|---|---|---|---|---|
| vs 좌 | 178 | 47 | 12 | 46 | 19 | 48 | 0.303 |
| vs 우 | 384 | 82 | 16 | 60 | 60 | 98 | 0.255 |
| vs 언더 | 52 | 8 | 2 | 7 | 12 | 8 | 0.200 |
| 주자있음 | 328 | 75 | 17 | 100 | 47 | 84 | 0.273 |
| 주자없음 | 286 | 62 | 13 | 13 | 44 | 70 | 0.257 |
| 득점권 | 191 | 44 | 8 | 80 | 27 | 47 | 0.278 |
| 만루 | 15 | 3 | 1 | 14 | 4 | 3 | 0.300 |

### 2020 시즌 상대팀 별 기록

| 구분 | 타석 | 홈런 | 볼넷 | 삼진 | 타율 | 출루율 | 장타율 | OPS |
|---|---|---|---|---|---|---|---|---|
| KIA | 71 | 3 | 7 | 22 | 0.206 | 0.282 | 0.413 | 0.695 |
| KT | 77 | 6 | 13 | 16 | 0.234 | 0.364 | 0.563 | 0.927 |
| LG | 72 | 4 | 14 | 13 | 0.316 | 0.444 | 0.596 | 1.040 |
| NC | 64 | 3 | 7 | 18 | 0.250 | 0.344 | 0.446 | 0.790 |
| SK | 70 | 5 | 12 | 10 | 0.375 | 0.471 | 0.732 | 1.203 |
| 키움 | 69 | 4 | 9 | 19 | 0.267 | 0.362 | 0.533 | 0.895 |
| 롯데 | 63 | 2 | 11 | 23 | 0.250 | 0.381 | 0.385 | 0.766 |
| 삼성 | 62 | 1 | 6 | 14 | 0.255 | 0.323 | 0.327 | 0.650 |
| 한화 | 66 | 2 | 13 | 17 | 0.245 | 0.379 | 0.434 | 0.813 |

### 그라운드 구역별 피안타 방향

| 구분 | 타석 | 안타 | 홈런 | 볼넷 | 삼진 | 타율 |
|---|---|---|---|---|---|---|
| 0-0 | 95 | 33 | 6 | 24 | 1 | 0.355 |
| 0-1 | 34 | 10 | 4 | 8 | 0 | 0.294 |
| 0-2 | 33 | 8 | 1 | 3 | 20 | 0.242 |
| 1-0 | 40 | 17 | 6 | 17 | 0 | 0.436 |
| 1-1 | 43 | 23 | 5 | 14 | 0 | 0.548 |
| 1-2 | 74 | 4 | 0 | 4 | 47 | 0.055 |
| 2-0 | 15 | 6 | 2 | 4 | 1 | 0.429 |
| 2-1 | 25 | 6 | 1 | 6 | 0 | 0.261 |
| 2-2 | 91 | 11 | 3 | 10 | 57 | 0.122 |
| 3-0 | 24 | 0 | 0 | 22 | 0 | 0.000 |
| 3-1 | 41 | 11 | 2 | 12 | 0 | 0.579 |
| 3-2 | 99 | 8 | 1 | 8 | 45 | 30 | 0.148 |

### 2020 시즌 수비 성적

| 구분 | 수비이닝 | 실책 | 수비율 |
|---|---|---|---|
| LF | 1014.0 | 2 | 0.992 |

# PLAYERS

## 13 허경민

**내야수(우투우타)**

| | | | |
|---|---|---|---|
| 생년월일 | 1990년 8월 26일 | 신장/체중 | 178cm/84kg |
| 학력 | 송정동초-광주충장중-광주일고 | | |
| 연봉(2021) | 10억 원 | | |
| 지명순위 | 2009 두산 2차 1라운드 7순위 | | |
| 입단년도 | 2009 | | |

주전 3루수 허경민이 FA 대박을 터뜨리고 첫 시즌을 맞는다. 허경민은 두산에 잔류하며 4+3년 최대 85억 원이라는 '잭팟'을 터뜨렸다. FA 시장이 열리자 최대어는 단연 허경민이었고 여러 구단의 러브콜이 쏟아진 끝에 두산 잔류를 택했다. 앞으로 최대 7년 더 두산에서 뛸 수 있기 때문에 심리적으로도 훨씬 안정된 분위기와 환경 속에서 동행을 이어간다. 이제 고액 연봉자로서 어깨가 더욱더 무거워졌지만 허경민은 팀 내에서도 엄청난 노력파로 꼽힌다. '핫코너' 3루를 맡는 허경민은 베테랑 유격수 김재호와 함께 현재 두산 내야의 핵심이다. 2루수와 1루수 자리가 확실하게 정해지지 않은 상황에서 허경민이 내야의 중심을 잡아줘야 두산 특유의 철벽 수비에 균열이 생기지 않는다. 수비 실력만큼은 국가대표로 뛰어도 손색이 없다. 이제 베테랑 대열에 합류했기 때문에 우려는 없다.

일반적인 3루수들에 비해 장타를 많이 생산하는 편은 아니다. 허경민의 2020시즌 장타율은 0.442로 2019시즌 0.371보다 상승했지만 그에 대한 기대치는 장타보다 출루에 맞춰진다. 허경민은 올 시즌 상위 타순에서 최대한 많은 출루 기회를 얻어내며 공격 기회를 만들어야 할 것으로 예상된다. 주요 선수들의 이탈로 중심 타선이 다소 헐거워진 두산은 허경민, 정수빈 등 발이 빠르면서 중요할 때 안타를 기대할 수 있는 교타자의 활약이 필요하다. 올 시즌 두산 공격의 성패를 좌우한다고 볼 수 있다. 관건은 잔부상 관리다. 허경민은 고질적인 잔부상을 꾸준히 안고 뛰는 선수 중 하나다. 지난 시즌에도 30경기 남짓 빠진 117경기를 소화했다. 당장 허경민이 빠지면 3루 수비 부담이 커진다. 지난해까지는 최수환이 3루 대수비가 가능했지만 이유찬까지 입대한 상황에서 허경민이 더 많은 경기를 뛰어야 할 이유가 생겼다.

### 2020 시즌 & 통산 성적

| 연도 | 경기 | 타석 | 타수 | 안타 | 2루타 | 3루타 | 홈런 | 타점 | 도루 | 도실 | 볼넷 | 사구 | 삼진 | 타율 | 장타율 | 출루율 | OPS |
|---|---|---|---|---|---|---|---|---|---|---|---|---|---|---|---|---|---|
| 2020 | 117 | 487 | 437 | 145 | 25 | 1 | 7 | 58 | 14 | 6 | 35 | 5 | 28 | 0.332 | 0.442 | 0.382 | 0.824 |
| 통산 | 1,046 | 3,770 | 3,319 | 984 | 171 | 16 | 33 | 408 | 96 | 44 | 265 | 89 | 316 | 0.296 | 0.387 | 0.360 | 0.747 |

### 2020 시즌 홈 / 원정 성적

| | 경기 | 타석 | 타수 | 안타 | 2루타 | 3루타 | 홈런 | 타점 | 도루 | 도실 | 볼넷 | 사구 | 삼진 | 타율 | 장타율 | 출루율 | OPS |
|---|---|---|---|---|---|---|---|---|---|---|---|---|---|---|---|---|---|
| 홈 | 61 | 248 | 220 | 72 | 11 | 1 | 2 | 29 | 10 | 2 | 20 | 2 | 14 | 0.327 | 0.400 | 0.384 | 0.784 |
| 원정 | 56 | 239 | 217 | 73 | 14 | 0 | 5 | 29 | 4 | 4 | 15 | 3 | 14 | 0.336 | 0.484 | 0.381 | 0.865 |

### 2020 시즌 상황별 기록

| 상황 | 타석 | 안타 | 홈런 | 타점 | 볼넷 | 삼진 | 타율 |
|---|---|---|---|---|---|---|---|
| vs 좌 | 110 | 36 | 1 | 10 | 12 | 4 | 0.383 |
| vs 우 | 315 | 91 | 5 | 44 | 20 | 22 | 0.318 |
| vs 언더 | 62 | 18 | 1 | 4 | 3 | 2 | 0.316 |
| 주자있음 | 216 | 66 | 2 | 53 | 19 | 12 | 0.353 |
| 주자없음 | 271 | 79 | 5 | 5 | 16 | 16 | 0.316 |
| 득점권 | 135 | 42 | 0 | 48 | 14 | 4 | 0.375 |
| 만루 | 7 | 5 | 0 | 13 | 1 | 0 | 0.714 |

### 2020 시즌 상대팀 별 기록

| 구분 | 타석 | 홈런 | 볼넷 | 삼진 | 타율 | 출루율 | 장타율 | OPS |
|---|---|---|---|---|---|---|---|---|
| KIA | 52 | 1 | 7 | 1 | 0.512 | 0.596 | 0.698 | 1.294 |
| KT | 66 | 0 | 4 | 5 | 0.258 | 0.303 | 0.355 | 0.658 |
| LG | 49 | 0 | 2 | 1 | 0.326 | 0.354 | 0.391 | 0.745 |
| NC | 55 | 1 | 6 | 7 | 0.375 | 0.436 | 0.479 | 0.915 |
| SK | 53 | 2 | 6 | 2 | 0.283 | 0.358 | 0.457 | 0.815 |
| 키움 | 67 | 0 | 3 | 5 | 0.322 | 0.364 | 0.390 | 0.754 |
| 롯데 | 49 | 1 | 2 | 5 | 0.279 | 0.292 | 0.372 | 0.664 |
| 삼성 | 41 | 0 | 1 | 1 | 0.263 | 0.317 | 0.368 | 0.685 |
| 한화 | 55 | 1 | 2 | 3 | 0.385 | 0.418 | 0.500 | 0.918 |

### 그라운드 구역별 피안타 방향

| 구분 | 타석 | 안타 | 홈런 | 타점 | 볼넷 | 삼진 | 타율 |
|---|---|---|---|---|---|---|---|
| 0-0 | 51 | 19 | 1 | 13 | 0 | 0 | 0.404 |
| 0-1 | 65 | 17 | 0 | 9 | 0 | 0 | 0.274 |
| 0-2 | 32 | 9 | 1 | 4 | 0 | 4 | 0.281 |
| 1-0 | 49 | 15 | 2 | 10 | 0 | 0 | 0.306 |
| 1-1 | 66 | 28 | 2 | 9 | 0 | 0 | 0.438 |
| 1-2 | 60 | 16 | 0 | 2 | 0 | 15 | 0.271 |
| 2-0 | 15 | 5 | 0 | 2 | 0 | 0 | 0.333 |
| 2-1 | 27 | 13 | 1 | 7 | 0 | 0 | 0.500 |
| 2-2 | 49 | 12 | 1 | 4 | 0 | 7 | 0.267 |
| 3-0 | 12 | 0 | 0 | 1 | 12 | 0 | - |
| 3-1 | 26 | 4 | 0 | 1 | 15 | 0 | 0.364 |
| 3-2 | 35 | 7 | 0 | 3 | 8 | 2 | 0.259 |

### 2020 시즌 수비 성적

| 구분 | 수비이닝 | 실책 | 수비율 |
|---|---|---|---|
| 3B | 872.0 | 8 | 0.968 |
| SS | 114.0 | 1 | 0.983 |

### 2020 시즌 핫 & 콜드존

**VS좌투**

| - | 0.000 | 0.500 | - |
|---|---|---|---|
| 0/0 | 0/1 | 1/2 | 0/0 |
| 0.429 | 0.000 | 0.400 | 0.000 |
| 3/7 | 0/1 | 2/5 | 0/2 |
| 0.800 | 0.385 | 0.500 | 0.300 |
| 4/5 | 5/13 | 5/10 | 3/10 |
| 1.000 | 0.000 | 0.462 | 0.800 |
| 2/2 | 0/7 | 6/13 | 4/5 |
| - | 0.000 | 0.200 | 0.000 |
| 0/0 | 0/3 | 1/5 | 0/2 |

**VS우투**

| 0.000 | 0.000 | 0.333 | 0.000 |
|---|---|---|---|
| 0/1 | 0/1 | 6/18 | 0/7 | 0.000 0/1 |
| 0.400 | 0.412 | 0.226 | 0.263 | 0.000 |
| 2/5 | 7/17 | 7/31 | 5/19 | 0/4 |
| 0.333 | 0.400 | 0.457 | 0.368 | 0.000 |
| 6/18 | 18/45 | 21/46 | 7/19 | 0/4 |
| 0.143 | 0.172 | 0.268 | 0.429 | 0.000 |
| 1/7 | 5/29 | 11/41 | 3/7 | 0/2 |
| 0.667 | 0.222 | 0.545 | 0.000 | - |
| 2/3 | 2/9 | 6/11 | 0/1 | 0/0 |

# 37 박건우

**외야수(우투우타)**

| | | | |
|---|---|---|---|
| 생년월일 | 1990년 9월 8일 | 신장/체중 | 184cm/79kg |
| 학력 | 서울역삼초-이수중-서울고 | | |
| 연봉(2021) | 4억8000만 원 | | |
| 지명순위 | 2009 2차 2라운드 10순위 | | |
| 입단년도 | 2009 | | |

아마추어 시절부터 빼어난 타격 자질과 더불어 '5툴 플레이어'에 가장 가까운 타자로 꼽혀왔다. 중장거리형 타구를 꾸준히 생산해낼 수 있는 타격 밸런스와 강한 어깨, 빠른 발까지 갖췄다. 두산에서 주전 우익수로 뛰고 있는 박건우는 강력한 어깨와 넓은 수비 범위를 바탕으로 환상적인 홈 보살 송구를 종종 선보이곤 한다. 그동안 좌타자가 유독 많은 두산 타선의 특성상, 우타자 박건우의 존재감이 필요했다. 지난 시즌까지는 페르난데스와 함께 주로 상위 타순에 배치됐다. 김태형 감독은 박건우, 페르난데스로 공격적인 테이블세터를 가동해왔다.

올해는 타순에서 박건우의 역할이 달라질 전망이다. 최주환과 오재일이 빠진 자리를 박건우와 페르난데스가 채워줘야 한다. 박건우의 타격 스타일에도 변화가 필요하다는 뜻이다. 이전보다 타점 찬스가 더 자주 찾아올 가능성이 높기 때문에 주자 진루와 적시타 생산에 신경을 써야 한다. 장타력에도 기대가 모인다. 중장거리형 스타일의 타자이지만 2016~2017시즌 2년 연속 20홈런을 달성한 이후 홈런 개수가 줄어들었다. 2018년 12개, 2019년 10개, 2020년 14개를 각각 기록했다. 득점권 상황에서 영리한 타격을 할 수 있는 타자이기 때문에 지난해 0.472였던 장타율을 더 끌어올릴 수 있을지가 관건이다.

타석에서 워낙 공격적인 스타일이라 상대 배터리와 수 싸움에서 여유를 가질 필요가 있다. 그동안 박건우는 정규 시즌에 비해 큰 경기에서 약한 모습을 보였다. 한국시리즈 통산 타율이 0.174인 점도 그의 아킬레스건이다. 스스로 심리적 스트레스를 떨쳐낸다면 가진 재능만큼은 중심 타선을 충분히 소화해낼 수 있는 타자다. 스피드가 있는 편이지만 공격 비중이 커진 만큼 도루 시도가 줄 것으로 예상된다. 2017시즌 20도루를 성공시키며 20홈런-20도루를 처음 달성했던 박건우는 2019년 12개, 2020년 8개 도루를 성공하는데 그쳤다.

## 2020 시즌 & 통산 성적

| 연도 | 경기 | 타석 | 타수 | 안타 | 2루타 | 3루타 | 홈런 | 타점 | 도루 | 도실 | 볼넷 | 사구 | 삼진 | 타율 | 장타율 | 출루율 | OPS |
|---|---|---|---|---|---|---|---|---|---|---|---|---|---|---|---|---|---|
| 2020 | 129 | 551 | 487 | 148 | 40 | 0 | 14 | 70 | 8 | 2 | 42 | 12 | 65 | 0.304 | 0.472 | 0.369 | 0.841 |
| 통산 | 800 | 2,997 | 2,672 | 871 | 184 | 18 | 82 | 415 | 69 | 21 | 226 | 52 | 391 | 0.326 | 0.500 | 0.386 | 0.886 |

## 2020 시즌 홈 / 원정 성적

| | 경기 | 타석 | 타수 | 안타 | 2루타 | 3루타 | 홈런 | 타점 | 도루 | 도실 | 볼넷 | 사구 | 삼진 | 타율 | 장타율 | 출루율 | OPS |
|---|---|---|---|---|---|---|---|---|---|---|---|---|---|---|---|---|---|
| 홈 | 65 | 265 | 239 | 64 | 14 | 0 | 5 | 34 | 5 | 1 | 18 | 3 | 36 | 0.268 | 0.389 | 0.323 | 0.712 |
| 원정 | 64 | 286 | 248 | 84 | 26 | 0 | 9 | 36 | 3 | 1 | 24 | 9 | 29 | 0.339 | 0.552 | 0.411 | 0.963 |

## 2020 시즌 상황별 기록

| 상황 | 타석 | 안타 | 홈런 | 타점 | 볼넷 | 삼진 | 타율 |
|---|---|---|---|---|---|---|---|
| vs 좌 | 125 | 29 | 2 | 12 | 12 | 16 | 0.261 |
| vs 우 | 363 | 106 | 11 | 53 | 24 | 43 | 0.329 |
| vs 언더 | 63 | 13 | 1 | 5 | 6 | 6 | 0.241 |
| 주자있음 | 237 | 60 | 3 | 59 | 25 | 26 | 0.308 |
| 주자없음 | 314 | 88 | 11 | 11 | 17 | 39 | 0.301 |
| 득점권 | 152 | 35 | 1 | 50 | 14 | 16 | 0.280 |
| 만루 | 17 | 4 | 0 | 13 | 3 | 0 | 0.333 |

## 2020 시즌 상대팀 별 기록

| 구분 | 타석 | 홈런 | 볼넷 | 삼진 | 타율 | 출루율 | 장타율 | OPS |
|---|---|---|---|---|---|---|---|---|
| KIA | 61 | 1 | 4 | 5 | 0.291 | 0.344 | 0.436 | 0.780 |
| KT | 58 | 2 | 5 | 7 | 0.302 | 0.345 | 0.415 | 0.760 |
| LG | 69 | 2 | 5 | 9 | 0.213 | 0.261 | 0.377 | 0.638 |
| NC | 64 | 1 | 8 | 3 | 0.392 | 0.500 | 0.608 | 1.108 |
| SK | 60 | 4 | 5 | 13 | 0.365 | 0.450 | 0.712 | 1.162 |
| 키움 | 50 | 2 | 3 | 10 | 0.156 | 0.224 | 0.178 | 0.402 |
| 롯데 | 60 | 1 | 2 | 7 | 0.327 | 0.367 | 0.455 | 0.822 |
| 삼성 | 68 | 1 | 8 | 6 | 0.276 | 0.373 | 0.414 | 0.787 |
| 한화 | 61 | 3 | 3 | 9 | 0.404 | 0.433 | 0.632 | 1.065 |

## 그라운드 구역별 피안타 방향

| 구분 | 타석 | 안타 | 홈런 | 타점 | 볼넷 | 삼진 | 타율 |
|---|---|---|---|---|---|---|---|
| 0-0 | 70 | 23 | 2 | 7 | 0 | 0 | 0.354 |
| 0-1 | 56 | 17 | 1 | 7 | 0 | 0 | 0.315 |
| 0-2 | 46 | 9 | 0 | 4 | 0 | 15 | 0.200 |
| 1-0 | 38 | 15 | 4 | 12 | 0 | 0 | 0.405 |
| 1-1 | 51 | 15 | 1 | 6 | 0 | 0 | 0.306 |
| 1-2 | 65 | 12 | 3 | 6 | 0 | 22 | 0.190 |
| 2-0 | 16 | 7 | 2 | 6 | 0 | 0 | 0.500 |
| 2-1 | 30 | 14 | 4 | 9 | 0 | 0 | 0.500 |
| 2-2 | 66 | 14 | 2 | 10 | 0 | 19 | 0.226 |
| 3-0 | 7 | 0 | 0 | 0 | 7 | 0 | - |
| 3-1 | 42 | 10 | 3 | 8 | 18 | 0 | 0.455 |
| 3-2 | 64 | 16 | 2 | 10 | 16 | 0 | 0.250 |

## 2020 시즌 수비 성적

| 구분 | 수비이닝 | 실책 | 수비율 |
|---|---|---|---|
| CF | 62.0 | 0 | 1.000 |
| RF | 902.0 | 2 | 0.991 |

## 2020 시즌 핫 & 콜드존

### VS좌투

| - | 1.000 | 0.250 | 0.000 | - |
|---|---|---|---|---|
| 0/0 | 1/1 | 1/4 | 0/1 | 0/0 |
| 0.000 | 0.250 | 0.200 | 0.000 | - |
| 0/3 | 1/4 | 1/5 | 0/4 | 0/0 |
| 0.400 | 0.400 | 0.308 | 0.273 | - |
| 2/5 | 4/10 | 4/13 | 3/11 | 0/0 |
| 0.500 | 0.333 | 0.364 | 0.000 | 0.500 |
| 1/2 | 4/12 | 4/11 | 0/10 | 1/2 |
| - | 0.000 | 0.500 | 0.167 | 0.000 |
| 0/0 | 0/4 | 1/2 | 1/6 | 0/1 |

### VS우투

| - | 0.000 | 0.500 | 0.000 | - |
|---|---|---|---|---|
| 0/0 | 0/2 | 5/10 | 0/2 | 0/0 |
| 0.250 | 0.471 | 0.222 | 0.417 | 0.167 |
| 1/4 | 8/17 | 6/27 | 5/12 | 1/6 |
| 0.150 | 0.324 | 0.323 | 0.444 | 0.000 |
| 3/20 | 12/37 | 20/62 | 8/18 | 0/4 |
| 0.263 | 0.383 | 0.407 | 0.333 | 0.000 |
| 5/19 | 18/47 | 22/54 | 3/9 | 0/1 |
| 0.000 | 0.100 | 0.143 | 0.000 | - |
| 0/6 | 1/10 | 1/7 | 0/2 | 0/0 |

# PLAYERS

## 31 정수빈

**외야수(좌투좌타)**

| | | | |
|---|---|---|---|
| 생년월일 | 1990년 10월 7일 | 신장/체중 | 175cm/70kg |
| 학력 | 신곡초-수원북중-유신고 | | |
| 연봉(2021) | 6억 원 | | |
| 지명순위 | 2009 두산 2차 5라운드 39순위 | | |
| 입단년도 | 2009 | | |

'잠실 아이돌' 두산에서 6년 더! 정수빈은 두산과 6년 총액 56억 원(인센티브 4억 원 포함) 장기 계약을 맺었다. 동기생이자 동갑내기 친구인 허경민과 나란히 장기 계약에 성공하며 FA 대박을 터뜨렸다. 타 팀에서도 정수빈을 영입하기 위해 눈독을 들였다. 꾸준함과 성실함 그리고 탄탄한 수비 실력이 장점이다. 앞으로 6시즌 더 두산에서 뛰는 만큼 심리적인 안정감이 가장 클 것으로 예상된다.

독하기로 이름난 팀 내에서도 가장 유명한(?) 악바리다. 뼈가 부러질 정도의 부상이 아니면 아프다는 소리도 잘 하지 않는다. 그만큼 책임감이 강하고 체력과 건강함을 타고난 선수다. 외야 수비 센스도 정상급이다. 현재 두산 외야 구성에서 주전 중견수를 맡아 중심을 지킨다. 몸이 가벼워 달리기가 빠른 덕분에 수비 범위가 넓다. 수비할 때 감각적인 부분을 타고났고 포구 타이밍도 좋다는 평가를 받는다.

타격에서 고민이 많은 편이다. 발이 빠르고 작전 수행 능력도 좋은 편이라 상위 타순에 적합해 보이지만 한번 슬럼프가 찾아오면 걷잡을 수 없이 빠지는 타입이다. 그래서 김태형 감독은 정수빈을 종종 9번에 배치해 하위 타순과 상위 타순을 연결하는 고리로 활용하기도 한다. 0.265의 타율로 최악의 시기를 보냈던 2019년을 뒤로 하고 지난해 정수빈은 비교적 안정적 한 해를 보냈다. 타율을 0.298로 끌어올렸고 홈런도 5개를 쳐내면서 데뷔 이후 두 번째로 많은 개수를 기록했다. 지난해 0.368을 기록했던 출루율을 좀 더 높이는 게 본인의 활용 가치를 증폭시킬 지름길이다.

### 2020 시즌 & 통산 성적

| 연도 | 경기 | 타석 | 타수 | 안타 | 2루타 | 3루타 | 홈런 | 타점 | 도루 | 도실 | 볼넷 | 사구 | 삼진 | 타율 | 장타율 | 출루율 | OPS |
|---|---|---|---|---|---|---|---|---|---|---|---|---|---|---|---|---|---|
| 2020 | 141 | 559 | 490 | 146 | 17 | 8 | 5 | 59 | 15 | 6 | 55 | 2 | 56 | 0.298 | 0.396 | 0.368 | 0.764 |
| 통산 | 1,175 | 4,074 | 3,551 | 1,003 | 136 | 65 | 24 | 386 | 209 | 66 | 340 | 60 | 537 | 0.378 | 0.352 | 0.730 | |

### 2020 시즌 홈 / 원정 성적

| | 경기 | 타석 | 타수 | 안타 | 2루타 | 3루타 | 홈런 | 타점 | 도루 | 도실 | 볼넷 | 사구 | 삼진 | 타율 | 장타율 | 출루율 | OPS |
|---|---|---|---|---|---|---|---|---|---|---|---|---|---|---|---|---|---|
| 홈 | 71 | 273 | 234 | 65 | 7 | 4 | 1 | 16 | 10 | 2 | 31 | 1 | 25 | 0.278 | 0.363 | 0.359 | 0.722 |
| 원정 | 70 | 286 | 256 | 81 | 10 | 3 | 4 | 43 | 5 | 4 | 24 | 1 | 31 | 0.316 | 0.426 | 0.376 | 0.802 |

### 2020 시즌 상황별 기록

| 상황 | 타석 | 안타 | 홈런 | 타점 | 볼넷 | 삼진 | 타율 |
|---|---|---|---|---|---|---|---|
| vs 좌 | 120 | 33 | 1 | 13 | 5 | 11 | 0.297 |
| vs 우 | 380 | 103 | 4 | 41 | 44 | 39 | 0.316 |
| vs 언더 | 59 | 10 | 0 | 5 | 6 | 6 | 0.189 |
| 주자있음 | 249 | 71 | 4 | 58 | 18 | 22 | 0.326 |
| 주자없음 | 310 | 75 | 1 | 1 | 37 | 34 | 0.276 |
| 득점권 | 153 | 35 | 3 | 52 | 11 | 16 | 0.265 |
| 만루 | 19 | 5 | 0 | 14 | 1 | 2 | 0.313 |

### 2020 시즌 상대팀 별 기록

| 구분 | 타석 | 홈런 | 볼넷 | 삼진 | 타율 | 출루율 | 장타율 | OPS |
|---|---|---|---|---|---|---|---|---|
| KIA | 59 | 1 | 7 | 5 | 0.286 | 0.368 | 0.388 | 0.756 |
| KT | 66 | 2 | 6 | 7 | 0.259 | 0.333 | 0.276 | 0.609 |
| LG | 55 | 1 | 6 | 9 | 0.326 | 0.436 | 0.500 | 0.936 |
| NC | 65 | 1 | 6 | 4 | 0.356 | 0.415 | 0.441 | 0.856 |
| SK | 68 | 1 | 6 | 7 | 0.339 | 0.400 | 0.508 | 0.908 |
| 키움 | 55 | 0 | 2 | 5 | 0.212 | 0.236 | 0.269 | 0.505 |
| 롯데 | 67 | 1 | 7 | 6 | 0.283 | 0.358 | 0.467 | 0.825 |
| 삼성 | 63 | 0 | 3 | 12 | 0.345 | 0.371 | 0.414 | 0.785 |
| 한화 | 61 | 0 | 10 | 4 | 0.265 | 0.383 | 0.286 | 0.669 |

### 그라운드 구역별 피안타 방향

| 구분 | 타석 | 안타 | 홈런 | 타점 | 볼넷 | 삼진 | 타율 |
|---|---|---|---|---|---|---|---|
| 0-0 | 45 | 18 | 1 | 9 | 0 | 0 | 0.419 |
| 0-1 | 50 | 15 | 2 | 9 | 0 | 0 | 0.306 |
| 0-2 | 39 | 6 | 0 | 2 | 0 | 18 | 0.158 |
| 1-0 | 43 | 15 | 0 | 9 | 0 | 0 | 0.375 |
| 1-1 | 74 | 24 | 1 | 11 | 0 | 0 | 0.343 |
| 1-2 | 76 | 22 | 0 | 5 | 0 | 19 | 0.289 |
| 2-0 | 11 | 3 | 0 | 1 | 0 | 0 | 0.375 |
| 2-1 | 46 | 11 | 1 | 9 | 0 | 0 | 0.244 |
| 2-2 | 74 | 22 | 0 | 7 | 0 | 10 | 0.260 |
| 3-0 | 19 | 0 | 0 | 0 | 18 | 0 | 0.000 |
| 3-1 | 26 | 4 | 0 | 1 | 14 | 0 | 0.333 |
| 3-2 | 56 | 9 | 0 | 5 | 21 | 9 | 0.257 |

### 2020 시즌 수비 성적

| 구분 | 수비이닝 | 실책 | 수비율 |
|---|---|---|---|
| CF | 1162.0 | 1 | 0.997 |

### 2020 시즌 핫 & 콜드존

**VS좌투**

| - 0/0 | - 0/0 | 0.143 1/7 | 0.000 0/2 | 0.000 0/1 |
|---|---|---|---|---|
| - 0/0 | 0.000 0/1 | 0.333 5/15 | 0.500 3/6 | 0.000 0/1 |
| 0.500 1/2 | 0.667 4/6 | 0.333 3/9 | 0.269 7/26 | 0.250 1/4 |
| 1.000 1/1 | - 0/0 | 0.167 1/6 | 0.273 3/11 | 0.200 1/5 |
| - 0/0 | 0.000 0/1 | 0.000 0/2 | 0.000 0/6 | - 0/0 |

**VS우투**

| 1.000 1/1 | 0.000 0/6 | 0.333 3/9 | 0.000 0/7 | 1.000 1/1 |
|---|---|---|---|---|
| 0.333 1/3 | 0.308 4/13 | 0.281 9/32 | 0.405 15/37 | 0.000 0/8 |
| 0.125 1/8 | 0.529 9/17 | 0.412 14/34 | 0.364 20/55 | 0.333 3/9 |
| 0.200 1/5 | 0.462 6/13 | 0.235 8/34 | 0.273 12/44 | 0.231 3/13 |
| 0.000 0/2 | 0.167 1/6 | 0.000 0/13 | 0.143 1/7 | - 0/0 |

# 9
# 호세 미구엘 페르난데스

**내야수(우투좌타)**

| | |
|---|---|
| 생년월일 | 1988년 4월 27일 |
| 신장/체중 | 178cm/83kg |
| 국적 | 쿠바 |
| 연봉(2021) | 110만 달러(인센티브 30만 포함) |
| 지명순위 | - |
| 입단년도 | 2019 두산 |

두산의 분위기 메이커이자 '흥부자'. 3년 연속 최다 안타왕을 노린다. 페르난데스는 2년 연속 144경기를 모두 소화한 '에너자이저'다. 물론 수비 부담이 없는 지명타자로 주로 뛰기 때문에 풀타임 소화가 어려운 것은 아니다. 하지만 외국인 타자가 부상 없이 전 경기를 모두 뛴다는 자체가 두산에는 큰 힘이 된다. 2년 연속 최다 안타 1위를 기록할 정도로 본인만의 확고한 타격관을 가졌다. 2019시즌 197안타를 기록했고 지난해에는 199안타를 기록하며 200안타에서 단 1개가 모자랐다. 서건창의 단일 시즌 역대 최다 안타 신기록인 201안타에서는 2개가 부족했다. 몰아치기 시작하면 하루에 2~3개 안타도 꾸준히 쳐낼 수 있는 유형이다. 정확성에 많은 신경을 쓴다. 타격에서만큼은 노림수가 뚜렷하고 선호하는 코스가 오면 놓치지 않고 스윙을 해서 어떻게든 안타를 만든다. 페르난데스의 최대 장점이다. 종종 선구안이 무너지는 단점이 있기 때문에 정확성에 포커스를 맞춘다. 지난 시즌에도 200안타가 가까워지면서 타격 밸런스가 다소 흔들리는 모습이었다.

올해도 페르난데스는 1루 수비보다는 지명타자를 맡을 것이 유력하다. 15개이던 홈런 개수가 지난해 21개로 늘어난 것은 반가운 일이나 장타 부담감이 커졌기 때문에 지명타자 페르난데스의 임무가 더욱 막중해졌다. 지난해에 이어 올해도 다소 체중이 불어난 모습으로 스프링캠프에 합류했지만 크게 개의치 않는 모습이다. 본격적인 훈련에 돌입하면 경기에 적합한 수준으로 체중이 줄어든다. 스스로 장타 욕심이 있기 때문에 증량을 통한 파워 업에도 신경을 많이 쓴다. 워낙 성격이 좋고 동료들과 잘 어울려 두산도 선수의 밝은 성격을 재계약 사유 중 첫 번째로 꼽았다. 새로 합류한 투수 미란다가 동향인 쿠바 출신이기 때문에 한국 적응에 큰 도움을 줘야 할 페르난데스다.

### 2020 시즌 & 통산 성적

| 연도 | 경기 | 타석 | 타수 | 안타 | 2루타 | 3루타 | 홈런 | 타점 | 도루 | 도실 | 볼넷 | 사구 | 삼진 | 타율 | 장타율 | 출루율 | OPS |
|---|---|---|---|---|---|---|---|---|---|---|---|---|---|---|---|---|---|
| 2020 | 144 | 668 | 586 | 199 | 29 | 0 | 21 | 105 | 0 | 1 | 58 | 13 | 42 | 0.340 | 0.497 | 0.404 | 0.901 |
| 통산 | 288 | 1,313 | 1,158 | 396 | 63 | 0 | 36 | 193 | 1 | 3 | 119 | 19 | 96 | 0.342 | 0.490 | 0.407 | 0.897 |

### 2020 시즌 홈 / 원정 성적

| | 경기 | 타석 | 타수 | 안타 | 2루타 | 3루타 | 홈런 | 타점 | 도루 | 도실 | 볼넷 | 사구 | 삼진 | 타율 | 장타율 | 출루율 | OPS |
|---|---|---|---|---|---|---|---|---|---|---|---|---|---|---|---|---|---|
| 홈 | 72 | 313 | 275 | 88 | 18 | 0 | 5 | 43 | 0 | 0 | 27 | 6 | 23 | 0.320 | 0.440 | 0.387 | 0.827 |
| 원정 | 72 | 355 | 311 | 111 | 11 | 0 | 16 | 62 | 0 | 1 | 31 | 7 | 19 | 0.357 | 0.547 | 0.420 | 0.967 |

### 2020 시즌 상황별 기록

| 상황 | 타석 | 안타 | 홈런 | 타점 | 볼넷 | 삼진 | 타율 |
|---|---|---|---|---|---|---|---|
| vs 좌 | 183 | 58 | 6 | 23 | 19 | 7 | 0.367 |
| vs 우 | 424 | 123 | 17 | 72 | 35 | 29 | 0.330 |
| vs 언더 | 61 | 18 | 2 | 10 | 4 | 6 | 0.327 |
| 주자있음 | 347 | 109 | 11 | 95 | 30 | 24 | 0.366 |
| 주자없음 | 321 | 90 | 10 | 10 | 28 | 18 | 0.313 |
| 득점권 | 196 | 54 | 6 | 81 | 16 | 17 | 0.327 |
| 만루 | 17 | 5 | 0 | 16 | 0 | 0 | 0.455 |

### 2020 시즌 상대팀 별 기록

| 구분 | 타석 | 홈런 | 볼넷 | 삼진 | 타율 | 출루율 | 장타율 | OPS |
|---|---|---|---|---|---|---|---|---|
| KIA | 77 | 2 | 10 | 8 | 0.369 | 0.455 | 0.508 | 0.963 |
| KT | 77 | 3 | 7 | 3 | 0.333 | 0.403 | 0.507 | 0.910 |
| LG | 74 | 3 | 4 | 6 | 0.373 | 0.419 | 0.567 | 0.986 |
| NC | 76 | 1 | 5 | 7 | 0.333 | 0.382 | 0.435 | 0.817 |
| SK | 76 | 3 | 9 | 1 | 0.369 | 0.447 | 0.538 | 0.985 |
| 키움 | 70 | 3 | 6 | 3 | 0.323 | 0.400 | 0.500 | 0.900 |
| 롯데 | 72 | 2 | 6 | 4 | 0.381 | 0.431 | 0.556 | 0.987 |
| 삼성 | 73 | 2 | 6 | 5 | 0.333 | 0.384 | 0.444 | 0.828 |
| 한화 | 73 | 3 | 5 | 2 | 0.238 | 0.315 | 0.413 | 0.728 |

### 그라운드 구역별 피안타 방향

| 구분 | 타석 | 안타 | 홈런 | 타점 | 볼넷 | 삼진 | 타율 |
|---|---|---|---|---|---|---|---|
| 0-0 | 82 | 29 | 5 | 20 | 0 | 0 | 0.382 |
| 0-1 | 59 | 20 | 0 | 7 | 0 | 0 | 0.364 |
| 0-2 | 39 | 6 | 0 | 5 | 0 | 10 | 0.162 |
| 1-0 | 70 | 22 | 2 | 14 | 0 | 0 | 0.324 |
| 1-1 | 75 | 20 | 1 | 6 | 0 | 0 | 0.278 |
| 1-2 | 75 | 22 | 0 | 9 | 0 | 0 | 0.310 |
| 2-0 | 24 | 15 | 3 | 9 | 0 | 0 | 0.625 |
| 2-1 | 30 | 15 | 0 | 9 | 0 | 0 | 0.500 |
| 2-2 | 78 | 19 | 1 | 8 | 0 | 13 | 0.253 |
| 3-0 | 19 | 3 | 2 | 5 | 13 | 0 | 0.500 |
| 3-1 | 45 | 15 | 5 | 13 | 16 | 0 | 0.625 |
| 3-2 | 77 | 13 | 2 | 10 | 28 | 10 | 0.271 |

### 2020 시즌 수비 성적

| 구분 | 수비이닝 | 실책 | 수비율 |
|---|---|---|---|
| 1B | 191.0 | 1 | 0.994 |

### 2020 시즌 핫 & 콜드존

**VS좌투**

| - | 0.000 0/2 | 0.500 2/4 | 0.000 0/1 | - |
|---|---|---|---|---|
| 0.000 0/1 | 0.182 2/11 | 0.364 4/11 | 0.462 6/13 | 0.667 2/3 |
| 0.500 2/4 | 0.278 5/18 | 0.421 8/19 | 0.500 10/20 | 1.000 1/1 |
| 1.000 2/2 | 0.500 1/2 | 0.500 7/14 | 0.250 4/16 | 1.000 1/1 |
| - | - | 0.200 1/5 | 0.125 1/8 | 0.000 0/3 |

**VS우투**

| - | 0.000 0/1 | 0.667 2/3 | 0.250 3/12 | 0.400 4/10 | 0.000 0/1 |
|---|---|---|---|---|---|
| 0.000 0/4 | 0.263 5/19 | 0.372 16/43 | 0.533 16/30 | 0.286 2/7 | |
| 0.200 2/10 | 0.292 7/24 | 0.405 17/42 | 0.327 18/55 | 0.500 6/12 | |
| 0.167 1/6 | 0.429 9/21 | 0.406 13/32 | 0.265 9/34 | 0.267 4/15 | |
| 0.000 0/1 | 0.143 2/14 | 0.154 2/13 | 0.133 2/15 | 0.000 0/3 | |

# PLAYERS

## 10
# 박세혁

**포수(우투좌타)**

| | | | |
|---|---|---|---|
| 생년월일 | 1990년 1월 9일 | 신장/체중 | 181cm/86kg |
| 학력 | 수유초-신일중-신일고-고려대 | | |
| 연봉(2021) | 2억6000만 원 | | |
| 지명순위 | 2012 두산 5라운드 47순위 | | |
| 입단년도 | 2012 | | |

주전 포수로 보내는 3년 차. 풀타임 부담감 속에 아직 성장하고 있는 포수다. 양의지의 그림자를 벗어난 박세혁은 2019년 통합 우승을 이끈 우승 포수로 성공적인 자리매김을 했다. 2년 차 시즌은 고민과 고난의 연속이었다. 외국인 투수 2명이 모두 바뀐 데다 이영하와 베테랑 투수들의 부진, 1군 경험이 거의 없었던 투수들의 기용 등으로 포수 임무가 막중해졌기 때문이다. 특히 두산이 시즌 중반 팀 순위가 떨어지며 흔들릴 때, 주전 포수로서의 볼배합과 위기 상황 대처가 도마 위에 오르기도 했다. 그만큼 소중한 경험이다. 주전 포수가 된 이후 2년 연속 팀이 한국시리즈에 진출한 경험이 개인 성적으로 쌓이고 있다. 경기 운영에 있어서는 본인의 주관이 뚜렷한 편이지만 코치진의 조언을 소화하는 능력 역시 가진 포수다.

박세혁은 올해도 다양한 투수들에 맞춰 최적화된 리드를 선보이는 것이 목표다. 외국인 원투펀치가 1년 만에 모두 교체됐고 KBO리그가 처음인 로켓 미란다와 최대한 빨리 호흡을 맞춰나가는 것이 첫 번째 과제다. 또 선발뿐 아니라 중간, 마무리까지 변화가 예상되어 두산의 20대 젊은 투수들을 어떻게 이끄느냐가 중요하다. 현재까지 가장 뚜렷하게 보이는 약점은 도루 저지다. 지난 시즌 박세혁의 도루저지율은 19.2%로 10개 구단 중 9위에 불과하다. 벤치 특성상 상대 주자의 도루보다 타자와 승부에 더 신경 쓰고 있고 박세혁도 이 주문을 따르고 있다. 낮은 도루 저지율은 신경이 쓰이는 대목이다. 도루 허용이 곧 실점으로 이어지기 때문이다. 2루 송구 정확도가 점점 더 좋아지는 만큼 도루 저지 타이밍에 대처하는 투수-포수의 조합에 더 신경쓰게 될 두산이다. 올해도 체력 부담이 클 것으로 예상된다. 두산은 장승현, 최용제, 장규빈 등의 백업 포수들이 있지만 여전히 박세혁의 비중이 높다. 교체 출장 빈도가 극히 드물기 때문에 체력 대비와 부상 방지도 박세혁이 짊어져야 할 과제다.

### 2020 시즌 & 통산 성적

| 연도 | 경기 | 타석 | 타수 | 안타 | 2루타 | 3루타 | 홈런 | 타점 | 도루 | 도실 | 볼넷 | 사구 | 삼진 | 타율 | 장타율 | 출루율 | OPS |
|---|---|---|---|---|---|---|---|---|---|---|---|---|---|---|---|---|---|
| 2020 | 124 | 423 | 360 | 97 | 18 | 2 | 4 | 51 | 5 | 2 | 35 | 12 | 45 | 0.269 | 0.364 | 0.348 | 0.712 |
| 통산 | 558 | 1,606 | 1,376 | 369 | 66 | 4 | 12 | 188 | 22 | 8 | 136 | 31 | 263 | 0.268 | 0.379 | 0.343 | 0.722 |

### 2020 시즌 홈 / 원정 성적

| | 경기 | 타석 | 타수 | 안타 | 2루타 | 3루타 | 홈런 | 타점 | 도루 | 도실 | 볼넷 | 사구 | 삼진 | 타율 | 장타율 | 출루율 | OPS |
|---|---|---|---|---|---|---|---|---|---|---|---|---|---|---|---|---|---|
| 홈 | 65 | 221 | 187 | 54 | 12 | 1 | 3 | 34 | 4 | 1 | 18 | 4 | 15 | 0.289 | 0.412 | 0.353 | 0.765 |
| 원정 | 59 | 202 | 173 | 43 | 6 | 1 | 1 | 17 | 1 | 2 | 17 | 8 | 30 | 0.249 | 0.312 | 0.342 | 0.654 |

### 2020 시즌 상황별 기록

| 상황 | 타석 | 안타 | 홈런 | 타점 | 볼넷 | 삼진 | 타율 |
|---|---|---|---|---|---|---|---|
| vs좌 | 93 | 25 | 1 | 14 | 9 | 8 | 0.352 |
| vs우 | 286 | 59 | 2 | 30 | 24 | 37 | 0.238 |
| vs언더 | 44 | 13 | 1 | 7 | 2 | 0 | 0.317 |
| 주자있음 | 218 | 52 | 0 | 47 | 20 | 28 | 0.299 |
| 주자없음 | 205 | 45 | 4 | 4 | 15 | 17 | 0.242 |
| 득점권 | 120 | 28 | 0 | 46 | 13 | 6 | 0.298 |
| 만루 | 14 | 2 | 0 | 12 | 3 | 2 | 0.250 |

### 2020 시즌 상대팀 별 기록

| 구분 | 타석 | 홈런 | 볼넷 | 삼진 | 타율 | 출루율 | 장타율 | OPS |
|---|---|---|---|---|---|---|---|---|
| KIA | 49 | 2 | 4 | 4 | 0.476 | 0.521 | 0.619 | 1.140 |
| KT | 49 | 0 | 4 | 8 | 0.256 | 0.319 | 0.279 | 0.598 |
| LG | 40 | 0 | 5 | 3 | 0.324 | 0.426 | 0.486 | 0.912 |
| NC | 41 | 0 | 0 | 6 | 0.211 | 0.250 | 0.263 | 0.513 |
| SK | 46 | 1 | 6 | 9 | 0.135 | 0.261 | 0.243 | 0.504 |
| 키움 | 44 | 0 | 4 | 6 | 0.286 | 0.348 | 0.381 | 0.729 |
| 롯데 | 39 | 1 | 5 | 6 | 0.278 | 0.333 | 0.361 | 0.694 |
| 삼성 | 49 | 1 | 9 | 3 | 0.132 | 0.313 | 0.211 | 0.524 |
| 한화 | 55 | 1 | 2 | 5 | 0.298 | 0.340 | 0.404 | 0.744 |

### 그라운드 구역별 피안타 방향

| 구분 | 타석 | 안타 | 홈런 | 타점 | 볼넷 | 삼진 | 타율 |
|---|---|---|---|---|---|---|---|
| 0-0 | 63 | 18 | 1 | 15 | 0 | 0 | 0.321 |
| 0-1 | 35 | 10 | 0 | 3 | 0 | 0 | 0.313 |
| 0-2 | 27 | 7 | 0 | 6 | 0 | 3 | 0.269 |
| 1-0 | 36 | 10 | 0 | 4 | 0 | 0 | 0.313 |
| 1-1 | 35 | 10 | 0 | 4 | 0 | 0 | 0.313 |
| 1-2 | 60 | 9 | 0 | 7 | 0 | 23 | 0.153 |
| 2-0 | 13 | 7 | 1 | 2 | 0 | 0 | 0.583 |
| 2-1 | 23 | 3 | 0 | 5 | 0 | 0 | 0.136 |
| 2-2 | 49 | 11 | 0 | 5 | 0 | 12 | 0.234 |
| 3-0 | 7 | 0 | 0 | 1 | 6 | 0 | - |
| 3-1 | 14 | 2 | 0 | 1 | 3 | 0 | 0.500 |
| 3-2 | 61 | 9 | 1 | 10 | 21 | 7 | 0.250 |

### 2020 시즌 수비 성적

| 구분 | 수비이닝 | 실책 | 수비율 |
|---|---|---|---|
| C | 880.0 | 8 | 0.990 |
| RF | 2.0 | 0 | - |

### 2020 시즌 핫 & 콜드존

**VS좌투**

| - | 0.000 | 0.000 | 0.000 | 0.000 |
|---|---|---|---|---|
| 0/0 | 0/0 | 0/1 | 0/0 | 0/2 |
| 1.000 | 0.500 | 0.625 | 0.250 | - |
| 2/2 | 2/4 | 5/8 | 1/4 | 0/0 |
| 0.000 | 0.333 | 0.667 | 0.000 | - |
| 0/2 | 2/6 | 4/6 | 0/5 | 0/0 |
| - | 0.000 | 0.400 | 0.250 | 0.500 |
| 0/0 | 0/1 | 4/10 | 2/8 | 1/2 |
| - | 0.000 | 0.250 | 0.333 | 0.333 |
| 0/0 | 0/1 | 1/4 | 1/3 | 1/3 |

**VS우투**

| - | 0.333 | 1.000 | 0.000 | 0.000 |
|---|---|---|---|---|
| 0/0 | 1/3 | 1/1 | 0/3 | 0/1 |
| 0.000 | 0.182 | 0.389 | 0.222 | 0.000 |
| 0/1 | 2/11 | 7/18 | 4/18 | 0/0 |
| 0.125 | 0.222 | 0.360 | 0.238 | 0.300 |
| 1/8 | 4/18 | 9/25 | 10/42 | 3/10 |
| 0.500 | 0.200 | 0.324 | 0.226 | 0.250 |
| 1/2 | 3/15 | 12/37 | 7/31 | 1/4 |
| 0.000 | 0.333 | 0.154 | 0.083 | 0.000 |
| 0/1 | 3/9 | 2/13 | 1/12 | 0/3 |

# 34
# 워커 로켓

**투수(우투우타)**

| 생년월일 | 1994년 5월 3일 | 신장/체중 | 196cm/102kg |
| --- | --- | --- | --- |
| 국적 | 미국 | | |
| 연봉(2021) | 80만 달러 | | |
| 지명순위 | - | | |
| 입단년도 | 2021 두산 | | |

'플렉센 성공기'를 꿈꾼다. 미국 플로리다 출신인 로켓은 지난해 두산에서 뛰었던 크리스 플렉센의 동갑내기 친구이자 전 팀 동료다. 1994년생 올해 만 27세의 젊은 나이에 한국행을 택한 것은 스스로 전환점을 만들어 동기부여를 주기 위해서다. 신장 196cm인 로켓은 장신의 우완 투수다. 던지는 스타일로만 봤을 때는 '니느님' 더스틴 니퍼트를 떠올리는 유형이다. 주무기는 싱커, 직구 최고 구속은 154km에 육박하며 평균 구속은 150km 전후로 마크한다. 커터와 체인지업, 커브도 구사할 수 있다. 구위가 좋은 편이고 공에 힘이 있어 타자를 억박지를 수 있다. 미국에서도 공격적인 승부를 하며 경기 운영 능력이 좋은 투수라는 평가를 받아왔다. 주무기인 싱커가 예리한 편이기 때문에 땅볼 유도가 많다. 잠실구장에 최적화된 유형이다. 그 동안 두산은 니퍼트나 조쉬 린드블럼 등 땅볼 유도를 잘 해내는 외국인 투수들과 궁합이 좋았다.

미국에서는 메이저리그와 마이너리그를 오가며 스윙맨으로 활약했다. 선발로도 뛰었지만 중간으로도 던지면서 다양한 보직을 오갔다. 빅리그 통산 성적은 20경기 2승 4패 평균자책점 7.67로 부진한 편이었다. 마이너리그 통산 성적은 11경기 28승 31패 평균자책점 4.11. 두산은 로켓이 올 시즌 팀의 1선발 역할을 맡아줄 것으로 기대한다. 6년 연속 한국시리즈 진출에 성공한 이면에는 외국인 선수들의 대박 성적이 동반됐다. 로켓의 성공 여부는 시즌 초반에 갈릴 수 있다. 얼마나 빨리 KBO리그 스타일에 적응하느냐가 중요하다. 아직 해외 리그 경험이 한 번도 없기 때문에 존 적응, 타자 유형 적응 등 다양한 분석과 도움이 필요하다. 로켓이 초반부터 자리를 잡는다면 두산의 새 선발진도 빠르게 안착할 수 있다. 중심을 잡아줘야 하는 투수다.

# PLAYERS

## 57
# 아리엘 미란다

**투수(좌투좌타)**

| 생년월일 | 1989년 1월 10일 | 신장/체중 | 188cm/86kg |
|---|---|---|---|
| 국적 | 쿠바 | | |
| 연봉(2021) | 80만 달러(인센티브 10만 포함) | | |
| 지명순위 | - | | |
| 입단년도 | 2021 두산 | | |

두산에 또 다른 '쿠바 친구'가 합류했다. 미란다는 미국과 일본, 대만 야구를 모두 경험한 아시아 야구 적응자이다. 1989년생 쿠바 출신으로 2016년 볼티모어 오리올스에서 빅리그에 데뷔했다. 이후 시애틀 매리너스에서 2018시즌까지 빅리그 경험을 했다. 통산 성적은 44경기(40경기 선발) 13승 9패 평균자책점 4.72였다. 2018시즌 도중에 소프트뱅크 호크스와 계약하며 일본 프로야구에 진출한 미란다는 2019시즌까지 소프트뱅크에서 뛰었다. 지난 시즌에는 대만 프로야구로 진출해 중신 브라더스에서 25경기 10승 8패 평균자책점 3.80의 성적을 기록했다. 프로필상 신장 188cm, 체중 86kg인 미란다는 영상보다 실제로 봤을 때 더 호리호리한 체격이다. 키가 크고 팔이 길어 타점이 높다는 게 장점이다. 최고 151km까지 찍히는 직구의 힘이 좋다는 평가를 받는다. 지난해 대만 리그에서는 직구 평균 구속이 147km를 기록했다. 올해도 평균적으로 140km 후반대 직구를 활용한 투구를 할 것으로 예상된다. 직구 외에도 슬라이더, 포크볼, 커브, 체인지업 등 다양한 구종을 구사한다. 일본에서 뛰면서 유인구를 노련하게 던질 수 있다는 점 역시 미란다의 장점이다.

미란다와 두산의 계약 뒤에는 동향 친구 페르난데스의 적극적인 설득이 있었다. 쿠바에서부터 함께 야구를 하며 친구로 지내온 두 사람은 한국에서 두산 유니폼을 입고 다시 만난다. 페르난데스는 미란다에게 한국 생활의 장점과 KBO리그의 좋은 점들을 어필했다. 미란다도 두산의 제안을 흔쾌히 받아들이면서 새로운 도전에 나섰다. 많은 경험을 쌓은 만큼 선발 투수로서 최대한 많은 이닝을 소화해주는 게 팀에서 바라는 역할이다.

# 61 최원준

**투수(우언우타)**

| | |
|---|---|
| 생년월일 | 1994년 12월 21일 |
| 신장/체중 | 182cm/91kg |
| 학력 | 수유초-신일중-신일고-동국대 |
| 연봉(2021) | 1억6000만 원 |
| 지명순위 | 2017 두산 1차 |
| 입단년도 | 2018 |

지난해 선발 투수로 '잭팟'을 터뜨렸다. 두산의 2017년 1차 지명 신인으로 입단했지만 지명 직후 갑상선암 진단을 받으면서 처음 수술대에 올랐다. 팔꿈치 인대 접합 수술도 받았다. 복귀를 준비하던 중 2018년 2월 암 재발 진단을 받아 다시 수술대에 올라야 했다. 최동현이던 이름도 최원준으로 개명했다. 굴곡이 많았던 최원준은 2019년 처음 본격적인 1군 시즌을 보냈다. 그동안 최원준의 보직은 롱릴리프였다. 곧바로 선발 자리를 꿰차기는 팀 구성상 힘들었고 선발이 일찍 무너질 경우 두 번째 투수로 긴 이닝을 책임지는 역할을 맡았다. 가장 궂은 역할도 최원준의 몫이었다. 불펜의 마당쇠로 잦은 등판도 마다하지 않았다.

지난해 이용찬의 팔꿈치 수술과 플렉센의 부상 이탈 등 여러 변수로 선발진에 공백이 생기자 최원준은 롱릴리프에서 선발로 보직을 이동했다. 결과는 대성공. 8월 한 달에는 5경기에서 4승 무패를 기록할 정도로 페이스가 좋아 시즌 마지막까지 선발 로테이션을 지켰다. 아직 선발로 많은 경험이 쌓이지 않았기 때문에 안정감은 덜했지만 결과적으로 데뷔 첫 10승(2패)을 거두며 데뷔 첫 억대 연봉까지 손에 넣었다. 140km대 초중반 직구에 커브를 섞어 던지는 최원준은 제구가 좋고 공의 무브먼트가 좋은 사이드암이라는 이점을 가졌다. 구질이 다양하지 않다는 한계는 있지만 향후 변화구 퀄리티를 높이면 팔색조 투구도 가능하다.

올 시즌은 선발 유력 후보로 출발한다. 김태형 감독은 외국인 투수들과 함께 최원준을 우선순위에 넣었다. 이영하, 유희관 등 다양한 후보들이 있지만 지난해 10승 투수로 확실히 보여준 가치가 있기 때문에 한 발짝 유리한 출발선에 서 있다. 이닝 소화력과 경기 체력 보강이 최원준이 갖춰야 할 추가 덕목이다. 풀타임 선발 경험이 없기 때문에 올 시즌 준비를 남다르게 해야 대박 행진을 이어갈 수 있다.

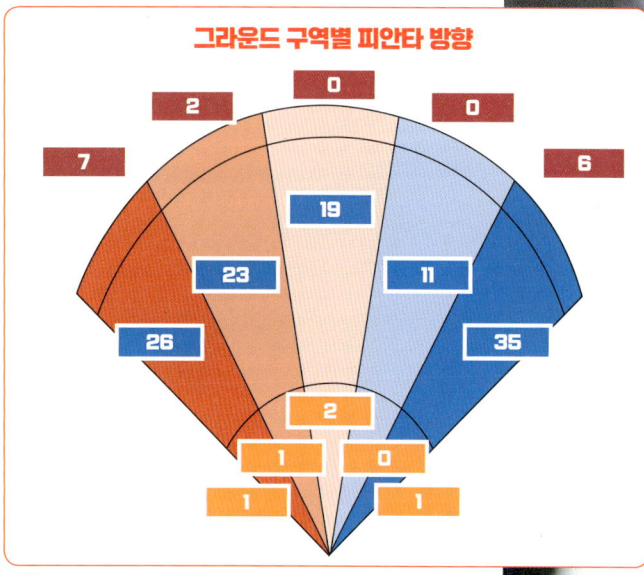

### 2020 시즌 & 통산 성적

| | 경기 | 선발 | 승 | 패 | 세이브 | 홀드 | 이닝 | 피안타 | 피홈런 | 볼넷 | 사구 | 삼진 | ERA |
|---|---|---|---|---|---|---|---|---|---|---|---|---|---|
| 2020 | 42 | 18 | 10 | 2 | 0 | 0 | 123.1 | 134 | 15 | 35 | 7 | 94 | 3.80 |
| 통산 | 82 | 21 | 11 | 4 | 1 | 4 | 186.2 | 208 | 18 | 51 | 16 | 137 | 3.81 |

### 2020 시즌 홈 / 원정 성적

| | 경기 | 선발 | 승 | 패 | 세이브 | 홀드 | 타자 | 이닝 | 피안타 | 피홈런 | 볼넷 | 사구 | 삼진 | 실점 | 자책점 | ERA |
|---|---|---|---|---|---|---|---|---|---|---|---|---|---|---|---|---|
| 홈 | 16 | 5 | 3 | 1 | 0 | 0 | 178 | 42.2 | 42 | 4 | 9 | 3 | 31 | 15 | 15 | 3.16 |
| 원정 | 26 | 13 | 7 | 1 | 0 | 0 | 354 | 80.1 | 92 | 11 | 26 | 4 | 63 | 37 | 37 | 4.15 |

### 2020 시즌 구종 구사

| 구종 | 평균구속 | 최고구속 | 구사율(%) | 피안타율 |
|---|---|---|---|---|
| 포심패스트볼 | 139 | 145 | 54.7 | 0.299 |
| 투심/싱커 | | | 0 | |
| 슬라이더/커터 | 127 | 135 | 21.7 | 0.225 |
| 커브 | 115 | 129 | 5.6 | 0.321 |
| 체인지업 | 124 | 131 | 17.9 | 0.241 |
| 포크/SF | 123 | 123 | 0.0 | |
| 너클볼/기타 | | | | |

### 2020 시즌 상황별 기록

| 상황 | 안타 | 2루타 | 3루타 | 홈런 | 볼넷 | 사구 | 삼진 | 폭투 | 보크 | 피안타율 |
|---|---|---|---|---|---|---|---|---|---|---|
| vs좌 | 57 | 12 | 2 | 8 | 23 | 3 | 48 | 1 | 0 | 0.278 |
| vs우 | 77 | 11 | 1 | 7 | 12 | 4 | 46 | 1 | 0 | 0.276 |
| 주자없음 | 81 | 13 | 3 | 8 | 19 | 3 | 63 | 0 | 0 | 0.284 |
| 주자있음 | 53 | 10 | 0 | 7 | 16 | 4 | 31 | 2 | 1 | 0.266 |
| 득점권 | 22 | 3 | 0 | 4 | 12 | 3 | 12 | 1 | 1 | 0.229 |
| 만루 | 3 | 2 | 0 | 0 | 1 | 0 | 1 | 0 | 0 | 0.429 |

### 2020 시즌 상대팀 별 기록

| 구분 | 경기 | 방어율 | 승 | 패 | 세이브 | 홀드 | 이닝 | 안타 | 홈런 | 볼넷 | 삼진 | 피안타율 |
|---|---|---|---|---|---|---|---|---|---|---|---|---|
| KIA | 4 | 0.00 | 1 | 0 | 0 | 0 | 9.1 | 7 | 0 | 2 | 5 | 0.212 |
| KT | 5 | 6.89 | 0 | 0 | 0 | 0 | 15.2 | 25 | 3 | 5 | 13 | 0.373 |
| LG | 6 | 2.38 | 1 | 0 | 0 | 0 | 11.1 | 8 | 0 | 3 | 10 | 0.195 |
| NC | 5 | 11.88 | 0 | 0 | 0 | 0 | 8.1 | 18 | 4 | 3 | 6 | 0.429 |
| SK | 5 | 1.88 | 3 | 1 | 0 | 0 | 24.0 | 17 | 2 | 9 | 17 | 0.205 |
| 키움 | 4 | 3.52 | 0 | 2 | 0 | 0 | 15.1 | 15 | 0 | 7 | 12 | 0.259 |
| 롯데 | 3 | 4.50 | 1 | 0 | 0 | 0 | 8.0 | 6 | 1 | 1 | 6 | 0.200 |
| 삼성 | 6 | 3.66 | 2 | 0 | 0 | 0 | 19.2 | 28 | 4 | 3 | 14 | 0.329 |
| 한화 | 4 | 2.38 | 2 | 0 | 0 | 0 | 11.1 | 10 | 1 | 2 | 11 | 0.222 |

## PLAYERS

# 50
# 이영하

**투수(우투우타)**

| | | | |
|---|---|---|---|
| **생년월일** | 1997년 11월 1일 | **신장/체중** | 192cm/91kg |
| **학력** | 서울영일초-강남중-선린인터넷고 | | |
| **연봉(2021)** | 1억9000만 원 | | |
| **지명순위** | 2016 두산 1차 | | |
| **입단년도** | 2017 | | |

성장통을 겪고 있다. 꿈만 같던 2019시즌을 보낸 후 지난해 데뷔 후 최대 고비를 만났다. 2019년 풀타임 선발로 첫 경험을 한 이영하는 17승 4패 평균자책점 3.64라는 대단한 성적을 기록했다. 촉망받는 국가대표 우완 선발 투수로 넘치는 자신감을 안고 2020시즌을 준비했지만 결과는 기대와 달랐다. 시즌 초반부터 부진이 이어졌다. 특별히 아픈 곳은 없었으나 공이 맞아나가는 비율이 눈에 띄게 높아졌다. 구속으로 윽박지르는 것에도 한계가 있었다. 자연스럽게 경기 내용을 풀기도 어려웠고 승리보다 패전만 쌓여갔다. 결국 시즌 후반기에 보직을 마무리로 변경했으나 이마저 쉽지 않았다. 김태형 감독은 이영하의 자질을 높게 평가한다. 다만, 스스로 안 되는 부분을 직접 깨달아야 한다는 생각이 확고하다. 마무리 보직 이동은 이영하의 바람이었다. 선발로 워낙 경기가 안 풀리다 보니 보직을 바꿔 스스로 부담을 덜고 팀에 도움이 되겠다는 계산이었다. 그러나 마무리 투수로 합격점을 받았다고 보기는 힘들었다. 이영하는 스스로 "준비가 부족했던 것 같다"라고 인정했다. 여러 이유로 비시즌 운동이 충분치 않았고 이게 시즌에도 많은 영향을 미쳤다는 뜻이다. 이영하는 변명하지 않았다. 지난해 초반부터 피안타율이 급증하며 고전했던 가장 큰 이유로 커맨드를 꼽았다. 이영하는 올해만큼은 새 구종 장착 등 과도한 변신을 시도하기보다 본인이 가진 기본기를 착실하게 다듬는 데 중점을 둔다. 150km에 육박하는 직구의 힘이 워낙 좋고 정통파 투수에 가까운 유형이기 때문에 기초에 충실하면 효과를 볼 수 있다. 지난해 불어났던 체중도 일찌감치 감량해서 캠프에 합류했다. 스스로 녹기가 바짝 든 모습이다. 코칭스태프는 여전히 이영하를 두산의 핵심 선발 요원으로 내다본다. 재능이 확실하기 때문이다. 중요한 사실은 이영하가 자신의 장점을 얼마나 성실하게 펼쳐내느냐다.

### 2020 시즌 & 통산 성적

| | 경기 | 선발 | 승 | 패 | 세이브 | 홀드 | 이닝 | 피안타 | 피홈런 | 볼넷 | 사구 | 삼진 | ERA |
|---|---|---|---|---|---|---|---|---|---|---|---|---|---|
| 2020 | 42 | 19 | 5 | 11 | 6 | 0 | 132 | 148 | 9 | 66 | 5 | 85 | 4.64 |
| 통산 | 131 | 66 | 35 | 21 | 6 | 2 | 453.2 | 479 | 37 | 197 | 27 | 291 | 4.52 |

### 2020 시즌 홈 / 원정 성적

| | 경기 | 선발 | 승 | 패 | 세이브 | 홀드 | 타자 | 이닝 | 피안타 | 피홈런 | 볼넷 | 사구 | 삼진 | 실점 | 자책점 | ERA |
|---|---|---|---|---|---|---|---|---|---|---|---|---|---|---|---|---|
| 홈 | 20 | 8 | 2 | 3 | 5 | 0 | 253 | 59 | 55 | 2 | 25 | 1 | 34 | 25 | 21 | 3.20 |
| 원정 | 22 | 11 | 3 | 8 | 1 | 0 | 352 | 73.1 | 93 | 7 | 41 | 4 | 51 | 53 | 47 | 5.79 |

### 2020 시즌 구종 구사

| 구종 | 평균구속 | 최고구속 | 구사율(%) | 피안타율 |
|---|---|---|---|---|
| 포심패스트볼 | 146 | 152 | 54.5 | 0.291 |
| 투심/싱커 | | | 0 | |
| 슬라이더/커터 | 136 | 145 | 35.2 | 0.272 |
| 커브 | 116 | 128 | 3.6 | 0.500 |
| 체인지업 | | | 0 | |
| 포크/SF | 131 | 137 | 6.7 | 0.148 |
| 너클볼/기타 | | | 0 | |

### 2020 시즌 상황별 기록

| 상황 | 안타 | 2루타 | 3루타 | 홈런 | 볼넷 | 사구 | 삼진 | 폭투 | 보크 | 피안타율 |
|---|---|---|---|---|---|---|---|---|---|---|
| vs 좌 | 66 | 14 | 0 | 3 | 38 | 1 | 40 | 6 | 1 | 0.278 |
| vs 우 | 82 | 12 | 1 | 6 | 28 | 4 | 45 | 3 | 1 | 0.289 |
| 주자없음 | 72 | 9 | 0 | 5 | 33 | 2 | 34 | 0 | 0 | 0.287 |
| 주자있음 | 76 | 17 | 1 | 4 | 33 | 3 | 51 | 4 | 1 | 0.281 |
| 득점권 | 45 | 12 | 1 | 2 | 25 | 2 | 30 | 3 | 0 | 0.280 |
| 만루 | 7 | 1 | 0 | 0 | 2 | 0 | 6 | 0 | 0 | 0.280 |

### 2020 시즌 상대팀 별 기록

| 구분 | 경기 | 방어율 | 승 | 패 | 세이브 | 홀드 | 이닝 | 안타 | 홈런 | 볼넷 | 삼진 | 피안타율 |
|---|---|---|---|---|---|---|---|---|---|---|---|---|
| KIA | 6 | 4.05 | 1 | 0 | 0 | 0 | 20.0 | 17 | 1 | 11 | 14 | 0.227 |
| KT | 4 | 1.59 | 0 | 1 | 0 | 0 | 5.2 | 6 | 0 | 4 | 8 | 0.273 |
| LG | 6 | 5.18 | 3 | 1 | 0 | 0 | 24.1 | 27 | 3 | 7 | 15 | 0.281 |
| NC | 3 | 8.04 | 0 | 2 | 0 | 0 | 15.2 | 21 | 0 | 8 | 5 | 0.375 |
| SK | 4 | 6.57 | 0 | 3 | 0 | 0 | 12.1 | 17 | 2 | 5 | 9 | 0.321 |
| 키움 | 6 | 0.73 | 1 | 0 | 0 | 1 | 12.1 | 8 | 0 | 8 | 8 | 0.178 |
| 롯데 | 5 | 3.76 | 0 | 1 | 0 | 0 | 26.1 | 27 | 0 | 14 | 9 | 0.270 |
| 삼성 | 4 | 6.94 | 0 | 3 | 0 | 0 | 11.2 | 17 | 1 | 10 | 7 | 0.378 |
| 한화 | 4 | 0.00 | 0 | 0 | 3 | 0 | 3.2 | 2 | 0 | 3 | 5 | 0.154 |

### 그라운드 구역별 피안타 방향

| 구역 | 피안타 수 |
|---|---|
| 좌측 외야 (깊음) | 1 |
| 중앙 외야 (깊음) | 0 |
| 우측 외야 (깊음) | 1 |
| 좌측 파울 | 6 |
| 우측 파울 | 1 |
| 중앙 외야 | 17 |
| 좌중간 | 19 |
| 우중간 | 17 |
| 좌측 외야 | 41 |
| 우측 외야 | 36 |
| 중앙 내야 | 3 |
| 좌측 내야 | 3 |
| 우측 내야 | 1 |
| 좌측 파울(내야) | 2 |
| 우측 파울(내야) | 0 |

### 투수(우투우타)
## 55 이승진

두산은 2020년 5월 29일 SK 와이번스와 2대2 트레이드를 단행했다. 판단은 적중했다. 이승진은 9월 초부터 두산의 필승조로 자리 잡기 시작했다. 긴장되는 상황일수록 결과가 더 좋았다. 9월에만 불펜으로 12경기에 등판한 이승진은 마지막 10월 한 달간 13경기에서 1승 2패 4홀드를 챙겼다. 경기 후반 타이트한 상황에서 등판하는 1번 투수가 이승진이었다. 활약은 포스트시즌에서도 이어졌고, 준플레이오프와 플레이오프를 거쳐 생애 첫 한국시리즈 무대도 밟았다. 두산이 총 6경기를 치르는 동안 이승진은 무려 5경기에 등판해 평균자책점 2.70을 기록했다. 이승진의 2020년 연봉은 4700만 원이었지만 2021시즌 연봉 협상에서 데뷔 첫 억대 연봉을 거머쥐었다. 보여준 것이 없는 유망주에서 필승조로 자리매김했기 때문이다. 이적 후 직구 구속이 7km 가까이 상승했다는 이승진은 새 시즌에도 불펜에서 핵심 역할을 맡을 것으로 보인다. 스스로 선발보다 불펜 등판을 선호하고 두산 역시 이승진이 필승조로 뛰어주면 투수진 구상이 수월해진다. 관건은 부상 조심. 지난해 이형범 사례에서 보듯이 갑작스런 등판 기회 증가는 부상으로 이어질 수 있다. 과거 부상 이력이 있는 데다 주전으로 개막을 맞이하는 첫 시즌이기 때문에 피로 누적과 세심한 관리가 필요하다.

| 생년월일 | 1995년 1월 7일 | 연봉(2021) | 1억 원 |
|---|---|---|---|
| 신장/체중 | 186cm/88kg | 지명순위 | 2014 SK 2차 7라운드 73순위 |
| 학력 | 수원신곡초-매송중-야탑고 | 입단년도 | 2014 |

### 내야수(우투좌타)
## 24 오재원

올해도 다시 주장을 맡았다. 선수단 내에서 주장 역할만큼은 오재원이 가장 적합하다는 이야기가 나올 정도로 리더십을 갖춘 베테랑이다. 평균적으로 더 젊어진 두산의 1군 선수단을 선배로서 리드해야 한다는 책임감을 안는다. 개인적으로도 중요한 시기다. 오재원은 지난 2년간 타격 슬럼프와 고독한 전쟁을 치렀다. 2018시즌 커리어하이를 달성했던 오재원은 3할 타율과 함께 장타까지 장착하며 타격에 눈을 뜨는 듯했다. 하지만 2019년 데뷔 이후 첫 1할대 타율(0.164)로 극도의 부진을 겪었고 스윙 자체가 무너지면서 밸런스를 찾지 못하는 모습이었다. 2020시즌 부활을 다짐한 오재원은 시즌 초반 나쁘지 않은 타격감을 선보였다. 이번에는 기회가 문제였다. 팀 구성상 최주환의 2루 출장 기회가 더 늘어났고 오재원은 출장 수가 줄어드는 것과 동시에 다시 타격 슬럼프에 빠졌다. 큰 경기에서 유독 강한 점은 오재원이 가진 최대 장점이다. 올해 반드시 개인 성적에도 반등이 필요하다.

| 생년월일 | 1985년 2월 9일 | 연봉(2021) | 3억 원 |
|---|---|---|---|
| 신장/체중 | 185cm/75kg | 지명순위 | 2003 두산 2차 9라운드 72순위 |
| 학력 | 서울학동초-서울경원중-야탑고-경희대 | 입단년도 | 2007 |

### 내야수(우투우타)
## 52 김재호

김재호의 현역 마지막 3년 중 첫 번째 시즌이 시작됐다. 김재호는 지난 시즌 종료 후 두산과 두 번째 FA 계약을 맺었다. 조건은 3년 총액 25억 원. 그는 이번 계약을 자신의 현역 마지막 커리어로 내다본다. 3년 후 아름다운 은퇴가 목표다. '천재 유격수'라는 별명처럼 수비 지분율이 절대적이다. 박진만 이후 최고 유격수로 평가받을 만큼 수비 실력이 빼어나다. 올해도 유격수로 내야 중심을 잡아줘야 한다. 본능적으로 타구를 잡아 안정적이고 빠르게 다음 동작으로 연결하는 재능은 리그 최고다. 타격은 다소 주춤하다. 2019시즌 타율 0.268, 2020시즌 0.289의 성적을 기록했다. 유격수로서 체력 부담과 연차가 쌓이며 늘어난 잔부상, 몸 상태를 고려했을때 올해도 김재호의 공격 비중은 상대적으로 낮아질 수밖에 없는 상황이다. 하위 타순에서 공격 연결을 맡아주는 게 가장 이상적이다. 아직 내야수로서 가치가 충분한 만큼 어린 후배들과 경쟁이 김재호에게도 새로운 활력소가 될 수 있다.

| 생년월일 | 1985년 3월 21일 | 연봉(2021) | 6억 원 |
|---|---|---|---|
| 신장/체중 | 181cm/75kg | 지명순위 | 2004 두산 1차 |
| 학력 | 남정초-중앙중-중앙고 | 입단년도 | 2004 |

# PLAYERS

### 투수(좌투좌타)
# 29 유희관

긴 협상 끝에 어렵게 첫 FA 계약을 마쳤다. 유희관은 1년 단기 계약을 택했다. 조건은 연봉 3억 원, 인센티브 7억 원으로 최대 10억 원이다. 유희관에게는 반드시 자존심 회복이 필요한 시즌이다. 지난 3시즌 동안 컨디션이 좋은 경기와 그렇지 않은 경기의 기복이 커지면서 고민의 시간을 보냈다. 2019시즌 반등에 성공하는 듯했으나 지난해 다시 부진했다. 포스트시즌 중요한 무대에서는 등판 기회도 얻지 못했었다. 1년 계약을 한 만큼 유희관에게는 특유의 제구력을 앞세운 예리한 투구로 선발 투수로서 가치를 보여줘야 하는 시즌이다. 개인적으로는 9시즌 연속 10승이라는 목표도 뚜렷하다. 달성한다면 KBO리그 역대 두 번째 대기록이다. 스스로도 큰 애착을 가진 기록인 만큼 올해 사활을 걸 전망이다. 변수는 등판 기회다. 자연스러운 리빌딩을 시도하는 두산에는 20대 초중반 젊은 선발 투수들이 로테이션 진입을 시도 중이다. 유희관도 경쟁을 뚫어야 한다.

| | | | |
|---|---|---|---|
| 생년월일 | 1986년 6월 1일 | 연봉(2021) | 4억 원 |
| 신장/체중 | 180cm/88kg | 지명순위 | 2009 두산 2차 6라운드 42순위 |
| 학력 | 방배초-서울이수중-장충고-중앙대 | 입단년도 | 2009 |

### 투수(좌투좌타)
# 48 이현승

지난해 프로 데뷔 후 600경기 출장을 달성한 두산 최고령 베테랑. 올해도 두산의 좌완 불펜 사정은 좋지 않다. 함덕주가 트레이드를 통해 LG로 이적하면서 확실한 좌완 불펜이 없는 상황이다. 경험이 많고 승부사인 이현승의 역할이 중요할 것으로 기대된다. 문제는 몸 상태다. 이현승은 지난 몇 년간 크고 작은 부상에 시달렸다. 이제 곧 마흔을 바라보는 만큼 그동안 누적된 통증이 많다. 아프지만 않다면 140km에 못 미치는 구속으로도 충분히 타자를 잡을 수 있는 투수다. 올해도 이현승에게 최적의 컨디션을 천천히 만들라고 주문했지만 시즌 활약 여부는 몸이 어떻게 만들어지느냐에 달려있다. 두산은 이현승 의존도를 낮추고 젊은 투수 육성에 초점을 두고 있는데 그가 투수조 후배들에게 미치는 영향력은 여전히 크다. 컨디션이 좋다면 여전히 좌타자 원포인트로 활용이 가능할 것으로 예상된다. 개막 초반부터 1군에 합류할 가능성은 크지 않다.

| | | | |
|---|---|---|---|
| 생년월일 | 1983년 10월 11일 | 연봉(2021) | 7000만 원 |
| 신장/체중 | 179cm/87kg | 지명순위 | 2002 현대 2차 3라운드 26순위 |
| 학력 | 서화초-대헌중-동산고-인하대 | 입단년도 | 2002 |

### 투수(좌투좌타)
# 28 장원준

지난 두 시즌은 자신과의 전쟁 같았다. 장원준은 투수 FA 영입 중 최고의 성공사례로 꼽힐 만큼 두산의 '국내 에이스'로 활약했다. 2015시즌 두산으로 이적한 이후 팀의 2년 연속 한국시리즈 우승을 견인했다. 2017시즌까지는 3년 연속 커리어하이 시즌을 누렸다. 하지만 누적된 피로와 부진이 겹치면서 등판 기회가 점점 줄었다. 2019~2020시즌에는 1군보다 2군에서 보낸 시간이 훨씬 길었다. 2019시즌 6경기, 지난해 2경기에 그쳤다. 김태형 감독은 시즌 막바지에 장원준에게 두 차례 선발 등판 기회를 줬지만 결과는 대량 실점이었다. 고질적인 허리와 무릎 통증까지 그를 괴롭혔다. 지난해 무릎 연골 수술을 받은 장원준은 더욱 좋아진 몸 상태로 스프링캠프에 참가했다. 현재 몸 상태는 매우 좋은 편이다. 고질적 잔 통증은 있지만 수술 이후 컨디션은 일찌감치 회복했다. 과제는 구위와 구속 회복이다. 최전성기 때도 구속이 빠른 투수는 아니었지만 최근 몇 년 사이 성적 부진 속에서 구위와 구속이 한꺼번에 떨어졌다. 연습경기까지 직구 구속이 130km대 후반에 머무르면서 고민이 더욱 커졌다. 일단 장원준은 보직을 확정하지 않고 시즌을 시작한다. 본인 스스로 생존법을 찾아야 하는 야구 인생 후반부를 맞았다.

| | | | |
|---|---|---|---|
| 생년월일 | 1985년 7월 31일 | 연봉(2021) | 8000만 원 |
| 신장/체중 | 184cm/85kg | 지명순위 | 2004 롯데 1차 |
| 학력 | 부산수영초-대동중-부산고 | 입단년도 | 2004 |

### 내야수(우투우타)
# 53 양석환

트레이드 이후 신분이 급상승했다. 두산은 오재일의 빈 자리를 유망주 김민혁으로 채우려고 했으나, 시간이 더 필요하다는 판단에 트레이드를 요청했고 1군 투수 2명을 내주면서까지 양석환을 영입했다. 2018년 22홈런으로 '커리어 하이'를 달성했던 만큼 '잠실 20홈런 타자'라는 타이틀에 대한 기대치가 높다. 두산은 양석환에게 1루수로서의 완벽한 수비보다 장타자가 부족한 부족한 중심 타선을 채워주기를 고대하고 있다. 김재환 홀로 지키던 중심에 양석환이 추가로 배치됐다. 지난해 사움 제대 후 8월 28일 1군에 복귀했다. LG에서는 군 제대 이후 본인의 자리가 확실하지 않았다. 주 포지션인 1,3루에는 주전 선수들이 자리 잡고 있었기 때문이다. 여전히 1루수와 3루수 활용이 모두 가능하지만, 두산에서는 1루수로만 나설 확률이 높다. 프로 통산 득점권 타율이 0.303으로 통산 타율(0.263)을 훨씬 웃돈다. 찬스에 강한 클러치형 타자라는 뜻이다. 다만 떨어지는 공에 대한 약점을 어떻게 극복하느냐가 관건이고, 큰 기회가 찾아온만큼 타석에서도 여유가 필요한 상황이다.

| | | | |
|---|---|---|---|
| 생년월일 | 1991년 7월 15일 | 연봉(2021) | 2억1000만 원 |
| 신장/체중 | 185cm/90kg | 지명순위 | 2014 LG 2차 3라운드 28순위 |
| 학력 | 백운초-신일중-신일고-동국대 | 입단년도 | 2014 LG |

### 투수(우투우타)
# 17 홍건희

트레이드 신데렐라. KIA에서 '만년 유망주'였던 홍건희는 지난해 트레이드 이후 두산의 필승조로 다시 태어났다. 류지혁과 1대1 트레이드로 두산 유니폼을 입은 홍건희는 6월 초 이적 직후부터 10월 말 정규 시즌 종료까지 50경기에 등판할 정도로 불펜 핵심이 됐다. 최종 기록은 3승 4패 8홀드 1세이브, 평균자책점 4.76이었다. 타이트한 상황에서 자주 출격하면서 경험과 자신감이 쌓였다. 패턴 변화가 홍건희에게 작지만 큰 변화를 불러왔다. 변화구 구사보다 힘 있는 빠른 공 위주로 볼 패턴을 가져가면서 타자와 승부에도 요령이 생겼고 잃었던 직구 구속도 상승하는 효과를 봤다. 두산에서는 팀 구성상 필승조 역할이 기대된다. 단, 보완해야 할 부분이 많다. 아직 안정감이 부족하고 긁히는 날과 그렇지 않은 날의 차이가 크다. 꾸준함을 키우고 제구 기복을 줄이는 것이 관건이다. 한 번에 와르르 무너지는 유형이라 멘털을 가다듬을 필요도 있다. 연투에 비교적 약해 체력 보완도 필요하다. 경기 체력을 끌어올려야 필승조 역할에 더 빠르게 적응할 수 있다. 데뷔 이래 풀타임 1군 시즌을 보낸 적이 없기 때문에 올해가 홍건희의 커리어에도 분수령이다. 데뷔 첫 억대 연봉에 진입한 만큼 동기부여는 충분하다.

| | | | |
|---|---|---|---|
| 생년월일 | 1992년 9월 29일 | 연봉(2021) | 1억1000만 원 |
| 신장/체중 | 187cm/92kg | 지명순위 | 2011 KIA 2라운드 9순위 |
| 학력 | 화순초-화순중-화순고 | 입단년도 | 2011 |

### 투수(우언우타)
# 1 박치국

야심을 품었다. 사이드암 불펜 요원 박치국이 커리어하이를 노린다. 구속은 140km대 초반으로 빠르지 않지만 직구 구위가 워낙 좋은 데다 사이드암 특유의 궤적을 앞세운다. 대표팀에도 발탁될 정도로 돋보인다. 두산에서도 박치국의 존재가 귀하다. 사이드암 최원준이 선발로 보직을 이동했고 대부분 우완 투수들이 많기 때문에 불펜에서 박치국의 가치가 크다. 어려 보이는 외모라도 배짱 두둑한 승부사다. 지난해 4승 4패 7홀드로 개인 타이틀과 거리가 멀었지만 63경기에 등판해 불펜에서 궂은 일을 도맡았다. 데뷔 첫 70이닝도 돌파했다. 마무리까지 이어지는 과정에서 위기 상황에서는 어김없이 박치국이 등판했다. 본인 스스로 마무리보다 셋업맨 보직을 가장 선호한다. 직구 구위 좋은 사이드암 투수는 박빙의 상황에서 요긴하게 기용된다. 지난해 평균자책점은 2.89로 데뷔 이후 가장 좋았다. 등번호를 66번에서 6번으로 교체한 박치국은 올 시즌 커리어하이를 노린다. 지난해 체인지업으로 재미를 봤다. 함덕주에게 배운 체인지업 그립을 활용해 실제 등판에서 비중을 늘렸고 우타자 상대할 때 승부구로 던지는 편이다. 올해는 신구종 추가 장착보다 기존 구종을 예리하게 다듬는 데 집중한다.

| | | | |
|---|---|---|---|
| 생년월일 | 1998년 3월 10일 | 연봉(2021) | 1억6000만 원 |
| 신장/체중 | 177cm/78kg | 지명순위 | 2017 두산 2차 1라운드 10순위 |
| 학력 | 인천숭의초-인천신흥중-제물포고 | 입단년도 | 2017 |

# PLAYERS

### 투수(우투우타)
# 27 김강률

1년 넘는 재활 끝에 드디어 돌아왔다. 2018시즌 한국시리즈 직전 아킬레스건 파열 부상을 당했던 김강률은 2019시즌 복귀가 예상됐지만, 아쉽게도 2군에서 조정 기간을 거치다 그대로 시즌을 마쳤다. 그래서 2020시즌이 더 중요했다. 한결 건강해진 몸 상태로 스프링캠프부터 시작한 김강률은 중간에 한 템포 쉬었다가 개막 한 달 후인 6월 초 1군에 돌아왔다. 복귀 직후에는 예전 기량을 보여주지 못했다. 부상 이전에는 150km에 육박하는 빠른 공을 던졌지만 구속도 140km 초중반대로 떨어진 상태였다. 스스로 구속에 대한 고민이 컸다. 지난 시즌을 건강하게 마친 후, 한층 좋아진 컨디션으로 새 시즌을 준비하고 있다. 스피드에 대한 스트레스보다 공이 가진 힘 자체로 타자들과 맞붙는 것이 더 효율적이라는 조언이 있었다. 일단 부상 후유증에 대한 우려를 완전히 떨친 만큼 보다 홀가분하게 시즌을 맞을 수 있을 전망이다.

| 생년월일 | 1988년 8월 28일 | 연봉(2021) | 1억1000만 원 |
|---|---|---|---|
| 신장/체중 | 187cm/95kg | 지명순위 | 2007 두산 2차 4라운드 26순위 |
| 학력 | 문촌초-장성중-경기고 | 입단년도 | 2007 |

### 내야수(우투우타)
# 25 강승호

속죄 후 복귀. 과연 강승호는 새로운 팀에서 과거를 벗고 다시 태어날 수 있을까. 두산은 FA로 이적한 최주환의 보상 선수로 내야수 강승호를 택했다. 내야수를 택할 것이라는 전망은 있었지만 강승호 지명은 의외였다. 과거 음주 운전 사고로 1년 이상 실전을 뛰지 못했기 때문이다. 징계를 마친 후 2군 훈련과 마무리 캠프에도 참가하기는 했지만 두산으로서는 다소 부담스러운 선택이었다. 두산은 강승호의 기량에 주목하겠다는 뜻을 밝혔다. LG와 SK 시절 강승호는 펀치력을 갖춘 내야수였다. 내야 수비에 대한 평가는 높지 않았지만 타격에서 한 방이 있는 타자였다. SK에서 주전으로 입지를 넓힌 2018시즌에도 타율은 낮았지만(0.255) 찬스 상황에서 기록되지 않은 영양가 높은 활약을 했다는 평가다. 강승호는 두산 합류 이후 곧바로 1군 캠프에서 훈련을 시작했다. 2019시즌 초반 이후 1군 경기를 뛰지 못했기 때문에 약 2년의 실전 공백을 얼마나 빨리 깨우느냐가 시즌 초반 강승호의 관건이다.

| 생년월일 | 1994년 2월 9일 | 연봉(2021) | 5000만 원 |
|---|---|---|---|
| 신장/체중 | 180cm/90kg | 지명순위 | 2013 LG 1라운드 3순위 |
| 학력 | 순천북초-천안북중-북일고 | 입단년도 | 2013 |

### 내야수(우투우타)
# 14 박계범

오재일의 FA 보상 선수. 박계범은 삼성에서 두산으로 이적하며 프로 인생 2막을 열었다. 군 복무를 마친 후 지난 시즌 삼성에서 자리를 잡을 수 있을 것이라는 기대감이 컸지만 허벅지 부상과 발목 부상으로 예상만큼 풀리지 않았다. 결국 지난해 타율 0.195와 3홈런 16타점의 불만족스러운 성적으로 시즌을 마쳤고 20인 보호 명단에서 제외되며 이적하게 됐다.
내야 전 포지션 소화가 가능한 멀티플레이어지만 본인이 가장 편하게 생각하는 주 포지션은 유격수다. 두산에는 현재 김재호라는 걸출한 주전 유격수가 있다. 30대 후반에 접어드는 김재호가 144경기를 모두 뛸 수 없다. 여기에 최주환이 빠진 2루 자리도 기회가 주어질 수 있다. 박계범이 그리는 최상의 시나리오는 내야 빈자리들을 채우다가 조금씩 자신의 주 포지션을 찾아가는 것이다. 포인트는 타격이다. 수비는 기본기가 탄탄하다고 평가받지만 두산에서 살아남기 위해서는 타격도 중요하다. 아직은 타격 메커니즘이 자리 잡지 못했다고 평가받는 만큼 타격에서 돌파구를 찾아야 하는 과제가 있다.

| 생년월일 | 1996년 1월 11일 | 연봉(2021) | 7000만 원 |
|---|---|---|---|
| 신장/체중 | 178cm/72kg | 지명순위 | 2014 삼성 2차 2라운드 17순위 |
| 학력 | 순천북초-순천이수중-효천고 | 입단년도 | 2014 |

### 투수(우투좌타)
# 19 김민규

지난해 포스트시즌 무대는 '김민규의 반란'이었다. 1군 경험이 거의 없었던 김민규는 지난해 크게 성장했다. 입단 당시부터 기량은 좋았던 투수다. 휘문고 시절부터 안우진과 '원투펀치'를 이룰 만큼 팀 내에서 빼어난 주전이었다. 하지만 구속이 빠르지 않은 탓에 많은 스포트라이트를 받지 못했다. 두산 입단 이후 스프링캠프에서 꾸준히 컨디션이 좋았다. 문제는 실전이었다. 코칭스태프가 지켜보는 연습 경기에서 자신의 공을 던지지 못해 이른 1군 진입을 놓쳤다. 지난해 기회가 찾아왔다. 선발진이 흔들리고 기존 불펜 투수들이 선발로 이동하면서 김민규의 등판 수도 늘어났다. 공을 때리는 능력이 좋고 직구 구속도 입단 당시 145km에서 140km대 후반까지 상승하면서 직구에 힘이 붙었다. 지난해의 큰 경기 자신감도 올해 김민규의 자산이 될 수 있다. 올해 스프링캠프에서 선발을 경쟁했다. 미래를 내다봤을 때 선발이 더 적합하지만 지금은 롱릴리프로도 활용될 가치가 충분하다. 올 시즌 포크볼 연마에 많은 공을 들였다. 지난해 시즌 도중 포크볼을 장착한 김민규는 아직 제구가 불안해 미완성 단계다. 포크볼 제구에 신경을 쓰면서 추가로 커브까지 추가해 단조로운 피칭을 벗어나겠다는 각오가 결연하다.

| 생년월일 | 1999년 5월 7일 | 연봉(2021) | 5500만 원 |
|---|---|---|---|
| 신장/체중 | 183cm/90kg | 지명순위 | 2018 두산 2차 3라운드 30순위 |
| 학력 | 장평초-잠신중-휘문고 | 입단년도 | 2018 |

### 외야수(좌투좌타)
# 39 김인태

기회가 없어 아쉬운 유망주 타자이자 두산의 현재 1순위 대타 후보. 외야 주전 3인방이 확고한 두산에서 6년째 백업으로 뛴다. 부상 등으로 외야 결원이 발생하지 않는 이상 당장 주전을 꿰차기는 쉽지 않다. 조수행, 국해성, 안권수, 백동운 등 경쟁자도 많다. 올해도 좌타 대타 카드가 필요할 때 김태형 감독이 첫 번째로 선택할 타자다. 김인태는 입단 당시부터 타격에 자질이 있다는 평을 받았으나 한정적인 팀 상황상 장점을 살리기 어려웠다. 드물게 대타, 대수비로 경기를 나오다 보니 타격감을 유지하기가 쉽지 않다. 타격에 있어서 장타보다 정확성에 초점을 맞추고 있기 때문에 주전 경쟁에서 살아남기 위해서는 결국 이 부분의 극대화가 중요해 보인다. 한 번씩 대타로 결정적인 펀치력을 보여주면서 임팩트 있는 장면을 여러 차례 남겼다. 지난해 대타 타율은 0.226(39타수 7안타 1홈런)으로 낮은 편이었다. 외야 수비 능력은 주전 선수들과 비교해서도 처지지 않지만 현재는 수비보다 타격에 초점을 맞추는 상황이다. 올 시즌 대타 출격을 준비하며 초구 승부에 가장 신경 쓰고 있다. 타이트한 경기일수록 대타가 빨리 승부를 거는 편이 좋다는 판단하에 각종 시뮬레이션을 하며 훈련 중이다.

| 생년월일 | 1994년 7월 3일 | 연봉(2021) | 6500만 원 |
|---|---|---|---|
| 신장/체중 | 178cm/78kg | 지명순위 | 2013 두산 1라운드 4순위 |
| 학력 | 포항제철서초-천안북중-북일고 | 입단년도 | 2013 |

### 외야수(우투양타)
# 15 국해성

극히 드문 우투양타 스위치히터. 꾸준히 4번째 외야수로 꼽히지만 좀처럼 자리를 잡지 못한다. 기회 때마다 부상으로 여러 차례 발목을 잡혔다. 2016~2017년에는 백업 경쟁에서 한발 앞서 50경기 이상 출장했지만 2018년 부상 이후 여전히 자리를 잡지 못했다. 올해도 험난한 외야 백업 경쟁이 예상된다. 지난해 10월 무릎 철심제거 수술과 11월 팔꿈치 뼛조각제거 수술을 받으면서 재활조에서 훈련을 시작했다. 캠프 명단에서 제외됐기 때문에 회복과 재활 그리고 경기 감각 회복까지 마쳐야 합류가 가능할 것으로 예상된다. 최근에는 스위치 타자보다 주로 좌타석에 서면서 우투좌타라는 장점을 살리고 있다. 지금도 대타, 대주자, 대수비로 매력적인 카드지만 본인의 타격 장점을 더 살려야 한다. 이제는 입단 14년 차로 어느덧 중고참이 됐다. 후배들과 외야 경쟁이 심해지는 상황이지만 스위치히터로서 국해성만이 지닌 장점은 확실하다. 타격의 정교함을 살리고 유인구 대처 능력을 보완해야 국해성만의 경쟁력을 살릴 수 있다. 외야 수비 실력은 주전 선수들과 비교해 크게 밀리지 않는다는 평가다.

| 생년월일 | 1989년 10월 8일 | 연봉(2021) | 5000만 원 |
|---|---|---|---|
| 신장/체중 | 180cm/94kg | 지명순위 | 2008 두산 육성선수 |
| 학력 | 군산중앙초-동인천중-인천고 | 입단년도 | 2008 |

# PLAYERS

### 투수(우투우타)
## 42 윤명준

필승조 포지션에서 한 발 밀려났다. 우완 정통파 불펜 요원으로 2019시즌 커리어하이를 찍었지만 지난해 컨디션 난조로 주춤했다. 2019시즌 69경기에 등판해 14홀드 1세이브 평균자책점 2.63을 기록했는데 지난해에는 42경기에서 7홀드 2세이브 평균자책점 4.83에 그쳤다. 그사이 불펜 경쟁자들이 치고 올라서면서 입지가 다소 좁아졌다. 연투에도 구위가 떨어지지 않는 장점을 지녔는데 지난해에는 몸 상태가 따라주지 못했다. 올해는 체력과 건강 관리가 최우선 목표다. 직구에 힘이 있고 리그 정상급 커브를 구사할 수 있다는 사실이 최대 장점이다. 강속구는 없지만 늘 일정한 투구를 할 수 있다는 점도 윤명준이 지닌 매력이다. 제구력이 좋기 때문에 릴리스포인트가 일정하고 커맨드도 좋다. 승부 상황에서는 변화구 구사력도 좋은 편이다. 결정구로는 커브를 즐겨 사용하고 있다. 2020년 성적이 아쉬웠기 때문에 올 시즌이 매우 중요하다. 윤명준이 지닌 최대 약점은 몸 관리다. 프로 데뷔 시즌부터 야구가 잘 풀리기 시작할 때 꼭 예기치 못한 크고 작은 부상이 발목을 잡았다. 부상 없이 컨디션 관리를 잘하면서 1군 풀타임을 소화해야 가치가 상승할 수 있다.

| 생년월일 | 1989년 6월 18일 | 연봉(2021) | 1억5600만 원 |
|---|---|---|---|
| 신장/체중 | 178cm/78kg | 지명순위 | 2012 두산 1라운드 6순위 |
| 학력 | 광주서석초-광주동성중-광주동성고-고려대 | 입단년도 | 2012 |

### 투수(우투우타)
## 68 이형범

강속구는 없어도 다양한 구종을 구사할 수 있는 우완 투수. NC 시절에는 선발 후보 중 한 명으로 꼽혔다. 투심과 커터를 위력적으로 구사한다. 이형범은 지난 2년간 롤러코스터 같은 시간을 보냈다. 2019시즌 FA 양의지의 보상 선수로 두산에 이적한 후 필승조를 거쳐 마무리로 자리 잡으며 성공을 써 내려갔는데 2020시즌 등판 결과는 좋지 않았다. 연속 피안타 허용율과 실점율이 급격히 늘어나면서 당황의 연속이었다. 결국 마무리로 시즌을 시작했던 이형범은 더 편한 상황에서 등판하기 시작했고 시즌 후반부에는 2군에서 대부분 시간을 보냈다. 급작스러운 부진 원인은 부상으로 추정된다. 2019시즌 데뷔 후 최다인 67경기에 등판해 연투 횟수가 적지 않은 영향을 미친 것으로 보인다. 이형범은 검진 끝에 우측 팔꿈치 후내방 충돌 증후군 진단을 받아 지난해 10월 중순 수술로 시즌 아웃이 됐다. 캠프 대신 재활 스케줄을 소화한 이형범은 4월 중순경 1군에 복귀할 전망이다. 통증 원인을 제거했기 때문에 2019시즌 모습을 되찾는 것이 중요하다. 수술 이력이 있기 때문에 관리하면서 등판 간격을 조절하는 것도 필요하다.

| 생년월일 | 1994년 2월 27일 | 연봉(2021) | 9000만 원 |
|---|---|---|---|
| 신장/체중 | 181cm/80kg | 지명순위 | 2012 NC 특별 23순위 |
| 학력 | 화순초-화순중-화순고 | 입단년도 | 2012 |

### 투수(우투좌타)
## 11 남호

두산이 미래 가치를 보고 영입한 젊은 좌완 투수. 개막 직전 두산과 LG의 2대2 트레이드가 발표됐을 때, 남호를 내준 것에 대해 크게 아쉬워하는 LG팬들이 많았다. 2000년생으로 1군 경험이 거의 없다. 하지만 지난해 1군에서 보여준 6경기에서 강렬한 가능성을 남겼다. LG에서도 유망주 좌완 투수로 장기 육성을 예고했던 투수다. 두산에서도 남호의 가능성을 일찌감치 알아봤다. 경험은 적어도 구위가 좋고, 좌완 투수로서의 성장 가능성이 높다. 당장 '거물'이 되기는 힘들더라도 시간을 들여 육성하면 미래 1군 좌완 선발 자원으로도 기대를 받고 있다. LG에서는 레퍼토리가 다양하지 못해 선발로 경쟁력을 갖추려면 실전용 변화구 개발이 필요하다는 평가를 받았었다. 일단 두산에서는 LG보다 더 많은 기회가 주어질 전망이다. 두산은 개막 엔트리에서 좌완 불펜이 남호 한명 뿐이었다. 베테랑 이현승, 장원준이 존재하지만 컨디션 조절이 필요하기 때문에 개막 엔트리에는 남호만 포함됐다. 당분간 김태형 감독은 남호를 좌완 원포인트, 길어봤자 1이닝 정도로 중간에서 활용할 예정이다. 좌완 불펜이 드문 팀 사정상 많은 기회가 주어진다는 뜻은 남호에게도 심리적 안정감을 줄 수 있다. 성장할 수 있는 절호의 찬스가 찾아왔다.

| 생년월일 | 2000년 7월 20일 | 연봉(2021) | 3300만 원 |
|---|---|---|---|
| 신장/체중 | 185cm/86kg | 지명순위 | 2019 LG 2차 5라운드 45순위 |
| 학력 | 연천초-수원북중-유신고 | 입단년도 | 2019 LG |

### 49 백동훈

수비력은 평균 이상이라는 평가를 듣지만 좀처럼 출장 기회를 잡지 못한다. 1군에서 살아남을 최고의 무기는 타격뿐이다. 올해도 많은 출장 기회는 힘들 것으로 예상되는 가운데 언제 어떻게 찾아올지 모르는 기회를 반드시 살려야 한다.

| 외야수 우투우타 | 생년월일 | 1990년 9월 16일 | 연봉(2021) | 4000만 원 |
|---|---|---|---|---|
| | 신장/체중 | 184cm/98kg | 지명순위 | 2013 롯데 5라운드 45순위 |
| | 학력 | 서울학동초-강남중-성남고-중앙대 | 입단년도 | 2013 롯데 |

### 18 박종기

선발 후보 중 한 명. 지난해 대체 선발로 등판한 경기에서 인상적 활약을 남겼다. 최고 148km까지 찍히는 빠른 공이 장점인 우완 정통파. 체구가 작아도 밸런스가 좋아 윤명준처럼 강하게 공을 던지는 스타일이다. 아직 제구와 기본기에 대한 과제가 있다.

| 투수 우투우타 | 생년월일 | 1995년 1월 21일 | 연봉(2021) | 3500만 원 |
|---|---|---|---|---|
| | 신장/체중 | 177cm/68kg | 지명순위 | 2013 두산 육성선수 |
| | 학력 | 청주우암초-청주중-청주고 | 입단년도 | 2013 |

### 46 김명신

구속은 140km 전후를 맴돌 정도로 빠르지 않아도 제구력이 좋은 편이다. 떨어지는 공의 위력이 좋다. 지난해 군 제대 후 복귀해 불펜에서 활약했다.

| 투수 우투우타 | 생년월일 | 1993년 11월 29일 | 연봉(2021) | 4500만 원 |
|---|---|---|---|---|
| | 신장/체중 | 178cm/90kg | 지명순위 | 2017 두산 2차 2라운드 20순위 |
| | 학력 | 남도초-대구중-경북고-경성대 | 입단년도 | 2017 |

### 38 권휘

체격이 좋은 정통파 우완 투수. 직구 구위 자체는 강력하지 않아도 다양한 변화구와 구사 능력이 좋은 편이다. 2020년 육성선수로 입해 그해 1군에 등록되어 14경기에 등판했다. 자신감 있게 자신의 공을 뿌리는 모습이 강한 인상을 남겼다.

| 투수 우투우타 | 생년월일 | 2000년 12월 7일 | 연봉(2021) | 3200만 원 |
|---|---|---|---|---|
| | 신장/체중 | 181cm/87kg | 지명순위 | 2020 두산 육성선수 |
| | 학력 | 서울대림초-강남중-덕수고 | 입단년도 | 2020 |

### 66 최세창

2020년도 고졸 신인. 체격이 워낙 탄탄하고 큰 키에 안정적 하체 밸런스까지 갖췄다. 직구가 좋은 편이다. 지난해 8월 1군에서 딱 3경기를 경험했다. 아직 경험은 부족해도 직구에 힘이 있어 조금만 가다듬으면 불펜 요원으로 활용이 가능하다.

| 투수 우투우타 | 생년월일 | 2001년 6월 1일 | 연봉(2021) | 3100만 원 |
|---|---|---|---|---|
| | 신장/체중 | 187cm/95kg | 지명순위 | 2020 두산 2차 3라운드 29순위 |
| | 학력 | 부산예원초-사직중-개성고 | 입단년도 | 2020 |

### 4 이교훈

2019년도 입단한 신예. 지난해 1군 데뷔를 마쳤고, 데뷔전에서 1⅓이닝 무실점 호투를 펼쳤으나 이후 등판에서는 인상적인 활약을 보여주지 못하고 2군으로 다시 내려갔다. 불펜에 좌완이 부족한 팀 구성상 배짱 있는 투구를 보여준다면 원포인트 투수로서 기회를 받을 수도 있다.

| 투수 좌투좌타 | 생년월일 | 2000년 5월 29일 | 연봉(2021) | 3100만 원 |
|---|---|---|---|---|
| | 신장/체중 | 181cm/83kg | 지명순위 | 2019 두산 2차 3라운드 29순위 |
| | 학력 | 구리초-청원중-서울고 | 입단년도 | 2019 |

### 67 조제영

지난해 NC전에 선발 투수로 깜짝 등판해 1군 데뷔전을 치렀다. 마지막에 실점은 있었지만 초반 경기를 침착하게 풀어가는 모습은 매우 인상적이었다. 투구 폼이 안정적이고 주무기인 커브가 힘을 가졌다.

| 투수 우투우타 | 생년월일 | 2001년 2월 12일 | 연봉(2021) | 3100만 원 |
|---|---|---|---|---|
| | 신장/체중 | 182cm/89kg | 지명순위 | 2020 두산 2차 4라운드 39순위 |
| | 학력 | 양덕초-마산중-용마고 | 입단년도 | 2020 |

### 59 문대원

갑상선암 투병으로 회복에 전념하던 문대원은 지난해 1군 데뷔전을 치렀다. 4경기 경험에 불과했지만 주무기 커브와 프로 입단 이후 장착한 커터, 슬라이더, 체인지업 등 다양한 변화구가 장점이다.

| 투수 우투우타 | 생년월일 | 1998년 8월 22일 | 연봉(2021) | 3100만 원 |
|---|---|---|---|---|
| | 신장/체중 | 187cm/91kg | 지명순위 | 2017 두산 2차 4라운드 40순위 |
| | 학력 | 사당초-휘문중-강릉고 | 입단년도 | 2017 |

### 56 이동원

미완의 대기. 리그에서 가장 빠른 공을 던지는 투수 중 한명. 최고 구속 158km. 평균 구속도 155km를 넘나드는 파이어볼러지만 문제는 고질적 제구 불안이다.

| 투수 우투우타 | 생년월일 | 1993년 12월 15일 | 연봉(2021) | 3100만 원 |
|---|---|---|---|---|
| | 신장/체중 | 190cm/105kg | 지명순위 | 2012 두산 육성선수 |
| | 학력 | 포항초-수원중-유신고 | 입단년도 | 2012 |

### 26 박성모

2018시즌 2경기가 1군 기록의 전부. 인하대 재학 시절 촉망받는 유망주였다. 직구 구속은 140km대 초반으로 빠르지 않지만 커맨드가 좋아 타자와 승부를 잘 한다는 평가를 받았다. 주무기는 커브.

| 투수 좌투좌타 | 생년월일 | 1995년 2월 22일 | 연봉(2021) | 3000만 원 |
|---|---|---|---|---|
| | 신장/체중 | 186cm/86kg | 지명순위 | 2018 두산 2차 7라운드 70순위 |
| | 학력 | 군산남초-군산남중-군산상고-인하대 | 입단년도 | 2018 |

### 51 조수행

두산 외야 백업이자 가장 빠른 발을 자랑하는 날쌘돌이. 지난해 44경기 출장에 그쳤지만 여전히 김태형 감독이 대주자 첫 번째 옵션으로 선택하는 선수다. 외야 수비 범위도 넓고 어깨도 강한 편인데 타격 고민을 안고 있다.

| 외야수 우투좌타 | 생년월일 | 1993년 8월 30일 | 연봉(2021) | 7500만 원 |
|---|---|---|---|---|
| | 신장/체중 | 178cm/73kg | 지명순위 | 2016 두산 2차 1라운드 5순위 |
| | 학력 | 노암초-경포중-강릉고-건국대 | 입단년도 | 2016 |

### 23 안권수

지난해 전체 99순위 신인으로 입단한 재일교포 출신 외야 백업 선수. 발도 빠르고 타격도 콘택트가 좋다는 평가를 받아 지난해 입단하자마자 1군 백업으로 기용됐다. 기대보다 순간적 센스는 다소 떨어진다는 이야기도 있지만 대주자와 대수비 요원으로 가치는 충분하다.

| 외야수 우투좌타 | 생년월일 | 1993년 4월 19일 | 연봉(2021) | 3500만 원 |
|---|---|---|---|---|
| | 신장/체중 | 175cm/80kg | 지명순위 | 2020 두산 2차 10라운드 99순위 |
| | 학력 | 일본 타카사초-키시중-와세다실업고-와세대대 | 입단년도 | 2020 |

### 7 권민석

입단 4년 차 신인. 지난해 처음 1군 무대를 경험했고 내야 백업 선수로는 이유찬(101경기) 다음으로 많은 55경기에 출장했다. 주 포지션은 유격수로서 포구와 송구 모두 합격점을 받았다. 타격에 여러모로 보완할 점이 많다.

| 내야수 우투우타 | 생년월일 | 1999년 2월 20일 | 연봉(2021) | 3500만 원 |
|---|---|---|---|---|
| | 신장/체중 | 184cm/74kg | 지명순위 | 2018 두산 2차 10라운드 100순위 |
| | 학력 | 영랑초-설악중-강릉고 | 입단년도 | 2018 |

### 16 서예일

내야 전포지션 수비가 가능한 만능맨. 수비 기본기가 좋다. 공격력은 고민이다. 1군에서 살아남기 위해서 타격에서 발전된 모습을 보여줘야 한다.

| 내야수 우투우타 | 생년월일 | 1993년 6월 19일 | 연봉(2021) | 3500만 원 |
|---|---|---|---|---|
| | 신장/체중 | 178cm/83kg | 지명순위 | 2016 두산 2차 6라운드 56순위 |
| | 학력 | 동천초-경주중-성남고-동국대 | 입단년도 | 2016 |

### 5 신성현

한화 시절 보여준 기대치에 비해 두산 이적 후 이렇다할 기회를 잡지 못했다. 출장 기회가 많지 않고 스스로 위축된 모습이다. 타격 고민이 많지만 막상 기회가 왔을 때 기량을 발휘하지 못하는 게 단점이다.

| 내야수 우투우타 | 생년월일 | 1990년 10월 19일 | 연봉(2021) | 4300만 원 |
|---|---|---|---|---|
| | 신장/체중 | 183cm/92kg | 지명순위 | 2015 한화 육성선수 |
| | 학력 | 가동초-덕수중-일본 교토쿠사이고 | 입단년도 | 2015 |

### 2 박지훈

2년 차 신인. 수비와 공격 모두 똘똘하게 한다는 평가다. 김태형 감독이 '박건우 도플갱어'라고 표현할 정도로 외모가 흡사하다. 내야 전 포지션 소화가 가능하고 타구 처리 능력도 좋다.

| 내야수 우투우타 | 생년월일 | 2000년 9월 7일 | 연봉(2021) | 3100만 원 |
|---|---|---|---|---|
| | 신장/체중 | 183cm/80kg | 지명순위 | 2020 두산 2차 5라운드 49순위 |
| | 학력 | 김해삼성초-경남중-마산고 | 입단년도 | 2020 |

# PLAYERS

### 106 오명진
입단 2년 차. 수비도 좋고 공격도 자질이 보이지만 아직은 신인급 선수이기 때문에 보강해야 할 부분이 많다. 수비 기본기 다지기와 타격 콘택트에 많은 중점을 둔다.

| 내야수 우투좌타 | 생년월일 | 2001년 9월 4일 | 연봉(2021) | 3100만 원 |
|---|---|---|---|---|
| | 신장/체중 | 179cm/79kg | 지명순위 | 2020 두산 2차 6라운드 59순위 |
| | 학력 | 대전신흥초-한밭중-세광고 | 입단년도 | 2020 |

### 30 김동주
'두목곰'과 동명이인. 190cm의 큰 키에서 뿌리는 직구가 장점인 우완 정통파 투수. 1차 지명 유력 후보로도 꼽혔는데 두산이 2차 1라운드 순서에서 김동주를 지명했다. 입단 이후 폼을 더 가다듬으면 150km 이상 파이어볼러가 될 수 있는 재목이다.

| 투수 우투우타 | 생년월일 | 2002년 2월 14일 | 연봉(2021) | 3000만 원 |
|---|---|---|---|---|
| | 신장/체중 | 190cm/95kg | 지명순위 | 2021 두산 2차 1라운드 10순위 |
| | 학력 | 갈산초-양천중-선린인터넷고 | 입단년도 | 2021 |

### 8 황경태
내야수로 발이 빠르고 수비력도 좋은 편이다. 지난해 현역 제대했다. 병역 문제를 해결하고 홀가분하게 1군 스프링캠프 참가 명단에 이름을 올렸다. 내야 경쟁의 히든 카드.

| 내야수 우투우타 | 생년월일 | 1996년 8월 17일 | 연봉(2021) | 3100만 원 |
|---|---|---|---|---|
| | 신장/체중 | 181cm/77kg | 지명순위 | 2016 두산 2차 2라운드 16순위 |
| | 학력 | 대구옥산초-경운중-대구상원고 | 입단년도 | 2016 |

### 64 최승용
리틀야구 출신으로 두산 지명 당시 큰 화제를 모았다. 중학교 3학년 때부터 본격적인 엘리트 야구를 시작했다. 키 191cm로 체격 조건이 워낙 좋다. 직구 구속은 140km를 웃돌지만 변화구도 좋은 편이다. 키 큰 좌완 투수라는 장점이 뚜렷하다. 향후 구속 상승 가능성이 높다.

| 투수 좌투좌타 | 생년월일 | 2001년 5월 11일 | 연봉(2021) | 3000만 원 |
|---|---|---|---|---|
| | 신장/체중 | 191cm/90kg | 지명순위 | 2021 두산 2차 2라운드 20순위 |
| | 학력 | 양오초-모가중-소래고 | 입단년도 | 2021 |

### 20 김민혁
차기 1루수이자 우타 거포 기대주. 동성고 재학 시절부터 거포 유망주로 꼽혔지만 아직 실전에서 재능을 꽃피우지 못했다. 군 복무를 마치고 오재일이 빠진 1루 경쟁을 노린다. 스프링캠프에서 가장 고된 훈련을 소화 중인 타자.

| 내야수 우투우타 | 생년월일 | 1996년 5월 3일 | 연봉(2021) | 3400만 원 |
|---|---|---|---|---|
| | 신장/체중 | 188cm/100kg | 지명순위 | 2015 두산 2차 2라운드 16순위 |
| | 학력 | 광주대성초-광주동성중-광주동성고 | 입단년도 | 2015 |

### 3 안재석
가장 큰 기대를 받는 1차 지명 유망주. '리틀 김재호'라는 별명이 있을 정도로 여러 요건이 비슷하다. 롤모델도 김재호인 안재석은 첫 캠프에서 김재호의 특별 과외도 받았다. 체격이 호리호리하지만 발이 빠르고 어깨가 강해 유격수로서 좋은 평가를 받는다.

| 내야수 우투좌타 | 생년월일 | 2002년 2월 15일 | 연봉(2021) | 3000만 원 |
|---|---|---|---|---|
| | 신장/체중 | 185cm/75kg | 지명순위 | 2021 두산 1차 |
| | 학력 | 성내초-배재중-서울고 | 입단년도 | 2021 |

### 65 백민규
거구의 거포 유망주. 1루, 우타자 자원이다. 장타력을 가졌고 덩치에 비해 발도 빠르다는 평가이지만 아직 기회가 찾아오지 않았다.

| 내야수 우투우타 | 생년월일 | 1998년 1월 22일 | 연봉(2021) | 3000만 원 |
|---|---|---|---|---|
| | 신장/체중 | 196cm/130kg | 지명순위 | 2017 두산 2차 7라운드 70순위 |
| | 학력 | 도산초-현일중-장안고 | 입단년도 | 2017 |

### 95 임태윤
주 포지션은 유격수. 아주 눈에 띄는 유형은 아니어도 공격과 수비, 주루 모두 빠지지 않고 해내는 신인이다. 고교 시절 타율이 높지 않았으나 발전 가능성이 크다.

| 내야수 우투우타 | 생년월일 | 2002년 8월 12일 | 연봉(2021) | 3000만 원 |
|---|---|---|---|---|
| | 신장/체중 | 180cm/80kg | 지명순위 | 2021 두산 2차 5라운드 50순위 |
| | 학력 | 영랑초-설악중-경동고 | 입단년도 | 2021 |

### 12 최용제
지난해 1군에서 강렬한 인상을 남긴 백업 포수. 주전 박세혁의 자리가 워낙 확고하지만 백업 경쟁은 끊임없이 진행 중이다. 수비와 투수 리드에서 더 안정감을 가져야 한다는 코칭스태프의 조언이다.

| 포수 우투우타 | 생년월일 | 1991년 7월 12일 | 연봉(2021) | 3800만 원 |
|---|---|---|---|---|
| | 신장/체중 | 182cm/90kg | 지명순위 | 2014 두산 육성선수 |
| | 학력 | 서울도곡초-서울이수중-진흥고-홍익대 | 입단년도 | 2014 |

### 69 강현구
인천고 중심 타자 출신 거포 유망주. 당당한 체격과 장타 능력을 갖췄다. 힘이 있는 반면 주루도 나쁘지 않다는 평가다.

| 외야수 우투우타 | 생년월일 | 2002년 6월 16일 | 연봉(2021) | 3000만 원 |
|---|---|---|---|---|
| | 신장/체중 | 186cm/97kg | 지명순위 | 2021 두산 2차 3라운드 30순위 |
| | 학력 | 인천도림초-동산중-인천고 | 입단년도 | 2021 |

### 22 장승현
백업 포수 경쟁에서는 한 발 앞서있다. 수비만큼은 꾸준히 좋은 평가를 받고 있고, 굉장히 부드럽고 유연한 몸을 지녔다. 타격 고민이 있다.

| 포수 우투우타 | 생년월일 | 1994년 3월 7일 | 연봉(2021) | 3800만 원 |
|---|---|---|---|---|
| | 신장/체중 | 184cm/86kg | 지명순위 | 2013 두산 4라운드 36순위 |
| | 학력 | 인천서림초-동산중-제물포고 | 입단년도 | 2013 |

### 44 장규빈
입단 2년차 신예 포수. 어깨도 강하지만, 포지션이 포수인만큼 아직은 갈 길이 멀다. 선배 포수들과 경쟁을 통해 최대한 많은 경험을 쌓아야 한다.

| 포수 우투우타 | 생년월일 | 2001년 4월 21일 | 연봉(2021) | 3000만 원 |
|---|---|---|---|---|
| | 신장/체중 | 186cm/98kg | 지명순위 | 2020 두산 2차 1라운드 9순위 |
| | 학력 | 갈산초-서울신월중-경기고 | 입단년도 | 2020 |

### 94 김도윤
사이드암 고졸 신인. 고교 시절에도 구속이 빠르지는 않아도 제구가 좋고 안정감 있는 경기 운영 능력이 높은 점수를 받았다. 직구가 좋고 슬라이더, 체인지업, 커브를 구사한다.

| 투수 우언좌타 | 생년월일 | 2002년 6월 28일 | 연봉(2021) | 3000만 원 |
|---|---|---|---|---|
| | 신장/체중 | 183cm/83kg | 지명순위 | 2021 두산 2차 4라운드 40순위 |
| | 학력 | 신도초(계룡사리틀)-현도중-청주고 | 입단년도 | 2021 |

### TEAM PROFILE

| | |
|---|---|
| 팀명 | KT 위즈 |
| 창립년도 | 2013년 |
| 구단주 | 구현모 |
| 모기업 | KT |
| 대표이사 | 남상봉 |
| 단장 | 이숭용 |
| 감독 | 이강철 |
| 연고지 | 수원 |
| 홈구장 | 수원KT위즈파크 |
| 영구결번 | 없음 |
| 한국시리즈 우승 | 없음 |

# 2021 KT WIZ DEPTH CHART

**MANAGER**
이강철

**CENTER FIELDER**
배정대
송민섭

**LEFT FIELDER**
조용호
문상철
김민혁

**RIGHT FIELDER**
유한준
알몬테
송민섭

**SHORTSTOP**
심우준
신본기
강민국

**2ND BASE**
박경수
신본기
천성호

**3RD BASE**
황재균
강민국
천성호

**1ST BASE**
강백호
박승욱

**STARTING PITCHER**
데스파이네, 쿠에바스, 소형준
배제성, 고영표(김민수)

**BULLPEN**
주권, 유원상, 조현우
이보근(김민수)

**CLOSER**
김재윤

**CATCHER**
장성우
허도환
이홍구

**DH**
알몬테
유한준

# 2020 REVIEW & 2021 PREVIEW

비상(飛上). KT위즈가 2020시즌을 시작하며 내건 캐치프레이즈였다. KBO리그 참가 후 4시즌 연속 꼴찌 멍에를 쓰면서 흘렸던 눈물을 2019년 6위의 성적으로 닦았다. 그에 멈추지 않고 더 높은 곳으로 가고자 하는 열망을 숨기지 않았다. 2020년 KT 위즈는 그들의 바람처럼 날아오르면서 꼴찌의 한을 훌훌 털어냈다.

지난해 KT를 바라보는 시각은 반반이었다. 2019년 NC 다이노스와 치열한 5강 경쟁을 펼치면서 이전과 달라졌다는 기대와 5강 진입 실패로 드러난 한계가 결국 새로운 추락으로 연결될 것이라는 우려가 공존했다. 로하스, 강백호, 황재균, 장성우, 유한준 등 뛰어난 타자들을 갖췄지만 물음표가 붙은 마운드 문제를 해결해야 5강 진입의 결실을 낼 것으로 전망됐다. 시즌 초반 KT는 우려대로 마운드 문제를 풀지 못했다. 데스파이네, 쿠에바스, 배제성, 소형준 순으로 이어지는 선발진은 제 몫을 했지만 불펜으로 바통이 넘어가면 무너지기 일쑤였다. 믿었던 마무리 투수 이대은도 초반부터 난타당해 무너지며 KT 벤치를 울상짓게 했다. 하지만 KT는 6월 중순부터 연승을 거듭하면서 5강으로 향했다. 후반기에는 5강을 넘어 고공비행하며 결국 가을 야구의 비원을 이뤘다. 7월 이후 월간 승률이 모두 5할을 넘어갔다. 특히 7월(15승 1무 6패, 승률 7할1푼4리)과 9월(19승 7패, 승률 7할3푼1리)에는 승률 7할의 무서운 바람을 타면서 5강 굳히기에 성공했다. 최종 성적 81승 1무 62패. '만년 꼴찌' KT는 그렇게 정규 시즌 2위 및 플레이오프 직행이란 새 역사를 썼다.

마운드 반등은 KT가 부진을 떨칠 수 있었던 가장 큰 힘이다. 대다수 불펜 투수가 무너지는 가운데 주권이 리드나 열세를 가리지 않고 최후의 보루 역할을 맡았다. 이대은이 무너진 뒤 마무리 투수로 복귀한 김재윤의 안정적 활약도 큰 힘이 됐다. 이들 외에도 조현우, 유원상, 이보근 등 시즌 개막 전까지 크게 빛을 보지 못했던 불펜 투수들이 꾸준히 로테이션을 돌면서 마운드 안정에 기여했다. 이런 마운드 안정은 결과적으로 타선의 힘이 있었기에 가능한 일이기도 했다. 시즌 초반 KT는 심우준-김민혁 테이블세터진 부진 속에서도 로하스, 강백호, 유한준으로 이어지는 중심 타선의 힘으로 버텼다. 조용호, 황재균이 테이블세터 바통을 이어받은 뒤 숨통이 트였고 장성우와 배정대가 하위 타선 연결고리 역할을 하면서 탄력을 받았다. 시즌 초반 부진했던 심우준과 베테랑 유한준도 각각 하위 타선과 대타 자리에서 역할을 하면서 반등에 힘을 보탰다.

이강철 감독의 리더십은 투타의 힘을 완성하는 밑거름이었다. 공평한 기회와 신뢰에 기반한 팀 운영을 유지하면서 선수단 전체의 의욕을 끌어 올렸다. 이대은, 김민 등 투수들이 무너지는 과정에서도 자신이 구상했던 시점까지 기회를 부여하고, 이후 플랜 B로 전환하면서 자연스럽게 순환 고리를 완성했다. 시즌 초반 테이블세터 역할을 수행하지 못해 아쉬움을 남겼던 심우준과 김민혁도 각각 9번 타자, 좌타 대타 활용 및 대수비라는 새로운 활용법을 찾으면서 충격을 최소화했다. 이 과정에서 조용호, 문상철 등 기회를 얻기 위해 꾸준히 노력한 선수들을 중용하면서 타선에 새로운 힘을 만들어내는 데 성공했다. 정규 시즌을 2위로 마친 KT는 플레이오프에서 두산베어스와 만나 1승 3패에 그쳐 한국시리즈 진출에 실패했다. 가을 야구 경험 부족을 극복하지 못한 채 고개를 떨궜다. 그러나 '팀 KT'가 일군 성과는 박수를 받기에 부족함이 없었다. 더는 KT를 두고 꼴찌, 도전자 등의 수식어를 붙이는 이는 없다.

2021시즌 KT는 5강 진입 성과가 단순히 우연이 아니었음을 입증해야 한다. 올 시즌 KT의 가장 큰 변화는 타선에 맞춰진다. 2017년 대체 선수로 입단해 KBO리그 최고 타자로 거듭난 로하스가 없는 시즌이다. 지난해 타율 3할4푼9리, 47홈런 135타점을 기록했던 로하스의 부재는 클린업트리오뿐만 아니라 KT 타선 전체의 약화라고 볼 수 있다. KT는 로하스의 대체자로 지난해까지 NPB에서 뛰었던 도미니카공화국 출신 알몬테를 영입했다. 2013~2014시즌 뉴욕 양키스에서 빅리그를 경험했고 2018년부터 세 시즌 간 주니치 드래곤즈에서 활약했다. NPB 시절 통산 타율 3할1푼6리였지만 31홈런 131타점으로 인상적인 성적으로 보기는 어렵다. NPB에서 1군 풀타임 시즌이 데뷔 시즌인 2018년뿐이라는 점도 KT에서 활약에 의문부호가 붙는 이유다. 하지만 로하스처럼 스위치히터에 콘택트 능력이 상당한 것으로 알려진다. KBO리그 투수 스타일에 적응하면 일본 시절보다 나은 경기력을 보여줄 것으로 기대된다.

지난해 타선의 주축을 맡았던 선수들은 올해도 중용될 가능성이 크다. 강백호, 황재균, 장성우, 박경수 등 간판 타자들뿐 아니라 배정대, 조용호, 심우준도 제 몫을 해줄 것으로 보인다. 40대에 접어든 유한준은 지명 타자 역할을 수행하고 김민혁, 문상철, 박승욱, 송민섭에 트레이드로 데려온 신본기가 공수 백업 역할을 수행한다. 알몬테가 로하스처럼 클린업트리오의 첫 주자 역할을 해준다면 KT 타선은 지난해 이상의 힘을 발휘할 수 있을 것으로 기대된다.

마운드는 올 시즌에도 불펜 문제에서 자유롭지 않다. 데스파이네, 알칸타라, 배제성, 소형준까지 4명의 10승 투수가 버틴 선발진에는 군 복무를 마친 '원조 토종 에이스' 고영표까지 가세한다. 선발진 면면은 10개 구단 중 가장 안정적이라는 평가도 나온다. 불펜의 무게는 여전히 떨어진다. 스토브리그에서 박시영과 안영명을 영입했지만 이들이 필승조의 무게감에 걸맞은 활약을 보여줄지는 미지수다. 기존 마무리 김재윤도 고질인 허벅지 관리가 필요하기에 시즌 풀타임 완주 여부에 물음표가 붙는다. 2017년 불펜 투수 전환 후 4시즌 연속 70이닝을 돌파한 주권이나 지난해 누적 이닝이 급격히 늘어났던 조현우, 유원상, 이보근 등 소위 필승조 역할을 해준 선수들은 피로 누적으로 인한 부상 우려에서 자유롭지 않다. 이강철 감독이 스프링캠프 기간 불펜 투수 찾기에 신경을 쓰는 이유다. 결국 2021시즌 KT의 성적은 불펜이 자리를 잡기 전까지 타선과 선발진이 활약을 해주느냐에 달렸다. 지난해와 마찬가지로 시즌 초반 횡보하다 반등과 추락의 갈림길에 서게 될 것으로 보인다.

# TEAM INFO

## 2020 팀 순위 — 포스트시즌 최종 순위 기준 - 3위

|  |  |
|---|---|
| 2016 | 10위 |
| 2017 | 10위 |
| 2018 | 9위 |
| 2019 | 6위 |
| 2020 | 3위 |

## 유니폼
홈 / 원정

## 2020 시즌 공격력

| 타율 | 홈런 | 병살타 | 삼진 | OPS | 득점권 타율 |
|---|---|---|---|---|---|
| 0.284 | 163개 | 104개 | 1097개 | 0.794 | 0.289 |
| 3위 | 2위 | 10위 | 2위 | 2위 | 4위 |

## 수비력

| 실책 | 견제사 | 병살 성공 | 도루저지율 |
|---|---|---|---|
| 102개 | 3개 | 128개 | 21.4% |
| 공동 2위 | 공동 9위 | 45.9% 3위 | 0위 |

## 주루

| 도루성공률 | 주루사 | 견제사 |
|---|---|---|
| 68% | 48개 | 6개 |
| 106개 7위 | 3.69% 4위 | 5위 |

## 2021 예상 베스트 라인업

**수비 포지션설**

| 포수 | 1루수 | 2루수 | 3루수 | 유격수 |
|---|---|---|---|---|
| 장성우 | 강백호 | 박경수 | 황재균 | 심우준 |

| 좌익수 | 중견수 | 우익수 | 지명타자 |
|---|---|---|---|
| 조용호 | 배정대 | 유한준 | 알몬테 |

**선발 로테이션**
데스파이네-쿠에바스-소형준-배제성-고영표(김민수)

**필승조**
주권-유원상-조현우-이보근(김민수)

**마무리**
김재윤

## 2020년 팀별 상대전적표

| VS | 승-무-패 | 타율 | 홈런 | ERA |
|---|---|---|---|---|
| NC | 5승 1무 10패 | 0.253 | 23 | 4.42 |
| LG | 7승 0무 9패 | 0.297 | 21 | 4.7 |
| 두산 | 9승 0무 7패 | 0.296 | 14 | 5.27 |
| 키움 | 8승 0무 8패 | 0.27 | 16 | 4.98 |
| KIA | 9승 0무 7패 | 0.271 | 14 | 4.68 |
| 롯데 | 7승 0무 9패 | 0.262 | 20 | 5.71 |
| 삼성 | 12승 0무 4패 | 0.3 | 20 | 4.12 |
| SSG | 13승 0무 3패 | 0.301 | 19 | 3.41 |
| 한화 | 11승 0무 5패 | 0.3 | 16 | 3.57 |

# PARK FACTOR
## 수원KT위즈파크

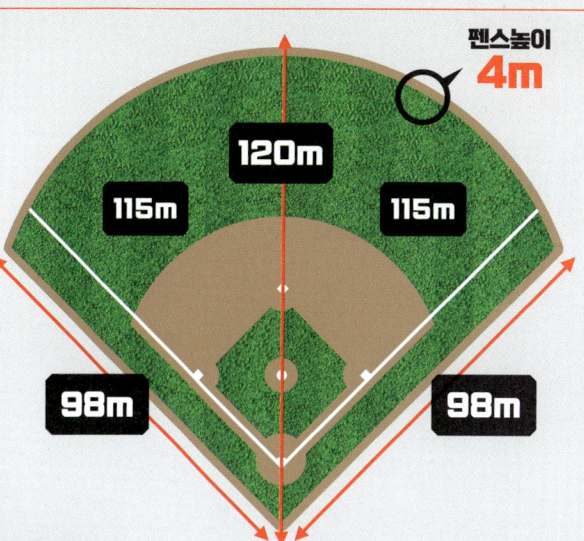
펜스높이 4m
120m
115m 115m
98m 98m

### 경기수
**72** 홈팀 / **72** 원정팀

| | 홈팀 | 원정팀 |
|---|---|---|
| 타율 | 0.304 | 0.270 |
| 홈런 | 83 | 58 |
| 실책 | 57 | 49 |

### 좌타자 타율
- 0.295 홈팀
- 0.279 원정팀

### 우타자 타율
- 0.293 홈팀
- 0.262 원정팀

### 좌타자 홈런
- 12 홈팀
- 30 원정팀

### 우타자 홈런
- 45 홈팀
- 28 원정팀

국내에서 네 번째로 작다. 330m 길이의 국내 최장 띠 전광판과 외야 스포츠펍(100석)이 특징. 1989년 개장 이래 리모델링과 증축을 거쳤다. 포수 뒤쪽과 1, 3루 측, 외야까지 테이블석이 설치되었다. 외야에는 테이블석과 잔디 자유석이 있고 스크린야구장, 애견카페 등의 편의시설도 있다. 워터 페스티벌이 명물이다. 1루 응원석에서 KT의 안타와 득점 시 관중석에 물대포를 쏜다. 외야에 워터슬라이드(45m)가 있고 경기 후 물총 파티도 열린다. 주차 시설이 마땅치 않아 대중교통 권장.

**좌석 2만 석**

**천연잔디**

# 71 이강철

| | |
|---|---|
| 생년월일 | 1966년 7월 12일 |
| 출신학교 | 광주일고-동국대 |
| 주요경력 | 해태/삼성/KIA 선수(1989~2005), KIA 코치(2006~2012), 히어로즈 코치(2013~2016), 두산 코치(2017~2018), 국가대표팀 코치(2017~2018), KT 위즈 감독(2019~) |
| 연봉 | 5억 원 |

부임 2년 만에 '강철매직'이 펼쳐졌다. 선수로 16년, 코치로 13년간 숙성된 노하우가 대폭발했다. 과감한 승부수, 풍부한 선수층 활용 및 관리가 포인트였다. 감독으로는 올해로 3년 차로 초보 티를 막 벗었지만 류중일 감독이 떠나면서 윌리엄스 감독을 제외하면 KBO리그 최고령 감독이 됐다. KBO리그 '막내'는 뜻밖의 탄탄한 전력을 과시하며 여름을 기점으로 내달리기 시작해 81승 62패 1무로 정규 시즌 2위를 차지하며 창단 첫 가을 야구 염원을 풀었다.

2020년은 이강철의 눈이 빛을 발한 한 해였다. 투수 신예 발탁을 통한 타선 리빌딩까지 이끌며 완성형 감독으로 거듭났다. 스프링캠프 출발 전부터 5선발 기용을 공언해 과감하게 발탁한 소형준은 데뷔 첫해 국내 투수 최다승(13승)으로 신인상까지 휩쓸어 명실상부 KBO리그 대표 토종 에이스로 우뚝 섰다. 이 감독이 밀어붙인 강백호의 1루 전향 및 4번 타자 변신도 성공적이었다. 주전 중견수로 깜짝 발탁된 배정대는 전 경기 출장, 넓은 수비 범위, 뛰어난 타구 판단, 강한 어깨, 두 자릿수 홈런과 0.8에 가까운 OPS까지 공수 만능의 면모를 보였다. 황재균과 박경수, 유한준 등 베테랑들도 뒤를 받쳤다. 이 감독이 재발견한 선수들의 활약도 돋보였다. 조용호는 '제2의 이용규'라 불릴 만큼 까다로운 타자로 거듭나며 주전 자리를 꿰찼고 문상철은 9월 타율 0.429 5홈런 OPS 1.430의 맹활약을 펼치며 KT 역대 월간 최다승(19승)을 이끌었다.

외국인 선수 3명을 모두 라틴계로 선택한 점도 유효했다. 세 선수는 활발하게 소통하며 팀 분위기를 이끌었다. 4년 차였던 멜 로하스 주니어와 재계약은 최고의 선택이었다. 로하스는 리그를 폭격하며 홈런, 타점, 장타율, 득점까지 타격 4관왕과 시즌 MVP를 휩쓸었다. 오드리사머 데스파이네와 윌리엄 쿠에바스도 두 자릿수 승수와 더불어 리그 최고 수준 이닝이팅 능력을 과시했다. 데스파이네의 객관적 성적 대비 팀 공헌도가 크다. 데스파이네가 시즌 내내 4일 휴식 후 등판을 소화한 덕분에 소형준, 배제성 등 젊은 선수들이 수월하게 시즌을 소화할 수 있었다. 과거와 다른 융통성도 눈에 띄었다. 시즌 도중 소형준과 배제성에게 2주 휴식을 부여한 결과 선발 4명이 10승을 넘기며 남다른 무게감의 선발진을 구축하는 결과로 나타났다. 선발 김민, 마무리 이대은이 무너지는 악재 속 성과라는 점이 더욱 눈에 띈다. 김민을 대신해 선발진에 합류한 김민수는 103⅓이닝을 소화하며 자기 몫을 해냈다.

타선에서도 심우준, 김민혁의 테이블세터진을 고집하지 않고 배정대와 조용호로 교체해 화력을 한층 돋운 것은 투수들의 어깨까지 가볍게 해준 한 수였다. 타선 전체를 꾸준하게 로테이션을 돌려 주력 부상에도 타선의 파괴력을 잘 살리며 분위기를 이어가는 운영도 돋보였다. 경기가 잘 풀리지 않을 땐 고참들에게 명단을 작성케 했다. 간결하고 차분한 플레이를 주문하는가 하면, 장기 레이스에 지친 투수들에겐 직접 마운드에 올라 격려하는 소통도 인상적이었다. 무엇보다 KT의 가을 야구를 이끈 원동력은 주권(77경기)과 김재윤(56경기)을 중심으로 한 철벽 불펜이었다. 사실상 초토화됐던 불펜을 조현우(54경기), 이보근(49경기), 유원상(62경기), 전유수(47경기) 등 베테랑 활용을 통해 기어코 살려냈다. 일각에서 제기된 혹사 논란에도 흔들리지 않고 밀어붙일 때 밀어붙이면서 관리한 이강철 감독의 뚝심이 결국 창단 첫 가을 야구를 만들어냈다. 그 기쁨 속 KT는 이강철 감독에게 포스트시즌을 앞두고 3년 20억 원짜리 재계약을 안겼다. 이제 KT의 다음 목표는 창단 첫 한국시리즈 진출과 우승이다. 그러자면 첫 포스트시즌에서 드러난 조급함을 극복해야 한다. 공격적 승부수도 방법이지만 두산전에 강한 전유수를 비롯해 탄탄한 불펜이 있음에도 쿠에바스와 소형준의 불펜 투입에 너무 집착하다 좋지 않은 결과를 낳았다. 지나친 변칙보다 순리에 따랐다면 하는 아쉬움이 남는다. 조기 재계약을 통해 오른 구단과 팬들의 기대치에 보답하는 방법은 성적뿐이다. 백업 선수들이 주전들과 경쟁 위치로 올라서야 하고 투타에 걸친 베테랑 노쇠화에도 대비해야 한다. 투수는 고영표와 심재민, 타자는 권동진, 문상철, 송민섭 등 젊은 선수들의 스텝업이 필요하다. 로하스 대신 영입한 알몬테의 기량도 관건이다.

# COACHING STAFF

**70 김태균**
- 생년월일: 1971년 8월 19일
- 출신학교: 부산고-중앙대
- 보직: 수석 코치
- 주요경력: 삼성/롯데/SK 선수(1994~2007) SK 코치(2008~2011), 삼성 코치(2012~2015), 롯데 코치(2016~2017), 두산 코치(2018) KT 코치(2019~)

**79 최영필**
- 생년월일: 1974년 5월 13일
- 출신학교: 유신고-경희대
- 보직: 재활군 투수 코치
- 주요경력: 현대/한화/서울해치/SK/KIA 선수(1997~2017), KIA 전력분석원(2017), KT 코치(2018~)

**87 박승민**
- 생년월일: 1977년 3월 18일
- 출신학교: 서울고-경희대
- 보직: 1군 투수 코치
- 주요경력: 현대/히어로즈/KIA 선수(2000~2012), 히어로즈 코치(2014~2018), KT 코치(2019~)

**72 김강**
- 생년월일: 1988년 10월 16일
- 출신학교: 광주제일고
- 보직: 1군 타격 코치
- 주요경력: 한화/두산 선수(2007~2016), 두산 코치(2017~2018), KT 코치(2019~)

**80 박정환**
- 생년월일: 1977년 10월 23일
- 출신학교: 유신고-경희대
- 보직: 1군 수비 코치
- 주요경력: 현대/한화/서울해치/SK/KIA 선수(1997~2017), KIA 전력분석원(2017), KT 코치(2018~)

**88 스즈키 후미히로**
- 생년월일: 1975년 5월 23일
- 출신학교: 센다이고등학교-도호쿠 복지대학
- 보직: 2군 배터리 코치
- 주요경력: 주니치/킨테츠/오릭스 선수(1998~2012), 오릭스 코치(2013~2020), KT 코치(2021~)

**73 이승호**
- 생년월일: 1976년 8월 23일
- 출신학교: 선린상고-단국대
- 보직: 1군 불펜 코치
- 주요경력: LG-SK

**81 서용빈**
- 생년월일: 1971년 1월 2일
- 출신학교: 선린상고-단국대-한체대 대학원
- 보직: 2군 감독
- 주요경력: LG 선수(1994~2006), LG 스카우터(2008)/코치(2008~2013), 주니치 코치(2014), LG 코치(2015~2017), SPOTV 해설위원(2018~2020), KT 2군 감독(2021~)

**89 백진우**
- 생년월일: 1988년 5월 9일
- 출신학교: 경기고-영남사이버대
- 보직: 육성군 타격 코치
- 주요경력: LG/한화(2008~2020), 연세대 코치(2020), KT 코치(2021~)

**74 홍성용**
- 생년월일: 1986년 11월 18일
- 출신학교: 북일고
- 보직: 2군 투수 코치
- 주요경력: LG/오카야마/06불스/NC/KT 선수(2005~2018), KT 코치(2019~)

**82 윤요섭**
- 생년월일: 1982년 3월 30일
- 출신학교: 충암고-단국대
- 보직: 육성군 배터리 코치
- 주요경력: SK/LG/KT 선수(2008~2017), KT 코치(2018~)

**90 조중근**
- 생년월일: 1982년 12월 20일
- 출신학교: 동산고
- 보직: 2군 타격 코치
- 주요경력: SK/현대/히어로즈/KT 선수(2001~2015), 경찰 야구단 코치(2016~2018), KT 코치(2019~)

**75 채종국**
- 생년월일: 1975년 10월 24일
- 출신학교: 경남상고-연세대
- 보직: 육성군 수비 코치
- 주요경력: 현대/SK/LG 선수(1998~2008), 북일고 코치(2009~2010), 히어로즈 코치(2012~2016), 한화 코치(2017~2020), KT 코치(2021~)

**83 한윤섭**
- 생년월일: 1985년 9월 12일
- 출신학교: 경동고-동아이대
- 보직: 잔류군 수비 코치
- 주요경력: 한화/KT 선수(2008~2015), 신일고 코치(2018), KT 코치(2019~)

**91 배우열**
- 생년월일: 1986년 5월 19일
- 출신학교: 야탑고-경희대
- 보직: 육성군 투수 코치
- 주요경력: LG/KT 선수(2009~2019), KT 전력분석원(2020)/코치(2021~)

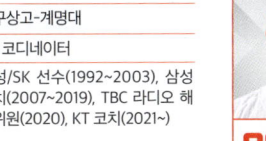
**76 박기혁**
- 생년월일: 1981년 6월 4일
- 출신학교: 대구상고 홍익대
- 보직: 1군 수비 코치
- 주요경력: 롯데/KT 선수(2000~2018), KT 코치(2019~)

**84 최만호**
- 생년월일: 1974년 3월 4일
- 출신학교: 대전고-단국대
- 보직: 1군 작전주루 코치
- 주요경력: 현대/LG/롯데 선수(1997~2009), 한화 코치(2010~2012), 히어로즈 코치(2013~2015), 롯데 코치(2016~2019), KT 코치(2020~)

**92 구자욱**
- 생년월일: 1981년 6월 01일
- 출신학교: 한림대학교
- 보직: 수석 코치
- 주요경력: 두산 코치(2015~2016) KT 코치(2017~)

**77 김태한**
- 생년월일: 1969년 10월 22일
- 출신학교: 대구상고-계명대
- 보직: 1군 코디네이터
- 주요경력: 삼성/SK 선수(1992~2003), 삼성 코치(2007~2019), TBC 라디오 해설위원(2020), KT 코치(2021~)

**86 정수성**
- 생년월일: 1978년 3월 4일
- 출신학교: 덕수상고
- 보직: 2군 주루 코치
- 주요경력: 현대-히어로즈

**78 박철영**
- 생년월일: 1960년 5월 22일
- 출신학교: 서울사대초-배명중-배명고-연세대
- 보직: 배터리 코치
- 주요경력: MBC 선수(1983~88), LG(1994~2004)/SK(2005~14)/히어로즈(2015-16)/LG(2017~18)/KT(2019~) 코치

# 50 강백호

**내야수(우투좌타)**

| | | | |
|---|---|---|---|
| 생년월일 | 1999년 7월 29일 | 신장/체중 | 184cm/98kg |
| 학력 | 부천북초-서울이수중-서울고 | | |
| 연봉(2021) | 3억1000만 원 | | |
| 지명순위 | 2018 KT 2차 1라운드 1순위 | | |
| 입단년도 | 2018 KT | | |

괴물의 진화는 어디까지일까. 강백호의 질주가 계속된다. 프로 3년 차였던 지난 시즌 성적은 타율 0.330, 23홈런 165안타 89타점, 출루율 0.411, 장타율 0.544였다. 프로 데뷔 후 두 시즌 간 외야수로 뛰다가 1루수로 전향한 시즌에서도 타격 본능은 멈추지 않고 오히려 진화했다. 사실 강백호에게 1루수 전향은 모험이었다. 타격에 집중할 수 있는 코너 외야수 자리를 포기하고 수비 부담이 큰 내야, 그것도 아웃카운트와 직결되는 1루수 자리를 맡기란 쉬운 결정이 아니었다. 미래를 내다본 이강철 감독의 설득에 강백호도 고개를 끄덕였다. 1루수 전향에 성공하면 향후 10년 동안 대표팀 1루수 자리를 지킬 재목으로 성장할 수 있다는 기대감이 컸다. 시즌 초반에는 수비에서 미숙한 모습을 보이기도 했지만 갈수록 안정적인 모습을 보이면서 결국 생애 첫 골든글러브의 주인공이 됐다. 2020시즌은 '4번 타자' 강백호의 첫 시즌이기도 했다. 이른 4번 데뷔라는 평가도 있었지만 KT가 언젠가는 풀어야 할 숙제이기도 했다. 강백호는 데뷔 후 가장 많은 89타점을 기록하면서 기대에 부응했다. 23개의 홈런은 다소 적어 보이지만 홈런왕 로하스 이후 타석에 들어섰던 점을 고려해 볼 필요도 있다. 시즌 내내 월간 타율이 3할 밑으로 떨어졌던 것은 7월이 유일했고 그마저도 0.297이었다. 경험이 쌓이면서 강백호의 타격 능력은 점점 정교해진다. 지난해 프로 데뷔 후 가장 많은 66개의 볼넷을 골랐다. 프로 첫 시즌 124개에 달했던 삼진도 지난해 93개까지 줄였다. 안타, 장타율 역시 커리어하이 시즌을 보냈다. 공인구 반발력 여파를 극복하는 데 성공한 강백호의 2021년 화두는 '4번 타자-1루수' 타이틀에 걸맞은 지표다. 다소 부족했던 홈런과 타점, 득점권에서 다소 약했다는 이미지를 벗어나야 한다. 프로 데뷔 후 가장 많았던 10개의 실책 숫자를 줄이고 수비 범위를 늘리려는 노력도 이어질 것으로 보인다.

## 2020 시즌 & 통산 성적

| 연도 | 경기 | 타석 | 타수 | 안타 | 2루타 | 3루타 | 홈런 | 타점 | 도루 | 도실 | 볼넷 | 사구 | 삼진 | 타율 | 장타율 | 출루율 | OPS |
|---|---|---|---|---|---|---|---|---|---|---|---|---|---|---|---|---|---|
| 2020 | 129 | 574 | 500 | 165 | 36 | 1 | 23 | 89 | 7 | 2 | 66 | 5 | 93 | 0.330 | 0.544 | 0.411 | 0.955 |
| 통산 | 383 | 1,664 | 1,465 | 465 | 97 | 4 | 65 | 238 | 19 | 12 | 179 | 10 | 304 | 0.317 | 0.522 | 0.393 | 0.915 |

## 2020 시즌 홈 / 원정 성적

| | 경기 | 타석 | 타수 | 안타 | 2루타 | 3루타 | 홈런 | 타점 | 도루 | 도실 | 볼넷 | 사구 | 삼진 | 타율 | 장타율 | 출루율 | OPS |
|---|---|---|---|---|---|---|---|---|---|---|---|---|---|---|---|---|---|
| 홈 | 66 | 285 | 247 | 80 | 15 | 1 | 11 | 41 | 3 | 2 | 33 | 2 | 47 | 0.324 | 0.526 | 0.404 | 0.930 |
| 원정 | 63 | 289 | 253 | 85 | 21 | 0 | 12 | 48 | 4 | 0 | 33 | 3 | 46 | 0.336 | 0.561 | 0.419 | 0.980 |

## 2020 시즌 상황별 기록

| 상황 | 타석 | 안타 | 홈런 | 타점 | 볼넷 | 삼진 | 타율 |
|---|---|---|---|---|---|---|---|
| vs 좌 | 153 | 45 | 5 | 22 | 17 | 22 | 0.336 |
| vs 우 | 372 | 108 | 18 | 64 | 47 | 63 | 0.338 |
| vs 언더 | 49 | 12 | 0 | 3 | 2 | 8 | 0.261 |
| 주자있음 | 294 | 82 | 10 | 76 | 37 | 46 | 0.325 |
| 주자없음 | 280 | 83 | 13 | 13 | 29 | 47 | 0.335 |
| 득점권 | 180 | 47 | 4 | 61 | 29 | 22 | 0.320 |
| 만루 | 14 | 0 | 0 | 4 | 2 | 3 | 0.000 |

## 2020 시즌 상대팀 별 기록

| 구분 | 타석 | 홈런 | 볼넷 | 삼진 | 타율 | 출루율 | 장타율 | OPS |
|---|---|---|---|---|---|---|---|---|
| KIA | 56 | 1 | 9 | 8 | 0.326 | 0.446 | 0.457 | 0.903 |
| LG | 59 | 4 | 4 | 10 | 0.309 | 0.356 | 0.618 | 0.974 |
| NC | 69 | 3 | 6 | 17 | 0.290 | 0.362 | 0.468 | 0.830 |
| SK | 72 | 1 | 11 | 9 | 0.390 | 0.500 | 0.508 | 1.008 |
| 키움 | 55 | 2 | 8 | 10 | 0.304 | 0.418 | 0.457 | 0.875 |
| 두산 | 64 | 1 | 8 | 14 | 0.339 | 0.422 | 0.482 | 0.904 |
| 롯데 | 55 | 5 | 4 | 8 | 0.360 | 0.400 | 0.760 | 1.160 |
| 삼성 | 74 | 4 | 8 | 6 | 0.323 | 0.392 | 0.615 | 1.007 |
| 한화 | 70 | 2 | 8 | 14 | 0.328 | 0.400 | 0.525 | 0.925 |

## 그라운드 구역별 피안타 방향

| 구분 | 타석 | 안타 | 홈런 | 타점 | 볼넷 | 삼진 | 타율 |
|---|---|---|---|---|---|---|---|
| 0-0 | 93 | 35 | 4 | 18 | 6 | 0 | 0.407 |
| 0-1 | 47 | 18 | 3 | 10 | 0 | 0 | 0.391 |
| 0-2 | 35 | 5 | 0 | 0 | 0 | 13 | 0.143 |
| 1-0 | 39 | 12 | 5 | 12 | 2 | 0 | 0.333 |
| 1-1 | 36 | 17 | 4 | 5 | 0 | 0 | 0.500 |
| 1-2 | 83 | 17 | 1 | 10 | 0 | 35 | 0.210 |
| 2-0 | 16 | 8 | 1 | 6 | 0 | 0 | 0.500 |
| 2-1 | 27 | 11 | 2 | 6 | 0 | 0 | 0.407 |
| 2-2 | 58 | 20 | 5 | 12 | 0 | 23 | 0.351 |
| 3-0 | 15 | 2 | 1 | 2 | 10 | 0 | 0.400 |
| 3-1 | 30 | 7 | 1 | 5 | 13 | 0 | 0.412 |
| 3-2 | 95 | 13 | 3 | 8 | 35 | 22 | 0.217 |

## 2020 시즌 수비 성적

| 구분 | 수비이닝 | 실책 | 수비율 |
|---|---|---|---|
| 1B | 1063.0 | 10 | 0.991 |
| RF | 17.0 | 0 | 1.000 |

## 2020 시즌 핫 & 콜드존

### VS좌투

| - | 0.000 | 1.000 | 0.000 | - |
|---|---|---|---|---|
| 0/0 | 0/1 | 1/1 | 0/2 | 0/0 |
| 0.250 | 0.250 | 0.333 | 0.500 | 0.500 |
| 1/4 | 2/8 | 2/6 | 3/6 | 2/4 |
| 0.333 | 0.333 | 0.615 | 0.400 | 0.000 |
| 1/3 | 2/6 | 8/13 | 8/20 | 0/4 |
| 0.500 | 0.500 | 0.308 | 0.235 | 0.286 |
| 1/2 | 2/4 | 4/13 | 4/17 | 2/7 |
| - | 0.333 | 0.000 | 0.200 | 0.000 |
| 0/0 | 1/3 | 0/4 | 2/10 | 0/3 |

### VS우투

| - | 0.333 | 0.100 | 0.000 | - |
|---|---|---|---|---|
| 0/0 | 1/3 | 1/10 | 0/5 | 0/0 |
| 0.600 | 0.250 | 0.389 | 0.290 | 0.111 |
| 3/5 | 2/8 | 7/18 | 9/31 | 1/9 |
| 0.250 | 0.375 | 0.417 | 0.514 | 0.444 |
| 3/12 | 6/16 | 10/24 | 19/37 | 4/9 |
| 0.571 | 0.353 | 0.417 | 0.319 | 0.167 |
| 4/7 | 6/17 | 15/36 | 15/47 | 2/12 |
| 0.000 | 0.250 | 0.158 | 0.333 | 0.000 |
| 0/6 | 2/8 | 3/19 | 6/18 | 0/2 |

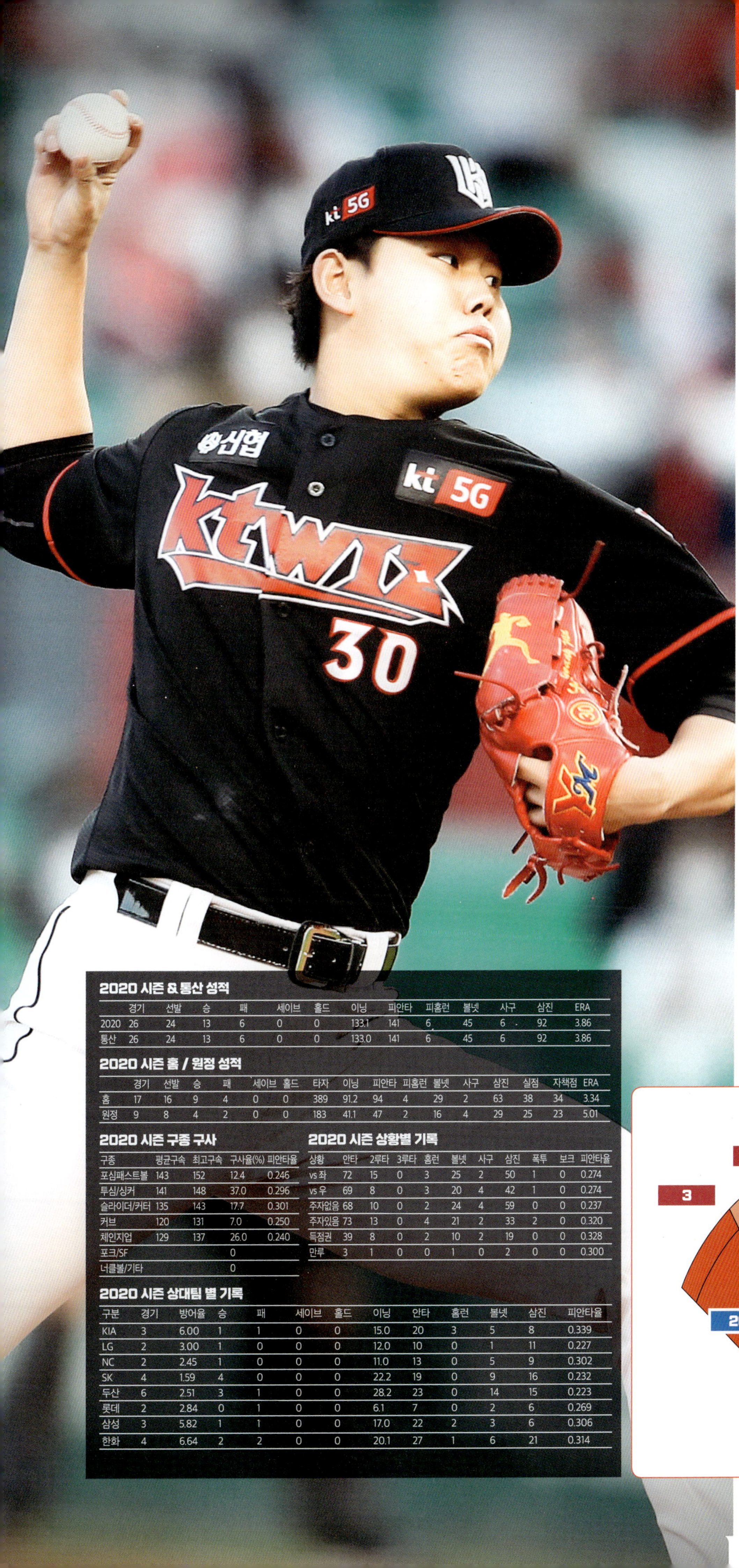

# PLAYERS

## 30 소형준

**투수(우투우타)**

| | |
|---|---|
| 생년월일 | 2001년 9월 16일 |
| 신장/체중 | 189cm/92kg |
| 학력 | 호암초(의정부리틀)-구리인창중-유신고 |
| 연봉(2021) | 1억4000만 원 |
| 지명순위 | 2020 KT 1차 |
| 입단년도 | 2020 KT |

또 다른 전설의 시작일까. 2020년 또 하나의 '괴물 신인' 등장에 환호했다. 1차 지명으로 입단한 소형준은 자신을 향한 기대가 틀리지 않았음을 실력으로 입증했다. 2020시즌 성적은 26경기 133이닝 13승 6패, 평균자책점 3.86이었다. '코리안 몬스터' 류현진 이후 14년 만에 KBO리그 데뷔 첫 해 두 자릿수 승수를 달성한 고졸 신인 투수다. 국내 투수 최다승이라는 의외의 성과도 거뒀다. KBO어워즈에서 총점 511점으로 여유롭게 신인왕 타이틀을 가져갔다.

지난 시즌 초반 소형준은 3연승, 4연패를 오가며 신인의 한계를 극복하지 못하는 듯한 모습을 보였다. 6월 말 1군 말소로 재정비 기회를 부여받은 뒤 2주 만에 복귀한 뒤부터 7연승을 달렸다. 생애 처음으로 나선 가을 야구 첫 경기에선 6⅔이닝 동안 두산 타선에 단 3안타 1볼넷을 허용하고 무실점을 기록하는 쾌투로 한국 야구의 새로운 '소년 에이스' 등장을 알렸다. 지난해 소형준의 활약에는 동료이자 선배인 데스파이네의 역할이 한몫을 했다. 1군 엔트리 말소 뒤 선수단에 머무르는 동안 데스파이네에게 전수받은 컷패스트볼을 유용하게 활용하면서 두 자릿수 승수를 달성했다. 소형준의 가장 큰 무기는 '강심장'이다. 지난해 승부처에서 고졸 투수라고는 믿기 어려울 정도로 침착한 투구를 펼쳤다. 150㎞ 직구를 비롯해 커브, 슬라이더, 체인지업을 능수능란하게 구사한다. 컷패스트볼 장착 뒤 위력적인 직구와 시너지를 이뤘다는 평가이지만 아직 변화구는 다듬어야 할 부분이 많다는 지적이 있다. '2년 차 징크스'가 소형준의 올 시즌 최대 적이다. 데뷔 시즌 위력적인 투구로 기대 이상의 성과를 올렸지만 그만큼 상대팀의 견제도 상낭해질 진망이다. 맞대결을 통해 구위를 파악한 타자들의 노림수를 이겨내는 것도 과제다. 소형준은 지난해 타자들을 상대하면서 얻은 경험과 자신감을 올 시즌 활약의 동력으로 삼겠다는 각오다.

### 2020 시즌 & 통산 성적

| | 경기 | 선발 | 승 | 패 | 세이브 | 홀드 | 이닝 | 피안타 | 피홈런 | 볼넷 | 사구 | 삼진 | ERA |
|---|---|---|---|---|---|---|---|---|---|---|---|---|---|
| 2020 | 26 | 24 | 13 | 6 | 0 | 0 | 133.1 | 141 | 6 | 45 | 6 | 92 | 3.86 |
| 통산 | 26 | 24 | 13 | 6 | 0 | 0 | 133.0 | 141 | 6 | 45 | 6 | 92 | 3.86 |

### 2020 시즌 홈 / 원정 성적

| | 경기 | 선발 | 승 | 패 | 세이브 | 홀드 | 타자 | 이닝 | 피안타 | 피홈런 | 볼넷 | 사구 | 삼진 | 실점 | 자책점 | ERA |
|---|---|---|---|---|---|---|---|---|---|---|---|---|---|---|---|---|
| 홈 | 17 | 16 | 9 | 4 | 0 | 0 | 389 | 91.2 | 94 | 4 | 29 | 2 | 63 | 38 | 34 | 3.34 |
| 원정 | 9 | 8 | 4 | 2 | 0 | 0 | 183 | 41.1 | 47 | 2 | 16 | 4 | 29 | 25 | 23 | 5.01 |

### 2020 시즌 구종 구사

| 구종 | 평균구속 | 최고구속 | 구사율(%) | 피안타율 |
|---|---|---|---|---|
| 포심패스트볼 | 143 | 152 | 12.4 | 0.246 |
| 투심/싱커 | 141 | 148 | 37.0 | 0.296 |
| 슬라이더/커터 | 135 | 143 | 17.7 | 0.301 |
| 커브 | 120 | 131 | 7.0 | 0.250 |
| 체인지업 | 129 | 137 | 26.0 | 0.240 |
| 포크/SF | | | 0 | |
| 너클볼/기타 | | | 0 | |

### 2020 시즌 상황별 기록

| 상황 | 안타 | 2루타 | 3루타 | 홈런 | 볼넷 | 사구 | 삼진 | 폭투 | 보크 | 피안타율 |
|---|---|---|---|---|---|---|---|---|---|---|
| vs 좌 | 72 | 15 | 0 | 3 | 25 | 2 | 50 | 1 | 0 | 0.274 |
| vs 우 | 69 | 8 | 0 | 3 | 20 | 4 | 42 | 1 | 0 | 0.274 |
| 주자없음 | 68 | 10 | 0 | 2 | 24 | 4 | 59 | 0 | 0 | 0.237 |
| 주자있음 | 73 | 13 | 0 | 4 | 21 | 2 | 33 | 2 | 0 | 0.320 |
| 득점권 | 39 | 8 | 0 | 2 | 10 | 2 | 19 | 0 | 0 | 0.328 |
| 만루 | 3 | 1 | 0 | 0 | 1 | 0 | 2 | 0 | 0 | 0.300 |

### 2020 시즌 상대팀 별 기록

| 구분 | 경기 | 방어율 | 승 | 패 | 세이브 | 홀드 | 이닝 | 안타 | 홈런 | 볼넷 | 삼진 | 피안타율 |
|---|---|---|---|---|---|---|---|---|---|---|---|---|
| KIA | 3 | 6.00 | 1 | 1 | 0 | 0 | 15.0 | 20 | 3 | 5 | 8 | 0.339 |
| LG | 3 | 3.00 | 1 | 0 | 0 | 0 | 12.0 | 10 | 0 | 1 | 11 | 0.227 |
| NC | 2 | 2.45 | 1 | 0 | 0 | 0 | 11.0 | 13 | 0 | 5 | 9 | 0.302 |
| SK | 4 | 1.59 | 4 | 0 | 0 | 0 | 22.2 | 19 | 0 | 9 | 16 | 0.232 |
| 두산 | 6 | 2.51 | 3 | 1 | 0 | 0 | 28.2 | 23 | 0 | 14 | 15 | 0.223 |
| 롯데 | 2 | 2.84 | 0 | 1 | 0 | 0 | 6.1 | 7 | 0 | 2 | 6 | 0.269 |
| 삼성 | 3 | 5.82 | 1 | 1 | 0 | 0 | 17.0 | 22 | 2 | 3 | 6 | 0.306 |
| 한화 | 4 | 6.64 | 2 | 2 | 0 | 0 | 20.1 | 27 | 1 | 6 | 21 | 0.314 |

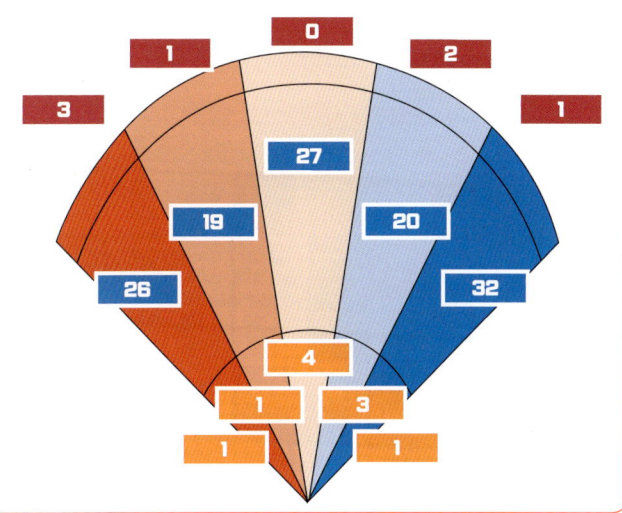

그라운드 구역별 피안타 방향

# 10
# 황재균

**내야수(우투우타)**

| 생년월일 | 1987년 7월 28일 | 신장/체중 | 183cm/96kg |
|---|---|---|---|
| 학력 | 사당초-서울이수중-경기고 | | |
| 연봉(2021) | 8억 원 | | |
| 지명순위 | 2006 현대 2차 3라운드 24순위 | | |
| 입단년도 | 2006 현대 | | |

황재균에게 2021년은 새로운 도전의 해다. 그간 KT 유니폼을 입고 짊어졌던 부담감을 떨쳤지만, 새로운 책임감을 안고 치르는 시즌이다. 황재균은 올해 KT의 주장이다. 앞선 두 시즌 간 팀을 이끌었던 맏형 유한준으로부터 바통을 이어받았다. 유한준 주장 체제의 KT는 2019년 6위, 지난해엔 2위로 가을 야구를 맛봤다. 새롭게 주장직을 이어받는 황재균의 어깨는 그 어느 때보다 무거울 수밖에 없다. 지난해 황재균은 구름 위를 걸었다. KT 입단 후 가장 좋은 성적을 남겼다. 타율 0.312, 169안타(21홈런) 97타점, OPS 0.882를 기록했다. 2018년 KT 입단 후 홈런을 제외한 모든 지표가 커리어하이였다. 두산과 플레이오프 3경기에서 타율 0.196에 그친 게 내내 아쉽다. 공격뿐 아니라 KT 부동의 3루수로 자리를 지켜 팀의 가을 야구 진출에 공헌해 생애 첫 골든글러브 수상의 기쁨도 맛봤다.

올해도 황재균의 위치에는 변함이 없다. KT 공수 전력에서 중요한 자리를 차지한다. 상위 타순에서 4번 타자 자리를 제외한 나머지 자리를 골고루 맡으면서 공격 첨병 역할을 했다. 올해도 비슷한 포지션에서 팀 공격력 극대화를 이끌어 줄 것으로 기대된다. 골든글러브로 인증받은 수비력도 핫코너인 3루를 맡기에 부족함이 없다는 점에서 이강철 감독의 기대감이 크다. 올 시즌 황재균의 존재감은 그라운드 바깥에서 더 빛을 발할 전망이다. 코칭스태프와 선수단의 가교 역할을 해야 하는 주장은 개인 성적뿐만 아니라 팀 분위기를 이끌어가는 중요한 자리다. KT가 지난 2년간 고공행진할 수 있었던 것도 맏형 유한준이 중심을 잘 잡은 덕분이었다. 뛰어난 실력뿐 아니라 둘째가라면 서러워할 친화력을 갖춘 그의 역할은 그래서 기대를 모은다. 올 시즌 황재균과 KT의 4년 계약이 마무리되는 해이기도 하다. 여러모로 신경 쓸 부분이 많지만 흔들림 없는 기량으로 가치를 입증해야 하는 시즌인 셈이다.

### 2020 시즌 & 통산 성적

| 연도 | 경기 | 타석 | 타수 | 안타 | 2루타 | 3루타 | 홈런 | 타점 | 도루 | 도실 | 볼넷 | 사구 | 삼진 | 타율 | 장타율 | 출루율 | OPS |
|---|---|---|---|---|---|---|---|---|---|---|---|---|---|---|---|---|---|
| 2020 | 134 | 600 | 541 | 169 | 35 | 5 | 21 | 97 | 11 | 6 | 47 | 5 | 98 | 0.312 | 0.512 | 0.370 | 0.882 |
| 통산 | 1,584 | 6,386 | 5,680 | 1,644 | 315 | 38 | 181 | 846 | 208 | 106 | 533 | 56 | 1,062 | 0.289 | 0.454 | 0.353 | 0.807 |

### 2020 시즌 홈 / 원정 성적

| 구분 | 경기 | 타석 | 타수 | 안타 | 2루타 | 3루타 | 홈런 | 타점 | 도루 | 도실 | 볼넷 | 사구 | 삼진 | 타율 | 장타율 | 출루율 | OPS |
|---|---|---|---|---|---|---|---|---|---|---|---|---|---|---|---|---|---|
| 홈 | 68 | 301 | 271 | 88 | 23 | 2 | 11 | 52 | 5 | 1 | 23 | 2 | 48 | 0.325 | 0.546 | 0.378 | 0.924 |
| 원정 | 66 | 299 | 270 | 81 | 12 | 3 | 10 | 45 | 6 | 5 | 24 | 3 | 50 | 0.300 | 0.478 | 0.362 | 0.840 |

### 2020 시즌 상황별 기록

| 상황 | 타석 | 안타 | 홈런 | 타점 | 볼넷 | 삼진 | 타율 |
|---|---|---|---|---|---|---|---|
| vs 좌 | 137 | 38 | 4 | 21 | 9 | 27 | 0.306 |
| vs 우 | 386 | 112 | 16 | 68 | 32 | 61 | 0.322 |
| vs 언더 | 79 | 19 | 1 | 8 | 6 | 10 | 0.275 |
| 주자있음 | 285 | 84 | 9 | 85 | 23 | 37 | 0.335 |
| 주자없음 | 315 | 85 | 12 | 12 | 24 | 61 | 0.293 |
| 득점권 | 159 | 44 | 5 | 67 | 12 | 19 | 0.324 |
| 만루 | 13 | 1 | 0 | 3 | 1 | 5 | 0.083 |

### 2020 시즌 상대팀 별 기록

| 구분 | 타석 | 홈런 | 볼넷 | 삼진 | 타율 | 출루율 | 장타율 | OPS |
|---|---|---|---|---|---|---|---|---|
| KIA | 61 | 3 | 5 | 10 | 0.339 | 0.393 | 0.589 | 0.982 |
| LG | 58 | 3 | 6 | 8 | 0.346 | 0.414 | 0.615 | 1.029 |
| NC | 69 | 2 | 5 | 12 | 0.295 | 0.353 | 0.459 | 0.812 |
| SK | 75 | 3 | 6 | 12 | 0.323 | 0.427 | 0.565 | 0.992 |
| 키움 | 68 | 3 | 4 | 13 | 0.246 | 0.279 | 0.323 | 0.602 |
| 두산 | 80 | 3 | 3 | 18 | 0.368 | 0.400 | 0.579 | 0.979 |
| 롯데 | 58 | 1 | 2 | 11 | 0.143 | 0.172 | 0.268 | 0.440 |
| 삼성 | 62 | 2 | 9 | 5 | 0.309 | 0.361 | 0.455 | 0.816 |
| 한화 | 69 | 4 | 7 | 9 | 0.431 | 0.500 | 0.759 | 1.259 |

### 그라운드 구역별 피안타 방향

| 구분 | 타석 | 안타 | 홈런 | 볼넷 | 삼진 | 타율 |
|---|---|---|---|---|---|---|
| 0-0 | 66 | 22 | 5 | 17 | 0 | 0.355 |
| 0-1 | 50 | 18 | 1 | 3 | 0 | 0.367 |
| 0-2 | 49 | 8 | 1 | 0 | 22 | 0.167 |
| 1-0 | 46 | 25 | 5 | 17 | 0 | 0.521 |
| 1-1 | 51 | 18 | 2 | 11 | 0 | 0.360 |
| 1-2 | 98 | 24 | 2 | 11 | 35 | 0.247 |
| 2-0 | 17 | 5 | 2 | 6 | 0 | 0.333 |
| 2-1 | 36 | 14 | 1 | 6 | 0 | 0.389 |
| 2-2 | 85 | 23 | 2 | 15 | 23 | 0.277 |
| 3-0 | 9 | 0 | 0 | 8 | 0 | 0.000 |
| 3-1 | 20 | 1 | 0 | 15 | 0 | 0.200 |
| 3-2 | 71 | 11 | 1 | 5 | 24 | 0.234 |

### 2020 시즌 수비 성적

| 구분 | 수비이닝 | 실책 | 수비율 |
|---|---|---|---|
| 1B | 11.0 | 0 | 1.000 |
| 3B | 1113.0 | 13 | 0.961 |

### 2020 시즌 핫 & 콜드존

**VS좌투**

| - | 0.500 | 0.500 | - | - |
|---|---|---|---|---|
| 0/0 | 1/2 | 1/2 | 0/0 | - |
| 0.000 | 0.500 | 0.111 | 0.500 | 0.000 |
| 0/5 | 5/10 | 1/9 | 2/4 | 0/1 |
| 0.333 | 0.417 | 0.000 | 0.333 | 0.000 |
| 2/6 | 5/12 | 0/6 | 3/9 | 0/3 |
| 0.500 | 0.417 | 0.250 | 0.429 | - |
| 3/6 | 5/12 | 3/12 | 3/7 | - |
| 0.333 | 0.333 | 0.200 | 0.000 | - |
| 1/3 | 1/3 | 2/10 | 0/2 | - |

**VS우투**

| 0.000 | 0.333 | 0.357 | 0.250 | 0.143 |
|---|---|---|---|---|
| 0/1 | 3/9 | 5/14 | 2/8 | 1/7 |
| 0.111 | 0.313 | 0.417 | 0.208 | 0.200 |
| 1/9 | 5/16 | 10/24 | 5/24 | 2/10 |
| 0.360 | 0.378 | 0.318 | 0.333 | 0.167 |
| 9/25 | 14/37 | 14/44 | 8/24 | 2/12 |
| 0.235 | 0.349 | 0.419 | 0.421 | 0.250 |
| 4/17 | 15/43 | 18/43 | 8/19 | 1/4 |
| 0.000 | 0.091 | 0.500 | 0.000 | - |
| 0/6 | 1/11 | 3/6 | 0/4 | 0/0 |

# PLAYERS

## 40
# 오드리사머 데스파이네

**투수(우투우타)**

| | | | |
|---|---|---|---|
| 생년월일 | 1987년 4월 4일 | 신장/체중 | 183cm/93kg |
| 국적 | 쿠바 | | |
| 연봉(2021) | 110만 달러(인센티브 30만 포함) | | |
| 지명순위 | - | | |
| 입단년도 | 2020 KT | | |

KBO리그 2년 차 데스파이네는 KT 에이스를 넘어 리그 최고 자리를 꿈꾼다. 올 시즌에도 1선발로 일찌감치 낙점받았다. 데스파이네는 2020시즌 35경기에서 15승 8패, 평균자책점 4.33을 마크했다. 데뷔 첫 해 두 자릿수 승수를 마크해 팀 내 최다승을 올렸다. 라울 알칸타라의 이적 공백을 우려했던 KT는 데스파이네의 활약 덕분에 안정적 선발진을 꾸릴 수 있었다. 2020시즌 개막 전까지만 해도 데스파이네의 활약상에는 의문부호가 붙었다. 쿠바 출신으로 2014년 샌디에이고 파드리스부터 2019년 시카고 화이트삭스까지 빅리그 경력을 이어왔다. 데스파이네는 데뷔 첫 시즌 200이닝(207⅔이닝)을 돌파해 내구성을 입증했다. 특히 메이저리그 시절부터 고수해 온 5일 등판 로테이션을 직접 요청하면서 이강철 감독의 변칙적인 선발 투수 운영도 가능케 했다. 데스파이네를 향한 이강철 감독의 신뢰는 변함이 없다. 빅리그 기량뿐 아니라 헌신하는 자세까지 높게 평가한다. 직접 요청한 로테이션을 철저히 지키는 것뿐만 아니라 틈틈이 어린 투수들의 조언자 역할을 마다하지 않는다.

올 시즌에도 데스파이네는 KT 선발진의 핵심이다. 성공의 발판이었던 팔색조 투구가 올해도 가장 큰 무기다. 150㎞ 이상의 강속구를 뿌리면서도 투심, 커터, 체인지업, 커브 등 다양한 구종으로 완급 조절에 능하다. 상황에 따라 팔 각도를 바꾸면서 변칙적인 투구를 펼치는 점도 상대 타자들에게 부담을 주기에 충분하다. 변칙적인 투구 스타일 탓에 보크 시비에 휘말리기도 했지만 KBO리그 2년 차에 접어드는 올 시즌에는 더 노련한 투구를 펼칠 것으로 기대된다. 올 시즌 KBO리그 외국인 투수 다승 경쟁 판도는 춘추전국시대다. 20승 투수 알칸타라가 떠나면서 지난해 다승왕 자리를 놓친 투수들의 눈은 더욱 빛날 수밖에 없다. 다승 부문 공동 3위 데스파이네에게 올 시즌은 도전의 해다.

### 2020 시즌 & 통산 성적

| | 경기 | 선발 | 승 | 패 | 세이브 | 홀드 | 이닝 | 피안타 | 피홈런 | 볼넷 | 사구 | 삼진 | ERA |
|---|---|---|---|---|---|---|---|---|---|---|---|---|---|
| 2020 | 35 | 34 | 15 | 8 | 0 | 0 | 207.2 | 233 | 18 | 68 | 8 | 152 | 4.33 |
| 통산 | 35 | 34 | 15 | 8 | 0 | 0 | 207.2 | 233 | 18 | 68 | 8 | 152 | 4.33 |

### 2020 시즌 홈 / 원정 성적

| | 경기 | 선발 | 승 | 패 | 세이브 | 홀드 | 타자 | 이닝 | 피안타 | 피홈런 | 볼넷 | 사구 | 삼진 | 실점 | 자책점 | ERA |
|---|---|---|---|---|---|---|---|---|---|---|---|---|---|---|---|---|
| 홈 | 14 | 14 | 6 | 4 | 0 | 0 | 374 | 87.1 | 93 | 6 | 30 | 2 | 56 | 38 | 36 | 3.71 |
| 원정 | 21 | 20 | 9 | 4 | 0 | 0 | 532 | 120.1 | 140 | 12 | 38 | 6 | 96 | 67 | 64 | 4.79 |

### 2020 시즌 구종 구사

| 구종 | 평균구속 | 최고구속 | 구사율(%) | 피안타율 |
|---|---|---|---|---|
| 포심패스트볼 | 148 | 156 | 26.9 | 0.330 |
| 투심/싱커 | 146 | 153 | 27.7 | 0.289 |
| 슬라이더/커터 | 135 | 145 | 14.3 | 0.277 |
| 커브 | 125 | 133 | 18.3 | 0.197 |
| 체인지업 | 128 | 136 | 12.8 | 0.317 |
| 포크/SF | | | 0 | |
| 너클볼/기타 | | | 0 | |

### 2020 시즌 상황별 기록

| 상황 | 안타 | 2루타 | 3루타 | 홈런 | 볼넷 | 사구 | 삼진 | 폭투 | 보크 | 피안타율 |
|---|---|---|---|---|---|---|---|---|---|---|
| vs 좌 | 124 | 16 | 0 | 6 | 34 | 2 | 65 | 10 | 0 | 0.306 |
| vs 우 | 109 | 20 | 1 | 12 | 34 | 6 | 87 | 8 | 0 | 0.265 |
| 주자있음 | 120 | 23 | 0 | 12 | 35 | 5 | 85 | 0 | 0 | 0.268 |
| 주자없음 | 113 | 13 | 1 | 6 | 33 | 3 | 67 | 18 | 0 | 0.306 |
| 득점권 | 57 | 8 | 1 | 2 | 25 | 2 | 41 | 7 | 0 | 0.278 |
| 만루 | 3 | 0 | 0 | 1 | 0 | 4 | 0 | 0 | 0.214 |

### 2020 시즌 상대팀 별 기록

| 구분 | 경기 | 방어율 | 승 | 패 | 세이브 | 홀드 | 이닝 | 안타 | 홈런 | 볼넷 | 삼진 | 피안타율 |
|---|---|---|---|---|---|---|---|---|---|---|---|---|
| KIA | 6 | 3.23 | 5 | 0 | 0 | 0 | 39.0 | 42 | 1 | 11 | 30 | 0.284 |
| LG | 3 | 1.29 | 0 | 1 | 0 | 0 | 7.0 | 6 | 0 | 0 | 3 | 0.222 |
| NC | 4 | 6.45 | 1 | 2 | 0 | 0 | 22.1 | 27 | 2 | 10 | 17 | 0.300 |
| SK | 4 | 2.00 | 3 | 1 | 0 | 0 | 27.0 | 15 | 3 | 9 | 17 | 0.163 |
| 키움 | 3 | 3.18 | 1 | 1 | 0 | 0 | 17.0 | 19 | 2 | 4 | 11 | 0.271 |
| 두산 | 4 | 7.04 | 1 | 0 | 0 | 0 | 23.0 | 33 | 4 | 9 | 13 | 0.330 |
| 롯데 | 3 | 5.40 | 0 | 1 | 0 | 0 | 16.2 | 19 | 1 | 6 | 16 | 0.284 |
| 삼성 | 6 | 5.11 | 2 | 2 | 0 | 0 | 37.0 | 50 | 4 | 10 | 23 | 0.336 |
| 한화 | 4 | 3.86 | 3 | 0 | 0 | 0 | 18.2 | 22 | 1 | 6 | 16 | 0.301 |

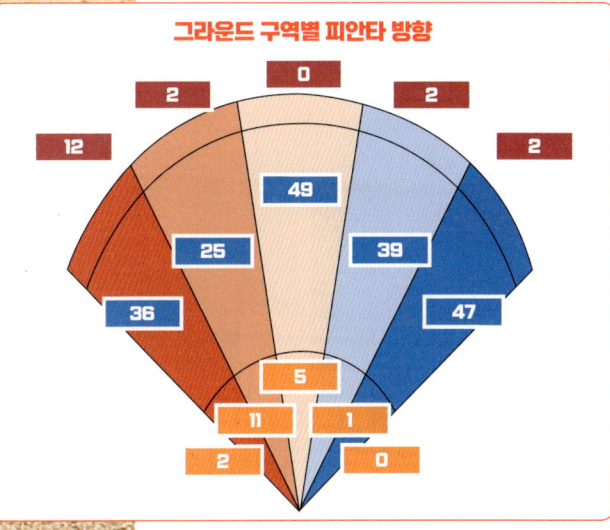

**그라운드 구역별 피안타 방향**

# 22 장성우

**포수(우투우타)**

| | |
|---|---|
| 생년월일 | 1990년 1월 17일 |
| 신장/체중 | 187cm/100kg |
| 학력 | 감천초-경남중-경남고 |
| 연봉(2021) | 2억1000만 원 |
| 지명순위 | 2008 롯데 1차 |
| 입단년도 | 2008 롯데 |

2020년 KT위즈는 10승 투수 4명을 배출했다. 10개 구단 중 유일하다. 그 바탕에는 안방마님 장성우의 활약이 있었다. 안정감 있고 노련한 리드로 KT 투수들을 이끈 그의 역할은 투수들의 활약뿐 아니라 지난해 KT가 정규시즌 2위 및 플레이오프 진출에 성공할 수 있었던 이유다. 올 시즌을 맞이하는 장성우의 눈빛은 더 빛난다. 지난 플레이오프의 아쉬움 탓이다. 4경기 타율은 0.133에 그쳤다. 타격 부진만큼 마운드를 제대로 이끌지 못하면서 팀이 1승 3패로 한국시리즈 문턱에서 좌절하는 모습을 지켜봐야 했다. 롯데 시절인 2010년 이후 10년 만에 다시 선 가을 야구, 자신의 첫 플레이오프 무대였다는 점에서 장성우의 아쉬움은 클 수밖에 없었다. 장성우의 지난해 기록은 커리어하이 급이었다. KT 입단 첫해였던 2015년 이후 가장 좋은 타율 0.278, 111안타(13홈런) 79타점, OPS 0.750을 기록했다. 타격에선 하위 타선에서 고비 때마다 한방을 터뜨리면서 팀이 시즌 초반 부진에서 반등하는 데 중요한 역할을 했다. 수비에서도 선발, 불펜 할 것 없이 흔들리던 시즌 초반 볼 배합을 끊임없이 연구하고 투수들을 이끌어 결국 돌파구를 찾았다. 이강철 감독은 "마운드가 시즌 초반 부진에서 빠르게 회복할 수 있었던 것은 장성우의 역할이 컸다"라고 평가했다.

달라진 팀 성적은 장성우의 올 시즌 활약에도 탄력을 줄 것으로 보인다. 특수 포지션인 포수는 팀 성적 흐름에 개인 활약도 큰 영향을 받는다. KT가 지난해 마운드를 안정적으로 꾸리면서 소위 계산이 서는 전력을 구축한 것은 장성우가 수비와 투수 리드의 부담감을 떨치고 개인 성적에 집중할 수 있는 여건이 되기에 충분하다. 지난해 살아난 타격감을 돌아보면 올 시즌에도 하위 타선의 연결고리 역할을 할 가능성이 크다. 포수는 가장 힘겨운 포지션이지만 투수나 타자에 비해선 빛을 덜 보는 자리로 꼽힌다. 하지만 장성우는 지금껏 그래 왔듯이 올해도 KT 안방을 묵묵히 지킨다.

## 2020 시즌 & 통산 성적

| 연도 | 경기 | 타석 | 타수 | 안타 | 2루타 | 3루타 | 홈런 | 타점 | 도루 | 도실 | 볼넷 | 사구 | 삼진 | 타율 | 장타율 | 출루율 | OPS |
|---|---|---|---|---|---|---|---|---|---|---|---|---|---|---|---|---|---|
| 2020 | 130 | 455 | 400 | 111 | 15 | 0 | 13 | 79 | 0 | 0 | 38 | | 64 | 0.278 | 0.413 | 0.337 | 0.750 |
| 통산 | 847 | 2,492 | 2,193 | 573 | 80 | 2 | 57 | 325 | 5 | 9 | 230 | 9 | 465 | 0.261 | 0.378 | 0.329 | 0.707 |

## 2020 시즌 홈 / 원정 성적

| | 경기 | 타석 | 타수 | 안타 | 2루타 | 3루타 | 홈런 | 타점 | 도루 | 도실 | 볼넷 | 사구 | 삼진 | 타율 | 장타율 | 출루율 | OPS |
|---|---|---|---|---|---|---|---|---|---|---|---|---|---|---|---|---|---|
| 홈 | 66 | 224 | 198 | 55 | 7 | 0 | 6 | 41 | 0 | | 19 | | 33 | 0.278 | 0.404 | 0.339 | 0.743 |
| 원정 | 64 | 231 | 202 | 56 | 7 | 0 | 7 | 38 | 0 | | 19 | | 31 | 0.277 | 0.421 | 0.335 | 0.756 |

## 2020 시즌 상황별 기록

| 상황 | 타석 | 안타 | 홈런 | 타점 | 볼넷 | 삼진 | 타율 |
|---|---|---|---|---|---|---|---|
| vs 좌 | 92 | 21 | 0 | 9 | 11 | 14 | 0.266 |
| vs 우 | 297 | 77 | 11 | 54 | 21 | 46 | 0.289 |
| vs 언더 | 66 | 13 | 2 | 16 | 6 | 4 | 0.236 |
| 주자있음 | 242 | 64 | 9 | 75 | 15 | 33 | 0.305 |
| 주자없음 | 213 | 47 | 4 | 4 | 23 | 31 | 0.247 |
| 득점권 | 151 | 40 | 8 | 71 | 9 | 24 | 0.310 |
| 만루 | 21 | 6 | 1 | 20 | 1 | 6 | 0.375 |

## 2020 시즌 상대팀 별 기록

| 구분 | 타석 | 홈런 | 볼넷 | 삼진 | 타율 | 출루율 | 장타율 | OPS |
|---|---|---|---|---|---|---|---|---|
| KIA | 58 | 2 | 7 | 5 | 0.229 | 0.321 | 0.396 | 0.717 |
| LG | 51 | 0 | 3 | 7 | 0.227 | 0.271 | 0.295 | 0.566 |
| NC | 49 | 1 | 5 | 6 | 0.186 | 0.286 | 0.279 | 0.565 |
| SK | 51 | 3 | 3 | 6 | 0.311 | 0.340 | 0.556 | 0.896 |
| 키움 | 35 | 1 | 1 | 5 | 0.382 | 0.400 | 0.471 | 0.871 |
| 두산 | 54 | 2 | 2 | 4 | 0.408 | 0.423 | 0.612 | 1.035 |
| 롯데 | 52 | 2 | 5 | 11 | 0.298 | 0.365 | 0.447 | 0.812 |
| 삼성 | 52 | 1 | 4 | 4 | 0.217 | 0.280 | 0.326 | 0.606 |
| 한화 | 53 | 1 | 8 | 9 | 0.250 | 0.358 | 0.318 | 0.676 |

## 그라운드 구역별 피안타 방향

| 구분 | 타석 | 안타 | 홈런 | 타점 | 볼넷 | 삼진 | 타율 |
|---|---|---|---|---|---|---|---|
| 0-0 | 69 | 23 | 1 | 17 | 0 | 0 | 0.377 |
| 0-1 | 28 | 6 | 1 | 7 | 0 | 0 | 0.222 |
| 0-2 | 34 | 3 | 0 | 0 | 0 | 17 | 0.088 |
| 1-0 | 36 | 15 | 2 | 10 | 0 | 0 | 0.441 |
| 1-1 | 32 | 6 | 1 | 1 | 0 | 0 | 0.267 |
| 1-2 | 75 | 20 | 5 | 15 | 0 | 22 | 0.270 |
| 2-0 | 7 | 2 | 0 | 1 | 0 | 0 | 0.286 |
| 2-1 | 20 | 5 | 0 | 3 | 0 | 0 | 0.294 |
| 2-2 | 64 | 14 | 2 | 7 | 0 | 19 | 0.219 |
| 3-0 | 6 | 0 | 0 | 0 | 5 | 0 | 0.000 |
| 3-1 | 25 | 3 | 0 | 7 | 9 | 13 | 0.333 |
| 3-2 | 59 | 11 | 0 | 9 | 20 | 6 | 0.282 |

## 2020 시즌 수비 성적

| 구분 | 수비이닝 | 실책 | 수비율 |
|---|---|---|---|
| C | 951.0 | 3 | 0.996 |

## 2020 시즌 핫 & 콜드존

### VS좌투

| | | | | |
|---|---|---|---|---|
| 0.000 0/2 | 0.500 1/2 | 0.000 0/4 | 0.500 1/2 | 0.000 0/1 |
| 0.200 1/5 | 0.500 2/4 | 0.333 3/9 | 0.667 2/3 | 0.000 0/1 |
| 0.000 0/4 | 0.400 2/5 | 0.429 3/7 | 0.143 1/7 | 0.000 0/1 |
| 1.000 2/2 | 0.167 1/6 | 0.286 2/7 | 0.000 0/1 | - |
| 0.000 0/2 | 0.000 0/2 | 0.000 0/2 | - | 0.000 0/4 |

### VS우투

| | | | | |
|---|---|---|---|---|
| - | 0.143 1/7 | 0.250 3/12 | 0.545 6/11 | 0.000 0/3 |
| 0.222 2/9 | 0.143 2/14 | 0.250 5/20 | 0.286 6/21 | 0.429 3/7 |
| 0.400 8/20 | 0.242 8/33 | 0.412 14/34 | 0.348 8/23 | 0.400 4/10 |
| 0.333 3/9 | 0.273 6/22 | 0.192 5/26 | 0.167 3/18 | 1.000 1/1 |
| 0.167 1/6 | 0.000 0/9 | 0.500 1/2 | 0/0 | |

## PLAYERS

## 19 배제성

**투수(우투좌타)**

| | |
|---|---|
| 생년월일 | 1996년 9월 29일 |
| 신장/체중 | 189cm/85kg |
| 학력 | 백마초-성남중-성남고 |
| 연봉(2021) | 1억7000만 원 |
| 지명순위 | 2015 롯데 2차 9라운드 88순위 |
| 입단년도 | 2015 롯데 |

"꾸준히 두 자릿수 승수를 올려야 스스로 인정할 수 있을 것 같다." 2020년 스프링캠프 때 배제성은 자신이 거둔 10승의 의미를 이렇게 밝혔다. 프로 데뷔 첫 선발 보직을 맡은 해에 10승을 거두면서 KT의 토종 에이스 칭호를 얻었지만 만족하지 않았다. 꾸준히 마운드를 지키며 팀에 믿음을 줘야 비로소 안정적 선발로 정착할 수 있다는 것을 누구보다 잘 안다. 배제성은 2020년 또다시 두 자릿수 승수를 찍으며 자신과 약속을 지켰다. 2020년 26경기에서 141⅓이닝을 던져 10승 7패, 평균자책점 3.95를 기록했다. 첫 10승 뒤 급격히 늘어난 이닝 수와 피로 누적에 대한 우려가 있었지만 풀타임 선발로 시즌을 완주해 기우였음을 증명했다. 첫 가을 야구였던 두산과 플레이오프에서는 2⅔이닝 2안타 1볼넷 4탈삼진 무실점의 성과를 올리기도 했다.

지난해 배제성은 체인지업의 구속 향상에 집중했다. 요긴하게 활용했던 슬라이더와 더불어, 직구와 차이를 줄인 체인지업으로 또 다른 노림수를 가져가겠다는 계산이었다. 시즌 중반 부진 탈피를 위해 투구폼을 다소 수정한 부분도 도움이 됐다. 배제성의 강점은 190cm의 키를 바탕으로 한 높은 타점과 짧은 사이드스탭이다. 타자들 입장에선 마치 언덕에서 내리꽂는 느낌의 공에 반응할 시간마저 부족하기에 소위 공이 '긁히는' 날에는 공략에 애를 먹는다. 이닝 소화 수가 늘어날수록 구위나 제구가 더 안정된다는 것도 배제성만이 가진 장점 중 하나다. 2년 연속 10승 투수로 자리매김했음에도 여전히 배제성은 만족하지 않는 눈치다. KT의 새 시즌 선발 경쟁은 군 복무를 마친 고영표의 가세로 한층 더 치열해졌다. 배제성은 입대 대신 정면승부를 택하면서 KT의 첫 토종 에이스라는 자존심을 이어가는 쪽을 택했다. 끊임없는 승부욕으로 발전을 거듭해온 배제성은 올 시즌 10승 이상의 성과를 정조준한다.

### 2020 시즌 & 통산 성적

| | 경기 | 선발 | 승 | 패 | 세이브 | 홀드 | 이닝 | 피안타 | 피홈런 | 볼넷 | 사구 | 삼진 | ERA |
|---|---|---|---|---|---|---|---|---|---|---|---|---|---|
| 2020 | 26 | 26 | 10 | 7 | 0 | 0 | 141.1 | 130 | 12 | 76 | 4 | 83 | 3.95 |
| 통산 | 78 | 48 | 20 | 17 | 0 | 0 | 309.0 | 311 | 22 | 156 | 9 | 197 | 4.31 |

### 2020 시즌 홈 / 원정 성적

| | 경기 | 선발 | 승 | 패 | 세이브 | 홀드 | 타자 | 이닝 | 피안타 | 피홈런 | 볼넷 | 사구 | 삼진 | 실점 | 자책점 | ERA |
|---|---|---|---|---|---|---|---|---|---|---|---|---|---|---|---|---|
| 홈 | 15 | 15 | 3 | 5 | 0 | 0 | 347 | 75.2 | 86 | 8 | 41 | 4 | 34 | 45 | 42 | 5.00 |
| 원정 | 11 | 11 | 7 | 2 | 0 | 0 | 272 | 65.2 | 44 | 4 | 35 | 0 | 49 | 22 | 20 | 2.74 |

### 2020 시즌 구종 구사

| 구종 | 평균구속 | 최고구속 | 구사율(%) | 피안타율 |
|---|---|---|---|---|
| 포심패스트볼 | 140 | 148 | 51.0 | 0.291 |
| 투심/싱커 | | | 0 | |
| 슬라이더/커터 | 129 | 141 | 39.0 | 0.172 |
| 커브 | 120 | 143 | 0.4 | 0.250 |
| 체인지업 | 124 | 135 | 9.5 | 0.326 |
| 포크/SF | | | 0 | |
| 너클볼/기타 | | | 0 | |

### 2020 시즌 상황별 기록

| 상황 | 안타 | 2루타 | 3루타 | 홈런 | 볼넷 | 사구 | 삼진 | 폭투 | 보크 | 피안타율 |
|---|---|---|---|---|---|---|---|---|---|---|
| vs 좌 | 72 | 20 | 1 | 6 | 47 | 1 | 28 | 6 | 1 | 0.313 |
| vs 우 | 58 | 10 | 0 | 6 | 29 | 4 | 55 | 5 | 0 | 0.191 |
| 주자없음 | 67 | 14 | 1 | 4 | 50 | 3 | 38 | 0 | 0 | 0.241 |
| 주자있음 | 63 | 16 | 0 | 8 | 26 | 1 | 45 | 11 | 1 | 0.247 |
| 득점권 | 29 | 6 | 0 | 5 | 14 | 1 | 31 | 5 | 0 | 0.220 |
| 만루 | 2 | 1 | 0 | 2 | 0 | 2 | 0 | 0 | 0 | 0.500 |

### 2020 시즌 상대팀 별 기록

| 구분 | 경기 | 방어율 | 승 | 패 | 세이브 | 홀드 | 이닝 | 안타 | 홈런 | 볼넷 | 삼진 | 피안타율 |
|---|---|---|---|---|---|---|---|---|---|---|---|---|
| KIA | 2 | 2.45 | 1 | 1 | 0 | 0 | 11.0 | 9 | 1 | 8 | 12 | 0.220 |
| LG | 5 | 3.65 | 1 | 1 | 0 | 0 | 24.2 | 22 | 0 | 17 | 14 | 0.244 |
| NC | 2 | 1.38 | 0 | 1 | 0 | 0 | 13.0 | 12 | 1 | 4 | 11 | 0.245 |
| SK | 2 | 6.97 | 1 | 1 | 0 | 0 | 10.1 | 13 | 1 | 6 | 5 | 0.302 |
| 키움 | 3 | 8.56 | 1 | 0 | 0 | 0 | 13.2 | 19 | 3 | 9 | 10 | 0.317 |
| 두산 | 1 | 6.00 | 0 | 1 | 0 | 0 | 6.0 | 6 | 1 | 2 | 2 | 0.250 |
| 롯데 | 6 | 3.82 | 3 | 0 | 0 | 0 | 35.1 | 32 | 4 | 16 | 10 | 0.248 |
| 삼성 | 1 | 6.35 | 1 | 0 | 0 | 0 | 5.2 | 6 | 1 | 3 | 3 | 0.261 |
| 한화 | 4 | 1.25 | 2 | 1 | 0 | 0 | 21.2 | 11 | 0 | 11 | 16 | 0.149 |

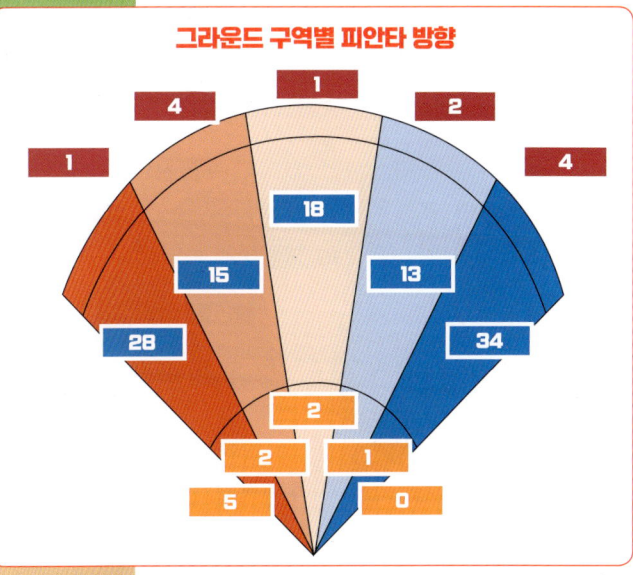

그라운드 구역별 피안타 방향

# 32
# 윌리엄 쿠에바스

**투수(우투양타)**

| 생년월일 | 1990년 10월 14일 | 신장/체중 | 188cm/98kg |
|---|---|---|---|
| 국적 | 베네수엘라 | | |
| 연봉(2021) | 100만 달러 (인센티브 25만 포함) | | |
| 지명순위 | - | | |
| 입단년도 | 2019 KT | | |

'흥부자다. 경기 내내 동료들과 수다를 떠는 것은 예사요, 득점이나 좋은 플레이가 나올 때마다 응원단장을 자처한다. 지난해 코로나19로 뒤늦게 입국해 자가 격리를 마치고 선수단에 합류하던 날엔 동료들이 모인 라커룸에 앞구르기를 하며 들어가기도 했다. 마운드에 서는 날 쿠에바스의 얼굴엔 웃음기가 싹 사라진다. 누구보다 냉정한 눈빛으로 타자를 바라보면서 노림수를 고민한다. KT 입단 첫해 13승, 지난해 10승까지 2년 연속 두 자릿수 승수를 찍었다. 지난해 플레이오프에서 8이닝 3안타 1실점으로 KT에 유일한 승리를 안겨주며 자신의 집중력을 증명한 바 있다. 놀 땐 놀고 집중할 때 집중하는 그야말로 '인싸'다.

쿠에바스의 강점은 무시무시한 구위다. 최대 회전수(RPM)가 2800 후반까지 나오는 변화구는 타자 입장에서 볼 때 공이 살아 움직이는 느낌을 준다. 140㎞ 후반의 직구를 비롯해 슬라이더, 커브, 체인지업, 투심, 커터 등 다양한 레퍼토리를 가졌다. 특히 변화구는 무엇 하나 주무기라고 딱히 꼬집을 수 없을 정도로 뛰어난 구위를 선보인다. 이따금 드러나는 기복은 쿠에바스가 극복해야 할 약점으로 꼽힌다. 이강철 감독은 쿠에바스의 변화구가 KBO리그 최고라고 평한다. 원하는 곳에 공을 뿌릴 수 있는 제구력과 타자와 영리하게 승부할 줄 아는 여유를 갖춘 투수로 본다. 다만 직구, 변화구 구사 비율을 잘 조정해야 더 큰 효과를 낼 수 있다는 분석이다. KT는 입단 3년 차에 접어든 쿠에바스에게 매력적인 당근을 제시했다. 올 시즌 활약 여부에 따라 1년 계약 연장 옵션을 붙였다. 계약 기간뿐 아니라 연봉도 크게 상승하는 조건이다. 쿠에바스 스스로 가장 잘할 수 있는 부분을 강화해 좋은 성적을 거둔다면 KT도 그만큼의 대우를 해주겠다는 것이다. 쿠에바스는 기회가 될 때마다 "언제든 팀을 위해 헌신할 준비가 돼 있다"라고 강조해왔다. 자신을 향한 팀의 기대가 명확하게 증명된 올 시즌 쿠에바스가 마운드에서 보여줄 모습에 주목해 볼 만하다.

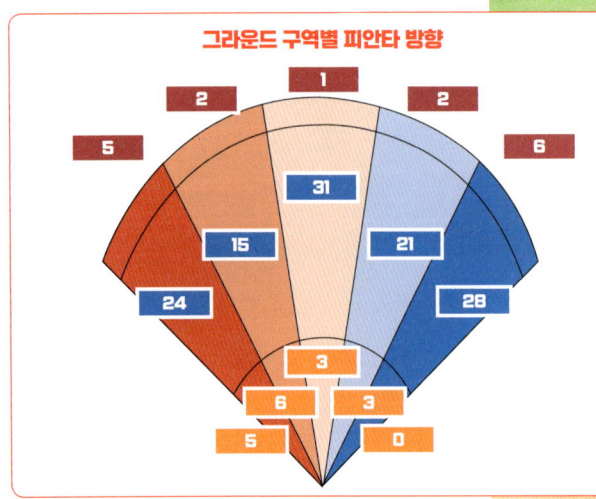

그라운드 구역별 피안타 방향

### 2020 시즌 & 통산 성적

| | 경기 | 선발 | 승 | 패 | 세이브 | 홀드 | 이닝 | 피안타 | 피홈런 | 볼넷 | 사구 | 삼진 | ERA |
|---|---|---|---|---|---|---|---|---|---|---|---|---|---|
| 2020 | 27 | 27 | 10 | 8 | 0 | 0 | 158 | 152 | 16 | 46 | 9 | 110 | 4.10 |
| 통산 | 57 | 57 | 23 | 18 | 0 | 0 | 342.0 | 305 | 34 | 109 | 21 | 245 | 3.84 |

### 2020 시즌 홈 / 원정 성적

| | 경기 | 선발 | 승 | 패 | 세이브 | 홀드 | 타자 | 이닝 | 피안타 | 피홈런 | 볼넷 | 사구 | 삼진 | 실점 | 자책점 | ERA |
|---|---|---|---|---|---|---|---|---|---|---|---|---|---|---|---|---|
| 홈 | 14 | 14 | 6 | 4 | 0 | 0 | 328 | 79.2 | 66 | 7 | 21 | 5 | 63 | 39 | 35 | 3.95 |
| 원정 | 13 | 13 | 4 | 4 | 0 | 0 | 340 | 78.1 | 86 | 9 | 25 | 4 | 47 | 41 | 37 | 4.25 |

### 2020 시즌 구종 구사

| 구종 | 평균구속 | 최고구속 | 구사율(%) | 피안타율 |
|---|---|---|---|---|
| 포심패스트볼 | 142 | 151 | 28.2 | 0.287 |
| 투심/싱커 | 141 | 147 | 18.1 | 0.266 |
| 슬라이더/커터 | 136 | 143 | 23.7 | 0.229 |
| 커브 | 124 | 131 | 11.9 | 0.075 |
| 체인지업 | 130 | 139 | 18.1 | 0.289 |
| 포크/SF | | | 0 | |
| 너클볼/기타 | | | 0 | |

### 2020 시즌 상황별 기록

| 상황 | 안타 | 2루타 | 3루타 | 홈런 | 볼넷 | 사구 | 삼진 | 폭투 | 보크 | 피안타율 |
|---|---|---|---|---|---|---|---|---|---|---|
| vs 좌 | 88 | 14 | 1 | 9 | 25 | 2 | 39 | 2 | 0 | 0.283 |
| vs 우 | 64 | 12 | 0 | 7 | 21 | 7 | 71 | 2 | 0 | 0.221 |
| 주자없음 | 87 | 16 | 1 | 9 | 22 | 5 | 65 | 0 | 0 | 0.246 |
| 주자있음 | 65 | 10 | 0 | 7 | 24 | 4 | 45 | 4 | 0 | 0.263 |
| 득점권 | 31 | 8 | 0 | 5 | 15 | 3 | 24 | 1 | 0 | 0.231 |
| 만루 | 3 | | | | | | 3 | 0 | 0 | 0.200 |

### 2020 시즌 상대팀 별 기록

| 구분 | 경기 | 방어율 | 승 | 패 | 세이브 | 홀드 | 이닝 | 안타 | 홈런 | 볼넷 | 삼진 | 피안타율 |
|---|---|---|---|---|---|---|---|---|---|---|---|---|
| KIA | 2 | 3.86 | | 1 | 0 | 0 | 14.0 | 16 | 1 | 2 | 5 | 0.286 |
| LG | 2 | 6.23 | 0 | 0 | 0 | 0 | 13.0 | 13 | 1 | 5 | 9 | 0.271 |
| NC | 4 | 3.80 | 1 | 1 | 0 | 0 | 23.2 | 22 | 4 | 6 | 19 | 0.244 |
| SK | 2 | 7.94 | 0 | 1 | 0 | 0 | 5.2 | 4 | 1 | 5 | 2 | 0.190 |
| 키움 | 5 | 4.35 | 1 | 3 | 0 | 0 | 31.0 | 31 | 4 | 7 | 21 | 0.261 |
| 두산 | 3 | 5.02 | 1 | 1 | 0 | 0 | 14.1 | 14 | 2 | 6 | 6 | 0.259 |
| 롯데 | 3 | 4.76 | 2 | 1 | 0 | 0 | 17.0 | 19 | 2 | 3 | 13 | 0.288 |
| 삼성 | 3 | 1.35 | 2 | 0 | 0 | 0 | 20.0 | 18 | 0 | 7 | 16 | 0.240 |
| 한화 | 3 | 3.26 | 3 | 0 | 0 | 0 | 19.1 | 15 | 0 | 4 | 18 | 0.211 |

# PLAYERS

## 27
# 배정대

**외야수(우투우타)**

| | |
|---|---|
| 생년월일 | 1995년 6월 12일 |
| 신장/체중 | 185cm/80kg |
| 학력 | 도신초-성남중-성남고-디지털문예대 |
| 연봉(2021) | 1억4000만 원 |
| 지명순위 | 2014 LG 2차 1라운드 3순위 |
| 입단년도 | 2014 LG |

'끝내주는 남자' 배정대의 2020년은 찬란했다. 당당히 주전 자리를 꿰찼고 팀이 창단 후 최고 성적 및 가을 야구 진출의 일등공신 역할을 했다. 9월에만 끝내기 안타 3개로 팀을 승리로 이끌었다. 2020시즌 배정대의 성적은 타율 0.289, 154안타(13홈런) 65타점, OPS 0.792다. 생애 첫 전 경기 출전, 두 자릿수 홈런, 150안타 등 커리어하이를 찍었다. 수비에서도 뛰어난 타구 판단 능력과 허슬플레이로 슈퍼캐치를 만들면서 KT 외야의 중심축 노릇을 톡톡히 했다. 사실 KT 이강철 감독이 지난해 배정대에게 기대했던 것은 타격이 아닌 수비였다. 2019시즌 외야 백업으로 출전한 그가 보여준 가능성에 주목했다. 로하스의 우익수 이동과 강백호의 1루수 변신은 사실 배정대를 좀 더 적극적으로 활용하기 위한 이강철 감독의 포석 중 하나였다. 그런데 배정대는 외야 수비뿐만 아니라 타선에서도 매서운 방망이를 선보여 이강철 감독과 코치진을 깜짝 놀라게 했다.

2021시즌은 배정대에게 지난해 활약이 우연이 아니었음을 입증해야 한다. 주임무인 수비는 물론, 이제 타격 기대치도 상당히 올라갔다. 경쟁자들의 틈바구니에서 배정대는 특별함을 증명해야 한다. 수비 면에서 배정대는 KBO리그 정상급이라고 봐도 무방하다. 타구 판단과 낙구지점 포착뿐 아니라 강한 어깨까지 가졌다. 지난 시즌 얻은 자신감은 이런 배정대의 활약에 날개를 달아줄 만하다. 타격에서도 그동안 약점으로 지적됐던 콘택트 능력을 대폭 끌어올린 것뿐만 아니라 장타력까지 상승하면서 올 시즌 기대감이 더욱 커졌다. 지난해 주로 하위 타순에서 역할을 했지만 올해는 상대에 따라 상하위 타선을 오가면서 저격수 역할을 할 것으로 전망된다. 배성내는 안타를 치고 출루할 때마다 배구의 토스를 연상케 하는 세리머니를 펼쳤다. 팀을 돕는 토스처럼 그동안 조연으로 묵묵히 뛰었던 배정대는 올 시즌 주연으로 거듭나길 꿈꾼다.

### 2020 시즌 & 통산 성적

| 연도 | 경기 | 타석 | 타수 | 안타 | 2루타 | 3루타 | 홈런 | 타점 | 도루 | 도실 | 볼넷 | 사구 | 삼진 | 타율 | 장타율 | 출루율 | OPS |
|---|---|---|---|---|---|---|---|---|---|---|---|---|---|---|---|---|---|
| 2020 | 144 | 615 | 533 | 154 | 25 | 3 | 13 | 65 | 22 | 13 | 68 | 5 | 142 | 0.289 | 0.420 | 0.372 | 0.792 |
| 통산 | 335 | 827 | 727 | 189 | 31 | 4 | 14 | 76 | 27 | 16 | 80 | 7 | 208 | 0.260 | 0.369 | 0.337 | 0.706 |

### 2020 시즌 홈 / 원정 성적

| | 경기 | 타석 | 타수 | 안타 | 2루타 | 3루타 | 홈런 | 타점 | 도루 | 도실 | 볼넷 | 사구 | 삼진 | 타율 | 장타율 | 출루율 | OPS |
|---|---|---|---|---|---|---|---|---|---|---|---|---|---|---|---|---|---|
| 홈 | 72 | 304 | 263 | 92 | 15 | 3 | 9 | 43 | 12 | 5 | 34 | 1 | 62 | 0.350 | 0.532 | 0.422 | 0.954 |
| 원정 | 72 | 311 | 270 | 62 | 10 | 0 | 4 | 22 | 10 | 5 | 34 | 4 | 80 | 0.230 | 0.311 | 0.324 | 0.635 |

### 2020 시즌 상황별 기록

| 상황 | 타석 | 안타 | 홈런 | 타점 | 볼넷 | 삼진 | 타율 |
|---|---|---|---|---|---|---|---|
| vs 좌 | 130 | 35 | 4 | 8 | 22 | 28 | 0.327 |
| vs 우 | 410 | 94 | 6 | 45 | 38 | 103 | 0.262 |
| vs 언더 | 75 | 25 | 3 | 12 | 8 | 11 | 0.373 |
| 주자있음 | 277 | 69 | 4 | 56 | 29 | 61 | 0.291 |
| 주자없음 | 338 | 85 | 9 | 9 | 39 | 81 | 0.287 |
| 득점권 | 161 | 38 | 2 | 49 | 17 | 37 | 0.277 |
| 만루 | 17 | 3 | 0 | 9 | 1 | 3 | 0.214 |

### 2020 시즌 상대팀 별 기록

| 구분 | 타석 | 홈런 | 볼넷 | 삼진 | 타율 | 출루율 | 장타율 | OPS |
|---|---|---|---|---|---|---|---|---|
| KIA | 69 | 1 | 9 | 16 | 0.322 | 0.412 | 0.441 | 0.853 |
| LG | 71 | 1 | 8 | 17 | 0.279 | 0.380 | 0.361 | 0.741 |
| NC | 63 | 3 | 7 | 12 | 0.345 | 0.413 | 0.545 | 0.958 |
| SK | 69 | 1 | 7 | 13 | 0.300 | 0.362 | 0.367 | 0.729 |
| 키움 | 68 | 4 | 8 | 17 | 0.283 | 0.368 | 0.517 | 0.885 |
| 두산 | 70 | 1 | 8 | 14 | 0.258 | 0.343 | 0.371 | 0.714 |
| 롯데 | 68 | 1 | 4 | 14 | 0.295 | 0.358 | 0.361 | 0.719 |
| 삼성 | 68 | 1 | 8 | 13 | 0.317 | 0.397 | 0.533 | 0.930 |
| 한화 | 69 | 0 | 10 | 22 | 0.200 | 0.318 | 0.291 | 0.609 |

### 그라운드 구역별 피안타 방향

| 구분 | 타석 | 안타 | 홈런 | 타점 | 볼넷 | 삼진 | 타율 |
|---|---|---|---|---|---|---|---|
| 0-0 | 71 | 28 | 5 | 13 | 0 | 0 | 0.438 |
| 0-1 | 49 | 20 | 2 | 9 | 0 | 0 | 0.435 |
| 0-2 | 55 | 5 | 1 | 2 | 0 | 29 | 0.091 |
| 1-0 | 33 | 10 | 0 | 3 | 0 | 0 | 0.313 |
| 1-1 | 50 | 19 | 3 | 9 | 0 | 0 | 0.388 |
| 1-2 | 93 | 15 | 0 | 1 | 0 | 54 | 0.163 |
| 2-0 | 4 | 3 | 1 | 2 | 0 | 0 | 0.750 |
| 2-1 | 29 | 14 | 1 | 9 | 0 | 0 | 0.552 |
| 2-2 | 90 | 18 | 2 | 9 | 0 | 41 | 0.200 |
| 3-0 | 10 | 0 | 0 | 0 | 10 | 0 | 0.000 |
| 3-1 | 30 | 4 | 1 | 2 | 3 | 18 | 0.333 |
| 3-2 | 99 | 16 | 0 | 7 | 40 | 18 | 0.276 |

### 2020 시즌 수비 성적

| 구분 | 수비이닝 | 실책 | 수비율 |
|---|---|---|---|
| CF | 1221.0 | 5 | 0.987 |

### 2020 시즌 핫 & 콜드존

**VS좌투**

| - | 0.500<br>1/2 | 0.000<br>0/1 | 0.000<br>0/1 | - |
|---|---|---|---|---|
| 0.000<br>0/5 | 0.750<br>3/4 | 0.143<br>1/7 | 0.333<br>1/3 | 0.000<br>0/2 |
| 0.200<br>1/5 | 0.250<br>1/4 | 0.632<br>12/19 | 0.500<br>3/6 | 0.000<br>0/1 |
| 0.200<br>1/5 | 0.313<br>5/16 | 0.444<br>4/9 | 0.000<br>0/2 | |
| 0.000<br>0/2 | 0.000<br>0/3 | 0.200<br>1/5 | 0.333<br>1/3 | 0.000<br>0/1 |

**VS우투**

| - | 0.000<br>0/3 | 0.182<br>2/11 | 0.000<br>0/8 | 1.000<br>2/2 |
|---|---|---|---|---|
| 0.100<br>1/10 | 0.263<br>5/19 | 0.235<br>8/34 | 0.276<br>8/29 | 0.200<br>1/5 |
| 0.188<br>3/16 | 0.275<br>11/40 | 0.558<br>24/43 | 0.394<br>13/33 | 0.000<br>0/6 |
| 0.222<br>4/18 | 0.148<br>4/27 | 0.282<br>11/39 | 0.467<br>14/30 | 0.400<br>2/5 |
| 0.000<br>0/8 | 0.273<br>3/11 | 0.136<br>3/2 | 0.000<br>0/6 | -<br>0/0 |

# 2 심우준

**내야수(우투우타)**

| | |
|---|---|
| 생년월일 | 1995년 4월 28일 |
| 신장/체중 | 183cm/75kg |
| 학력 | 송정동초-언북중-경기고 |
| 연봉(2021) | 1억5500만 원 |
| 지명순위 | 2014 KT 2차 특별 14순위 |
| 입단년도 | 2014 KT |

그라운드 야전사령관으로 불리는 유격수의 부담은 상당하다. 좌우로 뻗어나가는 공을 실수 없이 잡아내는 임무는 상당한 체력 부담을 요한다. 지난해 정규 시즌 144경기를 모두 소화한 심우준의 가치는 그래서 더 빛난다. 유격수에게는 타석에서의 기여라는 또 다른 임무도 있다. 이 부분까지 본다면 심우준의 2020시즌은 절반의 성공이라고 평할 만하다. KT의 주전 유격수로 입지를 굳혔지만 타격 성적은 아쉬웠다. 타율 0.235, 3홈런 51타점, OPS는 0.591에 그쳤다. 데뷔 후 가장 많은 535타석을 소화하며 112안타를 때려 2년 연속 100안타를 돌파한 게 소득이라면 소득이었다. 하지만 심우준에겐 더 완벽한 타격에 대한 갈증이 생길 수밖에 없다.

올 시즌 심우준이 타격 면에서 신경을 써야 할 이유가 늘었다. 강력한 경쟁자가 등장했다. 지난해까지 롯데에서 뛰다 올 시즌 KT 유니폼을 입은 신본기의 등장으로 KT 유격수 자리는 경쟁 체제가 구축됐다. 2, 3루뿐 아니라 유격수 자리까지 소화하는 신본기는 타격 면에선 심우준보다 위라는 평가를 받는다. 치열한 경쟁을 뚫고 KT의 주전 유격수로 거듭난 심우준이지만 올해는 타석에서도 가치를 입증해야 한다. 심우준의 강점은 강한 어깨와 빠른 발, 경쾌한 발놀림과 캐칭 능력 등 유격수의 필수 덕목을 고루 갖췄다는 점이다. 뛰어난 수비 능력은 지난해 이강철 감독이 타선 기여도가 떨어진다는 지적에도 심우준에게 유격수 자리를 맡기며 신뢰를 아끼지 않은 이유다.

올 시즌 심우준의 화두는 2020년 5월의 기억 되살리기다. 시즌 초반이었던 당시 심우준은 0.293으로 월간 타율 최고점을 찍었다. 도루 35개로 빠른 발과 뛰어난 주루 센스도 입증했다. 출루에 성공하면 가장 위협적인 주자이자 득점 찬스를 만들 수 있다. 때문에 이강철 감독은 심우준이 타격 면에서 성장한다면 리드오프 역할도 충분히 해낼 수 있다고 본다. 프로에게 경쟁은 숙명이다. 치열한 경쟁을 뚫고 주전 자리를 차지한 심우준에게 새로운 경쟁자의 등장은 아드레날린을 다시 뿜어낼 기회가 될 것이다.

## 2020 시즌 & 통산 성적

| 연도 | 경기 | 타석 | 타수 | 안타 | 2루타 | 3루타 | 홈런 | 타점 | 도루 | 도실 | 볼넷 | 사구 | 삼진 | 타율 | 장타율 | 출루율 | OPS |
|---|---|---|---|---|---|---|---|---|---|---|---|---|---|---|---|---|---|
| 2020 | 144 | 535 | 476 | 112 | 16 | 3 | 3 | 51 | 35 | 11 | 37 | 2 | 98 | 0.235 | 0.300 | 0.291 | 0.591 |
| 통산 | 748 | 2,071 | 1,898 | 479 | 83 | 10 | 18 | 165 | 110 | 33 | 98 | 16 | 357 | 0.252 | 0.335 | 0.293 | 0.628 |

## 2020 시즌 홈 / 원정 성적

| | 경기 | 타석 | 타수 | 안타 | 2루타 | 3루타 | 홈런 | 타점 | 도루 | 도실 | 볼넷 | 사구 | 삼진 | 타율 | 장타율 | 출루율 | OPS |
|---|---|---|---|---|---|---|---|---|---|---|---|---|---|---|---|---|---|
| 홈 | 72 | 271 | 240 | 62 | 7 | 1 | 3 | 31 | 19 | 6 | 21 | 1 | 35 | 0.258 | 0.333 | 0.318 | 0.651 |
| 원정 | 72 | 264 | 236 | 50 | 9 | 2 | 0 | 20 | 16 | 5 | 16 | 1 | 63 | 0.212 | 0.267 | 0.263 | 0.530 |

## 2020 시즌 상황별 기록

| 상황 | 타석 | 안타 | 홈런 | 타점 | 볼넷 | 삼진 | 타율 |
|---|---|---|---|---|---|---|---|
| vs 좌 | 104 | 23 | 1 | 13 | 8 | 21 | 0.250 |
| vs 우 | 357 | 72 | 1 | 32 | 22 | 63 | 0.226 |
| vs 언더 | 74 | 17 | 1 | 6 | 7 | 14 | 0.262 |
| 주자있음 | 245 | 51 | 1 | 49 | 17 | 38 | 0.246 |
| 주자없음 | 290 | 61 | 2 | 2 | 20 | 60 | 0.227 |
| 득점권 | 155 | 34 | 0 | 46 | 13 | 26 | 0.258 |
| 만루 | 19 | 5 | 0 | 15 | 1 | 4 | 0.313 |

## 그라운드 구역별 피안타 방향

| 구분 | 타석 | 안타 | 홈런 | 타점 | 볼넷 | 삼진 | 타율 |
|---|---|---|---|---|---|---|---|
| 0-0 | 56 | 17 | 1 | 5 | 0 | 0 | 0.354 |
| 0-1 | 43 | 13 | 0 | 9 | 0 | 0 | 0.351 |
| 0-2 | 52 | 7 | 0 | 2 | 0 | 27 | 0.135 |
| 1-0 | 26 | 4 | 0 | 5 | 0 | 0 | 0.174 |
| 1-1 | 42 | 1 | 2 | 3 | 0 | 0 | 0.300 |
| 1-2 | 86 | 19 | 0 | 8 | 0 | 26 | 0.224 |
| 2-0 | 11 | 3 | 0 | 0 | 0 | 0 | 0.273 |
| 2-1 | 32 | 10 | 0 | 7 | 0 | 0 | 0.333 |
| 2-2 | 108 | 18 | 0 | 7 | 0 | 36 | 0.168 |
| 3-0 | 9 | 0 | 0 | 0 | 9 | 0 | - |
| 3-1 | 20 | 0 | 0 | 2 | 16 | 0 | 0.250 |
| 3-2 | 52 | 8 | 0 | 3 | 12 | 9 | 0.205 |

## 2020 시즌 상대팀 별 기록

| 구분 | 타석 | 홈런 | 볼넷 | 삼진 | 타율 | 출루율 | 장타율 | OPS |
|---|---|---|---|---|---|---|---|---|
| KIA | 62 | 0 | 4 | 13 | 0.196 | 0.262 | 0.250 | 0.512 |
| LG | 56 | 0 | 7 | 11 | 0.157 | 0.204 | 0.157 | 0.361 |
| NC | 56 | 0 | 5 | 12 | 0.160 | 0.236 | 0.220 | 0.456 |
| SK | 53 | 1 | 7 | 10 | 0.205 | 0.314 | 0.341 | 0.655 |
| 키움 | 53 | 0 | 4 | 7 | 0.261 | 0.320 | 0.326 | 0.646 |
| 두산 | 66 | 0 | 3 | 10 | 0.290 | 0.323 | 0.355 | 0.678 |
| 롯데 | 62 | 1 | 1 | 11 | 0.237 | 0.250 | 0.339 | 0.589 |
| 삼성 | 64 | 0 | 8 | 10 | 0.340 | 0.406 | 0.434 | 0.840 |
| 한화 | 63 | 1 | 3 | 14 | 0.255 | 0.288 | 0.273 | 0.561 |

## 2020 시즌 수비 성적

| 구분 | 수비이닝 | 실책 | 수비율 |
|---|---|---|---|
| SS | 1156.0 | 21 | 0.969 |

## 2020 시즌 핫 & 콜드존

### VS좌투

| - | 0.000 0/1 | 0.000 0/2 | 0.000 0/1 | - |
|---|---|---|---|---|
| 0.500 1/2 | 0.750 3/4 | 0.667 2/3 | 0.000 0/7 | 0.000 0/1 |
| 0.200 1/5 | 0.286 2/7 | 0.375 3/8 | 1.000 5/5 | 0.000 0/3 |
| 0.250 1/4 | 0.000 0/5 | 0.167 1/6 | 0.000 0/6 | 0.143 3/21 |
| 0.000 0/2 | 0.000 0/4 | 0.200 1/5 | 0.429 3/7 | |

### VS우투

| - | 0.000 0/4 | 0.400 2/5 | 0.429 3/7 | 0.000 0/1 |
|---|---|---|---|---|
| 0.167 1/6 | 0.176 3/17 | 0.231 3/13 | 0.208 5/24 | 0.000 0/5 |
| 0.250 5/20 | 0.214 9/42 | 0.389 14/36 | 0.100 2/20 | 0.143 1/7 |
| 0.143 3/21 | 0.172 5/29 | 0.233 10/43 | 0.304 7/23 | 0.571 4/7 |
| | 0.000 0/8 | 0.063 1/16 | 0.467 7/15 | 0.333 4/12 | 0.000 0/3 |

# PLAYERS

## 4
# 조일로 알몬테

**외야수(우투양타)**

| 생년월일 | 1989년 6월 10일 | 신장/체중 | 183cm/92kg |
|---|---|---|---|
| 국적 | 도미니카공화국 | | |
| 연봉(2021) | 77만5000 달러(인센티브 25만 포함) | | |
| 지명순위 | - | | |
| 입단년도 | 2021 KT | | |

새 외국인 타자 알몬테는 올 시즌 가장 주목받는 선수 중 한 명이다. 화려했던 전임자의 그림자 탓이다. 2017년 KT 대체 선수로 합류해 지난해까지 4시즌 간 KBO리그 간판타자로 성장한 멜 로하스 주니어의 바통을 이어받았다. 일본 무대로 떠난 로하스는 KT가 알몬테를 선택하자 "나보다 나은 타자"라고 평했다. 알몬테는 로하스가 경험하지 못했던 빅리그 커리어를 밟았다. 2013년 명문팀 뉴욕 양키스에서 빅리그에 데뷔해 이듬해까지 두 시즌 간 47경기에 나섰다. 빅리그 통산 성적은 타율 2할1푼1리, 2홈런 12타점이었다. 마이너리그에서 칼을 갈던 알몬테는 2018년 NPB 센트럴리그 소속 주니치 드래곤즈에서 새로운 도전에 나섰다. NPB 통산 성적은 타율 3할1푼6리, 31홈런 131타점이다. 두 리그에서 알몬테가 작성한 기록은 썩 인상적이지 않은 게 사실이다. 일본 시절 달고 다녔던 허벅지 부상도 올 시즌 KT에서의 활약에 물음표를 던질 만하다. 그런데도 KT는 알몬테의 성공 가능성을 높게 본다. 일본 야구를 경험하면서 아시아 야구에 적응한 상태에서 KBO리그에 진출하는 만큼 빠른 적응을 기대한다. 부상 우려에 관해서도 두 차례의 메디컬테스트를 통해 건강함을 확인했다.

알몬테는 로하스와 같은 듯 다른 유형이다. 두 선수 모두 스위치히터로 좌우 공략 모두 능숙하게 소화할 수 있다. 로하스가 중장거리 타구를 생산하는 데 집중하는 스타일이라면 알몬테는 짧고 간결한 스윙으로 강한 타구를 만들어내는 유형이다. 공인구 반발력 여파로 장타가 줄어든 KBO리그의 최근 추세를 돌아보면 알몬테가 상대 투수의 공이 눈에 익는 시점에서 기대 이상의 활약을 보여줄 것으로 기대할 만하다. 알몬테가 로하스의 빈자리를 성공적으로 채운다면 V1을 기치로 내건 KT의 꿈도 더 가까워질 수 있다. 미국, 일본에서 아쉬운 임팩트에 그쳤던 알몬테 역시 코리안드림이라는 반전 스토리를 꿈꾼다.

### 투수(우투우타)
# 38 주권

총 77경기에 등판, 6승 2패 31홀드를 따내며 이영준(키움)을 제치고 홀드왕까지 거머쥐었다. KT로서는 창단 첫 개인 타이틀 홀더의 경사이기도 했다. 슬라이더와 커브 등 다양한 구종을 던지는 투수였지만 2019년부터 체인지업에 집중하며 투피치 투수로 거듭난 것이 성적 급상승으로 이어졌다. 직구와 체인지업의 피칭궤적을 분석해 두 구종에만 초점을 맞추라는 KT 전력분석팀의 분석이 적중했다. 우완임에도 좌타자 상대로 강점을 보인 이유도 여기에 있다. 경기 수(71→77경기)는 지난해보다 늘었지만 이닝(75→70이닝)은 줄었다. 7월 난조에 빠졌지만 8월 12경기 평균자책점 0의 안정감을 되찾은 뒤로 흔들리지 않았다. 자타공인 KT 포스트시즌 진출의 1등 공신이다. 플레이오프 4경기 모두 등판해 3 2/3이닝 동안 평균자책점 2.45로 잘 막았다. 3차전 김재환에게 불의의 한방을 허용했지만 추가 실점 없이 버텨 KT의 가을 야구 첫 승에 공헌했다. 경기 수와 이닝 면에서 2년간 무리가 적지 않았다. 향후 관리가 필요하다. 시즌이 끝난 뒤엔 2010년 이대호 이후 10년 만의 연봉 조정 신청으로 주목받았다. 결과적으로 주권의 승리로 마무리되었다. 2002년 류지현 현 LG 감독 이후 19년 만의 선수 측 승리였다.

| | | | |
|---|---|---|---|
| 생년월일 | 1995년 5월 31일 | 연봉(2021) | 2억 5000만 원 |
| 신장/체중 | 181cm/82kg | 지명순위 | 2015 KT 우선 지명 |
| 학력 | 우암초 - 청주중 - 청주고 | 입단년도 | 2015 |

### 투수(우투우타)
# 62 김재윤

2018년 블론세이브 1위의 의구심을 떨쳐내고 KT의 확실한 끝판왕으로 자리 잡았다. 김재윤은 2016년부터 2018년까지 44세이브를 거뒀지만 5점대 안팎의 평균자책점으로 인해 보는 이들을 안심시키진 못했다. 이대은의 예상치 못한 부진으로 보직이 바뀌면서 시즌 초에는 어려움을 겪었다. 5~6월 평균자책점 6.38에 그치며 3패(1승)를 안았다. 7월부터 안정감을 되찾았고 8~10월 후반기에는 평균자책점 1.65의 '짠물' 피칭을 과시했다. 7~9월 47승 23패 1무로 약진한 KT의 상승세를 견인했다. 이닝 수는 60 ⅔이닝이었지만 1이닝 이상을 투구한 횟수가 18번이나 된다. 그만큼 이강철 감독의 확실한 신뢰를 받으며 KT 팬들의 뒷문 걱정을 불식시켰다. 필승조가 흔들린다 싶을 때마다 과감하게 반 박자 빠르게 김재윤을 투입됐고 그 믿음에 보답했다. 10월 들어 직구 구속이 140km 남짓으로 떨어지는 등 체력적인 부담을 드러냈지만 자신의 소임을 다했다. 10월 17일 SK 와이번스전 세이브로 KT 역사상 첫 시즌 20세이브를 달성했다. 플레이오프 향배를 결정하는 1차전 8~9회 난타당해 패전투수가 된 점은 두고두고 아쉽다. 이후 2차전과 4차전에서 각각 1이닝 무실점으로 호투했지만 승부를 뒤집지 못했다.

| | | | |
|---|---|---|---|
| 생년월일 | 1990년 9월 16일 | 연봉(2021) | 1억7000만 원 |
| 신장/체중 | 185cm/91kg | 지명순위 | 2015 KT 2차 특별 지명 13순위 |
| 학력 | 서울도곡초-휘문중-휘문고 | 입단년도 | 2015 |

### 투수(우투우타)
# 26 김민수

시즌 도중 불펜에서 선발로 변신해 제 역할을 해냈다. 시즌 초 쿠에바스의 부상, 중반 이후 김민의 부진으로 생긴 구멍을 잘 메웠다. 퀄리티스타트 3번은 덤이었다. 강속구 투수는 아니어도 높은 곳에서 내리꽂는 투구 폼이 일품이다. 커브 못지않게 각이 큰 강력한 슬라이더도 인상적으로 매년 발전 중이다. 시즌 스타트는 부진했다. 8경기에 등판한 5월 평균자책점은 무려 15.00. 그러잖아도 고생하는 불펜의 부담을 가중한다는 눈총이 쏟아졌다. 당당한 체격에 비해 아쉬운 구위, 소극적인 피칭 내용이 더욱 답답함을 안겼다. 쿠에바스 대신 들어선 대체 선발이 반전 계기가 됐다. 6월 평균자책점 3.71로 호투하며 시즌 첫 승을 올렸다. 이후 선발투수로 활약하며 3승을 올렸다. 띄엄띄엄 경기가 펼쳐진 10월에는 다시 불펜으로 복귀했다. 특히 10월 22일 두산전에서 팀의 승리를 결정지으며 KT의 창단 첫 가을 야구를 확정했다. 피안타가 많은 반면 경제적인 투구 수로 끈끈하게 버텨내는 선발 투수의 덕목을 갖췄다. 다만 불펜으로 시작해 대체 선발로 기용되다 보니 경기마다 다소 기복을 보이며 풍당풍당 피칭을 이어간 점은 개선이 필요하다.

| | | | |
|---|---|---|---|
| 생년월일 | 1992년 7월 24일 | 연봉(2021) | 7000만 원 |
| 신장/체중 | 188cm/80kg | 지명순위 | 2015 KT 2차 특별 지명 11순위 |
| 학력 | 청원초-청원중-청원고-성균관대 | 입단년도 | 2015 |

# PLAYERS

### 투수(우투우타)
# 55 유원상

KBO리그에서 가장 주목받던 유망주였지만 마흔을 앞둔 나이에 뜻밖의 각성을 이뤄냈다. 2014년 LG 시절 이후 6년 만에 제 2의 전성기. 직구 구위는 과거만 못해도 갈고닦은 슬라이더가 한결 날카로워졌다. 타자 높은쪽 직구를 적극적으로 활용하고 떨어지는 변화구의 위력을 극대화한 선택도 돋보였다. 2019시즌 직후 NC에서 방출된 뒤 KT에 새 둥지를 틀 때만 해도 많은 기대를 받진 못했다. 개막전도 2군 신세였다. 5월 하순 첫 콜업 이후 불펜진의 새로운 희망으로 떠올랐다. 6월 평균자책점 1.96, 8월 0.75를 기록하는 등 KT의 새로운 산소탱크 역할을 해냈다. 팀 내에서 주권(77경기) 다음으로 많은 62경기에 등판해 64이닝 평균자책점 3.80을 기록하며 허리를 책임졌다. 6월에는 주 5회 등판, 더블헤더 연속 등판 등을 소화하는 투혼도 발휘했다. 조현우와 이보근이 필승조를 맡게 된 8월 이후에는 추격조로 물러나서도 좋은 모습을 보였다. 다만 시즌 종료 이후 연봉 논란은 다소 아쉬움이 남는다. 유원상은 FA 자격을 취득하고도 팀에게 고맙다는 이유로 신청하지 않았는데 연봉은 8천만 원에 그쳤다. 유원상의 노고에 비해 아쉬운 금액이라는 시선이 대부분이다.

| 생년월일 | 1986년 6월 17일 | 연봉(2021) | 8000만 원 |
|---|---|---|---|
| 신장/체중 | 187cm/93kg | 지명순위 | 2006 한화 1차지명 |
| 학력 | 둔촌초-잠신중-북일고-목원대 | 입단년도 | 2006 |

### 투수(우투좌타)
# 11 이대은

이대은이란 이름값이 와르르 무너진 한 해였다. 지난해에는 만족스럽진 않아도 2점대 평균자책점과 17세이브로 마무리 역할을 해냈다. 향후 마무리로 자리잡을 것으로 예상됐다. 데뷔 첫해 기대치에 미치지 못했음에도 KT도 연봉 1억을 채워주며 신뢰를 드러냈다. 하지만 지난해와 달리 변화구 제구가 크게 흔들린 데다 직구 구속마저 감소해 개막 한 달 만에 마무리 자리를 김재윤에게 내줬다. 긴 2군 생활을 거쳐 돌아온 9월의 기량도 기대치에는 크게 미치지 못했다. 12월에는 팔꿈치 뼛조각 제거 수술까지 받으며 휴식기가 길어졌다. 기복의 원인으로 지목됐던 팔꿈치 통증에선 벗어나겠지만 지난 2년간 이대은이 보여준 기량은 기대치에 비해 초라하다. 개막 보름 만에 3패 3블론을 기록하며 일찌감치 마무리에서 밀려났다. 한화전 1세이브도 호수비에 힘입은 결과였다. 퓨처스의 모습도 압도적이지 않았다. 한 타자 상대 3연속 폭투를 범하는가 하면 최고 구속도 140km 남짓에 그쳤다. 8월 확장 엔트리에서도 제외된 뒤 2군 평균자책점이 9점대로 치솟기도 했다. 9월 콜업 이후 오프너로 롱맨으로 나름의 역할을 수행했지만 플레이오프에는 엔트리에 포함됐음에도 등판 기회를 잡지 못했다.

| 생년월일 | 1989년 3월 23일 | 연봉(2021) | 5000만 원 |
|---|---|---|---|
| 신장/체중 | 189cm/90kg | 지명순위 | 2019년 2차 1라운드 |
| 학력 | 역삼초-경원중-신일고 | 입단년도 | 2019 |

### 투수(우투우타)
# 47 이보근

유원상과 더불어 KT 불펜에서 제2의 전성기를 맞이했다. 노장의 저력이 눈부셨다. 14경기 연속 무실점 행진을 하는가 하면 여름 이후 필승조로 올라서 KT의 창단 첫 가을 야구 진출에 한 몫을 톡톡히 했다. 시즌 초 전망은 밝지 않았다. 2016~2018년 3년간 67홀드를 올린 검증된 불펜이었지만 2019년의 충격적 부진을 지울 시간이 필요했다. 이렇다 할 건강 이상 없이 2차 드래프트로 KT로 이적했음에도 1군에 첫선을 보인 날짜가 6월 11일이었을 만큼 주목을 받지 못했다. 7월 들어 달라진 구위를 과시하며 12경기 평균자책점 0의 만점 활약을 펼쳤다. 필승조 승격은 물론, 김재윤이 부상으로 빠질 때면 마무리까지 도맡아 3년 만에 세이브를 기록하는 등 고비 때마다 오아시스 활약을 펼쳤다. 김재윤이 복귀한 뒤에도 조현우와 함께 필승조로 팀 승리를 책임졌다. 데뷔 16년 차 베테랑답지 않게 이적 직후부터 팬페스티벌에 출연해 노래를 부르는 등 빠르게 새 팀에 녹아든 보람이 있었던 셈이다. 전체적으로 선수들의 연봉이 저렴한 '젊은팀' KT에서 FA 계약으로 적지 않은 보장 연봉을 받는 베테랑 선수로서 역할을 충실하게 해냈다.

| 생년월일 | 1986년 4월 30일 | 연봉(2021) | 2억 원 |
|---|---|---|---|
| 신장/체중 | 187cm/90kg | 지명순위 | 2005 현대 2차 5라운드 39순위 |
| 학력 | 봉천초-강남중-서울고 | 입단년도 | 2005 |

### 투수(좌투좌타)
# 59 조현우

2020년 불펜 신데렐라. KT에 귀한 좌완 불펜이자 좌타자 스페셜리스트다. 직구, 슬라이더 투피치에 가까운 스타일에도 시즌 내내 월별 평균자책점이 4를 넘기지 않는 안정감이 돋보인다. 직구 평균 구속은 140km 남짓이지만 회전수가 뛰어난 타입이다. 디셉션이 훌륭해 공을 오랫동안 감췄다 던지는 게 최대 강점이다. 위기 관리의 달인이다. 주자가 있는 상황서 총 32번이나 등판했지만 홈을 밟은 주자는 단 1명에 불과했다. 위기 때마다 이강철 감독이 자신 있게 조현우 카드를 꺼내든 이유가 있다. 조현우, 주권, 이보근, 김재윤으로 이어지는 필승조 라인은 2020 KT의 자랑이었다. 특히 조현우를 제외하면 왼손 불펜이 하준호 정도인 KT로선 조현우의 가세가 천군만마 못지않았다. 대체 선수 대비 승리 기여도(스탯티즈 기준) 1.76으로 리그 내 좌완 불펜 중 1위였다. 플레이오프에서는 큰 경기 경험이 적다는 약점을 드러냈다. 1차전에는 김인태에게 역전 적시타를 내줬고 2차전에도 실점은 없었지만 제구가 흔들려 위기를 겪었다. 4차전에도 뜻밖의 연속 폭투로 교체된 직후 소형준이 결승 2점 홈런을 허용해 시즌 마지막 경기의 패전투수가 됐다.

| 생년월일 | 1994년 3월 30일 | 연봉(2021) | 7500만 원 |
|---|---|---|---|
| 신장/체중 | 182cm/83kg | 지명순위 | 2014 KT 2차 2라운드 16순위 |
| 학력 | 군산중앙초-군산중-군산상고 | 입단년도 | 2014 |

### 투수(우사우타)
# 1 고영표

군 복무를 마치고 돌아온 고영표는 현시점 가장 강력한 KT의 5선발 후보다. 2018시즌을 마친 뒤 사회복무요원으로 입대해 지난해 11월 소집해제 후 팀에 복귀했다. 비활동기간 착실하게 개인 훈련을 소화한 결과 스프링캠프 합류 첫날부터 불펜피칭에 임하는 등 쾌조의 컨디션을 과시했다. 사실상 KT의 원조 토종 에이스다. 2017~2018년 49경기에 선발등판해 14승을 올렸다. 배제성, 소형준과 더불어 KT의 국내 선발진 한 축을 맡을만하다는 평가다. 하지만 국방의 의무를 다하는 사이 KT의 상황은 크게 달라졌다. 2019년 부임한 이강철 감독이 소형준과 배제성을 키워냈다. 이보근, 유원상 등 타팀에서 넘어온 베테랑들이 자기 역할을 해주면서 마운드가 단숨에 두터워졌다. 이를 바탕으로 2년 만에 창단 첫 가을야구를 치렀다. 제대를 앞둔 고영표는 이를 TV로 지켜보며 아쉬움을 달래야 했다. KT는 데스파이네부터 배제성까지 선발 4명이 10승을 따낸 유일한 팀이다. 고영표만 자신의 역할을 해준다면 2년 연속 가을 야구도 충분하다.

| 생년월일 | 1991년 9월 16일 | 연봉(2021) | 1억2000만 원 |
|---|---|---|---|
| 신장/체중 | 187cm/88kg | 지명순위 | 2014 2차 1라운드 10순위 |
| 학력 | 광주대성초-동성중-화순고-동국대 | 입단년도 | 2014 |

### 투수(우투좌타)
# 31 전유수

2005년 현대 유니콘스에서 데뷔, 히어로즈와 SK를 거쳐 KT에 몸담고 있다. 드래프트 전체 58번째로 지명됐지만 프로 무대에서 17번째 시즌을 맞이한다. 2011년 경찰 야구단의 마무리로서 5승 3패 20세이브를 기록, 북부리그 구원왕을 차지했다. SK 시절인 2014~2015년 2년간 162⅓이닝을 소화하는 등 혹사에 시달린 끝에 다소 빛을 잃는가 했지만 KT 이적 후 부활을 노래하고 있다. 지난해 62경기(66 1/3이닝)에 이어 2020년에도 47경기(45⅔)에 출전하며 마당쇠 역할을 수행했다. 유원상, 이보근과 함께 2020년 KT의 허리를 잘 받쳤다. 심재민과 이상화의 공백을 훌륭하게 메웠다. 최고 150km에 달하던 강속구는 사라졌어도 절묘한 제구력으로 타자를 유혹한다. 투심과 슬라이더로 무장된 노련미가 돋보인다. 10월에도 주권과 김재윤을 안정적으로 뒷받침하며 창단 첫 가을 야구 공신이 됐다. 지난해 '젊은팀' KT의 8명뿐인 억대 연봉자로서 역할을 잘 수행했다. 플레이오프에서 출전이 적었다는 점이 아쉬웠다. 두산을 상대로 10 2/3이닝 평균자책점 2.61로 호투했지만 플레이오프에서는 2차전에만 등판해 2/3이닝 소화에 그쳤다.

| 생년월일 | 1986년 11월 29일 | 연봉(2021) | 1억500만 원 |
|---|---|---|---|
| 신장/체중 | 185cm/95kg | 지명순위 | 2005 현대 2차 8라운드 58순위 |
| 학력 | 여고초-사직중-경남상고 | 입단년도 | 2005 |

# PLAYERS

### 투수(우투우타)
## 48 안영명

"한화는 내 운명"이라 말하던 선수다. 2010년 KIA로 트레이드 됐다가 한화로 돌아올 정도. 류현진 이후 한화의 유일한 10승(2015년) 투수이기도 하다. 올겨울 리빌딩 과정에서 18년간 몸 담았던 팀과 결별했다. 지난해 39경기 45⅔이닝, 평균자책점 5.91에 그쳤다. 한화 2군 코로나19 확진자 발생으로 인한 2군 콜업 지연과 무릎 부상이 겹쳤다. 한때 은퇴도 고려했지만 세 아이를 둔 다둥이 아빠로서 야구장에서 뛰는 모습을 좀 더 보여 주고 싶었다. 방출 통보 다음 날부터 몸만들기에 돌입한 열정은 곧바로 인정받았다. KIA 시절 인연인 이강철 감독과 '마법사 군단'의 일원이 되었다. 왕년에는 140km 후반의 강속구를 뿜냈지만 이젠 노련미가 돋보이는 불펜 투수로 거듭났다. 빠른 템포와 과감하게 몸쪽을 찌르는 전매특허 직구는 여전하다. 어떤 타자에게도 주눅 들지 않는 배포가 최대 장점. 예리한 슬라이더도 빛난다. 단, 왕년 같지 않은 구위로 과감하게 찌르다 보니 노림수에 읽히면 한 방을 허용하기도 한다. 필승조, 추격조, 롱릴리프, 대체 선발까지 다양한 보직을 소화해본 '마당쇠'다. 투수 최고참이지만 새로운 등번호 48번과 함께 과거를 잊고 새 팀에서 백의종군을 다짐한다.

| | | | |
|---|---|---|---|
| 생년월일 | 1984년 11월 19일 | 연봉(2021) | 7000만 원 |
| 신장/체중 | 183cm/90kg | 지명순위 | 2003 한화 1차 지명 |
| 학력 | 천안남산초-천안북중-북일고-대전대-우송대 대학원 | 입단년도 | 2003 |

### 투수(좌투좌타)
## 34 심재민

최고 149km의 직구에 슬라이더와 커브, 체인지업까지. 좌완 정통파 불펜 에이스가 돌아왔다. 좌완이 부족한 KT로서는 천군만마 전력 보강이다. 리틀야구 시절 '김응용이 찜한 좌완'으로 유명세를 타며 유소년대표까지 지냈다. 김응용 전 감독의 후원으로 개성중, 개성고에 진학할 정도였다. 당시만 13세 나이에 독보적 피지컬을 앞세워 최고 130km의 직구를 던지는 등 전국 랭킹 1위의 유망주로 주목받았다. 하지만 고교 시절 당한 팔꿈치 부상으로 인해 KT 입단 직후 토미존 수술을 받았다. 사실상 데뷔 첫해였던 2015년 10이닝 4폭투 흑역사도 남겼지만 꾸준한 출전 기회를 받으며 성장했다. 2016~2018년 3년간 167경기 170이닝을 소화하며 황폐했던 KT 불펜을 지켰다. 심재민의 복귀로 KT 불펜은 한층 단단해졌다. 27세로 아직 한창나이다. 입대 당시엔 소집 해제 후 선발 전환을 예고했지만 그 사이 배제성과 소형준이 리그 정상급 선발투수로 성장해 문이 좁아졌다. 구위와 수 싸움이 좋고 안정적 제구를 갖춘 왼손 투수인 만큼 활용 폭이 넓다. 2021년에는 고영표, 김민수와 5선발 한 자리를 두고 경쟁할 전망이다. 선발에서 밀리면 조현우와 함께 왼손 필승 계투조로 활용될 것으로 보인다.

| | | | |
|---|---|---|---|
| 생년월일 | 1994년 2월 18일 | 연봉(2021) | 6300만 원 |
| 신장/체중 | 182cm/92kg | 지명순위 | 2014 KT 우선지명 |
| 학력 | 장유초-개성중-개성고 | 입단년도 | 2014 |

### 포수(우투우타)
## 17 허도환

데뷔 15년 차 수비형 포수. 통산 타율 2할8리, 홈런은 8개에 불과하다. 도루 저지도 비교적 약하고 '허부기'라는 별명처럼 발도 느린 편이다. 하지만 투수를 이끄는 리더십이 뛰어나고 몸을 사리지 않는 열정이 트레이드마크다. 수비형 포수의 가치와 수요를 입증하는 대표적인 사례다. 허도환이 주목받은 계기는 리그 최고 수준의 블로킹 능력 덕분이었다. 투수가 던질 때는 다른 위치에 앉아있다가 공을 던지는 순간 위치를 옮겨 다시 자리잡는 포구 능력도 발군으로 평가된다. 2007년 두산에 신고선수로 입단했다가 시즌 후 방출, 제대 후 히어로즈, 한화와 SK를 거쳤다. SK 시절인 2018년에는 한국시리즈 6차전에 교체 출장해 우승의 순간 김광현과 포옹했던 주인공이다. 2019년 말 윤석민에 현금 2억 원을 더해 맞트레이드되어 KT 유니폼으로 갈아입었다. 2020시즌 도중 콜업되어 탄탄한 수비력으로 장성우의 뒤를 받쳤다. 8월 이홍구의 영입 후에도 허도환의 입지는 크게 흔들리지 않았다. 표본(52타석)은 적지만 2020년 타율 2할6푼 4리는 허도환의 커리어에서 두 번째로 높은 기록이었다. 올시즌 KT 포수진에서는 장성우의 주전 입지는 공고하다. 허도환은 백업 포수 한 자리를 두고 이홍구, 강현우와 경쟁할 전망이다.

| | | | |
|---|---|---|---|
| 생년월일 | 1984년 7월 31일 | 연봉(2021) | 7500만 원 |
| 신장/체중 | 176cm/87kg | 지명순위 | 2003 두산 2차 7라운드 |
| 학력 | 학동초-이수중-서울고-단국대 | 입단년도 | 2003 |

### 내야수(우투우타)
# 5 신본기

설움 가득한 시즌을 마치고 도약의 기회를 얻었다. 2020년은 신본기가 롯데의 주력 선수로 올라선 이래 가장 힘든 시즌이었다. 주 포지션인 유격수에 외국인 선수 딕슨 마차도, 2루에는 안치홍이 영입됐다. 3루 역시 '포스트 이대호' 한동희가 입지를 굳히면서 갈 곳을 잃었다. 내야 전 포지션을 커버하는 멀티맨의 특성상 자리는 있었다. 하지만 기회가 너무 적었다. 81경기 123타석 출전에 그쳤다. 그나마도 백업 2루수로 오윤석이 눈에 띄는 활약을 보인데다 김민수, 배성근 등 젊은 선수들에 밀려 설 자리를 잃었다. 하지만 '미스터 기본기'로 불리는 신본기의 수비력을 탐내는 팀이 있었다. KT는 지난 12월 140km 후반의 빠른 직구를 지닌 유망주 투수 최건과 2022년 2차 3라운드 지명권을 내주고 신본기와 박시영을 영입했다. 실력을 떠나 성실함과 팬서비스로 사랑받던 신본기와 이별을 많은 롯데 팬이 아쉬워했다. KT로선 적절한 보강이었다. 주전 유격수 심우준은 만약 이대로 2021 도쿄올림픽이 불발될 경우 군 입대를 앞두게 된다. KT는 신본기에게 새로운 도전의 무대다.

| 생년월일 | 1989년 3월 21일 | 연봉(2021) | 9200만 원 |
|---|---|---|---|
| 신장/체중 | 179cm/88kg | 지명순위 | 2012년 롯데 2라운드 14순위 |
| 학력 | 감천초-경남중-경남고-동아대 | 입단년도 | 2012 |

### 내야수(우투우타)
# 6 박경수

노쇠화 우려를 벗어던졌다. 0.835의 OPS가 보여주듯이 나이와 생산력은 별개임을 증명했다. 리그 내 주전 2루수 중 최연장자지만 내야진의 중심으로 죽지 않은 수비력을 과시했다. 시즌 막판인 10월 3일 LG전에서 삼중살, 병살타를 잇따라 기록하는 굴욕도 있었지만 타선에서도 5~7번을 오가며 고비 때마다 알토란 같은 한 방을 터뜨렸다. 6년 연속 두 자릿수 홈런의 파워는 덤이다. 뜻하지 않은 부상마저 이겨낸 베테랑의 투혼이 빛난 해였다. 2020년은 KT뿐 아니라 박경수 개인에게도 데뷔 이래 첫 가을 야구의 기회였다. LG 트윈스 시절인 2014년 부상으로 포스트시즌에 뛰지 못했기 때문이다. 가을 야구 확정이 눈앞이던 10월 7일 박경수는 햄스트링 파열로 4주 결장 선고를 받았다. 필사적 재활 노력 끝에 시즌 막판 팀에 복귀해 국내 선수 포스트시즌 최고령 데뷔를 달성했다. 데뷔 이래 최장기간 가을 야구 경험이 없는 현역 선수의 아쉬움도 털어냈다. 팀은 패했지만 박경수는 플레이오프에서도 8타수 3안타 4볼넷으로 맹활약했다. 2021년에도 부상만 아니라면 주전 2루수로 활약할 전망이다.

| 생년월일 | 1984년 3월 31일 | 연봉(2021) | 4억 원 |
|---|---|---|---|
| 신장/체중 | 178cm/80Kg | 지명순위 | 2003 LG 1차지명 |
| 학력 | 서울미성초-성남중-성남고-방송대 | 입단년도 | 2003 |

### 외야수(우투우타)
# 61 유한준

올해 송승준(롯데), 이성우(LG)와 함께 KBO리그에 뛰는 40대 선수다. 셋 중 주전 입지가 가장 확고하다. 왕년에는 뛰어난 수비력으로 '국민우익수' 이진영에 비견되는 '시민 우익수'로 불렸다. 33세가 된 2014년 갑작스럽게 타격에 눈을 떴다. 이전까지 OPS 0.750 안팎을 기록하던 선수가 갑자기 0.316 20홈런 91타점 OPS 0.925로 맹활약했다. FA 시즌이었던 이듬해에는 0.362 23홈런 116타점 OPS 1.009로 대폭발하며 4년 60억 원의 좋은 대우로 KT로 FA 이적했다. KT에서 4년간 61홈런, 평균 OPS 0.864의 준수한 성적과 더불어 2년 연속 주장으로서 공수에서 팀을 이끌었다. 2019시즌을 마치고 KT와 2년 20억 원에 2차 FA 계약을 체결한 이유다. 지난해 부상에도 불구하고 7년 연속 두 자릿수 홈런(11개)을 달성했다. 급성장한 문상철과 비교에서도 타율, 홈런, OPS 모두 밀리지 않는다. 이따금 외야수로 출전할 때면 뛰어난 타구 판단 능력과 정확한 송구도 보여준다. KT의 사상 첫 포스트시즌 확정 순간에도 유한준이 주인공이었다. 지난해 10월 21일 삼성전 끝내기 희생플라이로 분위기를 달궜고 다음 날 두산을 상대로 4타점을 뽑아내 가을 야구를 직접 확정했다. 2021년에도 건재한 큰형님.

| 생년월일 | 1981년 7월 1일 | 연봉(2021) | 5억 원 |
|---|---|---|---|
| 신장/체중 | 186cm/97kg | 지명순위 | 2000 현대 2차 3라운드 20순위 |
| 학력 | 부천신흥초-부천중-유신고등학교-동국대 | 입단년도 | 2000 |

# PLAYERS

### 외야수(우투좌타)
# 23 조용호

포스트 이용규. 기복 없는 선구안과 투구 수를 낭비시키는 커트 능력, 투지 넘치는 주루플레이까지 겸비했다. 0.390대 출루율로 '거포군단' KT의 밥상을 차리는 테이블세터 역량을 과시하며 커리어하이를 찍었다. 2020년의 시작은 벤치였다. 강백호가 1루수로 포지션을 바꿨지만 배정대가 중견수를 꿰찬 데다 비슷한 스타일인 김민혁이 먼저 중용받기 때문이다. 어렵게 받은 주목을 놓치지 않았다. 5월에만 타율 0.424를 기록하며 눈도장을 받았고 이후 상하위 타선을 오르내리며 연결고리 역할을 수행했다. 한때 수비 시프트에 고전하기도 했지만 상대의 허점을 찌르는 매서움으로 뚫어냈다. 플레이오프에서도 1~2차전 연속 허경민을 봉살로 잡아내는 수비와 더불어 타격에서도 맹타를 휘두른 키플레이어였다. 거듭된 주루 실수로 팀 분위기에 찬물을 끼얹은 점이 아쉬웠다. 지난 2년 활약을 통해 스스로를 증명한 이상, 2021년에도 코너 외야수 겸 리드오프로 나설 가능성이 크다. 전형적인 교타자인 조용호가 프로 데뷔 첫 홈런을 언제 때릴지도 관심거리다.

| | | | |
|---|---|---|---|
| 생년월일 | 1989년 9월 9일 | 연봉(2021) | 1억 3000만 원 |
| 신장/체중 | 170cm/75kg | 지명순위 | 2014 SK 신고선수 |
| 학력 | 성동초-잠신중-야탑고-단국대 | 입단년도 | 2014 |

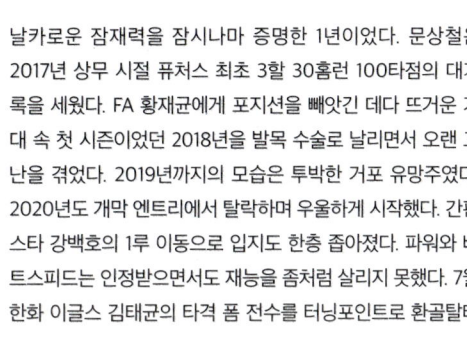

### 외야수(우투우타)
# 25 문상철

날카로운 잠재력을 잠시나마 증명한 1년이었다. 문상철은 2017년 상무 시절 퓨처스 최초 3할 30홈런 100타점의 대기록을 세웠다. FA 황재균에게 포지션을 빼앗긴 데다 뜨거운 기대 속 첫 시즌이었던 2018년을 발목 수술로 날리면서 오랜 고난을 겪었다. 2019년까지의 모습은 투박한 거포 유망주였다. 2020년도 개막 엔트리에서 탈락하며 우울하게 시작했다. 간판스타 강백호의 1루 이동으로 입지도 한층 좁아졌다. 파워와 배트스피드는 인정받으면서도 재능을 좀처럼 살리지 못했다. 7월 한화 이글스 김태균의 타격 폼 전수를 터닝포인트로 환골탈태한 기량을 과시하기 시작했다. 9월 한 달간 타율 0.429, 5홈런 9타점의 맹타를 휘둘렀다. OPS도 아닌 장타율이 0.943을 기록한 아름다운 한 달이었다. 10월에는 익숙지 않은 좌익수로 출전하면서 수비 부담이 커져 타격폼이 무너지면서 괴물 같았던 9월의 기량을 회복하지 못했다. 가능성을 잠시나마 현실로 보여준 만큼, 올해 1군에서 보다 많은 출전시간을 받을 전망이다

| | | | |
|---|---|---|---|
| 생년월일 | 1991년 4월 6일 | 연봉(2021) | 6000만 원 |
| 신장/체중 | 184cm/85kg | 지명순위 | 2014 KT 2차 특별지명 11순위 |
| 학력 | 중대초-잠신중-배명고-고려대 | 입단년도 | 2014 |

### 외야수(우투좌타)
# 53 김민혁

전성기 이대형에 비견되는 준족의 소유자. 하지만 치명적으로 파워 및 선구안 부족까지 닮았다. 2019년 차세대 리드오프로 주목받으며 521타석의 기회를 받았다. 장타력 부족으로 OPS는 0.648에 불과하지만 타율 0.281 출루율 0.341의 쏠쏠한 활약을 펼쳤다. 2020년에는 심우준, 배정대와 함께 이강철 감독이 구상한 'KT 육상부'의 일원이었다. 개막전부터 야심 차게 2번 타자로 기용됐다. 결과는 실패였다. 개막 5경기 무안타 등 깊은 부진에 시달렸다. 눈 깜짝할 사이에 겁 없이 질주하는 스피드는 정상급이지만 그에 걸맞은 판단력에 아쉬움이 있다. 타격에서도 나쁘지 않은 콘택트 대비 장타가 아예 없을 정도다. 결국 배정대와 조용호에게 주전 자리를 내줬다. 현재로선 두 선수의 뒤를 받치는 백업 외야수다. 문상철의 파워, 송민섭의 수비에 비해 눈에 띄는 확실한 장점이 필요하다. 홈런 5개를 때려내며 지난해 대비 장타율이 4푼이나 올랐지만 타격과 출루율이 주저앉아 OPS는 0.659에 그쳤다.

| | | | |
|---|---|---|---|
| 생년월일 | 1995년 11월 21일 | 연봉(2021) | 6500만 원 |
| 신장/체중 | 181cm/71kg | 지명순위 | 2014 KT 2차 6라운드 56순위 |
| 학력 | 광주서석초-배재중-배재고 | 입단년도 | 2014 |

### 46 박시영

지난해 12월 '최건+2022년 2차 3라운드 신인지명권'과 맞트레이드돼 신본기와 함께 KT에 입단했다. 예리한 포크볼이 돋보이는 불펜 투수. 우투수임에도 좌타자 상대 원포인트 릴리프로 자주 기용된 이유. 2019년 61⅓이닝을 소화하며 롯데의 필승조로 떠올랐지만 8월 팔꿈치 수술 후 2020년 과거 구위를 되찾지 못했다. KT가 부활시킨 또 한 명의 베테랑 불펜이 될 수 있을까.

| 투수 우투우타 | 생년월일 | 1989년 3월 10일 | 연봉(2021) | 6800만 원 |
|---|---|---|---|---|
| | 신장/체중 | 180cm/88kg | 지명순위 | 2008 롯데 2차 4라운드 31순위 |
| | 학력 | 축현초-신흥중-제물포고-영남사이버대 | 입단년도 | 2008 |

### 51 이정현

KT에 2차 1라운드 1번 지명자. 프로 입단 후 어깨 부상으로 좀처럼 데뷔하지 못했다. 2019년 선발 2번 포함 9경기에 출전했지만 2020년에는 다시 1군에 올라오지 못했다. 빠른 직구와 더불어 각도 큰 슬라이더도 지녔다. 스스로의 재능에 좀 더 자신감을 가질 필요가 있다.

| 투수 우투우타 | 생년월일 | 1997년 12월 5일 | 연봉(2021) | 3300만 원 |
|---|---|---|---|---|
| | 신장/체중 | 188cm/93kg | 지명순위 | 2017 KT 2차 1라운드 1순위 |
| | 학력 | 무학초-마산동중-용마고 | 입단년도 | 2017 |

### 28 하준호

투수로 입단해 2014년 외야수, 2019년 다시 투수로 전향하는 등 우여곡절이 많은 투수. 54경기에 출전해 5승 1패 1세이브 9홀드, 평균자책점 3.09를 기록하며 불펜의 한 축을 이뤘다. 조현우와 더불어 KT의 좌완 불펜 기근을 해결한 주인공이다.

| 투수 좌투좌타 | 생년월일 | 1989년 4월 29일 | 연봉(2021) | 6000만 원 |
|---|---|---|---|---|
| | 신장/체중 | 174cm/78kg | 지명순위 | 2008 롯데 2차 1라운드 2순위 |
| | 학력 | 하단초-대동중-경남고-영남사이버대 | 입단년도 | 2008 |

### 49 안현준

최고 155km 직구를 던지는 사이드암 파이어볼러다. 2015년 1군에 데뷔하며 주목받았지만 팔꿈치 수술로 이탈한 뒤 군 복무를 마쳤다. 지난해 퓨처스리그에서 3경기 151/30이닝을 소화하며 평균자책점 4.70을 기록했다. 고질적인 제구 불안이 약점.

| 투수 우언우타 | 생년월일 | 1995년 3월 23일 | 연봉(2021) | 3200만 원 |
|---|---|---|---|---|
| | 신장/체중 | 187cm/85kg | 지명순위 | 2014 KT 2차 4라운드 36순위 |
| | 학력 | 내덕초-청주중-세광고 | 입단년도 | 2014 |

### 21 이창재

소집해제 후 첫 시즌인 2020년 좌타자 바깥쪽으로 흘러가는 예리한 슬라이더로 이강철 감독의 호평을 받았다. 10경기 8이닝을 소화하며 1홀드를 기록했다. 조현우의 급부상과 심재민의 복귀로 KT 좌완 불펜의 부족 현상이 해결된 올해 터닝포인트를 보여줄 수 있을까.

| 투수 좌투좌타 | 생년월일 | 1992년 12월 29일 | 연봉(2021) | 4700만 원 |
|---|---|---|---|---|
| | 신장/체중 | 178cm/71kg | 지명순위 | 2015 KT 2차 1라운드 10순위 |
| | 학력 | 축현초-신흥중-제물포고-단국대 | 입단년도 | 2015 |

### 36 이강준

이강철 감독과 투구폼이 닮은 언더스로 투수다. 설악고 시절 에이스로 맹활약하며 청소년대표로도 선발됐다. 지난해 1군에서도 5경기에 출전했다. 퓨처스리그 평균자책점은 5.59에 불과했는데 29이닝 동안 삼진 29개를 잡아낸 점이 눈에 띈다.

| 투수 우언우타 | 생년월일 | 2001년 12월 14일 | 연봉(2021) | 3000만 원 |
|---|---|---|---|---|
| | 신장/체중 | 184cm/80kg | 지명순위 | 2020 KT 2차 3라운드 22순위 |
| | 학력 | 서당초-설악중-설악고 | 입단년도 | 2020 |

### 39 조병욱

이강철 감독이 주목하는 미래의 선발투수 후보. 입단 첫 시즌 후 경찰야구단에 입단해 병역을 해결했다. 지난해 소형준이 빠진 6~7월 대체 선발로 4차례 출격해 17 2/3이닝 동안 평균자책점 6.62를 기록했다. 직구와 더불어 수준급의 체인지업을 구사하는 투수다.

| 투수 우투우타 | 생년월일 | 1998년 6월 8일 | 연봉(2021) | 4000만 원 |
|---|---|---|---|---|
| | 신장/체중 | 185cm/95kg | 지명순위 | 2017 KT 1차 지명 |
| | 학력 | 동양초-매향중-장안고 | 입단년도 | 2017 |

### 98 김성훈

2019년 마무리 캠프에서 이강철 감독의 눈도장을 받았다. 2020년 정식 등록돼 5월 1군 데뷔전을 가졌다. 5월 말 1군에서 말소된 뒤로 퓨처스에 전념해 22경기 3승2패 평균자책점 2.55의 호성적을 거둬 올 시즌을 기대케 했다. 자신감과 욕심이 돋보이는 선수라는 평가다.

| 투수 우투우타 | 생년월일 | 1996년 2월 25일 | 연봉(2021) | 3200만 원 |
|---|---|---|---|---|
| | 신장/체중 | 181cm/82kg | 지명순위 | 2019 KT 육성선수 |
| | 학력 | 문화초-양천중-경동고-원광대 | 입단년도 | 2019 |

### 20 조한욱

좋은 신체 조건에서 나오는 최고 146km의 직구가 강점. 2019년 5월 정현-오준혁과 맞트레이드로 박승욱과 함께 SK를 떠나 KT 유니폼으로 갈아입었다. 성장하기 전 배제성과 비슷한 스타일로서 2021년이 기대되는 투수라는 평가다.

| 투수 우투우타 | 생년월일 | 1996년 12월 19일 | 연봉(2021) | 3000만 원 |
|---|---|---|---|---|
| | 신장/체중 | 186cm/77kg | 지명순위 | 2015 SK 2차 1라운드 4순위 |
| | 학력 | 인현초-선린중-충암고 | 입단년도 | 2015 |

### 35 이홍구

2015년과 2017년 두 자릿수 홈런을 기록할 만큼 한 방을 지녔다. 찬스에 강한 클러치 본능도 돋보인다. 지난해 8월 오태곤과 맞트레이드로 KT 유니폼을 입었다. 허도환의 나이와 강현우의 군 문제를 고려하면 당분간 KT의 백업 포수로서 입지를 다질 전망이다.

| 포수 우투우타 | 생년월일 | 1990년 12월 11일 | 연봉(2021) | 7000만 원 |
|---|---|---|---|---|
| | 신장/체중 | 180cm/95kg | 지명순위 | 2013 KIA 2라운드 14순위 |
| | 학력 | 장안초-건대부중-장충고-단국대 | 입단년도 | 2013 |

### 15 이상동

145km를 넘나드는 빠른 직구를 앞세워 이정용(LG), 박윤철(한화)와 함께 대학 무대 톱3 투수로 군림했다. 프로 입단 이후 구속이 떨어지는 등 다소 위축된 모습이다. 대학 시절 자신감을 되찾는다면 재능만큼은 충분하다. 2020년 퓨처스리그에서 팀 내 삼진 1위(35개)를 기록했다.

| 투수 우투좌타 | 생년월일 | 1995년 11월 24일 | 연봉(2021) | 3200만 원 |
|---|---|---|---|---|
| | 신장/체중 | 181cm/88kg | 지명순위 | 2019 KT 2차 4라운드 31순위 |
| | 학력 | 대구옥산초-경복중-경북고-영남대 | 입단년도 | 2019 |

### 9 안승한

동아대 시절 대학 최고의 포수. 제대 후인 2019년 장성우의 백업 겸 윌리엄 쿠에바스의 전담 포수를 맡아 36경기 47타석을 소화했다. 안승한과 호흡을 맞춘 쿠에바스는 4승 1패 평균자책점 0.98로 호투했다. 2020년 2군에서 타율 0.235 OPS 0.712로 부진했다.

| 포수 우투우타 | 생년월일 | 1992년 1월 25일 | 연봉(2021) | 3700만 원 |
|---|---|---|---|---|
| | 신장/체중 | 177cm/89kg | 지명순위 | 2014 KT 2차 특별지명 12순위 |
| | 학력 | 남정초-선린중-충암고-동아대 | 입단년도 | 2014 |

### 18 한승지

지난해 경찰야구단에서 23경기를 소화한 끝에 1군 콜업 기회를 잡았다. 7월 1일 LG 트윈스 전에서 아웃카운트 하나 잡지 못하고 4안타 1볼넷 1사구로 4실점한 뒤 말소됐다. 이후 팔꿈치 뼛조각 수술을 받고 재활 중이다. 묵직한 구위가 인상적이다.

| 투수 우투우타 | 생년월일 | 1997년 5월 19일 | 연봉(2021) | 3000만 원 |
|---|---|---|---|---|
| | 신장/체중 | 184cm/85kg | 지명순위 | 2016 KT 2차 2라운드 20순위 |
| | 학력 | 서울 수유초-선린중-포철고 | 입단년도 | 2016 |

### 33 문상인

경남고 시절 손꼽히는 포수 유망주였지만 프로에서 두각을 보이지 못했다. 공수 기본기가 장점으로 꼽힌다. 지난해 9월 20일 처음 정식 선수로 전환됐고 22일 롯데 전에서 1군 데뷔전을 치렀다. 이강철 감독은 "기량을 직접 보고 싶다"라며 2021년 1군 스프링캠프에 참여시켰다.

| 포수 우투우타 | 생년월일 | 1998년 1월 31일 | 연봉(2021) | 3200만 원 |
|---|---|---|---|---|
| | 신장/체중 | 185cm/79kg | 지명순위 | 2017 KT 2차 5라운드 41순위 |
| | 학력 | 김해삼성초-개성중-경남고 | 입단년도 | 2017 |

### 29 류희운

KT의 창단 1호 선수. 입단 첫해 토미존 수술을 이겨내 2017년 24경기(선발 14)에 출격해 4승 4패를 기록하는 등 가능성을 인정받았다. 이듬해 불펜에서 29경기를 소화한 이후 1군에선 조용하다. 지난해 퓨처스리그에서 팀 내 삼진 2위(34)를 기록할 만큼 장신을 활용한 묵직한 직구만큼은 인정받는 투수. 잦은 잔부상이 단점이다.

| 투수 우투우타 | 생년월일 | 1995년 6월 19일 | 연봉(2021) | 3800만 원 |
|---|---|---|---|---|
| | 신장/체중 | 191cm/103kg | 지명순위 | 2014 KT 우선지명 |
| | 학력 | 천안 남산초-천안북중-북일고 | 입단년도 | 2014 |

### 66 강현우

소형준과 함께 고교 야구를 지배한 포수. KT에서도 '포스트 장성우'로 주목받는다. 2차 1라운드라는 높은 순번이 증거다. 빠른 군 문제 해결을 위해 상무행을 추진했지만 아쉽게 탈락했다. 베테랑 허도환, 이홍구의 틈바구니에서 출전 시간을 얼마나 확보할지 관심거리다.

| 포수 우투우타 | 생년월일 | 2001년 4월 13일 | 연봉(2021) | 3000만 원 |
|---|---|---|---|---|
| | 신장/체중 | 180cm/90kg | 지명순위 | 2020 KT 2차 1라운드 1순위 |
| | 학력 | 원종초-부천중-유신고 | 입단년도 | 2020 |

# PLAYERS

### 16 박승욱
내야 전 포지션을 커버할 수 있는 멀티맨. 스피드도 좋고 뜻밖의 한 방도 있는 툴가이다. KT 백업 내야수 중 타격 면에서 가장 우수하다는 평가. 덕분에 2020시즌 경기 후반에 자주 모습을 보였다. 다만 클러치 상황에서 종종 집중력 부족을 드러낸 점은 보완이 필요하다. 강민국과 박경수의 후계자로 경쟁할 전망이다.

| 내야수 우투좌타 | 생년월일 | 1992년 12월 4일 | 연봉(2021) | 8000만 원 |
|---|---|---|---|---|
| | 신장/체중 | 183cm/79kg | 지명순위 | 2012 SK 3라운드 31순위 |
| | 학력 | 칠성초-경복중-대구상원고 | 입단년도 | 2012 |

### 7 강민국
2019년 KT 입단 당시에는 심우준의 뒤를 받칠 백업 유격수로 주목받았다. 타격에서도 가능성을 보였다. 지난해에는 타격 기록이 전반적으로 크게 하락해 아쉬움을 샀다. 37세가 된 박경수의 뒤를 받칠 선수로 주목받는다.

| 내야수 우투우타 | 생년월일 | 1992년 1월 10일 | 연봉(2021) | 5500만 원 |
|---|---|---|---|---|
| | 신장/체중 | 176cm/80kg | 지명순위 | 2014 NC 1차지명 |
| | 학력 | 송정동초-충장중-광주제일고-동국대 | 입단년도 | 2014 |

### 54 천성호
2019년 대학 리그 최고의 타자. 심우준의 입대 가능성을 대비한 KT의 카드다. 지난해 OPS는 0.532에 그쳤지만 66경기 77타석의 적지 않은 기회를 받았다. 시즌 내내 준수한 수비력을 과시해 플레이오프 엔트리에 이름을 올렸다. 2021년 스프링캠프에도 참여한다.

| 내야수 우투우타 | 생년월일 | 1997년 10월 30일 | 연봉(2021) | 4000만 원 |
|---|---|---|---|---|
| | 신장/체중 | 183cm/85kg | 지명순위 | 2020 KT 2차 2라운드 12순위 |
| | 학력 | 화정초-충장중-진흥고-단국대 | 입단년도 | 2020 |

### 14 김병희
문상철, 안중열, 심우준, 안승한과 더불어 2014년 신생팀 특별지명 5인 중 한 명이다. 2019년 뒤늦게 1군 무대에 데뷔했고 2020년에는 황재균이 빠진 5월 4경기에 선발 출전했다. 그중 5월 21일 경기에서 한화 이글스 김수수를 상대로 입단 7년 만에 의 마수걸이 홈런을 터뜨렸다.

| 내야수 우투우타 | 생년월일 | 1990년 12월 6일 | 연봉(2021) | 3500만 원 |
|---|---|---|---|---|
| | 신장/체중 | 180cm/82kg | 지명순위 | 2014 KT 2차 특별지명 13순위 |
| | 학력 | 창영초-신흥중-동산고-동국대 | 입단년도 | 2014 |

### 52 정주후
내야 전 포지션 멀티가 가능한 데다 발이 빨라 대주자 및 대수비 요원으로 주목받는다. 2020년 8월 제대 후 시즌 막판인 10월 1군에 복귀해 백업 2루수 역할을 맡았는데 데뷔 첫 안타 기록에 실패했다. 군 시절 연대장의 배려로 꾸준히 야구 연습을 한 것으로 알려졌다.

| 내야수 우투좌타 | 생년월일 | 1995년 6월 26일 | 연봉(2021) | 3300만 원 |
|---|---|---|---|---|
| | 신장/체중 | 180cm/67kg | 지명순위 | 2015 KT 2차 3라운드 33순위 |
| | 학력 | 광주서석초-충장중-광주제일고 | 입단년도 | 2015 |

### 68 윤준혁
한국의 2014 리틀야구 월드시리즈 우승 당시 마지막 아웃카운트의 주인공이다. 충암고 3학년 때 대통령배 최다타점, 최다안타, 최다홈런상을 휩쓸며 대회 준우승을 이끌었다. 지난해 퓨처스리그에서 KT 선수들 중 4번째로 많은 213타석에 출전해 기대감을 입증했다.

| 내야수 우투우타 | 생년월일 | 2001년 7월 26일 | 연봉(2021) | 3000만 원 |
|---|---|---|---|---|
| | 신장/체중 | 186cm/86kg | 지명순위 | 2020 KT 2차 4라운드 32순위 |
| | 학력 | 역촌초-충암중-충암고 | 입단년도 | 2020 |

### 8 홍현빈
KT위즈의 차세대 리드오프로 주목받는 영건. 입단 첫해인 2017년 4월 1군 데뷔전을 치렀다. 이후 2군 경기 도중 불의의 발목 골절 부상을 입었다. 2018년 상무에 입대해 군복무를 마친 뒤 2020년 8월 제대해서 1군 기회를 다시 받았다. 하지만 18타수 무안타에 그쳐 아쉬움을 샀다.

| 외야수 우투좌타 | 생년월일 | 1997년 8월 29일 | 연봉(2021) | 3400만 원 |
|---|---|---|---|---|
| | 신장/체중 | 170cm/70kg | 지명순위 | 2017 KT 2차 3라운드 21순위 |
| | 학력 | 수원신곡초-매송중-유신고 | 입단년도 | 2017 |

### 12 송민섭
전천후 외야 백업. 군 복무를 마친 2018년부터 독보적 스피드를 앞세워 본격적으로 1군 대주자 겸 수비로 기용되기 시작했다. 2019년에는 두산을 상대로 프로 데뷔 첫 끝내기 안타를 때리기도 했다. 수비에서는 인정받았지만 타율 2할을 밑돈 타격에서는 아쉬움을 남겼다.

| 외야수 우투우타 | 생년월일 | 1991년 8월 2일 | 연봉(2021) | 5700만 원 |
|---|---|---|---|---|
| | 신장/체중 | 177cm/80kg | 지명순위 | 2014 KT 육성선수 |
| | 학력 | 청파초-선린중-선린인터넷고-단국대 | 입단년도 | 2014 |

### 45 김태훈
내야수에서 외야수로 본격 전향한 2020시즌 퓨처스리그에서 타율 0.367로 남부리그 타격왕을 거머쥐었다. 홈런 8개(4위)에 오른 것은 덤이었다. 활약을 인정받아 2015년 이후 5년 만에 1군 승격을 맛봤다.

| 외야수 우투좌타 | 생년월일 | 1996년 3월 31일 | 연봉(2021) | 3700만 원 |
|---|---|---|---|---|
| | 신장/체중 | 177cm/78kg | 지명순위 | 2015 KT 2차 5라운드 53순위 |
| | 학력 | 진흥초-평촌중-유신고 | 입단년도 | 2015 |

### 37 김도현
퓨처스리그에서 만만찮은 장타력을 뽐냈지만 좀처럼 1군 기회를 얻지 못한 끝에 2019년 방출되어 우타 외야수가 부족했던 KT에 몸담고 있다. SK 시절인 2014년 이후 1군 경기에 아직 출전하지 못했다.

| 외야수 우투우타 | 생년월일 | 1992년 10월 23일 | 연봉(2021) | 3000만 원 |
|---|---|---|---|---|
| | 신장/체중 | 181cm/98kg | 지명순위 | 2011 넥센 7라운드 51순위 |
| | 학력 | 광주서석초-광주동성중-광주진흥고 | 입단년도 | 2011 |

### 57 신범준
막강한 피지컬을 기반으로 150km를 넘나드는 직구를 구사한다. KT가 초등학교 때부터 주목해 온 유망주다. 자질은 좋지만 경험이 적어 아직 시간을 필요로 한다. 강속구를 던지는 육성형 유망주다.

| 투수 우투좌타 | 생년월일 | 2002년 6월 1일 | 연봉(2021) | 3000만 원 |
|---|---|---|---|---|
| | 신장/체중 | 190cm/85kg | 지명순위 | 2021 KT 1차지명 |
| | 학력 | 수원영통구리틀-매향중-장안고 | 입단년도 | 2021 |

### 3 권동진
고교 3년간 타율 0.342, 대학 4년간 0.407를 기록했다. 맞히는 능력 하나만큼은 이미 인정받는 단타 위주의 타자다. KT는 권동진의 타격보다 수비에 반했다는 후문으로 '포스트 심우준'의 가능성을 보고 있다. 올 시즌 당장 1군에서 심우준과 경쟁한다 해도 이상하지 않다는 평가다.

| 내야수 우투좌타 | 생년월일 | 1998년 9월 12일 | 연봉(2021) | 3000만 원 |
|---|---|---|---|---|
| | 신장/체중 | 181cm/85kg | 지명순위 | 2021 KT 2차 1라운드 5순위 |
| | 학력 | 제주신광초-세광중-세광고-원광대 | 입단년도 | 2021 |

### 58 한차현
즉시전력감이자 구위형 불펜 투수다. 고교 시절 유격수에서 대학 입학 후 투수로 전향해 싱싱한 어깨가 돋보인다. 큰 키는 아니어도 위에서 내리꽂는 투구 폼이 강렬하다. 묵직한 직구와 더불어 날카로운 슬라이더도 겸비했다는 평가다.

| 투수 우투우타 | 생년월일 | 1998년 11월 30일 | 연봉(2021) | 3000만 원 |
|---|---|---|---|---|
| | 신장/체중 | 180cm/83kg | 지명순위 | 2021 KT 2차 2라운드 15순위 |
| | 학력 | 사능초(남양주리틀)-청원중-포항제철고-성균관대 | 입단년도 | 2021 |

### 13 유준규
독보적 스피드로 대주자 스페셜리스트 활용도 가능하다. KT에 드문 우투좌타 내야수다. 수비가 화려하진 않되 안정감이 있다는 평가다. 프로에서 창의력까지 더해지면 빠른 기량 향상을 기대할 수 있다.

| 내야수 우투좌타 | 생년월일 | 2002년 8월 16일 | 연봉(2021) | 3000만 원 |
|---|---|---|---|---|
| | 신장/체중 | 176cm/76kg | 지명순위 | 2021 KT 2차 3라운드 25순위 |
| | 학력 | 군산신풍초-군산중-군산상고 | 입단년도 | 2021 |

### 60 지명성
느낌만큼은 '리틀 임창용'. 아직 몸이 완성되지 않아 구속은 빠르지 않아도 공의 움직임이 좋다. 키가 작지만 유연하고 다이나믹함을 잘 살리는 사이드암 투수. 평소엔 밝고 예의바른데 막상 마운드에 오르면 야무진 싸움닭으로 변모한다.

| 투수 우투우타 | 생년월일 | 2002년 2월 15일 | 연봉(2021) | 3000만 원 |
|---|---|---|---|---|
| | 신장/체중 | 179cm/72kg | 지명순위 | 2021 KT 2차 4라운드 35순위 |
| | 학력 | 서울 배명중-신일고 | 입단년도 | 2021 |

### 0 김건형
신인 드래프트 트라이아웃에서 '김기태 아들'로 주목받은 끝에 KT의 지명을 받았다. 스윙메커니즘이 매우 좋다. 외야수 움직임이나 주력도 인상적이었다는 평가다. 야구인 2세답게 야구에 임하는 진지한 태도도 호평받았다.

| 외야수 우투좌타 | 생년월일 | 1996년 7월 12일 | 연봉(2021) | 3000만 원 |
|---|---|---|---|---|
| | 신장/체중 | 182cm/83kg | 지명순위 | 2021 KT 2차 8라운드 75순위 |
| | 학력 | 보이시주립대학교 | 입단년도 | 2021 |

## TEAM PROFILE

| | |
|---|---|
| 팀명 | LG 트윈스 |
| 창립년도 | 1990년 |
| 구단주 | 구광모 |
| 모기업 | LG 그룹 |
| 대표이사 | 이규홍 |
| 단장 | 차명석 |
| 감독 | 류지현 |
| 연고지 | 서울특별시 |
| 홈구장 | 잠실야구장 |
| 영구결번 | 41 김용수, 9 이병규 |
| 한국시리즈 우승 | 1990, 1994 |

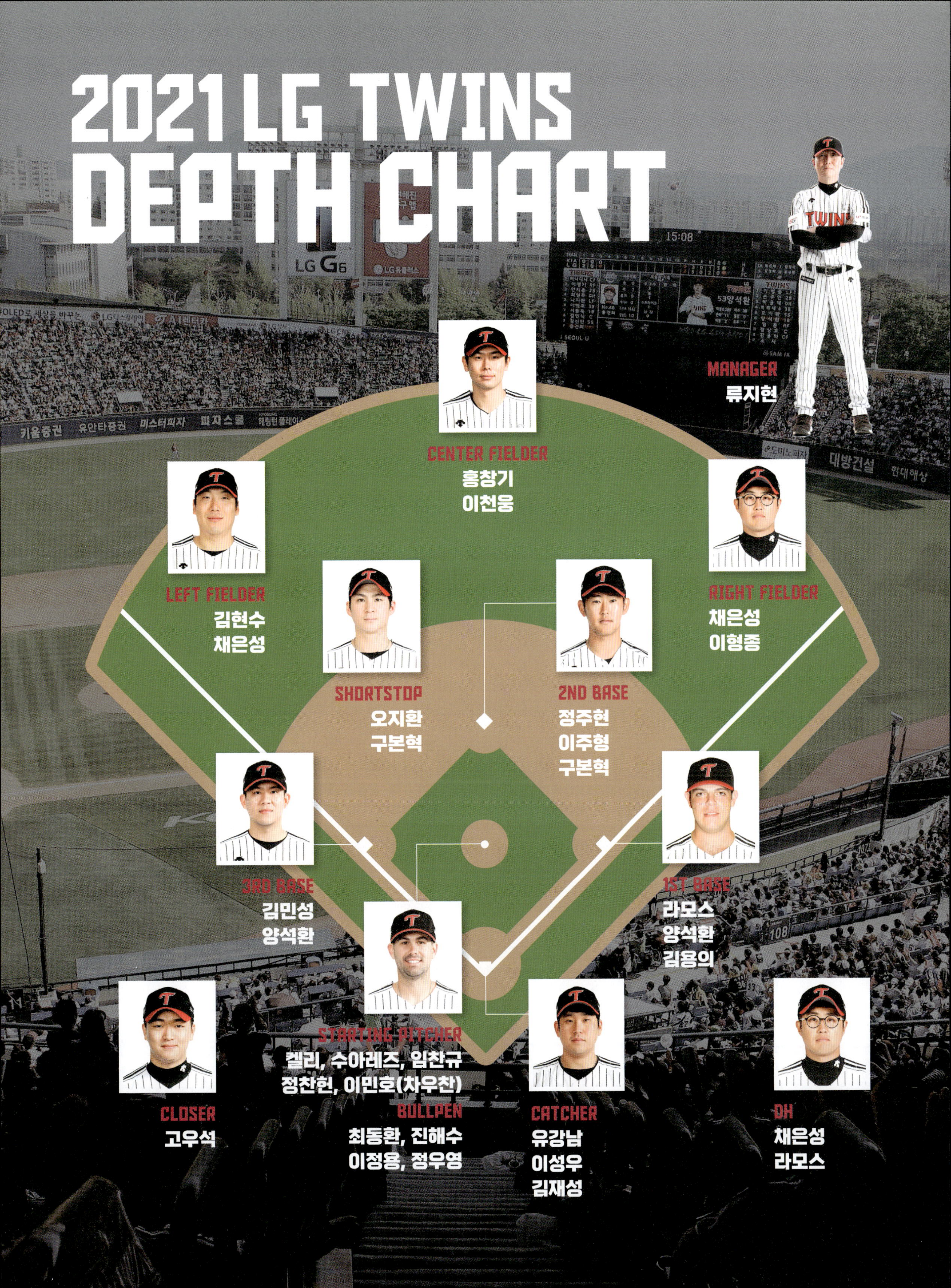

# 2021 LG TWINS DEPTH CHART

**MANAGER**
류지현

**CENTER FIELDER**
홍창기
이천웅

**LEFT FIELDER**
김현수
채은성

**RIGHT FIELDER**
채은성
이형종

**SHORTSTOP**
오지환
구본혁

**2ND BASE**
정주현
이주형
구본혁

**3RD BASE**
김민성
양석환

**1ST BASE**
라모스
양석환
김용의

**STARTING PITCHER**
켈리, 수아레즈, 임찬규
정찬헌, 이민호(차우찬)

**BULLPEN**
최동환, 진해수
이정용, 정우영
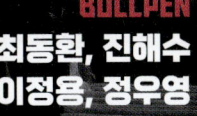

**CLOSER**
고우석

**CATCHER**
유강남
이성우
김재성

**DH**
채은성
라모스

# 2020 REVIEW & 2021 PREVIEW

'용두사미(龍頭蛇尾).' 가혹한 표현일까. LG트윈스의 2020년 시즌은 그 끝이 너무도 허무했다. 1990년 전신 MBC 청룡을 이어받은 LG그룹의 야구단 창단 30주년, 팬들의 기대를 잔뜩 안은 채 야심 차게 시즌을 시작했지만 목표 지점까지 오르지 못했다. 류중일 감독은 2019년 4위에 머무른 한을 꼭 풀겠다며 어느 해보다 알차게 전지훈련을 소화했다고 자평했다. 하지만 정규시즌 막판 실수 아닌 실수를 연달아 범하며 4위로 밀려났고 포스트시즌 준플레이오프에서 두산 베어스에 무릎을 꿇었다. LG 구단과 류 감독은 개막을 앞두고 "지난해보다 더 높은 곳에 오르겠다"라며 한국시리즈 진출을 자신했다. 2019년 페넌트레이스 4위로 3년 만에 포스트시즌에 오른 뒤 와일드카드 결정전에서 NC 다이노스를 꺾고 준플레이오프까지 오르는 성과를 이뤘으니 한국시리즈를 목표로 언급한 건 무리가 아니었다. 하지만 LG는 2년 연속 4위에 그쳤고 류중일 감독은 사임했다. 마지막 레이스에서 무기력했던 데다 7년 만에 가을 무대에서 만난 잠실 라이벌의 벽을 넘지 못했다. 류중일 감독은 "무거운 책임감을 느낀다. LG의 비상을 바란다"라며 지휘봉을 내려놓았다.

코로나19 확산으로 전국이 방역 전쟁을 치르느라 어수선한 가운데 맞은 5월 5일 개막전. LG는 두산을 8대2로 완파하며 이번 시즌은 다를 것 같은 기대감을 심어줬다. 곧바로 3연패했으나 NC다이노스, SK와이번스, 키움히어로즈 등 강호들을 상대로 6연승을 달리며 2위로 뛰어 올랐다. LG는 6월 중순까지 2위를 유지해 선두 NC를 압박할 팀으로 지목됐다. 하지만 6월 19일부터 26일까지 두산과 키움, SK에 6연패를 당하며 기세를 이어가지 못했다. 부상이 발목을 잡은 것이다. 원투펀치 타일러 윌슨과 케이시 켈리가 2주 자가격리 후유증을 벗기까지 오랜 시간이 걸렸다. 잠실 홈런왕을 꿈꾸며 연신 대포를 쏘아올리던 외국인 타자 로베르토 라모스는 6월 중순 허리 부상으로 감을 잃었다. 마무리 고우석이 개막 직후 무릎 수술을 받아 2개월 넘게 결장한 것도 뼈아팠다. 채은성, 김민성, 박용택, 이천웅, 이형종 등 주력 타자들이 돌아가면서 부상자 명단에 올랐다.

8월 11일까지 좀처럼 5위권을 벗어나지 못했다. 하지만 LG는 주저앉지 않았다. 시간이 흐를수록 싸우려는 선수들의 의지는 단단해졌다. 부상 선수들이 돌아오면서 짜임새를 되찾기 시작했다. 8월 7일 키움전에서 시즌 5승을 거둔 켈리가 이후 등판마다 퀄리티스타트로 상승세를 이끌었다. 7월 중순 복귀한 클로저 고우석도 이내 안정을 찾고 뒷문을 단단히 틀어막았다. 홍창기가 톱타자로 완벽하게 자리 잡았으며 김현수, 채은성 등 중심타자들의 방망이도 한여름 무더위와 함께 불을 뿜었다. 라모스는 홈런포를 재가동했다. 차우찬이 어깨 부상으로 중도 이탈했지만 임찬규가 제 몫을 톡톡히 했다. 플래툰 5선발 정찬헌과 이민호도 전열을 유지했다. LG는 8월 12일부터 19일까지 7연승을 달리며 3위로 뛰어오르더니 8월 말부터 9월 초까지 다시 7연승을 질주해 2위를 탈환했다. 2위 경쟁을 벌이던 키움과 두산에 고전해 잠시 3~4위로 처지기는 했지만 하위권을 상대로 승수를 쌓아가 상위권 싸움을 이끌었다. 급기야 LG는 10월 9~11일 잠실에서 선두 NC와 벌인 4연전을 모두 쓸어 담는 쾌거를 이루며 2위를 탈환했다. 정규 시즌 11경기를 남긴 시점에서 선두 NC와 5경기 차로 벌어져 있었지만 2위를 지키는데 큰 어려움이 없어 보였다. 더구나 10월 20일 수원에서 KT를 7대6으로 물리쳐 플레이오프 직행을 확정하는 듯했다.

LG의 운은 거기까지였다. 아무도 예상하지 못한 일이 벌어졌다. 최하위 한화 이글스와 9위 SK를 상대로 마지막 두 경기를 졸전 끝에 내준 것이다. 한 시즌 농사를 제대로 마무리하지 못해 와일드카드부터 가을 야구를 벌여야 하는 처지가 됐다. 페넌트레이스 운영, 단기전 용병술에 있어 최고 수준을 자랑하는 류중일 감독으로서도 자존심 상하는 결과였다. 와일드카드에서 키움을 가볍게 제친 LG는 준플레이오프에서 두산의 강력한 플레이에 별다른 힘을 쓰지 못한 채 2패로 탈락했다. 준플레이오프에서 두산전 패배는 사실 의미가 크지 않다. 2020년을 '실패한 시즌'이라고 봐야 하는 건 막판 2위 싸움에서 밀린 부분 때문이다. LG의 2020년을 마냥 실패로 치부할 수는 없다. 젊은 스타들의 탄생이 LG가 얻은 최대 소득이다. 고졸 신인 이민호는 차세대 에이스 자질을 입증했다. 좌완 신인 김윤식 성장도 기대된다. 고우석, 정우영, 이정용 등 20대 초반의 영건들이 마운드 핵심으로 떠올랐다. 홍창기는 리드오프로 이상적인 타격과 선구안을 자랑했다. 김현수, 채은성, 이형종, 이천웅, 유강남, 오지환 등 기존 베테랑들과 조화가 더욱 기대되는 2021년이다.

LG의 올해 목표는 역시 한국시리즈다. 우승까지는 말하기 힘들어도 전력은 한층 단단해졌다는 평가를 받는다. 윌슨의 자리를 대신한 새 외인 투수 앤드류 수아레즈는 15승급 투수라는 평가다. 에이스 켈리도 건재하다. 선발, 불펜, 마무리로 이어지는 투수 운영이 한결 수월해질 것이란 기대다. 타선도 부족함이 없어 보인다. 지난해 전후반기 심한 기복을 겪은 라모스는 4번 타자로 더욱 단단해졌다. 주장 김현수는 FA 계약 마지막 시즌인 데다 2년 연속 4위에 대한 아쉬움이 큰 상황이라서 각오가 남다르다. 지난 겨울 FA 영입을 자제했던 차명석 단장은 부족한 부분에 대해 "트레이드 시장을 들여다보겠다"라고 했지만 엄살일 가능성이 높다. 지금 전력만으로도 해볼 만하다는 게 프런트 분위기다. 90년대 영광을 이끌었던 꾀돌이 류지현 감독이 마침내 전면에 나섰다. 류 감독은 스프링캠프 첫날 자율과 도전정신을 언급했다. 데이터 분석을 무기로 삼아 선수들에게 분명하게 역할을 부여하고 책임감을 느끼게 할 것이라고 강조했다. 선수 때 이뤘던 한국시리즈 우승의 기쁨을 27년이 지난 올해 감독으로서 후배들과 함께 만끽하고 싶어한다.

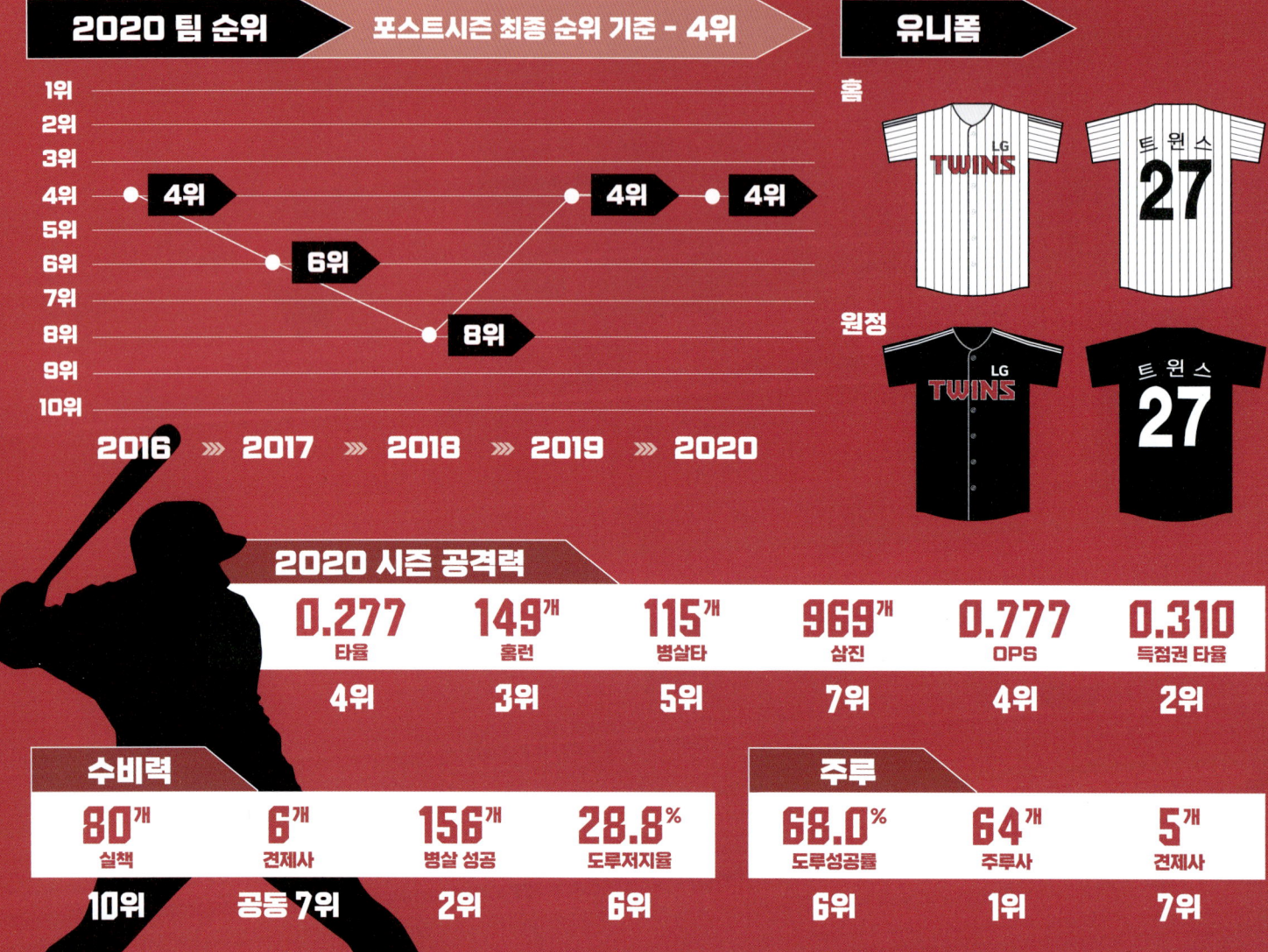

# PARK FACTOR
## 잠실야구장

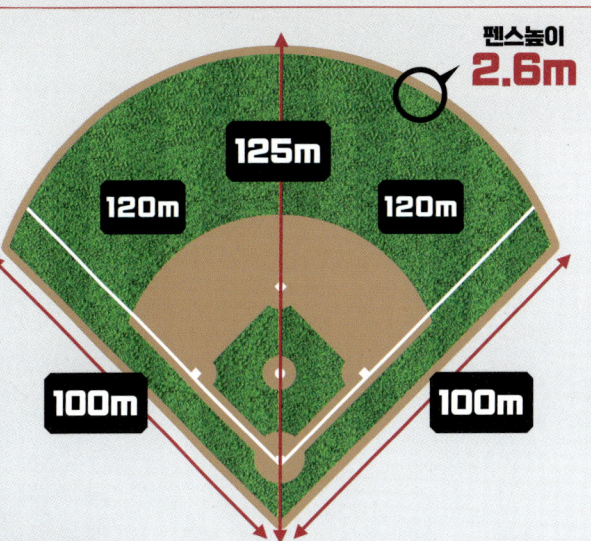

펜스높이 2.6m
125m
120m    120m
100m    100m

### 경기수
**72** 홈팀 | **72** 원정팀

| 홈팀 | 원정팀 |
|---|---|
| 타율 0.266 | 타율 0.259 |
| 홈런 49 | 홈런 48 |
| 실책 47 | 실책 42 |

### 좌타자 타율
0.290 홈팀
0.258 원정팀

### 우타자 타율
0.240 홈팀
0.253 원정팀

### 좌타자 홈런
26 홈팀 / 16 원정팀

### 우타자 홈런
23 홈팀 / 27 원정팀

내야부터 외야까지 둥지형 형태로 안정적인 좌석 배치로 인해 시각적으로 가장 이상적인 실외 구장의 형태에 가깝다. 펜스 거리가 멀고 구장의 특성상 타자보다는 투수 친화형 구장으로 알려져 있다.

좌석 2만 5000석

천연잔디

# 6 류지현
## MANAGER

| 생년월일 | 1971년 5월 25일 |
|---|---|
| 출신학교 | 서울충암초-충암중-충암고-한양대 |
| 주요경력 | LG 선수(1994~2004), LG 수비주루코치(2005~2007, 2012~2015)/작전주루코치(2008~2011, 2015~2017)/수석코치(2018~2020) |
| 연봉 | 3억 원 |

1990년대 잠실구장 좌측 펜스 파울폴에서 오른쪽으로 10m쯤 이르는 구간을 '유지현 존'이라 불렀다. LG트윈스 톱타자 유지현이 곧잘 넘기는 존이라고 해서 그런 별칭이 붙었다. 끈질기고 정교한 교타자 유지현이 홈런을 꽃을 수 있는 지점은 거의 그곳밖에 없었다. 프로 11년 동안 친 홈런은 총 64개. 대부분 '유지현존'을 넘겼다. 1994년 정규 시즌 타율 3할5리, 109득점, 51도루로 리드오프의 이상을 제시하며 신인왕에 오른 뒤 한국시리즈 우승을 견인했다. '꾀돌이'라 불리던 사나이가 마침내 트윈스 지휘봉을 잡았다. '유지현존'의 추억을 담은 잠실벌의 주인장이 된 것이다. 당시 신인 트로이카 가운데 누군가 LG 사령탑을 맡는다면 단연 유지현이 꼽혔다. 아, 이제는 '유'가 아닌 '류' 지현 감독이다. 지난해 7월 법원 승인을 받아 '류(柳)'로 본래 발음의 성(姓)을 찾았다. KBO 등록명도 류지현으로 바뀌었다.

2004년을 끝으로 유니폼을 벗었으니 코치 생활만 16년을 한 셈이다. 선수와 코치로 현장을 누볐고 LG의 현재를 가장 잘 알며 미래를 잘 열어나갈 준비된 감독이다. LG가 지난해 11월 그와 2년 9억 원(계약금, 연봉 각 3억 원)에 감독 계약을 하며 설명한 선임 이유다. 구단 안팎에서는 프랜차이즈 스타 출신 1호 감독이라는 수식어로 기대감을 표현한다. 1994년 LG에 입단해 2004년까지 11년 동안 주전 유격수로 뛴 뒤 2005년부터 2020년까지 수비, 주루, 수석코치로 일했다. 감독 취임식에서 "그동안 내가 가진 LG에 대한 철학을 나름대로 정리해 준비했다. 기대만큼 후배들을 잘 이끌고 즐겁게 최선을 다하는 야구를 하겠다"라며 각오를 밝혔다. 역대 초보 사령탑이 그러했듯 류 감독도 첫 시즌을 앞두고 긴장되기는 마찬가지다. 투수 파트가 가장 많이 신경이 쓰인다. 스타 유격수 출신인 그는 코치가 된 뒤 주로 야수들을 관찰하고 가르쳤지 투수들과 소통은 거의 전무했다. 투수들과 친하지 않다는 게 아니라 투수를 잘 모른다는 것이다. 스스로 "야수들은 나름대로 파악이 돼 있지만 투수들은 상대적으로 멀었던 게 사실"이라고 인정했다.

류 감독은 코치 시절부터 묵묵히 공부하는 지도자로 각광받아 왔다. 전력 분석 시스템이 강화된 최근 2년 동안 수석코치로 일하면서 축적된 데이터와 노하우를 공부했다. 투수 전문가인 차명석 단장과 긴밀한 소통도 든든하다고 했다. 투수진 구상은 스프링캠프를 앞두고 일찌감치 마쳤다. 투수들에게 각자 역할을 부여하고 그에 맞는 훈련과 컨디셔닝을 해야 한다는 지론이다. 훈련하는 동안 투수들이 보직을 몰라 갈팡질팡해서는 안 된다는 것이다. 마운드 플랜A, B, C까지 모두 짜놓았다. 1선발 케이시 켈리, 메이저리그 한 시즌 10승 투수 앤드류 수아레즈에 대한 기대가 크다. 베테랑 임찬규와 정찬헌이 책임감을 갖고 로테이션을 받쳐줘야 하고 2년 차 이민호는 풀타임 로테이션을 소화해야 한다고 강조했다. 정우영, 고우석, 이정용, 김윤식 등 20대 영건들로 짜인 불펜진은 뎁스까지 더해졌다. 진해수, 송은범, 최동환 등 30대 베테랑 불펜 투수들도 요긴하게 쓸 생각이다.

야수들에 대한 신뢰감도 높다. 류 감독은 본인 장점을 "야수들은 눈빛만 봐도 알 수 있다"라고 표현했다. 잠재력을 끌어낼 수 있는 데이터를 확보했다는 자랑도 덧붙였다. 2007~2008년 미국 연수 시절 '우물 안 개구리' 시야를 넓힌 것도 도움이 됐다고 한다. LG의 취약 포지션은 2루수이지만 류 감독은 생각이 다르다. 충분히 지금까지 좋은 쪽을 많이 보여줘 끝까지 선수들을 믿으려 한다고 했다. 포수 유강남, 1루수 라모스, 2루수 정주현, 3루수 김민성, 유격수 오지환, 외야수 김현수, 홍창기, 채은성, 지명타자 이형종이 기본 라인업이다. 타순은 데이터 분석에 기초해 다양하게 구성할 수 있다. 자율과 소통 기조는 류 감독 체제에서도 유효하다. 굳이 목표라고 할 것도 없다. 류 감독의 어깨엔 한국시리즈 우승 염원이 지워져 있다. 그렇다고 임기 2년 안에 가능할 것이라고 말하진 않는다. 류 감독은 "우승은 쫓아가는 게 아니라 그 과정이 중요하다고 본다. 자연스럽게 따라오는 게 아닌가 생각한다"라고 말한다. 최선을 다할 뿐이라는 얘기다.

# COACHING STAFF

**80 김동수**
- 생년월일: 1968년 10월 27일
- 출신학교: 서울화곡초-강남중-서울고-한양대
- 보직: 수석 코치
- 주요경력: LG/삼성/SK/현대/히어로즈 선수(1990~2009), 넥센 배터리코치(2010~2014), LG 2군 감독(2015~2017)/스카우트총괄(2018)/2군타격코치(2020)

**88 김용일**
- 생년월일: 1966년 10월 1일
- 출신학교: 보성초-예천중-경북체고-안동대
- 보직: 수석트레이너
- 주요경력: LG 트레이닝코치(1990~1997, 2009~2017), 현대 트레이닝코치(1998~2007), 삼성 트레이닝코치(2008), LG 수석트레이닝코치(2020~현재), 베이징올림픽 대표팀 트레이닝코치(2008)

**9 이병규**
- 생년월일: 1974년 10월 25일
- 출신학교: 청구초-서대문중-장충고-단국대
- 보직: 타격 코치
- 주요경력: LG 선수(1997~2006, 2010~2016), 주니치드래곤즈 선수(2007~2009), LG 타격코치(2018~현재)

**83 임훈**
- 생년월일: 1985년 7월 17일
- 출신학교: 수유초-신일중-신일고
- 보직: 타격 코치
- 주요경력: SK/롯데/LG 선수(2004~2018), LG 육성군 타격코치(2019)/2군 타격코치(2019)/타격코치(2020~현재)

**74 경헌호**
- 생년월일: 1977년 7월 25일
- 출신학교: 신남초-신월중-선린상고-한양대
- 보직: 투수 코치
- 주요경력: LG 선수(2000~2012), LG 2군 투수코(2013~2015, 2020)/불펜코치(2016~2019)

**99 김광삼**
- 생년월일: 1980년 8월 15일
- 출신학교: 쌍문초-신일중-신일고
- 보직: 투수 코치
- 주요경력: LG 선수(1999~2016), LG 육성군 코치(2017~2019)/2군 투수코치(2020)

**72 김민호**
- 생년월일: 1969년 3월 19일
- 출신학교: 월성초-신라중-경주고-계명대
- 보직: 수비 코치
- 주요경력: OB/두산 선수(1993~2003), 두산 주루코(2004~2011), LG 작전코치(2013~2014), KIA 수석코치(2019)/타격코치(2020)

**77 이종범**
- 생년월일: 1970년 8월 15일
- 출신학교: 광주서림초-충장중-광주제일고-건국대
- 보직: 작전 코치
- 주요경력: 해태/KIA 선수(1993~1997, 2001~2011), 주니치 드래곤즈 선수(1998~2001), 한화 주루코치(2013~2014), LG 2군 총괄 및 타격코치(2019), 주니치 연수코치(2020)

**81 김호**
- 생년월일: 1967년 5월 3일
- 출신학교: 성호초-마산중-마산고-경성대
- 보직: 주루 코치
- 주요경력: 쌍방울/해태/두산 선수(1990~2002), 한화 수비코치(2005~2008), 영동대 코치(2008~2010), 삼성 코치(2011~2018), LG 주루코치(2019~현재)

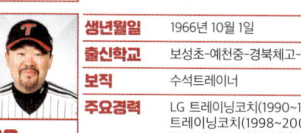
**73 김정민**
- 생년월일: 1970년 3월 15일
- 출신학교: 가양초-한밭중-북일고-영남대
- 보직: 배터리 코치
- 주요경력: LG 선수(1993~2010), LG 배터리코치(2010~2018)/2군 배터리코치(2019~2020)

**79 황병일**
- 생년월일: 1960년 3월 22일
- 출신학교: 포항중앙초-포항중-경북고-건국대
- 보직: 2군 감독
- 주요경력: 삼성/빙그레 선수(1983~1990), 빙그레/한화 타격코치(1991~2002), LG 타격 겸 수석코치(2003~2005), SK 타격코치(2006~2007), KIA 타격-수석코치(2008~2011), 두산 2군 감독(2014), KT 2군 감독(2015), LG 2군 타격총괄(2018~2020)

**82 안상준**
- 생년월일: 1973년 2월 13일
- 출신학교: 대신초-경남중-경남고-동아대
- 보직: 2군 타격 코치
- 주요경력: 해태/LG/두산 선수(1995~2007), 롯데 2군 수비코치(2013~2015), LG 육성군 코치(2018~2019), LG 2군 수비코치(2020)

**71 김경태**
- 생년월일: 1975년 11월 6일
- 출신학교: 구암초-성남중-성남고-경희대
- 보직: 2군 투수코치
- 주요경력: LG/두산/SK 선수(1998~2009), SK 재활코(2012~2014), SK 2군 투수코치(2015~2020)

**93 장진용**
- 생년월일: 1986년 1월 28일
- 출신학교: 가동초-배명중-배명고-경희대
- 보직: 2군 투수 코치
- 주요경력: LG 선수(2004~2017), LG 2군 투수코치(2019)/육성군코치(2020)

**96 김우석**
- 생년월일: 1975년 9월 2일
- 출신학교: 석천초-상인천중-인천고-홍익대
- 보직: 2군 수비 코치
- 주요경력: 상무/LG/삼성 선수(2000~2008), LG 육성군 수비코치(2014~2015)/2군 수비코치(2016~현재)

**84 박용근**
- 생년월일: 1984년 1월 21일
- 출신학교: 영랑초-설악중-속초상고-영남대
- 보직: 2군 작전코치
- 주요경력: LG/경찰/KT 선수(2007~2017), 상무 주루코치(2018), LG 2군 작전코치(2019~현재)

**78 양영동**
- 생년월일: 1983년 7월 16일
- 출신학교: 수유초-청원중-청원고-홍익대
- 보직: 2군 주루 코치
- 주요경력: 삼성/경찰/LG 선수(2006~2014), LG 2군 주루코치(2015~2017)

**75 조인성**
- 생년월일: 1975년 5월 25일
- 출신학교: 수유초-신일중-신일고-연세대
- 보직: 2군 배터리 코치
- 주요경력: LG/SK/한화 선수(1998~2017), 두산 배터리코치(2018~2020)

**76 윤진호**
- 생년월일: 1986년 6월 23일
- 출신학교: 광주화정초-충장중-광주제일고-인하대
- 보직: 2군 수비 코치
- 주요경력: LG 선수(2009~2019), LG 2군 수비코치(2020~현재)

**89 유동훈**
- 생년월일: 1977년 2월 12일
- 출신학교: 청구초-홍은중-장충고-성균관대
- 보직: 2군 투수 코치
- 주요경력: 해태/KIA 선수(1999~2014), KIA 2군 불펜코치(2016~2018), LG 재활코치(2019~2020)

**92 장재중**
- 생년월일: 1971년 5월 19일
- 출신학교: 학동초-선린중-선린상고-건국대
- 보직: 재활 코치
- 주요경력: 쌍방울/SK/LG(1994~2003), LG 불펜코치(2004~2005), KIA 배터리코치(2008~2011), 삼성 2군 배터리코치(2012~2013), KT 배터리코치(2014~2015), 롯데 배터리코치(2016~2018), SK 배터리코치(2006, 2019)

**98 박종곤**
- 생년월일: 1979년 8월 20일
- 출신학교: 부양초-구리중-구리고-명지대
- 보직: 컨디셔닝 코치
- 주요경력: -

**87 안영태**
- 생년월일: 1978년 1월 30일
- 출신학교: 낙생초-낙생중-낙생고-신구대
- 보직: 컨디셔닝 코치
- 주요경력: -

**91 이권엽**
- 생년월일: 1983년 3월 2일
- 출신학교: 송정초-동성중-동성고-조선대
- 보직: 컨디셔닝 코치
- 주요경력: -

**85 김종욱**
- 생년월일: 1989년 10월 12일
- 출신학교: 을지초-상계중-청원고-한국체육대
- 보직: 컨디셔닝 코치
- 주요경력: -

**95 고정환**
- 생년월일: 1985년 1월 7일
- 출신학교: 천마초-가좌중-선연천고-순천향대
- 보직: 컨디셔닝 코치
- 주요경력: -

**- 유현원**
- 생년월일: 1989년 11월 17일
- 출신학교: 남평초-정선중-정선고-강원대
- 보직: 컨디셔닝 코치
- 주요경력: -

**- 안용완**
- 생년월일: 1975년 5월 15일
- 출신학교: 신동초-경원중-동대문상고-경희대
- 보직: 컨디셔닝 코치
- 주요경력: -

**- 최재훈**
- 생년월일: 1988년 12월 2일
- 출신학교: 생극초-생극중-충주고-서울과학기술대
- 보직: 컨디셔닝 코치
- 주요경력: -

**- 홍순범**
- 생년월일: 1985년 9월 1일
- 출신학교:
- 보직: 컨디셔닝 코치
- 주요경력: -

# 19 고우석

**투수(우투우타)**

| | |
|---|---|
| 생년월일 | 1998년 8월 6일 |
| 신장/체중 | 182cm/90kg |
| 학력 | 갈산초-양천중-충암고 |
| 연봉(2021) | 1억8000만 원 |
| 지명순위 | 2017 LG 1차 |
| 입단년도 | 2017 LG |

특급 마무리는 혜성처럼 등장한다? 2019년 LG 불펜이 그랬다. 입단 3년째인 그해 시즌 초 정찬헌의 부상 이탈로 갑작스럽게 뒷문을 맡았다. 무조건 공이 빠르고 삼진 능력을 갖춘 마무리를 우선시했던 류중일 당시 감독의 전폭적인 지지가 있었다. 뜻밖의 기회에서 고우석은 35세이브(2위)를 올려 부동의 트윈스 클로저로서 우뚝 섰다. 이제는 고우석의 위상에 관해서는 두말하면 잔소리다. 그래서 지난해 부상은 충격적이었다. 5월 불펜 피칭 도중 왼쪽 무릎 통증을 호소하며 부상자 명단에 올랐다. 무릎 반월판 연골 손상 진단을 듣고 곧바로 수술을 받아 재활 3개월 소요가 예상됐다. 고우석은 놀라운 회복 속도로 복귀를 4주 정도 앞당겼다. 7월 복귀 후 롯데를 상대로 2경기 연속 난타를 당하며 3실점을 내줘 조정 기간이 필요하다는 지적을 받았다. 정상 궤도에 오르기까지 오랜 시간이 걸리지는 않았다. 7월 26일 두산전서 세이브를 올리면서 페이스를 회복했다. 공교롭게 LG는 그 경기부터 4연승을 달리며 후반기 레이스에 박차를 가할 수 있었다. 고우석은 이후 16세이브를 추가하며 불펜진 안정에 크게 기여했다.

보기와 달리 예민한 성격은 아니다. 제구가 말을 듣지 않을 때 하늘을 쳐다보는 건 단순한 멘탈 관리이며 의외로 '강심장'을 가졌다. 구위가 논쟁이 될 수 없다. 지난해 직구 평균 구속은 150.4㎞였고 포스트시즌 2경기에서는 연신 153~155㎞ 직구를 뿌려댔다. 무브먼트, 제구 모두 으뜸이다. 직구 구위는 리그 넘버원이다. 슬라이더와 커브의 RPM(분당 회전수)도 리그 최고 수준이다. 알면서도 치기 힘든 강속구와 30% 정도 섞는 슬라이더에 뜻밖의 낙차 큰 커브는 타자들을 더욱 혼란스럽게 한다. 다만, 한 번 흔들리면 좀처럼 안정을 찾지 못할 때가 한 달에 한두 번 정도 있다. 경기 운영에 관한 자기 철학 또는 이론을 세울 필요가 있어 보인다. 올해도 몸 관리만 잘한다면 큰 무리 없이 리그 최고 소방수로 군림할 수 있다.

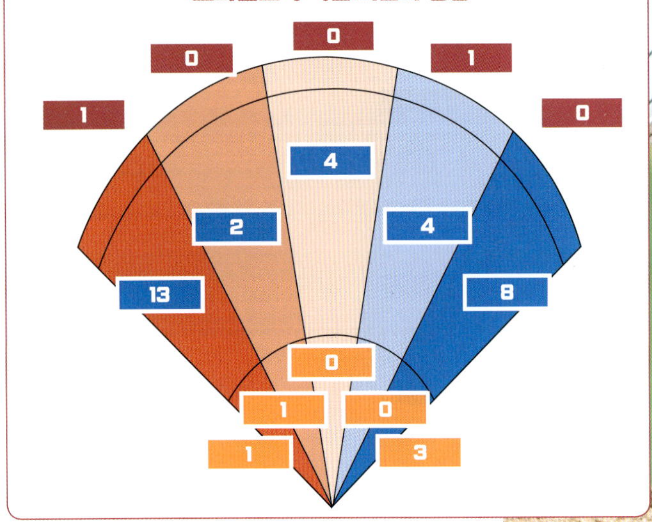

### 그라운드 구역별 피안타 방향

```
        0    0
     1           1
  1                 0
        4
     2        4
  13              8
        0
     1    0
  1          3
```

### 2020 시즌 & 통산 성적

| | 경기 | 선발 | 승 | 패 | 세이브 | 홀드 | 이닝 | 피안타 | 피홈런 | 볼넷 | 사구 | 삼진 | ERA |
|---|---|---|---|---|---|---|---|---|---|---|---|---|---|
| 2020 | 40 | 0 | 0 | 4 | 17 | 1 | 41.2 | 37 | 2 | 19 | 2 | 51 | 4.10 |
| 통산 | 186 | 0 | 11 | 11 | 52 | 6 | 205.2 | 183 | 18 | 97 | 13 | 194 | 3.85 |

### 2020 시즌 홈 / 원정 성적

| | 경기 | 선발 | 승 | 패 | 세이브 | 홀드 | 타자 | 이닝 | 피안타 | 피홈런 | 볼넷 | 사구 | 삼진 | 실점 | 자책점 | ERA |
|---|---|---|---|---|---|---|---|---|---|---|---|---|---|---|---|---|
| 홈 | 18 | 0 | 0 | 1 | 7 | 1 | 82 | 20.2 | 14 | 0 | 7 | 0 | 27 | 5 | 5 | 2.18 |
| 원정 | 22 | 0 | 0 | 3 | 10 | 0 | 101 | 21 | 23 | 2 | 12 | 2 | 24 | 17 | 14 | 6.00 |

### 2020 시즌 구종 구사

| 구종 | 평균구속 | 최고구속 | 구사율(%) | 피안타율 |
|---|---|---|---|---|
| 포심패스트볼 | 150 | 155 | 64.6 | 0.247 |
| 투심/싱커 | | | | |
| 슬라이더/커터 | 137 | 147 | 27.9 | 0.208 |
| 커브 | 132 | 136 | 7.6 | 0.231 |
| 체인지업 | | | | |
| 포크/SF | | | | |
| 너클볼/기타 | | | 0 | |

### 2020 시즌 상황별 기록

| 상황 | 안타 | 2루타 | 3루타 | 홈런 | 볼넷 | 사구 | 삼진 | 폭투 | 보크 | 피안타율 |
|---|---|---|---|---|---|---|---|---|---|---|
| vs좌 | 14 | 3 | 0 | 1 | 8 | 1 | 21 | 1 | 0 | 0.200 |
| vs우 | 23 | 6 | 0 | 1 | 11 | 1 | 30 | 4 | 0 | 0.261 |
| 주자없음 | 14 | 2 | 0 | 1 | 8 | 0 | 33 | 0 | 0 | 0.156 |
| 주자있음 | 23 | 7 | 0 | 1 | 11 | 2 | 18 | 5 | 0 | 0.338 |
| 득점권 | 15 | 4 | 0 | 1 | 11 | 2 | 11 | 2 | 0 | 0.341 |
| 만루 | 2 | 1 | 0 | 0 | 1 | 1 | 2 | 0 | 0 | 0.286 |

### 2020 시즌 상대팀 별 기록

| 구분 | 경기 | 방어율 | 승 | 패 | 세이브 | 홀드 | 이닝 | 안타 | 홈런 | 볼넷 | 삼진 | 피안타율 |
|---|---|---|---|---|---|---|---|---|---|---|---|---|
| KIA | 4 | 2.25 | 0 | 0 | 1 | 0 | 4.0 | 3 | 1 | 1 | 9 | 0.200 |
| KT | 5 | 7.94 | 0 | 1 | 3 | 0 | 5.2 | 5 | 1 | 3 | 9 | 0.227 |
| NC | 9 | 0.96 | 0 | 0 | 3 | 1 | 9.1 | 6 | 0 | 2 | 11 | 0.182 |
| SK | 4 | 3.38 | 0 | 0 | 1 | 0 | 2.2 | 2 | 1 | 2 | 7 | 0.200 |
| 키움 | 2 | 0.00 | 0 | 0 | 0 | 0 | 1.1 | 1 | 0 | 3 | 1 | 0.200 |
| 두산 | 5 | 3.00 | 0 | 1 | 3 | 0 | 6.0 | 6 | 0 | 2 | 4 | 0.273 |
| 롯데 | 4 | 10.80 | 0 | 2 | 0 | 0 | 3.1 | 6 | 0 | 3 | 3 | 0.333 |
| 삼성 | 4 | 5.40 | 0 | 0 | 2 | 0 | 3.1 | 3 | 0 | 0 | 6 | 0.250 |
| 한화 | 4 | 4.50 | 0 | 0 | 4 | 0 | 6.0 | 5 | 0 | 3 | 8 | 0.238 |

**PLAYERS**

# 1 임찬규

**투수(우투우타)**

| | | | |
|---|---|---|---|
| 생년월일 | 1992년 11월 20일 | 신장/체중 | 185cm/80kg |
| 학력 | 가동초-청원중-휘문고 | | |
| 연봉(2021) | 2억2000만 원 | | |
| 지명순위 | 2011 LG 1라운드 2순위 | | |
| 입단년도 | 2011 LG | | |

미워하려야 미워할 수 없는 LG의 적통 우완. 지난해 생애 최고 시즌을 보냈다. 27경기에서 147⅔이닝을 던져 10승 9패, 평균자책점 4.08, 138탈삼진을 기록했다. 평균자책점과 투구 이닝, 탈삼진은 데뷔 이후 최고 성적이다. 나이 서른을 앞두고 더욱 강해진 책임감 덕분이었다. 현장 스태프 사이에서는 공부하는 투수, 말 잘하는 선수로 통한다. 보이는 이미지 뒤에 숨은 심지의 깊이가 남다르다. 목표를 정해놓고 추진해 나가는 의욕과 자기 단점을 극복하기 위한 실행력이 굉장히 좋다.

신인 시절 직구 구속이 150㎞를 넘나들었다. 차세대 에이스란 칭호를 얻었지만 성장세가 기대에 못 미쳤다. 경찰야구단에 입단해 팔꿈치 인대접합 수술을 받은 이후로 구속이 크게 줄었다. 자신감 상실은 오래가지 않았다. 2017년부터 풀타임 선발로 자리 잡았다. 2018년 첫 두 자리 승수를 따낸 뒤 2019년 구위를 유지하지 못하고 선발과 불펜을 오가며 겨우 88⅔이닝을 던지는 데에 그쳤다. 2년간 쌓인 피로로 제구력이 크게 불안해진 탓이었다. 지난해 크게 깨달은 바가 있었다. 안되는 걸 보완하는 게 아니라 잘하는 걸 강화하자고 마음먹었다. 그래서 공부를 했고 전력분석실을 끊임없이 드나들었다. 보통 스피드가 떨어지는 투수들은 의욕이 떨어지는데 그걸 해결하기 위해 부단히 노력하고 공부했다. 결실이 나오기 시작한 게 지난 시즌이다. 현재에 만족하지 않고 새 구종을 개발하고, 몸 관리에 더욱 신경을 쓰며 오프시즌을 보냈다. 지난해 직구 평균 구속 139.0㎞는 2016년 이후 최고 수준이었다. 커브와 서클 체인지업은 리그 정상급이다. 지난 시즌 탈삼진 비율이 21.5%로 생애 최고치로 높아진 건 직구 스피드와 커브의 비중을 늘린 덕분이다. 주무기 체인지업의 위력이 더 돋보였다. 트레이드마크인 몸쪽 승부도 세기를 더했다. 이제 팀 내 토종 선발 중 으뜸으로 꼽히며 어엿한 10승 투수라는 평가가 어색하지 않다.

## 2020 시즌 & 통산 성적

| | 경기 | 선발 | 승 | 패 | 세이브 | 홀드 | 이닝 | 피안타 | 피홈런 | 볼넷 | 사구 | 삼진 | ERA |
|---|---|---|---|---|---|---|---|---|---|---|---|---|---|
| 2020 | 27 | 26 | 10 | 9 | 0 | 0 | 147.2 | 143 | 14 | 65 | 5 | 138 | 4.08 |
| 통산 | 228 | 115 | 44 | 50 | 8 | 4 | 736.2 | 796 | 85 | 340 | 57 | 624 | 4.89 |

## 2020 시즌 홈 / 원정 성적

| | 경기 | 선발 | 승 | 패 | 세이브 | 홀드 | 타자 | 이닝 | 피안타 | 피홈런 | 볼넷 | 사구 | 삼진 | 실점 | 자책점 | ERA |
|---|---|---|---|---|---|---|---|---|---|---|---|---|---|---|---|---|
| 홈 | 13 | 13 | 3 | 4 | 0 | 0 | 293 | 69 | 60 | 5 | 29 | 1 | 70 | 34 | 31 | 4.04 |
| 원정 | 14 | 13 | 7 | 5 | 0 | 0 | 348 | 78.2 | 83 | 9 | 36 | 4 | 68 | 42 | 36 | 4.12 |

## 2020 시즌 구종 구사

| 구종 | 평균구속 | 최고구속 | 구사율(%) | 피안타율 |
|---|---|---|---|---|
| 포심패스트볼 | 139 | 145 | 40.5 | 0.257 |
| 투심/싱커 | | | 0 | |
| 슬라이더/커터 | 128 | 134 | 1.6 | 0.250 |
| 커브 | 109 | 124 | 23.5 | 0.171 |
| 체인지업 | 125 | 140 | 34.3 | 0.285 |
| 포크/SF | | | 0 | |
| 너클볼/기타 | | | 0 | |

## 2020 시즌 상황별 기록

| 상황 | 안타 | 2루타 | 3루타 | 홈런 | 볼넷 | 사구 | 삼진 | 폭투 | 보크 | 피안타율 |
|---|---|---|---|---|---|---|---|---|---|---|
| vs좌 | 55 | 12 | 2 | 8 | 31 | 0 | 65 | 1 | 0 | 0.214 |
| vs우 | 88 | 17 | 0 | 6 | 34 | 5 | 73 | 2 | 0 | 0.286 |
| 주자없음 | 77 | 14 | 2 | 6 | 30 | 3 | 79 | 0 | 0 | 0.237 |
| 주자있음 | 66 | 15 | 0 | 8 | 35 | 2 | 59 | 4 | 0 | 0.275 |
| 득점권 | 35 | 10 | 0 | 3 | 22 | 1 | 38 | 2 | 0 | 0.252 |
| 만루 | 8 | 3 | 0 | 0 | 0 | 0 | 4 | 0 | 0 | 0.444 |

## 2020 시즌 상대팀 별 기록

| 구분 | 경기 | 방어율 | 승 | 패 | 세이브 | 홀드 | 이닝 | 안타 | 홈런 | 볼넷 | 삼진 | 피안타율 |
|---|---|---|---|---|---|---|---|---|---|---|---|---|
| KIA | 4 | 6.11 | 1 | 2 | 0 | 0 | 17.2 | 19 | 2 | 18 | 19 | 0.264 |
| KT | 2 | 4.63 | 1 | 0 | 0 | 0 | 11.2 | 13 | 0 | 3 | 13 | 0.283 |
| NC | 2 | 7.00 | 0 | 2 | 0 | 0 | 9.0 | 13 | 1 | 4 | 8 | 0.361 |
| SK | 4 | 1.82 | 3 | 0 | 0 | 0 | 24.2 | 17 | 2 | 5 | 26 | 0.193 |
| 키움 | 1 | 9.00 | 0 | 1 | 0 | 0 | 6.0 | 8 | 2 | 6 | 6 | 0.308 |
| 두산 | 3 | 5.68 | 1 | 0 | 0 | 0 | 12.2 | 13 | 3 | 6 | 8 | 0.271 |
| 롯데 | 3 | 2.45 | 1 | 2 | 0 | 0 | 18.1 | 17 | 0 | 9 | 12 | 0.254 |
| 삼성 | 4 | 4.32 | 1 | 0 | 0 | 0 | 25.0 | 24 | 4 | 7 | 22 | 0.247 |
| 한화 | 4 | 2.38 | 2 | 1 | 0 | 0 | 22.2 | 19 | 0 | 11 | 24 | 0.224 |

### 그라운드 구역별 피안타 방향

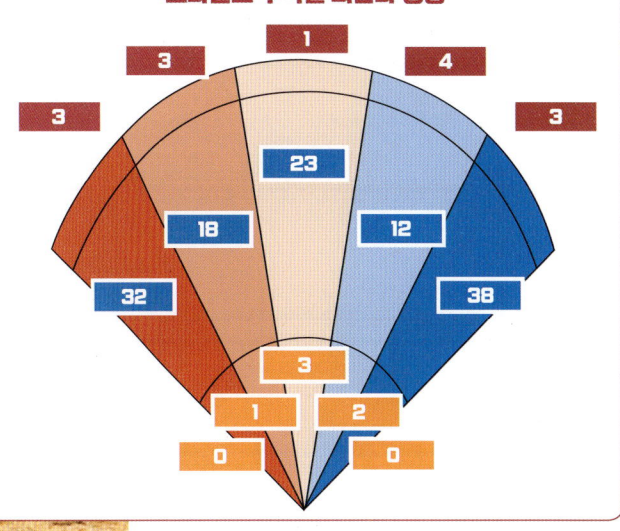

# 18 정우영

**투수(우언우타)**

| | |
|---|---|
| 생년월일 | 1999년 8월 19일 |
| 신장/체중 | 193cm/85kg |
| 학력 | 가평초-강남중-서울고 |
| 연봉(2021) | 1억8000만 원 |
| 지명순위 | 2019 LG 2차 2라운드 15순위 |
| 입단년도 | 2019 LG |

2019년 입단하자마자 LG 불펜의 핵심으로 자리 잡으며 16홀드, 평균자책점 3.72를 마크했다. 신인왕에 전혀 손색없었다. 지난해 2년 차 징크스도 없었다. 현장 스태프의 적절한 체력 관리, 본인 특유의 스태미나를 바탕으로 안정된 피칭을 이어갔다. 마무리 고우석의 부상으로 시즌 첫 세 달간 쓰임새가 커졌는데도 시즌 끝까지 크게 흔들리지 않았다. 월간 평균자책점이 5월부터 0.71, 5.84, 2.70, 1.38, 5.25, 3.09로 한여름과 시즌 막판에 강했다. 65경기에서 4승 4패, 5세이브, 20홀드, 평균자책점 3.12를 기록했다. 140㎞대 중후반의 꿈틀거리는 직구와 130㎞대 초반의 슬라이더, 두 가지 구종만으로 리그를 압도한다. 체인지업을 간혹 섞어보려 하지만 집착하지는 않는다. 등판하자마자 제구가 흔들리는 경향이 있었지만 금세 영점을 잡아가는 게 한층 노련해진 모습을 보여줬다. 좌타자에 약한 문제는 지난 시즌 우타자와 좌타자 피안타율이 각각 0.182와 0.189로 그 차이가 크게 개선됐다. 키움과 와일드카드 결정전에서 1이닝 동안 삼진 2개를 속아냈는데도 두산과 플레이오프에서 등판 기회를 얻지 못해 아쉬웠다. 지난해 WPA(승리기여도)가 팀 내 중간 투수 1위였다. 리그에서도 톱레벨 기록이다. 투심 직구(또는 싱커)는 타자들이 알고도 못 친다. 본인의 장점을 잘 알고 얼마나 적절하게 활용하는지를 정확히 파악하기 시작했다. 올해도 이 부분이 활약의 키포인트다. 큰 투구 폼 탓에 도루허용률이 높은 편이어서 키킹타이밍을 개선해야 한다는 과제가 있다. 가끔 제구가 흔들리는 문제만 보완하면 올 시즌에도 중간에서 큰 역할을 할 수 있다. 팀 내에서 차지하는 비중이 절대적이지만 불펜진이 지난해보다 한층 두터워져 이닝 부담은 다소 덜 수 있을 전망이다. 등번호를 59번에서 투수들의 레전드로 불리는 18번으로 바꾸며 심기일전 중이다. 은퇴한 이동현의 번호라 팀에서도 아끼고 있던 터에 차명석 단장이 흔쾌히 사용을 허락했다는 후문이다. 올해 목표는 홀드 1위다.

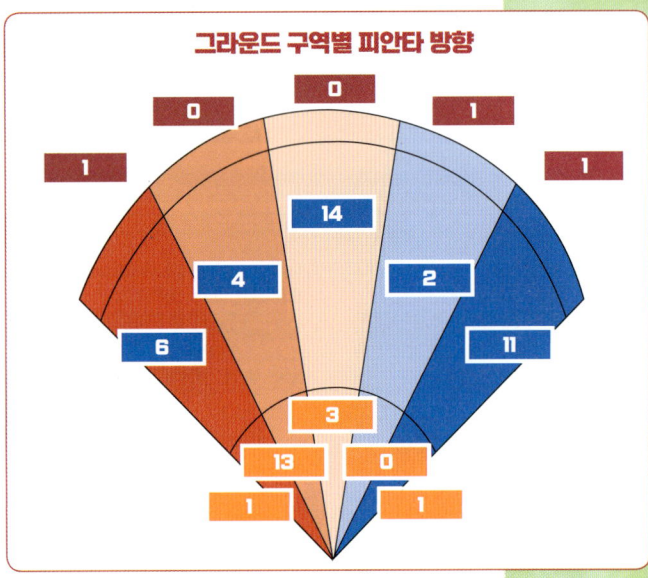

### 2020 시즌 & 통산 성적

| | 경기 | 선발 | 승 | 패 | 세이브 | 홀드 | 이닝 | 피안타 | 피홈런 | 볼넷 | 사구 | 삼진 | ERA |
|---|---|---|---|---|---|---|---|---|---|---|---|---|---|
| 2020 | 65 | 0 | 4 | 4 | 5 | 20 | 75 | 48 | 3 | 29 | 11 | 59 | 3.12 |
| 통산 | 121 | 0 | 8 | 10 | 6 | 36 | 140.1 | 105 | 4 | 49 | 19 | 97 | 3.40 |

### 2020 시즌 홈 / 원정 성적

| | 경기 | 선발 | 승 | 패 | 세이브 | 홀드 | 타자 | 이닝 | 피안타 | 피홈런 | 볼넷 | 사구 | 삼진 | 실점 | 자책점 | ERA |
|---|---|---|---|---|---|---|---|---|---|---|---|---|---|---|---|---|
| 홈 | 28 | 0 | 2 | 2 | 3 | 7 | 134 | 31.1 | 21 | 2 | 12 | 5 | 23 | 9 | 9 | 2.59 |
| 원정 | 37 | 0 | 2 | 2 | 2 | 13 | 171 | 43.2 | 27 | 1 | 17 | 6 | 36 | 17 | 17 | 3.50 |

### 2020 시즌 구종 구사

| 구종 | 평균구속 | 최고구속 | 구사율(%) | 피안타율 |
|---|---|---|---|---|
| 포심패스트볼 | | | 0 | |
| 투심/싱커 | 145 | 150 | 76.7 | 0.186 |
| 슬라이더/커터 | 131 | 139 | 22.9 | 0.179 |
| 커브 | | | 0 | |
| 체인지업 | 133 | 136 | 0.4 | |
| 포크/SF | | | 0 | |
| 너클볼/기타 | | | 0 | |

### 2020 시즌 상황별 기록

| 상황 | 안타 | 2루타 | 3루타 | 홈런 | 볼넷 | 사구 | 삼진 | 폭투 | 보크 | 피안타율 |
|---|---|---|---|---|---|---|---|---|---|---|
| vs좌 | 17 | 1 | 0 | 1 | 18 | 2 | 15 | 0 | 0 | 0.189 |
| vs우 | 31 | 4 | 0 | 2 | 11 | 9 | 44 | 1 | 0 | 0.182 |
| 주자없음 | 25 | 1 | 0 | 2 | 9 | 5 | 27 | 0 | 0 | 0.169 |
| 주자있음 | 23 | 4 | 0 | 1 | 20 | 6 | 32 | 1 | 0 | 0.205 |
| 득점권 | 18 | 3 | 0 | 1 | 13 | 6 | 23 | 1 | 0 | 0.231 |
| 만루 | 5 | 0 | 0 | 1 | 1 | 4 | 1 | 0 | 0 | 0.313 |

### 2020 시즌 상대팀 별 기록

| 구분 | 경기 | 방어율 | 승 | 패 | 세이브 | 홀드 | 이닝 | 안타 | 홈런 | 볼넷 | 삼진 | 피안타율 |
|---|---|---|---|---|---|---|---|---|---|---|---|---|
| KIA | 7 | 0.00 | 1 | 0 | 1 | 3 | 7.2 | 3 | 0 | 5 | 6 | 0.120 |
| KT | 10 | 2.31 | 0 | 1 | 0 | 3 | 11.2 | 9 | 1 | 5 | 9 | 0.209 |
| NC | 7 | 4.50 | 1 | 0 | 1 | 0 | 8.0 | 4 | 1 | 4 | 8 | 0.148 |
| SK | 8 | 0.00 | 0 | 0 | 1 | 2 | 12.0 | 4 | 1 | 1 | 11 | 0.100 |
| 키움 | 8 | 8.00 | 0 | 2 | 1 | 3 | 9.0 | 7 | 0 | 7 | 2 | 0.226 |
| 두산 | 4 | 4.91 | 0 | 0 | 0 | 2 | 3.2 | 4 | 0 | 3 | 4 | 0.286 |
| 롯데 | 5 | 5.79 | 0 | 1 | 0 | 3 | 4.2 | 5 | 0 | 5 | 3 | 0.278 |
| 삼성 | 8 | 0.00 | 1 | 0 | 0 | 3 | 8.1 | 3 | 0 | 0 | 4 | 0.172 |
| 한화 | 8 | 5.40 | 1 | 0 | 1 | 3 | 10.0 | 9 | 1 | 4 | 7 | 0.212 |

# PLAYERS

## 23 차우찬

**투수(좌투좌타)**

| | | | |
|---|---|---|---|
| 생년월일 | 1987년 5월 31일 | 신장/체중 | 185cm/80kg |
| 학력 | 군산초-군산남중-군산상고 | | |
| 연봉(2021) | 3억 원 | | |
| 지명순위 | 2006 삼성 2차 1라운드 7순위 | | |
| 입단년도 | 2006 삼성 | | |

4년 계약의 마지막 시즌인 지난해 어깨 부상 때문에 13경기 출전에 그쳤다. 그나마 후배 투수들이 로테이션을 잘 메우며 팀을 포스트시즌으로 이끌어 책임은 면했다. 2021년 시즌도 시작부터 난관이 예상된다. 어깨 부상이 완벽하게 호전되지 않아 개막전 엔트리 진입이 불발됐다. 2년 계약을 보장받으면서도 연봉을 3억 원에 고정하고 인센티브만 7억 원을 건 것도 몸 상태를 확신할 수 없기 때문이다. 재활이 순조롭다는 전제로 5월 이후 실전 복귀가 가능한 전망이다. 나이가 들면서 회복이 느려 최악의 경우 전반기 복귀가 힘들 수도 있다.

류지현 감독은 외국인 투수 2명과 임찬규, 정찬헌, 이민호 등으로 5인 로테이션을 일찌감치 정했다. 차우찬이 합류한다고 해도 선발 보직이 당연한 것은 아니다. 지난 시즌 5승 5패, 평균자책점 5.34, 피안타율 2할8푼4리로 LG 이적 후 구위가 가장 좋지 못했다는 점, 7월 24일 두산전 어깨 통증 이후 실전에 오르지 않았다는 점에서 예전 기량을 회복할지는 미지수다. 워낙 경험이 많아 경기 운영과 제구력은 걱정 없지만 2017년 이후 해마다 탈삼진 비율이 떨어지고 있다는 건 구위 하락을 의심케 한다. 지난해 직구 평균 구속이 140.3km로 데뷔 이후 가장 느렸다. 상대적으로 슬라이더와 체인지업의 비중이 높아졌음에도 레퍼토리에는 한계가 있다. 뻔한 볼배합이 통하려면 결국 정교한 제구가 필수다. 차우찬이란 이름이 상대에게 압박감을 주려면 부상 이전의 구위를 찾아야 한다. 마운드에서 맏형인 만큼 기대치를 채워야 믿고 따르는 후배들에게도 면목이 선다. 몸 상태만 괜찮다면 얼마든지 토종 에이스 자존심을 찾을 기회를 잡을 수 있다. 가장 큰 장점은 스태미나다. 투구 수 100개를 넘겨도 피로를 덜 느껴 6~7이닝은 가볍게 막는다. 투구이닝에 인센티브가 걸려 있어 동기부여는 충분하다. 차명석 단장이 "아프지 않으면 다 받아 갈 수 있다"라고 했으니 말이다.

## 2020 시즌 & 통산 성적

| | 경기 | 선발 | 승 | 패 | 세이브 | 홀드 | 이닝 | 피안타 | 피홈런 | 볼넷 | 사구 | 삼진 | ERA |
|---|---|---|---|---|---|---|---|---|---|---|---|---|---|
| 2020 | 13 | 13 | 5 | 5 | 0 | 0 | 64 | 71 | 8 | 28 | 2 | 51 | 5.34 |
| 통산 | 452 | 234 | 110 | 78 | 1 | 32 | 1646.1 | 1,660 | 195 | 723 | 62 | 1,401 | 4.50 |

## 2020 시즌 홈 / 원정 성적

| | 경기 | 선발 | 승 | 패 | 세이브 | 홀드 | 타자 | 이닝 | 피안타 | 피홈런 | 볼넷 | 사구 | 삼진 | 실점 | 자책점 | ERA |
|---|---|---|---|---|---|---|---|---|---|---|---|---|---|---|---|---|
| 홈 | 9 | 9 | 3 | 4 | 0 | 0 | 206 | 46 | 49 | 7 | 21 | 1 | 40 | 31 | 31 | 6.07 |
| 원정 | 4 | 4 | 2 | 1 | 0 | 0 | 81 | 18 | 22 | 1 | 7 | 1 | 11 | 8 | 7 | 3.50 |

## 2020 시즌 구종 구사

| 구종 | 평균구속 | 최고구속 | 구사율(%) | 피안타율 |
|---|---|---|---|---|
| 포심패스트볼 | 140 | 146 | 42.2 | 0.295 |
| 투심/싱커 | | | 0 | |
| 슬라이더/커터 | 128 | 135 | 26.0 | 0.303 |
| 커브 | 110 | 114 | 12.3 | 0.268 |
| 체인지업 | | | 0 | |
| 포크/SF | 128 | 134 | 19.5 | 0.237 |
| 너클볼/기타 | | | 0 | |

## 2020 시즌 상황별 기록

| 상황 | 안타 | 2루타 | 3루타 | 홈런 | 볼넷 | 사구 | 삼진 | 폭투 | 보크 | 피안타율 |
|---|---|---|---|---|---|---|---|---|---|---|
| vs 좌 | 24 | 5 | 0 | 4 | 2 | 1 | 16 | 1 | 0 | 0.282 |
| vs 우 | 47 | 9 | 1 | 4 | 20 | 1 | 35 | 1 | 0 | 0.285 |
| 주자없음 | 36 | 5 | 1 | 5 | 18 | 0 | 26 | 0 | 0 | 0.273 |
| 주자있음 | 35 | 9 | 0 | 3 | 10 | 2 | 25 | 1 | 0 | 0.297 |
| 득점권 | 14 | 3 | 0 | 1 | 7 | 2 | 13 | 0 | 0 | 0.226 |
| 만루 | 2 | 0 | 0 | 0 | 0 | 0 | 0 | 0 | 0 | 0.500 |

## 2020 시즌 상대팀 별 기록

| 구분 | 경기 | 방어율 | 승 | 패 | 세이브 | 홀드 | 이닝 | 안타 | 홈런 | 볼넷 | 삼진 | 피안타율 |
|---|---|---|---|---|---|---|---|---|---|---|---|---|
| KIA | 1 | 1.50 | 1 | 0 | 0 | 0 | 6.0 | 6 | 1 | 0 | 5 | 0.250 |
| KT | 2 | 9.00 | 0 | 2 | 0 | 0 | 10.0 | 16 | 3 | 2 | 7 | 0.356 |
| SK | 1 | 6.00 | 1 | 0 | 0 | 0 | 6.0 | 6 | 1 | 2 | 8 | 0.261 |
| 키움 | 3 | 2.65 | 1 | 1 | 0 | 0 | 17.0 | 16 | 1 | 9 | 16 | 0.250 |
| 두산 | 4 | 11.25 | 1 | 2 | 0 | 0 | 12.0 | 19 | 1 | 7 | 9 | 0.380 |
| 롯데 | 1 | 4.50 | 1 | 0 | 0 | 0 | 6.0 | 3 | 1 | 5 | 3 | 0.150 |
| 한화 | 1 | 0.00 | 0 | 0 | 0 | 0 | 7.0 | 5 | 0 | 3 | 1 | 0.208 |

### 그라운드 구역별 피안타 방향

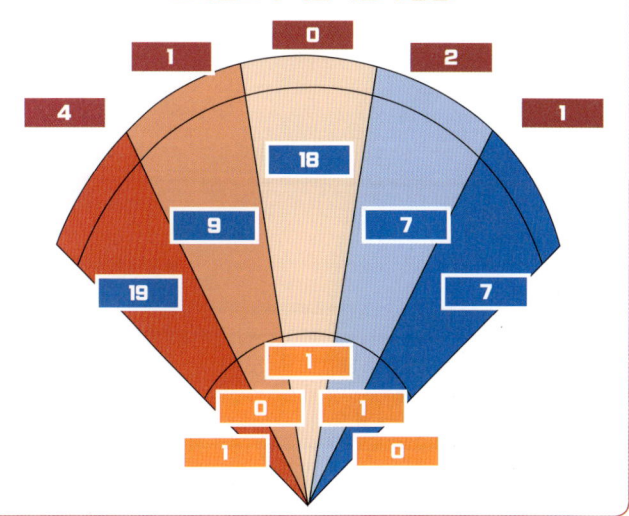

# 3
# 케이시 켈리

**투수(우투우타)**

| | |
|---|---|
| 생년월일 | 1989년 10월 4일 |
| 신장/체중 | 191cm/98kg |
| 국적 | 미국 |
| 연봉(2021) | 140만 달러(인센티브 40만 포함) |
| 지명순위 | - |
| 입단년도 | 2019 LG |

이제는 가르치는 입장이다. 단짝이자 선배였던 타일러 윌슨과 이별, 그리고 새로운 후배의 입단. 새 투수 앤드루 수아레즈보다 먼저 메이저리그에 데뷔했고 KBO리그도 2년 선배다. 2018년에는 샌프란시스코 자이언츠에서 한솥밥을 먹기도 했다. 이제는 수아레즈에게 한국 야구와 문화를 가르쳐야 한다. 켈리는 2년 연속 LG 선발 로테이션을 이끌었다. 지난해 코로나19 자가격리 후유증으로 초반 고전했지만 한 달 만에 극복하고 로테이션 불안으로 위기에 빠졌던 팀을 구했다. 6월 3일 삼성전까지 시즌 첫 5경기에서 평균자책점 6.12로 나빴다가 이후 23경기에서는 2.85로 안정세를 되찾았다. 상위권 싸움이 치열했던 8월 이후 3개월 동안 13경기에서 11승 1패, 평균자책점 2.22를 마크했다. 같은 기간 전체 투수 중 다승과 평균자책점 1위였다. 후반기에 강한 점이 인상적이다. 2019년에도 평균자책점과 피안타율이 전반기 2.77, 0.246에서 후반기 2.05, 0.237로 좋아졌다. 시즌이 흐를수록 힘을 내니 포스트시즌에서 맹활약을 기대할 수 있다. 지난해 키움과 와일드카드 결정전에 선발 등판해 7이닝 3안타 10탈삼진 2실점으로 호투했다. 단기전 1선발을 맡겨도 손색없다. 포심과 투심 직구를 비슷한 비율(20~25%)로 던지는데 결정구는 투심이다. 타자 앞에서 변화 폭이 크다. 지난해 투심 평균 구속은 144.2km로 2019년과 비슷했다. 여기에 시속 140km에 육박하는 슬라이더와 낙차 큰 커브를 섞어 타자의 타이밍을 빼앗는다. 땅볼과 뜬공 유도 비율은 비슷하다. 피홈런이 2019년 7개에서 2020년 16개로 크게 늘었는데 전반적인 타고투저 영향으로 보는 게 옳다. 2년 연속 기량적으로 정점을 찍은 만큼 올 시즌에도 1선발로 손색이 없다. 경기 운영뿐 아니라 훈련과 체력 관리에서도 영리하고 계획적이다. 구종 개발도 게을리하지 않는다. 위기 돌파 능력, 변화에 대한 의지가 강하다. 올해도 리그 전체를 압도할 에이스로 기대되며 여전히 메이저리그 도전 의지가 있어 동기부여가 충분하다.

### 그라운드 구역별 피안타 방향

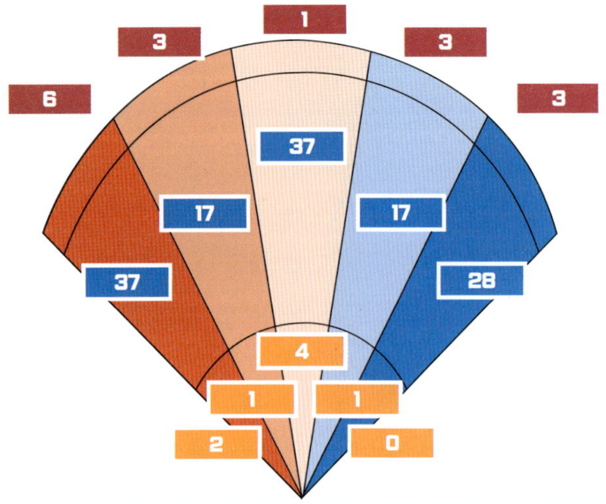

|  |  |  |  |  |
|---|---|---|---|---|
|  | 3 | 1 | 3 |  |
| 6 |  |  |  | 3 |
|  |  | 37 |  |  |
|  | 17 |  | 17 |  |
|  | 37 |  | 28 |  |
|  |  | 4 |  |  |
|  |  | 1 1 |  |  |
|  |  | 2 0 |  |  |

### 2020 시즌 & 통산 성적

| | 경기 | 선발 | 승 | 패 | 세이브 | 홀드 | 이닝 | 피안타 | 피홈런 | 볼넷 | 사구 | 삼진 | ERA |
|---|---|---|---|---|---|---|---|---|---|---|---|---|---|
| 2020 | 28 | 28 | 15 | 7 | 0 | 0 | 173.1 | 160 | 16 | 40 | 11 | 134 | 3.32 |
| 통산 | 57 | 57 | 29 | 19 | 0 | 0 | 353.2 | 324 | 23 | 81 | 27 | 260 | 2.93 |

### 2020 시즌 홈 / 원정 성적

| | 경기 | 선발 | 승 | 패 | 세이브 | 홀드 | 타자 | 이닝 | 피안타 | 피홈런 | 볼넷 | 사구 | 삼진 | 실점 | 자책점 | ERA |
|---|---|---|---|---|---|---|---|---|---|---|---|---|---|---|---|---|
| 홈 | 16 | 16 | 9 | 3 | 0 | 0 | 402 | 102.1 | 86 | 9 | 17 | 7 | 80 | 30 | 29 | 2.55 |
| 원정 | 12 | 12 | 6 | 4 | 0 | 0 | 303 | 71 | 74 | 7 | 23 | 4 | 54 | 37 | 35 | 4.44 |

### 2020 시즌 구종 구사

| 구종 | 평균구속 | 최고구속 | 구사율(%) | 피안타율 |
|---|---|---|---|---|
| 포심패스트볼 | 147 | 153 | 22.7 | 0.241 |
| 투심/싱커 | 144 | 151 | 25.3 | 0.303 |
| 슬라이더/커터 | 138 | 146 | 22.3 | 0.203 |
| 커브 | 130 | 136 | 24.9 | 0.221 |
| 체인지업 | 134 | 141 | 8.4 | 0.300 |
| 포크/SF | | | 0 | |
| 너클볼/기타 | | | | |

### 2020 시즌 상황별 기록

| 상황 | 안타 | 2루타 | 3루타 | 홈런 | 볼넷 | 사구 | 삼진 | 폭투 | 보크 | 피안타율 |
|---|---|---|---|---|---|---|---|---|---|---|
| vs좌 | 85 | 13 | 1 | 8 | 16 | 6 | 65 | 3 | 0 | 0.266 |
| vs우 | 75 | 16 | 0 | 8 | 24 | 5 | 69 | 1 | 0 | 0.229 |
| 주자없음 | 93 | 15 | 1 | 9 | 22 | 8 | 75 | 0 | 0 | 0.247 |
| 주자있음 | 67 | 14 | 0 | 7 | 18 | 3 | 59 | 4 | 0 | 0.247 |
| 득점권 | 33 | 8 | 0 | 4 | 11 | 1 | 35 | 1 | 0 | 0.219 |
| 만루 | 2 | 2 | 0 | 0 | 0 | 0 | 1 | 0 | 0 | 0.222 |

### 2020 시즌 상대팀 별 기록

| 구분 | 경기 | 방어율 | 승 | 패 | 세이브 | 홀드 | 이닝 | 안타 | 홈런 | 볼넷 | 삼진 | 피안타율 |
|---|---|---|---|---|---|---|---|---|---|---|---|---|
| KIA | 4 | 2.16 | 4 | 0 | 0 | 0 | 25.0 | 19 | 2 | 5 | 20 | 0.207 |
| KT | 4 | 3.81 | 1 | 0 | 0 | 0 | 26.0 | 27 | 4 | 8 | 16 | 0.281 |
| NC | 2 | 4.09 | 1 | 0 | 0 | 0 | 11.0 | 10 | 0 | 1 | 7 | 0.238 |
| SK | 3 | 3.32 | 1 | 1 | 0 | 0 | 19.0 | 12 | 3 | 6 | 11 | 0.179 |
| 키움 | 3 | 1.42 | 3 | 0 | 0 | 0 | 19.0 | 13 | 2 | 1 | 18 | 0.191 |
| 두산 | 4 | 4.13 | 2 | 2 | 0 | 0 | 24.0 | 25 | 2 | 3 | 19 | 0.272 |
| 롯데 | 2 | 4.15 | 1 | 1 | 0 | 0 | 13.0 | 18 | 1 | 3 | 6 | 0.360 |
| 삼성 | 2 | 9.82 | 0 | 2 | 0 | 0 | 11.0 | 13 | 3 | 3 | 6 | 0.295 |
| 한화 | 4 | 1.07 | 2 | 1 | 0 | 0 | 25.1 | 23 | 0 | 5 | 31 | 0.240 |

# PLAYERS

## 27 유강남

**포수(우투우타)**

| | |
|---|---|
| 생년월일 | 1992년 7월 15일 |
| 신장/체중 | 182cm/88kg |
| 학력 | 청원초-휘문중-서울고 |
| 연봉(2021) | 3억 원 |
| 지명순위 | 2011 LG 7라운드 50순위 |
| 입단연도 | 2011 LG |

투수가 던진 공이 뒤로 빠지거나 2루 송구가 정확하지 않아 주자를 살려주면 하늘이 무너지는 표정을 짓는다. 팀에서는 "수비보다 마음이 약해서"라고 평한다. 책임감으로 치면 팀에서 넘버원이란 소리다. 수비를 지적하는 목소리가 크다. 투수 리드와 블로킹, 송구 능력이 뛰어난 포수는 아니다. 하지만 지난해 도루저지율이 25.6%로 전체 주전 포수 10명 중 4위였다. 리그 평균 도루저지율이 29.7%였으니 믿을 만한 어깨다. 2018년 25.0%, 2019년 22.9%와 비교해도 개인적으로 향상됐다. 지난해 1009⅔이닝 동안 마스크를 써 유일하게 1000이닝 이상 수비한 포수로 기록됐다. 무엇보다 강점인 공격에서 가치를 살펴봐야 한다. 지난해 137경기에 출전해 타율 2할6푼1리, 16홈런, 74타점, OPS 0.745를 마크했다. 자신의 한 시즌 최다 출전에 최다 타점을 올리며 팀 공헌도를 높였다. 볼넷은 최근 3년 가운데 가장 많은 32개를 골랐다. WPA도 0.77로 역시 3년 동안 가장 좋았다. 하지만 유인구에 속는 문제는 크게 나아지지 않았다. 뜬공보다는 땅볼이 많이 나왔는데 지난해 병살타는 18개로 전체 타자 중 5번째로 많았다. 삼진 비율도 17.6%로 리그 전체 17.4%보다 다소 높았다. 그렇다고 스윙스타일을 바꿀 이유는 없다. 2할대 중후반의 타율과 15개 안팎의 홈런, 70~80개 정도의 타점이면 하위타선의 핵으로선 만족스럽다. 주전 포수로 5년 이상을 뛰면서 책임지려는 마음이 커졌다. 나름대로 역할을 해왔기 때문에 포수 수비의 문제점보다는 전체적인 경기 운영의 안정성, 선수들과 호흡에 중점을 두는 게 낫다. 장점으로서 공격력을 극대화하는데 주력하면 지난해 이상의 성적을 기대할 수 있다. 개인적으로 타율이 최근 2년간 하향세였던 만큼 정확성을 높이고 부상 없이 풀타임 시즌을 치르는 게 목표다. 수석코치가 프랜차이즈 포수 출신인 김동수 코치라는 점도 주목할 사항이다.

## 2020 시즌 & 통산 성적

| 연도 | 경기 | 타석 | 타수 | 안타 | 2루타 | 3루타 | 홈런 | 타점 | 도루 | 도실 | 볼넷 | 사구 | 삼진 | 타율 | 장타율 | 출루율 | OPS |
|---|---|---|---|---|---|---|---|---|---|---|---|---|---|---|---|---|---|
| 2020 | 137 | 478 | 429 | 112 | 18 | 0 | 16 | 74 | | | 32 | 13 | 84 | 0.261 | 0.415 | 0.330 | 0.745 |
| 통산 | 761 | 2,416 | 2,165 | 590 | 104 | 2 | 84 | 340 | 5 | 2 | 140 | 65 | 426 | 0.273 | 0.438 | 0.333 | 0.771 |

## 2020 시즌 홈 / 원정 성적

| | 경기 | 타석 | 타수 | 안타 | 2루타 | 3루타 | 홈런 | 타점 | 도루 | 도실 | 볼넷 | 사구 | 삼진 | 타율 | 장타율 | 출루율 | OPS |
|---|---|---|---|---|---|---|---|---|---|---|---|---|---|---|---|---|---|
| 홈 | 69 | 219 | 198 | 41 | 7 | 0 | 6 | 31 | | | 14 | 5 | 40 | 0.207 | 0.333 | 0.275 | 0.608 |
| 원정 | 68 | 259 | 231 | 71 | 11 | 0 | 10 | 43 | | 1 | 18 | 8 | 44 | 0.307 | 0.485 | 0.376 | 0.861 |

## 2020 시즌 상황별 기록

| 상황 | 타석 | 안타 | 홈런 | 타점 | 볼넷 | 삼진 | 타율 |
|---|---|---|---|---|---|---|---|
| vs 좌 | 95 | 31 | 9 | 24 | 6 | 11 | 0.356 |
| vs 우 | 332 | 75 | 7 | 44 | 22 | 60 | 0.253 |
| vs 언더 | 51 | 6 | 0 | 6 | 4 | 13 | 0.133 |
| 주자있음 | 212 | 57 | 8 | 66 | 15 | 26 | 0.310 |
| 주자없음 | 266 | 55 | 8 | 8 | 17 | 58 | 0.224 |
| 득점권 | 127 | 38 | 5 | 59 | 9 | 17 | 0.352 |
| 만루 | 8 | 4 | 0 | 7 | 0 | 1 | 0.500 |

## 2020 시즌 상대팀 별 기록

| 구분 | 타석 | 홈런 | 볼넷 | 삼진 | 타율 | 출루율 | 장타율 | OPS |
|---|---|---|---|---|---|---|---|---|
| KIA | 53 | 2 | 7 | 8 | 0.318 | 0.434 | 0.409 | 0.843 |
| KT | 54 | 0 | 5 | 5 | 0.250 | 0.321 | 0.292 | 0.613 |
| NC | 49 | 5 | 6 | 4 | 0.317 | 0.429 | 0.732 | 1.161 |
| SK | 55 | 3 | 1 | 11 | 0.180 | 0.255 | 0.260 | 0.515 |
| 키움 | 49 | 1 | 2 | 15 | 0.255 | 0.286 | 0.383 | 0.669 |
| 두산 | 56 | 2 | 3 | 13 | 0.196 | 0.250 | 0.373 | 0.623 |
| 롯데 | 48 | 3 | 6 | 8 | 0.333 | 0.375 | 0.378 | 0.753 |
| 삼성 | 57 | 5 | 3 | 10 | 0.260 | 0.339 | 0.620 | 0.959 |
| 한화 | 57 | 1 | 4 | 14 | 0.264 | 0.298 | 0.340 | 0.638 |

## 그라운드 구역별 피안타 방향

| 구분 | 타석 | 안타 | 홈런 | 타점 | 볼넷 | 삼진 | 타율 |
|---|---|---|---|---|---|---|---|
| 0-0 | 44 | 10 | 1 | 5 | 1 | 0 | 0.263 |
| 0-1 | 68 | 25 | 3 | 16 | 0 | 0 | 0.368 |
| 0-2 | 50 | 4 | 0 | 1 | 0 | 25 | 0.082 |
| 1-0 | 47 | 21 | 4 | 12 | 0 | 0 | 0.467 |
| 1-1 | 49 | 11 | 2 | 5 | 0 | 0 | 0.229 |
| 1-2 | 68 | 10 | 2 | 7 | 0 | 33 | 0.152 |
| 2-0 | 7 | 2 | 0 | 0 | 0 | 0 | 0.286 |
| 2-1 | 19 | 5 | 0 | 3 | 0 | 0 | 0.278 |
| 2-2 | 60 | 16 | 4 | 13 | 0 | 20 | 0.281 |
| 3-0 | 6 | 0 | 0 | 0 | 6 | 0 | - |
| 3-1 | 19 | 1 | 0 | 2 | 0 | 13 | 0.167 |
| 3-2 | 41 | 7 | 1 | 8 | 12 | 6 | 0.259 |

## 2020 시즌 수비 성적

| 구분 | 수비이닝 | 실책 | 수비율 |
|---|---|---|---|
| C | 1009.0 | 2 | 0.998 |

## 2020 시즌 핫 & 콜드존

### VS좌투

| | | | | |
|---|---|---|---|---|
| 0.000 0/1 | - 0/0 | 0.250 1/4 | 0.000 0/2 | 0.000 0/1 |
| 0.000 0/1 | 0.143 1/7 | 0.000 0/2 | 0.333 1/3 | - 0/0 |
| 0.500 4/8 | 0.556 5/9 | 0.500 4/8 | 0.250 2/8 | 0.000 0/2 |
| 0.800 4/5 | 0.500 2/4 | 0.444 4/9 | 0.000 0/2 | - 0/0 |
| - 0/0 | 0.200 1/5 | 0.400 2/5 | 0.000 0/1 | 0.000 0/7 |

### VS우투

| | | | | |
|---|---|---|---|---|
| 1.000 1/1 | 0.500 2/4 | 0.125 1/8 | 0.000 0/2 | 0.000 0/0 |
| 0.111 1/9 | 0.250 3/12 | 0.300 6/20 | 0.263 5/19 | 0.000 0/2 |
| 0.227 5/22 | 0.296 8/27 | 0.405 15/37 | 0.259 7/27 | 0.000 0/10 |
| 0.267 4/15 | 0.318 7/22 | 0.125 4/32 | 0.071 1/14 | 0.250 1/4 |
| 0.111 2/18 | 0.308 8/26 | 0.000 0/2 | 0.000 0/2 | |

# 10 오지환

**내야수(우투좌타)**

| | | | |
|---|---|---|---|
| 생년월일 | 1990년 3월 12일 | 신장/체중 | 186cm/80kg |
| 학력 | 군산초-자양중-경기고 | | |
| 연봉(2021) | 6억 원 | | |
| 지명순위 | 2009 LG 1차 | | |
| 입단년도 | 2009 LG | | |

FA 계약 후 공수에서 한 계단 올라섰다. 지난해 생애 처음 타율 3할을 때렸고 안타(158개)와 득점(95개)도 커리어하이였다. 과거 대표팀 차출 및 몸값 거품 논란이 대부분 사그라들었다. 나이 서른을 넘기면서 여유가 넘치고 경험이 붙어 타격과 수비에서 불안감을 해소했다. 공수에서 뒤늦게 눈을 떴다는 평가가 많다. 지난 10여 년 간 시행착오가 발판이었다. 평범한 타구에서 많이 나타나던 수비 실책도 리그 평균 수준에 맞췄다. 의욕이 앞서 무리한 동작 때문에 실책이 상대적으로 많지만 수비 범위와 송구 능력은 리그 최정상급이다. 1루수를 제외하고 최근 3년 연속 수비 1000이닝 이상을 소화한 내야수는 오지환이 유일하다.

타격에서는 정확성이 부쩍 향상됐다. 지난해 삼진 비율 19.6%는 경력 최저치다. 늘 톱을 다투던 삼진 순위에서도 지난해 공동 8위로 내려왔다. 여전히 적극적으로 방망이를 휘두른다는 지적을 받지만 볼카운트를 끌고 가는 능력을 괄목할 만하다. 타석당 투구 수가 지난해 리그 평균 3.90보다 높은 4.10을 기록했다. 그렇다고 장타력이 감소한 것은 아니다. 지난해 장타율은 0.461로 20홈런을 친 2016년 이후 최고치를 나타냈다. 좌타자이지만 좌투수에 강하다. 최근 3년간 좌투수 상대 타율 0.278, 우투수 상대로 0.262를 기록했다. 지난 시즌 상대 타율 0.216으로 사이드암스로에 약했던 건 극복해야 할 과제다. 기동력은 여전히 쓸 만하다. 2019~2020년 두 시즌 연속 20개 이상 도루를 기록했다. 팀 내에서 몇 안 되는 그린라이트다. 자기 관리만큼은 누구에게도 뒤지지 않는다. 최근 3년간 144경기, 134경기, 141경기에 각각 출전했다. 궂은일을 해야 하는 유격수이자 2번 또는 7번을 치는 입장에선 놀라운 수치다. 2021년도 희망적이다. 다치지 않는다면 140경기 안팎의 출전, 1000이닝 이상의 수비를 기대할 수 있다. 팀 라인업이 지난해와 큰 차이가 없기 때문에 타순은 2번이 유력하다. 이제는 팀 내에서 고참에 속해 후배들 지도에도 관심을 갖기 시작했다.

### 2020 시즌 핫 & 콜드존

**VS좌투**

| - 0/0 | 0.250 1/4 | 0.429 3/7 | 0.667 2/3 | 1.000 1/1 |
|---|---|---|---|---|
| 0.000 0/1 | 0.333 2/6 | 0.444 4/9 | 0.000 0/8 | 0.000 0/1 |
| 0.000 0/1 | 0.400 4/10 | 0.308 4/13 | 0.444 8/18 | 0.400 2/5 |
| 0.000 0/2 | 0.500 2/4 | 0.308 4/13 | 0.250 2/8 | 0.167 1/6 |
| 0.000 0/1 | 0.000 0/1 | 0.000 0/5 | 0.000 0/3 | - 0/0 |

**VS우투**

| 0.000 0/2 | 0.400 2/5 | 0.231 3/13 | 0.444 4/9 | 0.000 0/1 |
|---|---|---|---|---|
| 0.250 1/4 | 0.455 5/11 | 0.280 7/25 | 0.385 10/26 | 0.400 4/10 |
| 0.077 1/13 | 0.273 6/22 | 0.400 18/45 | 0.277 13/47 | 0.211 4/19 |
| 0.000 0/6 | 0.529 9/17 | 0.313 10/32 | 0.400 12/30 | 0.200 2/10 |
| 1.000 1/1 | 0.000 0/9 | 0.160 4/25 | 0.167 2/12 | 0.000 0/3 |

### 2020 시즌 & 통산 성적

| 연도 | 경기 | 타석 | 타수 | 안타 | 2루타 | 3루타 | 홈런 | 타점 | 도루 | 도실 | 볼넷 | 사구 | 삼진 | 타율 | 장타율 | 출루율 | OPS |
|---|---|---|---|---|---|---|---|---|---|---|---|---|---|---|---|---|---|
| 2020 | 141 | 591 | 527 | 158 | 41 | 7 | 10 | 71 | 20 | 8 | 45 | 9 | 116 | 0.300 | 0.461 | 0.362 | 0.823 |
| 통산 | 1,348 | 5,308 | 4,574 | 1,215 | 240 | 51 | 113 | 601 | 208 | 79 | 554 | 69 | 1,234 | 0.266 | 0.415 | 0.350 | 0.765 |

### 2020 시즌 홈 / 원정 성적

| | 경기 | 타석 | 타수 | 안타 | 2루타 | 3루타 | 홈런 | 타점 | 도루 | 도실 | 볼넷 | 사구 | 삼진 | 타율 | 장타율 | 출루율 | OPS |
|---|---|---|---|---|---|---|---|---|---|---|---|---|---|---|---|---|---|
| 홈 | 70 | 277 | 246 | 76 | 19 | 2 | 3 | 25 | 11 | 3 | 22 | 5 | 60 | 0.309 | 0.439 | 0.373 | 0.812 |
| 원정 | 71 | 314 | 281 | 82 | 22 | 5 | 7 | 46 | 9 | 5 | 23 | 4 | 56 | 0.292 | 0.480 | 0.352 | 0.832 |

### 2020 시즌 상황별 기록

| 상황 | 타석 | 안타 | 홈런 | 타점 | 볼넷 | 삼진 | 타율 |
|---|---|---|---|---|---|---|---|
| vs 좌 | 144 | 39 | 3 | 17 | 11 | 27 | 0.310 |
| vs 우 | 387 | 108 | 7 | 54 | 26 | 77 | 0.309 |
| vs 언더 | 60 | 11 | 0 | 8 | 12 | 0.216 | |
| 주자있음 | 279 | 78 | 5 | 66 | 18 | 52 | 0.317 |
| 주자없음 | 312 | 80 | 5 | 5 | 27 | 64 | 0.285 |
| 득점권 | 155 | 39 | 2 | 58 | 14 | 30 | 0.293 |
| 만루 | 16 | 4 | 0 | 10 | 0 | 4 | 0.286 |

### 2020 시즌 상대팀 별 기록

| 구분 | 타석 | 홈런 | 볼넷 | 삼진 | 타율 | 출루율 | 장타율 | OPS |
|---|---|---|---|---|---|---|---|---|
| KIA | 68 | 1 | 8 | 13 | 0.390 | 0.471 | 0.644 | 1.115 |
| KT | 62 | 0 | 11 | 10 | 0.362 | 0.403 | 0.517 | 0.920 |
| NC | 65 | 1 | 7 | 13 | 0.273 | 0.359 | 0.436 | 0.795 |
| SK | 67 | 1 | 6 | 9 | 0.321 | 0.394 | 0.482 | 0.876 |
| 키움 | 64 | 5 | 5 | 14 | 0.204 | 0.290 | 0.333 | 0.623 |
| 두산 | 67 | 0 | 2 | 18 | 0.266 | 0.284 | 0.328 | 0.612 |
| 롯데 | 62 | 1 | 3 | 15 | 0.328 | 0.371 | 0.431 | 0.802 |
| 삼성 | 66 | 0 | 5 | 14 | 0.200 | 0.273 | 0.317 | 0.590 |
| 한화 | 70 | 4 | 4 | 10 | 0.349 | 0.406 | 0.651 | 1.057 |

### 그라운드 구역별 피안타 방향

| 구분 | 타석 | 안타 | 홈런 | 타점 | 볼넷 | 삼진 | 타율 |
|---|---|---|---|---|---|---|---|
| 0-0 | 58 | 17 | 2 | 9 | 1 | 0 | 0.340 |
| 0-1 | 36 | 17 | 1 | 7 | 0 | 0 | 0.531 |
| 0-2 | 43 | 10 | 0 | 4 | 0 | 13 | 0.244 |
| 1-0 | 45 | 13 | 2 | 9 | 0 | 0 | 0.325 |
| 1-1 | 44 | 15 | 0 | 5 | 0 | 0 | 0.341 |
| 1-2 | 95 | 25 | 1 | 10 | 0 | 40 | 0.263 |
| 2-0 | 16 | 4 | 1 | 3 | 0 | 0 | 0.250 |
| 2-1 | 31 | 12 | 0 | 6 | 0 | 1 | 0.387 |
| 2-2 | 75 | 12 | 0 | 4 | 0 | 32 | 0.160 |
| 3-0 | 5 | 0 | 0 | 0 | 4 | 0 | 0.000 |
| 3-1 | 19 | 9 | 2 | 8 | 7 | 13 | 0.474 |
| 3-2 | 110 | 24 | 0 | 8 | 27 | 31 | 0.289 |

### 2020 시즌 수비 성적

| 구분 | 수비이닝 | 실책 | 수비율 |
|---|---|---|---|
| SS | 1142.0 | 15 | 0.975 |

## PLAYERS

# 44
# 로베르토 라모스

**내야수(우투좌타)**

| | | | |
|---|---|---|---|
| 생년월일 | 1994년 12월 28일 | 신장/체중 | 193cm/115kg |
| 국적 | 멕시코 | | |
| 연봉(2021) | 100만달러(인센티브 20만달러 포함) | | |
| 지명순위 | 2020 LG 자유선발 | | |
| 입단년도 | 2020 LG | | |

지난해 두산과 준플레이오프 2차전서 4회와 5회 연타석 홈런을 터뜨리며 재계약을 확신했다. LG 프랜차이즈 역대 한 시즌 최다인 38홈런을 날린 자체로 재계약은 의심할 수 없었으나 구단은 여지를 남겼다. 그보다 나은 대안을 찾기 힘들다는 걸 준플레이오프에서 확인시킨 셈이다. 한창 장타력을 뽐내던 한여름 모 구단 단장이 스카우트팀을 "저런 타자도 못 데려오냐"라며 크게 나무랐을 정도로 파괴력은 리그 최정상급이다. KBO리그 데뷔 시즌이 순탄했던 건 아니다. 6월 11일 SK와 더블헤더 후 허리를 다쳤다. 한 달 넘게 심한 기복을 겪었다. 허리 부상 이전 32경기에서 13홈런을 쳤는데 부상 복귀 후 32경기 5홈런에 그쳤다. 타율도 이전 0.375에서 이후 0.244로 급전직하했다. 8월부터 감을 회복했다. 8월 한 달간 10홈런과 18타점, 9월 이후 9홈런과 22타점을 보탰다. 홈런왕 경쟁을 시즌 막판까지 몰고 가다 발목 부상으로 정규 시즌을 조기 마감해 애를 태웠다. 부상 이전 다이내믹했던 1루 수비와 베이스러닝도 부상 이후엔 조심스러워졌다. 민첩했던 수비 동작과 3루를 돌아 홈까지 쇄도하던 저돌적 주루가 사라졌다. 그래도 장타력만큼은 포스트시즌까지 이어갔다.

타점 능력이 단점이다. 홈런 수에 비해 타점이 86개로 기대 이하다. 솔로홈런 22개로 전체 홈런의 57.9%나 됐다. 상대 투수들은 라모스 앞에 주자가 있을 때 바깥쪽으로 유인구를 많이 던졌다. 높은 코스에 배트가 쉽게 나가는 성향이 주자가 있을 땐 독이었다. 올해도 부동의 4번 타자 겸 1루수다. 가장 중요한 과제는 부상 재발 방지와 유인구 대처능력 개선이다. 스프링캠프에서 이 부분에 중점을 뒀다. 구단도 장타력을 크게 기대하지만 기복은 개선될 필요가 있다. 심성은 여리고 순수하다. 재계약 협상에서 관철되진 않았지만 도쿄올림픽 개최 시 고국 멕시코 대표팀으로 뛰게 해달라고 요청했을 정도다.

### 2020 시즌 & 통산 성적

| 연도 | 경기 | 타석 | 타수 | 안타 | 2루타 | 3루타 | 홈런 | 타점 | 도루 | 도실 | 볼넷 | 사구 | 삼진 | 타율 | 장타율 | 출루율 | OPS |
|---|---|---|---|---|---|---|---|---|---|---|---|---|---|---|---|---|---|
| 2020 | 117 | 494 | 431 | 120 | 17 | 2 | 38 | 86 | 2 | 0 | 55 | 4 | 136 | 0.278 | 0.592 | 0.362 | 0.954 |
| 통산 | 117 | 494 | 431 | 120 | 17 | 2 | 38 | 86 | 2 | 0 | 55 | 4 | 136 | 0.278 | 0.592 | 0.362 | 0.954 |

### 2020 시즌 홈 / 원정 성적

| | 경기 | 타석 | 타수 | 안타 | 2루타 | 3루타 | 홈런 | 타점 | 도루 | 도실 | 볼넷 | 사구 | 삼진 | 타율 | 장타율 | 출루율 | OPS |
|---|---|---|---|---|---|---|---|---|---|---|---|---|---|---|---|---|---|
| 홈 | 58 | 240 | 207 | 55 | 9 | 1 | 11 | 32 | 2 | 0 | 29 | 2 | 68 | 0.266 | 0.478 | 0.358 | 0.836 |
| 원정 | 59 | 254 | 224 | 65 | 8 | 1 | 27 | 54 | 0 | 0 | 26 | 2 | 68 | 0.290 | 0.696 | 0.366 | 1.062 |

### 2020 시즌 상황별 기록

| 상황 | 타석 | 안타 | 홈런 | 타점 | 볼넷 | 삼진 | 타율 |
|---|---|---|---|---|---|---|---|
| vs 좌 | 134 | 26 | 9 | 21 | 15 | 42 | 0.224 |
| vs 우 | 316 | 79 | 26 | 60 | 38 | 87 | 0.288 |
| vs 언더 | 44 | 15 | 3 | 5 | 7 | 7 | 0.366 |
| 주자있음 | 231 | 64 | 17 | 64 | 31 | 66 | 0.277 |
| 주자없음 | 263 | 66 | 22 | 24 | 24 | 70 | 0.280 |
| 득점권 | 135 | 29 | 8 | 48 | 24 | 34 | 0.274 |
| 만루 | 15 | 1 | 0 | 7 | 0 | 5 | 0.133 |

### 2020 시즌 상대팀 별 기록

| 구분 | 타석 | 홈런 | 볼넷 | 삼진 | 타율 | 출루율 | 장타율 | OPS |
|---|---|---|---|---|---|---|---|---|
| KIA | 45 | 4 | 6 | 18 | 0.333 | 0.422 | 0.692 | 1.114 |
| KT | 49 | 2 | 6 | 14 | 0.227 | 0.306 | 0.455 | 0.761 |
| NC | 54 | 7 | 4 | 17 | 0.300 | 0.352 | 0.740 | 1.092 |
| SK | 65 | 6 | 10 | 15 | 0.345 | 0.446 | 0.745 | 1.191 |
| 키움 | 64 | 7 | 7 | 18 | 0.278 | 0.359 | 0.667 | 1.026 |
| 두산 | 68 | 3 | 7 | 18 | 0.350 | 0.426 | 0.600 | 1.026 |
| 롯데 | 40 | 1 | 5 | 10 | 0.121 | 0.250 | 0.242 | 0.492 |
| 삼성 | 60 | 5 | 4 | 10 | 0.222 | 0.283 | 0.519 | 0.802 |
| 한화 | 49 | 3 | 7 | 14 | 0.262 | 0.367 | 0.524 | 0.891 |

### 그라운드 구역별 피안타 방향

| 구분 | 타석 | 안타 | 홈런 | 타점 | 볼넷 | 삼진 | 타율 |
|---|---|---|---|---|---|---|---|
| 0-0 | 51 | 20 | 8 | 18 | 1 | 0 | 0.408 |
| 0-1 | 27 | 7 | 2 | 3 | 0 | 0 | 0.259 |
| 0-2 | 37 | 4 | 1 | 2 | 0 | 27 | 0.108 |
| 1-0 | 37 | 16 | 3 | 6 | 1 | 0 | 0.457 |
| 1-1 | 37 | 15 | 6 | 11 | 0 | 0 | 0.405 |
| 1-2 | 68 | 11 | 5 | 5 | 0 | 37 | 0.169 |
| 2-0 | 16 | 3 | 2 | 5 | 1 | 0 | 0.214 |
| 2-1 | 17 | 11 | 7 | 13 | 0 | 0 | 0.654 |
| 2-2 | 75 | 13 | 4 | 11 | 0 | 35 | 0.173 |
| 3-0 | 9 | 0 | 0 | 0 | 8 | 0 | 0.000 |
| 3-1 | 24 | 7 | 4 | 17 | 10 | 1 | 1.000 |
| 3-2 | 86 | 8 | 5 | 8 | 26 | 37 | 0.121 |

### 2020 시즌 수비 성적

| 구분 | 수비이닝 | 실책 | 수비율 |
|---|---|---|---|
| 1B | 827.0 | 6 | 0.993 |

### 2020 시즌 핫 & 콜드존

**VS좌투**

| - 0/0 | 0.250 1/4 | 0.000 0/2 | 0.000 0/1 | - 0/0 |
|---|---|---|---|---|
| 0.400 2/5 | 0.000 0/4 | 0.267 4/15 | 0.429 3/7 | 0.000 0/1 |
| 0.000 0/3 | 0.500 2/4 | 0.571 4/7 | 0.250 4/16 | 0.000 0/3 |
| - 0/0 | 0.000 0/3 | 0.273 3/11 | 0.143 1/7 | 0.000 0/5 |
| - 0/0 | 0.000 0/1 | 0.143 2/14 | 0.000 0/4 | 0.000 0/0 |

**VS우투**

| 0.000 0/1 | 0.000 0/3 | 0.400 4/10 | 0.100 1/10 | 0.000 0/1 |
|---|---|---|---|---|
| - 0/0 | 0.364 4/11 | 0.478 11/23 | 0.143 2/14 | 0.000 0/8 |
| 0.125 1/8 | 0.533 8/15 | 0.333 7/21 | 0.514 18/35 | 0.143 3/21 |
| - 0/0 | 0.412 7/17 | 0.385 10/26 | 0.409 9/22 | 0.143 1/7 |
| - 0/0 | 0.100 2/20 | 0.125 3/24 | 0.300 3/10 | 0.000 0/5 |

# 22 김현수

**외야수(우투좌타)**

| | |
|---|---|
| 생년월일 | 1988년 1월 12일 |
| 신장/체중 | 188cm/100kg |
| 학력 | 쌍문초-신일중-신일고 |
| 연봉(2021) | 10억 원 |
| 지명순위 | 2006 두산 육성선수 |
| 입단년도 | 2006 두산 |

고교 시절 이영민타격상을 받을 정도로 타격에 천부적인 소질을 갖고 있었지만 프로 구단의 정식 지명을 받지 못했다. 수비가 너무 약하다는 이유였다. 육성 선수 신화가 쓰인 건 두산 입단 후 3년째인 2008년부터다. 타고난 재능과 끊임없는 노력 덕분에 기회를 단 번에 잡았다. 10여 년이 지났어도 타격 달인의 시대는 여전히 전성기다. 2년간 메이저리그 생활은 야구 인생의 전환점이 됐다. LG로 이적한 뒤 꽃을 피우고 있다. 지난해 142경기에 출전해 타율 0.331, 22홈런, 119타점을 올리며 4년 계약의 세 번째 시즌을 MVP급 성적으로 장식했다. 2018년 2월 스프링캠프에서 선배 이병규 코치가 "미국 진출 직전의 성적(2015년 0.326, 28홈런, 121타점)을 보고 싶다"라고 했을 때 "글쎄요, 잘 모르겠다"라며 고개를 갸우뚱했는데 3년 만에 이뤄냈다. 클러치 능력에서 2020년은 절정이었다. 득점권 타율 0.446으로 이 부문 단연 1위였다. 2019년 0.329와 비교하면 0.12 이상 높아졌다. 포스트시즌 징크스는 지난 해에도 극복하지 못했다. 와일드카드결정전과 준플레이오프 3경기에서 14타수 3안타, 1홈런, 2타점을 기록했다. 발은 빠르지 않으나 적극성과 판단은 리그 톱클래스 수준이다. '한 베이스 더 가기'를 후배들에게도 강조한다. 외야 수비는 '불안하지 않다'로 정리되지만 간혹 몸을 사리지 않는 펜스플레이나 슬라이딩캐치는 모범으로 불린다. LG 이적 첫 두 시즌 1루수를 겸하는 바람에 부상 위험을 안고 있다가 현재 붙박이 1루수 라모스의 등장으로 편하게 좌익수로 전념한다.

올해 타순은 2번과 3번을 겸한다. 타순을 가리지 않기 때문에 개인적으론 영향이 없다. 올 시즌에도 부상만 없다면 타율 3할, 20홈런, 100타점 이상을 기대할 수 있다. 4년 계약의 마지막 시즌인 만큼 의욕은 걱정할 필요가 없다. 3년 연속 주장을 맡았고 더그아웃 리더로서 세리머니 아이디어를 끊임없이 낸다. 3년 전 이적해 모래알 같던 LG 타선의 색깔을 바꿨던 극찬은 올해도 유효할 듯하다. 외부 관계자들 중 생애 첫 MVP를 점치는 이들이 많다.

### 2020 시즌 & 통산 성적

| 연도 | 경기 | 타석 | 타수 | 안타 | 2루타 | 3루타 | 홈런 | 타점 | 도루 | 도실 | 볼넷 | 사구 | 삼진 | 타율 | 장타율 | 출루율 | OPS |
|---|---|---|---|---|---|---|---|---|---|---|---|---|---|---|---|---|---|
| 2020 | 142 | 619 | 547 | 181 | 35 | 2 | 22 | 119 | 0 | 2 | 63 | 2 | 53 | 0.331 | 0.523 | 0.397 | 0.920 |
| 통산 | 1,530 | 6,494 | 5,592 | 1,799 | 341 | 22 | 195 | 1,073 | 58 | 45 | 761 | 55 | 667 | 0.322 | 0.495 | 0.403 | 0.898 |

### 2020 시즌 홈 / 원정 성적

| | 경기 | 타석 | 타수 | 안타 | 2루타 | 3루타 | 홈런 | 타점 | 도루 | 도실 | 볼넷 | 사구 | 삼진 | 타율 | 장타율 | 출루율 | OPS |
|---|---|---|---|---|---|---|---|---|---|---|---|---|---|---|---|---|---|
| 홈 | 72 | 306 | 273 | 89 | 18 | 1 | 6 | 51 | 0 | 1 | 27 | 0 | 26 | 0.326 | 0.465 | 0.386 | 0.851 |
| 원정 | 70 | 313 | 274 | 92 | 17 | 1 | 16 | 68 | 0 | 1 | 36 | 0 | 27 | 0.336 | 0.580 | 0.409 | 0.989 |

### 2020 시즌 상황별 기록

| 상황 | 타석 | 안타 | 홈런 | 타점 | 볼넷 | 삼진 | 타율 |
|---|---|---|---|---|---|---|---|
| vs 좌 | 165 | 52 | 3 | 28 | 21 | 12 | 0.369 |
| vs 우 | 402 | 115 | 17 | 80 | 38 | 33 | 0.321 |
| vs 언더 | 52 | 14 | 2 | 11 | 4 | 8 | 0.292 |
| 주자있음 | 305 | 105 | 13 | 110 | 41 | 15 | 0.412 |
| 주자없음 | 314 | 76 | 9 | 9 | 22 | 38 | 0.260 |
| 득점권 | 161 | 58 | 5 | 84 | 24 | 9 | 0.446 |
| 만루 | 19 | 9 | 3 | 27 | 2 | 1 | 0.600 |

### 2020 시즌 상대팀 별 기록

| 구분 | 타석 | 홈런 | 볼넷 | 삼진 | 타율 | 출루율 | 장타율 | OPS |
|---|---|---|---|---|---|---|---|---|
| KIA | 64 | 3 | 10 | 3 | 0.358 | 0.469 | 0.642 | 1.111 |
| KT | 71 | 0 | 5 | 7 | 0.258 | 0.310 | 0.306 | 0.616 |
| NC | 74 | 1 | 13 | 6 | 0.361 | 0.473 | 0.492 | 0.965 |
| SK | 72 | 3 | 4 | 5 | 0.393 | 0.472 | 0.639 | 1.111 |
| 키움 | 68 | 3 | 3 | 7 | 0.266 | 0.294 | 0.375 | 0.669 |
| 두산 | 67 | 4 | 5 | 4 | 0.367 | 0.403 | 0.600 | 1.003 |
| 롯데 | 59 | 3 | 3 | 6 | 0.268 | 0.305 | 0.482 | 0.787 |
| 삼성 | 69 | 4 | 5 | 5 | 0.323 | 0.362 | 0.585 | 0.947 |
| 한화 | 75 | 1 | 9 | 6 | 0.385 | 0.467 | 0.600 | 1.067 |

### 그라운드 구역별 피안타 방향

| 구분 | 타석 | 안타 | 홈런 | 타점 | 볼넷 | 삼진 | 타율 |
|---|---|---|---|---|---|---|---|
| 0-0 | 69 | 31 | 8 | 24 | 0 | 0 | 0.463 |
| 0-1 | 55 | 20 | 1 | 10 | 0 | 0 | 0.370 |
| 0-2 | 38 | 6 | 2 | 6 | 0 | 14 | 0.162 |
| 1-0 | 57 | 16 | 3 | 11 | 0 | 0 | 0.296 |
| 1-1 | 56 | 15 | 1 | 11 | 0 | 0 | 0.278 |
| 1-2 | 74 | 23 | 2 | 10 | 0 | 14 | 0.311 |
| 2-0 | 12 | 5 | 0 | 4 | 1 | 0 | 0.455 |
| 2-1 | 51 | 15 | 2 | 9 | 0 | 0 | 0.294 |
| 2-2 | 66 | 13 | 4 | 9 | 0 | 15 | 0.200 |
| 3-0 | 17 | 0 | 0 | 0 | 17 | 0 | - |
| 3-1 | 44 | 9 | 4 | 13 | 27 | 0 | 0.529 |
| 3-2 | 80 | 28 | 1 | 11 | 17 | 10 | 0.444 |

### 2020 시즌 수비 성적

| 구분 | 수비이닝 | 실책 | 수비율 |
|---|---|---|---|
| 1B | 33.0 | 0 | 1.000 |
| LF | 902.0 | 1 | 0.995 |

### 2020 시즌 핫 & 콜드존

**VS좌투**

| 0.000 0/1 | 0.000 0/5 | 0.333 3/9 | 0.333 1/3 | - 0/0 |
|---|---|---|---|---|
| 1.000 2/2 | 1.000 5/5 | 0.167 2/12 | 0.800 4/5 | 0.000 0/2 |
| 1.000 1/1 | 0.429 6/14 | 0.267 4/15 | 0.450 9/20 | 0.250 1/4 |
| 0.000 0/2 | 1.000 1/2 | 0.429 6/14 | 0.200 2/10 | 0.250 1/4 |
| - 0/0 | - 0/0 | 0.250 1/4 | 0.250 2/8 | - 0/0 |

**VS우투**

| 0.000 0/1 | 0.500 5/10 | 0.133 2/15 | 0.545 6/11 | 0.000 0/2 |
|---|---|---|---|---|
| 0.000 0/6 | 0.400 4/10 | 0.318 14/44 | 0.344 11/32 | 0.333 2/6 |
| 0.500 5/10 | 0.250 5/20 | 0.314 11/35 | 0.333 17/51 | 0.200 4/20 |
| 0.000 0/2 | 0.500 13/26 | 0.375 12/32 | 0.300 9/30 | 0.333 3/9 |
| 0.000 0/2 | 0.231 3/13 | 0.333 3/9 | 0.000 0/8 | 0.000 0/1 |

# PLAYERS

## 55 채은성

**외야수(우투우타)**

| | | | |
|---|---|---|---|
| 생년월일 | 1990년 2월 6일 | 신장/체중 | 186cm/92kg |
| 학력 | 순천북초-순천이수중-순천효천고 | | |
| 연봉(2021) | 3억 원 | | |
| 지명순위 | 2009 LG 육성선수 | | |
| 입단년도 | 2014 LG | | |

2014년 정식 등록 3년 만에 주전을 꿰찼다는 점에서 김현수를 무척 따른다. 오프시즌 웨이트 전문 그룹 '김현수 사단'의 핵심 멤버다. 해마다 타격 등락 폭이 컸지만 공교롭게 김현수와 동료가 된 뒤로 꾸준함을 유지한다. 지난 시즌에는 세 차례나 부상자 명단에 올라 컨디션이 일정치 못했다. 6월에 발목을 다쳤고 7월에는 극심한 타격 슬럼프를 겪으며 1군 엔트리에서 제외되기도 했다. 7월 28일 복귀전에서 SK를 상대로 만루 홈런을 포함해 8타점을 올리며 화려하게 부활했다. 한 달 뒤인 8월 26일 삼성전에서 스윙을 하다 옆구리 부상을 입었다. 부상자 명단 기간을 한 차례 연장한 끝에 9월 19일 두산전서 돌아와 남은 시즌 31게임에서 타율 0.309를 치며 공헌도를 높였다. 10월 10일 NC와 더블헤더 1차전에서 3연타석 홈런을 날리기도 했다. 어쨌든 전체 일정에서 35경기나 결장한 건 치명적이었다. 타율 0.293, 15홈런, 88타점은 절대 만족할 수 없는 성적이었다. 우투수를 상대로 시즌 후반기 약했다는 점도 상기할 필요가 있다. 포스트시즌 3경기에서 15타수 6안타 2홈런을 때린 게 그나마 위안이 됐다. 연봉은 2000만 원이 깎여 올해 3억 원에 재계약했다. 사실 할 말은 없었다. 몸 관리가 중요하다는 걸 또 깨달았다. 오프시즌 들어 웨이트 강도를 높였다.

2021년 목표를 타점과 출루율에 두고 있다. 지난해 득점권 타율은 0.352로 만족스러웠지만 홈런이 기대치를 밑돌았고 출루율도 0.351로 최근 3년 동안 가장 낮았기 때문이다. 왔다 싶으면 초구부터 휘두르는 적극적인 타격은 그대로 가져가기로 했다. 타격 밸런스가 안정적일 때는 효과가 배가된다. 2020년 초구를 공략한 타율이 0.568에 달했다. 팀에서도 바라는 부문이다. 3번 김현수, 4번 라모스를 잇는 중심타선의 최후 보루다. 우익 수비는 리그 평균 수준이지만 간혹 타구 판단에서 실수할 때가 있다. 기동력 부분에서는 내세울 게 없다.

### 2020 시즌 & 통산 성적

| 연도 | 경기 | 타석 | 타수 | 안타 | 2루타 | 3루타 | 홈런 | 타점 | 도루 | 도실 | 볼넷 | 사구 | 삼진 | 타율 | 장타율 | 출루율 | OPS |
|---|---|---|---|---|---|---|---|---|---|---|---|---|---|---|---|---|---|
| 2020 | 109 | 464 | 416 | 122 | 17 | 2 | 15 | 88 | 0 | 3 | 32 | 5 | 69 | 0.293 | 0.452 | 0.351 | 0.803 |
| 통산 | 770 | 2,774 | 2,483 | 747 | 125 | 14 | 68 | 430 | 25 | 21 | 174 | 63 | 449 | 0.301 | 0.445 | 0.357 | 0.802 |

### 2020 시즌 홈/원정 성적

| | 경기 | 타석 | 타수 | 안타 | 2루타 | 3루타 | 홈런 | 타점 | 도루 | 도실 | 볼넷 | 사구 | 삼진 | 타율 | 장타율 | 출루율 | OPS |
|---|---|---|---|---|---|---|---|---|---|---|---|---|---|---|---|---|---|
| 홈 | 53 | 225 | 201 | 51 | 8 | 0 | 4 | 35 | 0 | 0 | 15 | 5 | 31 | 0.254 | 0.353 | 0.316 | 0.669 |
| 원정 | 56 | 239 | 215 | 71 | 9 | 2 | 11 | 53 | 0 | 3 | 17 | 0 | 38 | 0.330 | 0.544 | 0.385 | 0.929 |

### 2020 시즌 상황별 기록

| 상황 | 타석 | 안타 | 홈런 | 타점 | 볼넷 | 삼진 | 타율 |
|---|---|---|---|---|---|---|---|
| vs 좌 | 101 | 27 | 3 | 17 | 7 | 13 | 0.297 |
| vs 우 | 328 | 83 | 10 | 61 | 23 | 50 | 0.284 |
| vs 언더 | 35 | 12 | 2 | 10 | 2 | 6 | 0.364 |
| 주자있음 | 240 | 63 | 12 | 85 | 18 | 30 | 0.301 |
| 주자없음 | 224 | 59 | 3 | 3 | 14 | 39 | 0.285 |
| 득점권 | 145 | 43 | 6 | 71 | 17 | 13 | 0.352 |
| 만루 | 18 | 4 | 1 | 12 | 1 | 2 | 0.267 |

### 2020 시즌 상대팀 별 기록

| 구분 | 타석 | 홈런 | 볼넷 | 삼진 | 타율 | 출루율 | 장타율 | OPS |
|---|---|---|---|---|---|---|---|---|
| KIA | 65 | 2 | 5 | 10 | 0.357 | 0.400 | 0.571 | 0.971 |
| KT | 51 | 1 | 5 | 5 | 0.250 | 0.353 | 0.386 | 0.739 |
| NC | 67 | 6 | 4 | 7 | 0.371 | 0.403 | 0.710 | 1.113 |
| SK | 58 | 2 | 5 | 7 | 0.260 | 0.345 | 0.380 | 0.725 |
| 키움 | 34 | 0 | 5 | 9 | 0.242 | 0.235 | 0.273 | 0.508 |
| 두산 | 43 | 1 | 3 | 7 | 0.308 | 0.372 | 0.410 | 0.782 |
| 롯데 | 33 | 1 | 1 | 6 | 0.219 | 0.242 | 0.438 | 0.680 |
| 삼성 | 61 | 2 | 5 | 13 | 0.278 | 0.361 | 0.352 | 0.713 |
| 한화 | 52 | 1 | 4 | 9 | 0.283 | 0.346 | 0.391 | 0.737 |

### 그라운드 구역별 피안타 방향

| 구분 | 타석 | 안타 | 홈런 | 타점 | 볼넷 | 삼진 | 타율 |
|---|---|---|---|---|---|---|---|
| 0-0 | 46 | 25 | 4 | 22 | 0 | 0 | 0.568 |
| 0-1 | 52 | 15 | 1 | 9 | 0 | 0 | 0.300 |
| 0-2 | 43 | 5 | 0 | 5 | 0 | 18 | 0.122 |
| 1-0 | 32 | 13 | 4 | 13 | 0 | 0 | 0.419 |
| 1-1 | 47 | 17 | 2 | 10 | 0 | 0 | 0.370 |
| 1-2 | 76 | 22 | 1 | 11 | 0 | 18 | 0.297 |
| 2-0 | 11 | 4 | 1 | 6 | 1 | 0 | 0.444 |
| 2-1 | 33 | 6 | 0 | 5 | 4 | 0 | 0.200 |
| 2-2 | 59 | 5 | 1 | 6 | 1 | 26 | 0.088 |
| 3-0 | 12 | 0 | 0 | 0 | 12 | 0 | - |
| 3-1 | 17 | 4 | 2 | 3 | 7 | 0 | 0.400 |
| 3-2 | 23 | 4 | 1 | 4 | 12 | 7 | 0.250 |

### 2020 시즌 수비 성적

| 구분 | 수비이닝 | 실책 | 수비율 |
|---|---|---|---|
| RF | 678.0 | 2 | 0.989 |

### 2020 시즌 핫 & 콜드존

**VS좌투**

| 1.000<br>1/1 | -<br>0/0 | 0.000<br>0/2 | 0.000<br>0/1 | -<br>0/0 |
| 0.000<br>0/4 | 0.333<br>2/6 | 0.429<br>3/7 | 0.000<br>0/2 | 0.000<br>0/1 |
| 0.500<br>2/4 | 0.500<br>3/6 | 0.429<br>3/7 | 0.625<br>5/8 | -<br>0/0 |
| 0.400<br>2/5 | 0.000<br>0/3 | 0.429<br>3/7 | 0.286<br>2/7 | 0.000<br>0/2 |
| 0.000<br>0/3 | 0.000<br>0/2 | 0.000<br>0/8 | 0.250<br>1/4 | 0.000<br>0/1 |

**VS우투**

| 0.000<br>0/1 | 0.000<br>0/1 | 0.154<br>2/13 | 0.143<br>1/7 | 0.500<br>1/2 |
| 0.167<br>1/6 | 0.353<br>6/17 | 0.111<br>3/27 | 0.467<br>7/15 | 0.250<br>2/8 |
| 0.167<br>3/18 | 0.300<br>6/20 | 0.590<br>23/39 | 0.318<br>7/22 | 0.200<br>1/5 |
| 0.250<br>3/12 | 0.286<br>6/21 | 0.216<br>8/37 | 0.583<br>7/12 | 0.000<br>0/1 |
| 0.000<br>0/7 | 0.167<br>1/6 | 0.250<br>6/24 | 0.250<br>1/4 | -<br>0/0 |

### 투수(우투우타)
## 45 김대현

2017년 가을, 전임 감독이 150km를 웃도는 빠른 공을 보고 반한 정통파 유망주. 그러나 3년 넘도록 자리를 잡지 못했다. 선발과 구원을 모두 맡아 봤지만 썩 믿음을 준 보직은 없다. 지난 시즌 초반 고우석의 수술 이탈로 구원 보직이 주어졌으나 역시 만족스럽지 않았다. 33경기에 나가 4승, 3홀드, 평균자책점 5.85, 피안타율 0.285의 성적을 거뒀다. 2019년 구원투수로 39경기에 등판해 거둔 5승 2패, 9홀드, 평균자책점 2.17의 맹위를 잇지 못했다. 9월 20일 두산전을 끝으로 1군 엔트리에서도 말소됐다. 공 회전이 좋지 않다는 분석이었다. 즉 힘이 떨어졌다는 뜻이다. 실제 직구 평균 구속이 2019년 145.5km에서 2020년 143.0km로 감소했다. 슬라이더와 포크볼도 스피드와 회전 모두 위력을 잃었다. 덩달아 제구도 말을 듣지 않았다. 2019년 2점대에 육박했던 WPA(승리기여도)는 지난해 마이너스로 추락했다. 2019년 10월 팔꿈치 수술 여파로 보인다. 올해 상무 입대를 계획했다가 틀어져 다시 1군 마운드를 목표로 스프링캠프에 합류했다. 자신감 회복이 중요한데 "하는 데까지 하겠다"라는 의욕을 보인다. 팀에서는 오히려 상무를 가지 못한 게 전화위복이 될 수 있다고 전망한다.

| 생년월일 | 1997년 3월 8일 | 연봉(2021) | 8000만 원 |
|---|---|---|---|
| 신장/체중 | 188cm/100kg | 지명순위 | 2016 LG 1차 |
| 학력 | 홍연초-홍은중-선린인터넷고 | 입단년도 | 2016 LG |

### 투수(좌투좌타)
## 57 김윤식

지난해 선발과 구원으로 던지며 적지 않은 경험을 쌓았다. 개막 엔트리에 포함돼 편한 상황에서 1~2이닝을 던졌으나, 들쭉날쭉한 경기가 많아 2군으로 내려갔다. 6월 23일 컴백해 키움전에 데뷔 첫 선발 등판해 5이닝 9안타 5실점으로 난조를 보여 또다시 1군서 제외됐다. 1, 2군을 오르내리던 중 기존 선발진에 부상 공백이 생기면서 8월 1일 로테이션에 재합류해 10월 10일까지 10경기 연속 선발로 등판했다. 8월 27일 잠실 KT전에서 6이닝 2안타 무실점의 호투로 데뷔 첫 승을 선발승으로 장식했다. 5이닝을 맡겨도 된다는 인상을 주기는 했지만 기복이 심한 탓에 고정 선발 자리를 끝까지 유지하지 못했다. 좌완투수로서 기본 이상의 제구력을 지녔고 디셉션 동작도 좋다. 지난해 직구 구속은 평균 142km, 최고 147km까지 찍었다. 슬라이더, 커브, 체인지업, 투심 등 변화구가 다양한데 커브를 제외하면 완성도는 떨어진다. 이제 민감한 얘기에도 흔들리지 않는 자신감과 자기 철학을 세워야 할 단계에 왔다. 2021년에는 5선발 경쟁을 펼치면서 자신의 활용 가치를 높일 것으로 보인다.

| 생년월일 | 2000년 4월 3일 | 연봉(2021) | 5000만 원 |
|---|---|---|---|
| 신장/체중 | 181cm/83kg | 지명순위 | 2020 LG 2차 1라운드 3순위 |
| 학력 | 광주서석초-광주무등중-광주진흥고 | 입단년도 | 2020 LG |

### 투수(우투우타)
## 46 송은범

지난해 컨디션 난조로 7월 6일부터 29일까지 24일간 재정비 시간을 가진 것 말고는 꾸준히 1군 마운드를 지켰다. 당초 선발 보직을 받아 5월 6일 두산전에 시즌 첫 선발로 등판해 2⅓이닝 동안 9안타를 얻어맞고 5실점을 내주는 바람에 중간계투로 밀려났다. 불펜에서 던지는 게 편했는지 6월 중순까지 안정세를 이어가며 세이브와 구원승을 따내기도 했다. 6월 20일 두산전서 2실점한 뒤 체력적 한계를 드러내며 난타를 당하더니 1군에서 제외됐다. 7월 말 복귀한 뒤로는 안정세를 이어갔다. 7월 31일 한화전부터 시즌 최종전인 SK전까지 37경기에서 3승, 4홀드, 평균자책점 3.08의 호투를 펼쳤다. 팀 중간계투진에 큰 힘을 불어넣었고 포스트시즌 엔트리에도 이름을 올렸다. 상황에 맞게 구종을 선택해 제구력 위주로 던지는 능력이 탁월하다. 전력분석팀 사이에선 능구렁이란 별명이 붙었다. 30대 후반의 나이에도 자기 관리가 철저하며 부상도 별로 없는 스타일이다. FA 계약 2년째인 올해도 보직에는 변화가 없다. 자기 구위만 잘 유지하면 지난해처럼 필승조 역할을 충분히 할 수 있다.

| 생년월일 | 1984년 3월 17일 | 연봉(2021) | 2억7000만 원 |
|---|---|---|---|
| 신장/체중 | 182cm/93kg | 지명순위 | 2003 SK 1차 |
| 학력 | 서흥초-동산중-동산고 | 입단년도 | 2003 SK |

# PLAYERS

### 투수(우투우타)
## 26 이민호

차세대 에이스로 각광받아 지난해 데뷔 시즌을 알차게 소화했다. 개막 엔트리에 포함돼 중간계투로 2경기를 던진 뒤 선발 로테이션에 합류했다. 이제 막 고교를 졸업한 특급 유망주에게 5일 로테이션은 무리라고 판단한 구단은 피로 회복 속도가 느린 정찬헌과 함께 5선발로 기용했다. 둘은 10일 로테이션이란 독특한 플래툰 방식으로 선발로 등판해 기대 이상의 성과를 냈다. 5월 21일 선발 데뷔전인 대구 삼성전에서 5⅓이닝 1안타 무실점으로 호투하자 류중일 감독이 더그아웃 앞까지 마중을 나가 엉덩이를 두드려준 모습이 크게 화제가 됐다. 이후 자기 순서를 한 번도 거르지 않고 10월 중순까지 로테이션을 소화했다. 16차례 선발 등판, 퀄리티스타트 7회. 7이닝 투구도 두 번 있었다. 체력적으로 가장 힘든 시기인 8월 이후에도 선발 9경기 중 7경기에서 6이닝 이상을 던졌다. 9월 7일 롯데를 상대로 1⅓이닝 11안타 10실점한 걸 제외하면 시즌 평균자책점은 2.80이다. 타고난 선발 체질이란 평가가 나왔다. 올해도 팀 내 영건들 가운데 기대치가 가장 높다. 관건은 기복이 존재하는 것이다. 데이터 상으로 1회 실점이 많다는 문제를 극복해야 한다. 팀은 정상적인 5일 로테이션에 따라 풀타임 선발로 던져주길 바란다.

| 생년월일 | 2001년 8월 30일 | 연봉(2021) | 7000만 원 |
|---|---|---|---|
| 신장/체중 | 189cm/93kg | 지명순위 | 2020 LG 1차 |
| 학력 | 학동초-대치중-휘문고 | 입단년도 | 2020 LG |

### 투수(우투우타)
## 31 이정용

2019년 입단해 일본 오키나와 전지훈련에 참여할 정도로 기대가 컸다. 그해 4월 팔꿈치 인대접합 수술을 받는 바람에 1년 넘게 데뷔전을 치르지 못했다. 지난해 5월까지 재활을 진행하던 이정용은 6월 6일부터 2군 마운드에 올라 본격적인 준비에 들어갔다. 2군에서는 한 달여 동안 7번 등판해 7⅔이닝을 던지며 콜업을 기다렸다. 7월 22일 마침내 1군 합류 통보를 받았다. 이틀 후인 7월 24일 1군 데뷔전을 치렀다. 두산을 상대로 2이닝을 2안타 무실점으로 완벽하게 틀어막고 중간계투 필승조의 일원이 됐다. 경기를 치를수록 운영능력과 자신감이 생겼다. 정규 시즌 끝까지 한 번도 엔트리에서 제외되지 않았다. 당시 코칭스태프는 "이정용과 송은범이 기대 이상의 활약을 해줘 상위권 싸움을 할 수 있었다"라고 칭찬했다. 34경기에서 3승, 4홀드, 평균자책점 3.71, 피안타율 0.248을 기록해 1군 데뷔 성적으론 만족이었다. 올해는 수술 부위에 대한 걱정을 덜고 더욱 전력피칭할 수 있을 전망이다. 부상 재발 우려는 완전히 씻었다. 보직은 필승조로서 긴박하고 위험한 상황에서 중용될 전망이다. 직구가 수직 움직임을 가지고 있어 체감상 스피드는 140km대 후반을 웃돈다. 슬라이더와 포크볼은 가다듬어야 한다.

| 생년월일 | 1996년 3월 26일 | 연봉(2021) | 5000만 원 |
|---|---|---|---|
| 신장/체중 | 186cm/85kg | 지명순위 | 2019 LG 1차 |
| 학력 | 영일초-성남중-성남고-동아대 | 입단년도 | 2019 LG |

### 투수(우투우타)
## 11 정찬헌

10년 넘는 불펜 활동을 마감하고 지난해 선발로 변신해 크게 성공했다. 스프링캠프에서 5선발 보직을 명받았다. 데뷔 시즌인 2008년 이후 무려 12년 만에 선발로 던졌는데 시즌 시작 후 문제점 하나가 발견됐다. 바로 피로 회복 속도였다. 2019년 허리 수술을 받은 뒤로 스태미나 안배에 각별한 주의가 요구됐다. 결국 고졸 신인 이민호와 함께 번갈아 5선발을 맡아 열흘에 한 번씩 마운드에 오르기로 했다. 결과적으로 본인에게 딱 맞는 로테이션이었다. 19경기에 모두 선발로 등판해 7승 4패, 평균자책점 3.51을 기록했다. 데뷔 이후 한 시즌 최다인 110⅓이닝을 던졌다. 연봉이 1억3000만 원에서 2억 원으로 껑충 뛰었다. 야구 인생에서 이처럼 보람된 시즌은 없었다. 2020시즌 첫 등판에서 두산을 상대로 4이닝 5실점으로 패전을 안았다. 이후 6경기 연속 퀄리티스타트를 달성하며 로테이션에 완벽하게 적응했다. 6월 27일 SK전에서는 9회 1사까지 노히트노런 행진을 펼쳐 완봉승을 거뒀다. 프로 첫 완투이자 완봉승이었다. 시즌 막판 다소 주춤했으나 6개월 대장정을 소화할 체력을 입증했다. 강한 도전정신을 바탕으로 위기를 기회로 만든 투수다. 올해도 몸 상태에 맞춰 로테이션을 소화할 것으로 예상된다.

| 생년월일 | 1990년 1월 26일 | 연봉(2021) | 2억 원 |
|---|---|---|---|
| 신장/체중 | 187cm/94kg | 지명순위 | 2008 LG 2차 1라운드 1순위 |
| 학력 | 송정동초-충장중-광주제일고 | 입단년도 | 2008 LG |

### 투수(좌투좌타)
# 21 진해수

철저한 자기관리와 지칠 줄 모르는 체력이 강점이다. 2016년 이후 지난해까지 5년 동안 부상자 명단에 오른 적이 없다. 좌타자를 주로 상대하는 스페셜리스트이며 때로는 2이닝도 소화하는 전천후 불펜투수다. 지난해 본인의 한 시즌 최다인 76경기에 등판했다. 50이닝을 던져 평균자책점 4.32, 피안타율 0.271로 22홀드를 기록했다. 홀드는 2017년(24홀드) 이후 자신의 최다 기록이다. 개인 통산 600경기 출전, 5년 연속 두 자릿수 홀드 등 각종 의미 있는 기록도 작성했다. 통산 133홀드는 역대 3위이자 현역 1위다. 내용적으로는 2019년보다 못하다는 자체 평가를 받았다. 중요한 경기를 망친 게 여러 번이다. 팀 내 최다인 블론세이브 5회를 범했다. 제구가 간혹 흔들렸다. 올해도 좌완 스페셜리스트, 필승조, 롱릴리프 등 궂은일을 도맡는다. 프로 입단 후 한 번도 한국시리즈에서 던진 적이 없다. 올해는 기필코 최정상 무대까지 오르겠다는 의지가 강하다. 다만 다른 불펜투수들에 비해 등판이 빈번하다는 점에서 과부하 관리가 필요하다.

| 생년월일 | 1986년 6월 26일 | 연봉(2021) | 2억5000만 원 |
|---|---|---|---|
| 신장/체중 | 187cm/85kg | 지명순위 | 2005 KIA 2차 7라운드 50순위 |
| 학력 | 동삼초-경남중-부경고 | 입단년도 | 2005 KIA |

### 투수(우투우타)
# 17 최동환

매년 유망주로 평가받으면서도 기회를 잡지 못하다가 나이 서른을 훌쩍 넘긴 지난해 생애 최고의 시즌을 보냈다. 54경기에 등판해 57이닝을 던져 4승 1패, 4홀드, 평균자책점 3.47을 기록했다. 평균자책점 등 대부분 항목에서 커리어하이를 보냈다. 개막 엔트리 진입 후 포스트시즌까지 1군 신분을 유지했다. 그동안 주목받지 못했던 것은 결국 구위와 제구력 문제였는데 이제는 '패전처리용'이 아니다. 2020년 주목할 구종은 포심 직구다. 스피드와 무브먼트가 평균 이상이었다. 특히 평균 스피드는 2019년보다 1.6㎞가 증가한 143.8㎞를 찍었다. 우투수임에도 우타자에 약했다. 지난해 피안타율이 우타자 0.270, 좌타자 0.242였다. 땅볼과 뜬공 비율이 0.44로 뜬공이 두 배 이상 많았다. 의외로 장타 허용이 잦은 이유다. 6개의 홈런을 내줬고 피장타율은 팀 평균보다 높은 0.406를 기록했다. 자신이 해왔던 전략적 투구 방법을 올해도 이어간다면 지난해 이상의 성적을 기대할 수 있다. 중간투수로 팀에서 거는 기대치도 있다. 제구가 좋은 피처는 맞기 싫어하는데 지나치게 신중할 필요는 없다는 지적이다.

| 생년월일 | 1989년 9월 19일 | 연봉(2021) | 1억2000만 원 |
|---|---|---|---|
| 신장/체중 | 184cm/83kg | 지명순위 | 2009 LG 2차 2라운드 13순위 |
| 학력 | 인헌초-선린중-경동고 | 입단년도 | 2009 LG |

### 투수(좌투좌타)
# 36 앤드류 수아레즈

샌프란시스코자이언츠에 이적료까지 줘가며 데려온 2선발 후보다. 보장 몸값은 60만 달러(계약금 20만, 연봉 40만)로 지난해 샌프란시스코에서 받은 57만6000달러보다는 많다. 40인 로스터에 포함돼 있었음에도 한국행을 결심한 것은 메이저리그 진입 기회가 사실상 사라졌기 때문이다. 2018년 빅리그 29경기에 선발등판해 7승 13패, 평균자책점 4.49을 올린 경력을 LG는 높이 샀다. 오른손 위주의 선발진에 왼손이 필요하다는 의견도 많았다. 직구 구속 평균은 148.5㎞이며 변화구로는 슬라이더와 체인지업을 구사한다. 풀타임 메이저리그로 활약하던 2018년 9이닝 평균 2.5개의 볼넷을 기록했을 정도로 제구력도 안정적이다. 2015년 신인 드래프트 2라운드 지명을 받았으니 기본 자질을 갖췄다고 볼 수 있다. 마이너리그에서 통산 83경기에 등판해 30승 24패 평균자책점 3.62, 탈삼진 376개를 마크했다. 지난해 메이저리그 6경기에 등판해 9⅔이닝을 던져 평균자책점 3.72를 기록했다. 실점 감각 회복 속도와 새 리그 적응 여부가 관건이다. 1선발 켈리와 2018년 가을 샌프란시스코 빅리그에서 잠시 한솥밥을 먹었다.

| 생년월일 | 1992년 9월 11일 | 연봉(2021) | 60만 달러 |
|---|---|---|---|
| 신장/체중 | 185cm/88kg | 지명순위 | - |
| 국적 | 미국 | 입단년도 | 2021 LG |

# PLAYERS

### 투수(우투우타)
## 43 강효종

계약금 2억 원을 받았다. 고우석, 정우영, 이민호, 김윤식 등 최근 2년간 신예 투수 육성에 성공한 LG는 강효종에 대해서도 자신감이 넘친다. 향후 2~3년 안에 주력 투수로 키운다는 야심 찬 계획이다. 아버지가 1990년대 초반 OB 베어스 투수로 활동한 강규성 씨다. 본인 선택과 의지로 시작해 부모의 전폭적 지원을 받고 프로까지 왔다. 충암고 시절 3년 내내 에이스로 활약했다. 2020년 고교 전국대회에서 6경기에 나가 4승 1패, 평균자책점 1.73을 기록했다. 올해 신인 투수 중 제구력이 상위권으로 불리한 볼카운트에서 변화구로 스트라이크를 잡는 능력이 탁월하다. 직구 스피드는 평균 145km, 최고 148km까지 나온다. 입단 결정 후 근력 강화를 위주로 하드웨어 만들기에 집중했다. 1군 마운드 사정을 봤을 때 당장 전력감은 아니다. 중장기 계획에 따른다고 보면 차근차근 경험을 쌓으면서 보직이 결정될 것이다. 올해는 시즌 중후반 또는 9월 엔트리 확대 시 1군에서 볼 수 있을 전망이다. 2020년 10월 17일 KIA전서 박용택을 앉혀놓고 시구를 했다. 잘 성장한다면 마케팅파워도 높을 것이란 기대다.

| 생년월일 | 2002년 10월 14일 | 연봉(2021) | 3000만 원 |
|---|---|---|---|
| 신장/체중 | 184cm/86kg | 지명순위 | 2021 LG 1차 |
| 학력 | 저동초-충암중-충암고 | 입단년도 | 2021 LG |

### 포수(우투우타)
## 4 이성우

박용택의 은퇴로 팀 내 최고참이 됐다. 전체 등록선수 중에서도 롯데 송승준, KT 유한준 등과 함께 최고령 층에 속한다. 주전 포수 유강남의 백업이지만 김재성, 박재욱, 김기연 등 후배들의 성장을 돕는 일종의 플레잉코치 역할도 주어질 전망이다. 올 시즌을 끝으로 은퇴하는 만큼 시즌 준비에 더욱 열정을 기울였다. 마지막 불꽃을 태운다는 심정으로 컨디셔닝 파트가 짠 프로그램에 따라 보강 운동과 웨이트를 집중적으로 실시했다. LG는 젊은 포수 육성에 집중할 예정이지만 결정적 순간 경험이 풍부한 이성우를 중용할 가능성이 높다. 지난해 활약상은 본인도 놀랄 정도였다. 통산 7개의 홈런을 중 3개를 지난 시즌 날렸다. 특히 5월 27일 한화전에서 생애 첫 만루홈런을 뽑아냈다. 72경기에서 타율 0.234로 아직 방망이가 쓸 만하다는 평가다. 포수뿐 아니라 야수와 투수 등 모든 후배가 기댈 수 있는 성품을 지녔다. 맏형으로 고민 상담도 빼놓을 수 없는 역할이다. 1, 2군 어디든 존재감을 발휘할 것으로 기대된다.

| 생년월일 | 1981년 9월 1일 | 연봉(2021) | 8000만 원 |
|---|---|---|---|
| 신장/체중 | 180cm/91kg | 지명순위 | 2000 LG 육성선수 |
| 학력 | 백운초-청원중-성남서고 | 입단년도 | 2000 LG |

### 내야수(우투우타)
## 16 김민성

LG 이적 후 두 시즌 연속 풀타임을 소화하지 못했다. 2년 합계 94경기나 결장했다. 지난 시즌에는 6월과 8월 각각 허벅지와 옆구리 부상을 입어 두 차례 공백기를 가졌다. 87경기에 출전해 타율 0.266, 5홈런, 47타점, 29득점을 올리는 데 그쳤다. 수비뿐 아니라 중장거리형 클러치히터로 타선에서 힘이 될 것을 기대하고 '사인&트레이드'로 영입했던 LG로선 본전도 뽑지 못한 상황이다. 이 때문에 트레이닝 파트에서 가장 신경 쓰는 야수로 꼽힌다. 스스로 "부상 없이 건강하게 풀시즌을 뛰는 게 목표"라고 했다. 타격 기복이 심한 편이다. 지난해 시즌 막바지였던 9~10월 타율이 0.220으로 고전을 면치 못했다. 올해는 팀 상황도 호락호락하지 않다. 지난해 후반기 복귀한 양석환과 3루수 경쟁을 펼쳐야 한다. 다치지만 않으면 경쟁력이 있다. 히어로즈 시절의 성적을 낼 수 있을 것으로 팀에서는 기대하고 있다. 지난해 득점권 타율이 0.313으로 시즌 타율보다 훨씬 높았다. 주자가 있을 때 집중력은 톱클래스다. 이적생들이 분위기를 이끈다는 LG 벤치에서 김현수와 함께 분위기 메이커로 통한다.

| 생년월일 | 1988년 12월 17일 | 연봉(2021) | 4억 원 |
|---|---|---|---|
| 신장/체중 | 181cm/94kg | 지명순위 | 2007 롯데 2차 2라운드 13순위 |
| 학력 | 고명초-잠신중-덕수정보고 | 입단년도 | 2007 롯데 |

### 내야수(우투좌타)
# 5 김용의

지난 겨울 FA를 신청한 이유는 돈 때문이 아니었다. 생애 처음이자 마지막이 될 권리를 꼭 행사하고 싶은 마음 때문이었다. 대졸 입단, 오랜 백업 생활로 FA가 되기까지 시간이 꽤 걸렸다. FA는 본인에게 수여하는 훈장이었다. 계약기간 1년, 계약금과 연봉 각 1억 원에 도장을 찍었다. 구단과 협상이라고 할 것도 없었다. LG에서 선수 생활을 마무리하겠다고 마음먹은 건 나이 서른을 넘어서부터다. 지난 시즌 101경기에 출전해 타율 2할7푼1리, 1홈런, 12타점을 기록했다. 1루 대수비, 대주자 요원으로 출전해 올린 성적이다. 발도 느린 편은 아니다. 도루 시도 10개 중 7개를 성공했다. 7월 21일 수원 KT전에서 8-9로 뒤진 9회초 우월 솔로홈런을 터뜨리며 4년 만에 짜릿한 대포 맛을 봤다. 올해도 보직은 변함없다. 애매하다고 보는 전문가들도 있지만 경기 후반 대주자, 대수비, 때로는 대타로 투입된다. 보기와 달리 후배들에게 쓴소리를 아끼지 않는다. 어떤 상황에서도 출전하려는 의지가 강하다. 생각과 행동을 일치시키려는 몇 안 되는 선수라는 칭찬도 나온다.

| | | | |
|---|---|---|---|
| 생년월일 | 1985년 8월 20일 | 연봉(2021) | 1억 원 |
| 신장/체중 | 187cm/74kg | 지명순위 | 2008 두산 2차 4라운드 29순위 |
| 학력 | 사당초-선린중-선린인터넷고-고려대 | 입단년도 | 2008 두산 |

### 투수(좌투좌타)
# 53 함덕주

LG가 콕 찝어 영입한 좌완 선발 요원. 두산에서는 선발과 불펜 모두를 오갔고, 특히 불펜으로 많은 경험을 쌓았지만 LG에서는 좌완 선발로 시즌을 시작한다. 차우찬의 초반 공백을 채워줘야 할 것으로 기대받고 있다. 공 던지는 타점이 높은 게 장점인 왼손 투수다. 공을 던질때 손을 감추는 동작이 좋아서 타자가 예측했다가 치기 까다롭다. 몸쪽 직구와 결정구인 체인지업이 매우 좋다. 특히 우타자들이 상대하기 어려워한다. 올 시즌도 함덕주의 과제는 제구 기복을 줄이고 체력을 늘리는 것이 될 전망이다. 그동안 여러 차례 보직을 이동했지만 스스로는 선발을 가장 선호한다. 지난해 구위가 떨어지면서 몸 상태에 대한 의구심도 있었으나, LG 이적 이후 보여준 첫 등판에서 'KKK'를 잡아내며 오히려 페이스가 살아난 케이스다. 지난해 성적 하락을 겪었기 때문에 장기적 관점에서 선발 변신을 완벽하게 성공해야 한다. 프로 입단 이후 처음으로 팀을 옮기면서 동기부여는 확실하게 생겼다. 새로운 환경에 빨리 적응해 예전처럼 날카로운 구위를 최대한 오래 유지하는 것이 올 시즌 함덕주의 과제다.

| | | | |
|---|---|---|---|
| 생년월일 | 1995년 1월 13일 | 연봉(2021) | 1억6500만 원 |
| 신장/체중 | 181cm/78kg | 지명순위 | 2013 두산 5라운드 43순위 |
| 학력 | 일산초-원주중-원주고 | 입단년도 | 2013 두산 |

### 내야수(우투우타)
# 7 정주현

포지션 경쟁이라면 일가견이 있다. 해볼 만큼 해봤다. 지난해 2루수 롤모델인 정근우와 경쟁에서 승리했다. 하지만 본인이 잘해서가 아니었다. 134경기에서 타율 0.247, 4홈런, 30타점, 50득점을 기록했다. 수비에서는 실책 10개를 범했다. 썩 만족스러운 활약이라고 보기는 어렵지만 2009년 데뷔 이후 가장 많은 경기에 출전했다. 딱딱했던 수비 동작도 많이 부드러워졌다는 평가를 받았다. 좌우 움직임과 타구 판단력이 향상됐다. 2루수를 보면서도 부상을 좀처럼 당하지 않는다. 그만큼 유연성을 갖췄다는 뜻이다. 타격 면에서는 보완점이 한 두 가지가 아니다. 무엇보다 출루율 개선이 필요하다는 지적이다. 최근 3년간 출루율이 0.324, 0.291, 0.312로 3할 안팎에서 오르내렸다. 유인구 대처 능력과 인내심이 필요하다. 생각보다 병살타도 많은 편이다. 최근 3년간 9개, 10개, 6개를 쳤다. 기동력은 평균 수준으로 과감성이 돋보인다. 일단 올 시즌에도 주전 2루수 및 9번 타순이 주어질 전망이다. 딱히 경쟁 상대가 없다 해도 공을 정확히 보고 출루율을 높여야 주전 경쟁력을 유지할 수 있다. 1, 2군에 걸쳐 호시탐탐 노리는 후배들이 줄을 섰다.

| | | | |
|---|---|---|---|
| 생년월일 | 1990년 10월 13일 | 연봉(2021) | 1억4000만 원 |
| 신장/체중 | 176cm/76kg | 지명순위 | 2009 LG 2차 5라운드 36순위 |
| 학력 | 대구대현초-경상중-대구고 | 입단년도 | 2009 LG |

# PLAYERS

### 외야수(좌투좌타)
# 24 이천웅

'아파도 안 아픈 척하라'는 말이 있다. 언제 누가 기회를 채갈지 모르기 때문이다. 지난 시즌 부상으로 자리를 비운 사이 주전 중견수 및 톱타자 자리를 빼앗겼다. 2019년 타율 0.308, 88득점, 48타점, 21도루를 올리며 정상급 톱타자로 어렵게 자리 잡았으나 부상에 막혀 기세를 잇지 못했다. 7월 17일 잠실 한화전에서 상대투수 황영국의 공에 왼 손목을 맞고 골절상을 입어 50일간 재활에 매달렸다. 9월 7일 롯데전에 맞춰 복귀한 뒤 30경기에서 타율 0.183으로 부진을 면치 못했다. 부상 이전 타율 0.283, 출루율 0.361로 페이스를 유지했었다. 결국 89경기 타율 0.256, 44득점, 36타점, 8도루라는 초라한 성적을 받아들였다. 연봉이 2억8천만 원에서 9천만 원이나 삭감됐다. 올해도 시즌 초반 경쟁서 밀리면 주전을 잡기가 쉽지 않다. 가뜩이나 넘치는 외야인데 홍창기의 위상이 너무나 굳건하기 때문이다. 건강한 몸이 필수다. 오프시즌과 스프링캠프는 정상 소화했다. 주자가 있을 때 타율이 높은 편이다. 좌타자인 관계로 좌투수에게 유난히 약하다. 1번 타순을 되찾기 위해 극복해야 할 과제로 꼽힌다.

| 생년월일 | 1988년 10월 20일 | 연봉(2021) | 1억9000만 원 |
|---|---|---|---|
| 신장/체중 | 182cm/90kg | 지명순위 | 2011 LG 육성선수 |
| 학력 | 군산남초-성일중-성남서고-고려대 | 입단년도 | 2011 LG |

### 외야수(우투우타)
# 13 이형종

투수로는 최고의 유망주였다. 한계를 넘지 못하자 방황이 이어졌고 마음을 잡기까지 3년이 걸렸다. 투수로 던진 건 2010년 단 2경기뿐이었다. 2014년 타자로 전향했다. 구단의 열성적 지원과 피나는 노력이 결실을 본 건 2017년이었다. 128경기에서 타율 0.265, 100안타로 변신에 성공했다. 2018~2019년에도 세 자릿수 안타를 날리며 주전 외야수로 활약했다. 두 시즌 연속 13개의 홈런, 4할대 중반의 장타율을 기록했다. 지난해 부상에 시달려 기세를 잇지 못했다. 시즌 개막을 앞두고 두산과 연습경기에서 이용찬의 공에 손등을 맞고 골절상을 입었다. 타격감을 한창 끌어올리던 중 생긴 악재였다. 재활에 2개월 이상이 소요됐다. 7월 10일 NC전에 복귀해 6경기 연속 안타로 금세 타격감을 찾았다. 이 기간 홈런도 2개를 날렸다. 시즌 후반 홈런포를 자주 터뜨리며 장타력을 과시했다. 81경기에서 타율 0.296에 홈런 17개를 뽑아냈다. 올해는 지명타자가 우선 보직이나 외야 로테이션을 따르면 우익수가 1번 옵션이다. 타석에서 매우 공격적이며 펀치력도 탁월하다. 유인구에 쉽게 배트가 나가는 단점이 있다.

| 생년월일 | 1989년 6월 7일 | 연봉(2021) | 1억8000만 원 |
|---|---|---|---|
| 신장/체중 | 183cm/80kg | 지명순위 | 2008 LG 1차 |
| 학력 | 화곡초-양천중-서울고 | 입단년도 | 2008 LG |

### 외야수(우투좌타)
# 51 홍창기

대졸 후 2군과 경찰야구단을 거쳐 뒤늦게 기량을 꽃피운 케이스다. 2017년 경찰청 시절 2군 타격왕을 차지해 일찌감치 LG 스태프의 눈을 자극했다. 2018년 9월 군 복무를 마치고 복귀했으나 자리가 있을 리 없었다. 외야에 워낙 쟁쟁한 선배들이 많아 백업 또는 대타라도 감사한 기회였다. 2019년 시즌을 마치고 호주리그에서 뛰기로 하고 질롱코리아에 입단했다. 실전 경험이 좀 더 필요했기 때문이다. 결과적으로 지난해 주전으로 우뚝 서는 원동력이 됐다. 홍창기는 개막 엔트리에 진입한 이후 한 번도 이탈하지 않았다. 5~6월에는 주로 백업으로 출전했다. 6월 말부터 주전 외야수로 출전하더니 본색을 드러내기 시작했다. 7월 4, 5일 대구 삼성전에서 볼넷 5개를 얻어내 선구안을 인정받았다. 그즈음 5경기 연속 안타를 날렸다. 이천웅의 부상 이탈로 본격적으로 기회가 왔다. 7월 한 달간 타율 0.275, 출루율 0.438을 마크하며 리드오프와 중견수 자리를 완전히 차지했다. 자타공인 최고의 출루율 타자로 올해도 톱타자로 나선다. 타율만 3할대로 올려놓으면 리그 최상급 리드오프로 대표팀 멤버로도 거론될 수 있다. 수비에서는 타구 판단과 캐치가 장점인데 어깨가 약한 편이다.

| 생년월일 | 1993년 11월 21일 | 연봉(2021) | 1억 원 |
|---|---|---|---|
| 신장/체중 | 189cm/94kg | 지명순위 | 2016 LG 2차 3라운드 27순위 |
| 학력 | 대일초-매송중-안산공고-건국대 | 입단년도 | 2016 LG |

### 69 김대유

넥센, SK, KT를 거쳐 2019년 말 2차 드래프트에서 LG 입단했다. 좌완 스페셜리스트 후보였는데 지난해 투구 폼 수정으로 장점이 없어져 경쟁력이 떨어졌다. 올해 피칭시 왼팔 높이를 원래대로 스리쿼터 수준으로 낮춰 다시 1군에 도전할 계획이다.

| 투수 좌투좌타 | 생년월일 | 1991년 5월 8일 | 연봉(2021) | 4000만 원 |
|---|---|---|---|---|
| | 신장/체중 | 187cm/92kg | 지명순위 | 2010 넥센 3라운드 18순위 |
| | 학력 | 부산중앙초-부산중-부산고 | 입단년도 | 2010 넥센 |

### 60 이상규

지난해 시즌 초반 임시 마무리를 맡아 4세이브를 올린 뒤 하락세로 보직에서 밀려 1, 2군을 오르내렸다. 구위는 좋지만 직구와 변화구 모두 제구가 불안정하고 기복이 있다. 장점인 구위를 살리지 못하고 경기 운영이 불안하다. 이닝이 갈수록 구위가 저하되는 현상도 해결해야 한다.

| 투수 우투우타 | 생년월일 | 1996년 10월 20일 | 연봉(2021) | 4000만 원 |
|---|---|---|---|---|
| | 신장/체중 | 185cm/77kg | 지명순위 | 2015 LG 2차 7라운드 70순위 |
| | 학력 | 홍인초-청원중-청원고 | 입단년도 | 2015 LG |

### 48 김지용

2018년 9월 오른쪽 팔꿈치 내측인대재건 수술을 받고 2년 가까이 재활에 매달렸다. 지난해 9월 말 1군에 복귀해 4경기를 던지며 감각을 점검했다. 다리 부상이 도져 팀이 필요할 때 도움이 되지 못했다. 올해 구위를 회복해야 부상 이전 맡았던 필승조로 기용될 수 있다.

| 투수 우투우타 | 생년월일 | 1988년 2월 20일 | 연봉(2021) | 7000만 원 |
|---|---|---|---|---|
| | 신장/체중 | 177cm/81kg | 지명순위 | 2010 LG 9라운드 65순위 |
| | 학력 | 이문초-청량중-중앙고-영동대 | 입단년도 | 2010 LG |

### 30 이상영

지난해 1군 성적은 없다. 2군에서 16경기에 주로 선발로 등판해 5승 4패, 평균자책점 5.17을 기록했다. 중장기적 관점에서 1군 선발 자원이다. 신체조건이 좋아 구위 향상 가능성이 대단히 높다. 공의 무브먼트를 늘릴 필요가 있다.

| 투수 좌투좌타 | 생년월일 | 2000년 12월 3일 | 연봉(2021) | 3100만 원 |
|---|---|---|---|---|
| | 신장/체중 | 193cm/88kg | 지명순위 | 2019 LG 2차 1라운드 5순위 |
| | 학력 | 부산수영초-개성중-부산고 | 입단년도 | 2019 LG |

### 67 채지선

지난해 두산 불펜의 라이징스타. 하지만 팀내 불펜 경쟁에서 밀리며 함덕주와 함께 LG로 트레이드 됐다. 주무기인 체인지업 각도가 워낙 좋고, 투구할때 차분함이 장점인 투수. 다만 LG의 불펜이 워낙 탄탄해 많은 기회를 얻기가 쉽지 않아졌다.

| 투수 우투좌타 | 생년월일 | 1995년 7월 11일 | 연봉(2021) | 3500만 원 |
|---|---|---|---|---|
| | 신장/체중 | 180cm/70kg | 지명순위 | 2015 두산 2차 1라운드 8순위 |
| | 학력 | 학강초-광주동성중-광주제일고 | 입단년도 | 2015 |

### 37 이우찬

2019년 30경기에서 5승 4패, 4홀드, 평균자책점 4.85를 올리며 선발 요원으로 각광받았다. 지난해 제구력을 잃어 2군으로 내려갔다. 2군서 64⅓이닝 동안 평균자책점 2.66을 올리며 이 부문 1위에 올랐다. 결국 1군 승격 시 제구력 불안을 떨칠 배짱과 안정감이 필요하다는 결론이다.

| 투수 좌투좌타 | 생년월일 | 1992년 8월 4일 | 연봉(2021) | 5000만 원 |
|---|---|---|---|---|
| | 신장/체중 | 183cm/88kg | 지명순위 | 2011 LG 2라운드 15순위 |
| | 학력 | 온양온천초-온양중-북일고 | 입단년도 | 2011 LG |

### 66 배재준

마지막 실전 등판은 2019년 10월 10일 키움과 준플레이오프 4차전이었다. 1년 넘게 팀과 동떨어져 지내 올해는 재기를 위한 발판을 다시 마련해야 한다. 구단은 여유를 갖고 구위를 회복하기를 바란다.

| 투수 우투우타 | 생년월일 | 1994년 11월 24일 | 연봉(2021) | 3000만 원 |
|---|---|---|---|---|
| | 신장/체중 | 188cm/80kg | 지명순위 | 2013 LG 2라운드 16순위 |
| | 학력 | 대구본리초-경상중-상원고 | 입단년도 | 2013 LG |

### 39 이찬혁

2020년 1군에서 3경기 3⅓이닝을 투구했다. 2군에서는 15경기 15⅔이닝 평균자책점 4.02를 올렸다. 제대 후 구위 향상이 눈에 띈다. 140km대 초반이던 직구 스피드가 140km대 중반, 최고 148km까지 나온다. 팀에서도 성장 가능성을 점친다.

| 투수 우투우타 | 생년월일 | 1998년 8월 19일 | 연봉(2021) | 3100만 원 |
|---|---|---|---|---|
| | 신장/체중 | 187cm/90kg | 지명순위 | 2017 LG 2차 3라운드 22순위 |
| | 학력 | 도신초-강남중-서울고 | 입단년도 | 2017 LG |

### 61 백승현

입단 후 4년간 내야수로 뛴 뒤 올해 투수로 변신했다. 원래 어깨가 강해 빠른 공을 뿌린다는 점이 가능성을 엿보게 한다. 투구 수를 늘려야 하고 변신 첫 시즌이라는 점에서 부상도 조심해야 한다. 올해는 1군 개념이 아닌 투수로서 능력을 체크하는 게 포인트다.

| 투수 우투우타 | 생년월일 | 1995년 5월 26일 | 연봉(2021) | 4000만 원 |
|---|---|---|---|---|
| | 신장/체중 | 183cm/78kg | 지명순위 | 2015 LG 2차 3라운드 30순위 |
| | 학력 | 인천소래초-상인천중-인천고 | 입단년도 | 2015 LG |

### 20 임정우

2018년 4월 팔꿈치인대 수술 및 공익근무요원 복무를 마치고 지난해 11월 합류했다. 1군 복귀는 시즌 중반 가능할 전망이다. 2016년 28세이브를 올린 기억이 생생하다. 리그 최정상급 커브와 직구의 위력을 되찾는다면 불펜진에 큰 보탬이 될 수 있다. 체크 포인트는 역시 제구력이다.

| 투수 우투우타 | 생년월일 | 1991년 4월 2일 | 연봉(2021) | 1억500만 원 |
|---|---|---|---|---|
| | 신장/체중 | 183cm/77kg | 지명순위 | 2011 SK 4라운드 26순위 |
| | 학력 | 도곡초-영동중-서울고 | 입단년도 | 2011 SK |

### 29 손주영

좌완으로 신체조건이 굉장히 좋다. 입단 전 미래 가치를 보고 지명했는데 2017~2018년 두 시즌 동안 1군서 9경기에 등판했다. 현역서 군 복무를 마치고 복귀한 터라 올해는 어느 정도 구위를 회복하는가에 관심을 둔다. 보직 방향은 선발에 가깝다.

| 투수 좌투좌타 | 생년월일 | 1998년 12월 2일 | 연봉(2021) | 3300만 원 |
|---|---|---|---|---|
| | 신장/체중 | 191cm/95kg | 지명순위 | 2017 LG 2차 1라운드 2순위 |
| | 학력 | 울산대현초-부산개성중-경남고 | 입단년도 | 2017 LG |

### 59 임준형

지난해 2군 15경기 3승 2패, 평균자책점 3.86을 기록했다. 올해 1군 데뷔에 도전한다. 탈삼진 능력이 뛰어나지만 제구가 불안하다. 구원보다 선발이 어울린다는 평가다.

| 투수 좌투좌타 | 생년월일 | 2000년 11월 16일 | 연봉(2021) | 3000만 원 |
|---|---|---|---|---|
| | 신장/체중 | 180cm/82kg | 지명순위 | 2019 LG 2차 8라운드 75순위 |
| | 학력 | 광주서석초-진흥중-진흥고 | 입단년도 | 2019 LG |

### 64 오석주

2020년 2군 14경기에 등판해 1승 2패, 평균자책점 4.71을 올렸다. 경기 운영이 탁월한데 구위가 1군에서 통할 만한 수준은 아니다. 아직 나이가 어려 구위를 높여야 1군 가능성을 타진할 수 있다.

| 투수 우투우타 | 생년월일 | 1998년 4월 14일 | 연봉(2021) | 3100만 원 |
|---|---|---|---|---|
| | 신장/체중 | 181cm/74kg | 지명순위 | 2017 LG 2차 6라운드 52순위 |
| | 학력 | 부산양정초-대천중-제주고 | 입단년도 | 2017 LG |

### 56 최성훈

지난해 48경기에서 평균자책점 3.51을 올렸다. 올해도 진해수 다음의 좌완 스페셜리스트. 공의 움직임이 굉장히 좋고 커브 RPM은 리그 상위급이다. 제구가 불안해 경기 운영도 불안정하다. 이 부분을 보완하면 팀으로서는 진해수에 편중된 좌타자 대응 전략에 여유를 가질 수 있다.

| 투수 좌투좌타 | 생년월일 | 1989년 10월 11일 | 연봉(2021) | 7200만 원 |
|---|---|---|---|---|
| | 신장/체중 | 178cm/75kg | 지명순위 | 2012 LG 2라운드 16순위 |
| | 학력 | 가동초-잠신중-경기고-경희대 | 입단년도 | 2012 LG |

### 28 류원석

구위는 리그 최상급으로 평가받지만 제구력이 문제다. 지난해 1군 4경기에서 4⅔이닝 동안 8안타, 11볼넷을 내줬다. 나이 서른을 훌쩍 넘겼기 때문에 불안정한 모습이 지속되면 선수 생활에 위기를 맞을 수 있다. 제구력 보완이 유일한 생존법이다.

| 투수 우언우타 | 생년월일 | 1989년 11월 18일 | 연봉(2021) | 3300만 원 |
|---|---|---|---|---|
| | 신장/체중 | 188cm/90kg | 지명순위 | 2013 LG 육성선수 |
| | 학력 | 신원초-양천중-서울고-인하대 | 입단년도 | 2013 LG |

### 40 한선태

비선수 출신의 신화 도전은 올해도 계속된다. 구위는 나름대로 발전성을 갖고 있다. 선수 출신이 아니기 때문에 전문성이 떨어진다는 건 큰 문제가 아니다. 체력 문제, 잦은 부상을 극복해야 1군 진입 가능성을 타진할 수 있다.

| 투수 우언우타 | 생년월일 | 1994년 6월 14일 | 연봉(2021) | 3200만 원 |
|---|---|---|---|---|
| | 신장/체중 | 183cm/79kg | 지명순위 | 2019 LG 2차 10라운드 95순위 |
| | 학력 | 부천양지초-부천동중-부천공고 | 입단년도 | 2019 LG |

# PLAYERS

### 54 김진수
투구 폼이 안정적이고 140km대 중반의 직구와 낙차 큰 커브가 강점이다. 완성형에 가까운 투수로 중간계투로 즉시 전력감으로 성장이 기대된다.

**투수 우투우타**
| | | | |
|---|---|---|---|
| 생년월일 | 1998년 8월 31일 | 연봉(2021) | 3000만 원(계약금 1억 원) |
| 신장/체중 | 179cm/82kg | 지명순위 | 2021 LG 2차 2라운드 17순위 |
| 학력 | 이세초-군산중-군산상고-중앙대 | 입단년도 | 2021 LG |

### 14 신민재
빠른 발과 정확한 타격, 선구안 등 다양한 능력을 갖춰 경기 후반 백업 요원으로 활용 가치가 높다. 지난해 1군 0.400, 2군 0.407의 출루율. 키움과 와일드카드결정전에서 끝내기 안타를 터뜨리며 존재감을 심었다. 1군 세 번째 시즌을 맞아 자신감을 가질 수 있는 대목이다.

**내야수 우투좌타**
| | | | |
|---|---|---|---|
| 생년월일 | 1996년 1월 21일 | 연봉(2021) | 5500만 원 |
| 신장/체중 | 171cm/67kg | 지명순위 | 2015 두산 육성선수 |
| 학력 | 인천서흥초-동인천중-인천고 | 입단년도 | 2015 두산 |

### 63 조건희
직구 구속은 최고 140km대 중반이며 슬라이더가 주무기다.

**투수 좌투좌타**
| | | | |
|---|---|---|---|
| 생년월일 | 2002년 3월 26일 | 연봉(2021) | 3000만 원(계약금 7000만 원) |
| 신장/체중 | 184cm/84kg | 지명순위 | 2021 LG 2차 3라운드 27순위 |
| 학력 | 계상초-상명중-서울고 | 입단년도 | 2021 LG |

### 25 이상호
지난해 11월 트레이드를 통해 NC에서 LG 유니폼을 입었다. 풍부한 경험과 내야를 두루 볼 수 있는 수비력, 빠른 발 등이 강점이다. 유틸리티맨인데 주전 2루수 경쟁을 펼칠 수 있다.

**내야수 우투우타**
| | | | |
|---|---|---|---|
| 생년월일 | 1989년 2월 5일 | 연봉(2021) | 9000만 원 |
| 신장/체중 | 180cm/82kg | 지명순위 | 2010 롯데 육성선수 |
| 학력 | 대구옥산초-경운중-상원고-영동대 | 입단년도 | 2010 롯데 |

### 12 김재성
유강남을 이을 가장 유력한 2번 포수다. 지난해에는 1군 등록 없이 2군서 풀타임을 뛰었다. 53경기에서 타율 0.274, 3홈런, 24타점, 36득점을 기록했다. 선구안이 뛰어나다. 포수로서 안정성 검증은 덜 된 상태다.

**포수 우투좌타**
| | | | |
|---|---|---|---|
| 생년월일 | 1996년 10월 30일 | 연봉(2021) | 3100만 원 |
| 신장/체중 | 185cm/85kg | 지명순위 | 2015 LG 1차 |
| 학력 | 신광초-성남중-덕수고 | 입단년도 | 2015 LG |

### 8 이주형
지난해 발목 부상으로 전지훈련에 참가하지 못했다. 재활 후 2군에서 타자로 성공 가능성을 드러냈다. 26경기에 출전해 타율 0.356, 4홈런, 22타점을 때렸다. 팀 내 야수 유망주들 가운데 가장 큰 기대를 받는다. 2루수를 경쟁할 자원으로 꼽힌다. 은퇴한 정근우의 등번호를 물려받았다.

**내야수 우투좌타**
| | | | |
|---|---|---|---|
| 생년월일 | 2001년 4월 2일 | 연봉(2021) | 3000만 원 |
| 신장/체중 | 183cm/80kg | 지명순위 | 2020 LG 2차 2라운드 13순위 |
| 학력 | 송수초-센텀중-경남고 | 입단년도 | 2020 LG |

### 42 박재욱
2016년 1군 26경기, 경찰야구단 복무를 마친 뒤 지난해 1군 15경기를 뛰었다. 경험 측면에서는 경쟁력이 있다. 2루 송구 능력이 탁월하다. 타격에서는 콘택트 능력을 갖췄다.

**포수 우투우타**
| | | | |
|---|---|---|---|
| 생년월일 | 1995년 12월 6일 | 연봉(2021) | 3800만 원 |
| 신장/체중 | 180cm/78kg | 지명순위 | 2014 LG 2차 10라운드 103순위 |
| 학력 | 부산수영초-부산중-개성고 | 입단년도 | 2014 LG |

### 32 장준원
아직 공수에서 주전을 차지할 역량을 보여주지 못했다. 주 포지션은 유격수인데 출전 기회를 더 얻으려면 다른 내야 포지션도 자유자재로 보는 멀티 능력이 필요하다.

**내야수 우투우타**
| | | | |
|---|---|---|---|
| 생년월일 | 1995년 11월 21일 | 연봉(2021) | 4500만 원 |
| 신장/체중 | 183cm/77kg | 지명순위 | 2014 LG 2차 2라운드 23순위 |
| 학력 | 경운초-개성중-경남고 | 입단년도 | 2014 LG |

### 2 구본혁
입단하자마자 1군에 데뷔했다. 2년 연속 타율 1할대에 머물렀지만 수비에서 활용가치가 크다. 지난해 1군 말소 없이 125경기에 출전했다. 1루를 제외한 내야 전 포지션이 가능하다. 만능 멀티플레이어로 박빙의 상황에서도 수비를 믿고 맡길 수 있다. 올해도 대수비가 주된 역할이다.

**내야수 우투우타**
| | | | |
|---|---|---|---|
| 생년월일 | 1997년 1월 11일 | 연봉(2021) | 6300만 원 |
| 신장/체중 | 177cm/75kg | 지명순위 | 2019 LG 2차 6라운드 55순위 |
| 학력 | 중대초-잠신중-장충고-동국대 | 입단년도 | 2019 LG |

### 52 이재원
팀 내 최고의 거포 유망주다. 지난해 2군 61경기에서 13홈런, 46타점을 올렸다. 7월 12일 2군 SK전에서 1, 2군 통틀어 한 경기 최다인 10타점을 기록했다. 공수에 걸쳐 가다듬어야 할 부분이 많다. 지난해 1군 16경기에서 20타수 1안타에 그쳤고 삼진은 11개를 당했다.

**외야수 우투우타**
| | | | |
|---|---|---|---|
| 생년월일 | 1999년 7월 17일 | 연봉(2021) | 3200만 원 |
| 신장/체중 | 192cm/100kg | 지명순위 | 2018 LG 2차 2라운드 17순위 |
| 학력 | 철주석교초-경원중-서울고 | 입단년도 | 2018 LG |

### 62 김주성
지난해 현역 복무를 마치고 돌아와 2군 29경기에 출전했다. 3루수와 2루수를 맡는데 수비는 다소 불안정하다. 타격 자질을 갖추고 있어 수비 능력을 보완하면 1군 진입이 가능하다.

**내야수 우투우타**
| | | | |
|---|---|---|---|
| 생년월일 | 1998년 1월 30일 | 연봉(2021) | 3100만 원 |
| 신장/체중 | 180cm/81kg | 지명순위 | 2016 LG 2차 2라운드 14순위 |
| 학력 | 수원신곡초-덕수중-휘문고 | 입단년도 | 2016 LG |

### 38 최민창
1군 경력은 2017년 13경기가 전부. 지난해 군 제대 후 기존 외야 멤버들에 도전하는 입장이다. 성장 가능성은 높은 편이다.

**외야수 좌투좌타**
| | | | |
|---|---|---|---|
| 생년월일 | 1996년 4월 16일 | 연봉(2021) | 3100만 원 |
| 신장/체중 | 179cm/76kg | 지명순위 | 2015 LG 2차 2라운드 17순위 |
| 학력 | 강남초-선린중-신일고 | 입단년도 | 2015 LG |

### 34 김호은
연세대 시절 한 방을 갖춘 4번타자로 활약했다. 입단 후 팔 수술과 군 복무 등으로 지난해 비로소 정식 선수로 등록됐다. 주로 대타로 출전해 69경기 타율 0.243, 2홈런, 11타점을 올리며 1군으로서 활용 가치를 나타냈다. 올해도 주전을 위협할 타격 능력을 발휘한다면 1군을 보장받을 수 있을 전망이다.

**내야수 우투좌타**
| | | | |
|---|---|---|---|
| 생년월일 | 1992년 1월 3일 | 연봉(2021) | 5000만 원 |
| 신장/체중 | 181cm/87kg | 지명순위 | 2016 LG 2차 7라운드 67순위 |
| 학력 | 대구옥산초-경상중-대구고-연세대 | 입단년도 | 2016 LG |

### 58 한석현
2군에서 선택적으로 육성한 선수. 2018년 외야 유망주 가운데 가장 미래 가치가 높았다. 지난해 2군 65경기에서 타율 0.345, 2홈런, 24타점, 46득점, 29도루를 기록했다. 공수주 모두 갖췄다. 당장은 백업을 통한 경험 쌓기가 우선이다. 2, 3년 후 외야 주요 선수로 성장 가능성이 크다.

**외야수 좌투좌타**
| | | | |
|---|---|---|---|
| 생년월일 | 1994년 5월 17일 | 연봉(2021) | 3200만 원 |
| 신장/체중 | 181cm/73kg | 지명순위 | 2014 LG 2차 5라운드 48순위 |
| 학력 | 후암초-대천중-경남고 | 입단년도 | 2014 LG |

### 50 손호영
지난해 1군 23경기, 2군 44경기를 소화했다. 타석에서 공격적 성향이 돋보인다. 스리볼에서도 공략하려는 성격이고 베이스러닝이 저돌적이다. 1군에서 5개, 2군에서 19개의 도루를 기록했다. 공수주에서 첨병 역할을 기대할 수 있다.

**내야수 우투우타**
| | | | |
|---|---|---|---|
| 생년월일 | 1994년 8월 23일 | 연봉(2021) | 3700만 원 |
| 신장/체중 | 182cm/88kg | 지명순위 | 2020 LG 2차 3라운드 23순위 |
| 학력 | 의왕부곡초-평촌중-충훈고 | 입단년도 | 2020 LG |

### 0 이영빈
발이 빠르고 콘택트 능력이 뛰어나다. 고교 시절 2루수, 3루수, 유격수, 심지어 외야수도 봤다. 올해 스프링캠프에 참가한 유일한 신인이다. 1군 전력감으로 2루수 경쟁에 나설 수 있다.

**내야수 우투좌타**
| | | | |
|---|---|---|---|
| 생년월일 | 2002년 6월 17일 | 연봉(2021) | 3000만 원(계약금 1억3000만 원) |
| 신장/체중 | 182cm/82kg | 지명순위 | 2021 LG 1차 라운드 7순위 |
| 학력 | 대전동산초-충남중-세광고 | 입단년도 | 2021 LG |

## TEAM PROFILE

| | |
|---|---|
| 팀명 | 키움 히어로즈 |
| 창립년도 | 2008년 3월 24일 |
| 구단주 | 박세영 |
| 모기업 | 없음 |
| 대표이사 | 허홍 |
| 단장 | 고형욱 |
| 감독 | 홍원기 |
| 연고지 | 서울특별시 |
| 홈구장 | 고척 스카이돔 |
| 영구결번 | 없음 |
| 한국시리즈 우승 | 없음 |

# 2021 KIWOOM HEROES DEPTH CHART

**MANAGER**
홍원기

**CENTER FIELDER**
이정후
박준태

**LEFT FIELDER**
이용규
허정협
박준태

**RIGHT FIELDER**
박준태
박주홍

**SHORTSTOP**
김혜성
신준우
김휘집

**2ND BASE**
서건창
신준우
김휘집

**3RD BASE**
김웅빈
전병우

**1ST BASE**
박병호
프레이타스
전병우

**STARTING PITCHER**
요키시, 스미스, 최원태
한현희, 이승호

**BULLPEN**
장재영
안우진
이영준

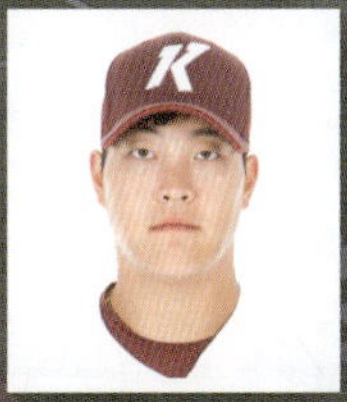

**CLOSER**
조상우

**CATCHER**
이지영
박동원
김재현

**DH**
프레이타스
허정협

# 2020 REVIEW & 2021 PREVIEW

키움히어로즈는 2020시즌 전 감독이 바뀌었다. 2017년부터 팀을 이끌던 장정석 감독이 2019년 11월 4일 재계약 불가 통보를 받아 물러났다. 후임으로 SK 와이번스 투수 코치였던 손혁 감독이 지휘봉을 잡았다. 키움 팬들 사이에선 '2020년이 우승 적기가 아니냐'는 기대감이 감돌았다. 팬들의 기대는 채 한 달도 못 가 식어버리고 말았다. 시즌 뚜껑을 열자 투타 밸런스가 우승 후보라고 하기에는 턱없이 부족했기 때문이다.

외국인 선수들의 부상과 부진에 발목이 잡혔다. 외인 투수 제이크 브리검이 5월 말 팔꿈치 부상을 했다. 아쉬웠던 건 손 감독이 시즌 초반부터 브리검을 집중 관리했기 때문이다. 5월 5일 광주 KIA와 시즌 개막전에 선발 등판해 3⅓이닝 만에 마운드에서 내렸다. 2피안타 무실점이었지만 투구 수 62개에서 불펜을 가동했다. 시즌 두 번째와 세 번째 등판에서도 각각 투구 수 74개로 끊겼다. 코로나19 여파로 인해 브리검의 시즌 준비 루틴이 깨질 수 있다는 판단 때문이었다. 그런데 외인 타자 모터까지 타격 부진에 빠졌다. 5월 출전한 10경기에서 타율이 0.114에 그쳤다. 손 감독은 과감히 미국 시카고컵스의 월드시리즈 우승 주역 에디슨 러셀을 대체자로 결정했다. 러셀은 7월 말부터 실전을 뛰었기 때문에 전력손실은 이만저만이 아니었다.

모터를 적기에 집에 돌려보내면서 분위기가 반전된 것일까. 토종 선수들로 똘똘 뭉친 키움의 성적은 뚜렷하게 좋아졌다. 브리검의 대체 선발로 마운드에 오른 조영건이 급한 불을 껐다. 이정후 외에 답이 없던 외야 두 자리는 허정협과 박준태로 6월을 버티는 데 성공했다. 박준태는 볼넷으로 출루율을 높였고 팀배팅으로 헌신의 아이콘으로 자리매김했다. 하지만 키움은 또 다른 변수에 직면했다. 박병호가 시즌 초반 부진에 빠졌다. 5월과 6월 연속 타율이 2할 초반대에 머물렀다. 7월 중반까지 박병호가 부진을 털어내지 못했고 투수진 평균자책점이 10개 구단 중 9위(6.01)까지 떨어졌다. 선발진의 평균자책점은 7.74로 꼴찌였다. 한때 순위가 4위까지 떨어졌지만 7월 말 러셀이 합류하자 거짓말같이 연승 행진을 달렸다. 7월도 2위로 마칠 수 있었다.

키움은 뎁스 싸움에서 밀리지 않았다. 8월부터 선발진과 주포의 부상 이탈을 2군에서 올라온 자원들이 메웠다. 아쉽게도 선두를 빼앗을 수 있을 때마다 2%가 부족했다. 9월 들어 투타 양면에서 모든 지표가 악화됐다. 부상자가 속출했고 대체 자원들의 잠재력도 더는 기대하기 힘들었다. 승률이 시즌 처음으로 4할대(12승 14패 1무)로 떨어지자 수뇌부에선 손 감독과 헤어지는 특단의 조치를 취했다. 표면적으로는 자진사퇴였지만 사실상 경질이었다. 당시 키움의 순위는 3위였다. 이후 이해할 수 없는 행보가 이어졌다. 김창현 퀄리티컨트롤 코치에게 감독 대행을 맡겼다. 선수도, 김 대행도 얼떨떨한 상황이었지만 선수들끼리 똘똘 뭉쳤다. 더 큰 아쉬움은 시즌 최종전에서 폭발했다. 10월 30일 잠실 두산전에서 0-2로 패해 5위로 마쳤다.

감독 경질 등 혼돈의 10월을 보내면서 5강에 턱걸이한 것도 나쁜 결과는 아니었다. 결국 마운드와 일명 '발야구'로 가을 야구에 초대받을 수 있었다. 팀 평균자책점은 3위(4.39)에 랭크됐다. 요키시는 12승에 그쳤지만 평균자책점 1위(2.14)를 차지했고 브리검도 팀 내 두 번째로 많은 9승을 책임졌다. 확실한 중간계투와 마무리가 있다는 건 키움에 큰 축복이었다. 이영준이 KBO리그 홀드 2위(25홀드)를 기록했고 '우완 파이어볼러' 조상우는 33세이브로 세이브왕에 등극했다. 7위(0.269)에 불과했던 팀 타율을 마운드로 극복한 한 시즌이었다. 또 도루성공률이 리그 톱이었다. 140회 중 113회를 성공시켜 80.7%를 기록했다. 김혜성(25개), 서건창(24개), 김하성(23개)이 63.7%를 책임졌다. 타팀에 비해 비교적 젊은 선수들이 많은 키움이 팀 특성을 정확하게 살려낸 것이 5강행의 일군 원동력이었다. 하지만 키움은 LG 트윈스와 와일드카드 결정전에서 3-4로 패하며 고개를 떨궈야 했다. 연장 13회말 김상수가 끝내기 2실점을 하면서 가을 야구를 곧바로 접어야 했다.

2021시즌 키움은 전력이 약해졌다는 평가다. 전문가들은 "그동안 5강 유력 후보였던 키움이 가을 야구에 초대받지 못할 가능성이 있다"라며 입을 모았다. 우선 팀 내 핵심 내야수 김하성이 미국 메이저리그 샌디에이고파드리스로 떠났다. 김하성은 지난 시즌 138경기에 출전, 타율 3할6리 163안타 30홈런 109타점을 기록했다. 김하성의 공백을 백업 김혜성이 메워줄 수 있느냐가 관건이다. 김혜성은 지난 시즌 커리어하이를 찍었다. 142경기에 출전, 타율 2할8푼5리 142안타 7홈런 61타점을 기록했다. 파워와 타점 생산 능력에선 김하성에 뒤져도 매년 나은 성적을 올리고 있다는 점이 고무적이다. 키움은 브리검과 재계약을 포기하고 새 외국인 투수 조쉬 스미스(34)와 계약했다. 키움이 스미스에게 바라는 건 긴 이닝 소화다. 스미스는 메이저리그에서 통산 101경기 184⅔이닝, 마이너리그에서 통산 215경기 1023⅓이닝을 던졌다. 외인 타자도 교체했다. 마이너리그 트리플 A 타격왕 출신 데이비드 프레이타스(32)를 영입했다. 장고 끝에 구단에서 바란 점은 장타력이다. 지난해 키움의 장타율은 리그 6위(0.408)였다. 2019시즌에는 2위(0.414), 2018시즌에는 순위가 6위에 불과했지만 장타율이 0.448에 달했다. 때문에 프레이타스가 뚝 떨어진 장타율을 올릴 수 있는 기폭제가 되길 기대한다. 스미스와 프레이타스에겐 적응이 요구된다. 한국야구와 문화에 적응하지 못하면 아무리 좋은 기량을 갖췄더라도 일찍 짐을 싸야 하는 경우가 생긴다. 여기에 불펜의 정신적 지주 김상수도 사인&트레이드를 통해 신세계로 둥지를 옮겼다. 그래도 마운드에 큰 힘이 되는 투수가 유니폼을 입었다. '9억 팔' 장재영이다. 장정석 전 키움 감독 아들인 장재영은 입단 당시 계약금 9억 원을 받아 센세이션을 일으켰다. 가볍게 150km의 빠른 공을 뿌린다. 제구만 받쳐주면 한국 최고의 우완도 넘볼 수 있다는 평가다. 장재영은 "제구가 안 된다고 해서 구속을 줄일 생각이 없다"라며 당당함을 뽐냈다. 단, 아무리 빠른 공을 던져도 장재영은 신인이다. 물음표일 뿐이다. 지난해 소형준(KT 위즈)처럼 뚜껑을 열고 '괴물 본능'을 보여줘야 한다. 키움의 2021시즌은 험난함의 연속이 될 듯하다.

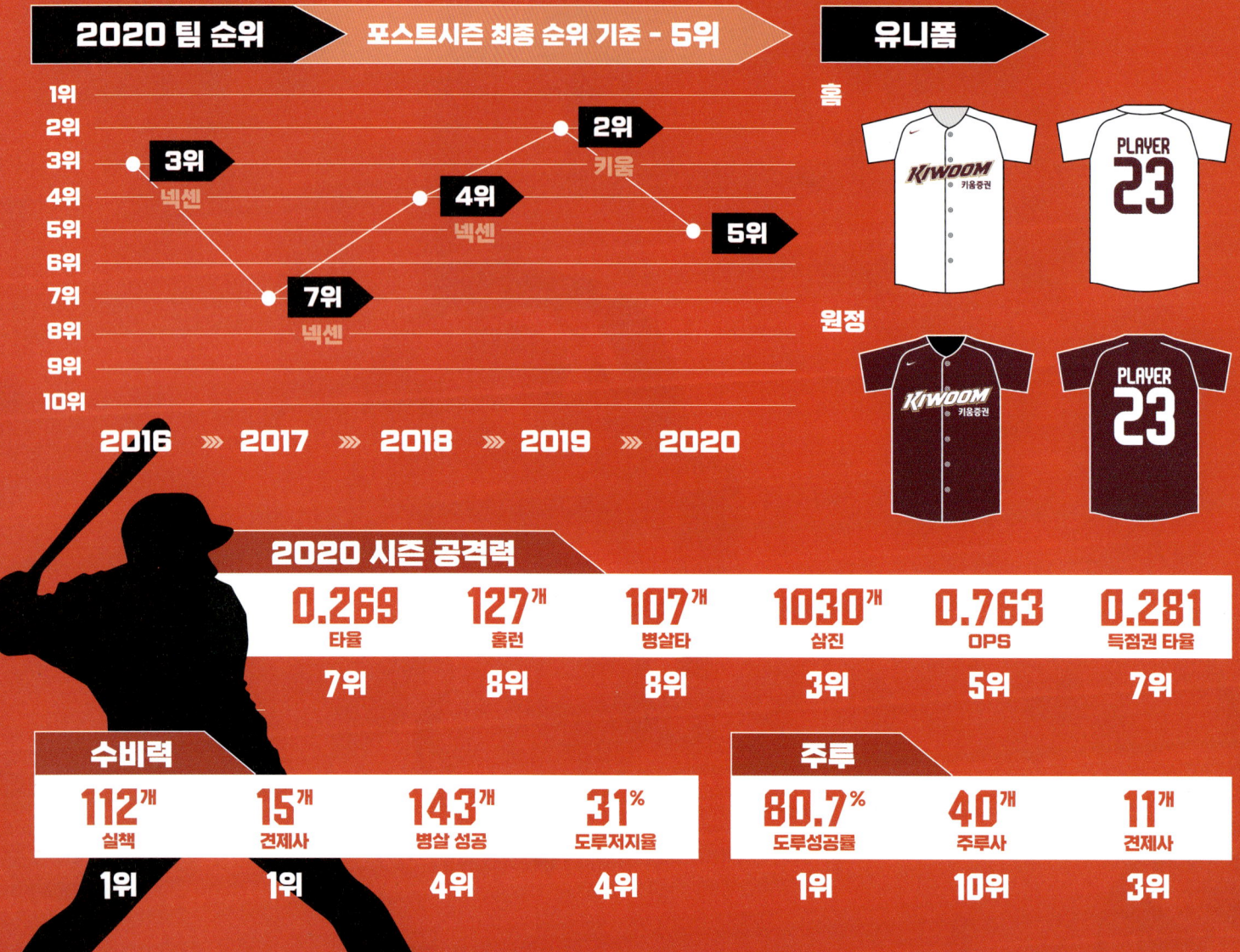

# PARK FACTOR
## 고척 스카이돔

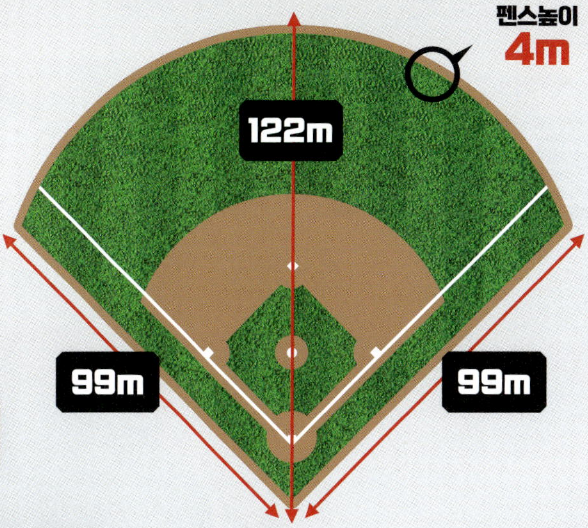

펜스높이 4m
122m
99m  99m

**경기수**

| | 홈팀 72 / 원정팀 72 | |
|---|---|---|
| 타율 0.264 | | 타율 0.262 |
| 홈런 42 | | 홈런 58 |
| 실책 56 | | 실책 44 |

**좌타자 타율**
0.283 홈팀
0.280 원정팀

**우타자 타율**
0.245 홈팀
0.244 원정팀

**좌타자 홈런**
12 홈팀 / 26 원정팀

**우타자 홈런**
30 홈팀 / 28 원정팀

대한민국에서 유일하게 야구 국제대회 경기를 치를 수 있다. 장마철에도 우천취소가 없으며 사시사철 더위와 추위를 피할 수 있다. 비슷한 시기에 먼저 지어진 광주-기아 챔피언스 필드와 비슷한 크기. 인조잔디 사용에 따른 피로감이 단점.

좌석
1만 6944석

인조잔디

# 78 홍원기

| 생년월일 | 1973년 6월 5일 |
| --- | --- |
| 출신학교 | 공주중동초-공주중-공주고-고려대 |
| 주요경력 | 한화/두산/현대 선수(1996~2007), 넥센 수비코치(2008~2019), 키움 수석코치(2020) |
| 연봉 | 2억 원 |

엘리트 학번으로 꼽히는 92년 고교 졸업생 가운데 한 번도 쉬지 않고 잡초처럼 끈질긴 생명력을 발휘하며 프로야구 감독 자리까지 오른 입지전적 인물이다. 공주고와 고려대를 졸업하고 1996년 한화이글스에 입단한 홍 감독은 두산베어스와 현대유니콘스를 거쳐 2007년 시즌을 끝으로 유니폼을 벗었다. 선수 시절 화려한 조명을 받는 슈퍼스타는 아니었지만 핵심 내야수와 백업 요원으로서 소금 같은 존재로 궂은일을 마다하지 않는 일꾼이었다. 지도자의 길로 들어선 뒤에도 한 해도 거르지 않고 히어로즈의 핵심 스태프로 팀을 강팀 반열에 올려놓는 데 일조했다. 한 팀에서 무려 5명의 감독을 모실 수 있었던 것도 실력 말고는 설명할 길이 없다. 수비, 주루코치를 역임한 뒤 지난해에는 수석코치로 선수단을 아우르는 리더십도 보여줬다. 한때 전력분석원으로 일했을 정도로 선수 분석에도 일가견이 있다. 구단 경영진 내홍과 잦은 감독 교체로 홍역을 치렀던 히어로즈가 뒤늦게 그를 사령탑에 앉힌 건 그래서 놀랍지 않다. 지휘봉을 잡을 만한 지도자라는 뜻이다. 13년간 현장을 누비며 쌓은 코치 노하우가 히어로즈의 안정에 크게 기여할 것이란 기대가 크다. 초보 사령탑의 단점으로 보통 실전 경험 부족이 꼽히는데 홍 감독도 어차피 시행착오를 겪을 각오가 돼 있다. 감독 취임식에서 "우리가 원하는 결과가 항상 나오는 것은 아니다. 만약 최선을 다해도 원하는 결과가 안 나온다면 그 책임은 감독이 짊어져야 할 몫이다. 코치진과 선수들은 걱정하지 말고 주어진 역할에 최선을 다해주길 바란다"라고 강조했다.

홍 감독의 지휘 스타일은 선수들이 융통성과 잠재력을 최대한 끌어내는 소통이 핵심이다. 지난해 1월 프로야구 코치로는 최초로 심리상담사 1급 자격증을 취득한 것도 오로지 선수들과 잘 소통하기 위해서였다. 당장 스프링캠프 첫 날부터 신입 베테랑 외야수 이용규를 다독이며 선후배간 팀워크를 주문했다. 라인업에 관해선 경쟁 체제를 기치로 내걸었다. 박병호, 서건창, 이정후를 제외한 모든 야수가 경쟁을 펼쳐야 한다. 특히 박병호는 지난해 부상과 부진으로 주전으로 올라선 이후 최악의 시즌을 보낸 만큼 4번 타순을 고집하지는 않을 작정이다. 김하성이 떠난 자리를 메우는 것도 중요 과제다. 홍 감독은 "강한 2번 타자가 최근 야구의 큰 흐름이지만 강한 타자가 있어야 강한 2번 타순을 만들 수 있다. 선수들의 의견을 전체적으로 확인한 뒤 시범경기를 거쳐 최종적으로 결정하겠다"라고 말했다.

타선에 비해 마운드는 그나마 걱정이 덜하다. 외인 원투펀치 에릭 요키시와 조쉬 스미스에게 "올해는 끝까지 야구를 하자"라며 신뢰를 보냈다. 스미스는 선배 요키시의 조언이 큰 힘이 될 것이라고도 했다. 3~5선발은 최원태, 이승호, 한현희로 채워진 상태다. 투타 겸업이 가능한 특급 신인 장재영을 투수에 전념시키고 지난해 필승조로 맹활약한 안우진의 선발 보직은 조심스럽게 접근한다는 계획이다. 키움은 지난 시즌 불펜 평균자책점이 4.33으로 10개 팀 중 단연 1위였다. 올해도 양과 질에서 타팀의 부러움을 살 전망이다. 마무리 조상우가 건재하고 이영준, 김태훈, 양현, 김재웅 등 필승조도 탄탄하다. 지난해 시즌 막판 팔꿈치 부상으로 포스트시즌에 포함되지 못한 이영준의 시즌 개막 엔트리 진입 여부는 주시해야 할 변수다.

한국시리즈 준우승만 두 번 차지한 히어로즈의 올시즌 목표는 당연 우승이다. 홍 감독은 "2021시즌 목표는 한국시리즈 우승이다. 지난 시즌은 코로나19로 팬 분들도 물론 우리도 많이 아쉬웠다. 잠시나마 야구장에 팬 분들이 오셨을 때 엄청난 에너지를 느낄 수 있었고 그 시간을 잊지 못한다. 팬이 있어야 리그가 가치가 빛난다. 팬들에게 새미있고 박진감 넘치는 경기를 보여드리는 걸 최우선 가치로 삼겠다"라는 포부를 밝혔다. 우승 후보라고 하기엔 여전히 물음표가 많이 달린다. 홍 감독은 소통과 융통성에 기반해 차근차근 풀어나갈 계획이다.

# COACHING STAFF

**72 김창현**
- 생년월일: 1985년 7월 1일
- 출신학교: 가동초-건대부중-대전고-경희대
- 보직: 수석 코치
- 주요경력: 넥센/키움 전력분석(2013~2019), 키움 퀄리티컨트롤코치(2020)/수석코치(2020)/감독대행(2020)

**79 송신영**
- 생년월일: 1977년 3월 1일
- 출신학교: 재동초-중앙중-중앙고-고려대
- 보직: 투수 코치
- 주요경력: 현대/히어로즈/LG/넥센/한화 선수(2001~2017), 넥센/키움 잔류군 코치(2018~2019), 고양 투수코치(2020)

**88 김태완**
- 생년월일: 1984년 1월 27일
- 출신학교: 양목초-신월중-중앙고-성균관대
- 보직: 2군 타격 코치
- 주요경력: 한화/넥센 선수(2006~2018), 고양 타격코치(2019~현재)

**77 강병식**
- 생년월일: 1977년 4월 23일
- 출신학교: 성동초-신일중-신일고-고려대
- 보직: 타격 코치
- 주요경력: 현대/우리/히어로즈/넥센 선수(2002~2012), 넥센 2군 타격코치(2013~2014)/타격보조 및 1루코치(2016~2018)/타격코치(2019~현재)

**80 알바로 에스피노자**
- 생년월일: 1962년 2월 19일
- 출신학교: 페드로 구알 고교
- 보직: 수비 코치
- 주요경력: 미네소타/뉴욕 양키스/클리블랜드/뉴욕 메츠/시애틀 선수(1984~1997)

**82 이정호**
- 생년월일: 1982년 4월 27일
- 출신학교: 대구내당초-경상중-대구상고
- 보직: 재활잔류 투수 코치
- 주요경력: 삼성/히어로즈/넥센 선수(2001~2010), 한화 3군 투수코치(2015), 고양 잔류군 코치(2020~현재)

**71 오태근**
- 생년월일: 1978년 4월 5일
- 출신학교: 도곡초-휘문중-휘문고-건국대
- 보직: 외야수비 코치
- 주요경력: LG 선수(2003~2010), 휘문고 코치(2016~2017, 2019), 연세대 코치(2018), 롯데 주루외야코치(2020)

**81 설종진**
- 생년월일: 1973년 6월 16일
- 출신학교: 백운초-신일중-신일고-중앙대
- 보직: 2군 감독
- 주요경력: 현대 선수(1996~2001), 현대 매니저(2002~2007), 넥센 매니저(2008~2016)/운영2팀장(2017~2018)/3군 투수코치(2017~2018), 키움 2군 감독(2020~현재)

**86 김지수**
- 생년월일: 1986년 8월 23일
- 출신학교: 서일초-서울경원중-중앙고-동국대
- 보직: 재활잔류 야수 코치
- 주요경력: 히어로즈/넥센 선수(2009~2019), 키움 수비코치(2020)

**74 조재영**
- 생년월일: 1980년 3월 15일
- 출신학교: 미성초-신일중-신일고
- 보직: 작전 코치
- 주요경력: LG 선수(1999~2002), 신일고 인스트럭터(2014~2015), 넥센 육성군 수비코치(2015~2016)/작전주루코치(2017~2018), 키움 작전코치(2019~현재)

**76 오규택**
- 생년월일: 1973년 8월 1일
- 출신학교: 충암초-충암중-충암고-한양대
- 보직: 작전 코치
- 주요경력: LG/한화 선수(1996~2000), 한밭중 코치(2001), 충암고 코치(2010), 화성 외야주루코치(2015~2016), 넥센 외야주루코치(2017), 고양 총괄코치(2019), 고양 작전코치(2020~현재)

**73 오윤**
- 생년월일: 1981년 9월 8일
- 출신학교: 합덕초-온양중-북일고
- 보직: 타격 코치
- 주요경력: 현대/우리/히어로즈/넥센/한화 선수(2005~2015), 넥센 육성군 수비주루코치(2017), 키움 외야주루코치(2019~2020)

**85 박정배**
- 생년월일: 1982년 4월 1일
- 출신학교: 공주중동초-공주중-공주고-한양대
- 보직: 2군 투수 코치
- 주요경력: 두산/SK 선수(2005~2019)

**83 노병오**
- 생년월일: 1983년 9월 7일
- 출신학교: 석교초-청주중-청구기공고
- 보직: 투수 코치
- 주요경력: 삼성/현대/넥센(2002~20011), 고양 투수코치(2019), 롯데 투수코치(2020)

**70 김동우**
- 생년월일: 1980년 4월 14일
- 출신학교: 홍파초-경원중-경기고
- 보직: 2군 배터리 코치
- 주요경력: 현대 선수(2000), 넥센 전력분석팀(2008~2016)/배터리코치(2017), 고양 배터리코치(2019~현재)

**89 박도현**
- 생년월일: 1983년 4월 12일
- 출신학교: 대구남도초-성광중-경북고
- 보직: 배터리 코치
- 주요경력: LG/히어로즈/넥센 선수(2002~2011), 화성 배터리코치(2016~2017), 넥센 배터리코치(2017~2018), 키움 배터리코치(2019~현재)

**75 권도영**
- 생년월일: 1981년 2월 11일
- 출신학교: 대구본리초-대구중-대구상고-고려대
- 보직: 2군 수비 코치
- 주요경력: 현대/우리/넥센 선수(2003~2011), 넥센 스카우트(2011~2015), 고양 수비코치(2019~현재)

# 43
# 에릭 요키시

**투수(좌투우타)**

| 생년월일 | 1989년 7월 29일 | 신장/체중 | 188cm/93kg |
| 국적 | 미국 | | |
| 연봉(2021) | 90만 달러(인센티브 포함) | | |
| 지명순위 | - | | |
| 입단년도 | 2019 키움 | | |

요키시는 2019년 키움 유니폼을 입었다. 키움은 밴헤켄과 피어밴드라는 좌완 외국인 원투펀치가 있었던 2015년을 빼면 주로 우완 투수를 영입하곤 했다. 결국 좌완투수가 발목을 잡아 시즌 내내 괴롭혔던 것을 생각해 좌완 요키시를 영입했다. 요키시는 KBO리그에 오자마자 13승 9패, 평균자책점 3.13을 기록하며 에이스가 됐다. 평균 144.7km의 직구에다 슬라이더, 커브, 체인지업, 싱커(싱킹 패스트볼)을 던져 타자들을 요리했다. KBO리그 외국인 투수치고는 구속은 떨어지는 편이지만 좌완이라는 이점에 제구력이 역대 외인 투수 중에서도 손가락 안에 들어가는 수준이다. 그 제구력을 바탕으로 땅볼 유도의 끝을 보여준다. 구위가 뛰어나지 않아서 삼진율은 다소 부족해도 볼넷이 적고 홈런 억제력이 매우 뛰어나다. 지난 시즌에는 27경기 12승 7패를 기록했다. 2019시즌보다 떨어졌지만 평균자책점 부문 1위(2.14)를 찍었다. 덕분에 메이저리그에서 관심을 가지는 팀이 나타나자 요키시도 미국 무대 복귀를 노렸다. 미국 <팬사이디드>는 '요키시는 빅네임 선수나 게임을 바꿀 수 있는 타입은 아니지만 저렴한 가격에 데려올 만한 선수라고 평가했다. 2019시즌을 앞두고 메이저리그로 복귀해 준수한 성적을 냈던 메릴 켈리(SK) 등의 사례가 있어 요키시도 나름 기대를 걸었지만 결국 키움과 총액 90만 달러에 재계약했다. 2021시즌 요키시의 어깨는 더 무거워졌다. 키움이 제이크 브리검과 결별을 택했기 때문이다. 새 외국인 투수 조쉬 스미스는 한국 야구와 문화에 적응 변수가 있기 때문에 요키시가 에이스 역할을 해줘야 한다. 트레이드마크는 덥수룩한 턱수염이다. 2019년에는 한국시리즈 도중 턱에 공을 맞는 아찔한 상황을 맞기도 했다. 당시 요키시는 "의사가 내 턱수염을 들춰서 치료해준 상황이 웃겼다"라며 웃었다. 이어 "진료나 치료 때문에 면도를 해야 하나 걱정했는데 수염을 깎지 않아도 돼서 안도했다"라고 덧붙였다. 요키시의 트레이드마크는 올해도 계속된다.

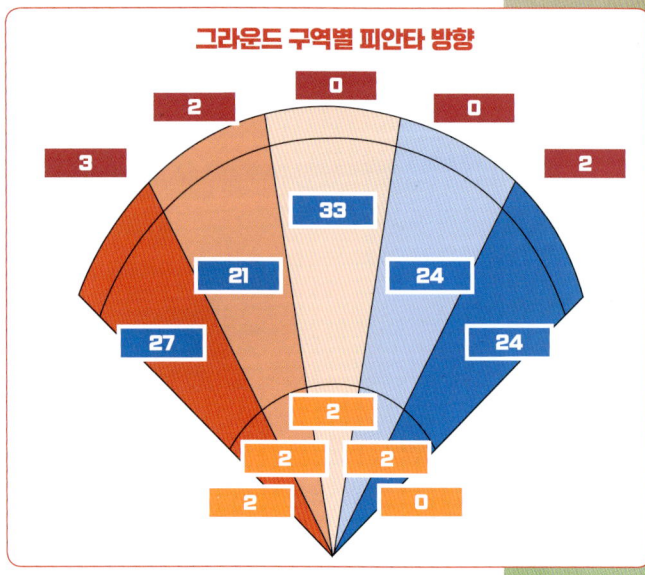

### 2020 시즌 & 통산 성적

| | 경기 | 선발 | 승 | 패 | 세이브 | 홀드 | 이닝 | 피안타 | 피홈런 | 볼넷 | 사구 | 삼진 | ERA |
|---|---|---|---|---|---|---|---|---|---|---|---|---|---|
| 2020 | 27 | 27 | 12 | 7 | 0 | 0 | 159.2 | 144 | 6 | 25 | 6 | 115 | 2.14 |
| 통산 | 57 | 57 | 25 | 16 | 0 | 0 | 341.0 | 310 | 15 | 64 | 17 | 256 | 2.67 |

### 2020 시즌 홈 / 원정 성적

| | 경기 | 선발 | 승 | 패 | 세이브 | 홀드 | 타자 | 이닝 | 피안타 | 피홈런 | 볼넷 | 사구 | 삼진 | 실점 | 자책점 | ERA |
|---|---|---|---|---|---|---|---|---|---|---|---|---|---|---|---|---|
| 홈 | 16 | 16 | 9 | 3 | 0 | 0 | 378 | 97.2 | 75 | 2 | 13 | 6 | 80 | 28 | 18 | 1.66 |
| 원정 | 11 | 11 | 3 | 4 | 0 | 0 | 262 | 62 | 69 | 4 | 12 | 0 | 35 | 25 | 20 | 2.90 |

### 2020 시즌 구종 구사

| 구종 | 평균구속 | 최고구속 | 구사율(%) | 피안타율 |
|---|---|---|---|---|
| 포심패스트볼 | 145 | 148 | 3.7 | 0.211 |
| 투심/싱커 | 143 | 150 | 41.2 | 0.283 |
| 슬라이더/커터 | 136 | 140 | 11.9 | 0.288 |
| 커브 | 127 | 134 | 21.9 | 0.153 |
| 체인지업 | 132 | 140 | 21.3 | 0.180 |
| 포크/SF | | | 0 | |
| 너클볼/기타 | | | 0 | |

### 2020 시즌 상황별 기록

| 상황 | 안타 | 2루타 | 3루타 | 홈런 | 볼넷 | 사구 | 삼진 | 폭투 | 보크 | 피안타율 |
|---|---|---|---|---|---|---|---|---|---|---|
| vs좌 | 49 | 8 | 1 | 3 | 5 | 1 | 35 | 0 | 0 | 0.232 |
| vs우 | 95 | 18 | 2 | 3 | 20 | 5 | 80 | 3 | 1 | 0.240 |
| 주자없음 | 90 | 17 | 2 | 3 | 15 | 3 | 74 | 0 | 0 | 0.237 |
| 주자있음 | 54 | 9 | 1 | 3 | 10 | 3 | 41 | 3 | 1 | 0.237 |
| 득점권 | 27 | 4 | 0 | 2 | 8 | 3 | 18 | 2 | 0 | 0.237 |
| 만루 | 0 | 0 | 0 | 0 | 0 | 0 | 2 | 0 | 0 | 0.000 |

### 2020 시즌 상대팀 별 기록

| 구분 | 경기 | 방어율 | 승 | 패 | 세이브 | 홀드 | 이닝 | 안타 | 홈런 | 볼넷 | 삼진 | 피안타율 |
|---|---|---|---|---|---|---|---|---|---|---|---|---|
| KIA | 3 | 0.95 | 3 | 0 | 0 | 0 | 19.0 | 13 | 1 | 0 | 2 | 15 | 0.183 |
| KT | 4 | 1.86 | 1 | 1 | 0 | 0 | 19.1 | 21 | 0 | 4 | 19 | 0.266 |
| LG | 3 | 0.50 | 2 | 0 | 0 | 0 | 18.0 | 9 | 0 | 4 | 10 | 0.153 |
| NC | 2 | 2.77 | 1 | 0 | 0 | 0 | 13.0 | 12 | 1 | 2 | 9 | 0.250 |
| SK | 2 | 1.20 | 2 | 0 | 0 | 0 | 15.0 | 8 | 0 | 3 | 14 | 0.157 |
| 두산 | 5 | 4.15 | 1 | 3 | 0 | 0 | 26.0 | 33 | 2 | 3 | 14 | 0.306 |
| 롯데 | 2 | 3.00 | 1 | 1 | 0 | 0 | 12.0 | 12 | 1 | 3 | 5 | 0.255 |
| 삼성 | 4 | 1.80 | 2 | 1 | 0 | 0 | 25.0 | 23 | 1 | 4 | 19 | 0.247 |
| 한화 | 2 | 2.92 | 1 | 0 | 0 | 0 | 12.1 | 13 | 0 | 0 | 10 | 0.255 |

# PLAYERS

## 34
# 조쉬 스미스

**투수(우투우타)**

| 생년월일 | 1987년 8월 7일 | 신장/체중 | 188cm/95kg |
|---|---|---|---|
| 국적 | 미국 | | |
| 연봉(2021) | 60만 달러 (인센티브 10만 포함) | | |
| 지명순위 | - | | |
| 입단년도 | 2021 키움 | | |

스미스가 키움 유니폼을 입을 수 있었던 최대 원동력은 이닝 소화력이었다. 키움은 코로나19 여파를 대비해 외국인 투수의 실전 공백 리스크를 줄이기 위해 이닝이터 영입을 목표로 했다. 스미스는 메이저리그 통산 101경기 184⅔이닝 6승 12패 평균자책점 5.60, 마이너리그 통산 215경기 1023⅓이닝 72승 59패 평균자책점 3.79의 성적을 기록해 구단 스카우트들의 눈을 사로잡았다. 2010년 드래프트 21라운드에서 신시내티레즈에 지명된 스미스는 2015년 처음 메이저리그 무대를 밟았다. 당시 9경기에서 32⅔이닝 동안 4패, 평균자책점 6.89로 부진했다. 2017년 오클랜드어슬래틱, 2019년 보스턴레드삭스, 2020년 마이애미말린스을 거쳤다. 오클랜드 시절 26경기 35이닝 동안 2승 1패 1홀드, 평균자책점 4.89 기록이 가장 나은 빅리그 성적이었다. 188cm, 95kg의 우수한 신체조건을 지닌 조쉬 스미스는 평균 시속 146km의 직구를 비롯해 슬라이더, 커터, 커브, 체인지업 등 다양한 변화구를 구사한다. 직구는 구속에 비해 공의 움직임이 좋고 피안타율이 0.158로 낮았다. 시속 135km에서 141km까지 형성되는 슬라이더와 완성도 높은 커브의 조합으로 안정된 투구를 한다. 단점이라면 패스트볼 제구 안정감이 떨어진다. 볼넷 허용도 많다. 제구를 잡기 위해 가운데 몰리는 공이 꽤 있다는 평가다. 지난 시즌에는 메이저리그에서 패전처리로 주로 나섰다. KBO리그 진출 직전 두 시즌 동안 메이저리그에서 거의 불펜으로만 뛰었다. 마이너리그 성적도 저조했다. 2018~2019년에 선발 위주로 뛰기는 했지만 2019시즌에는 평균 소화 이닝이 6이닝도 안 된다. 스미스는 "2021시즌 키움 소속으로 야구를 할 수 있어 엉뚱스럽게 생각한다. 키움은 한국시리즈 우승을 위해 경쟁하는 팀으로 안다. 주어진 역할을 충실히 수행해 팀이 한국시리즈 우승에 기여할 수 있도록 노력하겠다"라고 밝혔다.

# 63
# 한현희

**투수(우언우타)**

| | |
|---|---|
| 생년월일 | 1993년 6월 25일 |
| 신장/체중 | 182cm/95kg |
| 학력 | 동삼초-경남중-경남고 |
| 연봉(2021) | 2억9000만 원 |
| 지명순위 | 2012 넥센 1라운드 2순위 |
| 입단년도 | 2012 넥센 |

사이드암으로 150km가 넘는 빠른 공을 뿌리는 파이어볼러. 팀 내 최고의 유망주답게 잠재력을 폭발하며 2013년과 2014년 각각 27홀드와 32홀드로 KBO리그 1위를 차지했다. 데뷔 시즌이었던 2012년부터 2014년까지 선발과 불펜을 통틀어 우타자 피OPS 1위를 기록할 정도로 우타자 천적으로 불렸다. 2020시즌부터는 선발 로테이션에 합류했다. 평균 145km의 포심 패스트볼과 슬라이더, 완성단계에 이른 체인지업과 포크볼에다 싱커(싱킹 패스트볼)도 조금씩 섞어 던진다. 무엇보다 유연성이 좋다. 투구 폼이 부드러워 큰 무리 없이 공을 뿌린다. 프로 데뷔 이후 부상도 거의 없다. 부모님이 물려주신 좋은 몸으로 150km대의 뱀직구를 한가운데 꽂아 넣으며 타자들을 압도하는 스타일이다. 좌타자에 약하다는 단점에도 불구하고 지난 3년간 블론세이브가 3개밖에 되지 않을 정도로 위기관리 능력이 출중하다. 나이답지 않은 여유와 '강심장'을 지녀 위기 상황에서 특유의 배짱으로 위기를 극복한다. 점수 차가 적은 홀드 상황에서 더 잘 던진다. 오히려 팀이 뒤지거나 크게 이기면 난타당할 때가 있을 정도다. 단점은 좌타자를 상대할 때다. 사이드암으로서 좌타자를 상대하기 위해 반드시 필요한 좌타자 바깥쪽으로 떨어지는 체인지업의 완성도가 떨어진다. 2018시즌에도 선발로 꾸준히 로테이션을 돌았는데 약간 애매하다. 한현희가 선발 등판하는 경기에서 상대 구단은 극단적이라 할 만큼 좌타 일색으로 타선을 꾸린다. 때문에 3선발로서는 부족함이 엿보이고 등판 일정이 들쭉날쭉한 5선발로 활용하기에는 타고난 내구성과 불무브먼트로 이닝을 어느 정도 소화해주기 때문에 딱 4선발 수준으로 평가된다. 팀 내 토종 투수 사정에 따라 한시적인 3선발 기용까진 가능하지만 그 이상은 무리다. 2021시즌 한현희는 계속 선발 로테이션을 돌 것으로 보인다. 불펜 경험이 많기 때문에 안우진과 신인 장재영이 선발 로테이션을 돌 정도로 판단되면 불펜으로 전환될 가능성도 있다.

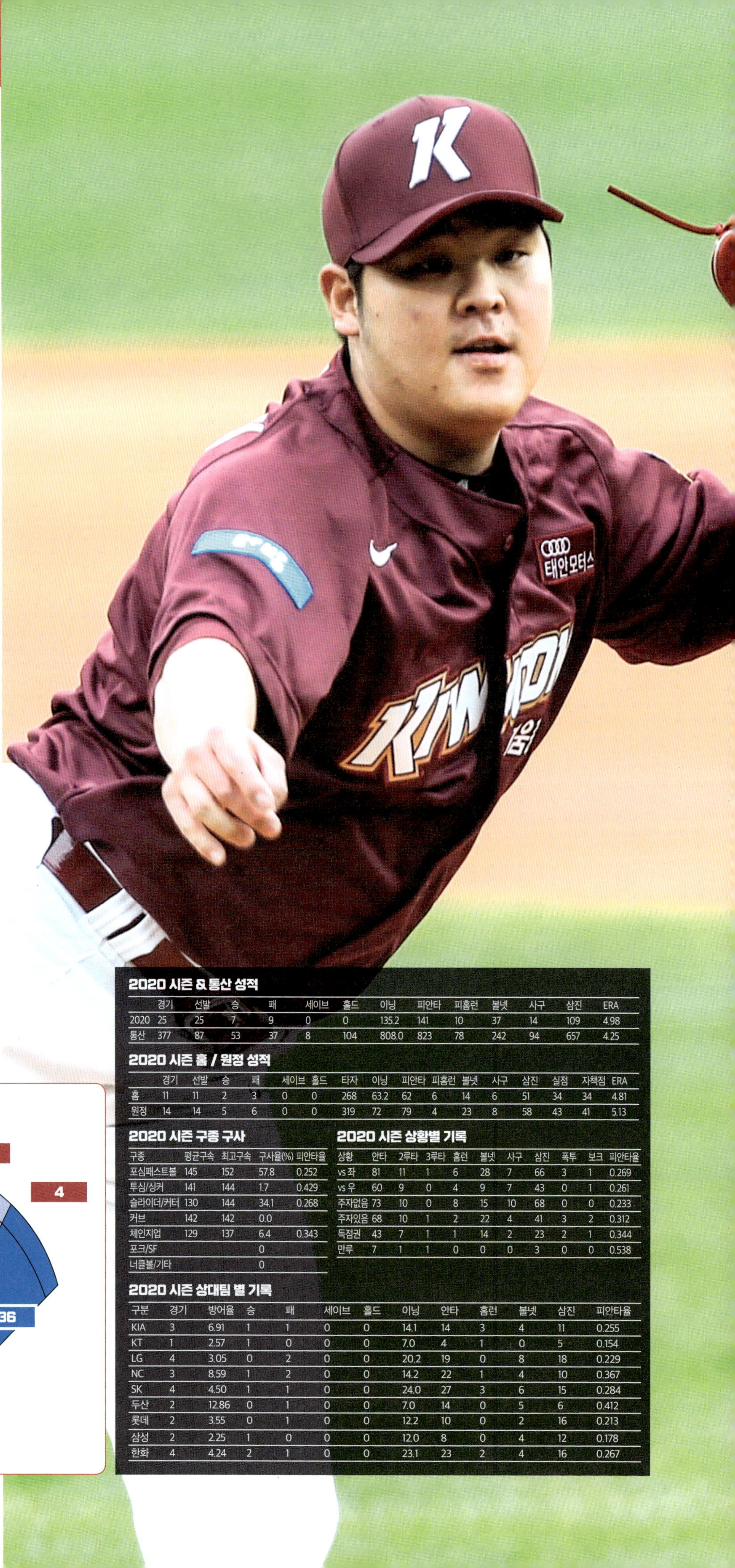

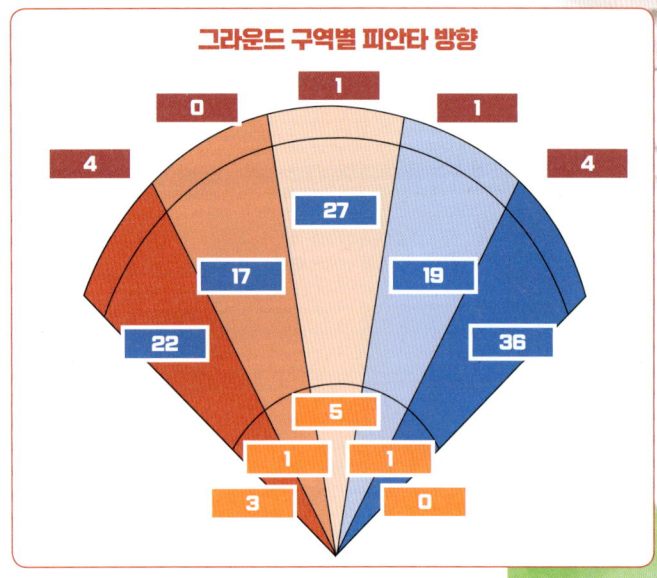

### 2020 시즌 & 통산 성적

| | 경기 | 선발 | 승 | 패 | 세이브 | 홀드 | 이닝 | 피안타 | 피홈런 | 볼넷 | 사구 | 삼진 | ERA |
|---|---|---|---|---|---|---|---|---|---|---|---|---|---|
| 2020 | 25 | 25 | 7 | 9 | 0 | 0 | 135.2 | 141 | 10 | 37 | 14 | 109 | 4.98 |
| 통산 | 377 | 87 | 53 | 37 | 8 | 104 | 808.0 | 823 | 78 | 242 | 94 | 657 | 4.25 |

### 2020 시즌 홈 / 원정 성적

| | 경기 | 선발 | 승 | 패 | 세이브 | 홀드 | 타자 | 이닝 | 피안타 | 피홈런 | 볼넷 | 사구 | 삼진 | 실점 | 자책점 | ERA |
|---|---|---|---|---|---|---|---|---|---|---|---|---|---|---|---|---|
| 홈 | 11 | 11 | 2 | 3 | 0 | 0 | 268 | 63.2 | 62 | 6 | 14 | 6 | 51 | 34 | 34 | 4.81 |
| 원정 | 14 | 14 | 5 | 6 | 0 | 0 | 319 | 72 | 79 | 4 | 23 | 8 | 58 | 43 | 41 | 5.13 |

### 2020 시즌 구종 구사

| 구종 | 평균구속 | 최고구속 | 구사율(%) | 피안타율 |
|---|---|---|---|---|
| 포심패스트볼 | 145 | 152 | 57.8 | 0.252 |
| 투심/싱커 | 141 | 144 | 1.7 | 0.429 |
| 슬라이더/커터 | 130 | 144 | 34.1 | 0.268 |
| 커브 | 142 | 142 | 0.0 | |
| 체인지업 | 129 | 137 | 6.4 | 0.343 |
| 포크/SF | | | 0 | |
| 너클볼/기타 | | | 0 | |

### 2020 시즌 상황별 기록

| 상황 | 안타 | 2루타 | 3루타 | 홈런 | 볼넷 | 사구 | 삼진 | 폭투 | 보크 | 피안타율 |
|---|---|---|---|---|---|---|---|---|---|---|
| vs 좌 | 81 | 11 | 1 | 6 | 28 | 7 | 66 | 3 | 1 | 0.269 |
| vs 우 | 60 | 9 | 0 | 4 | 9 | 7 | 43 | 0 | 1 | 0.261 |
| 주자없음 | 73 | 10 | 0 | 8 | 15 | 10 | 68 | 0 | 0 | 0.233 |
| 주자있음 | 68 | 10 | 1 | 2 | 22 | 4 | 41 | 3 | 2 | 0.312 |
| 득점권 | 43 | 7 | 1 | 1 | 14 | 2 | 22 | 2 | 1 | 0.344 |
| 만루 | 7 | 1 | 0 | 1 | 0 | 0 | 3 | 0 | 0 | 0.538 |

### 2020 시즌 상대팀 별 기록

| 구분 | 경기 | 방어율 | 승 | 패 | 세이브 | 홀드 | 이닝 | 안타 | 홈런 | 볼넷 | 삼진 | 피안타율 |
|---|---|---|---|---|---|---|---|---|---|---|---|---|
| KIA | 3 | 6.91 | 1 | 1 | 0 | 0 | 14.1 | 14 | 1 | 4 | 11 | 0.255 |
| KT | 1 | 2.57 | 0 | 1 | 0 | 0 | 7.0 | 4 | 1 | 0 | 5 | 0.154 |
| LG | 4 | 3.05 | 0 | 2 | 0 | 0 | 20.2 | 19 | 0 | 8 | 18 | 0.229 |
| NC | 3 | 8.59 | 1 | 2 | 0 | 0 | 14.2 | 22 | 1 | 4 | 10 | 0.367 |
| SK | 4 | 4.50 | 1 | 1 | 0 | 0 | 24.0 | 27 | 3 | 6 | 15 | 0.284 |
| 두산 | 2 | 12.86 | 0 | 1 | 0 | 0 | 7.0 | 14 | 0 | 6 | 6 | 0.412 |
| 롯데 | 2 | 3.55 | 0 | 1 | 0 | 0 | 12.2 | 10 | 1 | 5 | 12 | 0.213 |
| 삼성 | 2 | 2.25 | 1 | 0 | 0 | 0 | 12.0 | 8 | 0 | 4 | 12 | 0.178 |
| 한화 | 4 | 4.24 | 2 | 1 | 0 | 0 | 23.1 | 23 | 2 | 4 | 16 | 0.267 |

# PLAYERS

## 20 최원태

**투수(우투우타)**

| | |
|---|---|
| 생년월일 | 1997년 1월 7일 |
| 신장/체중 | 184cm/93kg |
| 학력 | 인헌초(용산구리틀)-서울경원중-서울고 |
| 연봉(2021) | 2억9000만 원 |
| 지명순위 | 2015 넥센 1차 지명 |
| 입단년도 | 2015 넥센 |

최원태는 지난 시즌 손혁 전 키움 감독에게 먼저 다가가 투구폼 교정을 문의했다. 손 전 감독은 "어린 선수가 팀에 들어왔을 때 투구 동작을 교체해줘야 하는 건 지금도 고민이다. 부상 가능성이 있어 투구 폼을 교체했다가 결과가 좋지 않으면 트라우마로 남을 수 있다. 최원태가 야구를 오래 하기 위해선 폼을 교정해야 하는 스타일이었다. 그런데 2020시즌 스프링캠프 때 본인이 원했다. 먼저 다가와 결정은 편했다"라고 말했다. 최원태는 팔 동작의 간결함과 오른쪽 다리 고정이 관건이었다. 최원태의 오른팔이 밑에서 위로 올라올 때까지 오른쪽 다리가 버텨줘야 힘을 더 실을 수 있기 때문이다. 일단 팔을 최정점까지 빼는 궤도를 간결하게 교정했다. 효과가 나타났다. 타자들이 느끼기에 최원태의 디셉션이 좋아졌다. 다만 오른쪽 다리로 버틸 때 사타구니 부상 위험이 있었다. 그래서 트레이닝 파트에 각별한 관리가 필요했다.

2020시즌 21경기 선발등판, 7승 6패 평균자책점 5.07로 부진했다. 2017시즌부터 이어져 온 두 자릿수 승수도 세 시즌 연속에서 멈췄다. 연봉도 8천만 원 삭감된 2억 9천만 원에 도장 찍었다. 후반기 징크스 반복이 뼈아팠다. 6월까지 10경기 4승 3패 평균자책점 3.68로 나쁘지 않았지만 7월 이후 11경기 3승 3패 평균자책점 6.66으로 좋지 않았다. 지난해 휴식의 중요성을 배웠다. 최원태는 "여름부터 좋지 않았던 부분은 운동을 너무 과하게 했던 영향이 있었던 것 같다. 올해는 이전보다 휴식을 많이 하는 방향으로 루틴을 가져가려고 한다. 특별한 건 없지만 집에서 잘 쉬고 잘 먹을 것"이라고 설명했다. 최원태의 2021시즌 목표는 커리어하이인 160이닝 이상 돌파다. 목표를 이루기 위한 전제조건은 건강함이다. 지난해 어깨 부상으로 부상자 명단에 한 달간 이름을 올렸다. 올 시즌 휴식을 늘릴 최원태의 선택이 적중할지 관심이 모아진다.

### 2020 시즌 & 통산 성적

| | 경기 | 선발 | 승 | 패 | 세이브 | 홀드 | 이닝 | 피안타 | 피홈런 | 볼넷 | 사구 | 삼진 | ERA |
|---|---|---|---|---|---|---|---|---|---|---|---|---|---|
| 2020 | 21 | 21 | 7 | 6 | 0 | 0 | 110 | 115 | 16 | 37 | 7 | 67 | 5.07 |
| 통산 | 113 | 107 | 44 | 28 | 0 | 0 | 612.0 | 674 | 54 | 165 | 41 | 441 | 4.46 |

### 2020 시즌 홈 / 원정 성적

| | 경기 | 선발 | 승 | 패 | 세이브 | 홀드 | 타자 | 이닝 | 피안타 | 피홈런 | 볼넷 | 사구 | 삼진 | 실점 | 자책점 | ERA |
|---|---|---|---|---|---|---|---|---|---|---|---|---|---|---|---|---|
| 홈 | 12 | 12 | 4 | 4 | 0 | 0 | 264 | 65 | 56 | 7 | 20 | 1 | 43 | 35 | 29 | 4.02 |
| 원정 | 9 | 9 | 3 | 2 | 0 | 0 | 214 | 45 | 59 | 9 | 17 | 6 | 24 | 33 | 33 | 6.60 |

### 2020 시즌 구종 구사

| 구종 | 평균구속 | 최고구속 | 구사율(%) | 피안타율 |
|---|---|---|---|---|
| 포심패스트볼 | 147 | 149 | 0.2 | |
| 투심/싱커 | 143 | 150 | 54.8 | 0.309 |
| 슬라이더/커터 | 133 | 139 | 10.6 | 0.146 |
| 커브 | 121 | 127 | 8.8 | 0.136 |
| 체인지업 | 129 | 135 | 25.7 | 0.240 |
| 포크/SF | | | 0 | |
| 너클볼/기타 | | | 0 | |

### 2020 시즌 상황별 기록

| 상황 | 안타 | 2루타 | 3루타 | 홈런 | 볼넷 | 사구 | 삼진 | 폭투 | 보크 | 피안타율 |
|---|---|---|---|---|---|---|---|---|---|---|
| vs좌 | 54 | 11 | 1 | 9 | 20 | 1 | 30 | 0 | 0 | 0.293 |
| vs우 | 61 | 11 | 0 | 7 | 17 | 6 | 37 | 6 | 0 | 0.250 |
| 주자없음 | 67 | 11 | 1 | 6 | 20 | 3 | 46 | 0 | 0 | 0.254 |
| 주자있음 | 48 | 5 | 0 | 10 | 17 | 4 | 21 | 6 | 0 | 0.293 |
| 득점권 | 24 | 3 | 0 | 3 | 12 | 3 | 15 | 3 | 0 | 0.222 |
| 만루 | 1 | 0 | 0 | 1 | 0 | 0 | 0 | 0 | 0 | 0.200 |

### 2020 시즌 상대팀 별 기록

| 구분 | 경기 | 방어율 | 승 | 패 | 세이브 | 홀드 | 이닝 | 안타 | 홈런 | 볼넷 | 삼진 | 피안타율 |
|---|---|---|---|---|---|---|---|---|---|---|---|---|
| KIA | 4 | 4.71 | 1 | 1 | 0 | 0 | 21.0 | 25 | 2 | 7 | 14 | 0.309 |
| KT | 4 | 4.18 | 3 | 0 | 0 | 0 | 23.2 | 21 | 4 | 8 | 14 | 0.239 |
| LG | 2 | 2.77 | 2 | 0 | 0 | 0 | 13.0 | 14 | 1 | 2 | 8 | 0.264 |
| NC | 1 | 10.80 | 0 | 1 | 0 | 0 | 3.1 | 5 | 2 | 4 | 3 | 0.333 |
| SK | 2 | 5.87 | 0 | 0 | 0 | 0 | 7.2 | 7 | 0 | 6 | 4 | 0.241 |
| 두산 | 1 | 9.00 | 1 | 0 | 0 | 0 | 5.0 | 7 | 2 | 0 | 3 | 0.318 |
| 롯데 | 4 | 5.21 | 0 | 2 | 0 | 0 | 19.0 | 24 | 1 | 8 | 13 | 0.320 |
| 삼성 | 2 | 5.84 | 0 | 2 | 0 | 0 | 12.1 | 10 | 3 | 0 | 8 | 0.208 |
| 한화 | 1 | 5.40 | 0 | 0 | 0 | 0 | 5.0 | 2 | 1 | 3 | 3 | 0.118 |

### 그라운드 구역별 피안타 방향

| 좌측 | 중앙 | 우측 |
|---|---|---|
| 4 | 3 | 2 |
| 2 | 23 | 5 |
| 7 | | 15 |
| 24 | | 21 |
| | 2 | |
| 4 | | 0 |
| 3 | | 0 |

# 59
# 장재영

**투수(우투우타)**

| | |
|---|---|
| 생년월일 | 2002년 5월 10일 |
| 신장/체중 | 188cm/92kg |
| 학력 | 갈산초-서울신월중-덕수고 |
| 연봉(2021) | 2700만 원 |
| 지명순위 | 2021 키움 1차 지명 |
| 입단년도 | 2021 키움 |

2021시즌 센세이션을 불러일으킬 신인 투수다. 장정석 전 키움 감독의 아들로 주목을 받았다. 덕수고 시절 기량이 고교급 수준을 뛰어넘었다는 평가가 잇따랐다. 고교 시절 최고 157km에 달하는 빠른 공으로 주목받은 장재영은 키움 역대 신인 계약금 최고인 9억 원에 1차 지명 신인으로 입단했다. 2006년 KIA 타이거즈 신인 한기주(10억 원)에 이어 역대 두 번째로 액수였다. 타자 재능도 뛰어나다. 고교 통산 성적이 3할을 넘는다. 입단 당시부터 일본인 메이저리거 오타니 쇼헤이(LA 에인절스)와 같은 투타 겸업 가능성이 제기된 바 있다. 홍원기 감독은 "장재영은 타격도 매력적인 선수다. 하지만 투수로서 가능성을 보고 1차 지명했다. 오타니처럼 투타 겸업으로 뛸 수 있는 여건은 아닌 듯하다"라고 선을 그었다. 투수에만 집중할 장재영은 2월 5일 홍 감독 등이 지켜보는 가운데 첫 불펜피칭을 했다. 홍 감독은 "공이 되게 무겁다. 힘이 있다. 얘기 듣던 대로 좋은 투수인 것은 확실한 것 같다"라며 흡족한 미소를 띠었다. 속구는 수직 무브먼트가 뛰어나다. 속구로 얻어내는 헛스윙도 꽤 많은 편이다. 수직 무브먼트가 뛰어나다는 얘기는 메이저리그에서도 통할 수 있다는 뜻이다. 빅리그 팀에서도 영입에 군침을 흘렸지만 장재영은 국내 잔류를 선택했다.

보완할 점은 역시 제구다. 덕수고 시절에도 부진할 때는 볼넷과 스트라이크 비율이 1대1이었다. 고교 3년 동안 선발 투수로 뛴 경기가 5차례뿐이었다. 2021시즌 보직도 불펜 가능성이 크다. 홍 감독은 "잘하면 1군에서 바로 기용할 생각이다. 경쟁에서 살아남아야 하고 경기에서 증명해야 한다"라고 선발과 불펜 모두 가능성을 열어뒀지만 설종진 2군 감독의 생각은 달랐다. "2군에 온다면 상의해서 보직을 결정해야 한다. 지금은 불펜에서 1이닝씩 던지는 게 좋지 않을까 싶다. 고교 때에도 선발로 많이 던진 투수가 아니다. 선발투수를 할 수 있는 몸이 아직 아니다"라고 말했다. 장재영은 안우진의 길을 걸을 전망이다. 안우진은 지난 3년간 불펜과 대체선발로 뛰다 올 시즌 캠프부터 선발 후보군에서 몸을 만들고 있다. 장재영도 선발투수를 하기 위해선 제구와 이닝 소화력을 더 성장시킬 시간이 필요하다.

# PLAYERS

## 51 이정후

**외야수(우투좌타)**

| | | | |
|---|---|---|---|
| 생년월일 | 1998년 8월 20일 | 신장/체중 | 185cm/78kg |
| 학력 | 광주서석초-휘문중-휘문고 | | |
| 연봉(2021) | 5억5000만 원 | | |
| 지명순위 | 2017 넥센 1차 지명 | | |
| 입단년도 | 2017 넥센 | | |

KBO리그 현존 최고의 교타자는 이정후라는 데에 이견을 갖는 이는 없을 것이다. 2017년 프로 데뷔 이후 지난 4년간 타율 3할2푼 아래로 친 적이 없다. 안타도 최소 163개 이하로 친 적이 없다. 2020시즌에는 타점이 101개나 기록했다. 2020시즌 기준 KBO리그 역사상 만 21세 이하 선수로서 최다 안타 1위(3시즌 535안타), 최다 루타 1위(3시즌 711루타), 최다 2루타 2위(3시즌 94개), 최다 3루타 1위(3시즌 20개) 최다 타점 8위(172타점) 등 각종 타격 기록을 경신했다. 이정후의 매력은 최상위 수준에서도 매년 성장한다는 점이다. 볼넷과 삼진 비율이 0.89에 달한다. 프로 입단 당시에는 '이종범의 아들'이었지만 이젠 이종범을 '이정후의 아빠'로 만들었다. 외야 수비도 좋은 편이다. 이정후는 원 포지션은 3루수였지만 프로에서 외야수로 전향했다. 외야수 전향 이후에는 키도 좋고 어깨도 강한 덕분에 외야 수비 경력이 부족함에도 불구하고 매우 안정감 있는 수비를 선보인다.

2017시즌부터 장타율 순위가 44위, 35위, 18위, 11위로 상승 중이다. 타구 속도도 꾸준히 올랐다. 앞서 언급한 좋은 주루 센스가 더해져 2, 3루타를 양산한다. 2020시즌에는 개인 커리어하이인 15홈런을 기록할 정도로 힘이 붙었다. 역대 KBO리그 단일시즌 최다 2루타 신기록(49개)을 작성하며 어엿한 중장거리포로 진화하는 모습을 보였다. 박병호의 부진으로 4번 타자에 배치되어 결승타도 잘 때려내고 그 영향으로 고의사구도 적잖게 얻어내는 등 무서울 정도의 성장 속도를 보인다. 2021시즌에는 주전 중견수로 나설 전망이다. 이정후의 미래를 위한 전략적 포지션 전환인 듯하다. 이정후는 2년 뒤 김하성의 뒤를 이어 포스팅으로 메이저리그에 진출할 가능성이 높다. 메이저리그에 좀 더 어필하기 위해선 수비 범위가 넓은 중견수로 옮겨 남은 3년을 경험하는 것도 나쁘지 않다는 판단이다.

### 2020 시즌 & 통산 성적

| 연도 | 경기 | 타석 | 타수 | 안타 | 2루타 | 3루타 | 홈런 | 타점 | 도루 | 도실 | 볼넷 | 사구 | 삼진 | 타율 | 장타율 | 출루율 | OPS |
|---|---|---|---|---|---|---|---|---|---|---|---|---|---|---|---|---|---|
| 2020 | 140 | 617 | 544 | 181 | 49 | 5 | 15 | 101 | 12 | 2 | 59 | 4 | 47 | 0.333 | 0.524 | 0.397 | 0.921 |
| 통산 | 533 | 2,389 | 2,129 | 716 | 143 | 25 | 29 | 273 | 48 | 17 | 206 | 22 | 212 | 0.336 | 0.468 | 0.397 | 0.865 |

### 2020 시즌 홈 / 원정 성적

| | 경기 | 타석 | 타수 | 안타 | 2루타 | 3루타 | 홈런 | 타점 | 도루 | 도실 | 볼넷 | 사구 | 삼진 | 타율 | 장타율 | 출루율 | OPS |
|---|---|---|---|---|---|---|---|---|---|---|---|---|---|---|---|---|---|
| 홈 | 72 | 313 | 276 | 98 | 25 | 3 | 7 | 47 | 8 | 1 | 29 | 3 | 24 | 0.355 | 0.543 | 0.418 | 0.961 |
| 원정 | 68 | 304 | 268 | 83 | 24 | 2 | 8 | 54 | 4 | 1 | 30 | 1 | 23 | 0.310 | 0.504 | 0.375 | 0.879 |

### 2020 시즌 상황별 기록

| 상황 | 타석 | 안타 | 홈런 | 타점 | 볼넷 | 삼진 | 타율 |
|---|---|---|---|---|---|---|---|
| vs 좌 | 119 | 37 | 1 | 28 | 13 | 11 | 0.363 |
| vs 우 | 430 | 121 | 12 | 62 | 39 | 35 | 0.317 |
| vs 언더 | 68 | 23 | 2 | 11 | 7 | 1 | 0.383 |
| 주자있음 | 331 | 92 | 8 | 94 | 37 | 21 | 0.329 |
| 주자없음 | 286 | 89 | 7 | 7 | 22 | 26 | 0.337 |
| 득점권 | 205 | 58 | 8 | 90 | 29 | 10 | 0.354 |
| 만루 | 15 | 5 | 0 | 13 | 2 | 1 | 0.455 |

### 2020 시즌 상대팀 별 기록

| 구분 | 타석 | 홈런 | 볼넷 | 삼진 | 타율 | 출루율 | 장타율 | OPS |
|---|---|---|---|---|---|---|---|---|
| KIA | 70 | 0 | 3 | 5 | 0.333 | 0.357 | 0.470 | 0.827 |
| KT | 70 | 2 | 7 | 5 | 0.302 | 0.371 | 0.444 | 0.815 |
| LG | 70 | 3 | 2 | 6 | 0.375 | 0.400 | 0.609 | 1.009 |
| NC | 66 | 2 | 4 | 6 | 0.274 | 0.318 | 0.419 | 0.737 |
| SK | 66 | 3 | 5 | 4 | 0.433 | 0.477 | 0.700 | 1.177 |
| 두산 | 71 | 0 | 12 | 7 | 0.345 | 0.451 | 0.483 | 0.934 |
| 롯데 | 62 | 1 | 10 | 1 | 0.260 | 0.371 | 0.460 | 0.831 |
| 삼성 | 70 | 1 | 7 | 6 | 0.417 | 0.478 | 0.583 | 1.061 |
| 한화 | 72 | 4 | 8 | 10 | 0.246 | 0.347 | 0.541 | 0.888 |

### 그라운드 구역별 피안타 방향

| 구분 | 타석 | 안타 | 홈런 | 타점 | 볼넷 | 삼진 | 타율 |
|---|---|---|---|---|---|---|---|
| 0-0 | 68 | 22 | 3 | 20 | 4 | 0 | 0.393 |
| 0-1 | 69 | 24 | 2 | 16 | 0 | 0 | 0.348 |
| 0-2 | 27 | 7 | 0 | 1 | 0 | 5 | 0.259 |
| 1-0 | 47 | 14 | 1 | 9 | 1 | 0 | 0.311 |
| 1-1 | 70 | 24 | 0 | 12 | 0 | 0 | 0.348 |
| 1-2 | 67 | 18 | 0 | 2 | 0 | 16 | 0.269 |
| 2-0 | 12 | 5 | 1 | 3 | 0 | 0 | 0.417 |
| 2-1 | 53 | 21 | 4 | 9 | 0 | 0 | 0.404 |
| 2-2 | 82 | 24 | 1 | 8 | 0 | 16 | 0.296 |
| 3-0 | 19 | 0 | 0 | 1 | 19 | 0 | - |
| 3-1 | 28 | 7 | 0 | 4 | 14 | 0 | 0.538 |
| 3-2 | 75 | 15 | 3 | 14 | 21 | 10 | 0.283 |

### 2020 시즌 수비 성적

| 구분 | 수비이닝 | 실책 | 수비율 |
|---|---|---|---|
| CF | 284.0 | 1 | 0.989 |
| RF | 809.0 | 2 | 0.990 |

### 2020 시즌 핫 & 콜드존

**VS좌투**

| 0.000 0/1 | 0.000 0/1 | 0.000 0/4 | 0.000 0/1 | - 0/0 |
|---|---|---|---|---|
| - 0/0 | 0.500 2/4 | 0.667 4/6 | 0.000 0/4 | 0.000 0/2 |
| 0.000 0/2 | 0.429 3/7 | 0.400 6/15 | 0.667 8/12 | 0.250 2/8 |
| 1.000 1/1 | 0.000 0/4 | 0.500 6/12 | 0.364 4/11 | 0.000 0/3 |
| 0.000 0/1 | - 0/0 | 1.000 1/1 | 0.250 1/4 | 0.000 0/1 |

**VS우투**

| - 0/0 | 0.400 2/5 | 0.222 2/9 | 0.250 3/12 | 0.667 2/3 |
|---|---|---|---|---|
| 0.267 4/15 | 0.310 9/29 | 0.195 8/41 | 0.444 4/9 | |
| 0.333 3/9 | 0.250 5/20 | 0.395 17/43 | 0.431 28/65 | 0.200 3/15 |
| 0.417 5/12 | 0.366 15/41 | 0.385 20/52 | 0.278 5/18 | |
| 0.333 1/3 | 0.316 6/19 | 0.083 1/12 | 0.000 0/2 | |

# 52
# 박병호

**내야수(우투우타)**

| | |
|---|---|
| 생년월일 | 1986년 7월 10일 / **신장/체중** 185cm/107kg |
| 학력 | 영일초(광명리틀)-영남중-성남고 |
| 연봉(2021) | 15억 원 |
| 지명순위 | 2005 LG 1차 지명 |
| 입단년도 | 2005 LG, 2011 넥센, 2016 미국 미네소타 트윈스, 2016 미국 로체스터 레드윙스, 2018 넥센-키움 |

올해 서른다섯인 박병호는 에이징커브를 겪는 느낌이다. 2018년 정점을 찍은 뒤 2019년부터 내리막을 타고 있다. 수치가 떨어지고 있다. 공인구 반발계수가 줄어든 2019년 33개로 홈런왕을 차지하긴 했지만 타율이 2할8푼으로 뚝 떨어졌다. 꾸준하지 못했다는 의미다. 지난 시즌에는 부진이 더 길었다. 6월에는 3일, 8월 중순에는 4일, 8월 말에는 10일짜리 부상자 명단에 올랐고, 9월 5일부터 34일간 말소되기도 했다. 지난해 타율은 2할2푼3리로 부진했지만 홈런을 21개, 타점은 66개나 생산했다.

박병호의 부활은 올 시즌 키움의 중요한 키포인트 중 하나다. 홍원기 감독은 "박병호가 4번 타자는 맞지만 타순 부담은 주고 싶지 않다. 팀 승리에 보탬이 된다면 선수와 상의해보고 4번 타자라는 부담감을 덜어주고 싶다. 시범경기까지 여러 변수를 시도해볼 계획"이라고 말했다. 박병호는 "타격을 잘 해야 한다. 2020년에 너무 부진했다. 원래 슬럼프가 있으면 깨고 다시 올라갔는데 지난해에는 걷잡을 수 없이 떨어졌다. 타격에서 꼭 반등하고 싶다. 비시즌 기술적인 훈련과 웨이트트레이닝 등을 하면서 준비했다. 지금 컨디션을 잘 유지하면서 시즌에 맞춰서 준비하면 좋은 결과가 나올 거라고 생각한다"라고 말했다. 2021시즌 주장을 맡았다. 키움에서 어느새 9번째 시즌을 보내는 박병호는 "원래 베테랑으로서 하는 역할이 있었기 때문에 크게 달라질 것은 없는 것 같다. 홍원기 감독님과 함께 뛴 지 오래됐다. 서로 잘 알고 있어서 감독님이 '위치가 바뀌셨지만 너무 거리 두지 말고 평상시처럼 소통을 잘하자'라고 말씀하셨다. 감독님을 도와드리고 선수단에 필요한 것이 있으면 또 적극적으로 말씀드리겠다"라고 밝혔다. 새 시즌 박병호는 팀 장타력에 힘을 보태야 한다. 팀 장타율이 낮아지고 있기 때문이다. 메이저리그로 떠난 김하성의 홈런과 장타력을 박병호가 일부 맡아줘야 한다. 박병호의 부활 기준은 홈런 30개 이상과 장타율 5할 이상이다.

### 2020 시즌 & 통산 성적

| 연도 | 경기 | 타석 | 타수 | 안타 | 2루타 | 3루타 | 홈런 | 타점 | 도루 | 도실 | 볼넷 | 사구 | 삼진 | 타율 | 장타율 | 출루율 | OPS |
|---|---|---|---|---|---|---|---|---|---|---|---|---|---|---|---|---|---|
| 2020 | 93 | 383 | 309 | 69 | 7 | 0 | 21 | 66 | 0 | 0 | 57 | 9 | 114 | 0.223 | 0.450 | 0.352 | 0.802 |
| 통산 | 1,196 | 4,674 | 3,889 | 1,101 | 186 | 5 | 307 | 880 | 59 | 24 | 635 | 98 | 1,146 | 0.283 | 0.570 | 0.393 | 0.963 |

### 2020 시즌 홈 / 원정 성적

| | 경기 | 타석 | 타수 | 안타 | 2루타 | 3루타 | 홈런 | 타점 | 도루 | 도실 | 볼넷 | 사구 | 삼진 | 타율 | 장타율 | 출루율 | OPS |
|---|---|---|---|---|---|---|---|---|---|---|---|---|---|---|---|---|---|
| 홈 | 44 | 173 | 138 | 29 | 4 | 0 | 8 | 30 | 0 | 0 | 29 | 4 | 54 | 0.210 | 0.413 | 0.358 | 0.771 |
| 원정 | 49 | 210 | 171 | 40 | 3 | 0 | 13 | 36 | 0 | 0 | 28 | 5 | 60 | 0.234 | 0.480 | 0.348 | 0.828 |

### 2020 시즌 상황별 기록

| 상황 | 타석 | 안타 | 홈런 | 타점 | 볼넷 | 삼진 | 타율 |
|---|---|---|---|---|---|---|---|
| vs 좌 | 64 | 10 | 3 | 8 | 9 | 18 | 0.189 |
| vs 우 | 265 | 49 | 14 | 45 | 41 | 76 | 0.233 |
| vs 언더 | 54 | 10 | 4 | 13 | 7 | 20 | 0.217 |
| 주자있음 | 204 | 38 | 13 | 58 | 30 | 60 | 0.238 |
| 주자없음 | 179 | 31 | 8 | 8 | 27 | 54 | 0.208 |
| 득점권 | 135 | 22 | 7 | 46 | 26 | 39 | 0.227 |
| 만루 | 16 | 1 | 1 | 9 | 2 | 4 | 0.091 |

### 2020 시즌 상대팀 별 기록

| 구분 | 타석 | 홈런 | 볼넷 | 삼진 | 타율 | 출루율 | 장타율 | OPS |
|---|---|---|---|---|---|---|---|---|
| KIA | 37 | 2 | 2 | 10 | 0.206 | 0.270 | 0.382 | 0.652 |
| KT | 55 | 2 | 8 | 14 | 0.244 | 0.364 | 0.422 | 0.786 |
| LG | 48 | 4 | 8 | 20 | 0.243 | 0.417 | 0.595 | 1.012 |
| NC | 44 | 2 | 5 | 12 | 0.222 | 0.318 | 0.417 | 0.735 |
| SK | 36 | 2 | 3 | 10 | 0.200 | 0.417 | 0.440 | 0.857 |
| 두산 | 38 | 3 | 4 | 10 | 0.219 | 0.342 | 0.531 | 0.873 |
| 롯데 | 29 | 2 | 3 | 6 | 0.240 | 0.310 | 0.520 | 0.830 |
| 삼성 | 46 | 1 | 7 | 11 | 0.184 | 0.304 | 0.289 | 0.593 |
| 한화 | 50 | 3 | 11 | 12 | 0.243 | 0.400 | 0.486 | 0.886 |

### 그라운드 구역별 피안타 방향

| 구분 | 타석 | 안타 | 홈런 | 타점 | 볼넷 | 삼진 | 타율 |
|---|---|---|---|---|---|---|---|
| 0-0 | 23 | 6 | 1 | 4 | 1 | 0 | 0.300 |
| 0-1 | 17 | 4 | 2 | 6 | 0 | 0 | 0.267 |
| 0-2 | 36 | 4 | 0 | 3 | 0 | 25 | 0.114 |
| 1-0 | 11 | 6 | 2 | 8 | 0 | 0 | 0.545 |
| 1-1 | 27 | 7 | 0 | 5 | 0 | 0 | 0.280 |
| 1-2 | 58 | 7 | 4 | 7 | 0 | 35 | 0.127 |
| 2-0 | 5 | 2 | 6 | 1 | 0 | 0 | 0.500 |
| 2-1 | 29 | 9 | 5 | 10 | 0 | 0 | 0.375 |
| 2-2 | 71 | 9 | 1 | 7 | 0 | 32 | 0.159 |
| 3-0 | 18 | 3 | 1 | 2 | 6 | 0 | 0.333 |
| 3-1 | 15 | 3 | 2 | 6 | 11 | 0 | 0.750 |
| 3-2 | 73 | 9 | 5 | 11 | 29 | 22 | 0.205 |

### 2020 시즌 수비 성적

| 구분 | 수비이닝 | 실책 | 수비율 |
|---|---|---|---|
| 1B | 712.0 | 6 | 0.992 |

### 2020 시즌 핫 & 콜드존

**VS좌투**

| - | 0.000 | 0.500 | 0.000 | - |
|---|---|---|---|---|
| 0/0 | 0/1 | 2/4 | 0/1 | 0/0 |
| 0.000 | 0.000 | 0.000 | 0.000 | 0.000 |
| 0/1 | 0/3 | 0/1 | 0/2 | 0/1 |
| 0.000 | 0.500 | 0.000 | 0.500 | 0.000 |
| 0/2 | 2/4 | 0/3 | 3/6 | 0/2 |
| 0.333 | 0.000 | 0.400 | 0.000 | - |
| 1/3 | 0/5 | 2/5 | 0/1 | 0/0 |
| | 0.000 | 0.000 | 0.000 | |
| | 0/3 | 0/2 | 0/2 | |

**VS우투**

| 1.000 | 0.200 | 0.200 | 0.000 | 0.000 |
|---|---|---|---|---|
| 1/1 | 1/5 | 1/5 | 0/3 | 0/1 |
| 0.444 | 0.385 | 0.267 | 0.167 | 0.000 |
| 4/9 | 5/13 | 4/15 | 1/6 | 0/4 |
| 0.000 | 0.250 | 0.500 | 0.250 | 1.000 |
| 0/14 | 6/24 | 10/20 | 5/20 | 1/1 |
| 0.167 | 0.350 | 0.222 | 0.091 | 0.333 |
| 2/12 | 7/20 | 6/27 | 1/11 | 1/3 |
| 0.000 | 0.053 | 0.222 | 0.000 | 0.000 |
| 0/11 | 1/19 | 2/9 | 0/1 | 0/2 |

## PLAYERS

## 14 서건창

**내야수(우투좌타)**

| | |
|---|---|
| 생년월일 | 1989년 8월 22일 |
| 신장/체중 | 176cm/84kg |
| 학력 | 송정동초-충장중-광주제일고 |
| 연봉(2021) | 2억2500만 원 |
| 지명순위 | 2008 LG 육성선수 |
| 입단년도 | 2008 LG, 2012 넥센-키움 |

2020시즌 서건창 스스로 생각해도 부족한 시즌이긴 했다. 135경기에 출전해 타율 2할7푼7리로 3할을 지켜내지 못했다. 부상도 없었다. 말소 없이 179일 등록일수를 채웠지만 성적이 좋지 못했다. 당연히 서건창은 2021시즌을 앞두고 3천만 원 삭감안을 제시받았다. 구단은 플러스 요인도 고려했다. 출루율 3위(0.390), 볼넷 1위(91개), 장타 3위(38개), 결승타 5위(6회), 볼삼비 1위(1.57), 득점권 타율 3할 등 팀 내에선 상위권에 이름을 올렸다. 서건창은 추가로 9500만 원을 자진삭감하겠다는 의사를 전달했다. 결국 지난해 연봉 3억5천만 원에서 1억2500만 원이 깎인 2억2500만 원에 도장을 찍었다. '셀프 삭감'은 사상 최초였다. 서건창은 "사실 등급제를 생각하지 않았다면 거짓말이다. 하지만 팀을 옮기겠다는 뜻은 절대 아니었다. 정말 여러 번 생각하고 내린 결정이다. 첫 케이스라서 구단도 당황했을 것이다. 나를 배려해 주시고 내 결정을 존중해 주신 데 대해 깊이 감사한다"라고 말했다.

서건창의 2021시즌 목표는 김하성의 빈 자리 메우기다. "하성이가 워낙 잘해서 떠났지만 누군가에게는 새로운 기회가 될 거다. 그동안에도 떠난 선수가 1~2명 있었던 것도 아니었잖나. 그때마다 늘 걱정을 하셨지만 결국 좋은 팀으로 이어져 왔기 때문에 이번에도 큰 걱정은 안 한다. 하성이 자리는 약해지겠지만 우리가 합심해서 그 공백을 메우면 될 것 같다." 서건창은 지난 시즌보다 2루수 출전 경기가 늘어날 수밖에 없다. 스스로 풀시즌 수비 출전을 전제로 준비를 철저히 하고 있다. 올 시즌을 잘 마치면 FA 자격을 취득하는 만큼 개인적으로 1년 농사의 의미가 각별하다. "체력은 선혀 걱정하지 않는다. 지금까지 체력 문제로 덜 뛰거나 한 적도 없다. 행여 그런 이야기를 듣지 않기 위해 더 많이 준비하고 있다. 일단 다치지 않고 재미있게 운동하는 것이 목표다. 성적과도 직결되는 부분이니까."

### 2020 시즌 & 통산 성적

| 연도 | 경기 | 타석 | 타수 | 안타 | 2루타 | 3루타 | 홈런 | 타점 | 도루 | 도실 | 볼넷 | 사구 | 삼진 | 타율 | 장타율 | 출루율 | OPS |
|---|---|---|---|---|---|---|---|---|---|---|---|---|---|---|---|---|---|
| 2020 | 135 | 595 | 484 | 134 | 28 | 5 | 5 | 52 | 24 | 10 | 91 | 5 | 58 | 0.277 | 0.386 | 0.390 | 0.776 |
| 통산 | 991 | 4,360 | 3,755 | 1,164 | 220 | 51 | 31 | 409 | 206 | 70 | 467 | 49 | 397 | 0.310 | 0.421 | 0.390 | 0.811 |

### 2020 시즌 홈 / 원정 성적

| | 경기 | 타석 | 타수 | 안타 | 2루타 | 3루타 | 홈런 | 타점 | 도루 | 도실 | 볼넷 | 사구 | 삼진 | 타율 | 장타율 | 출루율 | OPS |
|---|---|---|---|---|---|---|---|---|---|---|---|---|---|---|---|---|---|
| 홈 | 66 | 286 | 238 | 64 | 13 | 4 | 1 | 21 | 3 | 7 | 39 | 3 | 34 | 0.269 | 0.370 | 0.372 | 0.742 |
| 원정 | 69 | 309 | 246 | 70 | 15 | 1 | 4 | 31 | 11 | 7 | 52 | 2 | 24 | 0.285 | 0.402 | 0.407 | 0.809 |

### 2020 시즌 상황별 기록

| 상황 | 타석 | 안타 | 홈런 | 타점 | 볼넷 | 삼진 | 타율 |
|---|---|---|---|---|---|---|---|
| vs 좌 | 129 | 26 | 0 | 7 | 28 | 9 | 0.274 |
| vs 우 | 396 | 86 | 3 | 35 | 56 | 43 | 0.263 |
| vs 언더 | 70 | 22 | 2 | 10 | 7 | 6 | 0.355 |
| 주자있음 | 261 | 59 | 0 | 47 | 44 | 23 | 0.296 |
| 주자없음 | 334 | 75 | 5 | 5 | 47 | 35 | 0.263 |
| 득점권 | 147 | 33 | 0 | 45 | 23 | 15 | 0.300 |
| 만루 | 18 | 2 | 0 | 3 | 0 | 4 | 0.111 |

### 2020 시즌 상대팀 별 기록

| 구분 | 타석 | 홈런 | 볼넷 | 삼진 | 타율 | 출루율 | 장타율 | OPS |
|---|---|---|---|---|---|---|---|---|
| KIA | 73 | 0 | 9 | 7 | 0.377 | 0.438 | 0.525 | 0.963 |
| KT | 61 | 1 | 16 | 5 | 0.182 | 0.400 | 0.273 | 0.673 |
| LG | 59 | 1 | 12 | 4 | 0.239 | 0.407 | 0.326 | 0.733 |
| NC | 59 | 1 | 8 | 8 | 0.275 | 0.373 | 0.373 | 0.746 |
| SK | 75 | 0 | 11 | 8 | 0.339 | 0.440 | 0.452 | 0.892 |
| 두산 | 67 | 0 | 6 | 7 | 0.276 | 0.354 | 0.379 | 0.733 |
| 롯데 | 70 | 0 | 9 | 10 | 0.175 | 0.286 | 0.228 | 0.514 |
| 삼성 | 65 | 0 | 8 | 4 | 0.296 | 0.385 | 0.444 | 0.829 |
| 한화 | 66 | 1 | 11 | 7 | 0.294 | 0.422 | 0.431 | 0.853 |

### 그라운드 구역별 피안타 방향

| 구분 | 타석 | 안타 | 홈런 | 타점 | 볼넷 | 삼진 | 타율 |
|---|---|---|---|---|---|---|---|
| 0-0 | 59 | 20 | 1 | 7 | 1 | 0 | 0.377 |
| 0-1 | 48 | 10 | 0 | 2 | 0 | 0 | 0.200 |
| 0-2 | 34 | 10 | 0 | 4 | 0 | 8 | 0.294 |
| 1-0 | 50 | 19 | 2 | 11 | 0 | 0 | 0.413 |
| 1-1 | 50 | 13 | 1 | 7 | 0 | 0 | 0.265 |
| 1-2 | 71 | 18 | 0 | 7 | 0 | 26 | 0.257 |
| 2-0 | 11 | 1 | 0 | 1 | 0 | 0 | 0.100 |
| 2-1 | 45 | 17 | 0 | 6 | 0 | 0 | 0.378 |
| 2-2 | 66 | 13 | 0 | 4 | 0 | 12 | 0.206 |
| 3-0 | 10 | 0 | 0 | 0 | 10 | 0 | - |
| 3-1 | 50 | 7 | 0 | 2 | 36 | 0 | 0.143 |
| 3-2 | 101 | 12 | 1 | 6 | 44 | 12 | 0.218 |

### 2020 시즌 수비 성적

| 구분 | 수비이닝 | 실책 | 수비율 |
|---|---|---|---|
| 2B | 440.0 | 3 | 0.989 |

### 2020 시즌 핫 & 콜드존

**VS좌투**

| 0.000 0/1 | 0.000 0/2 | 0.500 1/2 | - 0/0 | 1.000 1/1 |
|---|---|---|---|---|
| - 0/0 | 0.000 0/1 | 0.429 3/7 | 0.333 1/3 | 0.000 0/3 |
| 0.000 0/1 | 0.111 1/9 | 0.000 0/4 | 0.348 8/23 | 0.200 1/5 |
| - 0/0 | 0.000 0/2 | 0.250 2/8 | 0.429 6/14 | 0.000 0/3 |
| - 0/0 | 0.000 0/0 | 0.600 3/5 | 0.000 0/2 | 0.000 0/1 |

**VS우투**

| - 0/0 | 0.500 1/2 | 0.167 1/6 | 0.250 2/8 | 0.000 0/1 |
|---|---|---|---|---|
| 0.667 2/3 | 0.087 2/23 | 0.270 10/37 | 0.462 12/26 | 0.167 1/6 |
| 0.286 2/7 | 0.500 15/30 | 0.297 11/37 | 0.268 15/56 | 0.556 5/9 |
| 0.000 0/2 | 0.125 2/16 | 0.245 12/49 | 0.257 9/35 | 0.429 3/7 |
| 0.000 0/5 | 0.000 0/10 | 0.000 0/7 | 0.667 2/3 | |

# 56 이지영

**포수(우투우타)**

| | |
|---|---|
| 생년월일 | 1986년 2월 27일 |
| 신장/체중 | 178cm/83kg |
| 학력 | 서화초-신흥중-제물포고-경성대 |
| 연봉(2021) | 3억 원 |
| 지명순위 | 2008 삼성 육성선수 |
| 입단년도 | 2009 삼성, 2019 키움 |

수비형 포수인 이지영은 2019년 삼성 라이온즈에서 트레이드로 이적하면서 키움의 주전 안방마님이 됐다. 지난 시즌 101경기에 출전해 박동원과 함께 플래툰으로 활용됐다. 시즌 성적은 타율 3할9리 81안타 36타점이다. 지난해 5월에는 타율 3할6푼7리를 찍을 정도로 호쾌한 타격감을 보였다. 6월에는 타율이 1할대로 떨어져 수비에 집중할 수밖에 없었다. 7월 0.365로 타격감을 되살렸고 8월에도 3할대 타율을 유지했다. 장타력이 부족했을 뿐 공격력이 준수했다. 무엇보다 선발투수들이 가장 믿고 따르는 포수라는 평가다. 기본기와 수비 지능이 상당히 좋다. 프레이밍은 데뷔 초부터 최상급으로 인정받았고 블로킹도 빼어나 떨어지는 슬라이더와 커브가 주무기인 투수들이 선호하는 포수였다. 2015년에는 리그 도루 저지율 1위를 기록하기도 했다. 포수로서 기본적으로 갖춰야 할 자질들은 골고루 잘 갖춰 큰 약점을 보이지 않았다. 그래서 2019시즌이 끝난 뒤 키움은 이지영에게 매일 접촉해 빠르게 FA 계약을 했다. 계약금 3년, 연봉 3억 계약기간 3년, 옵션 최대 6억 원 등 총액 18억 원에 FA 계약했다.

2021년은 팀 내 최고참으로 팀을 이끈다. 이지영은 "이제 팀을 먼저 생각하게 된다. 어린 선수들이 더 잘하고 성장해야 팀이 좋은 성적을 낼 수 있다"라고 말했다. 포지션 경쟁에 대해서도 여유 있는 모습이다. 키움이 이번에 영입한 데이비드 프레이타스는 1루를 비롯해 포수도 소화할 수 있다. 키움은 우선 지명타자를 맡길 계획이지만 상황에 따라 프레이타스가 포수 마스크를 쓸 수도 있다. 새로운 경쟁자의 등장에 이지영은 "프로에서 경쟁은 늘 따라다니는 것이다. 나도 경쟁에서 지지 않기 위해 더 노력할 것이다. 경기에 나가 잘하는 것도 중요하지만 경기를 안 나갈 때 팀에 도움을 주는 것도 베테랑의 역할"이라고 설명했다. 역시 박동원과 경쟁은 피할 수 없다. 이지영은 "(동원이와) 경쟁보다는 둘 다 잘해서 시너지 효과를 내야 한다. 서로 도와주며 시즌을 치를 계획이다. 서두르지 말고 차분하게 시즌을 보내면 서로 더 좋아질 것"이라고 강조했다.

## 2020 시즌 & 통산 성적

| 연도 | 경기 | 타석 | 타수 | 안타 | 2루타 | 3루타 | 홈런 | 타점 | 도루 | 도실 | 볼넷 | 사구 | 삼진 | 타율 | 장타율 | 출루율 | OPS |
|---|---|---|---|---|---|---|---|---|---|---|---|---|---|---|---|---|---|
| 2020 | 101 | 289 | 262 | 81 | 10 | 2 | 0 | 36 | 1 | 1 | 19 | 4 | 28 | 0.309 | 0.363 | 0.364 | 0.727 |
| 통산 | 944 | 2,744 | 2,498 | 712 | 74 | 10 | 14 | 292 | 21 | 12 | 127 | 32 | 283 | 0.285 | 0.339 | 0.326 | 0.665 |

## 2020 시즌 홈 / 원정 성적

| | 경기 | 타석 | 타수 | 안타 | 2루타 | 3루타 | 홈런 | 타점 | 도루 | 도실 | 볼넷 | 사구 | 삼진 | 타율 | 장타율 | 출루율 | OPS |
|---|---|---|---|---|---|---|---|---|---|---|---|---|---|---|---|---|---|
| 홈 | 51 | 134 | 118 | 37 | 4 | 2 | 0 | 22 | 1 | 1 | 10 | 3 | 13 | 0.314 | 0.381 | 0.379 | 0.760 |
| 원정 | 50 | 155 | 144 | 44 | 6 | 0 | 0 | 14 | 0 | 0 | 9 | 1 | 15 | 0.306 | 0.347 | 0.351 | 0.698 |

## 2020 시즌 상황별 기록

| 상황 | 타석 | 안타 | 홈런 | 타점 | 볼넷 | 삼진 | 타율 |
|---|---|---|---|---|---|---|---|
| vs좌 | 60 | 15 | 0 | 9 | 3 | 7 | 0.263 |
| vs우 | 187 | 51 | 0 | 20 | 13 | 17 | 0.304 |
| vs언더 | 42 | 15 | 0 | 7 | 3 | 4 | 0.405 |
| 주자있음 | 146 | 41 | 0 | 36 | 11 | 9 | 0.320 |
| 주자없음 | 143 | 40 | 0 | 0 | 8 | 19 | 0.299 |
| 득점권 | 93 | 27 | 0 | 35 | 8 | 8 | 0.333 |
| 만루 | 15 | 7 | 0 | 11 | 0 | 2 | 0.467 |

## 2020 시즌 상대팀 별 기록

| 구분 | 타석 | 홈런 | 볼넷 | 삼진 | 타율 | 출루율 | 장타율 | OPS |
|---|---|---|---|---|---|---|---|---|
| KIA | 27 | 0 | 2 | 4 | 0.333 | 0.385 | 0.375 | 0.760 |
| KT | 31 | 0 | 2 | 1 | 0.276 | 0.323 | 0.276 | 0.599 |
| LG | 33 | 0 | 3 | 3 | 0.148 | 0.281 | 0.148 | 0.429 |
| NC | 36 | 0 | 0 | 4 | 0.400 | 0.417 | 0.400 | 0.817 |
| SK | 39 | 0 | 2 | 6 | 0.250 | 0.308 | 0.250 | 0.558 |
| 두산 | 32 | 0 | 1 | 3 | 0.467 | 0.469 | 0.567 | 1.036 |
| 롯데 | 30 | 0 | 4 | 0 | 0.240 | 0.345 | 0.320 | 0.665 |
| 삼성 | 34 | 0 | 1 | 3 | 0.394 | 0.412 | 0.545 | 0.957 |
| 한화 | 27 | 0 | 4 | 2 | 0.217 | 0.333 | 0.348 | 0.681 |

## 그라운드 구역별 피안타 방향

| 구분 | 타석 | 안타 | 홈런 | 타점 | 볼넷 | 삼진 | 타율 |
|---|---|---|---|---|---|---|---|
| 0-0 | 33 | 5 | 0 | 0 | 0 | 0 | 0.143 |
| 0-1 | 42 | 4 | 0 | 6 | 0 | 0 | 0.425 |
| 0-2 | 37 | 9 | 0 | 6 | 0 | 10 | 0.243 |
| 1-0 | 21 | 8 | 0 | 6 | 0 | 0 | 0.381 |
| 1-1 | 38 | 11 | 0 | 6 | 0 | 0 | 0.289 |
| 1-2 | 37 | 7 | 0 | 3 | 0 | 10 | 0.194 |
| 2-0 | 4 | 1 | 0 | 0 | 0 | 0 | 0.250 |
| 2-1 | 16 | 9 | 0 | 6 | 0 | 0 | 0.563 |
| 2-2 | 25 | 9 | 0 | 4 | 0 | 6 | 0.375 |
| 3-0 | 8 | 0 | 0 | 0 | 5 | 0 | 0.333 |
| 3-1 | 8 | 1 | 0 | 0 | 0 | 0 | 0.333 |
| 3-2 | 20 | 5 | 0 | 0 | 5 | 2 | 0.333 |

## 2020 시즌 수비 성적

| 구분 | 수비이닝 | 실책 | 수비율 |
|---|---|---|---|
| C | 440.0 | 4 | 0.990 |

## 2020 시즌 핫 & 콜드존

### VS좌투

| 0.000 0/1 | 0.000 0/2 | 1.000 2/2 | 1.000 1/1 | - 0/0 |
|---|---|---|---|---|
| 0.000 0/1 | 0.600 3/5 | 0.000 0/3 | 0.333 1/3 | - 0/0 |
| 0.000 0/2 | 0.250 1/4 | 0.167 1/6 | 0.333 1/3 | - 0/0 |
| 0.600 3/5 | 0.333 1/3 | 0.000 0/5 | 0.000 0/3 | 0.333 1/3 |
| - 0/0 | 0.000 0/1 | 0.000 0/1 | 0.000 0/2 | 0.000 0/1 |

### VS우투

| 1.000 1/1 | 0.667 2/3 | 0.500 3/6 | 0.250 1/4 | 0.000 0/1 |
|---|---|---|---|---|
| 0.429 3/7 | 0.333 3/9 | 0.333 6/18 | 0.286 2/7 | 0.250 1/4 |
| 0.000 0/7 | 0.375 6/16 | 0.389 7/18 | 0.429 6/14 | 0.400 2/5 |
| 0.308 4/13 | 0.188 3/16 | 0.455 10/22 | 0.286 2/7 | - 0/0 |
| 0.143 1/7 | 0.222 2/9 | 0.125 1/8 | 0.000 0/3 | - 0/0 |

# PLAYERS

## 3 김혜성

**내야수(우투좌타)**

| | | | |
|---|---|---|---|
| 생년월일 | 1999년 1월 27일 | 신장/체중 | 179cm/78kg |
| 학력 | 문촌초(고양시리틀)-동산중-동산고 | | |
| 연봉(2021) | 1억7000만 원 | | |
| 지명순위 | 2017 넥센 2차 1라운드 | | |
| 입단년도 | 2017 넥센 | | |

김혜성은 지난 시즌 커리어하이를 찍었다. 142경기를 소화하면서 타율 2할8푼5리 142안타 7홈런 61타점을 기록했다. 삼진(94개)이 많아 출루율이 0.345로 약간 낮은 것을 제외하면 괜찮은 시즌을 보냈다는 평가다. 김혜성의 어깨는 무거워졌다. 유격수 김하성이 메이저리그로 둥지를 옮겼기 때문이다. 키움이 에디슨 러셀과 재계약하지 않았기 때문에 김하성의 공백을 메울 1순위 후보는 경험이나 실력 면에서 김혜성이다. 김혜성은 수비만큼은 키움 내에서 가장 안정적이라는 평가를 받는다. 유격수와 2루수, 3루수 등 내야 어떤 포지션에서도 평균 이상을 해낸다. 지난해에는 특유의 사이드 송구가 안정적으로 이루어지고 각종 호수비를 펼치며 팀 내 주전 2루수의 수비력을 보여줬다. 지난 시즌에는 외야수도 겸업했고 커리어 첫 외야수비를 펼치면서도 흔들리지 않았다.

2021시즌 김혜성은 수비뿐만 아니라 공격력에서 팀에 보탬이 돼야 한다. 파워가 아쉬운 4툴 플레이어란 평가를 뒤집어야 한다. 2020시즌 장타율은 0.399였다. 이정후와 김하성에 이어 팀 내 3위 기록이었지만 김하성이 빠진 이상 4할 중후반대 또는 5할대 장타력을 과시해야 가치를 끌어올릴 수 있다. 무엇보다 선구안 향상이 요구된다. 홈런 타자들 못지않게 삼진을 많이 당한다. 빠른 공은 잘 치는 편이지만 떨어지는 변화구에 상당히 약하다. 그래도 2020년 사이클링히트를 기록하는 등 타격 실력이 좋아진 것으로 보인다. 꾸준한 웨이트트레이닝을 통해 홈런과 장타도 꽤 늘었다. 관건은 체력 소모가 많은 유격수 보직을 맡으면서 타격까지 잘해야 한다는 것이다. 지난해 유격수를 보면서 방망이까지 잘 휘두른 건 김하성뿐이었다. 김하성과 동기인 박찬호(KIA)와 심우준(KT)은 규정 타석을 소화한 유격수 중 타율 꼴찌와 꼴찌 바로 위에 머물렀다. 김혜성은 2021시즌 시험대에 오른다.

### 2020 시즌 & 통산 성적

| 연도 | 경기 | 타석 | 타수 | 안타 | 2루타 | 3루타 | 홈런 | 타점 | 도루 | 도실 | 볼넷 | 사구 | 삼진 | 타율 | 장타율 | 출루율 | OPS |
|---|---|---|---|---|---|---|---|---|---|---|---|---|---|---|---|---|---|
| 2020 | 142 | 553 | 499 | 142 | 24 | 6 | 7 | 61 | 25 | 8 | 46 | 2 | 94 | 0.285 | 0.399 | 0.345 | 0.744 |
| 통산 | 416 | 1,430 | 1,293 | 357 | 57 | 19 | 12 | 140 | 76 | 17 | 109 | 5 | 304 | 0.276 | 0.377 | 0.334 | 0.711 |

### 2020 시즌 홈 / 원정 성적

| | 경기 | 타석 | 타수 | 안타 | 2루타 | 3루타 | 홈런 | 타점 | 도루 | 도실 | 볼넷 | 사구 | 삼진 | 타율 | 장타율 | 출루율 | OPS |
|---|---|---|---|---|---|---|---|---|---|---|---|---|---|---|---|---|---|
| 홈 | 72 | 279 | 248 | 76 | 11 | 2 | 2 | 25 | 13 | 5 | 29 | 1 | 50 | 0.306 | 0.391 | 0.380 | 0.771 |
| 원정 | 70 | 274 | 251 | 66 | 13 | 4 | 5 | 36 | 12 | 3 | 17 | 1 | 44 | 0.263 | 0.406 | 0.309 | 0.715 |

### 2020 시즌 상황별 기록

| 상황 | 타석 | 안타 | 홈런 | 타점 | 볼넷 | 삼진 | 타율 |
|---|---|---|---|---|---|---|---|
| vs 좌 | 102 | 31 | 1 | 5 | 8 | 17 | 0.333 |
| vs 우 | 387 | 90 | 6 | 45 | 32 | 73 | 0.259 |
| vs 언더 | 64 | 21 | 1 | 11 | 6 | 4 | 0.362 |
| 주자있음 | 249 | 75 | 4 | 58 | 19 | 40 | 0.336 |
| 주자없음 | 304 | 67 | 3 | 3 | 27 | 54 | 0.243 |
| 득점권 | 143 | 45 | 3 | 54 | 16 | 20 | 0.366 |
| 만루 | 21 | 7 | 2 | 23 | 1 | 3 | 0.412 |

### 2020 시즌 상대팀 별 기록

| 구분 | 타석 | 홈런 | 볼넷 | 삼진 | 타율 | 출루율 | 장타율 | OPS |
|---|---|---|---|---|---|---|---|---|
| KIA | 51 | 1 | 3 | 10 | 0.354 | 0.392 | 0.521 | 0.913 |
| KT | 64 | 1 | 6 | 12 | 0.310 | 0.375 | 0.448 | 0.823 |
| LG | 63 | 0 | 5 | 10 | 0.246 | 0.302 | 0.316 | 0.618 |
| NC | 57 | 3 | 1 | 12 | 0.304 | 0.316 | 0.536 | 0.852 |
| SK | 72 | 1 | 8 | 12 | 0.302 | 0.380 | 0.397 | 0.777 |
| 두산 | 70 | 0 | 8 | 10 | 0.200 | 0.290 | 0.250 | 0.540 |
| 롯데 | 59 | 0 | 4 | 16 | 0.236 | 0.288 | 0.309 | 0.597 |
| 삼성 | 57 | 1 | 6 | 9 | 0.260 | 0.333 | 0.400 | 0.733 |
| 한화 | 60 | 1 | 6 | 10 | 0.365 | 0.433 | 0.442 | 0.875 |

### 그라운드 구역별 피안타 방향

| 구분 | 타석 | 안타 | 홈런 | 타점 | 볼넷 | 삼진 | 타율 |
|---|---|---|---|---|---|---|---|
| 0-0 | 53 | 22 | 3 | 19 | 0 | 0 | 0.423 |
| 0-1 | 37 | 10 | 2 | 5 | 0 | 0 | 0.278 |
| 0-2 | 55 | 11 | 0 | 3 | 0 | 13 | 0.220 |
| 1-0 | 34 | 11 | 0 | 2 | 0 | 0 | 0.324 |
| 1-1 | 53 | 23 | 0 | 11 | 0 | 0 | 0.442 |
| 1-2 | 89 | 17 | 0 | 5 | 0 | 37 | 0.195 |
| 2-0 | 13 | 2 | 0 | 1 | 0 | 0 | 0.154 |
| 2-1 | 33 | 9 | 0 | 5 | 0 | 0 | 0.290 |
| 2-2 | 78 | 15 | 0 | 6 | 0 | 32 | 0.192 |
| 3-0 | 15 | 0 | 0 | 0 | 15 | 0 | - |
| 3-1 | 17 | 4 | 0 | 1 | 4 | 0 | 0.267 |
| 3-2 | 71 | 18 | 2 | 17 | 19 | 12 | 0.353 |

### 2020 시즌 수비 성적

| 구분 | 수비이닝 | 실책 | 수비율 |
|---|---|---|---|
| 2B | 441.0 | 4 | 0.986 |
| 3B | 58.0 | 2 | 0.875 |
| SS | 322.0 | 3 | 0.983 |
| LF | 291.0 | 0 | 1.000 |
| RF | 1.0 | 0 | - |

### 2020 시즌 핫 & 콜드존

**VS좌투**

| | | | | |
|---|---|---|---|---|
| -<br>0/0 | -<br>0/0 | 0.200<br>1/5 | -<br>0/0 | -<br>0/0 |
| 0.000<br>0/2 | 0.800<br>4/5 | 0.667<br>8/12 | 0.286<br>2/7 | -<br>0/0 |
| -<br>0/0 | 0.667<br>2/3 | 0.231<br>3/13 | 0.500<br>2/4 | 0.200<br>1/5 |
| 0.000<br>0/2 | 0.000<br>0/3 | 0.444<br>4/9 | 0.200<br>2/10 | 0.200<br>1/5 |
| -<br>0/0 | 0.000<br>0/1 | 0.200<br>1/5 | 0.000<br>0/2 | 0.000<br>0/1 |

**VS우투**

| | | | | |
|---|---|---|---|---|
| -<br>0/0 | 0.429<br>3/7 | 0.250<br>1/4 | 0.333<br>2/6 | 0.250<br>1/4 |
| 0.000<br>0/2 | 0.333<br>4/12 | 0.270<br>10/37 | 0.308<br>8/26 | 0.154<br>2/13 |
| 0.154<br>2/13 | 0.375<br>9/24 | 0.341<br>14/41 | 0.292<br>14/48 | 0.167<br>3/18 |
| 0.333<br>1/3 | 0.471<br>8/17 | 0.303<br>10/33 | 0.244<br>10/41 | 0.286<br>2/7 |
| 0.000<br>0/7 | 0.000<br>0/9 | 0.267<br>4/15 | 0.154<br>2/13 | 0.200<br>1/5 |

### 투수(좌투좌타)
# 28 김재웅

지난해 1군 데뷔 시즌을 성공적으로 보내며 좌완 전천후 투수로 완벽하게 자리 잡았다. 43경기에서 1승 4패, 2홀드, 평균자책점 4.68을 올렸다. 선발로 7경기, 마무리로 4경기로 등판했다는 점이 이채롭다. 연봉이 2700만 원에서 올해 두 배 가까이 뛰었다. 6월과 9월 두 차례 1군 엔트리에 제외됐지만 일시적인 컨디션 난조 및 팀의 투수진 조정에 따른 것일 뿐 심각한 부상이 있었던 건 아니다. 키가 작고 직구 구속은 130㎞대 후반에 불과해도 제구와 구위는 비교적 좋은 편이다. 타자와 수 싸움을 즐기고 공격적인 스타일이다. 좌우 타자를 크게 가리지는 않지만 좌타자 대처 요령은 좀 더 키울 필요가 있다. 좌타자 상대로 슬라이더가 효과적이나 커브 구사 능력은 떨어진다. 지난 시즌 경험 부족으로 간혹 경기 운영에서 불안감을 나타냈다. 역시 4사구 비율과 실투를 줄이는 게 과제다. 생각지 못한 홈런을 가끔 허용했다. 올해 보직은 지난해와 크게 다를 것이 없을 전망이다. 핵심 필승조와 다소 거리가 있다. 롱릴리프에 선발진 공백이 생길 경우 임시 선발로 나설 수 있다.

| 생년월일 | 1998년 10월 22일 | 연봉(2021) | 5200만 원 |
|---|---|---|---|
| 신장/체중 | 173cm/88kg | 지명순위 | 2017 넥센 2차 6라운드 57순위 |
| 학력 | 금교초-자양중-덕수고 | 입단년도 | 2017 넥센 |

### 투수(우투우타)
# 17 김태훈

지난해 김동준에서 김태훈으로 개명한 뒤 첫 시즌을 보냈다. 53경기에서 7승 10홀드, 평균자책점 4.22로 커리어하이를 찍었다. 기량으로 따지면 경찰야구단에서 다승왕을 차지한 2017년 이후 상승세다. 2019년 선발과 중간을 오가며 8승 3패 3홀드, 평균자책점 4.50을 올리며 꽃을 피웠다. 지난 시즌에는 롱릴리프 및 셋업맨으로 활약했다. 날씨가 더워지면서 월간 평균자책점이 6월 4.38, 7월 5.02, 8월 8.53으로 난조를 보였다. 8월 중순에는 허리 부상으로 2주를 쉬기도 했다. 9월 이후 평균자책점 4.50으로 안정세로 돌아섰다. 가을에는 크게 무너진 경기가 없었다. 140㎞대 중반의 투심과 포크볼이 주무기이고 커브와 슬라이더를 섞어 던진다. 투구 패턴이 단조로워 장타 허용이 비교적 많다. 지난해 피안타율이 0.282, WHIP가 1.44였다. 중간계투로서 멀티 이닝을 소화할 수 있어 선발이 일찍 무너져도 활용가치가 높다. 올해도 셋업맨, 롱릴리프, 선발을 오가는 스윙맨이 기본 역할이다. 투심과 포크볼 중심의 볼배합을 지키려면 제구력이 필수다.

| 생년월일 | 1992년 3월 2일 | 연봉(2021) | 1억 원 |
|---|---|---|---|
| 신장/체중 | 185cm/95kg | 지명순위 | 2012 넥센 9라운드 79순위 |
| 학력 | 남부민초-대신중-부경고 | 입단년도 | 2012 넥센 |

### 투수(우투우타)
# 41 안우진

지난해 부상에 시달리면서도 팀 공헌도가 높았다. 허리 부상 때문에 재활군에서 시즌을 맞았다. 재활하는 동안 하체 위주로 밸런스를 맞추기 위해 투구 폼에 살짝 손을 댔다. 복귀 후에는 승승장구했다. 6월 23일 시즌 첫 등판인 LG전부터 7월 15일 NC전까지 9경기 연속 무실점을 행진을 벌이며 불펜에 큰 힘이 됐다. 7월 17일과 19일 SK와의 원정경기에서 연속 4실점하며 제구 난조, 폭투 등 경기 운영에서 한계를 드러냈다. 적응력이 뛰어나 금세 안정을 찾고 9월 17일까지 다시 15경기 연속 무실점을 이어갔다. 8월 23일부터 9월 16일까지는 허리 통증이 도져 부상자 명단 신세를 졌는데 복귀 후에도 호투를 이어갔다. 결국 41경기에서 2승 3패 2세이브 13홀드, 평균자책점 3.00의 만족스러운 수치로 정규 시즌을 마쳤다. 올해 연봉이 4800만 원에서 9천만 원으로 두 배 인상됐다. 최대 강점은 155㎞를 웃도는 강속구와 140㎞ 초반의 슬라이더다. 국내 최고의 파이어볼러로 꼽힌다. 다만 박빙 상황에서는 제구가 흔들리는 경향이 있다. 몸에 맞는 공과 폭투가 결정적인 순간에 나올 때가 있다. 언젠가는 선발로 던져야 하겠지만 올해는 중간 계투로 맹활약이 기대된다.

| 생년월일 | 1999년 8월 30일 | 연봉(2021) | 9000만 원 |
|---|---|---|---|
| 신장/체중 | 191cm/90kg | 지명순위 | 2018 넥센 1차 |
| 학력 | 강남초-서울이수중-휘문고 | 입단년도 | 2018 넥센 |

# PLAYERS

### 투수(우언우타)
# 39 양현

2015년 11월 2차 드래프트를 통해 넥센으로 옮긴 직후 상무 야구단에 입대하면서 야구 인생의 새 지평이 열렸다. 2016년, 2017년 2군에서 두 시즌 연속 3점대 평균자책점을 올리며 한 단계 성장했다. 2018년 복귀하자마자 팀의 주축 불펜투수로 자리매김했다. 지난해 58경기에서 8승 3패 2세이브 11홀드, 평균자책점 3.30을 올리며 비로소 톱클래스 셋업맨으로 우뚝 섰다. 5월 22일부터 6월 1일까지 잠시 말소된 것을 빼놓고는 1군 풀 시즌을 활약했다. 10월 4일 SK전 3실점이 시즌 최다 실점이었다. 그만큼 안정성과 꾸준함이 돋보인 한 해였다. 언더핸드스로 스타일로 투심과 커브가 주무기다. 투심은 130㎞대 중반, 커브는 120㎞ 안팎의 스피드를 나타낸다. 공의 무브먼트가 좋아 땅볼 유도가 많다. 지난 시즌 뜬공 대비 땅볼 비율이 1.22로 팀 평균 1.10보다 높았다. 지난해 LG와 와일드카드 결정전에서 1⅔이닝 동안 무안타 무실점 3탈삼진의 호투를 펼쳤다. 올해도 핵심 셋업맨이다. 시즌 막판까지 버틸 수 있는 체력 보강이 과제로 꼽힌다.

| | | | |
|---|---|---|---|
| 생년월일 | 1992년 8월 23일 | 연봉(2021) | 1억2000만 원 |
| 신장/체중 | 188cm/70kg | 지명순위 | 2011 두산 10라운드 73순위 |
| 학력 | 영랑초-한밭중-대전고 | 입단년도 | 2011 두산 |

### 투수(좌투좌타)
# 15 오주원

직구 구속이 매년 감소하고 코너워크와 노련한 경기 운영도 무뎌졌다는 평가다. 직구, 슬라이더, 체인지업을 모두 능하게 던지지만 딱히 주무기라고 할 것은 없다. 지난해 FA 협상이 길어지는 바람에 1월 말에야 2년 7억 원에 겨우 계약할 수 있었다. 부상자 명단에 두 번 올랐고 1군 엔트리에서는 85일이나 제외됐다. 25경기 등판은 2015년(9경기) 이후 최소 기록이었다. 5월 27일 NC전에서 홈런 2개를 내주고 3실점한 뒤 5월 30일 1군서 말소됐다. 2개월 넘게 2군 경기에 나가 구위를 가다듬었다. 8월 7일 LG전에 복귀해 1이닝 무실점으로 잘 던지며 시즌 끝까지 안정세를 유지했다. 구속이 조금 높아졌고 제구도 안정적이었다. 포스트시즌 엔트리에는 포함됐지만 등판은 없었다. 여전히 기대치가 있는 베테랑이다. 직구 구속이 140㎞까지 나온다면 커맨드와 코너워크가 유지된다는 전제 하에 필승조 편입이 가능한 전망이다. 길게 던지기는 힘들어 1이닝 위주의 투구가 이어질 것으로 예상된다.

| | | | |
|---|---|---|---|
| 생년월일 | 1985년 3월 31일 | 연봉(2021) | 2억 원 |
| 신장/체중 | 184cm/95kg | 지명순위 | 2004 현대 2차 1라운드 5순위 |
| 학력 | 청원초-청원중-청원고 | 입단년도 | 2004 현대 |

### 투수(좌투좌타)
# 33 이승호

지난해 코로나19 사태로 시즌 개막이 지연되면서 컨디션이 제대로 조절하지 못했다. 시즌 전 연습경기에서 난타를 당하며 우려를 낳았다. 월마다 기복이 심했다. 시즌 첫 등판이었던 5월 8일 한화전에서 6⅔이닝 3안타 2실점의 호투를 펼쳤으나 기세는 오래가지 못했다. 5월 31일 KT전서 2⅓이닝 8실점하는 등 5월 한 달간 5경기에서 승리 없이 2패, 평균자책점 7.83로 부진했다. 6월 5경기에서 평균자책점 1.86을 올리며 컨디션을 찾았지만 7월 여름이 찾아오면서 한 달간 16.20의 평균자책점으로 난조를 보였다. 8월 9일과 15일 LG와 롯데를 상대로 각각 7이닝 1실점, 7⅓이닝 무실점으로 승리를 따냈다. 이후 어깨에 염증이 생기는 불운까지 겪으며 9월 12일까지 엔트리를 비웠다. 다시 1군에 오른 뒤에도 좀처럼 안정을 찾지 못했다. 경험을 쌓은 만큼 올해 풀타임 선발 3번째 시즌을 맞아 한 단계 성장이 기대된다. 최원태, 한현희와 함께 토종 선발 트로이카로 주목받는다. 데뷔 첫 두 자릿수 승수도 가능하다. 투구 동작이 간결하고 릴리스포인트까지 디셉션 동작이 뛰어나다. 140㎞ 안팎의 직구 비중이 절반 정도다. 변화구 중에서는 체인지업이 주무기다.

| | | | |
|---|---|---|---|
| 생년월일 | 1999년 2월 8일 | 연봉(2021) | 1억 원 |
| 신장/체중 | 187cm/95kg | 지명순위 | 2017 KIA 2차 1라운드 4순위 |
| 학력 | 김해삼성초-개성중-경남고 | 입단년도 | 2017 KIA |

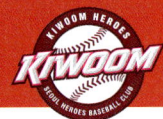

### 투수(좌투좌타)
## 64 이영준

지난해 52경기에 등판해 데뷔 이후 최다 출전 기록을 세웠다. 2승 3패, 25홀드, 평균자책점 4.73으로 높은 팀 공헌도를 나타냈다. 나이 서른이 돼 불펜진 세대교체의 주축 세력으로 떠올랐다. 정규시즌 막바지 한 달과 포스트시즌에서는 동료들과 함께 하지 못했다. 9월 25일 엔트리에서 말소된 건 컨디션 난조 때문이었다. 직전 10경기에서 평균자책점 7.11로 부진했다. 당초 2군서 조정기간을 갖고 시즌 막판 복귀 예정이었지만 생각만큼 컨디션을 끌어올리지 못했다. 올해도 시즌을 버틸 체력과 부상 방지가 중요한 관건이다. 왼손 투수로서 150㎞에 육박하는 직구를 뿌린다는 점이 매력적이다. 슬라이더와 체인지업을 섞어 던지는데 직구에 의존하는 볼배합이 비교적 단조롭기 때문에 코너워크가 절대적으로 유지돼야 한다. 제구만 뒷받침된다면 좌완 스페셜리스트, 1이닝 셋업맨으로 손색없다. 좌투수임에도 좌타자에게 약한 문제가 있다. 좌타자 피안타율이 지난해 0.306, 2019년 0.311이었다.

| | | | |
|---|---|---|---|
| 생년월일 | 1991년 10월 10일 | 연봉(2021) | 7500만 원 |
| 신장/체중 | 184cm/100kg | 지명순위 | 2014 KT 2차 7라운드 75순위 |
| 학력 | 영일초-영남중-덕수고-단국대 | 입단년도 | 2014 KT |

### 투수(우투우타)
## 47 임규빈

2015년 입단 후 팔꿈치 부상, 군 복무 때문에 정식 등록은 2019년에야 이루어졌다. 지난해 비로소 1군 주력 불펜투수로 활약했다. 그러나 세 차례나 1군 엔트리에서 제외되며 기복을 보였다. 9월 26일 말소된 이후 다시는 1군 마운드를 밟지 못했다. 투구 메커니즘과 제구력을 좀더 가다듬어야 한다는 지적이다. 커브, 포크볼, 슬라이더 등 다양한 변화구를 구사한다. 직구 구속은 140㎞ 초중반이다. 구속에 비해 무브먼트와 무게감이 돋보인다는 평이다. 뚜렷한 단점이 존재한다. 지난 시즌 우타자 피안타율이 0.333으로 좌타자 0.286보다 훨씬 나빴다. 또한 37⅔이닝 동안 11개의 홈런을 얻어맞았다. 실투가 많고 볼배합이 예측 가능하다는 뜻이다. 9월 10일 LG전부터 16일 롯데전까지 4경기 연속 무실점 투구를 벌였던 투구 폼과 제구력을 상기할 필요가 있다. 올 시즌 추격조로 경기 경험을 쌓으면서 기량을 늘릴 것으로 예상된다. 스프링캠프에선 2군에 편성됐다. 부상만 없다면 1군에서 존재감을 나타낼 수 있는 기량을 가졌다.

| | | | |
|---|---|---|---|
| 생년월일 | 1991년 9월 12일 | 연봉(2021) | 4500만 원 |
| 신장/체중 | 184cm/101kg | 지명순위 | 2015 넥센 2차 9라운드 89순위 |
| 학력 | 천안남산초-태안중-천안북일고-동국대 | 입단년도 | 2015 넥센 |

### 투수(우투우타)
## 11 조상우

리그 최고의 파이어볼러 소방수로 지난해 안정감 넘치는 투구를 과시했다. 직구 평균 구속이 148.5㎞로 2019년보다 4㎞ 정도 감소했다. 대신 제구력 안정에 힘썼다. 피안타율이 2019년 0.253에서 지난해 0.238로 낮아졌고 9이닝 삼진 비율도 8.75개에서 10.60개로 늘었다. 직구 구속 150㎞대 중후반을 찍을 수 있는 밸런스를 유지한다. 떨어지는 각도가 큰 슬라이더는 리그 최고 수준이다. 지난해 가다듬은 체인지업도 위력적이다. 지난해 시즌 출발이 인상적이었다. 첫 8경기에서 무자책점 행진을 이어갔고 6월 25일 LG와 더블헤더에서 연속 세이브를 따내기도 했다. 7월 8일 삼성전부터 8월 12일 한화전까지 13경기 연속 무실점 행진으로 한여름 무더위에도 강세를 보였다. 8월 중순 이후 실점률이 높아졌다가 9월 22일 KIA전에서 1이닝 무실점으로 시즌 29세이브를 따내며 안정세를 되찾았다. 올 시즌에는 전반기 출전이 불투명하다. 스프링캠프에서 1루 커버 훈련을 하다 왼쪽 발목을 접질리면서 인대가 파열되는 큰 부상을 입었다. 치료에 12주 이상 걸린다는 소견이다. 회복 속도가 빨라도 재활 피칭 기간을 고려하면 6월 이전 복귀는 사실상 불가능하다. 키움은 전반기 불펜진 운영이 가장 큰 숙제다.

| | | | |
|---|---|---|---|
| 생년월일 | 1994년 9월 4일 | 연봉(2021) | 3억3000만 원 |
| 신장/체중 | 186cm/97kg | 지명순위 | 2013 넥센 1라운드 1순위 |
| 학력 | 서화초-상인천중-대전고 | 입단년도 | 2013 넥센 |

### 포수(우투우타)
# 27 박동원

올해 연봉 협상이 끝나고 소폭 인상에 대해 "안 깎인 게 어디냐"라며 순순히 수용했다. 지난해 시즌 초반의 기세를 잇지 못하고 후반기에 부진했기 때문이다. 동료 선배 포수인 이지영과 경쟁에서 공격과 수비 모두 밀렸다. 지난해 7월까지 타율 0.285로 좋았으나 8월부터 시즌 종료까지 3개월 간 0.188로 타율이 급전직하했다. 7월 이후 허리 통증으로 3차례 부상자 명단에 오르면서 타격 컨디션을 유지하기 힘들었다. 결국 시즌 타율은 0.250에 그쳤다. LG와 와일드카드 결정전에서는 교체 멤버로 출전해 마스크를 썼다. 강한 어깨를 앞세운 송구 등 수비력은 리그 상위권에 속한다. 타격에서는 적극적인 타격과 장타력이 돋보인다. 게임의 흐름을 바꾸는 홈런을 간혹 터뜨린다. 스윙이 크기 때문에 삼진 비율도 높은 편이다. 올해도 이지영과 번갈아가며 마스크를 쓸 것으로 보인다. 키움은 선발투수에 맞춰 전담포수를 쓰는 경향이 강한데 박동원은 요키시, 최원태와 주로 호흡을 맞출 것으로 예상된다. 라인업에선 주로 하위타선에 배치될 공산이 크지만 지난 시즌 5번 타자로 가장 많이 출전했다는 점을 상기할 필요가 있다.

| 생년월일 | 1990년 4월 7일 | 연봉(2021) | 2억3000만 원 |
|---|---|---|---|
| 신장/체중 | 179cm/92kg | 지명순위 | 2009 히어로즈 2차 3라운드 19순위 |
| 학력 | 양정초-개성중-개성고 | 입단년도 | 2009 히어로즈 |

### 내야수(우투좌타)
# 1 김웅빈

고교 졸업 후 SK에 입단했지만 2차 드래프트를 통해 히어로즈로 이적하면서 전지훈련에도 참가하고 1군 기회가 생겼다. 2018년 상무에 입대하면서 기량이 한 단계 성장했다. 2019년 시즌 막판 복귀해 3루수 경쟁을 펼치기 시작했지만 딱히 자리를 잡지 못했다. 지난해 시즌 전 연습경기에서 타구에 팔을 맞는 불운을 겪었다. 개막 엔트리에 들지 못하고 5월 29일 돼서야 1군에 콜업됐다. 햄스트링 부상이 이어지면서 6월 9일 부상자 명단에 올라 성장세를 이어가지 못했다. 7월 24일 복귀했지만 타격 사이클이 오르락 내리락을 반복했다. 결국 타율 0.275, 8홈런 31타점으로 마감하며 인상을 주지는 못했다. 올해는 자리잡기가 더욱 힘들어질 전망이다. 수비력이 떨어지는 상황에서 새 외인 타자 프레이타스가 1루수와 지명타자를 맡기 때문이다. 주전 확보는 어렵겠지만 대타 요원으로는 충분히 가능성이 있다. 선구안과 콘택트 능력은 평균 수준이고 유인구에 쉽게 속는 경향이 있다. 일발 장타력을 더욱 보강할 필요가 있다는 분석이다.

| 생년월일 | 1996년 2월 9일 | 연봉(2021) | 5600만 원 |
|---|---|---|---|
| 신장/체중 | 181cm/84kg | 지명순위 | 2015 SK 2차 3라운드 27순위 |
| 학력 | 서라벌초-울산제일중-울산공고 | 입단년도 | 2015 SK |

### 내야수(우투우타)
# 6 김주형

대졸 출신에 드래프트 후순위로 입단한 뒤 비교적 빠른 성장세를 보이며 내야 자원으로 활용 가치를 높이고 있다. 2019년 시즌을 마치고 질롱코리아에서 뛸 정도로 경험을 쌓는 노력을 게을리하지 않는다. 지난해 1군 39경기에서 타율 0.233, 1홈런, 6타점, 8득점을 올렸다. 총 50타석에 들어서 4사구 6개를 얻었고 삼진 10개를 기록했다. 기록 자체는 보잘것없지만 출전 경험을 쌓으며 성장 가능성을 보였다. 8월 23일 KIA전에 출전한 뒤 1군에서 말소됐다. 앞서 퓨처스리그에서는 2경기에 출전했다. 보완해야 할 점이 많기는 하나 일단 타격보다 수비에서 존재감이 나타난다. 발놀림이 부드러워 1루를 제외한 내야 전 포지션을 커버할 수 있다. 집중력이 부족해 안정감은 다소 떨어진다. 지난 시즌 실책 3개를 범했는데 8월 15일 롯데전에서 9회말 마차도의 땅볼을 실책한 것이 집중력 부족의 대표적인 케이스다. 지난해 6월 7일 LG전에서 데뷔 첫 홈런을 날리며 장타력도 살짝 드러냈다. 집중력과 본인의 장점인 장타력을 살린다면 올 시즌 백업으로 다양하게 출전 기회를 얻을 수 있을 전망이다. NC 내야수 김찬형이 한 살 아래 동생으로 둘은 지난해 5월 26일 창원경기에서 나란히 선발 출전해 이목을 끌었다. 포지션이 같아 서로 경쟁자이자 조언자가 돼준다.

| 생년월일 | 1996년 3월 5일 | 연봉(2021) | 3700만 원 |
|---|---|---|---|
| 신장/체중 | 176cm/80kg | 지명순위 | 2019 키움 2차 10라운드 94순위 |
| 학력 | 양정초-경남중-경남고-홍익대 | 입단년도 | 2019 키움 |

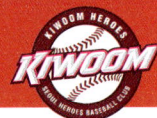

### 내야수(우투우타)

## 62 전병우

지난해 4월 초 트레이드를 통해 롯데에서 키움으로 이적했다. 일찌감치 군 복무를 해결했다. 내야 전 포지션을 두루 볼 수 있는 수비 능력과 일발 장타력을 겸비했다는 점이 어필되었다. 119경기에 출전해 타율 0.237, 8홈런, 48타점, 46득점을 기록하며 경험을 쌓았다. 시즌 개막 엔트리에 오른 뒤 5월 말 열흘간을 제외하곤 1군 신분을 유지했다. 외국인 내야수 테일러 모터와 에디슨 러셀이 부진한 상황에서 기회를 살려나갔다. 6월 이후 꾸준히 2할대 타율을 유지하며 주전 3루수로 기용됐다. 9월 이후에는 들쭉날쭉했고 타격감도 크게 떨어졌다. LG와 와일드카드 결정전에서 3타수 무안타 2볼넷을 얻으며 큰 경기 경험을 쌓았다. 신체를 활용한 타격 밸런스가 좋다. 기본적으로 파워를 갖춰 라인드라이브 타구가 많다. 선구안이 다소 떨어지고 유인구 대처능력이 부족한 편이다. 좌투수보다 우투수, 특히 사이드 암스로 유형에 약하다. 발은 빠른 편이고 3루 수비는 안정적이다. 타격에서 정확성을 보완하면 주전 3루수로 입지를 다질 수 있을 것으로 기대된다.

| 생년월일 | 1992년 10월 24일 | 연봉(2021) | 6000만 원 |
|---|---|---|---|
| 신장/체중 | 182cm/90kg | 지명순위 | 2015 롯데 2차 3라운드 28순위 |
| 학력 | 동삼초-경남중-개성고-동아대 | 입단년도 | 2015 롯데 |

### 외야수(좌투좌타)

## 9 박정음

2016년 1군 데뷔해 정교한 방망이 솜씨와 기동력을 보였다. 최근에는 벤치 멤버로 대주자, 대수비 요원으로 보직이 확정된 느낌이다. 지난해 86경기에 출전해 타율 0.186으로 타격은 신통치 않았다. 최근 2년간 135타석에 들어서 홈런을 한 개도 날리지 못했다. 좌타자임에도 우투수를 상대로 약하다. 최근 2년간 우투수 상대로 타율 0.128, 좌투수 상대로 0.368을 쳤다. 다만 사이드암스로에게는 같은 기간 타율 0.444로 강세를 나타냈다. 빠른 발을 활용한 수비와 베이스러닝은 평균 이상이다. 지난해 도루 시도 10개 중 9개를 성공했다. 6월 18일 롯데와 홈경기에서 연장 10회 1사 1루에서 주효상의 끝내기 안타로 홈까지 파고들며 빠른 발을 과시했다. 어깨가 약해 송구 능력은 떨어진다. 올해도 타격에서 뚜렷한 개선점이 보이지 않는다면 대수비, 대주자 역할에 만족해야 한다. 연봉이 4300만 원에서 동결됐다. 기대치가 그대로 묻어나는 대목이다. 베테랑 이용규가 영입돼 입지는 줄어들 수 있다.

| 생년월일 | 1989년 4월 15일 | 연봉(2021) | 4300만 원 |
|---|---|---|---|
| 신장/체중 | 175cm/77kg | 지명순위 | 2012 넥센 4라운드 40순위 |
| 학력 | 금평초-전라중-전주고-성균관대 | 입단년도 | 2012 넥센 |

### 외야수(우투좌타)

## 23 박준태

지난해 8월 말 발목 부상으로 1군에서 말소되지만 않았다면 생애 첫 풀타임 시즌을 완벽하게 소화해 규정타석을 채울 수 있었다. 지난 시즌 페넌트레이스 행보를 보면 기복이 심하지는 않았는데 그렇다고 몰아치기에 능한 것도 아니었다. 과제를 분명하게 확인한 시즌이었다. LG와 와일드카드 결정전에서는 톱타자로 나가 몸에 맞는 공 1개만 얻었을 뿐 5타수 무안타로 침묵해 아쉬움을 남겼다. 전반적으로는 공수에 걸쳐 안정감이 돋보였다. 더위에 지치기 쉬운 7, 8월에 맹타를 휘둘러 공헌도를 높였다. 2할대 중반의 타율에도 출루율이 0.389로 4할에 육박했다. 뛰어난 선구안을 바탕으로 65개의 볼넷을 얻어냈다. 2020년 박준태보다 많은 볼넷을 얻은 키움 타자는 서건창과 김하성뿐이었다. 올해 팀 내에서 인봉 인상률 1위(144%)를 기록하며 억대 연봉에 진입했다. 그만큼 기대치가 높다는 뜻이다. 구종을 파악하는 능력이 탁월하다. 올해 약점인 직구 대처 능력을 보완하면 출루율을 높일 수 있다. 포지션은 중견수 또는 우익수이고 타순은 9번 또는 1번이 어울린다.

| 생년월일 | 1991년 7월 26일 | 연봉(2021) | 1억1000만 원 |
|---|---|---|---|
| 신장/체중 | 181cm/75kg | 지명순위 | 2014 KIA 2차 6라운드 61순위 |
| 학력 | 부산대연초-부산중-개성고-인하대 | 입단년도 | 2014 KIA |

# PLAYERS

### 외야수(좌투좌타)
# 19 이용규

지난해 5월과 9월 두 차례 부상자 명단에 오르면서도 출루와 득점에서 나름대로 역할을 해냈다. 2019년 134경기 575타석을 소화한 데 이어 지난 시즌 120경기에서 419타석에 들어섰다. 타율 0.286, 60득점, 출루율 0.381, 17도루를 올렸다. 크게 불만족스러운 수치는 아니었지만 팀 리빌딩을 선언한 한화는 이용규를 방출했다. 팀워크, 투혼 등 리더십을 갖춘 베테랑을 원하던 키움이 손을 내밀었다. 타격과 수비, 주루에서 여전히 주전 능력을 지녔다고 판단했다. 홍원기 감독은 특별한 주문을 하진 않았지만 더그아웃 리더로 보이지 않는 곳에서도 할 수 있는 역할이 있다고 했다. 주장 박병호와 리더를 맡아주길 바란다. 몸을 사리지 않는 허슬플레이도 팀 내 젊은 선수들과 시너지 효과를 낼 수 있을 것으로 기대한다. 연봉이 4억 원에서 1억 원으로 크게 깎였지만 돈은 더는 목표가 아니다. 오로지 출전 기회를 얼마나 늘리느냐에 관심을 쏟을 뿐이다. 가장 중요한 과제는 부상 방지다. 정상적인 몸 상태라면 주전 외야수로서 손색이 없다. 키움은 외야 옵션이 많아진 만큼 수비력과 득점력을 극대화할 수 있게 됐다.

| 생년월일 | 1985년 8월 26일 | 연봉(2021) | 1억 원 |
|---|---|---|---|
| 신장/체중 | 175cm/70kg | 지명순위 | 2004 LG 2차 2라운드 15순위 |
| 학력 | 성동초-잠신중-덕수정보고 | 입단년도 | 2004 LG |

### 외야수(우투우타)
# 31 허정협

지난해 5월 30일 1군에 오른 뒤 LG와 와일드카드 결정전까지 전력에서 한 번도 이탈하지 않았다. 처음으로 풀시즌을 소화한 셈이다. 111경기에 출전해 타율 0.268, 10홈런, 43타점, 45득점을 기록했다. 시즌 초반에는 플래툰으로 선발 출전해 컨디션이 일정치 않았다. 6월 14일 NC전에서 4타수 2안타, 16일 롯데전에서도 4타수 2안타를 치며 주전 좌익수로 자리 잡았다. 6월 한 달간 타율 0.288을 올린 뒤 7월에 0.231로 주춤하다 8월에 다시 0.280의 월간 타율을 올리며 컨디션을 끌어올렸다. 8월 18일 KIA전에서는 역전 3점 홈런을 날리며 타격감을 과시했다. 9월 이후 두 달 동안 41경기에서 타율 0.265를 기록했다. 6월 13일 NC전과 8월 16일 롯데전서 헤드샷을 맞는 불운도 있었지만 다행히 부상은 피했다. 단단한 체구에서 뿜는 파워가 강점으로 두 자릿수 홈런을 꾸준히 칠 능력을 갖췄다. 외야 수비는 타구 판단과 처리 능력은 양호한 편이지만 평균적인 주력으로 수비 범위는 한정돼 있다. 올 시즌에도 주전 외야수로 의심의 여지가 없다. 타격에서 정교함을 보완하면 3할대 타율도 가능할 것으로 기대된다.

| 생년월일 | 1990년 2월 17일 | 연봉(2021) | 7000만 원 |
|---|---|---|---|
| 신장/체중 | 184cm/92kg | 지명순위 | 2015 넥센 육성선수 |
| 학력 | 부천북초-부천중-인천고-서울문화예술대 | 입단년도 | 2015 넥센 |

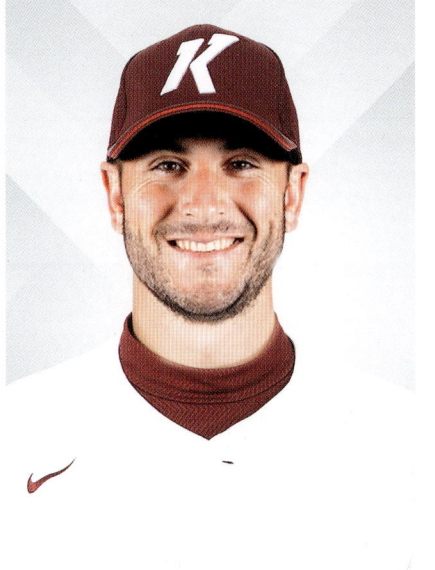

### 포수(우투우타)
# 24 데이비드 프레이타스

포수가 주된 포지션이지만 키움에선 지명타자를 맡는다. 2017년 메이저리그에 데뷔해 2019년까지 3년간 애틀랜타, 시애틀, 밀워키 등에서 59경기에 출전해 타율 0.200에 1홈런, 8타점으로 별다른 활약은 보여주지 못했다. 6개 팀을 거친 저니맨이었다. 지난 시즌 밀워키의 메이저리그 40인 로스터 신분은 유지했지만 코로나19를 염려해 1년을 쉬었다. 키움은 "장타 툴을 가진 선수다. 파워와 정확성을 갖춘 타자"라고 소개했다. 가장 최근 풀타임 시즌인 2019년 트리플A 성적을 참고할 필요가 있다. 91경기에 출전해 타율 0.381, 12홈런, 81타점, 55득점을 기록했다. OPS가 1.022에 달했다. 382타석에서 삼진은 55개를 기록해 삼진 비율이 14.3%로 리그 평균보다 낮았다. 볼넷 비율은 12.3%였다. 한 시즌 최다 홈런은 2011년 싱글A 123경기에서 날린 13개인데 전형적인 거포로 보기는 어렵다. 포수와 1루수들의 체력 안배를 위해 해당 포지션에 기용될 수 있다. 수비와 기동력이 평범해 김하성의 공백을 메우기를 기대하긴 힘들다. 계약이 늦어져 스프링캠프 없이 시범경기를 맞는다. 미국 애리조나 스카츠데일에서 같은 에이전시 소속 선수들과 훈련을 진행했다. 1년 넘게 실전을 뛰지 못한 점, 동료들과 호흡을 거의 맞추지 못했다는 점이 우려스럽다.

| 생년월일 | 1989년 3월 18일 | 연봉(2021) | 60만 달러(인센티브 5만 포함) |
|---|---|---|---|
| 신장/체중 | 188cm/113kg | 지명순위 | - |
| 국적 | 미국 | 입단년도 | 2021 키움 |

### 60 김동혁

130km대 후반의 직구가 우타자 기준 몸쪽으로 휘어 들어가는 무브먼트가 돋보인다. 변화구도 평균 이상이다. 제구력 불안은 보완해야 한다. 제구력을 다듬으면 롱릴리프, 추격조로 활용 가치가 크다. 지난해 2군 27경기에서 53⅔이닝을 던져 평균자책점 4.36을 기록했다.

| 투수 우사우타 | 생년월일 | 2001년 12월 27일 | 연봉(2021) | 3000만 원 |
|---|---|---|---|---|
| | 신장/체중 | 183cm/83kg | 지명순위 | 2020 키움 2차 3라운드 27순위 |
| | 학력 | (강남구리틀)-영동중-덕수고 | 입단년도 | 2020 키움 |

### 42 박주성

1차 지명 출신으로 발전 가능성이 크다. 직구 평균 구속이 148km에 이른다. 제구도 뛰어나 타자를 억박지로 구위를 갖췄다. 경험이 적기 때문에 경기 운영 능력은 보완이 필요하다. 승부사 기질을 가져 올해는 1군 즉시 전력감으로 기대감을 높인다.

| 투수 우투우타 | 생년월일 | 2000년 11월 9일 | 연봉(2021) | 3000만 원 |
|---|---|---|---|---|
| | 신장/체중 | 181cm/95kg | 지명순위 | 2019 넥센 1차 |
| | 학력 | 경동초-건대부중-경기고 | 입단년도 | 2019 키움 |

### 49 김선기

시애틀 산하 마이너리그 5시즌, 상무를 거쳐 히어로즈에 입단했다. 지난 1군 28경기에서 22이닝 평균자책점 2.05, 피안타율 0.218로 인상적인 피칭을 펼쳤다. 140km대 초반의 패스트볼이 위력적이고 탈삼진 능력도 있다. 볼넷과 피홈런을 줄이면 선발 투수로 성장할 수 있다.

| 투수 우투우타 | 생년월일 | 1991년 9월 1일 | 연봉(2021) | 5300만 원 |
|---|---|---|---|---|
| | 신장/체중 | 187cm/94kg | 지명순위 | 2018 넥센 2차 1라운드 8순위 |
| | 학력 | 석교초-세광중-세광고 | 입단년도 | 2018 넥센 |

### 45 박주현

직구 구속이 140km대 중반을 꾸준히 유지하며 투구 시 팔을 숨기고 나오는 동작이 좋다. 주자가 출루하면 구속이 줄어드는 게 단점이다. 공익근무를 마치고 지난 시즌 돌아와 아직 컨디션을 올리는 중이다. 만 25세로 아직 젊어 기회는 충분할 것으로 기대된다.

| 투수 우투우타 | 생년월일 | 1996년 6월 19일 | 연봉(2021) | 3500만원 |
|---|---|---|---|---|
| | 신장/체중 | 184cm/110kg | 지명순위 | 2015 넥센 2차 3라운드 29순위 |
| | 학력 | 강남초-덕수중-장충고 | 입단년도 | 2015 넥센 |

### 21 김성민

입단 이후 기회는 꾸준히 주어지고 있는데 해마다 기복이 심하다. 2019년 2.56이던 평균자책점이 지난해 6.46으로 악화됐다. 지난 시즌 중반 팔 각도에 변화를 주며 공의 움직임이 향상됐다. 좌우 타자를 가리지 않고 정면승부하는 모습이 인상적이다.

| 투수 좌투좌타 | 생년월일 | 1994년 4월 26일 | 연봉(2021) | 6000만 원 |
|---|---|---|---|---|
| | 신장/체중 | 181cm/90kg | 지명순위 | 2017 SK 2차 라운드 6순위 |
| | 학력 | 대구옥산초-경복중-대구상원고-일본경제대 | 입단년도 | 2017 SK |

### 55 양기현

지난해 1군 24경기에서 평균자책점 3.86을 올리며 가능성을 보여줬다. 최고 구속 150km짜리 직구를 던질 수 있는 파이어볼러다. 구종 개발을 통해 단조로운 볼 배합을 극복하면 향후 선발 투수로 발전 가능성이 있다.

| 투수 우투우타 | 생년월일 | 1998년 12월 16일 | 연봉(2021) | 4000만 원 |
|---|---|---|---|---|
| | 신장/체중 | 182cm/115kg | 지명순위 | 2017 넥센 2차 2라운드 17순위 |
| | 학력 | 청구초-홍은중-장충고 | 입단년도 | 2017 넥센 |

### 61 김정인

지난해 2군에서 주로 선발로 나가 6승 5패, 평균자책점 5.11을 올려 가능성을 보였다. 최고 구속 147km의 직구를 좀더 가다듬는다면 올해 1군 기회가 더 주어질 수 있다.

| 투수 우투우타 | 생년월일 | 1996년 6월 3일 | 연봉(2021) | 3200만 원 |
|---|---|---|---|---|
| | 신장/체중 | 183cm/70kg | 지명순위 | 2015 넥센 2차 7라운드 69순위 |
| | 학력 | 화정초-무등중-화순고 | 입단년도 | 2015 넥센 |

### 40 오윤성

군 복무를 마치고 돌아와 실전 감각은 무뎌진 상태다. 몸 관리와 경기력 발전을 도모해야 한다. 마운드에서 침착함을 잘 유지하며 140km대 후반의 직구를 지녔다. 1군 경력은 2017년 6경기를 던진 게 전부다.

| 투수 우투우타 | 생년월일 | 1998년 12월 10일 | 연봉(2021) | 3000만 원 |
|---|---|---|---|---|
| | 신장/체중 | 182cm/77kg | 지명순위 | 2017 넥센 2차 4라운드 37순위 |
| | 학력 | 인천서림초-신흥중-인천고 | 입단년도 | 2017 넥센 |

### 26 김정후

평균 이상의 어깨 강도를 가졌으며 직구 구속은 150km를 넘나들고 무브먼트가 좋다. 변화구는 단조롭다.

| 투수 우투우타 | 생년월일 | 1988년 9월 26일 | 연봉(2021) | 3200만 원 |
|---|---|---|---|---|
| | 신장/체중 | 178cm/95kg | 지명순위 | 2013 SK 10라운드 87순위 |
| | 학력 | 고명초-건대부중-경동고-단국대 | 입단년도 | 2013 SK |

### 99 윤정현

볼티모어에 입단했다가 2016년 방출된 뒤 군 복무를 마치고 2019년 신인 2차 지명을 통해 입단했다. 지난해 1군 15경기, 2군 10경기를 던지며 실전 감각을 다졌다. 신체 조건이 우수하고 투구 폼이 간결하며 디셉션도 좋다. 상체 위주의 피칭은 개선해야 한다. 향후 선발 기대주.

| 투수 좌투좌타 | 생년월일 | 1993년 5월 17일 | 연봉(2021) | 3500만 원 |
|---|---|---|---|---|
| | 신장/체중 | 187cm/110kg | 지명순위 | 2019 넥센 2차 1라운드 4순위 |
| | 학력 | 서원초-세광중-세광고 | 입단년도 | 2019 키움 |

### 10 문성현

상무에서 복귀한 뒤 2018년과 2019년 어깨 부상 후유증으로 재활에 매달렸다. 140km대 초반의 직구와 주무기인 슬라이더가 평균 이상의 위력을 갖췄으나 제구력은 불안한 상태다. 올해는 롱릴리프로 1군에서 활약할 가능성이 있다.

| 투수 우투우타 | 생년월일 | 1991년 11월 9일 | 연봉(2021) | 4500만 원 |
|---|---|---|---|---|
| | 신장/체중 | 180cm/87kg | 지명순위 | 2010 넥센 4라운드 31순위 |
| | 학력 | 남정초-선린중-충암고 | 입단년도 | 2010 넥센 |

### 54 이종민

지난 시즌 2군 17경기에서 2승 2패, 평균자책점 6.00을 기록했다. 아직 성장 과정이 필요하다. 높은 타점과 변화구 구사력이 좋다. 우타자를 상대로 몸쪽 직구 구사 능력이 우수하다. 순발력과 볼 회전력은 보완해야 한다. 워낙 피칭 감각이 뛰어나 본인의 투구 패턴을 마련한다면 경쟁력은 있다.

| 투수 좌투좌타 | 생년월일 | 2001년 6월 4일 | 연봉(2021) | 3000만 원 |
|---|---|---|---|---|
| | 신장/체중 | 185cm/100kg | 지명순위 | 2020 키움 2차 1라운드 7순위 |
| | 학력 | 성동초-덕수중-성남고 | 입단년도 | 2020 키움 |

### 97 박관진

지난해 2군 22경기에서 24⅔이닝 동안 2승, 5세이브, 평균자책점 2.55를 기록해 릴리프로서 가능성을 보였다. 어깨가 강하고 가동 범위가 넓다. 140km대 중반의 직구와 평균 이상의 구위를 보인다. 변화구의 구종 보완이 필요하다. 지난해 경험을 발판삼아 1군 기회를 얻을 전망이다.

| 투수 우투우타 | 생년월일 | 1997년 3월 26일 | 연봉(2021) | 3000만 원 |
|---|---|---|---|---|
| | 신장/체중 | 186cm/90kg | 지명순위 | 2020 키움 2차 5라운드 47순위 |
| | 학력 | 소양초-춘천중-강릉고-인하대 | 입단년도 | 2020 키움 |

### 13 조성운

지난해 42경기에서 추격조로 등판해 평균자책점 5.40을 기록했다. 책임감이 강하며 맞서 잡는 투구 내용이 인상적이었다. 구속은 평균 수준이고 다소 단조로운 구종 및 투구 패턴은 개선이 필요하다. 올 시즌 중간계투로 활용폭을 넓힐 수 있을 것으로 기대된다.

| 투수 우투우타 | 생년월일 | 1989년 10월 2일 | 연봉(2021) | 4500만 원 |
|---|---|---|---|---|
| | 신장/체중 | 185cm/88kg | 지명순위 | 2013 넥센 7라운드 58순위 |
| | 학력 | 영중초-신일중-신일고-한양대 | 입단년도 | 2013 넥센 |

### 12 박승주

올해 중간계투로 출전 기회를 받을 수 있다. 지난해 2군 28경기에서 3승 1패, 1세이브, 5홀드, 평균자책점 3.73을 올렸다. 패스트볼 구위가 좋아 단조로운 투구 패턴에도 타자에게 밀리지 않는다. 이닝 소화하는 능력은 떨어진다. 구종 개발이 필요하고 경기 운영 능력도 갖춰야 한다.

| 투수 우투우타 | 생년월일 | 1994년 2월 12일 | 연봉(2021) | 3000만 원 |
|---|---|---|---|---|
| | 신장/체중 | 179cm/93kg | 지명순위 | 2016 넥센 육성선수 |
| | 학력 | 화계초-언북중-경기고-동국대 | 입단년도 | 2016 넥센 |

### 35 조영건

지난해 2군에서 선발로 8경기에 등판해 35⅔이닝 동안 평균자책점 1.77, 피안타율 0.215를 기록했다. 직구 구속은 142~143km, 최고 150km까지 던지며 스태미나가 강하다. 주자가 나가면 흔들리는 경향이 있지만 경험을 쌓으면서 개선할 수 있다. 올해 1군에서 보직 가능성이 크다.

| 투수 우투우타 | 생년월일 | 1999년 2월 4일 | 연봉(2021) | 3800만 원 |
|---|---|---|---|---|
| | 신장/체중 | 180cm/85kg | 지명순위 | 2019 넥센 2차 2라운드 14순위 |
| | 학력 | 대전신흥초-충남중-백송고 | 입단년도 | 2019 키움 |

# PLAYERS

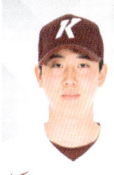
### 30 차재용
롯데에서 이적해 온 뒤로 아직 두각을 나타내지 못했다. 잦은 부상으로 경험이 적다. 지난 시즌 2군서 14경기에 등판해 17⅔이닝 동안 평균자책점 8.66으로 난조를 보였다. 상위 라운드 지명 선수인 만큼 미래 가치가 높은 좌완 선발 후보다.

| 투수<br>좌투좌타 | 생년월일 | 1996년 8월 20일 | 연봉(2021) | 3000만 원 |
|---|---|---|---|---|
| | 신장/체중 | 184cm/88kg | 지명순위 | 2015 롯데 2차 라운드 19순위 |
| | 학력 | 소래초-동산중-부천고 | 입단년도 | 2015 롯데 |

### 44 김휘집
신인으로서 투수 장재영과 함께 1군 전력감으로 꼽힌다. 전천후 내야수로 김하성의 이적으로 공백이 된 유격수 경쟁에 뛰어들 야심을 품었다. 야구에 대한 이해도와 집중력이 높다. 지나치게 공격적인 플레이로 부상 위험이 높다는 지적도 받는다.

| 내야수<br>우투우타 | 생년월일 | 2002년 1월 1일 | 연봉(2021) | 3000만 원 |
|---|---|---|---|---|
| | 신장/체중 | 180cm/88kg | 지명순위 | 2021 키움 2차 1라운드 9순위 |
| | 학력 | 양목초-대치중-신일고 | 입단년도 | 2021 키움 |

### 32 김재현
상무에서 제대해 지난 시즌 막바지 돌아왔다. 안정적 수비력을 바탕으로 도루 저지율과 블로킹, 프레이밍 모두 평균 이상을 보인다. 타격 능력은 상대적으로 떨어진다. 지난해 상무에서 58경기에 출전해 타율 0.246, OPS 0.633을 기록했다. 올해 주로 백업으로 마스크를 쓸 전망이다.

| 포수<br>우투우타 | 생년월일 | 1993년 3월 18일 | 연봉(2021) | 7000만 원 |
|---|---|---|---|---|
| | 신장/체중 | 178cm/85kg | 지명순위 | 2012 넥센 8라운드 76순위 |
| | 학력 | 진북초-전라중-대전고 | 입단년도 | 2012 넥센 |

### 58 김신회
지난해 2군 40경기에서 타율 0.188에 그쳤다. 공수에서 아직 즉시 전력감과 거리가 있다. 빠른 발을 앞세운 외야 수비 범위는 일품이다. 타격에서는 보완해야 할 부분이 많다. 올해 1군 데뷔가 목표다.

| 외야수<br>좌투좌타 | 생년월일 | 1999년 7월 14일 | 연봉(2021) | 3000만 원 |
|---|---|---|---|---|
| | 신장/체중 | 177cm/75kg | 지명순위 | 2019 넥센 2차 8라운드 74순위 |
| | 학력 | 둔촌초-배재중-제물포고 | 입단년도 | 2019 키움 |

### 22 주효상
지난해 63경기에서 타율 0.190으로 부진했다. 올해 군 복무를 염두에 두는 상황이지만 시즌 초반에는 팀과 할 수 있을 것으로 예상된다. 지난 시즌 내내 타격감이 좋지 않았다. 일발 장타력을 갖추고 있고 포수로서 수비력도 나쁘지 않은 편인데 경험에 비해 발전 속도가 느리다.

| 포수<br>우투좌타 | 생년월일 | 1997년 11월 11일 | 연봉(2021) | 4300만 원 |
|---|---|---|---|---|
| | 신장/체중 | 182cm/85kg | 지명순위 | 2016 넥센 1차 |
| | 학력 | 역북초-강남중-서울고 | 입단년도 | 2016 넥센 |

### 57 박주홍
지난해 신인 1차 지명다운 타격을 보여줬다. 부드러운 타격 메커니즘, 평균 이상의 파워를 보유했다. 향후 좌타 파워히터로 성장할 가능성이 크다. 일단 올 시즌에는 경험을 쌓는 기분으로 외야 전 포지션 백업으로 활용될 수 있다. 향후 1~2년안에 주전으로 자리 잡는 게 목표다.

| 외야수<br>좌투좌타 | 생년월일 | 2001년 4월 16일 | 연봉(2021) | 3000만 원 |
|---|---|---|---|---|
| | 신장/체중 | 188cm/92kg | 지명순위 | 2020 키움 1차 |
| | 학력 | (하남시리틀)-건대부중-장충고 | 입단년도 | 2020 키움 |

### 4 김병휘
지난해 2군 52경기에서 타율 0.188을 기록해 아직 육성 기간을 더 가져야 한다. 평균 이상 주력에 운동 능력도 갖췄다는 평가다. 수비에서는 움직임이 부드러워 포구 및 송구는 무난하다. 하체 밸런스를 보완할 필요가 있다. 유격수 백업 자원으로 분류된다.

| 내야수<br>우투우타 | 생년월일 | 2001년 2월 16일 | 연봉(2021) | 3000만 원 |
|---|---|---|---|---|
| | 신장/체중 | 177cm/79kg | 지명순위 | 2020 키움 2차 4라운드 37순위 |
| | 학력 | 효제초-홍은중-장충고 | 입단년도 | 2020 키움 |

### 2 변상권
지난 시즌 1군에 데뷔해 평균 이상의 좌타자로 성장할 조짐을 보였다. 35경기에서 타율 0.274, 득점권 타율 0.348을 올렸다. 중장거리형 타자로 콘택트 능력도 양호하다. 선구안은 보완이 필요하다. 상황에 맞는 플레이에 능해 올해 백업 외야수로 활약이 기대된다.

| 외야수<br>우투좌타 | 생년월일 | 1997년 4월 4일 | 연봉(2021) | 3500만 원 |
|---|---|---|---|---|
| | 신장/체중 | 180cm/80kg | 지명순위 | 2018 넥센 육성선수 |
| | 학력 | 인천서림초-상인천중-제물포고-인천재능대 | 입단년도 | 2020 키움 |

### 46 김수환
지난해 2군서 충분히 경험을 쌓았다. 64경기에서 타율 0.275, 8홈런, 44타점, OPS 0.851을 올리며 성장세를 나타냈다. 파워를 타고 났고 콘택트 능력도 지녔다. 1군 기회 여부는 수비력에 달렸다.

| 내야수<br>우투우타 | 생년월일 | 1998년 3월 20일 | 연봉(2021) | 3000만 원 |
|---|---|---|---|---|
| | 신장/체중 | 180cm/100kg | 지명순위 | 2018 넥센 2차 5라운드 48순위 |
| | 학력 | 인천부일초-인천재능중-제물포고 | 입단년도 | 2018 넥센 |

### 53 송우현
지난해 2군 52경기에서 타율 0.292, 6홈런을 때리며 파워와 정확성에서 성장 가능성을 보여줬다. 빠른 볼에 강한 스윙 메커니즘을 지녔고 수비에서도 강한 어깨를 자랑한다. 경험이 부족해도 워낙 성실하고 절실함이 커 1군 백업 외야수로 기대된다.

| 외야수<br>좌투좌타 | 생년월일 | 1996년 12월 27일 | 연봉(2021) | 3000만 원 |
|---|---|---|---|---|
| | 신장/체중 | 181cm/78kg | 지명순위 | 2015 넥센 2차 6라운드 58순위 |
| | 학력 | 대전신흥초-온양중-북일고 | 입단년도 | 2015 넥센 |

### 37 김은성
지난해 2군 26경기에서 타율 0.342, 1군 16경기서 타율 0.500을 기록했다. 타격 재능 뛰어나며 수비력 또한 준수하다. 경험을 좀 더 쌓으면 올해 1군에서 백업 내야수로 기회를 늘릴 수 있다.

| 내야수<br>우투우타 | 생년월일 | 1993년 3월 7일 | 연봉(2021) | 3000만 원 |
|---|---|---|---|---|
| | 신장/체중 | 179cm/83kg | 지명순위 | 2015 넥센 육성선수 |
| | 학력 | 금평초-자양중-전주고-원광대 | 입단년도 | 2015 넥센 |

### 29 임지열
허리가 강하고 하체 활용에 능해 장타력이 우수하다. 1군 경험이 별로 없지만 외야로 전향한 뒤 타격에 집중하면서 콘택트 능력을 보완 중이다.

| 외야수<br>우투우타 | 생년월일 | 1995년 8월 22일 | 연봉(2021) | 3000만 원 |
|---|---|---|---|---|
| | 신장/체중 | 180cm/90kg | 지명순위 | 2014 넥센 2차 2라운드 22순위 |
| | 학력 | 대전신흥초-건대부중-덕수고 | 입단년도 | 2014 넥센 |

### 8 문찬종
메이저리그 도전을 포기하고 돌아와 지난해 1군에 데뷔해 5경기를 뛰었다. 2군 25경기에서는 타율 0.267, 12타점을 기록했다. 수비에서 상황 판단력과 바운드 대처능력이 뛰어나다. 베이스 러닝은 평균 수준이다. 지난해 경험을 바탕으로 올해 백업 내야수로 활약 가능하다.

| 내야수<br>우투양타 | 생년월일 | 1991년 3월 23일 | 연봉(2021) | 3000만 원 |
|---|---|---|---|---|
| | 신장/체중 | 183cm/83kg | 지명순위 | 2020 키움 2차 6라운드 57순위 |
| | 학력 | 도림초-선린중-충암고 | 입단년도 | 2020 키움 |

### 5 신준우
상위 라운드에 뽑혔지만 지난해 부상으로 시즌 막판 2군 1경기 출전에 그쳤다. 손목 힘이 좋고 수비력도 갖췄다. 올해는 경험 쌓기에 주력해야 한다.

| 내야수<br>우투우타 | 생년월일 | 2001년 6월 21일 | 연봉(2021) | 3000만 원 |
|---|---|---|---|---|
| | 신장/체중 | 176cm/83kg | 지명순위 | 2020 키움 2차 2라운드 17순위 |
| | 학력 | 대구수창초-대구경운중-대구고 | 입단년도 | 2020 키움 |

### TEAM PROFILE

| | |
|---|---|
| **팀명** | KIA 타이거즈 |
| **창립년도** | 1982년 |
| **구단주** | 정의선 |
| **모기업** | 기아 자동차 |
| **대표이사** | 이화원 |
| **단장** | 조계현 |
| **감독** | 맷 윌리엄스 |
| **연고지** | 광주광역시 |
| **홈구장** | 광주 기아챔피언스 필드 |
| **영구결번** | 7 이종범, 18 선동열 |
| **한국시리즈 우승** | 1983, 1986, 1987, 1988, 1989, 1991, 1993, 1996, 1997, 2009, 2017 |

# 2021 KIA TIGERS DEPTH CHART

**MANAGER**
맷 윌리엄스

**CENTER FIELDER**
이창진
김호령
이진영

**LEFT FIELDER**
나지완
이우성
문선재

**RIGHT FIELDER**
최원준
오선우
이우성

**SHORTSTOP**
박찬호
류지혁
김규성
박민

**2ND BASE**
김선빈
김규성
최정용
최정민

**3RD BASE**
류지혁
김태진
나주환
장영석

**1ST BASE**
터커
황대인
유민상

**CLOSER**
전상현

**STARTING PITCHER**
브룩스, 멩덴, 임기영
이의리, 김현수
(이민우, 장현식, 김유신)

**BULLPEN**
홍상삼
정해영
박준표

**CATCHER**
한승택
김민식
이정훈
백용환

**DH**
최형우

# 2020 REVIEW & 2021 PREVIEW

KIA 타이거즈의 2020시즌을 한 마디로 요약하면 '아쉬움'이다. 3년 만에 5할 승률(73승 71패, 승률 0.507)에 복귀했다. 세 명의 두 자릿수 승수 투수에다 타격왕까지 배출했다. 양현종(33)을 비롯해 애런 브룩스와 드류 가뇽(이상 31)이 나란히 11승씩 팀에 배달했다. 베테랑 최형우(38)는 타율 3할5푼4리를 기록해 손아섭(롯데 자이언츠)을 2리 차로 제치고 생애 두 번째 타격왕을 차지했다. 그러나 결과적으로 포스트시즌 진출에 실패했다.

시작은 '변화'였다. 창단 첫 외국인 감독에게 지휘봉을 맡겼다. 주인공은 메이저리그 슈퍼스타 출신 맷 윌리엄스 감독(56)이었다. 2019년부터 기조로 잡은 육성과 성적, 두 마리를 토끼를 잡기 위한 적임자로 윌리엄스 감독을 택했다. 윌리엄스 감독은 2019년 10월 마무리 캠프부터 의욕적으로 선수단 파악에 나섰다. 마무리 캠프가 끝난 뒤에도 미국으로 건너가 전력분석팀에서 제공한 영상을 돌려보며 KIA와 나머지 KBO리그 9개 구단을 분석했다. 외국인 투수 듀오는 오클랜드어슬레틱스 출신 애런 브룩스와 뉴욕메츠에서 스스로 40인 로스터를 풀고 나온 드류 가뇽으로 뽑았다. 윌리엄스 감독은 2020년 2월 1일 미국 플로리다 스프링캠프부터 본격적으로 팀을 지휘했다. 당시 선수만 무려 54명을 포함했다. 코칭스태프 20명까지 합치면 74명의 대규모 캠프였다. 프런트는 데이터분석 프로그램, 대규모 선수단 캠프 등 첫 외국인 감독에게 지원을 아끼지 않았다. 미국 플로리다 캠프는 그야말로 미니 시즌이었다. 제로베이스에서 선수들을 파악하길 원했던 윌리엄스 감독은 캠프 3주째부터 연습경기를 19차례나 치렀다. 허리 디스크 부상으로 귀국한 외야수 이창진을 제외하고 선수 53명을 골고루 테스트하는 동시에 주전급 베테랑들을 상위 타순으로 끌어올려 경기력을 체크했다. 윌리엄스 감독은 "플로리다 캠프는 굉장히 잘 진행됐다. 경기를 많이 하면서 디싑수도 많이 채웠다"라고 만족스러워했다.

우여곡절 끝에 지각 개막한 2020시즌 초반 KIA는 잦은 수비 실책과 투타의 불균형을 보였다. 특히 중견수 최원준의 수비가 불안했다. 부상 중인 이창진과 김호령의 유일한 대안인 최원준으로 5월을 버틸 수밖에 없었다. '박전문(박준표-전상현-문경찬)'으로 불린 필승조가 위안이 되었다. 박준표와 전상현은 개막 이후 한달 반 동안 0점대 평균자책을 유지하기도 했다. 하지만 고비마다 부상 변수가 KIA를 괴롭혔다. 첫 부상자는 2루수 김선빈(32)이었다. 2017년 타격왕 시즌의 정교한 타격감을 보이던 김선빈이 지난해 6월 9일 수원 KT전에서 주루 도중 햄스트링을 다쳤다. 백업 김규성으로 어느 정도 수비 공백을 메웠지만 타격이 채워지지 않았다. 김선빈은 7월과 8월에도 부상 부위 재발로 부상자 명단에 올랐다. 6월 초 내야수 류지혁이 합류 5경기 만에 부상으로 시즌을 접었다. 8월은 그야말로 부상과의 싸움이었다. 이창진이 주루 중 허벅지를, 투수 박준표가 웨이트트레이닝 중 손가락 인대를 다쳤다. 박준표가 돌아오자 클로저 전상현이 우측 어깨 염증으로 부상자 명단에 올랐다. 박준표가 전상현 복귀 전까지 뒷문을 잘 막았지만 불펜 운영은 혼란을 겪었다.

KIA는 7월 말까지 3위였다. 7월 1위였던 평균자책점(4.24)이 8월 들어 꼴찌(6.38)로 떨어져 순위까지 5~6위로 내려갔다. 한창 5강 싸움 도중에 또 이탈자가 발생했다. 부상이 아닌 개인사였다. 외인 투수 브룩스가 미국에 있던 가족들이 신호위반 차량에 교통사고를 당해 떠나야 했다. 브룩스는 9월 네 차례 선발등판에서 4승, 평균자책 0.95로 최고의 모습을 보였기에 아쉬움이 컸다. 10월에는 야수들의 체력 저하에 발목을 잡혔다. 최형우와 최원준의 맹활약만으로 상대 팀과 화력 대결을 버텨내기는 힘들었다. 윌리엄스 감독은 2020년 마무리 캠프 때부터 메이저리그식 훈련방법을 도입했다. 비시즌 기술 훈련을 배제한 채 체력 훈련에 매진했다. 타자에게는 방망이를 잡지 못하게 했고 투수는 공을 던지지 말라고 주문했다. 선수들은 웨이트트레이닝에 초점을 맞췄다. 주장 나지완은 7kg이 빠져 날렵한 턱선을 되살렸다. 신인 이의리는 80kg대 초반 몸무게를 90kg까지 늘렸다. '차세대 거포' 오선우와 이창진은 장타를 위해 벌크업 중이다. 지난해 벌크업 효과를 톡톡히 본 터커는 그야말로 '헐크'로 변신했다.

KIA는 캠프 2주차부터 본격적인 기술 훈련을 시작했다. 투수들은 불펜 피칭을 시작했고 타자들은 실전 배팅 훈련에 돌입했다. 2021시즌을 앞두고 KIA의 최대 숙제는 '양현종 빈자리 채우기'다. 양현종이 미국 메이저리그 도전을 택하면서 지난 6년간 평균 186이닝을 소화해주던 에이스의 공백을 메우는 것이 절실해졌다. 이 자리는 육성되는 투수들로 채울 전망이다. 지난해 롯데에서 안치홍의 보상선수로 건너와 1군 무대 선발을 경험한 김현수를 비롯해 장현식과 2021년 루키 사총사 투수들에게 기대를 걸어보고 싶다. 양현종의 이탈은 아쉽지만 선발 보직을 받은 후보들에게는 강한 동기부여로 작용한다. 리빌딩이 이뤄진 내야에는 타격력을 높이기 위해 또 다시 변화를 준다. 지난 시즌 유민상과 황대인으로 버텼던 1루수는 터커가 맡는다. 지난 시즌을 마친 뒤 윌리엄스 감독과 터커가 합의한 내용이다. 유격수와 3루수도 변화가 감지된다. 윌리엄스 감독은 지난해에도 유격수 박찬호를 3루수로 변경시키려다 3루수에 부상자가 발생하는 바람에 박찬호가 유격수로 계속 중용됐다. 올해에도 박찬호를 유격수 1옵션, 류지혁을 3루수 1옵션에 둘 전망이다. 다만 멀티 능력을 강조하는 윌리엄스 감독은 언제든지 박찬호를 유격수, 류지혁을 3루수 1옵션으로 옮기는 것도 염두에 둔다. 외야에서도 변화가 일어난다. 좌익수는 나지완으로 고정되겠지만 주전 중견수와 우익수의 얼굴이 바뀔 전망이다. 터커가 빠진 우익수에 최원준이 들어가고 이창진과 김호령이 중견수 자리를 놓고 경쟁할 것으로 보인다. KIA의 2021년은 물음표가 많다. 물음표를 느낌표로 바꿀 수만 있으면 충분히 5강을 엿볼 수 있다는 전문가들의 평가다. 육성과 성적, 두 마리 토끼를 모두 잡을 수 있는 시즌이기도 하다.

# TEAM INFO

## 2020 팀 순위 — 포스트시즌 최종 순위 기준 - 6위

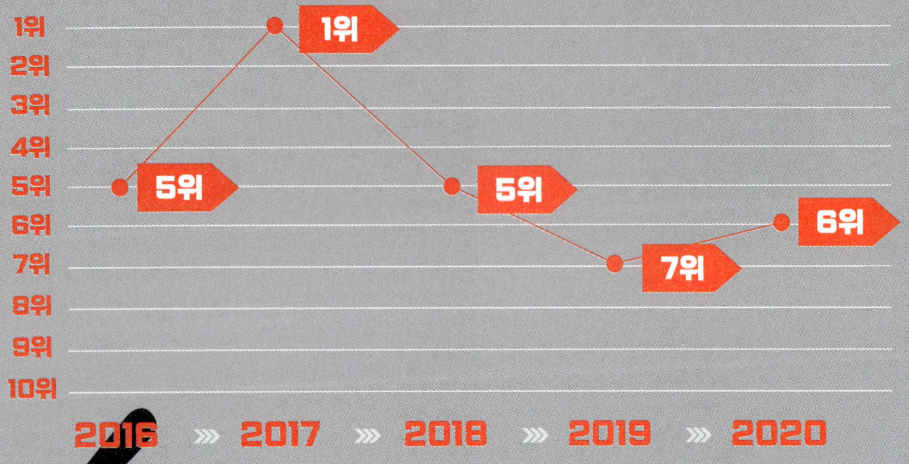

|  |  |
|---|---|
| 2016 | 5위 |
| 2017 | 1위 |
| 2018 | 5위 |
| 2019 | 7위 |
| 2020 | 6위 |

## 유니폼
홈 / 원정

## 2020 시즌 공격력

| 항목 | 기록 | 순위 |
|---|---|---|
| 타율 | 0.274 | 6위 |
| 홈런 | 130개 | 6위 |
| 병살타 | 114개 | 6위 |
| 삼진 | 957개 | 8위 |
| OPS | 0.755 | 7위 |
| 득점권 타율 | 0.284 | 5위 |

## 수비력

| 항목 | 기록 | 순위 |
|---|---|---|
| 실책 | 100개 | 공동 4위 |
| 견제사 | 7개 | 공동 5위 |
| 병살 성공 | 169개 | 1위 |
| 도루저지율 | 35.9% | 3위 |

## 주루

| 항목 | 기록 | 순위 |
|---|---|---|
| 도루성공률 | 65.3% | 8위 |
| 주루사 | 47개 | 6위 |
| 견제사 | 6개 | 공동 5위 |

## 2021 예상 베스트 라인업

### 수비 포지션별
| 포수 | 1루수 | 2루수 | 3루수 | 유격수 |
|---|---|---|---|---|
| 한승택 | 터커 | 김선빈 | 류지혁 | 박찬호 |

| 좌익수 | 중견수 | 우익수 | 지명타자 |
|---|---|---|---|
| 나지완 | 이창진 | 최원준 | 최형우 |

### 선발 로테이션
브룩스-멩덴-임기영-이의리-김현수(이민우-장현식-김유신)

### 필승조
홍상삼-정해영-박준표

### 마무리
전상현

## 2020년 팀별 상대전적표

| VS | 승-무-패 | 타율 | 홈런 | ERA |
|---|---|---|---|---|
| NC | 9승 0무 7패 | 0.262 | 13 | 6.42 |
| KT | 7승 0무 9패 | 0.287 | 13 | 4.8 |
| LG | 5승 0무 11패 | 0.248 | 13 | 6.52 |
| 두산 | 3승 0무 13패 | 0.262 | 9 | 6.24 |
| 키움 | 9승 0무 7패 | 0.266 | 20 | 4.59 |
| 롯데 | 10승 0무 6패 | 0.279 | 17 | 4.68 |
| 삼성 | 10승 0무 6패 | 0.31 | 22 | 4.93 |
| SSG | 9승 0무 7패 | 0.269 | 15 | 4.14 |
| 한화 | 11승 0무 5패 | 0.287 | 8 | 3.97 |

# PARK FACTOR
## 광주 기아챔피언스 필드

펜스높이 **2.6m**
121m / 116m / 116m / 99m / 99m

### 경기수
**72** 홈팀 | **72** 원정팀

| 홈팀 | 원정팀 |
|---|---|
| 타율 0.282 | 타율 0.286 |
| 홈런 75 | 홈런 59 |
| 실책 51 | 실책 45 |

### 좌타자 타율
- 0.289 홈팀
- 0.296 원정팀

### 우타자 타율
- 0.276 홈팀
- 0.281 원정팀

### 좌타자 홈런
**39** 홈팀 \ **26** 원정팀

### 우타자 홈런
**36** 홈팀 \ **32** 원정팀

홈런 팩터가 2014년 문학과 비슷한 수치(1079)를 찍으면서 타자 친화적인 모습을 보여줬지만 2015년부터 수치가 줄어 종합적으로 투수 친화형 구장으로 인식된다. 파울라인 존이 극단적으로 좁다. 포수 뒤 관중석 거리도 18.5m로 다이내믹한 관람에 주안점.

 **좌석 2만 7000석**

 **천연잔디**

# 9 맷 윌리엄스
## MANAGER

| | |
|---|---|
| 생년월일 | 1965년 11월 28일 |
| 출신학교 | 카슨 고등학교-네바다 대학교 라스베가스 캠퍼스 |
| 주요경력 | 샌프란시스코자이언츠(1987~1996)/클리블랜드인디언스(1997)/애리조나다이아몬드백스(1998~2003) 선수, 애리조나 단장 특별보좌(2004)/1루 주루코치(2010)/3루 작전코치(2011~2013), 워싱턴내셔널스 감독(2014~2015), 애리조나 3루 작전코치(2016), 오클랜드애슬레틱스 3루 작전코치(2018~2019), KIA 감독(2020~) |
| 연봉 | - |

맷 윌리엄스 감독은 2020시즌 KBO리그 역대 세 번째 외국인 감독이다. 현역 시절 미국 메이저리그 슈퍼스타 출신으로 통산 1866경기에 출전해 378홈런, 1218타점 타율 2할6푼8리를 기록했다. 메이저리그 올스타에 5차례 뽑혔고 3루수로서 4차례 골드글러브와 실버슬러거를 수상했다. 2001년 애리조나에선 주전 3루수이자 4번 타자로 활약하며 김병현과 함께 월드시리즈 우승을 경험했다. 지도자는 2010년부터 시작했지만 감독 커리어는 2년에 불과했다. 2014년 워싱턴 내셔널스 감독으로 부임해 내셔널리그 최고 승률을 기록하며 팀을 디비전시리즈까지 이끌었다.

2020년 윌리엄스 감독은 나름 성공적인 KBO리그 데뷔 시즌을 보냈다. 포스트시즌 진출에는 실패했지만 3년 만에 팀은 5할 승률로 복귀했다. 자칫 선수들은 국내 사령탑보다 외국인 감독을 더 어려워할 수 있었다. 이 부분을 강한 카리스마와 '옆집 아저씨' 같은 푸근함으로 뛰어넘었다. 선수들과 벽을 허물었다. 선수들을 자식같이 생각하는 모습을 보이자 선수들이 마음의 문을 열고 먼저 다가갔다. 비록 보유 선수들의 기량이 타 팀보다 떨어지는 모습이 보여도 항상 믿음을 잃지 않았다. 선수가 컨디션을 회복할 때까지 기다려주고 또 기다렸다. 주어진 환경에서 불평불만 없이 최선을 다했다. 윌리엄스 감독이 부임 이후 선수단 내 고정관념을 걷어낸 건 '정해진 스쿼드'였다. KIA 선수들 사이에선 소위 "쓰는 선수만 쓴다"라는 불만이 있었다. 이런 문화를 미국 플로리다 스프링캠프 때부터 깼다. 제로베이스에서 선수 54명을 관찰하고 선발과 백업을 나눴다. 캠프 기간 미국 대학 및 독립리그 연합 팀과의 19차례 실전경기를 통해 공정하게 기량을 점검했다. 그러자 젊은 선수들에게도 강한 동기부여가 생겼다. 2019년부터 육성 기조로 돌아선 팀 방향성에도 적극 공감하면서 시즌 중 어린 선수들을 중용하는 데 거리낌이 없었다. 투수 파트에선 루키 정해영의 성공을 이끌었다. 야수 파트에선 황대인, 김규성, 박 민 등 젊은 피들의 성장도 도왔다. 윌리엄스 감독이 지난 시즌 KIA 선수들에게 필요하다고 느낀 건 체력 향상이었다. 몸이 제대로 만들어지지 않았거나 체력 저하로 부상을 막지 못했다는 것이다. KIA가 치열한 5강 경쟁에서 시즌 막판 밀려난 것도 눈에 띄게 떨어진 체력이 결정적 이유였다는 분석이다. 때문에 윌리엄스 감독은 마무리 훈련 때부터 기술 훈련을 중단하고 체력 훈련에 집중했다. 비시즌 기간에도 트레이닝파트에 개인별 체력 프로그램 제작을 주문해 선수들에게 전달했다. 메이저리그식 시스템이었다. 프런트와 선수들도 생소했지만 윌리엄스 감독의 노하우를 믿고 따르기로 했다.

2021년 윌리엄스 감독은 KBO리그 두 번째 시즌을 맞는다. 역대 제리 로이스터 전 롯데 자이언츠 감독과 트레이 힐만 전 SK 와이번스 감독은 2년 차 시즌에 KBO리그 지도자 커리어하이를 찍었다. 로이스터 감독은 2년 연속 가을야구 진출에 성공했고 힐만 감독은 한국시리즈 우승을 차지했다. 윌리엄스 감독도 부담을 가질 수밖에 없다. 쌓인 숙제 중 가장 큰 것은 양현종 공백 메우기다. 지난 6년간 평균 186이닝을 소화한 투수가 선발 로테이션에서 빠졌기 때문에 쉽지 않은 일이다. 윌리엄스 감독은 "대체 투수를 팀 내에서 찾는 것을 포함해 FA와 트레이드도 염두에 두고 있다"라고 밝혔는데 5선발 자리에 '벌떼 전략'을 써야 할 상황도 올 수 있다. 많은 후보를 만들어두는 혜안이 필요하다. 내외야 수비 포지션 변화도 안정적으로 정착시켜야 한다. 지난 시즌이 끝난 뒤 외국인 타자 프레스턴 터커에게 2021시즌 1루수를 맡아달라고 주문했다. 유격수와 3루수에도 변화를 줄 것으로 보인다. 류지혁이 건강하다는 전제조건과 지난해 경험치를 많이 먹은 김규성이 있기 때문에 기존 박찬호와 시너지 효과를 낼 수 있는 수비 조합을 구상 중이다. 야수 선택은 공격력을 더 강화하기 위해서다. 윌리엄스 감독은 올 시즌도 선수들에게 연속성(consistency)을 강조한다. 윌리엄스 감독은 "결국 계획했던 것을 실행하기에 달려있다. 꾸준함, 기복 없는 모습을 많이 언급했다. 결국 그게 최종 목표"라고 설명했다.

# COACHING STAFF

**77 마크 위더마이어**
- 생년월일: 1955년 1월 17일
- 출신학교: 오하이오주립대학원
- 보직: 수석 코치
- 주요경력: 캘리포니아에인절스 스카우트(1984~1987), 뉴욕양키스 선수 개발담당(1989~1990), 클리블랜드인디언스 미 동부·라틴아메리카 담당 스카우트(1991~1995), 시카고화이트삭스 스카우트(1996~1998), LA다저스 스카우트(1999~2006)/특별 지명 스카우트(2007~2008)/단장 특별보좌(2009~2010), 애리조나다이아몬드백스 스카우트(2011~2013), 워싱턴내셔널스 수비 포지셔닝 코치(2014~2015), 삼성라이온즈 외국인선수 코디네이터(2017~2018), 웨스트사이드올리람모스 감독(2019), KIA타이거즈 수석코치(2020~)

**73 정명원**
- 생년월일: 1966년 6월 14일
- 출신학교: 군산남초-군산남중-군산상고-원광대
- 보직: 투수 코치
- 주요경력: 태평양/돌핀스/현대 선수(1989~2000), 현대 2군 투수코치(2001~2004)/1군 투수코치(2005~2007), 넥센 2군 투수코치(2008~2011), 두산 1군 투수코치(2012~2013), KT 투수코치(2014)/위즈 1군 투수코치(2015~2018)/2군 투수코치(2018)/잔류군 투수코치(2019~2020), KIA 1군 투수코치(2021~)

**96 곽정철**
- 생년월일: 1986년 3월 14일
- 출신학교: 광주 송정동초-광주 무등중-광주일고
- 보직: 투수 코치
- 주요경력: KIA 선수(2005~2018), KIA 2군 투수코치(2019~2020)/1군 투수코치(2021~)

**79 송지만**
- 생년월일: 1973년 4월 4일
- 출신학교: 서흥초-동산중-동산고-인하대
- 보직: 타격 코치
- 주요경력: 한화(1996~2003)/현대 유니콘스(2004~2007)/우리-서울-넥센(2008~2014) 선수, 화성 타격코치(2015~2016)/수비코치(2017), 넥센 1군 수비·주루코치(2018), KIA 1군 우타자 타격코치(2020~)

**78 최희섭**
- 생년월일: 1979년 3월 16일
- 출신학교: 송정동초-충장중-광주일고-고려대
- 보직: 타격 코치
- 주요경력: 시카고컵스(2002~2003)/플로리다말린스(2004)/LA다저스(2004~2005)/보스턴레드삭스(2006)/템파베이데블레이스(2006)/KIA(2007~2015) 선수, 야구해설위원(2016~2019), KIA 1군 좌타자 타격코치(2020~)

**75 김민우**
- 생년월일: 1979년 3월 21일
- 출신학교: 관산초-중앙중-부천고-한양대
- 보직: 수비 코치
- 주요경력: 현대(2002~2007)/우리-서울-넥센(2008~2013)/KIA(2014~2016) 선수, KIA 전력분석원(2016)/2군 수비코치(2017)/1군 수비코치(2018~)

**74 김종국**
- 생년월일: 1973년 9월 14일
- 출신학교: 광주서림초-무등중-광주일고-고려대
- 보직: 주루 코치
- 주요경력: 해태/KIA(1996~2010) 선수, KIA 2군 작전코치(2011~2012)/1군 주루코치(2012~), 대한민국 야구국가대표팀 작전코치(2019)

**80 이현곤**
- 생년월일: 1980년 2월 21일
- 출신학교: 광주 송정동초-광주 무등중-광주제일고-연세대
- 보직: 주루 코치
- 주요경력: KIA(2002~2012)/NC(2013~2014) 선수, 고양 수비코치(2015~2016), NC 1군 수비코치(2017~2018)/2군 타격코치(2019), KIA 1군 주루코치(2020~)

**70 진갑용**
- 생년월일: 1974년 5월 8일
- 출신학교: 부산하단초-부산중-부산고-고려대
- 보직: 배터리
- 주요경력: OB-두산(1997~1999)/삼성(1999~2015), 소프트뱅크호크스 2군 배터리코치(2017), 대한민국 야구국가대표팀 배터리코치(2017~), 삼성 1군 배터리코치(2018~2019), KIA 1군 배터리코치(2020~)

**71 이범호**
- 생년월일: 1981년 11월 25일
- 출신학교: 대구수창초-경운중-대구고-목원대
- 보직: 퓨처스 총괄 코치
- 주요경력: 한화(2000~2009)/소프트뱅크호크스(2010)/KIA(2011~2019) 선수, 소프트뱅크 연수코치(2019), KIA 스카우트(2020)/2군 총괄코치(2021~)

**98 서재응**
- 생년월일: 1977년 5월 24일
- 출신학교: 광주화정초-충장중-광주일고-인하대(중퇴)
- 보직: 퓨처스 투수코치
- 주요경력: 뉴욕메츠(2002~2005)/LA다저스(2006)/탬파베이데블레이스(2006~2007)/KIA(2008~2015) 선수, 야구 해설위원(2016~2017), 저니맨 외인구단 투수코치(2017), KIA 1군 불펜코치(2018)/1군 투수코치(2018)/1군 불펜코치(2018~2019)/1군 투수코치(2019~2020)/2군 투수코치(2021~)

**99 류택현**
- 생년월일: 1971년 10월 23일
- 출신학교: 도곡초-신일중-휘문고-동국대
- 보직: 퓨처스 투수코치
- 주요경력: OB(1994~1998)/LG(1999~2010, 2012~2014) 선수, LG 1군 투수코치(2015)/육성군 투수코치(2016), KT 2군 투수코치(2017)/1군 불펜코치(2018), KIA 2군 투수코치(2019)/육성군 투수코치(2019)/잔류군 투수코치(2019)

**90 김선진**
- 생년월일: 1967년 5월 5일
- 출신학교: 광주월산초-충장중-광주일고-연세대
- 보직: 퓨처스 타격코치
- 주요경력: LG(1990~2000) 선수, LG 2군 타격코치(2012~2013)/1군 타격보조코치(2014), KIA 2군 타격코치(2015~2016)/3군 타격코치(2017)/2군 타격코치(2018~2019)/잔류군 타격코치(2020)/2군 타격코치(2021)

**91 서동욱**
- 생년월일: 1984년 3월 21일
- 출신학교: 학동초-휘문중-경기고-전남과학대
- 보직: 퓨처스 타격코치
- 주요경력: KIA(2003~2005)/LG(2005~2013)/넥센(2013~2016)/KIA(2016~2019) 선수, KIA 2군 타격코치(2020~)

**83 백인수**
- 생년월일: 1963년 5월 19일
- 출신학교: 군산남초-군산남중-군산상고-동국대
- 보직: 퓨처스 타격 코치
- 주요경력: 해태(1987~1992)/쌍방울(1993~1996)/해태(1997~1999) 선수, 전주고 감독(1999), KIA 1군 수비코치(2001~2002)/1군 작전·내야수비코치(2002)/1군 수비코치(2003~2007), 히어로즈 1군 수비코치(2008~2009), KIA 2군 작전코치(2010~2013)/1군 수비코치(2014)/2군 수비코치(2015~2016)/3군 총괄코치(2017~2018), 홍익대 코치(2019) 화순고 코치(2020), KIA 2군 타격코치(2021~)

**88 정성훈**
- 생년월일: 1980년 6월 27일
- 출신학교: 광주 송정동초-광주 무등중-광주일고
- 보직: 퓨처스 타격 코치
- 주요경력: KIA(1999~2002)/현대(2003~2007)/우리(2008)/LG(2009~2017)/KIA(2018) 선수, KIA 2군 타격코치(2019)/1군 타격보조코치(2019)/2군 타격코치(2020)/2군 주루코치(2021~)

**72 김상훈**
- 생년월일: 1977년 10월 27일
- 출신학교: 광주중앙초-충장중-광주일고-고려대
- 보직: 퓨처스 배터리 코치
- 주요경력: 해태-KIA(2000~2014) 선수, KIA 2군 배터리코치(2015~2017)/1군 배터리코치(2018~2019)/2군 배터리코치(2020)

**81 윤해진**
- 생년월일: 1989년 2월 25일
- 출신학교: 대연초-부산중-개성고-경성대
- 보직: 퓨처스 수비 코치
- 주요경력: KIA(2012~2019) 선수, KIA 2군 작전코치(2020)/2군 타격코치(2021~)

**76 박기남**
- 생년월일: 1981년 8월 14일
- 출신학교: 길동초-건대부중-배재고-단국대
- 보직: 퓨처스 수비 코치
- 주요경력: LG(2004~2009)/KIA(2009~2015) 선수, KIA 스카우트(2016~2018)/2군 수비코치(2019~)

**84 배요한**
- 생년월일: 1974년 10월 24일
- 출신학교: 남목초-현대중-현대고-안동대
- 보직: 트레이닝 코치
- 주요경력: -

**94 정상옥**
- 생년월일: 1987년 12월 8일
- 출신학교: 매산초-해룡중-함평고-동신대
- 보직: 트레이닝 코치
- 주요경력: -

**87 윤인득**
- 생년월일: 1988년 3월 20일
- 출신학교: 옥포초-옥포중-거제중앙고-한체대
- 보직: 트레이닝 코치
- 주요경력: -

**95 유재민**
- 생년월일: 1988년 3월 20일
- 출신학교: 신촌초-대동중-대동고-한체대-한체대
- 보직: 트레이닝 코치
- 주요경력: -

**97 이상화**
- 생년월일: 1980년 9월 15일
- 출신학교: 송주초-포항중-경주고-경성대
- 보직: 전력분석 코치
- 주요경력: KIA(2004~2011) 선수, KIA 전력분석원(2012~2014)

**85 오준형**
- 생년월일: 1984년 7월 21일
- 출신학교: 송정동초-충장중-광주일고-인하대
- 보직: 전력분석 코치
- 주요경력: KIA(2007~2013) 선수, KIA 원정기록(2014~2016)/전력분석원(2017~2019)/1군 전력분석 코치(2020~)

**82 방석호**
- 생년월일: 1983년 8월 29일
- 출신학교: 영서초-청량중-신일고-단국대
- 보직: 전력분석 코치
- 주요경력: KIA(2009) 선수, KIA 2군 전력분석 코치(2018~2019)/1군 전력분석 코치(2020~)

**86 박지훈**
- 생년월일: 1986년 2월 23일
- 출신학교: 마산서서초-마산동중-용마고-중앙대
- 보직: 전력분석 코치
- 주요경력: -

**89 앤서니 르무**
- 생년월일: 1982년 10월 28일
- 출신학교: 노던뉴욕고
- 보직: 코디네이터
- 주요경력: 애틀란타브레이브스(2005~2009)/캔자스시티로열스(2009~2010)/소프트뱅크호크스(2011)/KIA(2012~2013)/요크레볼루션 2014, 2015)/솔트레이크비스(2014)/티뷰로네스데라과이라(2018) 선수, KIA 육성군 투수코치 및 외국인 선수 어드바이저(2019)/1군 불펜코치(2020)/1군 투수코치(2020)/퓨처스 코디네이터(2021~)

**67 강철민**
- 생년월일: 1979년 7월 22일
- 출신학교: 순천이수중-순천효천고-한양대
- 보직: 2군 투수 코치
- 주요경력: KIA(2002~2009)/LG(2009~2011)/한화(2013) 선수, 진흥고 코치(2015~2018), 화순고 코치(2019~2020), KIA 2군 투수코치(2021~)

# 36
# 애런 브룩스

**투수(우투우타)**

| | |
|---|---|
| 생년월일 | 1990년 4월 27일 |
| 신장/체중 | 193cm/104kg |
| 국적 | 미국 |
| 연봉(2021) | 120만 달러(인센티브 별도) |
| 지명순위 | - |
| 입단년도 | 2020 KIA |

브룩스는 2020년 KIA 유니폼을 입고 KBO리그에 데뷔했다. 시즌 전부터 두산 베어스 크리스 플렉센과 함께 타팀 감독들로부터 가장 기대되는 외국인 투수로 호평을 받았다. 브룩스는 실망시키지 않았다. 150km가 넘는 직구와 타자 좌우로 떨어지는 다양한 변화구의 각도가 예리했다. 23차례 선발 등판에서 퀄리티 스타트(선발 6이닝 이상, 3자책점 이하)가 69.5%(16회)에 달할 정도로 계산이 서는 투수였다. 151⅓이닝, 평균 6⅔이닝을 던져 이닝 소화력도 특급이었다. 팀 내 또 다른 외인 투수 드루 가뇽(159⅔이닝)보다 등판이 5경기 적었음에도 이닝 차이는 8⅓이닝밖에 되지 않았다. 평균자책점(2.50)은 리그 3위, 피안타율(0.238) 5위, 이닝당 출루허용률(1.02) 2위였다. 특히 땅볼 유도가 리그에서 압도적인 수준이었다. 땅볼과 뜬공 비율이 2.86개로 2위 에릭 요키시(1.70개)보다 1개 이상 많았다. 볼삼비도 리그 2위(5.42)일 정도로 볼넷 없이 공격형 투수로 자리매김했다. KIA보다 타격이 좋은 팀에서 뛰었다면 15승은 무난하게 배달해 줄 수 있는 능력을 충분히 보여줬다. 아쉽게도 시즌을 완주하지 못했다. 부상 때문이 아니었다. 미국에 거주하는 가족이 신호위반 차량에 교통사고를 당해 9월 말 미국으로 귀국해야 했다. 9월 4차례 선발 등판해 4승, 평균자책점 0.95를 기록했던 시점에서 팀을 이탈해야 했던 터라 아쉬움이 컸다.

2021시즌 브룩스의 어깨는 더 무거워졌다. 1선발이자 에이스였던 양현종이 미국 메이저리그 도전을 위해 떠났기 때문이다. 자연스레 브룩스가 1선발 중책을 맡을 전망이다. 브룩스는 지난해 수치를 유지하되 오드리사머 데스파이네(KT), 라울 알칸타라(두산), 댄 스트레일리(롯데)처럼 200이닝에 가까운 이닝 소화력을 보여줘야 한다. 게다가 오클랜드에서 한솥밥을 먹었던 새 외인 투수 다니엘 멩덴의 KBO리그 적응도 도와 원투펀치를 구성해야 한다. 2017년 20승씩 달성했던 원투펀치 헥터 노에시, 양현종과 같은 기대감을 부풀게 한다.

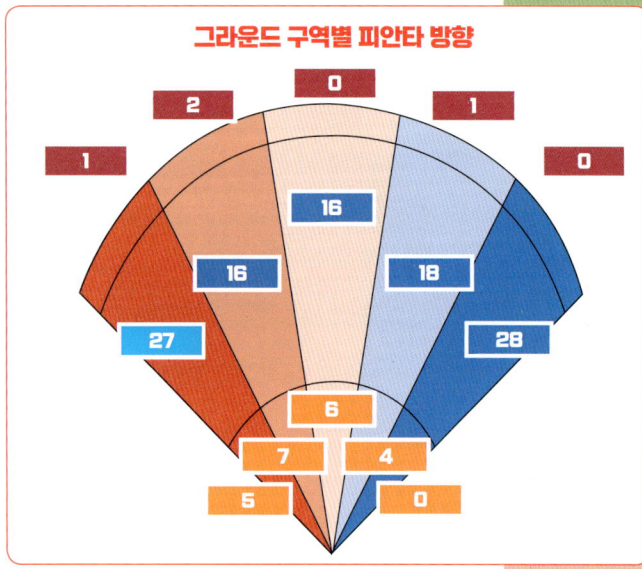

### 그라운드 구역별 피안타 방향

### 2020 시즌 & 통산 성적

| | 경기 | 선발 | 승 | 패 | 세이브 | 홀드 | 이닝 | 피안타 | 피홈런 | 볼넷 | 사구 | 삼진 | ERA |
|---|---|---|---|---|---|---|---|---|---|---|---|---|---|
| 2020 | 23 | 23 | 11 | 4 | 0 | 0 | 151.1 | 131 | 4 | 24 | 3 | 130 | 2.50 |
| 통산 | 23 | 23 | 11 | 4 | 0 | 0 | 151.1 | 131 | 4 | 24 | 3 | 130 | 2.50 |

### 2020 시즌 홈 / 원정 성적

| | 경기 | 선발 | 승 | 패 | 세이브 | 홀드 | 타자 | 이닝 | 피안타 | 피홈런 | 볼넷 | 사구 | 삼진 | 실점 | 자책점 | ERA |
|---|---|---|---|---|---|---|---|---|---|---|---|---|---|---|---|---|
| 홈 | 11 | 11 | 6 | 2 | 0 | 0 | 278 | 72.1 | 65 | 2 | 9 | 1 | 59 | 21 | 20 | 2.49 |
| 원정 | 12 | 12 | 5 | 2 | 0 | 0 | 308 | 79 | 66 | 2 | 15 | 2 | 71 | 22 | 22 | 2.51 |

### 2020 시즌 구종 구사

| 구종 | 평균구속 | 최고구속 | 구사율(%) | 피안타율 |
|---|---|---|---|---|
| 포심패스트볼 | 150 | 155 | 16.1 | 0.229 |
| 투심/싱커 | 149 | 155 | 32.4 | 0.250 |
| 슬라이더/커터 | 139 | 146 | 26.3 | 0.173 |
| 커브 | 129 | 135 | 6.2 | 0.500 |
| 체인지업 | 136 | 143 | 19.0 | 0.272 |
| 포크/SF | | | 0 | |
| 너클볼/기타 | | | 0 | |

### 2020 시즌 상황별 기록

| 상황 | 안타 | 2루타 | 3루타 | 홈런 | 볼넷 | 사구 | 삼진 | 폭투 | 보크 | 피안타율 |
|---|---|---|---|---|---|---|---|---|---|---|
| vs 좌 | 76 | 11 | 0 | 2 | 11 | 2 | 70 | 1 | 0 | 0.273 |
| vs 우 | 55 | 7 | 0 | 2 | 13 | 2 | 60 | 0 | 0 | 0.201 |
| 주자없음 | 77 | 7 | 0 | 2 | 11 | 2 | 90 | 1 | 0 | 0.218 |
| 주자있음 | 54 | 11 | 0 | 2 | 13 | 1 | 40 | 2 | 1 | 0.273 |
| 득점권 | 25 | 6 | 0 | 0 | 7 | 0 | 20 | 0 | 0 | 0.263 |
| 만루 | 1 | 0 | 0 | 0 | 0 | 0 | 0 | 0 | 0 | 0.200 |

### 2020 시즌 상대팀 별 기록

| 구분 | 경기 | 방어율 | 승 | 패 | 세이브 | 홀드 | 이닝 | 안타 | 홈런 | 볼넷 | 삼진 | 피안타율 |
|---|---|---|---|---|---|---|---|---|---|---|---|---|
| KT | 1 | 0.00 | 1 | 0 | 0 | 0 | 5.0 | 3 | 0 | 1 | 5 | 0.167 |
| LG | 4 | 3.81 | 1 | 2 | 0 | 0 | 26.0 | 21 | 1 | 4 | 24 | 0.233 |
| NC | 3 | 2.75 | 1 | 1 | 0 | 0 | 19.2 | 16 | 0 | 4 | 18 | 0.219 |
| SK | 1 | 4.05 | 1 | 0 | 0 | 0 | 6.2 | 7 | 1 | 3 | 6 | 0.304 |
| 키움 | 4 | 3.33 | 1 | 1 | 0 | 0 | 24.1 | 31 | 1 | 2 | 23 | 0.313 |
| 두산 | 2 | 4.05 | 1 | 1 | 0 | 0 | 13.1 | 18 | 0 | 1 | 9 | 0.327 |
| 롯데 | 3 | 1.25 | 2 | 0 | 0 | 0 | 21.2 | 13 | 0 | 7 | 15 | 0.176 |
| 삼성 | 2 | 1.32 | 1 | 0 | 0 | 0 | 13.2 | 8 | 0 | 3 | 9 | 0.174 |
| 한화 | 3 | 0.86 | 2 | 0 | 0 | 0 | 21.0 | 14 | 1 | 0 | 23 | 0.192 |

# PLAYERS

## 15
# 다니엘 멩덴

**투수(우투우타)**

| 생년월일 | 1993년 2월 19일 | 신장/체중 | 185cm/96kg |
|---|---|---|---|
| 국적 | 미국 | | |
| 연봉(2021) | 100만 달러(인센티브 27만5000 포함) | | |
| 지명순위 | - | | |
| 입단년도 | 2021 KIA | | |

올 시즌 처음 영입한 우완 외국인 투수다. 지난해 KBO리그에서 인정받은 브룩스보다 젊고 메이저리그 경력이 좋다고 해서 화제가 됐다. 2016년 오클랜드에서 본격적으로 메이저리그 생활을 시작한 멩덴은 마이너리그에서 대체 선발로 빅리그로 올라가 2018시즌 커리어하이를 찍었다. 팀 4선발로 자리 잡아 22경기(선발 17경기)에서 115⅔이닝을 던지며 7승 6패 72탈삼진, 평균자책점 4.05로 준수한 성적을 올렸다. 직구 평균 구속은 93.2마일(150km)이었다. 여기에 슬라이더, 커터, 체인지업, 커브, 싱킹 패스트볼까지 다양한 구종을 지녔다. 지난 시즌 복수 구단의 영입리스트에 올랐다는 후문이다. 오클랜드 시절 추신수의 천적이기도 했다. 3경기에서 총 9차례 맞붙어 6타수 무안타로 꽁꽁 틀어막았다. 2017년 9월 16일 필라델피아필리스전에서 데뷔 첫 완봉승을 거둔 적이 있었는데 당시 9회 1사 대타로 나온 김현수를 헛스윙 삼진을 잡았다. 우려스러운 지점은 지난해 한 팔꿈치 수술이다. 멩덴은 "팔꿈치 상태는 좋다. 지난해 2월 초에 뼛조각 제거 수술을 했다. 큰 수술이 아니었다. 이후 시즌 때도 문제없이 던졌다"라고 강조했다. KBO리그 데뷔를 앞둔 멩덴에게 가장 중요한 건 한국야구와 문화, 생활환경에 대한 적응이다. 멩덴 곁에는 조력자가 많다. 오클랜드에서 맷 윌리엄스 감독, 브룩스와 함께했었다. 외인 타자 프레스턴 터커와 휴스턴 스프링캠프를 함께 경험했었다. 오클랜드 시절 룸메이트였던 한화 이글스의 라이온 힐리와 맞대결해보고 싶다는 각오를 밝힌다. 그의 할아버지는 한국전쟁 참전용사였다. 멩덴은 "할아버지께서 2년 정도 한국전쟁에 참전하셨다고 들었다. 내가 태어나기 전 일이라 많이 알시는 못한다. 그래도 한국에 간다고 하니 할머니께서 특별하게 생각하시고 '한국은 운명인 것 같다'고 하시더라. 우리 집안 사람들이 미국에서 한국으로 넘어오는 게 전통이 될 것 같다"라고 말했다.

# 31 박준표

**투수(우언우타)**

| | |
|---|---|
| 생년월일 | 1992년 6월 26일 |
| 신장/체중 | 181cm/93kg |
| 학력 | 송정동초-진흥중-중앙고-동강대 |
| 연봉(2021) | 1억6000만 원 |
| 지명순위 | 2013 KIA 7라운드 62순위 |
| 입단년도 | 2013 KIA |

사이드암 투수 박준표는 KIA 불펜의 핵이다. 2019년 청천벽력 같았던 위용종 제거 수술을 받았음에도 커리어하이를 찍었다. 5월 말부터 1군 경기에 나서 49경기에 등판, 56이닝을 소화해 5승 2패 15홀드 평균자책점 2.09를 기록했다. 싱킹 패스트볼, 일명 싱커만 던져 달성한 지표였다. 2020년에는 업그레이드된 모습이었다. 50경기에 등판해 51⅔이닝 동안 7승 1패 6세이브 11홀드를 기록했다. 무엇보다 평균자책점 1.57을 찍었다. 그야말로 만능이었다. 7회를 책임지다 마무리 투수 전상현이 8월 말 우측어깨 부상으로 전력에서 이탈하자 마무리로도 활약했다. 이 기간 7경기 동안 임시 클로저로 마운드에 올라 1승 4세이브를 챙기는 위력을 발휘했다. 자책점은 1점에 불과했다. 그 결과 지난해보다 5천만 원 인상된 1억6천만 원에 도장을 찍어 팀 내 비FA 투수 최고 연봉(외국인 선수 제외)자로 등극했다.

2021년에는 더 강해지기 위해 투구 폼을 교정 중이다. 박준표는 "다리를 높게 들어 올리다 보니 퀵모션에서 상체가 흔들린다. 그것을 방지하려고 노력 중이다. 그리고 주자의 도루를 최대한 저지하기 위해 간결한 세트포지션을 연습 중"이라고 말했다. 박준표의 올 시즌 목표를 숫자로 나타내면 '30·60·60'이다. 박준표는 "성적은 운도 따라줘야 한다. 그래도 불펜으로 나갔을 경우 30포인트를 달성하고 싶다. 그리고 역대 최다인 60경기와 60이닝을 소화하고 싶다. 불펜 풀타임을 원한다"라는 각오를 밝혔다. 건강함이 전제돼야 한다. 2019년 한 달 반 정도 경기를 소화하지 못했던 박준표는 2020년 8월 초 웨이트트레이닝을 하다 손가락 인대가 늘어나 한 달 반을 쉬어야 했다. 사실 박준표의 마음 한 켠에는 워너비가 자리 잡고 있다. 선발 투수다. 경찰야구단에서 선발 투수로 중용받기도 했던 박준표는 "선발투수를 하고 싶은 마음이 있다. 기회를 주신다면 감사할 것"이라며 웃으면서도 "개인적인 욕심보다 팀 성적이 먼저"라고 강조했다.

### 그라운드 구역별 피안타 방향

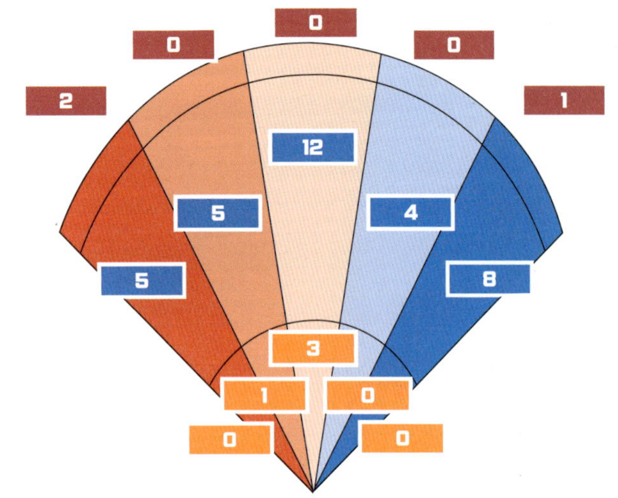

| 좌측 | 중앙좌 | 중앙 | 중앙우 | 우측 |
|---|---|---|---|---|
| 0 | 0 | 0 | | 0 |
| 2 | | 12 | | 1 |
| | 5 | | 4 | |
| | 5 | | 8 | |
| | | 3 | | |
| | 1 | | 0 | |
| | | 0 | 0 | |

### 2020 시즌 & 통산 성적

| | 경기 | 선발 | 승 | 패 | 세이브 | 홀드 | 이닝 | 피안타 | 피홈런 | 볼넷 | 사구 | 삼진 | ERA |
|---|---|---|---|---|---|---|---|---|---|---|---|---|---|
| 2020 | 50 | 0 | 7 | 1 | 6 | 11 | 51.2 | 41 | 3 | 8 | 0 | 44 | 1.57 |
| 통산 | 207 | 4 | 19 | 7 | 6 | 36 | 239.2 | 232 | 20 | 63 | 21 | 154 | 4.28 |

### 2020 시즌 홈 / 원정 성적

| | 경기 | 선발 | 승 | 패 | 세이브 | 홀드 | 타자 | 이닝 | 피안타 | 피홈런 | 볼넷 | 사구 | 삼진 | 실점 | 자책점 | ERA |
|---|---|---|---|---|---|---|---|---|---|---|---|---|---|---|---|---|
| 홈 | 25 | 0 | 5 | 1 | 0 | 4 | 108 | 25 | 24 | 3 | 8 | 0 | 21 | 15 | 9 | 3.24 |
| 원정 | 25 | 0 | 2 | 0 | 6 | 7 | 97 | 26.2 | 17 | 0 | 2 | 0 | 23 | 1 | 0 | 0.00 |

### 2020 시즌 구종 구사

| 구종 | 평균구속 | 최고구속 | 구사율(%) | 피안타율 |
|---|---|---|---|---|
| 포심패스트볼 | 140 | 147 | 12.9 | 0.286 |
| 투심/싱커 | 139 | 145 | 43.8 | 0.253 |
| 슬라이더/커터 | 123 | 123 | 0.1 | |
| 커브 | 119 | 128 | 42.5 | 0.143 |
| 체인지업 | 129 | 133 | 0.8 | 0.000 |
| 포크/SF | | | 0 | |
| 너클볼/기타 | | | 0 | |

### 2020 시즌 상황별 기록

| 상황 | 안타 | 2루타 | 3루타 | 홈런 | 볼넷 | 사구 | 삼진 | 폭투 | 보크 | 피안타율 |
|---|---|---|---|---|---|---|---|---|---|---|
| vs좌 | 20 | 1 | 0 | 1 | 5 | 0 | 19 | 2 | 0 | 0.241 |
| vs우 | 21 | 2 | 0 | 2 | 3 | 0 | 25 | 0 | 0 | 0.189 |
| 주자없음 | 26 | 2 | 0 | 1 | 3 | 0 | 22 | 0 | 0 | 0.268 |
| 주자있음 | 15 | 1 | 0 | 2 | 5 | 0 | 22 | 2 | 0 | 0.155 |
| 득점권 | 12 | 1 | 0 | 2 | 2 | 0 | 12 | 1 | 0 | 0.214 |
| 만루 | 0 | 0 | 0 | 0 | 0 | 0 | 1 | 1 | 0 | 0.000 |

### 2020 시즌 상대팀 별 기록

| 구분 | 경기 | 방어율 | 승 | 패 | 세이브 | 홀드 | 이닝 | 안타 | 홈런 | 볼넷 | 삼진 | 피안타율 |
|---|---|---|---|---|---|---|---|---|---|---|---|---|
| KT | 5 | 2.57 | 0 | 1 | 0 | 2 | 7.0 | 7 | 1 | 1 | 9 | 0.233 |
| LG | 1 | 0.00 | 0 | 0 | 0 | 0 | 1.0 | 0 | 0 | 0 | 0 | 0.000 |
| NC | 7 | 1.50 | 3 | 0 | 2 | 1 | 6.0 | 8 | 0 | 2 | 4 | 0.320 |
| SK | 8 | 1.13 | 0 | 0 | 5 | 0 | 8.0 | 5 | 0 | 4 | 5 | 0.179 |
| 키움 | 6 | 2.84 | 0 | 0 | 2 | 0 | 6.1 | 5 | 1 | 0 | 6 | 0.208 |
| 두산 | 4 | 2.45 | 0 | 0 | 0 | 1 | 3.2 | 4 | 0 | 0 | 3 | 0.250 |
| 롯데 | 6 | 0.00 | 1 | 0 | 0 | 1 | 6.0 | 2 | 0 | 1 | 5 | 0.105 |
| 삼성 | 6 | 1.29 | 0 | 0 | 1 | 2 | 7.0 | 7 | 0 | 1 | 5 | 0.259 |
| 한화 | 7 | 1.35 | 0 | 0 | 1 | 2 | 6.2 | 3 | 1 | 0 | 7 | 0.136 |

# PLAYERS

## 51 전상현

**투수(우투우타)**

| | |
|---|---|
| 생년월일 | 1996년 4월 18일 |
| 신장/체중 | 182cm/84kg |
| 학력 | 남도초-경복중-대구상원고 |
| 연봉(2021) | 1억4000만 원 |
| 지명순위 | 2016 KIA 2차 4라운드 38순위 |
| 입단년도 | 2016 KIA |

전상현은 박준표와 함께 불펜의 핵이다. 2016년 2차 4라운드로 KIA 유니폼을 입었지만 제대 뒤 2019년부터 빛을 보기 시작했다. 57경기에 등판해 60⅔이닝을 소화하면서 1승 4패 15홀드를 기록했다. 평균 142km 직구와 134km 슬라이더로 타자를 상대했다. 빠른 구속은 아니었다. 타자 양쪽 코너를 찌르는 명품 제구 덕분에 직구는 묵직하게 스트라이크존을 파고들었고 슬라이더도 효과를 냈다. 등판마다 평균 삼진 한 개씩 잡아냈다. 9이닝 기준으로 경기당 탈삼진을 계산하면 9.20개 꼴이다. 롯데를 상대로 경기당 삼진 14.9개라는 통계를 남겼다.

2020년은 전상현에게 꿈을 이룬 한 해였다. 7월 초까지만 해도 8회의 사나이였다. 박준표, 마무리 투수 문경찬과 함께 특급 필승조로 활약했다. 개막 13경기 연속 무실점 행진, 6월 7연속 홀드 등을 기록했다. 7월 중순부터 임시 클로저로 활용됐다. 대구 출신인 전상현은 어릴 적 롤모델 오승환을 보며 키운 마무리 투수의 꿈을 이룬 순간이었다. 공교롭게도 시즌 첫 세이브를 따냈던 경기가 지난해 7월 15일 대구 삼성전이었다. 오승환과 맞대결에서 챙긴 세이브라 뜻깊었다. "오승환 선배님을 보면서 마무리 투수가 되고 싶다는 꿈을 꿨다."

팀이 중요한 순간 전력에서 이탈하고 말았다. 지난해 9월 중순 우측 어깨 염증으로 20일간 자리를 비웠다. 9월 30일 1군에 복귀해 3경기에서 1홀드 2세이브로 뒷문을 든든하게 지켜냈지만 10월 초 어깨 통증이 재발해 시즌을 마감했다. 아쉬움이 남을 수밖에 없었다. 그래도 전상현은 억대 연봉 반열에 올랐다. 부상 때문에 47⅔이닝밖에 소화하지 못했지만 구단은 2021시즌 부담이 큰 마무리 보직을 맡아줄 전상현에게 기대를 걸었다. 올해 2월 1일부터 막을 올린 광주 스프링캠프 첫날 전상현은 경미한 어깨 통증을 호소해 재활군에서 캠프를 시작했다. 전상현의 2021년 화두는 건강함이다.

### 2020 시즌 & 통산 성적

| | 경기 | 선발 | 승 | 패 | 세이브 | 홀드 | 이닝 | 피안타 | 피홈런 | 볼넷 | 사구 | 삼진 | ERA |
|---|---|---|---|---|---|---|---|---|---|---|---|---|---|
| 2020 | 47 | 0 | 2 | 2 | 15 | 13 | 47.2 | 35 | 4 | 22 | 0 | 64 | 2.45 |
| 통산 | 117 | 3 | 3 | 8 | 15 | 29 | 132.0 | 118 | 11 | 56 | 2 | 144 | 3.61 |

### 2020 시즌 홈 / 원정 성적

| | 경기 | 선발 | 승 | 패 | 세이브 | 홀드 | 타자 | 이닝 | 피안타 | 피홈런 | 볼넷 | 사구 | 삼진 | 실점 | 자책점 | ERA |
|---|---|---|---|---|---|---|---|---|---|---|---|---|---|---|---|---|
| 홈 | 20 | 0 | 0 | 2 | 8 | 4 | 81 | 19.2 | 15 | 0 | 9 | 0 | 21 | 8 | 3 | 1.37 |
| 원정 | 27 | 0 | 2 | 0 | 7 | 9 | 117 | 28 | 20 | 4 | 13 | 0 | 43 | 13 | 10 | 3.21 |

### 2020 시즌 구종 구사

| 구종 | 평균구속 | 최고구속 | 구사율(%) | 피안타율 |
|---|---|---|---|---|
| 포심패스트볼 | 143 | 147 | 62.1 | 0.200 |
| 투심/싱커 | | | 0 | |
| 슬라이더/커터 | 134 | 139 | 29.5 | 0.204 |
| 커브 | 124 | 143 | 3.5 | 0.000 |
| 체인지업 | 135 | 137 | 1.9 | 0.500 |
| 포크/SF | 136 | 140 | 2.9 | 0.273 |
| 너클볼/기타 | | | | |

### 2020 시즌 상황별 기록

| 상황 | 안타 | 2루타 | 3루타 | 홈런 | 볼넷 | 사구 | 삼진 | 폭투 | 보크 | 피안타율 |
|---|---|---|---|---|---|---|---|---|---|---|
| vs 좌 | 15 | 1 | 0 | 2 | 10 | 0 | 34 | 0 | 0 | 0.205 |
| vs 우 | 20 | 5 | 1 | 2 | 12 | 0 | 30 | 5 | 0 | 0.208 |
| 주자없음 | 20 | 4 | 0 | 3 | 15 | 0 | 34 | 0 | 0 | 0.233 |
| 주자있음 | 15 | 2 | 1 | 1 | 7 | 0 | 30 | 2 | 0 | 0.181 |
| 득점권 | 8 | 0 | 0 | 1 | 3 | 0 | 16 | 1 | 0 | 0.178 |
| 만루 | 0 | 0 | 0 | 0 | 0 | 0 | 2 | 0 | 0 | 0.000 |

### 2020 시즌 상대팀 별 기록

| 구분 | 경기 | 방어율 | 승 | 패 | 세이브 | 홀드 | 이닝 | 안타 | 홈런 | 볼넷 | 삼진 | 피안타율 |
|---|---|---|---|---|---|---|---|---|---|---|---|---|
| KT | 4 | 2.25 | 0 | 0 | 0 | 2 | 4.0 | 3 | 1 | 1 | 9 | 0.200 |
| LG | 2 | 3.86 | 0 | 0 | 0 | 0 | 2.1 | 4 | 0 | 1 | 0 | 0.364 |
| NC | 6 | 9.00 | 0 | 1 | 1 | 3 | 5.0 | 7 | 1 | 3 | 4 | 0.304 |
| SK | 7 | 0.00 | 0 | 0 | 3 | 3 | 8.0 | 3 | 0 | 5 | 9 | 0.115 |
| 키움 | 6 | 1.35 | 1 | 0 | 1 | 1 | 6.2 | 2 | 0 | 6 | 11 | 0.105 |
| 두산 | 5 | 4.50 | 0 | 0 | 1 | 0 | 6.0 | 6 | 0 | 3 | 6 | 0.300 |
| 롯데 | 7 | 1.42 | 0 | 0 | 4 | 2 | 6.1 | 7 | 0 | 2 | 6 | 0.280 |
| 삼성 | 4 | 0.00 | 0 | 0 | 1 | 1 | 4.0 | 1 | 0 | 1 | 5 | 0.083 |
| 한화 | 6 | 1.69 | 0 | 1 | 4 | 3 | 5.1 | 2 | 1 | 1 | 10 | 0.111 |

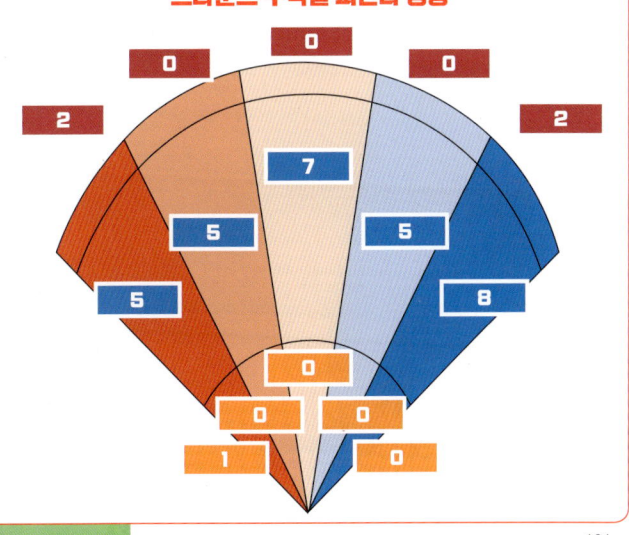

그라운드 구역별 피안타 방향

# 17
# 임기영

**투수(우언우타)**

| | | | |
|---|---|---|---|
| 생년월일 | 1993년 4월 16일 | 신장/체중 | 184cm/86kg |
| 학력 | 대구수창초-경운중-경북고 | | |
| 연봉(2021) | 1억 원 | | |
| 지명순위 | 2012 한화 2라운드 18순위 | | |
| 입단년도 | 2012 한화 | | |

2021시즌 모든 선수가 제 몫을 해줘야 하겠지만 KIA 타이거즈에서 가장 중요한 토종 투수는 임기영이다. 에이스 양현종이 미국 메이저리그 도전을 선택하면서 KIA는 지난 7년간 두 자릿수 승수를 배달한 토종 투수 한 명을 잃었다. 1~2선발을 외국인 투수 애런 브룩스와 다니엘 멩덴이 맡아준다고 가정했을 때 나머지 선발 로테이션 세 자리는 토종이 메워줘야 한다. 임기영이 3선발로 유력한 상황이다. 2020년 커리어하이를 찍었다. 25경기 선발 등판에서 9승 10패, 평균자책점 5.15를 기록했다. 평균자책점은 만족스럽지 않지만 개인 최다승을 달성했다. 개인 첫 두 자릿수 승수 달성 실패는 아쉽지 않았을까. 임기영은 "내가 못 던진 경기가 너무 많았다. 2~3경기에서 잘했어도 10승은 달성했을 것이다. 그래서 아쉽지 않았다. 마지막 경기 승리는 전혀 신경 쓰이지 않았다. 오히려 주변에서 더 아쉬워했다"라고 복기했다. 임기영과 이민우 중 더 믿음직한 쪽은 임기영이다. 2017년 한국시리즈 승리 투수란 경험도 있고 사이드암으로써 로테이션에 다양함을 안겨줄 수 있다. 지난해에는 이민우가 3선발을 맡았는데 생애 첫 선발 로테이션을 도는 부담 때문이었는지 6승 10패 평균자책점 6.79로 부진했다. 임기영은 "2020시즌보다 세부적인 기록을 조금씩 향상시키는 것을 2021시즌 목표로 잡았다. 이닝도 더 소화하고 평균자책점도 더 낮추고 싶다. 여름에 무너지지 않도록 확실히 몸을 만들어 스프링캠프에 들어가겠다"라고 말했다. 7월 악몽을 깨는 것도 임기영의 미션이다. 임기영은 "항상 7월이 되면 약해지는 것 같다. 지난해에도 7월에 기복이 심했다. 평균자책점도 높고 이닝도 부족했다. 1년을 꾸준하게 던지는 현종이 형처럼 나름대로 루틴을 만들겠다"라고 밝혔다. 임기영은 지난해 11월 치어리더 출신 김맑음 씨와 백년가약을 맺었다. 임기영은 결혼하자마자 제주도 서귀포에서 열린 프로야구선수협회 트레이닝캠프에 열흘 넘게 참가했다. 강해진 책임감의 증거였다.

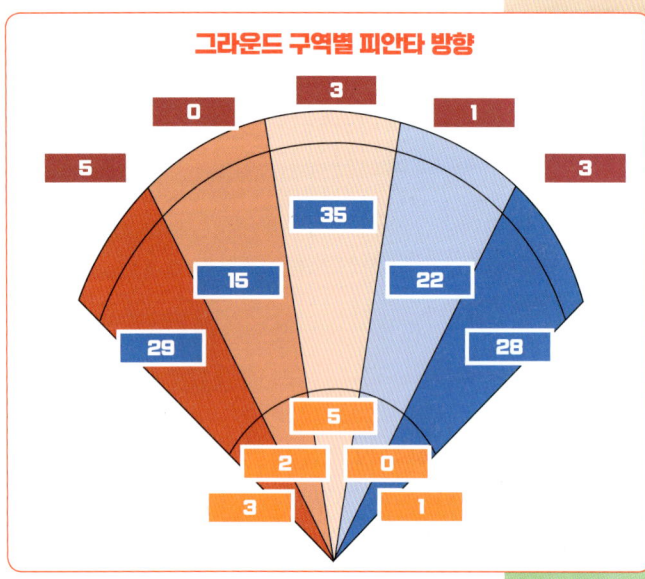

**그라운드 구역별 피안타 방향**

### 2020 시즌 & 통산 성적

| | 경기 | 선발 | 승 | 패 | 세이브 | 홀드 | 이닝 | 피안타 | 피홈런 | 볼넷 | 사구 | 삼진 | ERA |
|---|---|---|---|---|---|---|---|---|---|---|---|---|---|
| 2020 | 25 | 25 | 9 | 10 | 0 | 0 | 127.2 | 152 | 12 | 33 | 9 | 106 | 5.15 |
| 통산 | 130 | 46 | 29 | 32 | 0 | 3 | 457 | 584 | 57 | 130 | 34 | 331 | 5.10 |

### 2020 시즌 홈 / 원정 성적

| | 경기 | 선발 | 승 | 패 | 세이브 | 홀드 | 타자 | 이닝 | 피안타 | 피홈런 | 볼넷 | 사구 | 삼진 | 실점 | 자책점 | ERA |
|---|---|---|---|---|---|---|---|---|---|---|---|---|---|---|---|---|
| 홈 | 14 | 14 | 7 | 4 | 0 | 0 | 311 | 71.1 | 84 | 9 | 18 | 4 | 59 | 46 | 40 | 5.05 |
| 원정 | 11 | 11 | 2 | 6 | 0 | 0 | 248 | 56.1 | 68 | 3 | 15 | 5 | 47 | 34 | 33 | 5.27 |

### 2020시즌 구종 구사

| 구종 | 평균구속 | 최고구속 | 구사율(%) | 피안타율 |
|---|---|---|---|---|
| 포심패스트볼 | 137 | 145 | 36.5 | 0.270 |
| 투심/싱커 | 134 | 140 | 10.7 | 0.378 |
| 슬라이더/커터 | 128 | 134 | 20.1 | 0.373 |
| 커브 | 121 | 123 | 1.0 | 0.500 |
| 체인지업 | 124 | 133 | 31.7 | 0.268 |
| 포크/SF | | | 0 | |
| 너클볼/기타 | | | 0 | |

### 2020 시즌 상황별 기록

| 상황 | 안타 | 2루타 | 3루타 | 홈런 | 볼넷 | 사구 | 삼진 | 폭투 | 보크 | 피안타율 |
|---|---|---|---|---|---|---|---|---|---|---|
| vs좌 | 80 | 19 | 3 | 4 | 9 | 4 | 61 | 2 | 0 | 0.314 |
| vs우 | 72 | 7 | 0 | 8 | 24 | 5 | 45 | 1 | 0 | 0.286 |
| 주자없음 | 79 | 12 | 2 | 5 | 21 | 7 | 72 | 1 | 0 | 0.285 |
| 주자있음 | 73 | 14 | 1 | 7 | 12 | 2 | 34 | 2 | 1 | 0.317 |
| 득점권 | 32 | 7 | 1 | 3 | 7 | 1 | 20 | 1 | 1 | 0.274 |
| 만루 | 1 | 1 | 0 | 0 | 0 | 0 | 0 | 0 | 0 | 0.143 |

### 2020 시즌 상대팀 별 기록

| 구분 | 경기 | 방어율 | 승 | 패 | 세이브 | 홀드 | 이닝 | 안타 | 홈런 | 볼넷 | 삼진 | 피안타율 |
|---|---|---|---|---|---|---|---|---|---|---|---|---|
| KT | 2 | 7.00 | 0 | 2 | 0 | 0 | 9.0 | 11 | 0 | 6 | 8 | 0.324 |
| NC | 4 | 5.49 | 0 | 1 | 0 | 0 | 19.2 | 23 | 4 | 2 | 20 | 0.295 |
| SK | 3 | 3.63 | 2 | 1 | 0 | 0 | 17.1 | 19 | 2 | 3 | 14 | 0.288 |
| 키움 | 3 | 10.80 | 1 | 1 | 0 | 0 | 11.2 | 20 | 3 | 2 | 12 | 0.357 |
| 두산 | 2 | 4.15 | 0 | 2 | 0 | 0 | 13.0 | 16 | 0 | 3 | 11 | 0.286 |
| 롯데 | 4 | 4.38 | 2 | 2 | 0 | 0 | 24.2 | 28 | 3 | 5 | 13 | 0.298 |
| 삼성 | 5 | 4.33 | 4 | 1 | 0 | 0 | 27.0 | 28 | 2 | 5 | 27 | 0.267 |
| 한화 | 1 | 3.38 | 0 | 0 | 0 | 0 | 5.1 | 7 | 0 | 4 | 1 | 0.389 |
| 한화 | 7 | 1.35 | 1 | 0 | 0 | 1 | 2 | 6.2 | 3 | 1 | 0 | 7 | 0.136 |

# PLAYERS

## 34
# 최형우

**외야수(우투좌타)**

| | |
|---|---|
| 생년월일 | 1983년 12월 16일 |
| 신장/체중 | 180cm/106kg |
| 학력 | 진북초-전주동중-전주고 |
| 연봉(2021) | 9억 원 |
| 지명순위 | 2002 삼성 2차 6라운드 48순위 |
| 입단년도 | 2002 삼성 |

최형우는 지난 시즌 프로 데뷔 이후 처음 지명타자로 뛰었다. 맷 윌리엄스 감독은 줄곧 지명타자를 맡아오던 나지완과 최형우의 역할을 바꿨다. 그리고 선취점을 얻기 위해 타점 생산 능력이 출중한 최형우를 3번 타자로 전진 배치했다. 2020년 최형우는 타율 3할5푼4리로 2016년 이후 생애 두 번째 '타격왕'을 차지했다. 지명타자 변신은 대성공이었다. 지난해 개막 이후 방망이 예열 시간이 약간 걸렸다. 5월 타율이 2할7푼이었다. 지명타자의 루틴도 필요했을 뿐만 아니라 더 잘하기 위려는 생각이 많아진 탓도 있었다. 6월부터 맹타를 휘둘렀다. 6월 0.371, 7월 0.330, 8월 0.374, 9월 0.381을 기록한 뒤 10월에는 무려 타율 4할을 찍어 손아섭(롯데)을 2리 차로 제쳤다.

만 서른여덟이다. 최형우에게 나이는 숫자에 불과하다. 최형우는 "야구장에 나오면 선의의 경쟁을 해야 한다고 하는데 나이를 먼저 꺼내는 건 어불성설이다. 실력이 먼저다. 요즘은 나이가 많다고 해서 경기를 더 많이 뛰게 해주지 않는다"라고 강조했다. 최형우는 지난 시즌이 끝난 뒤 FA 자격을 얻어 3년 총액 47억 원에 KIA와 재계약했다. "구단에서 내 가치를 좋게 인정해주셨다. 개인적으로도 새로운 마음으로 다시 잘 할 수 있도록 마음을 다잡게 됐다. 2017년 KIA에 온 뒤 곧바로 우승을 했지만 이후 팀 성적이 좋지 않다. 중심 타자로 제 몫을 하지 못했던 내 책임도 있다. 때문에 남은 계약기간 동안 물론 우승이 최종 목표이긴 하지만 현실적으로 팀이 상위권에 올라섰으면 좋겠다."

2021년부터 최형우는 달성하고 싶은 목표가 생겼다. KBO리그 통산 최다타점이다. 1335점을 기록 중인 최형우는 이승엽(은퇴)이 보유한 1498점에 163점 남겨놓았다. 역대 8시즌이나 100타점 이상을 기록했기 때문에 최형우의 바람은 두 시즌 안에 이뤄질 가능성이 크다.

### 2020 시즌 & 통산 성적

| 연도 | 경기 | 타석 | 타수 | 안타 | 2루타 | 3루타 | 홈런 | 타점 | 도루 | 도실 | 볼넷 | 사구 | 삼진 | 타율 | 장타율 | 출루율 | OPS |
|---|---|---|---|---|---|---|---|---|---|---|---|---|---|---|---|---|---|
| 2020 | 140 | 600 | 522 | 185 | 37 | 1 | 28 | 115 | 0 | 0 | 70 | 5 | 101 | 0.354 | 0.590 | 0.433 | 1.023 |
| 통산 | 1,708 | 7,251 | 6,194 | 1,986 | 421 | 14 | 330 | 1,335 | 27 | 18 | 873 | 95 | 1,076 | 0.321 | 0.553 | 0.408 | 0.961 |

### 2020 시즌 홈 / 원정 성적

| | 경기 | 타석 | 타수 | 안타 | 2루타 | 3루타 | 홈런 | 타점 | 도루 | 도실 | 볼넷 | 사구 | 삼진 | 타율 | 장타율 | 출루율 | OPS |
|---|---|---|---|---|---|---|---|---|---|---|---|---|---|---|---|---|---|
| 홈 | 70 | 298 | 259 | 96 | 16 | 1 | 14 | 50 | 0 | 0 | 37 | 2 | 49 | 0.371 | 0.602 | 0.453 | 1.055 |
| 원정 | 70 | 302 | 263 | 89 | 21 | 0 | 14 | 65 | 0 | 0 | 33 | 3 | 52 | 0.338 | 0.578 | 0.414 | 0.992 |

### 2020 시즌 상황별 기록

| 상황 | 타석 | 안타 | 홈런 | 타점 | 볼넷 | 삼진 | 타율 |
|---|---|---|---|---|---|---|---|
| vs 좌 | 151 | 35 | 7 | 21 | 22 | 22 | 0.280 |
| vs 우 | 396 | 131 | 16 | 77 | 46 | 69 | 0.376 |
| vs 언더 | 53 | 19 | 5 | 17 | 2 | 10 | 0.388 |
| 주자있음 | 321 | 106 | 16 | 103 | 38 | 50 | 0.383 |
| 주자없음 | 279 | 79 | 12 | 12 | 32 | 51 | 0.322 |
| 득점권 | 188 | 61 | 11 | 90 | 20 | 33 | 0.374 |
| 만루 | 15 | 5 | 1 | 14 | 2 | 3 | 0.385 |

### 2020 시즌 상대팀 별 기록

| 구분 | 타석 | 홈런 | 볼넷 | 삼진 | 타율 | 출루율 | 장타율 | OPS |
|---|---|---|---|---|---|---|---|---|
| KT | 61 | 2 | 8 | 12 | 0.365 | 0.459 | 0.577 | 1.036 |
| LG | 69 | 4 | 10 | 5 | 0.407 | 0.493 | 0.712 | 1.205 |
| NC | 64 | 3 | 9 | 12 | 0.296 | 0.406 | 0.537 | 0.943 |
| SK | 65 | 4 | 8 | 9 | 0.411 | 0.477 | 0.732 | 1.209 |
| 키움 | 69 | 6 | 14 | 0.323 | 0.391 | 0.516 | 0.907 |
| 두산 | 67 | 1 | 7 | 10 | 0.316 | 0.403 | 0.421 | 0.824 |
| 롯데 | 65 | 6 | 10 | 8 | 0.407 | 0.508 | 0.778 | 1.286 |
| 삼성 | 68 | 3 | 5 | 16 | 0.333 | 0.382 | 0.571 | 0.953 |
| 한화 | 72 | 2 | 5 | 13 | 0.338 | 0.389 | 0.492 | 0.881 |

### 그라운드 구역별 피안타 방향

| 구분 | 타석 | 안타 | 홈런 | 타점 | 볼넷 | 삼진 | 타율 |
|---|---|---|---|---|---|---|---|
| 0-0 | 66 | 31 | 7 | 30 | 4 | 0 | 0.544 |
| 0-1 | 37 | 14 | 0 | 3 | 0 | 0 | 0.389 |
| 0-2 | 29 | 10 | 1 | 5 | 0 | 9 | 0.357 |
| 1-0 | 35 | 14 | 4 | 13 | 0 | 0 | 0.400 |
| 1-1 | 52 | 22 | 6 | 17 | 0 | 0 | 0.423 |
| 1-2 | 86 | 18 | 2 | 9 | 0 | 36 | 0.212 |
| 2-0 | 11 | 4 | 0 | 3 | 1 | 0 | 0.400 |
| 2-1 | 43 | 22 | 3 | 9 | 0 | 0 | 0.512 |
| 2-2 | 99 | 30 | 2 | 13 | 0 | 30 | 0.303 |
| 3-0 | 17 | 0 | 0 | 0 | 15 | 0 | 0.000 |
| 3-1 | 31 | 2 | 0 | 2 | 23 | 0 | 0.250 |
| 3-2 | 94 | 18 | 4 | 11 | 27 | 26 | 0.269 |

### 2020 시즌 수비 성적

| 구분 | 수비이닝 | 실책 | 수비율 |
|---|---|---|---|
| LF | 8.0 | 0 | 1.000 |

### 2020 시즌 핫 & 콜드존

**VS좌투**

| - | 0.000 | 0.333 | 0.750 | - |
|---|---|---|---|---|
| 0/0 | 0/2 | 3/9 | 3/4 | 0/0 |
| 1.000 | 0.333 | 0.143 | 0.333 | 0.143 |
| 1/1 | 1/3 | 1/7 | 4/12 | 1/7 |
| 0.000 | 0.167 | 0.500 | 0.154 | 0.500 |
| 0/2 | 1/6 | 5/10 | 2/13 | 3/6 |
| 0.000 | 0.200 | 0.417 | 0.313 | 0.000 |
| 0/1 | 1/5 | 5/12 | 5/16 | 0/4 |
| 0.000 | - | 0.500 | 0.000 | 0.000 |
| 0/1 | 0/0 | 1/2 | 0/2 | 0/3 |

**VS우투**

| - | 0.000 | 0.500 | 0.000 | 0.000 |
|---|---|---|---|---|
| 0/0 | 0/2 | 3/6 | 0/2 | 0/2 |
| 0.400 | 0.545 | 0.480 | 0.333 | 0.286 |
| 2/5 | 6/11 | 12/25 | 8/24 | 2/7 |
| 0.333 | 0.433 | 0.484 | 0.385 | 0.360 |
| 3/9 | 13/30 | 15/31 | 20/52 | 9/25 |
| 0.333 | 0.429 | 0.410 | 0.486 | 0.154 |
| 3/9 | 9/21 | 16/39 | 17/35 | 2/13 |
| 0.000 | 0.000 | 0.167 | 0.263 | 0.333 |
| 0/3 | 0/9 | 2/12 | 5/19 | 1/3 |

# 22 프레스턴 터커

**내야수(좌투좌타)**

| | |
|---|---|
| 생년월일 | 1990년 7월 6일 |
| 신장/체중 | 183cm/95kg |
| 국적 | 미국 |
| 연봉(2021) | 105만 달러 |
| 지명순위 | - |
| 입단년도 | 2019 KIA |

2019년부터 3년 연속 활약한다. 2019년 5월 중순 해즐베이커의 대체 외인 타자로 KIA 유니폼을 입었던 터커는 당시 팀을 이끌던 박흥식 감독대행에게 극찬을 받았다. "타구의 질도 좋고 스윙 스피드도 빠르다. 높은 수준의 타격을 하고 있다"라는 박 감독대행의 평가였다. 순한 성격의 터커는 팀에 잘 녹아들었다. 기록도 나쁘지 않았다. 95경기에서 타율 3할1푼1리 111안타 50타점을 기록했다. 홈런은 9개밖에 되지 않았어도 2루타를 33개나 생산해 중장거리형 타자임을 증명했다. KIA의 입장에선 터커의 지표가 애매했던 것이 사실이다. KIA에는 최형우를 제외하면 장타를 칠 주전급 타자가 드물다. 좀 더 파워풀한 홈런을 때려줄 외인이 필요했던 것이 현실이었다. 조계현 KIA 단장도 고민할 수밖에 없던 상황이었다. 그런데 조 단장이 맷 윌리엄스 감독 선임을 위해 인천공항으로 이동했는데 공교롭게 여자친구와 태국 여행을 마치고 인천공항에서 환승하려던 터커와 마주쳤다. 당시만 해도 조 단장이 고민하던 터라 터커에게 재계약 이야기를 하지 않고 서로 헤어졌다는 재미있는 에피소드다. 이후 터커는 KIA의 재계약 제안을 받아들인 뒤 벌크업에 매진했다. 체력과 파워 향상을 위해 비시즌 웨이트 트레이닝에 초점을 맞췄다. 그러자 2020년 터커가 원했던 수치들이 올라가기 시작했다. 홈런과 장타율이 상승했다. 144경기 중 142경기에 출전해 시즌 막판 체력이 달렸지만 그래도 역대 타이거즈 최고의 외인 타자로 등극했다. 외인 타자 최초 30홈런-100타점을 기록했고, 구단 사상 최초 30홈런-100타점-100득점까지 달성했다. "전체적인 수치에는 만족한다. 그러나 스스로 더 성장할 가능성이 있다고 판단했다. 욕심내는 기록이나 정확한 목표를 정해두진 않았다. 다만 지난해 기록의 전체적 향상에 중점을 둔다."

## 2020 시즌 & 통산 성적

| 연도 | 경기 | 타석 | 타수 | 안타 | 2루타 | 3루타 | 홈런 | 타점 | 도루 | 도실 | 볼넷 | 사구 | 삼진 | 타율 | 장타율 | 출루율 | OPS |
|---|---|---|---|---|---|---|---|---|---|---|---|---|---|---|---|---|---|
| 2020 | 142 | 631 | 542 | 166 | 40 | 0 | 32 | 113 | 0 | 2 | 76 | 9 | 67 | 0.306 | 0.557 | 0.398 | 0.955 |
| 통산 | 237 | 1,030 | 899 | 277 | 73 | 0 | 41 | 163 | 0 | 2 | 114 | 12 | 111 | 0.308 | 0.526 | 0.391 | 0.917 |

## 2020 시즌 홈 / 원정 성적

| | 경기 | 타석 | 타수 | 안타 | 2루타 | 3루타 | 홈런 | 타점 | 도루 | 도실 | 볼넷 | 사구 | 삼진 | 타율 | 장타율 | 출루율 | OPS |
|---|---|---|---|---|---|---|---|---|---|---|---|---|---|---|---|---|---|
| 홈 | 70 | 302 | 259 | 81 | 17 | 0 | 17 | 55 | 0 | 1 | 37 | 4 | 36 | 0.313 | 0.575 | 0.404 | 0.979 |
| 원정 | 72 | 329 | 283 | 85 | 23 | 0 | 15 | 58 | 0 | 1 | 39 | 5 | 31 | 0.300 | 0.541 | 0.392 | 0.933 |

## 2020 시즌 상황별 기록

| 상황 | 타석 | 안타 | 홈런 | 타점 | 볼넷 | 삼진 | 타율 |
|---|---|---|---|---|---|---|---|
| vs 좌 | 145 | 36 | 8 | 33 | 15 | 17 | 0.279 |
| vs 우 | 425 | 115 | 21 | 68 | 53 | 43 | 0.318 |
| vs 언더 | 61 | 15 | 3 | 12 | 8 | 7 | 0.294 |
| 주자있음 | 325 | 92 | 18 | 99 | 39 | 30 | 0.330 |
| 주자없음 | 306 | 74 | 14 | 14 | 37 | 37 | 0.281 |
| 득점권 | 173 | 43 | 8 | 77 | 26 | 15 | 0.305 |
| 만루 | 14 | 6 | 1 | 12 | 2 | 1 | 0.364 |

## 2020 시즌 상대팀 별 기록

| 구분 | 타석 | 홈런 | 볼넷 | 삼진 | 타율 | 출루율 | 장타율 | OPS |
|---|---|---|---|---|---|---|---|---|
| KT | 73 | 4 | 8 | 5 | 0.365 | 0.452 | 0.603 | 1.055 |
| LG | 67 | 3 | 6 | 9 | 0.250 | 0.373 | 0.482 | 0.855 |
| NC | 69 | 5 | 6 | 7 | 0.300 | 0.362 | 0.600 | 0.962 |
| SK | 70 | 2 | 7 | 4 | 0.194 | 0.286 | 0.306 | 0.592 |
| 키움 | 70 | 4 | 9 | 8 | 0.377 | 0.457 | 0.656 | 1.113 |
| 두산 | 68 | 3 | 6 | 10 | 0.234 | 0.279 | 0.484 | 0.763 |
| 롯데 | 69 | 2 | 5 | 6 | 0.333 | 0.420 | 0.500 | 0.920 |
| 삼성 | 74 | 8 | 9 | 8 | 0.359 | 0.446 | 0.828 | 1.274 |
| 한화 | 71 | 1 | 15 | 5 | 0.346 | 0.493 | 0.538 | 1.031 |

## 그라운드 구역별 피안타 방향

| 구분 | 타석 | 안타 | 홈런 | 타점 | 볼넷 | 삼진 | 타율 |
|---|---|---|---|---|---|---|---|
| 0-0 | 76 | 31 | 9 | 24 | 3 | 0 | 0.437 |
| 0-1 | 54 | 13 | 4 | 5 | 0 | 0 | 0.245 |
| 0-2 | 23 | 3 | 0 | 5 | 0 | 6 | 0.130 |
| 1-0 | 61 | 16 | 1 | 7 | 0 | 0 | 0.262 |
| 1-1 | 53 | 25 | 5 | 21 | 0 | 0 | 0.490 |
| 1-2 | 80 | 14 | 2 | 13 | 0 | 26 | 0.179 |
| 2-0 | 22 | 8 | 0 | 6 | 0 | 0 | 0.364 |
| 2-1 | 11 | 3 | 0 | 3 | 0 | 0 | 0.366 |
| 2-2 | 80 | 19 | 4 | 11 | 0 | 24 | 0.247 |
| 3-0 | 21 | 2 | 0 | 0 | 18 | 0 | 0.667 |
| 3-1 | 48 | 10 | 2 | 7 | 21 | 0 | 0.385 |
| 3-2 | 90 | 15 | 2 | 9 | 34 | 11 | 0.273 |

## 2020 시즌 수비 성적

| 구분 | 수비이닝 | 실책 | 수비율 |
|---|---|---|---|
| LF | 72.0 | 0 | 1.000 |
| RF | 1108.0 | 1 | 0.996 |

## 2020 시즌 핫 & 콜드존

### VS좌투

| - 0/0 | 0.000 0/3 | 0.167 1/6 | 1.000 1/1 | - 0/0 |
|---|---|---|---|---|
| 0.000 0/1 | 0.200 1/5 | 0.455 5/11 | 0.333 6/18 | 0.000 0/5 |
| 0.400 2/5 | 0.333 2/6 | 0.333 2/6 | 0.438 7/16 | 0.250 1/4 |
| 0.333 2/6 | 0.000 0/2 | 0.200 2/10 | 0.267 4/15 | 0.250 1/4 |
| - 0/0 | 0.333 1/3 | 0.000 0/1 | 0.000 0/2 | 0.000 0/2 |

### VS우투

| - 0/0 | 0.200 1/5 | 0.083 1/12 | 0.231 3/13 | 0.167 1/6 |
|---|---|---|---|---|
| 0.222 2/9 | 0.385 5/13 | 0.306 11/36 | 0.421 16/38 | 0.364 4/11 |
| 0.385 5/13 | 0.348 8/23 | 0.419 13/31 | 0.375 21/56 | 0.300 3/10 |
| 0.429 3/7 | 0.118 2/17 | 0.209 9/43 | 0.353 12/34 | 0.500 2/4 |
| 0.000 0/1 | 0.167 1/6 | 0.182 2/11 | 0.200 2/10 | 1.000 1/1 |

# PLAYERS

## 3 김선빈

**내야수(우투우타)**

| | |
|---|---|
| 생년월일 | 1989년 12월 18일 |
| 신장/체중 | 165cm/77kg |
| 학력 | 화순초-화순중-화순고 |
| 연봉(2021) | 4억5000만 원 |
| 지명순위 | 2008 KIA 2차 6라운드 43순위 |
| 입단년도 | 2008 KIA |

'작은 거인' 김선빈은 2019년 스프링캠프를 앞두고 자존심에 상처를 받았다. 예비 FA 프리미엄을 받지 못했다. 당시 2천만 원 오른 연봉 3억 원에 계약했다. 반면 안치홍은 1억8천만 원이나 오른 연봉 5억 원에 도장을 찍었다. 상대적 박탈감과 반발계수가 저하된 공인구 여파 때문인지 김선빈의 2019년은 기대에 미치지 못했다. 2020년을 앞두고 수혜를 입었다. FA 안치홍이 롯데로 이적하면서 FA 협상자금이 넉넉해진 KIA가 김선빈에게 쏟아 부었다. 4년 최대 40억 원에 사인한 김선빈의 서운함은 녹아내렸다. 2020년 김선빈의 방망이는 스프링캠프 때부터 활활 타올랐다. 좋은 선구안에 따른 볼넷과 안타로 출루율까지 높아졌다. 0.349, 5월 타율이 김선빈의 좋은 타격감을 증명했다. 하지만 뜻밖의 변수에 사로잡혔다. 6월 9일 KT전에서 햄스트링을 다쳤다. 5회 초 2사 2, 3루에서 2타점 2루타를 터뜨렸는데 천금 같은 한 방의 후유증이 컸다. 2루에 도착하기 전에 오른다리 허벅지 근육에 이상을 느꼈다. 다행히 근육 파열은 아니었지만 휴식과 치료가 필요하다는 소견을 받았다. 김선빈은 6월 26일 그라운드에 복귀했지만 7월 초 햄스트링 부상이 재발했다. 7월 1일부터 4경기 연속 3안타의 고속 행진을 달리던 터라 아쉬움이 컸다. 김선빈은 8월 중순에도 햄스트링에 물이 찼다는 소견을 받고 보름 이상을 날렸다. 9월에 다시 돌아와 방망이를 매섭게 돌렸지만 아쉽게 팀을 포스트시즌으로 이끌지 못했다.

김선빈의 2021시즌 목표는 건강함이다. 지난해 세 차례나 발생한 햄스트링 부상 방지가 필요하다. 건강이 보장되면 교타자 능력을 충분히 발휘할 수 있다. 도루 능력이 저하되긴 했지만 하위 타선에서 상위 타선을 잇는 역할을 하기에 최적의 타자다. 지난해 2루수로 포지션을 변경한 효과를 2021시즌 제대로 만회할 시간이다.

### 2020 시즌 & 통산 성적

| 연도 | 경기 | 타석 | 타수 | 안타 | 2루타 | 3루타 | 홈런 | 타점 | 도루 | 도실 | 볼넷 | 사구 | 삼진 | 타율 | 장타율 | 출루율 | OPS |
|---|---|---|---|---|---|---|---|---|---|---|---|---|---|---|---|---|---|
| 2020 | 85 | 351 | 303 | 100 | 19 | 0 | 1 | 37 | 1 | 0 | 40 | 2 | 43 | 0.330 | 0.403 | 0.406 | 0.809 |
| 통산 | 1,120 | 4,108 | 3,543 | 1,073 | 166 | 13 | 24 | 388 | 133 | 64 | 395 | 32 | 377 | 0.303 | 0.377 | 0.374 | 0.751 |

### 2020 시즌 홈 / 원정 성적

| 구분 | 경기 | 타석 | 타수 | 안타 | 2루타 | 3루타 | 홈런 | 타점 | 도루 | 도실 | 볼넷 | 사구 | 삼진 | 타율 | 장타율 | 출루율 | OPS |
|---|---|---|---|---|---|---|---|---|---|---|---|---|---|---|---|---|---|
| 홈 | 42 | 171 | 151 | 46 | 6 | 0 | 1 | 15 | 1 | 0 | 16 | 2 | 20 | 0.305 | 0.364 | 0.374 | 0.738 |
| 원정 | 43 | 180 | 152 | 54 | 13 | 0 | 0 | 22 | 0 | 0 | 24 | 0 | 23 | 0.355 | 0.441 | 0.436 | 0.877 |

### 2020 시즌 상황별 기록

| 상황 | 타석 | 안타 | 홈런 | 타점 | 볼넷 | 삼진 | 타율 |
|---|---|---|---|---|---|---|---|
| vs 좌 | 69 | 20 | 1 | 9 | 8 | 11 | 0.339 |
| vs 우 | 248 | 72 | 0 | 23 | 26 | 29 | 0.330 |
| vs 언더 | 34 | 8 | 0 | 5 | 6 | 3 | 0.308 |
| 주자있음 | 166 | 47 | 0 | 36 | 19 | 22 | 0.336 |
| 주자없음 | 185 | 53 | 1 | 1 | 21 | 21 | 0.325 |
| 득점권 | 101 | 29 | 0 | 34 | 11 | 9 | 0.345 |
| 만루 | 8 | 1 | 0 | 3 | 0 | 0 | 0.143 |

### 2020 시즌 상대팀 별 기록

| 구분 | 타석 | 홈런 | 볼넷 | 삼진 | 타율 | 출루율 | 장타율 | OPS |
|---|---|---|---|---|---|---|---|---|
| KT | 32 | 0 | 4 | 2 | 0.370 | 0.452 | 0.407 | 0.859 |
| LG | 43 | 0 | 6 | 6 | 0.351 | 0.442 | 0.405 | 0.847 |
| NC | 40 | 0 | 5 | 4 | 0.394 | 0.450 | 0.515 | 0.965 |
| SK | 25 | 0 | 2 | 2 | 0.318 | 0.360 | 0.409 | 0.769 |
| 키움 | 48 | 0 | 7 | 4 | 0.350 | 0.438 | 0.425 | 0.863 |
| 두산 | 39 | 0 | 3 | 5 | 0.222 | 0.282 | 0.278 | 0.560 |
| 롯데 | 46 | 0 | 6 | 4 | 0.231 | 0.348 | 0.231 | 0.579 |
| 삼성 | 27 | 0 | 3 | 3 | 0.391 | 0.444 | 0.478 | 0.922 |
| 한화 | 51 | 1 | 4 | 9 | 0.370 | 0.431 | 0.500 | 0.931 |

### 그라운드 구역별 피안타 방향

| 구분 | 타석 | 안타 | 홈런 | 타점 | 볼넷 | 삼진 | 타율 |
|---|---|---|---|---|---|---|---|
| 0-0 | 44 | 16 | 0 | 6 | 0 | 0 | 0.381 |
| 0-1 | 16 | 6 | 0 | 3 | 0 | 0 | 0.375 |
| 0-2 | 20 | 5 | 0 | 2 | 0 | 4 | 0.250 |
| 1-0 | 21 | 7 | 0 | 5 | 0 | 0 | 0.350 |
| 1-1 | 28 | 15 | 0 | 3 | 0 | 0 | 0.536 |
| 1-2 | 51 | 10 | 0 | 4 | 0 | 14 | 0.204 |
| 2-0 | 10 | 5 | 0 | 1 | 0 | 0 | 0.500 |
| 2-1 | 19 | 6 | 0 | 4 | 0 | 0 | 0.333 |
| 2-2 | 51 | 17 | 0 | 3 | 0 | 14 | 0.340 |
| 3-0 | 14 | 0 | 0 | 0 | 14 | 0 | - |
| 3-1 | 24 | 3 | 0 | 0 | 0 | 13 | 0.273 |
| 3-2 | 53 | 10 | 1 | 6 | 13 | 11 | 0.256 |

### 2020 시즌 수비 성적

| 구분 | 수비이닝 | 실책 | 수비율 |
|---|---|---|---|
| 2B | 621.0 | 3 | 0.992 |

### 2020 시즌 핫 & 콜드존

**VS좌투**

| 0.500 1/2 | 0.333 1/3 | 1.000 3/3 | 0.000 0/2 | - 0/0 |
|---|---|---|---|---|
| 0.000 0/4 | 0.500 1/2 | 0.429 3/7 | 1.000 2/2 | - 0/0 |
| 0.500 1/2 | 0.000 0/1 | 0.167 1/6 | 0.000 0/3 | 0.000 0/1 |
| 0.250 1/4 | 0.286 2/7 | 0.400 2/5 | 1.000 1/1 | - 0/0 |
| - 0/0 | - 0/0 | 0.333 1/3 | 0.000 0/1 | - 0/0 |

**VS우투**

| 1.000 1/1 | 0.222 2/9 | 0.333 2/6 | 0.200 1/5 | 1.000 1/1 |
|---|---|---|---|---|
| 0.286 2/7 | 0.526 10/19 | 0.333 7/21 | 0.389 7/18 | 0.000 0/1 |
| 0.143 2/14 | 0.333 8/24 | 0.259 7/27 | 0.429 9/21 | 0.333 1/3 |
| 0.182 2/11 | 0.071 1/14 | 0.444 8/18 | 0.500 5/10 | - 0/0 |
| - 0/0 | 0.333 2/6 | 0.250 1/4 | 0.333 1/3 | - 0/0 |

# 16
# 최원준

**외야수(우투좌타)**

| | | | |
|---|---|---|---|
| 생년월일 | 1997년 3월 23일 | 신장/체중 | 178cm/85kg |
| 학력 | 연현초-서울경원중-서울고 | | |
| 연봉(2021) | 1억3000만 원 | | |
| 지명순위 | 2016 KIA 2차 1라운드 3순위 | | |
| 입단년도 | 2016 KIA | | |

2020년 최원준은 미운 오리 새끼에서 다시 특급 유망주로 변신했다. 미국 플로리다 스프링캠프에선 운이 따랐다. 이창진, 김호령 등 포지션 경쟁자들이 모두 부상으로 이탈해 있었다. 최원준은 주전 중견수 자리에 무혈입성했다. 2020시즌의 문이 열리자 수비 구멍으로 전락했다. 공을 떨어뜨리는 실책 뿐만 아니라 보이지 않는 잔실책과 송구 실수 등으로 실점을 헌납했다. "최원준 쪽으로 공이 가면 불안해서 못 보겠다"라는 평가였다. 2019시즌부터 헤매던 타격은 1년이 지난 뒤에도 나아질 기미가 보이지 않았다. 6월 김호령이 돌아오면서 백업 중견수로 전락했다. 7월에는 이창진이 허리 디스크 재활을 끝내고 복귀해 최원준은 대주자와 대타로 활용됐다. 8월 초 이창진의 햄스트링 부상으로 최원준이 다시 중견수로 중용되기 시작했다. 최원준은 두 달 반 사이에 다른 사람이 돼 있었다. 9월부터 최원준의 방망이에는 불이 붙었고 타격에 자신감을 얻자 수비에서도 안정을 찾았다. 최원준은 9월 타율 0.374, 10월 0.369를 기록했다. 터닝포인트의 계기가 있었다. 맷 윌리엄스 감독의 면담이었다. "당시 프로 입문 이후 타격에 대해 느낀 점을 가감 없이 털어놓았다. 감독님께서 '네 말이 맞다'고 공감해주셨다. 그래서 확신을 가지고 밀고 나가니 좋은 결과로 이어졌다. 이젠 타석에서 많은 생각을 하지 않는다. 타격 폼에 관해서도 생각하지 않는다. 상대 투수와 수싸움에만 집중한다. 프로에 와서 변화구에 약점이 있다는 말에 1년에 30~40차례 정도 타격 폼을 수정했었다. 타격폼이 중요한 것이 아니었다. 그래서 나름 좋았던 기억이 있는 고등학교 때 모습으로 돌아가려 노력했다."

2021년 최원준은 2020년 9~10월의 최원준이 돼야 한다. 서울고 시절 이영민타격상을 받을 정도로 출중했던 타격 실력을 유감없이 뽐내야 한다. 테이블세터로 중용될 가능성이 높다. 기다리며 출루율을 높이기보다 지난해 9~10월처럼 타격으로 출루율을 향상시킬 능력을 발휘해야 한다. 그래야 2021년이 끝난 뒤 입대했을 때 후회를 남기지 않을 수 있다.

### 2020 시즌 & 통산 성적

| 연도 | 경기 | 타석 | 타수 | 안타 | 2루타 | 3루타 | 홈런 | 타점 | 도루 | 도실 | 볼넷 | 사구 | 삼진 | 타율 | 장타율 | 출루율 | OPS |
|---|---|---|---|---|---|---|---|---|---|---|---|---|---|---|---|---|---|
| 2020 | 123 | 412 | 359 | 117 | 16 | 6 | 2 | 35 | 14 | 5 | 33 | 6 | 35 | 0.326 | 0.421 | 0.387 | 0.808 |
| 통산 | 400 | 1,197 | 1,073 | 304 | 57 | 10 | 11 | 116 | 36 | 14 | 79 | 16 | 167 | 0.283 | 0.386 | 0.339 | 0.725 |

### 2020 시즌 홈 / 원정 성적

| | 경기 | 타석 | 타수 | 안타 | 2루타 | 3루타 | 홈런 | 타점 | 도루 | 도실 | 볼넷 | 사구 | 삼진 | 타율 | 장타율 | 출루율 | OPS |
|---|---|---|---|---|---|---|---|---|---|---|---|---|---|---|---|---|---|
| 홈 | 60 | 193 | 172 | 54 | 8 | 2 | 2 | 18 | 7 | 1 | 13 | 1 | 17 | 0.314 | 0.419 | 0.360 | 0.779 |
| 원정 | 63 | 219 | 187 | 63 | 8 | 4 | 0 | 17 | 7 | 1 | 20 | 5 | 18 | 0.337 | 0.422 | 0.411 | 0.833 |

### 2020 시즌 상황별 기록

| 상황 | 타석 | 안타 | 홈런 | 타점 | 볼넷 | 삼진 | 타율 |
|---|---|---|---|---|---|---|---|
| vs 좌 | 62 | 16 | 0 | 5 | 5 | 7 | 0.302 |
| vs 우 | 295 | 85 | 2 | 25 | 27 | 24 | 0.333 |
| vs 언더 | 55 | 16 | 0 | 5 | 1 | 4 | 0.314 |
| 주자있음 | 150 | 44 | 2 | 35 | 12 | 12 | 0.367 |
| 주자없음 | 262 | 73 | 0 | 0 | 21 | 23 | 0.305 |
| 득점권 | 85 | 24 | 1 | 33 | 8 | 10 | 0.364 |
| 만루 | 13 | 6 | 0 | 10 | 0 | 2 | 0.375 |

### 그라운드 구역별 피안타 방향

| 구분 | 타석 | 안타 | 홈런 | 타점 | 볼넷 | 삼진 | 타율 |
|---|---|---|---|---|---|---|---|
| 0-0 | 62 | 22 | 0 | 5 | 0 | 0 | 0.400 |
| 0-1 | 35 | 12 | 0 | 2 | 0 | 0 | 0.353 |
| 0-2 | 31 | 7 | 0 | 1 | 0 | 7 | 0.226 |
| 1-0 | 35 | 9 | 1 | 5 | 0 | 0 | 0.265 |
| 1-1 | 45 | 16 | 0 | 5 | 0 | 0 | 0.381 |
| 1-2 | 61 | 21 | 1 | 9 | 0 | 12 | 0.362 |
| 2-0 | 6 | 0 | 0 | 0 | 6 | 0 | 0.250 |
| 2-1 | 14 | 4 | 0 | 0 | 0 | 0 | 0.250 |
| 2-2 | 52 | 16 | 0 | 5 | 0 | 10 | 0.314 |
| 3-1 | 20 | 2 | 0 | 0 | 16 | 0 | 0.500 |
| 3-2 | 45 | 8 | 0 | 1 | 11 | 6 | 0.235 |

### 2020 시즌 상대팀 별 기록

| 구분 | 타석 | 홈런 | 볼넷 | 삼진 | 타율 | 출루율 | 장타율 | OPS |
|---|---|---|---|---|---|---|---|---|
| KT | 43 | 0 | 5 | 2 | 0.361 | 0.439 | 0.417 | 0.856 |
| LG | 50 | 1 | 2 | 1 | 0.348 | 0.360 | 0.500 | 0.860 |
| NC | 45 | 0 | 2 | 1 | 0.350 | 0.409 | 0.425 | 0.834 |
| SK | 52 | 0 | 4 | 7 | 0.319 | 0.385 | 0.383 | 0.768 |
| 키움 | 40 | 0 | 1 | 8 | 0.256 | 0.273 | 0.349 | 0.622 |
| 두산 | 42 | 0 | 3 | 4 | 0.270 | 0.341 | 0.351 | 0.692 |
| 롯데 | 40 | 0 | 2 | 2 | 0.333 | 0.359 | 0.472 | 0.831 |
| 삼성 | 35 | 1 | 6 | 2 | 0.462 | 0.571 | 0.731 | 1.302 |
| 한화 | 57 | 0 | 8 | 8 | 0.292 | 0.386 | 0.292 | 0.678 |

### 2020 시즌 수비 성적

| 구분 | 수비이닝 | 실책 | 수비율 |
|---|---|---|---|
| 3B | 7.0 | 0 | 1.000 |
| LF | 74.0 | 0 | 1.000 |
| CF | 701.0 | 4 | 0.979 |
| RF | 10.0 | 0 | 1.000 |

### 2020 시즌 핫 & 콜드존

**VS좌투**

| 0.000 0/1 | - 0/0 | - 0/0 | 0.000 0/1 | - 0/0 |
| 0.000 0/1 | 0.000 0/2 | 0.000 0/3 | 0.600 3/5 | - 0/0 |
| 0.000 0/1 | 0.500 1/2 | 0.500 3/6 | 0.200 1/5 | 0.333 1/3 |
| - 0/0 | - 0/0 | 0.571 4/7 | 0.200 1/5 | 0.000 0/3 |
| - 0/0 | 0.000 0/1 | 0.000 0/2 | 0.333 1/3 | 0.500 1/2 |

**VS우투**

| 0.000 0/2 | 0.300 3/10 | 0.188 3/16 | 0.400 4/10 | 0.000 0/1 |
| 0.000 0/6 | 0.273 3/11 | 0.394 13/33 | 0.419 13/31 | 0.333 1/3 |
| 0.000 0/2 | 0.444 8/18 | 0.367 11/30 | 0.393 11/28 | 0.167 1/6 |
| 0.000 0/1 | 0.214 3/14 | 0.423 11/26 | 0.308 8/26 | 0.000 0/2 |
| 0.000 0/1 | 0.500 2/4 | 0.111 1/9 | 0.250 3/12 | 0.667 2/3 |

# PLAYERS

## 29 나지완

**외야수(우투우타)**

| 생년월일 | 1985년 5월 19일 | 신장/체중 | 182cm/105kg |
|---|---|---|---|
| 학력 | 수유초-신일중-신일고-단국대 | | |
| 연봉(2021) | 4억 원 | | |
| 지명순위 | 2008 KIA 2차 1라운드 5순위 | | |
| 입단년도 | 2008 KIA | | |

2020년은 나지완에게 그야말로 마지막 기회였다. 수비력 하락 평가 속에 지명타자로밖에 활용할 수 없다는 반쪽짜리 선수라는 평가를 뒤집을 기회가 찾아왔다. 전략적으로 최형우가 지명타자로 전환된 뒤 윌리엄스 감독은 좌익수와 4번 타자를 나지완에게 맡겼다. 장타율 향상이 시급한 상황에서 최형우를 도와 클린업트리오에서 장타를 때려낼 타자는 나지완뿐이었다. 2019년 백업으로 전락해 56경기밖에 출전하지 못해 장타율이 0.364에 그쳤지만 2018년에는 주전급 선수 중 장타율 1위(0.574)를 기록했다. 나지완은 부담이 컸다. 타격 부활도 시급했지만 좌익 수비가 돼야 주전으로 다시 도약할 수 있었다. 나지완의 선택은 몸무게 감량이었다. 혹독한 다이어트로 체중이 7kg 줄었다. 정규 시즌의 긴장감 탓에 식사량까지 줄어 지난해보다 몸무게가 10kg 가량 줄었다. 윌리엄스 감독이 나지완을 믿고 주전 우익수로 활용한 이유다.

지난 시즌 개인적으로는 부활했지만 구단의 기대에는 미치지 못했다. 타율 2할9푼1리 136안타 17홈런 92타점이었다. 장타율은 0.444였다. 치열한 순위 싸움이 전개되던 후반기에 힘을 내지 못해 아쉬웠다. 올 겨울 체력 향상에 온 힘을 쏟다 다시 체중이 감량됐다. 나지완은 "현재 103~104kg로 감량했다. 앞으로 100kg 될 때까지 노력할 생각"이라며 웃었다. 그렇게 해야 할 이유가 생겼다. 주장 완장을 찼다. 나지완은 "책임감을 느끼고 팀 내 구심점 가교 역할을 잘하겠다. 고참, 주장으로서 할 일이 많고 내가 잘하면 충분히 가을 야구가 가능할 것"이라고 말했다. 이어 "후배들과 나이 차가 있다. 그래도 주축인 1989년생들이 많아 이 선수들을 활용해 같이 움직이겠다"라는 각오를 밝혔다. 나지완은 2021년이 끝나면 FA 자격을 얻는다. 한국 나이로 서른아홉에 3년 최대 47억 원의 FA 계약을 한 최형우처럼 나지완은 팀 내에서 필요로 하는 타자가 되길 원한다.

### 2020 시즌 & 통산 성적

| 연도 | 경기 | 타석 | 타수 | 안타 | 2루타 | 3루타 | 홈런 | 타점 | 도루 | 도실 | 볼넷 | 사구 | 삼진 | 타율 | 장타율 | 출루율 | OPS |
|---|---|---|---|---|---|---|---|---|---|---|---|---|---|---|---|---|---|
| 2020 | 137 | 556 | 468 | 136 | 19 | 0 | 17 | 92 | 0 | 0 | 64 | 18 | 114 | 0.291 | 0.444 | 0.392 | 0.836 |
| 통산 | 1,440 | 5,376 | 4,479 | 1,252 | 200 | 8 | 221 | 855 | 35 | 20 | 652 | 175 | 1,086 | 0.280 | 0.476 | 0.388 | 0.864 |

### 2020 시즌 홈 / 원정 성적

| | 경기 | 타석 | 타수 | 안타 | 2루타 | 3루타 | 홈런 | 타점 | 도루 | 도실 | 볼넷 | 사구 | 삼진 | 타율 | 장타율 | 출루율 | OPS |
|---|---|---|---|---|---|---|---|---|---|---|---|---|---|---|---|---|---|
| 홈 | 68 | 273 | 234 | 70 | 11 | 0 | 12 | 58 | 0 | 0 | 32 | 5 | 62 | 0.299 | 0.500 | 0.392 | 0.892 |
| 원정 | 69 | 283 | 234 | 66 | 8 | 0 | 5 | 34 | 0 | 0 | 32 | 13 | 52 | 0.282 | 0.389 | 0.392 | 0.781 |

### 2020 시즌 상황별 기록

| 상황 | 타석 | 안타 | 홈런 | 타점 | 볼넷 | 삼진 | 타율 |
|---|---|---|---|---|---|---|---|
| vs 좌 | 106 | 26 | 1 | 9 | 13 | 16 | 0.295 |
| vs 우 | 387 | 96 | 14 | 69 | 48 | 75 | 0.297 |
| vs 언더 | 63 | 14 | 2 | 14 | 3 | 23 | 0.246 |
| 주자있음 | 306 | 84 | 13 | 88 | 39 | 61 | 0.339 |
| 주자없음 | 250 | 52 | 4 | 4 | 25 | 53 | 0.236 |
| 득점권 | 187 | 48 | 7 | 76 | 30 | 31 | 0.338 |
| 만루 | 20 | 3 | 1 | 14 | 2 | 4 | 0.231 |

### 2020 시즌 상대팀 별 기록

| 구분 | 타석 | 홈런 | 볼넷 | 삼진 | 타율 | 출루율 | 장타율 | OPS |
|---|---|---|---|---|---|---|---|---|
| KT | 66 | 2 | 9 | 10 | 0.273 | 0.364 | 0.455 | 0.819 |
| LG | 60 | 0 | 4 | 16 | 0.259 | 0.317 | 0.315 | 0.632 |
| NC | 59 | 2 | 11 | 11 | 0.283 | 0.441 | 0.435 | 0.876 |
| SK | 63 | 4 | 8 | 13 | 0.321 | 0.413 | 0.566 | 0.979 |
| 키움 | 61 | 2 | 3 | 20 | 0.200 | 0.262 | 0.327 | 0.589 |
| 두산 | 62 | 2 | 8 | 11 | 0.327 | 0.435 | 0.462 | 0.897 |
| 롯데 | 56 | 2 | 4 | 12 | 0.340 | 0.411 | 0.500 | 0.911 |
| 삼성 | 66 | 2 | 10 | 12 | 0.196 | 0.364 | 0.373 | 0.737 |
| 한화 | 63 | 1 | 8 | 9 | 0.423 | 0.524 | 0.577 | 1.101 |

### 그라운드 구역별 피안타 방향

| 구분 | 타석 | 안타 | 홈런 | 타점 | 볼넷 | 삼진 | 타율 |
|---|---|---|---|---|---|---|---|
| 0-0 | 51 | 21 | 2 | 14 | 0 | 0 | 0.447 |
| 0-1 | 39 | 17 | 2 | 11 | 0 | 0 | 0.459 |
| 0-2 | 33 | 11 | 1 | 5 | 0 | 15 | 0.333 |
| 1-0 | 37 | 10 | 4 | 15 | 0 | 0 | 0.286 |
| 1-1 | 48 | 14 | 2 | 5 | 0 | 0 | 0.318 |
| 1-2 | 75 | 14 | 1 | 10 | 0 | 41 | 0.194 |
| 2-0 | 12 | 4 | 0 | 1 | 0 | 0 | 0.364 |
| 2-1 | 39 | 15 | 1 | 9 | 0 | 0 | 0.417 |
| 2-2 | 88 | 14 | 0 | 8 | 0 | 37 | 0.169 |
| 3-0 | 16 | 0 | 0 | 0 | 15 | 0 | 0.000 |
| 3-1 | 36 | 4 | 2 | 5 | 18 | 0 | 0.222 |
| 3-2 | 82 | 12 | 2 | 10 | 30 | 21 | 0.235 |

### 2020 시즌 수비 성적

| 구분 | 수비이닝 | 실책 | 수비율 |
|---|---|---|---|
| LF | 1016.0 | 1 | 0.995 |

### 2020 시즌 핫 & 콜드존

**VS좌투**

| | | | | |
|---|---|---|---|---|
| 0.000<br>0/1 | 0.500<br>2/4 | 0.250<br>1/4 | 0.000<br>0/1 | –<br>0/0 |
| 0.333<br>1/3 | 0.000<br>0/4 | 0.000<br>0/6 | 1.000<br>2/2 | –<br>0/0 |
| 0.333<br>2/6 | 0.286<br>2/7 | 0.556<br>5/9 | 0.200<br>2/10 | 0.000<br>0/1 |
| 0.625<br>5/8 | 0.250<br>2/8 | 0.400<br>2/5 | 0.000<br>0/2 | –<br>0/0 |
| 0.000<br>0/2 | 0.000<br>0/1 | 0.000<br>0/4 | 0.000<br>0/1 | –<br>0/0 |

**VS우투**

| | | | | |
|---|---|---|---|---|
| 0.000<br>0/1 | 0.182<br>2/11 | 0.545<br>6/11 | 0.167<br>1/6 | 0.000<br>0/3 |
| 0.167<br>2/12 | 0.375<br>6/16 | 0.350<br>7/20 | 0.353<br>6/17 | 0.250<br>2/8 |
| 0.240<br>6/25 | 0.306<br>11/36 | 0.357<br>15/42 | 0.389<br>7/18 | 0.125<br>1/8 |
| 0.250<br>4/16 | 0.240<br>6/25 | 0.333<br>15/45 | 0.304<br>7/23 | 0.250<br>1/4 |
| 0.222<br>2/9 | 0.000<br>0/9 | 0.222<br>2/9 | 0.200<br>1/5 | –<br>0/0 |

### 투수(우투우타)
# 11 이민우

효천고 시절 포수였던 이민우는 경성대 진학 후 투수로 전향했다. 경성대 시절 많은 이닝을 소화해 2015년 KIA에 1차 지명을 받고 입단하자마자 토미존 수술을 받았다. 재활 후 곧바로 사회복무요원으로 입대해 1군 데뷔는 2017년 후반기에 이루어졌다. 대체 선발과 추격조로 중용됐다. 이닝 소화 능력이 있기 때문에 롱릴리프 역할을 수행했다. 2020년은 이민우에게 기회의 한 해였다. 프로 데뷔 4년 만에 처음으로 1군 선발 로테이션에서 한 자리를 차지했다. 스타트는 좋았지만 녹록지 않았다. 지난해 5월 5차례 등판에서 3승을 챙기며 구름 위를 걷는 듯했지만 6월부터 급격하게 무너졌다. 지난해 9월 결막염으로 부상자 명단에 오르기도 했다. 결국 22경기에 선발 등판해 6승(10패)밖에 배달하지 못했고 평균자책점은 6.92로 높았다. 무엇보다 규정이닝에도 38이닝이나 모자랐다. "140이닝 이상 던져보고 싶다"는 것이 이민우의 목표다. KIA로선 이민우의 2020시즌 선발 경험이 필요하다. 다만 치열한 경쟁은 불가피하다. 지난 시즌 대체 선발 경험을 한 영건 김현수와 장현식에다 제대 이후 로테이션에 다양함을 가져다줄 좌완 김유신과 루키 사총사(이의리, 박건우, 장민기, 이승재)가 선발에 도전한다.

| 생년월일 | 1993년 2월 9일 | 연봉(2021) | 6000만 원 |
|---|---|---|---|
| 신장/체중 | 185cm/95kg | 지명순위 | 2015 KIA 1차 지명 |
| 학력 | 순천북초-순천이수중-효천고-경성대 | 입단년도 | 2015 KIA |

### 투수(우투좌타)
# 21 홍상삼

홍상삼은 지난해 KIA에서 꺼져가던 야구 인생의 불씨를 되살렸다. 지난 10년간 몸담았던 두산에서 방출당한 뒤 조계현 KIA 단장이 내민 동아줄을 붙잡았다. 특히 공황장애를 이겨내자 부활이란 단어에 근접할 수 있었다. 선발 경쟁에서 밀려나 추격조로 2020시즌에 돌입했지만 마무리 문경찬의 트레이드와 불펜의 핵 박준표와 전상현의 부상 속에 필승조로 전환돼 4승 5패 17홀드, 평균자책점 5.06을 기록했다. 2021시즌 홍상삼의 미션은 볼넷과 폭투 줄이기다. 지난해 48이닝에서 볼넷 54개를 허용했다. 초구 스트라이크에 신경 쓰고 있다. 폭투성 볼에 관해선 개의치 않는다. 그러면서도 턱없이 높게 솟구치는 공의 빈도수를 줄인다는 홍상삼의 목표다. 선발 욕심은 버리고 핵심 필승조로 활약하는 데 집중한다. "잘하는 것을 꾸준하게 하는 것이 좋다. 그래야 홀드든, 세이브든 인정받는 기록이 된다. 다만 기록보다는 오로지 경기에 나가는 것이 최우선 목표."

| 생년월일 | 1990년 2월 13일 | 연봉(2021) | 9000만 원 |
|---|---|---|---|
| 신장/체중 | 188cm/85kg | 지명순위 | 2008 두산 2차 3라운드 20순위 |
| 학력 | 서울영일초-충암중-충암고 | 입단년도 | 2008 두산 |

### 투수(우투우타)
# 62 정해영

정해영은 지난해 혜성같이 나타난 신인 투수다. 정회열 전 KIA 2군 감독의 아들로서 부자가 같은 팀에 1차 지명된 주인공으로 주목받았다. 정해영은 2020년 1차 지명된 이유를 실전에서 증명했다. 7월 1일 한화전부터 1군 마운드를 밟자마자 프로 첫 승리를 따냈다. 관건은 140km대 초반에 머무른 직구 구속이었다. 프로 입단 이후 양일환, 곽정철 2군 투수코치의 지도 아래 투구 폼을 부드럽게 바꾸면서 구속을 올릴 수 있었다. 7월 16일 삼성전에선 시즌 최고 147.4km를 찍었다. 맞아도 곧바로 다시 일어섰다. 시간이 지날수록 월별 평균자책점은 높아졌지만 트레이드와 부상으로 혼란을 겪었던 불펜 변수를 홍상삼과 함께 최소화했다. 최종 기록은 5승 4패 1세이브 11홀드, 평균자책점 3.29이었다. 정해영은 지난 시즌 잘한 대가를 보상받았다. 팀 내 최고 인상률(159.3%)을 찍으면 최저연봉을 7천만 원까지 끌어올렸다. 2021년 정해영은 지난해 경험을 최대한 살려야 한다. 광주제일고 후배이자 2021시즌 1차 지명된 이의리의 빠른 프로 적응을 돕는 역할도 맡았다.

| 생년월일 | 2001년 8월 23일 | 연봉(2021) | 7000만 원 |
|---|---|---|---|
| 신장/체중 | 189cm/97kg | 지명순위 | 2020 KIA 1차 지명 |
| 학력 | 광주대성초-광주동성중-광주제일고 | 입단년도 | 2020 KIA |

# PLAYERS

### 투수(좌투좌타)
## 20 이준영

이준영은 지난 시즌 KIA 불펜의 보배 같았다. 왼손 투수 부족을 겪던 상황에서 좌완 원포인트 역할을 충실히 수행했다. 무더운 8월 동료들이 지쳐갈 때 마운드에 올라 타자 1~2명을 완벽하게 막아냈다. 8월 13일 LG전부터 9월 18일 삼성전까지 16경기 연속 무실점으로 막아내며 8홀드를 챙겼다. 시즌 초반 햄스트링 부상이 다소 아쉬웠다. 5월 중순 부상으로 두 달 반을 재활해야 했다. 좌완 스페셜리스트답게 좌타자 피안타율(0.295)을 줄여야 한다. 우타자 피안타율(0.381)도 떨어뜨려야 자신의 가치를 좀 더 끌어올릴 수 있을 전망이다. 2021시즌 이준영의 역할은 2020시즌과 별반 다르지 않을 것으로 보인다. 기본적으로 좌타자를 상대하는 원포인트 역할로 보인다. 그래도 올해는 이준영의 어깨가 가볍다. 좌완 투수들이 많아졌다. 부상에서 돌아온 하준영을 비롯해 심동섭, 김유신, 김명찬까지 좌완 풍년이다. 이준영은 좌완 상대에만 초점을 맞추면 되는 상황이다.

| 생년월일 | 1992년 8월 10일 | 연봉(2021) | 6000만 원 |
|---|---|---|---|
| 신장/체중 | 177cm/85kg | 지명순위 | 2015 KIA 2차 4라운드 42순위 |
| 학력 | 군산남초-군산중-군산상고-중앙대 | 입단년도 | 2015 KIA |

### 투수(우투우타)
## 60 고영창

1988년생 양현종이 떠나면서 1989년생 고영창이 올해 KIA 투수 파트 최고참이 됐다. 지난해 다소 부진했다. 선발 로테이션에 포함돼 이민우가 담당하던 롱릴리프 역할을 맡으면서 48경기에서 58이닝을 소화하며 1승 1패 1세이브 2홀드, 평균자책점 6.83을 기록했다. 팀이 치열한 5강 싸움을 하고 있던 8월과 9월 평균자책점이 각각 10.50과 16.50이었다. 고영창이 2021시즌 잘해줘야 하는 이유는 바로 KIA의 패턴 때문이다. 팀이 리드해서 이긴 경기도 있었지만 대부분 경기 후반 역전승이 많았다. 1~2점 차 박빙의 승부였다면 필승조가 투입되겠지만 3~4점 차로 뒤진 상황에선 추격조가 나선다. 추격조가 잘 버텨줘야 타자들이 쫓아갈 시간과 힘이 생긴다. 올 시즌도 KIA는 쫓아가 승부를 뒤집는 경기가 많이 발생할 수 있다. 선발이 일찍 무너졌을 때 고영창이 최소 실점으로 최대한 많은 이닝을 책임져줘야 불펜 과부하를 막을 수 있다.

| 생년월일 | 1989년 2월 24일 | 연봉(2021) | 5200만 원 |
|---|---|---|---|
| 신장/체중 | 189cm/92kg | 지명순위 | 2013 KIA 2차 6라운드 53순위 |
| 학력 | 광주서림초-진흥중-진흥고-연세대 | 입단년도 | 2013 KIA |

### 투수(우투우타)
## 56 김현수

김현수는 지난해 눈물을 흘리며 KIA 유니폼을 입었다. FA 안치홍의 보상선수로 롯데에서 KIA로 이적했다. 2019년 입단한 지 1년 만에 롯데를 떠나야 했다. 그러나 김현수에게 2020년은 화창한 미래의 발판이 됐다. 2군에서 선발 로테이션을 돌며 차세대 선발 자원으로 성장하던 김현수는 가끔씩 1군에서 롱릴리프로 활용됐다. 팀이 5강 경쟁에서 밀렸다고 판단된 10월 초부터 대체 선발로 투입됐다. 결과는 1승 2패. 10월 1일 키움전에선 5이닝 7탈삼진 무실점으로 프로 데뷔승을 챙겼다. 김현수는 2021시즌 선발 투수 후보군에서 경쟁했다. 지난해 선발 경험을 살려 2021시즌에도 다른 경쟁자들보다 한 발 앞선 것이 현실이다. 안정적 선발 투수로 거듭나기 위해선 단조로운 구종에서 벗어나야 한다. 슬라이더와 커브, 체인지업을 가졌는데 구사율을 높여야 하는 것이 숙제다. 지난해 김현수의 변화구 구사율은 슬라이더 18.8%, 커브 15.4%, 체인지업 5.9%였다.

| 생년월일 | 2000년 7월 10일 | 연봉(2021) | 3500만 원 |
|---|---|---|---|
| 신장/체중 | 185cm/90kg | 지명순위 | 2019 롯데 2차 3라운드 28순위 |
| 학력 | 효제초-홍은중-장충고 | 입단년도 | 2019 롯데 |

### 투수(좌투좌타)
# 39 하준영

하준영은 2019시즌 일본 오키나와 스프링캠프 때부터 돋보였다. 필승조로 낙점받아 시즌 초반 빠른 공을 앞세워 '미스터 제로'라는 별명을 얻었다. 성적은 나쁘지 않았다. 6승 2패 15홀드. 시즌 막판 체력 저하로 평균자책점 4.96을 기록했다. 그래도 생애 첫 올스타에 뽑혀 네 타자 연속 탈삼진이라는 신기록도 세웠다. 그랬던 하준영이 2020년에는 한 경기에도 출전하지 못했다. 지난해 2월 미국 스프링캠프 때부터 팔꿈치에 통증을 느껴 보강 훈련에 집중했는데 시즌 개막 일주일 만에 수술대에 올랐다. 왼쪽 팔꿈치 내측인대재건 및 뼛조각 제거 수술을 받았다. 2021시즌 하준영의 과제는 건강함이다. 건강해야 다시 필승조로 쓰임을 받을 전망이다. 구속도 회복해야 한다. 하준영의 매력은 왼손으로 150km에 가까운 빠른 공을 뿌렸다는 것이다. 삼진 능력이 출중해 실점 위기에 올라가서도 잘 버텨냈다. 팔꿈치 수술 후 대개 구속이 줄어든다. 무리하면 수술 부위가 또 탈이 나는 경우도 많아 트라우마에 휩싸이기도 한다. 하준영이 파이어볼러의 모습을 되찾는다면 분명히 KIA 필승조는 안정될 수 있다.

| 생년월일 | 1999년 9월 6일 | 연봉(2021) | 5000만 원 |
|---|---|---|---|
| 신장/체중 | 182cm/79kg | 지명순위 | 2018 KIA 2차 2라운드 16순위 |
| 학력 | 서울이수초-성남중-성남고 | 입단년도 | 2018 KIA |

### 투수(우투우타)
# 50 장현식

장현식은 지난해 8월 2대2 트레이드로 NC에서 KIA로 유니폼을 갈아입었다. 기대가 컸다. 우완 파이어볼러로 평균 직구 구속이 145.7km, 시즌 최고구속이 147.9km였다. 장현식은 이적하자마자 필승조에 합류했다. 다만 빠른 공을 던지면서도 장타와 볼넷을 허용해 리드를 지키지 못할 때가 많았다. 시즌 성적은 4승 4패 6홀드였지만 평균자책점이 10.76으로 부진했다. 2021시즌 장현식의 보직에 관심이 쏠린다. 지난해 세 차례 대체선발로 마운드에 올랐는데 모두 조기 강판당했다. 지난해 9월 25일 KT전에선 2⅓이닝, 지난해 10월 20일 NC전에선 1⅔이닝, 10월 27일 KT전에선 2⅓이닝밖에 책임지지 못했다. 올 시즌 스프링캠프에선 선발 후보군에서 준비 중이다. 양현종이 빠진 선발 한 자리를 차지하려면 이닝 소화력이 관건이다. 그러기 위해선 적극적으로 타자와 상대해야 한다. 안타보다 더 나쁘게 평가하는 볼넷을 줄이는 일이 비시즌 장현식이 해결해야 할 숙제다.

| 생년월일 | 1995년 2월 24일 | 연봉(2021) | 1억500만 원 |
|---|---|---|---|
| 신장/체중 | 181cm/91kg | 지명순위 | 2013 NC 1차 지명 9순위 |
| 학력 | 신도초-서울이수중-서울고 | 입단년도 | 2013 NC |

### 포수(우투좌타)
# 24 김민식

김민식은 지난해 공격형 포수로 활약했다. 진갑용 배터리코치는 7월 중순부터 김민식을 1군에 올려 토종 투수들과 호흡을 맞추게 했다. 사실 김민식을 올린 이유는 화력 싸움 때문이었다. 한승택은 외국인 선수들과 전담포수로 중용받았고 백업은 백용환이었다. 백용환이 한 방이 있었지만 꾸준하지 않은 출전 탓에 타격에서 기복을 보였다. 윌리엄스 감독이 포수 3인 전략으로 공격력을 강화했다. 김민식의 임팩트는 강렬했다. 시즌 첫 경기였던 지난해 7월 13일 키움전에서 5타수 2안타 5타점 2득점으로 윌리엄스 감독의 용병술에 화답했다. 김민식의 지난해 7월 타율은 3할6푼7리에 달했다. 그러나 8월부터는 타격 사이클에 뚝 떨어졌다. 2021시즌 김민식은 한승택과 다시 안방마님 주전 경쟁을 펼칠 전망이다. 도루저지 면에선 김민식(0.380)이 한승택(0.357)을 약간 앞선다. 타격에서도 김민식이 앞서는 만큼 올 시즌에는 주전 포수를 맡을 가능성이 높다. 다만 리드 면에선 한승택이 낫다는 평가다.

| 생년월일 | 1989년 6월 28일 | 연봉(2021) | 8500만 원 |
|---|---|---|---|
| 신장/체중 | 180cm/80kg | 지명순위 | 2012 SK 2라운드 11순위 |
| 학력 | 양덕초-마산중-마산고-원광대 | 입단년도 | 2012 SK |

### 포수(우투우타)
# 42 한승택

사실 한승택은 2021년 잠재력을 폭발시켜야 한다. 1994년생으로 어린데 군필이다. 경험치도 상당하다. 2016년부터 KIA에서 1군 백업 포수로 경험을 쌓은 뒤 2017년 통합우승에 힘을 보탰다. 당시 96경기에 출전해 주전 마스크를 쓴 김민식의 백업으로 제 몫을 다했다. 2019년부터 주전으로 도약했다. 프로 데뷔 7년 만에 생애 첫 풀타임을 소화하면서 느낀 점이 많다. 한승택은 스스로 완전히 자리 잡지 못했다고 했다. "주전으로 자리를 잡았다기보다 기회를 많이 부여받았다고 생각한다. 지난해보다 출전 수가 많아진 것뿐 나아졌다고 보기는 힘들 것 같다"라고 말했다. 체력 관리의 중요성도 절감했다. 한승택의 장점은 투수 리드다. 양현종을 비롯해 외국인 투수들의 전담 포수를 2년간 맡으면서 쌓은 경험이 구단에는 큰 자산이다. 다만 타격 향상이 이뤄져야 한다. 포수는 수비가 먼저라는 이야기가 있지만 득점권 타율이라도 올려야 어렵게 잡은 주전 포수 자리를 내주지 않을 듯하다.

| 생년월일 | 1994년 6월 21일 | 연봉(2021) | 8500만 원 |
|---|---|---|---|
| 신장/체중 | 174cm/83kg | 지명순위 | 2013 한화 3라운드 23순위 |
| 학력 | 잠전초(남양주리틀)-잠신중-덕수고 | 입단년도 | 2013 한화 |

### 내야수(우투좌타)
# 5 김태진

2군 4할 타자 출신 김태진은 NC 최고의 유망주 중 한 명이었다. 고교 시절 이후 외야 수비를 본 적이 없었지만 경찰야구단 때부터 외야수 겸업을 시작했다. 멀티 수비 능력을 갖춘 뒤 2018년 9월 중순 NC에 복귀했다. 본격적으로 1군 선발 출장 기회를 얻은 2019시즌부터 외야수로 나서는 일이 많았다. 후반기에는 3루수와 2루수로 꾸준히 출전해 주전 자리를 굳히는 듯했다. 시즌 전 연봉 협상에선 야수조 최고 인상률 172.7%로 9천만 원에 사인할 정도로 잠재력을 인정받았다. 그러나 지난해 김태진은 8월 중순 장현식과 함께 KIA로 트레이드되어 펑크 난 3루수를 지켰다. 팀을 옮긴 데다 부상이 있었다. 잘 버티며 9월 타율 3할2푼1리를 기록했다. 정작 중요할 때 힘을 내지 못했다. 10월 타율이 1할8푼6리로 뚝 떨어졌다. 아쉬움이 컸다. 2021년 김태진에게 바라는 건 내야수로서 탄탄한 수비와 높은 출루율이다. 하위에서 상위 타선으로 연결해줄 능력을 보여야 한다.

| 생년월일 | 1995년 10월 7일 | 연봉(2021) | 8500만 원 |
|---|---|---|---|
| 신장/체중 | 170cm/75kg | 지명순위 | 2014 NC 2차 4라운드 45순위 |
| 학력 | 수유초-신일중-신일고 | 입단년도 | 2014 NC |

### 내야수(우투우타)
# 25 박찬호

박찬호는 2019시즌부터 KIA의 내야 핵심 자원으로 평가됐다. 스프링캠프에서 '꽃범호' 이범호가 햄스트링 부상을 당하자 '핫코너' 3루수를 지킬 주전으로 활약했다. 2019시즌 후반기에는 2020시즌을 대비해 유격수로 활용됐다. 2년 전 박찬호는 강력한 수비에다 빠른 발로 도루왕을 차지하며 향후 KIA 내야를 10년간 책임질 자원임을 증명했다. 그러나 2020시즌은 그야말로 실망 그 자체였다. 주전 유격수로 중용되면서 잔부상에도 풀타임을 소화했는데 타격이 전혀 뒷받침되지 않았다. 규정 타석을 소화한 타자 중 타율이 꼴찌였다. 지난 시즌 타율 2할2푼3리 107안타 3홈런 36타점에 그쳤다. 본인도 위기감을 느끼며 "방망이를 올리지 않으면 평생 백업"이라고 주저 없이 얘기했다. 윌리엄스 감독은 박찬호가 몸과 배트가 연결됐을 때 좋은 파워를 낼 수 있다고 평가한다. 그래서 하체 뒤쪽에 중심을 두고 배팅하는 훈련에 매진하고 있다. 풀타임 유격수로서 체력의 중요성도 느꼈다. 박찬호의 업그레이드된 모습이 기대된다.

| 생년월일 | 1995년 6월 5일 | 연봉(2021) | 1억 원 |
|---|---|---|---|
| 신장/체중 | 178cm/72kg | 지명순위 | 2014 KIA 2차 5라운드 50순위 |
| 학력 | 신답초-건대부중-장충고 | 입단년도 | 2014 KIA |

### 내야수 (우투우타)
# 52 황대인

황대인은 잠재력이 터지지 않은 KIA의 수많은 유망주 중 한 명이다. 지난해 커리어하이를 찍었다. 63경기에 출전, 타율 2할 7푼6리 32안타 4홈런 16타점을 기록했다. 2015년 프로 데뷔 이후 가장 많은 출전 기회를 받았다. 그러나 아쉬움의 연속이었다. 5월 중순부터 유민상 대신 선발 기회를 잡았지만 윌리엄스 감독을 만족시키지 못했다. 6월부터 다시 백업으로 돌아선 뒤 기회가 급감했다. 2021시즌에는 더 험난한 길이 열린다. 외국인 타자 프레스턴 터커가 1루수로 포지션을 변경하기로 했다. 지난해 유민상과 함께 1루수로 출전했던 황대인의 출전 기회가 다시 막히게 된 셈이다. 황대인이 포지션을 변경하지 않는 이상 지난해보다 더 많은 기회를 보장받을 수 없는 상황이다. 그런데 포지션 변경도 녹록지 않다. 황대인이 고교 시절 맡았던 3루수에도 후보군이 가득해 터커의 백업으로 올 시즌을 보낼 가능성이 커졌다. 결국 황대인에게 요구되는 건 성공적인 대타다. 짧은 출전 시간 안에 강렬한 임팩트를 윌리엄스 감독에게 전달해야 한다. 상대 투수에 따라 윌리엄스 감독은 터커를 1루수에서 외야수로 보낼 가능성도 내비친다. 황대인은 이 기회를 놓치지 말아야 한다.

| 생년월일 | 1996년 2월 10일 | 연봉(2021) | 4300만 원 |
|---|---|---|---|
| 신장/체중 | 178cm/100kg | 지명순위 | 2015 KIA 2차 1라운드 2순위 |
| 학력 | 군산신풍초-자양중-경기고 | 입단년도 | 2015 KIA |

### 외야수 (우투우타)
# 53 김호령

김호령은 지난해 가장 기대를 모았던 선수 중 한 명이었다. 2019시즌 경찰야구단 제대 후 부상으로 1군에 복귀하지 못했지만 2020시즌 주전 중견수로 복귀할 가능성이 컸다. 2019시즌 중견수로 풀타임을 소화한 이창진이 2020시즌 스프링캠프에서 허리 디스크 부상으로 이탈했기 때문에 김호령에겐 절호의 기회였다. 하지만 손가락 부상이 발목을 잡았다. 결국 지난해 6월부터 1군 무대를 밟을 수 있었다. 시즌 첫 경기이자 복귀전 임팩트는 강렬했다. 6월 2일 롯데전에서 첫 타석, 첫 스윙에 솔로홈런을 폭발시켰다. 나름 괜찮은 복귀 한 달을 보냈다가 7월부터 타격 부진에 빠졌다. 그리고 부상에서 돌아온 이창진에게 선발 자리를 내줬다. 이후 대주자 또는 대타로 타석에 섰다. 2021시즌에는 경쟁자가 줄어도 주전을 장담할 수 없다. 지난해 중견수 자원이었던 최원준이 우익수로 포지션을 변경할 것으로 보여 김호령은 이창진과 또다시 불꽃 튀는 경쟁을 펼쳐야 할 것 같다. 이미 메이저리그급 수비력을 갖췄기 때문에 김호령에겐 타격감이 중요하다. 방망이에서 김호령의 2021시즌 운명이 갈릴 전망이다.

| 생년월일 | 1992년 4월 30일 | 연봉(2021) | 7300만 원 |
|---|---|---|---|
| 신장/체중 | 178cm/85kg | 지명순위 | 2015 KIA 2차 10라운드 102순위 |
| 학력 | 관산초-안산중앙중-군산상고-동국대 | 입단년도 | 2015 KIA |

### 외야수 (우투우타)
# 13 이창진

이창진의 2019년과 2020년은 극과 극이었다. 2019년에는 프로 데뷔 6년 만에 풀타임리거가 됐다. 당시 좋은 수비력을 보인 반면 타격에선 체력 저하를 막지 못해 들쭉날쭉했다. 그래도 2020년이 더 기대되는 선수였다. 기대는 잠시뿐, 2020년을 시작도 못 해보고 재활에 매달려야 했다. 미국 플로리다 스프링캠프에서 허리 디스크 부상으로 홀로 귀국했다. 재발 방지를 위해 최대한 천천히 재활을 진행했다. 그리고 7월에 돌아왔다. 김호령이 타격 부진을 겪을 시점에 딱 맞춰서 복귀했다. 센세이션했다. 7월 타율 3할5푼2리를 기록했다. 수비력은 여전했다. 8월 초 햄스트링 파열이란 암초에 걸렸다. 지난해 부상으로 한 시즌을 날린 것으로 느낀 점은 "조급하지 말자"였다. 한 번에 모은 힘을 내기보다 꾸준히 힘을 내는 게 중요하다는 걸 깨달았다. 2021시즌을 앞두고 몸 상태는 최고조에 달해있다. 윌리엄스 감독이 주문해 트레이닝파트가 제공한 체력 훈련 프로그램을 잘 수행해 전보다 몸이 좋아졌다. "올해는 정말 다를 것"이라고 공언한 이창진의 2021시즌은 정말 달라질까.

| 생년월일 | 1991년 3월 4일 | 연봉(2021) | 7000만 원 |
|---|---|---|---|
| 신장/체중 | 173cm/85kg | 지명순위 | 2014 롯데 2차 6라운드 60순위 |
| 학력 | 신도초-동인천중-인천고-건국대 | 입단년도 | 2014 롯데 |

### 내야수(우투좌타)
# 8 류지혁

류지혁에게 2020년은 두고두고 아쉬운 한 해가 될 듯하다. 2012년부터 몸담아온 두산에서 트레이드돼 KIA 유니폼으로 갈아입었지만 반짝 활약에 그쳤다. 부상에 발목이 잡혔다. 두산에서 슈퍼백업으로 불렸던 류지혁은 지난해 6월 7일 홍건희와 일대일 트레이드되자마자 주전 3루수를 바로 꿰찼다. 그런데 다섯 경기밖에 소화하지 못한 채 햄스트링을 다쳤다. 그동안 한 번도 다치지 않던 선수가 트레이드 일주일 만에 다쳤다는 소식을 들은 두산 트레이너들도 놀랐다는 후문이다. 그래도 임팩트는 훌륭했다. 안정적 수비에다 방망이가 매섭게 돌았다. 타율 3할8푼9리(18타수 6안타). 2021시즌 류지혁은 변화를 받아들여야 한다. KIA는 내야진에 다시 대변혁이 일어날 조짐이다. 이 기조에 맞춰 류지혁이 지난해 풀타임을 소화했던 박찬호를 밀어내고 주전 유격수로 중용될 가능성이 크다. 박찬호는 3루수로 포지션이 변경될 것으로 보인다. 류지혁은 "팀에서 원하는 모습을 보이려면 일단 다치지 말아야 한다. 부상 없이 시즌을 잘 치르면 나머지는 따라올 것"이라고 강조했다.

| 생년월일 | 1994년 1월 13일 | 연봉(2021) | 1억 원 |
|---|---|---|---|
| 신장/체중 | 181cm/75kg | 지명순위 | 2012 두산 4라운드 36순위 |
| 학력 | 청원초-선린중-충암고 | 입단년도 | 2012 두산 |

### 내야수(우투좌타)
# 30 유민상

유민상은 지난해 프로 데뷔 5년 만에 가장 많은 출전 기회를 얻었다. 126경기를 1루수로 뛰었다. 시즌 초반에는 황대인과 플래툰 시스템을 적용받았지만 6월부터 주전 1루수로서 자리를 공고히 했다. 5~6월의 좋은 타격감을 꾸준하게 살리지 못했다는 점이 아쉽다. 7월부터 타격감이 뚝 떨어지더니 결국 시즌 끝날 때까지 살리지 못했다. 치열한 5강 경쟁에 도움을 주지 못했다. 그래도 유민상은 극적인 끝내기 안타 등 임팩트 있는 장면을 자주 장식하며 윌리엄스 감독의 칭찬을 이끌어내기도 했다. 윌리엄스 감독은 "공격적으로 굉장히 재능이 있다. 파워가 있고 반대로 밀어칠 수 있다"라고 평가했다. 시즌 성적은 타율 2할4푼6리 96안타 8홈런 65타점을 기록했다. 클린업트리오에서 낸 성적치곤 아쉬움이 크다. 2021시즌에는 험난한 여정이 예상된다. 터커가 주전 1루수로 중용될 전망이다. 다시 백업 신세가 될 가능성이 크다. 공격력을 강화하기 위한 윌리엄스 감독의 선택에 유민상은 지난해보다 대타로 출전했던 시즌의 감각을 살릴 필요가 있어 보인다.

| 생년월일 | 1989년 4월 13일 | 연봉(2021) | 1억500만 원 |
|---|---|---|---|
| 신장/체중 | 186cm/101kg | 지명순위 | 2012 두산 7라운드 65순위 |
| 학력 | 미국 윌리캐년초-잠신중-서울고-연세대 | 입단년도 | 2012 두산 |

### 내야수(우투우타)
# 6 나주환

나주환은 지난해 조계현 단장에게 고마움을 표해야 할 듯하다. SK 와이번스에서 방출된 뒤 조 단장이 내민 손을 잡아준 덕분이다. 베테랑은 달라도 뭔가 달랐다. 장영석, 황윤호로 메우기 실패한 '핫코너' 3루수에서 맹활약했다. 안타성 타구도 환상적인 핸들링과 감각으로 막아냈고 타격에선 중요할 때 한 방씩 쳐주면서 젊은 선수들에게 동기를 불어넣었다. 8월 말 몸에 탈이 났다. 허리에 통증을 느껴 전력에서 이탈하고 말았다. 이후 3루수는 NC에서 트레이드 된 김태진이 맡았지만 공수에서 나주환만큼 임팩트를 보여주지 못했다. 2021시즌에는 상황이 바뀐다. 주전 3루수에 젊은 선수들이 후보로 떠오르고 있다. 박찬호 또는 류지혁이 유력하다. 그렇다면 나주환은 백업으로 시즌을 맞아야 한다. SK에서 백업으로 보낸 시간이 있기 때문에 낯선 상황은 아니다. 그러나 줄어들 출전 시간에 따른 역할과 해야 할 과제를 미리 준비하는 것이 베테랑의 노하우일 듯하다.

| 생년월일 | 1984년 6월 14일 | 연봉(2021) | 1억 원 |
|---|---|---|---|
| 신장/체중 | 180cm/84kg | 지명순위 | 2003 두산 2차 2라운드 16순위 |
| 학력 | 성동초(월드리틀)-휘문중-북일고 | 입단년도 | 2003 두산 |

### 47 김명찬

지난해 5월 중순 1군에 올라와 제 몫을 해줬다는 평가. 5월 말 모친상에도 꿋꿋하게 마운드에서 공을 던졌다. 지난해 6월 7일 두산전 폭투로 동점을 허용한 뒤 곧바로 2군으로 내려간 것이 아쉬움으로 남는다. 직구 스피드가 나쁘지 않아 좌완 원포인트로 활용하기에는 나쁘지 않다.

| 투수 좌투좌타 | 생년월일 | 1992년 10월 24일 | 연봉(2021) | 3500만 원 |
|---|---|---|---|---|
| | 신장/체중 | 187cm/106kg | 지명순위 | 2015 KIA 2차 6라운드 62순위 |
| | 학력 | 백마초-덕수중-선린고-연세대 | 입단년도 | 2015 KIA |

### 55 서덕원

우완 스리쿼터형 투수인 서덕원은 2016년 KIA에서 뽑은 신인 중 유일한 대졸 선수였다. 2019년 2군 중간계투로 활용되면서 21⅓이닝 16탈삼진, 평균자책점 5.91을 기록했다. 2020년에는 7월부터 간헐적으로 1군 추격조로 활용됐지만 기대에 미치지 못했다. 1군 진입 목표.

| 투수 우투우타 | 생년월일 | 1993년 7월 12일 | 연봉(2021) | 3100만 원 |
|---|---|---|---|---|
| | 신장/체중 | 183cm/89kg | 지명순위 | 2016 KIA 2차 5라운드 43순위 |
| | 학력 | 개운초-청량중-장충고-건국대 | 입단년도 | 2016 KIA |

### 49 김유신

2018년 1군 무대 10경기에 등판한 뒤 전략적으로 입대한 투수. 2019년에는 2군 리그를 장악했다. 다승과 평균자책점에서 당당히 1위를 차지했다. 탈삼진도 100개를 잡아내 투수 3관왕을 달성했다. 좌완인 데다 제구력이 좋다. 왼손 타자들의 몸쪽을 찌르는 제구력이 일품이라고 한다.

| 투수 좌투좌타 | 생년월일 | 1999년 6월 14일 | 연봉(2021) | 3000만 원 |
|---|---|---|---|---|
| | 신장/체중 | 187cm/92kg | 지명순위 | 2018 KIA 2차 1라운드 6순위 |
| | 학력 | 화순초-청주중-세광고 | 입단년도 | 2018 KIA |

### 58 차명진

2014년 오른팔꿈치 수술을 받은 뒤 기나긴 재활에 매달렸다. 2019년 철저한 관리 속에 6차례 선발 등판해 3승 1패를 기록했다. 2020시즌 미국 스프링캠프 때부터 2군에서만 선발로 뛰어 1승 5패, 평균자책점 5.76을 기록했다. 2군 선발과 1군 롱릴리프를 통해 1군 대체 선발을 노린다.

| 투수 우투우타 | 생년월일 | 1995년 3월 3일 | 연봉(2021) | 3300만 원 |
|---|---|---|---|---|
| | 신장/체중 | 188cm/104kg | 지명순위 | 2014 KIA 1차 지명 |
| | 학력 | 순천북초-순천이수중-효천고 | 입단년도 | 2014 KIA |

### 61 김재열

지난해 5월 KIA 육성선수로 입단했다. 퓨처스리그에서 140km대 중반의 강속구를 던지며 두각을 나타내자 지난해 9월 6일 1군에 승격했다. 이후 계속 1군에 머물며 14경기에서 1패 2홀드, 평균자책점 7.27의 성적을 거두었다. 2021시즌에는 추격조 유력후보로 꼽힌다.

| 투수 우투우타 | 생년월일 | 1996년 1월 2일 | 연봉(2021) | 3200만 원 |
|---|---|---|---|---|
| | 신장/체중 | 183cm/97kg | 지명순위 | 2014 롯데 2차 7라운드 71순위 |
| | 학력 | 양정초-개성중-부산고 | 입단년도 | 2014 롯데 |

### 43 홍원빈

키가 195cm인 피지컬몬스터. 제구력이 떨어진다는 평가를 받았다. 2019시즌부터 지난 시즌까지 처음부터 야구를 다시 배운다는 자세로 묵묵히 2군 생활 중이다. 지난해 9월 퓨처스 상무전에서 선발 3이닝 40구 1삼진 2사사구 무실점을 기록했다. 2021시즌 알을 깨고 나올 시간이다.

| 투수 우투우타 | 생년월일 | 2000년 10월 16일 | 연봉(2021) | 3000만 원 |
|---|---|---|---|---|
| | 신장/체중 | 195cm/101kg | 지명순위 | 2019 KIA 2차 1라운드 10순위 |
| | 학력 | 안말초-강남중-덕수고 | 입단년도 | 2019 KIA |

### 38 김현준

2016년 1차 지명 선수. 부상, 군대를 거쳐 2020년 1군 데뷔했다. 지난해 개막 엔트리에 포함되었지만 10경기에서 17자책점으로 6월 2군행 후 10월 중순 1군에서 4경기 연속 무실점 행진을 펼쳤다. 4⅔이닝을 소화하며 무자책점으로 버텨냈다. 2021시즌에도 추격조 유력 후보.

| 투수 우투우타 | 생년월일 | 1997년 6월 5일 | 연봉(2021) | 3100만 원 |
|---|---|---|---|---|
| | 신장/체중 | 182cm/78kg | 지명순위 | 2016 KIA 1차 지명 |
| | 학력 | 광주화정초-무등중-광주제일고 | 입단년도 | 2016 KIA |

### 35 황인준

2015년 KIA 유니폼을 입자마자 병역을 해결하고 2018년 1군 무대에 데뷔했다. 추격조에서 37경기 52⅔이닝을 소화해 3승 1패 1홀드, 평균자책점 4.96을 기록했다. 2019시즌 뒤 팔꿈치 뼛조각제거 수술을 받아 2020년 9월 23일 1군에 등록했다. 10월 말 두 차례 1이닝 무실점.

| 투수 우투우타 | 생년월일 | 1991년 7월 23일 | 연봉(2021) | 3400만 원 |
|---|---|---|---|---|
| | 신장/체중 | 184cm/94kg | 지명순위 | 2015 KIA 2차 5라운드 45순위 |
| | 학력 | 동광초-충남중-대전고-한양대 | 입단년도 | 2015 KIA |

### 26 남재현

지난 시즌 1군 대체 선발 후보로 김기훈과 경쟁할 정도로 2군에서 선발 등판 경험을 쌓았다. 지난해 8월 6일 LG전부터 1군 4경기를 뛰고 2군으로 내려갔다. 이닝 소화 능력이 좋다. 8월 19일 LG전, 8월 27일 SK전에서 각각 2⅓이닝을 던졌다. 5선발 경쟁 잠재력을 인정받는다.

| 투수 우투좌타 | 생년월일 | 1996년 9월 13일 | 연봉(2021) | 3200만 원 |
|---|---|---|---|---|
| | 신장/체중 | 182cm/78kg | 지명순위 | 2016 KIA 2차 2라운드 18순위 |
| | 학력 | 원봉초-세광중-세광고 | 입단년도 | 2016 KIA |

### 28 김윤동

2019시즌 초반 어깨 전방 관절와순 봉합술 이후 재활에 매달렸다. 2019년 4월 18일 롯데전에서 어깨를 부여잡고 마운드에서 쓰러졌다. 2017시즌 65경기 80⅓이닝, 2018시즌 64경기 82⅔이닝을 던져 어깨에 과부하가 걸렸다는 평가였다. 1군 진입을 목표로 세워야 한다.

| 투수 우투우타 | 생년월일 | 1993년 4월 1일 | 연봉(2021) | 1억 원 |
|---|---|---|---|---|
| | 신장/체중 | 186cm/97kg | 지명순위 | 2012 KIA 4라운드 38순위 |
| | 학력 | 남도초-경상중-경북고 | 입단년도 | 2012 KIA |

### 46 박진태

사이드암 투수인 박진태는 대학 때 최고구속 149km를 던져 두산 1차 지명 최동현과 더불어 최고의 잠수함 투수로 꼽혔다. 1군 성적은 처참했다. 2017년 38경기에서 57⅔을 소화하며 1패 3세이브 2홀드, 평균자책점 6.35를 기록했다. 1군 무대에서 잠재력을 폭발시킬 필요가 있다.

| 투수 우투우타 | 생년월일 | 1994년 10월 19일 | 연봉(2021) | 5000만 원 |
|---|---|---|---|---|
| | 신장/체중 | 180cm/83kg | 지명순위 | 2017 KIA 2차 2라운드 14순위 |
| | 학력 | 미성초-성남중-성남고-건국대 | 입단년도 | 2017 KIA |

### 12 백용환

지난 시즌 초반 한승택의 백업 포수. 사실 백용환에게 바란 건 공격형 포수였다. 들쭉날쭉한 출전으로 타격감을 살려내기가 쉽지 않지만 지난 시즌 52경기 5홈런(장타율 0.429)으로 장타력을 입증했다. 2021시즌 백용환의 목표는 대타 불방망이다.

| 포수 우투우타 | 생년월일 | 1989년 3월 20일 | 연봉(2021) | 4000만 원 |
|---|---|---|---|---|
| | 신장/체중 | 180cm/95kg | 지명순위 | 2008 KIA 2차 5라운드 37순위 |
| | 학력 | 서울영중초-양천중-장충고 | 입단년도 | 2008 KIA |

### 63 변시원

빠른 공을 뿌리는 사이드암 투수. 2012년 프로에 데뷔해 불펜에서 31경기 4승 1세이브 2홀드, 평균자책점 1.71로 두산 마운드에 큰 힘을 불어넣었다. 2019년 말 변진수에서 변시원으로 개명했다. 2020시즌 5월 15일 두산전 2이닝 4실점(2자책) 이후 1군에 콜업되지 않았다.

| 투수 우언우타 | 생년월일 | 1993년 4월 1일 | 연봉(2021) | 4000만 원 |
|---|---|---|---|---|
| | 신장/체중 | 178cm/78kg | 지명순위 | 2012 두산 2라운드 13순위 |
| | 학력 | 사파초-충암중-충암고 | 입단년도 | 2012 두산 |

### 32 이정훈

현실적으로 네 번째 포수다. 실전에서 1군 투수들의 공을 잡을 기회는 없다. 이정훈의 역할은 대타 때 타점과 홈런을 날려주는 것이다. 지난해 2군 경기 주루 도중 무릎을 다쳤다. 포수에게 치명적인 무릎 부상 때문에 타격 능력을 살리는 방향으로 포지션 전환도 고민된다.

| 포수 우투좌타 | 생년월일 | 1994년 12월 7일 | 연봉(2021) | 3000만 원 |
|---|---|---|---|---|
| | 신장/체중 | 185cm/90kg | 지명순위 | 2017 KIA 2차 10라운드 94순위 |
| | 학력 | 교문초-배재중-휘문고-경희대 | 입단년도 | 2017 KIA |

### 1 심동섭

'파워피처' 심동섭은 현재 타이거즈 투수 중 가장 많은 67홀드를 보유 중이다. 2015년 69경기 21홀드, 2017년 통합우승을 경험했다. 지난해 8월 제대 후 아팠던 어깨를 만들어 실전 1경기에서 최고 143km까지 찍었다. 2021시즌 목표는 풀타임과 스피드업이다.

| 투수 좌투좌타 | 생년월일 | 1991년 9월 20일 | 연봉(2021) | 8000만 원 |
|---|---|---|---|---|
| | 신장/체중 | 185cm/93kg | 지명순위 | 2010 KIA 1라운드 3순위 |
| | 학력 | 광주화정초-충장중-광주제일고(호남대) | 입단년도 | 2010 KIA |

### 14 김규성

지난해 잠재력을 50% 이상 드러냈다. 멀티 수비력은 윌리엄스 감독의 칭찬을 끌어냈다. 3루수와 유격수 자리에 펑크 났을 때마다 선발 출전했다. 타격이 아쉬웠다. 자체 홍백전 팀 내 타율 2위의 상승세를 살려나가지 못했다. 그러나 김규성은 공백을 언제든지 메울 주전급 백업이다.

| 내야수 우투좌타 | 생년월일 | 1997년 3월 8일 | 연봉(2021) | 4500만 원 |
|---|---|---|---|---|
| | 신장/체중 | 183cm/73kg | 지명순위 | 2016 KIA 2차 7라운드 63순위 |
| | 학력 | 갈산초-선린중-선린인터넷고 | 입단년도 | 2016 KIA |

# PLAYERS

### 2 황윤호
지난 시즌 개막 엔트리에 포함돼 '핫코너' 3루를 지켰지만 타격과 수비가 기대를 밑돌았다. 6월 초 윌리엄스 감독은 주전 3루수를 베테랑 나주환으로 바꿨다. 이후 황윤호는 2군에서 경기를 뛰었다. 다시 1군에 부름을 받기 위해선 타격과 수비 능력을 더 향상시킬 필요가 있다.

| 내야수 우투우타 | 생년월일 | 1993년 9월 22일 | 연봉(2021) | 4500만 원 |
|---|---|---|---|---|
| | 신장/체중 | 177cm/78kg | 지명순위 | 2012 NC 10라운드 87순위 |
| | 학력 | 수주초-신월중-장충고 | 입단년도 | 2012 NC |

### 27 문선재
2019년 LG를 떠나 KIA 유니폼을 입었는데 29경기밖에 기회를 받지 못했다. 선발 14경기에서 강렬한 임팩트는 없었다. 2020시즌에는 15경기에서 대타, 대수비로 나섰다. 2021시즌에도 2군에서 시작할 것으로 보인다. 1군에 부름을 받기 위해선 장점인 장타력을 폭발시켜야 한다.

| 외야수 우투우타 | 생년월일 | 1990년 5월 20일 | 연봉(2021) | 4000만 원 |
|---|---|---|---|---|
| | 신장/체중 | 185cm/91kg | 지명순위 | 2009 LG 2차 라운드 52순위 |
| | 학력 | 광주서림초-광주동성중-광주동성고 | 입단년도 | 2009 LG |

### 33 장영석
지난 시즌 키움에서 트레이드됐다. 2019년 이범호의 은퇴 이후 3루수 공백을 메울 적임자였다. 하지만 실망이 컸다. 지난해 5월 타율은 7경기 1할5푼에 불과했고 6월 4경기 타율은 채 1할이 되지 않았다. 이후 장영석은 2군에 머물렀다. 1군 주전 3루수로 도약하려면 타격성 개선 필요.

| 내야수 우투우타 | 생년월일 | 1990년 5월 14일 | 연봉(2021) | 6000만 원 |
|---|---|---|---|---|
| | 신장/체중 | 186cm/100kg | 지명순위 | 2009 히어로즈 2차 라운드 3순위 |
| | 학력 | 신도초-성남중-부천고-(방송통신대) | 입단년도 | 2009 서울 히어로즈 |

### 57 박민
지난 시즌 2차 라운드에 뽑힌 대형 유망주였다. 강한 어깨와 야구 센스, 화려함과 기본기를 갖춘 유격수라는 평가. KIA 입단 이후 2군 3루수로 중용됐다. 지난해 5월 27일 2군 경기에서 안와 골절상 후 재활을 통해 7월 중순 복귀, 8월 김선빈의 부상 속에 1군에도 콜업되기도 했다.

| 내야수 우투우타 | 생년월일 | 2001년 6월 5일 | 연봉(2021) | 3000만 원 |
|---|---|---|---|---|
| | 신장/체중 | 184cm/84kg | 지명순위 | 2020 KIA 2차 라운드 6순위 |
| | 학력 | 갈산초-성남중-야탑고 | 입단년도 | 2020 KIA |

### 41 최정용
지난 시즌 개막 엔트리에 포함됐다. 내야 전 포지션을 소화하는 멀티 능력을 갖췄지만 백업 신세였다. 매달 1, 2군을 오가며 대타와 대주자로 활용됐다. 세광고 시절 100m를 11초대에 끊으면서 빠른 발을 보유했다. 1군으로 올라서려면 대타 기회에서 임팩트를 남겨야 한다.

| 내야수 우투좌타 | 생년월일 | 1996년 10월 24일 | 연봉(2021) | 3800만 원 |
|---|---|---|---|---|
| | 신장/체중 | 178cm/75kg | 지명순위 | 2015 삼성 2차 2라운드 15순위 |
| | 학력 | 서원초-세광중-세광고 | 입단년도 | 2015 삼성 |

### 48 이의리
2021시즌 가장 기대되는 신인 중 한 명. 1m86, 85kg의 당당한 체격에 시속 140km 중후반대 좌완 파이어볼러. '제2의 양현종'이라 불릴 정도로 투구 폼이 닮았다. 2021시즌 팀 내 주전경쟁을 펼칠 자원이라는 평가다. 스프링캠프에서 김현수, 장현식, 김유신, 장민기와 경쟁했다.

| 투수 좌투좌타 | 생년월일 | 2002년 6월 16일 | 연봉(2021) | 3000만 원 |
|---|---|---|---|---|
| | 신장/체중 | 186cm/90kg | 지명순위 | 2021 KIA 1차 지명 |
| | 학력 | 광주수창초-충장중-광주제일고 | 입단년도 | 2021 KIA |

### 23 최정민
빠른 발을 가진 내야수. 콘택트 능력이 나쁘지 않다는 평가다. 번트 안타도 자주 만들어낸다. 번트 안타 시도가 잦아서 불리한 볼카운트에 몰리는 경우가 종종 있다. 수비력은 좋은 편이고 내외야 전 포지션을 소화할 능력을 갖췄다. 호쾌한 타격으로 임팩트를 전달할 필요가 있다.

| 내야수 우투좌타 | 생년월일 | 1989년 6월 2일 | 연봉(2021) | 3500만 원 |
|---|---|---|---|---|
| | 신장/체중 | 177cm/72kg | 지명순위 | 2012 SK 5라운드 49순위 |
| | 학력 | 배영초-마산중-마산고-동아대 | 입단년도 | 2012 SK |

### 65 장민기
2019년 유급을 한 장민기는 2020년 3학년 시절 최고 147km의 구속과 함께 35⅓이닝 13피안타 20사사구 52탈삼진 평균자책점 1.08을 기록했다. 사사구가 많고 제구 기복이 심하다는 평가다. 1차 지명을 제외한 드래프트 좌완 중 김진욱, 김기중에 이어 3위로 평가받았다.

| 투수 좌투좌타 | 생년월일 | 2001년 12월 30일 | 연봉(2021) | 3000만 원 |
|---|---|---|---|---|
| | 신장/체중 | 182cm/83kg | 지명순위 | 2021 KIA 2차 2라운드, 14순위 |
| | 학력 | 사파초-내동중-용마고 | 입단년도 | 2021 KIA |

### 64 김영환
삼성과 KT에서 전혀 빛을 보지 못했다. 지난해 9월 24일 KT에서 웨이버공시돼 KIA 유니폼을 입었다. 10월 7일 한화전 선발 기회에서 4타수 무안타 2삼진에 그친 바람에 나머지 3경기는 대타로 출전했다. 타격을 가다듬어 3루수 뎁스를 강화해줄 필요가 있다.

| 내야수 우투좌타 | 생년월일 | 1993년 1월 31일 | 연봉(2021) | 3300만 원 |
|---|---|---|---|---|
| | 신장/체중 | 178cm/74kg | 지명순위 | 2013 삼성 2라운드 11순위 |
| | 학력 | 남도초-자양중-신일고-(서울사이버대) | 입단년도 | 2013 삼성 |

### 68 이승재
대학 때부터 투수로 전향한 케이스. 강릉영동고 1학년 때 30이닝 26피안타 21사사구 30탈삼진 평균자책점 3.00을 기록했다. 2학년에는 현재 9⅔이닝 7피안타 6사사구 12탈삼진 평균자책점 0.90을 기록했다. 제구를 가다듬어야 하지만 최고 152km의 파이어볼러.

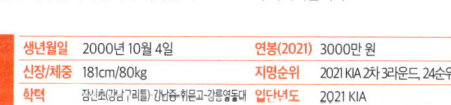

| 투수 우투우타 | 생년월일 | 2000년 10월 4일 | 연봉(2021) | 3000만 원 |
|---|---|---|---|---|
| | 신장/체중 | 181cm/80kg | 지명순위 | 2021 KIA 2차 3라운드, 24순위 |
| | 학력 | 갑신초(강남 기러팀)-강남중-휘문고-강릉영동대 | 입단년도 | 2021 KIA |

### 59 오선우
장타력으로 차세대 KIA 외야수라는 평가를 받는다. 지난 시즌 59경기에서 홈런 4개를 쏘아 올렸다(장타율 0.418). 올 시즌을 끝으로 최원준이 입대할 가능성이 크다. 최형우가 지명타자로 돌아섰고 외국인 타자 프레스턴 터커도 1루수로 전향한 만큼 오선우가 빈 자리를 메워야 한다.

| 외야수 좌투좌타 | 생년월일 | 1996년 12월 13일 | 연봉(2021) | 3400만 원 |
|---|---|---|---|---|
| | 신장/체중 | 186cm/95kg | 지명순위 | 2019 KIA 2차 5라운드 50순위 |
| | 학력 | 성동초-자양중-배명고-인하대 | 입단년도 | 2019 KIA |

### 45 박건우
덕수고 3학년 시절 130km대의 직구, 고려대 진학 후 구속이 140km 중반까지 상승했다. 3학년 시절 52⅔이닝 42피안타 12사사구 64탈삼진 평균자책점 1.88의 특급 성적을 남겼다. KIA는 2차 1라운드 지명으로 박건우를 품었다. 2월 10일 투수 수비 훈련 중 우측발목을 접질렸다.

| 투수 우투우타 | 생년월일 | 1998년 6월 3일 | 연봉(2021) | 3000만 원 |
|---|---|---|---|---|
| | 신장/체중 | 193cm/95kg | 지명순위 | 2021 KIA 2차 1라운드, 4순위 |
| | 학력 | 다솜초-언북중-덕수고-고려대 | 입단년도 | 2021 KIA |

### 37 이우성
2019시즌 중 트레이드된 우타 거포. 이적 5일 만에 첫 홈런, 7일 만에 멀티 홈런을 쏘아 올렸다. 전반기 마지막 경기에서 공에 종아리를 강하게 맞고 2군으로 내려갔다. 8월 초 1군에 콜업됐지만 장점인 장타율도 떨어졌고 홈런을 한 개도 때려내지 못했다. 우익수 뎁스를 강화해줄 자원.

| 외야수 우투우타 | 생년월일 | 1994년 7월 17일 | 연봉(2021) | 4100만 원 |
|---|---|---|---|---|
| | 신장/체중 | 182cm/95kg | 지명순위 | 2013 두산 2라운드 15순위 |
| | 학력 | 대전유천초-한밭중-대전고 | 입단년도 | 2013 두산 |

### 40 권혁경
신일고 3학년 때 타율 3할5푼(80타수 28안타)을 기록했다. 28안타 중 2루타와 3루타가 각각 3개씩, 홈런이 4개로 뛰어난 장타력을 보유했다. 포수 수비력은 좋지 않지만 어깨가 강하다는 평가다. 유연성과 순발력을 보강하면 방망이가 되는 포수로 잘 성장할 것으로 보인다.

| 포수 우투우타 | 생년월일 | 2002년 1월 23일 | 연봉(2021) | 3000만 원 |
|---|---|---|---|---|
| | 신장/체중 | 188cm/95kg | 지명순위 | 2021 KIA 2차 4라운드, 34순위 |
| | 학력 | 중대초-잠신중-신일고 | 입단년도 | 2021 KIA |

### 10 이진영
이진영 SK 와이번스 코치보다 얼굴 크기가 작다고 해서 '소곽'이란 별명을 가진 외야수. 2019년 후반기 경찰야구단 제대 후 기대를 모았다가 2020시즌 대타와 대주자로 활용되어 임팩트를 남기지 못했다. 10월 12타수 4안타로 타율 4할4푼4리를 기록했다. 타격 승부수가 필요하다.

| 외야수 우투우타 | 생년월일 | 1994년 7월 21일 | 연봉(2021) | 3600만 원 |
|---|---|---|---|---|
| | 신장/체중 | 183cm/82kg | 지명순위 | 2016 KIA 2차 6라운드 58순위 |
| | 학력 | 둔촌초-선린중-선린인터넷고 | 입단년도 | 2016 KIA |

### 66 김원경
비봉고 3학년 시절 타율 2할5푼(48타수 12안타)으로 타율은 좋지 않았다. 2루타 3개, 3루타 4개, 홈런 1개로 장타가 많았다는 점이 고무적이다. 11타점에 안타보다 많은 14개의 사사구를 얻어내 선구안도 갖췄다는 평가다. 도루 13개로 발도 빠르다. 유격수와 3루수 수비도 괜찮다.

| 내야수 우투우타 | 생년월일 | 2001년 5월 1일 | 연봉(2021) | 3000만 원 |
|---|---|---|---|---|
| | 신장/체중 | 183cm/84kg | 지명순위 | 2021 KIA 2차 6라운드, 54순위 |
| | 학력 | 사파초-마산중-비봉고 | 입단년도 | 2021 KIA |

# LOTTE Giants
## BUSAN 1982

### TEAM PROFILE

| | |
|---|---|
| 팀명 | 롯데 자이언츠 |
| 창립년도 | 1982년 |
| 구단주 | 신동빈 |
| 모기업 | 롯데 그룹 |
| 대표이사 | 이석환 |
| 단장 | 성민규 |
| 감독 | 허문회 |
| 연고지 | 부산광역시 |
| 홈구장 | 사직야구장 |
| 영구결번 | 11 최동원 |
| 한국시리즈 우승 | 1984, 1992 |

# 2021 LOTTE GIANTS DEPTH CHART

**MANAGER**
허문회

**CENTER FIELDER**
나승엽
김재유
강로한

**LEFT FIELDER**
전준우
나승엽
최민재

**SHORTSTOP**
마차도
김민수
배성근

**2ND BASE**
안치홍
오윤석

**RIGHT FIELDER**
손아섭
추재현
신용수

**3RD BASE**
한동희
김민수
나승엽

**STARTING PITCHER**
스트레일리, 프랑코, 박세웅
이승헌, 김진욱(노경은)

**1ST BASE**
정훈
이병규
이대호

**CLOSER**
김원중

**BULLPEN**
박진형
구승민

**CATCHER**
김준태
지시완
강태율

**DH**
이대호
이병규

# 2020 REVIEW & 2021 PREVIEW

시작은 창대했지만 끝은 미약했다. 2020시즌 롯데자이언츠는 이렇게 요약된다. 지난해 롯데는 KBO리그 10개 구단 중 가장 큰 관심을 받았다. 2019시즌 전반기 최하위 추락 뒤 단장, 감독 동반 퇴진이라는 초강수를 뒀다. 이후 메이저리그 스카우트 출신 성민규 단장을 영입하면서 개혁 프로세스에 시동을 걸었다. 코치진 및 선수단 대거 정리 후 2차 드래프트에서 최민재 단 한 명을 영입하는 데 그치면서 커졌던 실망이 곧 환호로 바뀌었다. 포수 지시완을 트레이드로 영입했고 내부 FA 전준우뿐 아니라 외부 FA 안치홍까지 잡았다. 댄 스트레일리, 아드리안 샘슨, 딕슨 마차도로 이어지는 외국인 선수 라인업도 큰 기대를 모으기에 충분했다. 여기에 코치 시절부터 '재야 고수' 평가를 받았던 허문회 감독을 영입해 데이터 야구를 공언했다. 롯데는 개막시리즈부터 5연승을 달리면서 화려하게 출발했다. 막강한 타선의 힘뿐 아니라 속절없이 무너지던 마운드까지 안정감을 찾으면서 부산 팬들을 열광시켰다. 허문회 감독은 8월 이후를 승부처로 꼽으면서 5강 진입 의지를 숨기지 않았다. 하지만 롯데는 7위로 시즌을 마감했다. 71승 1무 72패, 승률 0.497로 시즌을 마감했다. 최하위에 그쳤던 2019년(48승 3무 93패)보다 23승을 더 얻었지만 5강 진입은 이뤄지지 않았다.

사실 시즌 전부터 롯데의 5강 도전 여부를 두고는 시선이 엇갈렸다. 민병헌, 전준우, 손아섭, 이대호 등 소위 국가대표급 베테랑들의 존재와 FA 안치홍이 가세한 타선의 힘은 강력하지만 이들의 뒤를 받칠 나머지 타자들의 활약상엔 의문부호가 붙었다. 박세웅, 노경은, 서준원이 포진한 국내 선발진, 부상 복귀 시즌을 맞이하는 박진형, 구승민의 시즌 풀타임 완주 여부, 선발에서 마무리로 전환한 김원중의 활약도 장담할 수 없었기 때문이다. 중위권 도전은 가능하지만 순위 싸움에서 확실하게 우위를 점할지는 미지수였다. 지난해 롯데는 팀 타율 0.276으로 10개 팀 중 6위였다. 홈런은 131개(5위), 팀 OPS는 0.761로 6위. 대부분 리그 평균치에 걸친 성적이었다. 마운드에서는 스트레일리가 15승(4패)을 거두면서 에이스 역할을 해줬다. 하지만 148개의 병살타로 찬스를 득점으로 만들어가는 능력이 부족했다. 시즌 후반부로 갈수록 타선의 힘도 떨어졌다. 마운드 역시 스트레일리 외에는 두 자릿수 승수를 기록한 선발 투수가 없었다. 불펜에선 김원중이 25세이브로 마무리 첫해 성공적인 활약을 펼쳤지만 블론세이브 8개로 경험 부족을 극복하지 못했다.

취임 첫 시즌이었던 허문회 감독의 운영 역시 경험 부족의 한계를 극복하지 못했다. 찬스 상황에서 강공을 고집하면서 득점 기회를 이어가지 못한 채 병살타를 양산했다. 한 박자 느린 마운드 운영으로 부담을 자초한 부분도 있었다. 14차례의 끝내기 패배가 이런 운영 문제의 축소판이라고 볼 수 있다. 개막 엔트리에서 큰 변동 없이 정규 시즌을 완성했지만 결과적으로 1군 베테랑을 뒷받침할 롯데의 백업 부재를 고스란히 드러냈다.

2021시즌 롯데를 향한 시선에는 우려보다 기대가 크다. 지난해 롯데는 고질로 지적됐던 포수, 3루수 문제에서 해답을 찾았다. 김준태가 포수 경쟁에서 승리하면서 풀타임 시즌을 보냈고 3루수 한동희 역시 꾸준한 출전 기회를 받아 수비뿐 아니라 타격 재능까지 발휘하는 성과를 얻었다. 이대호가 1루 수비 비중을 높인 가운데 2루수 안치홍, 유격수 마차도로 이어지는 내야 수비가 완성됐고 외야도 민병헌의 부진을 정훈이 훌륭하게 메웠다. 좌익수 전준우도 수비에서 크게 향상된 집중력을 발휘했으며 우익수 손아섭도 시즌 막판 수위 타자 경쟁을 펼칠 정도로 안정된 모습을 보여줬다.

롯데는 스프링캠프를 앞두고 민병헌이 뇌동맥류 수술로 이탈하는 변수를 맞았다. 복귀 시점을 장담할 수 없는 상황이기에 공수에 부담감이 생겼다. 중견수 자리에선 지난해 활약했던 정훈을 비롯해 내야수에서 포지션 변경에 성공한 강로한, 2차 드래프트로 영입한 최민재 등 다양한 자원들이 시험대에 오를 준비를 한다. 코너 외야수 자리엔 기존 전준우, 손아섭 외에 지난해 백업으로 좋은 활약을 펼쳤던 김재유와 더불어 신인왕 후보로 기대되는 나승엽의 활용도 거론된다. 내야 구성도 어느 정도 갖춰진 편이다. 3루는 기존 한동희뿐 아니라 퓨처스리그에서 기량을 입증한 김민수가 가세했다. 2루수 백업 자리도 지난해 후반기 안치홍이 부진할 때 자리를 훌륭히 메운 오윤석이 맡을 것으로 보인다. 이대호가 롯데와 2년 FA 계약을 하면서 1루를 다시 지킬 수 있게 된 것도 호재다. 또 다른 베테랑 이병규가 백업 역할을 할 것으로 보이나 상황에 따라선 정훈이나 한동희를 활용할 수 있다는 점도 매력적이다. 안방마님 경쟁도 치열할 전망이다. 지난해 주전 경쟁 승자 김준태가 퓨처스에서 와신상담한 지시완과 개막시리즈 전까지 주전 포수 자리를 놓고 경쟁한다.

마운드 상황도 지난해에 비해선 나은 편. 스트레일리와 재계약에 성공한 롯데는 샘슨이 떠난 외국인 투수 자리에 샌프란시스코자이언츠에서 활약했던 앤더슨 프랑코를 데려왔다. 국내 선발 숫자도 많아졌다. 기존 박세웅, 노경은, 서준원 외에 지난해 급부상한 이승헌이 새롭게 경쟁한다. 불펜에선 지난해 마무리 경험을 쌓은 김원중이 중심을 잡는 가운데, 박진형, 구승민이 다시금 필승조 역할을 해줄지가 관건이다. 지난해 후반기 맹활약했던 최준용의 필승조 활용 가능성도 엿보인다. 장원삼, 고효준이 팀을 떠나면서 부족해진 좌완 불펜 자리는 김유영이 채워줄 것으로 기대된다. 상황에 따라선 나승엽과 함께 '거물 신인' 김진욱의 활용 가능성도 점쳐진다. 김건국, 김대우, 이인복, 진명호 등 추격조로 분류되는 투수들이 지난해 경험을 바탕으로 역할을 해줄 것이라는 기대감도 있다.

2년 차에 접어든 허문회 감독의 팀 운영이 올해 롯데 성적의 최대 변수다. 취임 첫 시즌이었던 지난해 운영 문제는 경험 부족으로 상쇄될 수 있었지만 2년 차에 접어든 올해는 성과를 내야 한다. 지난해 대거 정리한 백업 선수들의 자리를 퓨처스에서 육성한 선수들이 채운 데다 대형 신인까지 얻으면서 누수보다 전력이 상승했다는 평가를 받는다. 허문회 감독이 시즌 플랜을 어떻게 세우고 운영하느냐에 따라 롯데가 그릴 올 시즌 그림은 달라질 수밖에 없다.

# TEAM INFO

## 2020 팀 순위
포스트시즌 최종 순위 기준 - 7위

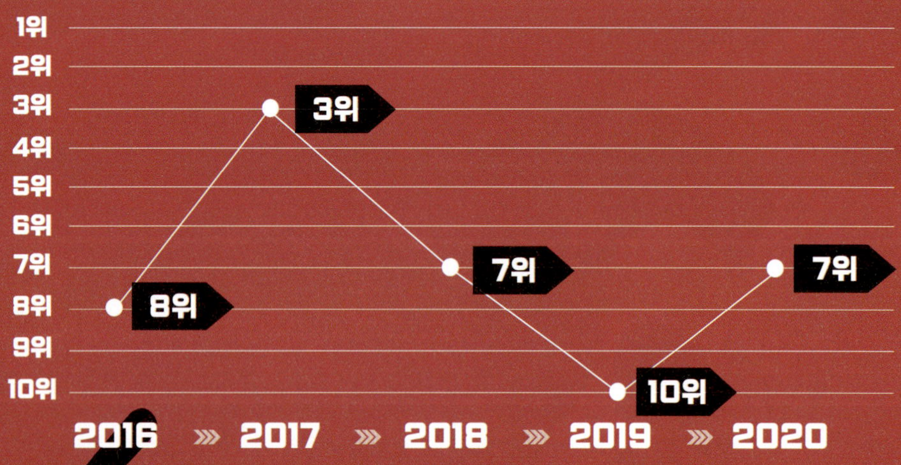

- 2016: 8위
- 2017: 3위
- 2018: 7위
- 2019: 10위
- 2020: 7위

## 유니폼
홈 / 원정

## 2020 시즌 공격력

| 0.276 | 131개 | 148개 | 875개 | 0.761 | 0.283 |
|---|---|---|---|---|---|
| 타율 | 홈런 | 병살타 | 삼진 | OPS | 득점권 타율 |
| 5위 | 5위 | 1위 | 9위 | 3위 | 6위 |

## 수비력

| 94개 | 3개 | 124개 | 22.8% |
|---|---|---|---|
| 실책 | 견제사 | 병살 성공 | 도루저지율 |
| 7위 | 10위 | 9위 | 8위 |

## 주루

| 74.4% | 52개 | 3개 |
|---|---|---|
| 도루성공률 | 주루사 | 견제사 |
| 2위 | 3위 | 1위 |

## 2021 예상 베스트 라인업

**수비 포지션별**

| 포수 | 1루수 | 2루수 | 3루수 | 유격수 |
|---|---|---|---|---|
| 김준태 | 정훈 | 안치홍 | 한동희 | 마차도 |

| 좌익수 | 중견수 | 우익수 | 지명타자 |
|---|---|---|---|
| 전준우 | 나승엽 | 손아섭 | 이대호 |

**선발 로테이션**
스트레일리-프랑코-박세웅-이승헌-김진욱(노경은)

**필승조**
박진형-구승민

**마무리**
김원중

## 2020년 팀별 상대전적표

| VS | 승-무-패 | 타율 | 홈런 | ERA |
|---|---|---|---|---|
| NC | 6승 0무 10패 | 0.26 | 20 | 5.99 |
| KT | 9승 0무 7패 | 0.295 | 15 | 4.64 |
| LG | 9승 0무 7패 | 0.303 | 12 | 5.03 |
| 두산 | 6승 1무 9패 | 0.255 | 9 | 4.65 |
| 키움 | 8승 0무 8패 | 0.283 | 5 | 4.67 |
| KIA | 6승 0무 10패 | 0.262 | 13 | 5 |
| 삼성 | 8승 0무 8패 | 0.263 | 12 | 4.97 |
| SSG | 8승 0무 8패 | 0.255 | 20 | 4.15 |
| 한화 | 11승 0무 5패 | 0.302 | 25 | 2.76 |

# PARK FACTOR
## 사직야구장

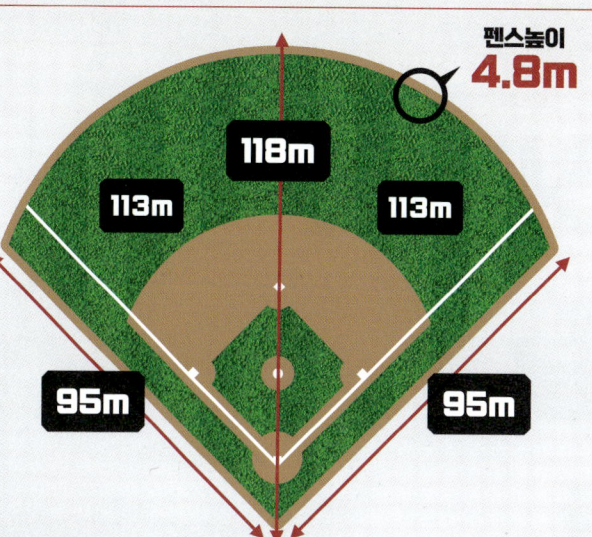

펜스높이 4.8m
118m
113m 113m
95m 95m

### 경기수
**72 홈팀** / **72 원정팀**

| 홈팀 | | 원정팀 |
|---|---|---|
| 타율 0.292 | | 타율 0.274 |
| 홈런 67 | | 홈런 77 |
| 실책 49 | | 실책 54 |

### 좌타자 타율
0.289 홈팀
0.292 원정팀

### 우타자 타율
0.293 홈팀
0.258 원정팀

### 좌타자 홈런
**52** 홈팀 / **38** 원정팀

### 우타자 홈런
**52** 홈팀 / **38** 원정팀

'사직 노래방'이라는 별명을 얻을 정도로 열정적인 팬들이 찾는 국내 대표구장 중 한 곳이다. 외야까지 거리는 짧은 편이지만 국내 구장 중 가장 높은 펜스 높이를 자랑한다. 타자 친화적 구장으로 평가된다.

**좌석 2만 4500석**

**천연잔디**

# 72 허문회

MANAGER

| 생년월일 | 1972년 2월 12일 |
|---|---|
| 출신학교 | 부산중앙초-초량중-부산공고-경성대 |
| 주요경력 | LG/롯데 선수(1994~2003), LG 2군 타격코치(2007~2011), 상무 타격코치(2012), 넥센 1군 타격코치(2013~2014), 넥센 2군 타격 코디네이터(2015~2018), 넥센 수석코치(2018~2019) |
| 연봉 | 2억5000만 원 |

"버릴 것을 버리는 데 집중했다(웃음)." 허문회 감독은 자신의 스토브리그를 이렇게 요약했다. 취임 첫해의 아쉬움을 뒤로 하고 새 시즌 준비에 온 신경을 쏟았다. 지난해 롯데 지휘봉을 잡은 허문회 감독에게 쏠린 시선은 기대 반 우려 반이었다. 코치 시절 뛰어난 타격 조련으로 서건창, 박병호 등 뛰어난 타자들을 길러냈다는 평가를 받았지만 초보 감독의 한계에서 벗어나지 못할 것이라는 시선도 적지 않았다. 허문회 감독은 선수 개인 루틴에 기반한 자율 야구를 앞세워 라커룸 분위기를 일신하면서 꼴찌 반등을 이뤄냈다. 하지만 정규시즌 7위에 그치면서 '절반의 성공'으로 감독 데뷔 첫해를 마무리했다. 허문회 감독은 "버릴 것은 버리고, 잊어버리려 했다. 코치 시절부터 멘털 트레이닝 연습을 했었는데 그 덕을 봤다"라고 미소를 지었다. 이어 "시즌 중반까지 좋은 흐름을 탔는데 9월부터 주춤한 부분이 아쉽다. 계획대로 흘러가지 못했고, 작전, 운영 등 부족한 부분도 많았다. 휴식 기간 동안 이런 부분을 어떻게 보완할지 집중했다"라고 밝혔다.

2년 차 시즌에 접어드는 허문회 감독은 올 시즌 5강 진입을 정조준한다. 지난해 경험을 토대로 올 시즌 성과를 내야 한다는 것을 누구보다 잘 안다. 허문회 감독은 "올 시즌 목표는 5강 진입"이라고 힘주어 말했다. 올 시즌 롯데 선수단의 구성은 크게 달라지지 않았다. 지난해 투타의 중심이었던 선수들이 건재하다. 김동한, 신본기, 허 일 등 중용했던 백업 선수들이 상당수 정리됐지만, 퓨처스리그에서 육성해온 선수들과 김진욱, 나승엽, 손성빈 등 이른바 '신인왕 후보 3인방'이 가세하면서 지난해보다 오히려 구성 면에서 좋아졌다는 평가를 받는다.

허문회 감독은 스프링캠프에서 치열한 경쟁을 예고했다. 허 감독은 "가장 중요한 것은 컨디션이지만 기량도 뒷받침이 돼야 한다. 그래야 1군 경기에 나설 수 있다. 1군은 전쟁터다. 결과를 내야 하는 자리이지, 선수를 육성하는 곳이 아니다. 1군 선수가 부진하다고 해서 퓨처스 선수가 무조건 그 자리를 채워야 한다고 보지 않는다"라고 강조했다. 또 "지난해에도 그랬지만 올해도 백업들이 얼마나 해주느냐가 시즌 중반 순위 싸움이 관건이다. 실력을 우선으로 보고 명단을 추릴 것"이라고 밝혔다. 허문회 감독은 지난해부터 강조했던 여러 지표를 옥석 가리기에 활용할 뜻도 내비쳤다. "1, 2군 선수 데이터를 추려놓은 부분이 있다. 내가 생각했던 구상과 실제 숫자로 드러나는 부분에서 조각을 어떻게 맞춰갈지도 생각해봐야 한다. 데이터도 결국 승리를 위한 확률을 높이기 위해 활용한다. 눈여겨보는 여러 가지 지표가 있다. 그 부분을 잘 체크해 실제 현장에서 이뤄지는 모습과 잘 맞춰갈 생각이다."

지난해 허문회 감독은 이대호, 민병헌, 전준우, 손아섭 등 이른바 베테랑의 활약에 포커스를 맞췄다. 올 시즌에도 이런 시선은 다르지 않다. 허문회 감독은 "모든 조직은 구심점이 단단해야 원활하게 움직인다. 야구도 마찬가지다. 스프링캠프, 연습경기를 통해 선수단의 구심점을 단단하게 다지면서 우리가 추구하는 야구를 펼칠 수 있도록 노력할 것"이라고 말했다. 올 시즌 롯데는 코칭스태프 일부 개편이 있었다. 투수 파트를 책임졌던 노병오, 조웅천 코치가 떠나고 퓨처스와 재활군 투수를 각각 맡았던 이용훈, 임경완 코치가 1군 승격했다. 브랜든 맨 투수 코디네이터도 롯데 마운드 육성을 돕는다. 허문회 감독은 "새로운 코치진과 선수들의 능력을 잘 분석해 팀을 다지는 데 주력할 것"이라고 밝혔다. 팬들의 눈높이에 맞는 야구를 펼치는 것은 구도 부산을 품은 롯데의 숙명이다. 열정적인 팬들의 성원은 가을 야구를 넘어 1992년 이후 28년간 이루지 못한 V3에 맞춰져 있다. 허문회 감독도 굳이 욕심을 숨기지 않았다. "올 시즌 가을 야구 진출을 위해 노력할 것이다. 나뿐만 아니라 선수, 코치 모두 같은 꿈을 꾼다. '꿈은 이루어진다'는 말을 되새기고 있다. 롯데는 최고의 팬을 품은 구단이다. 올 시즌 최고의 팬들 앞에서 최고가 되기 위해 노력하겠다."

# COACHING STAFF

**71 박종호**
- 생년월일: 1973년 7월 27일
- 출신학교: 서울구암초-성남중-성남고
- 보직: 수석, 수비 코치
- 주요경력: LG/현대/삼성 선수(1992~2010), LG 2군 수비코치(2011~2015)/1군 수비코치(2015~2018), 상무 수비코치(2019)

**99 이용훈**
- 생년월일: 1977년 7월 14일
- 출신학교: 동삼초-경남중-부산공고-경성대
- 보직: 투수 코치
- 주요경력: 삼성/SK/롯데 선수(2000~2014), 롯데 잔류군 재활코치(2015~2016)/1군 불펜코치(2017~2018)/2군 불펜코치(2019)/2군 투수코치(2020)

**91 임경완**
- 생년월일: 1975년 12월 28일
- 출신학교: 하단초-경남중-경남고-인하대
- 보직: 불펜
- 주요경력: 롯데/SK/한화/시드니 선수(1998~2017), 롯데 육성군 재활코치(2018)/1군 불펜코치(2019)/1군 투수코치(2019), 질롱코리아 수석·투수 코치(2019~2020), 롯데 잔류군 투수코치(2020)

**85 최현**
- 생년월일: 1988년 1월 29일
- 출신학교: 미국 Huntington Beach(고)-미국 University of Southern Califonia(대)
- 보직: 배터리 코치
- 주요경력: LA에인절스/휴스턴애스트로스/탬파베이레이스 선수(2010~2016)

**89 라이언 롱**
- 생년월일: 1973년 2월 3일
- 출신학교: 미국 Dobie(고)
- 보직: 타격 코치
- 주요경력: 캔자스시티 선수(1997), 피츠버그 산하 마이너팀 코치·캔자스시티 산하 마이너팀 코치, 피츠버그 트리플A 감독(2019)

**82 나경민**
- 생년월일: 1991년 12월 12일
- 출신학교: 둔촌초-잠신중-덕수고
- 보직: 외야, 주루 코치
- 주요경력: 시카고 컵스 산하 마이너/샌디에이고 산하 마이너/롯데 선수(2010~2020), 롯데 2군 수비·주루 코치(2020)

**83 윤재국**
- 생년월일: 1975년 5월 5일
- 출신학교: 서흥초-대헌중-인천고-경남대
- 보직: 작전, 주루 코치
- 주요경력: 쌍방울/SK/롯데/두산/한화 선수(1998~2009), SK 2군 주루코치(2014~2015), 한화 1군 주루코치(2016~2017), 롯데 1군 수비코치(2019)

**87 윤윤덕**
- 생년월일: 1990년 2월 20일
- 출신학교: 덕성초-주성중-청석고-서울시립대
- 보직: 1군 퀄리티 컨트롤 코치
- 주요경력: 넥센 전력분석원(2015~2019)

**93 백어진**
- 생년월일: 1990년 11월 26일
- 출신학교: 광주수창초-광주진흥중-진흥고-홍익대(중퇴)
- 보직: 1군 퀄리티 컨트롤 코치
- 주요경력: -

**70 래리 서튼**
- 생년월일: 1970년 5월 14일
- 출신학교: 미국 일리노이대
- 보직: 퓨처스 감독
- 주요경력: 캔자스시티/세인트루이스/미네소타/오클랜드/보스턴/플로리다/현대/KIA 선수(1997~2007), 피츠버그 마이너 타격 코디네이터(2015~2018), 캔자스시티 싱글A 타격코치(2019)

**78 강영식**
- 생년월일: 1981년 6월 17일
- 출신학교: 칠성초-경북중-대구상고
- 보직: 퓨처스 투수 코치
- 주요경력: 해태/삼성/롯데 선수(2000~2017), 경찰야구단 투수코치(2018)/1군 투수로우 레벨 코디네이터(2020)

**88 정호진**
- 생년월일: 1974년 1월 5일
- 출신학교: 양덕초-마산동중-마산상고-부산정보대
- 보직: 퓨처스 배터리 코치
- 주요경력: 롯데 선수(1992~1998), 마산용마고 코치

**75 김주현**
- 생년월일: 1988년 4월 16일
- 출신학교: 신원초-양천중-덕수고
- 보직: 퓨처스 타격, 작전·주루 코치
- 주요경력: KIA/롯데/연천미라클 선수(2007~2018)

**73 김동한**
- 생년월일: 1988년 6월 24일
- 출신학교: 내발산초-양천중-장충고-동국대
- 보직: 퓨처스 타격 코치
- 주요경력: 두산/롯데 선수(2011~2020)

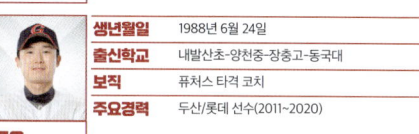
**77 문규현**
- 생년월일: 1983년 7월 5일
- 출신학교: 군산초-군산남중-군산상고
- 보직: 퓨처스 수비 코치
- 주요경력: 롯데 선수(2002~2019)

**- 조슈아 허젠버그**
- 생년월일: 1990년 4월 23일
- 출신학교: 미국 White Plains(고)-미국 George Town(대)
- 보직: 투수 어퍼레벨 코디네이터
- 주요경력: -

**84 브랜든 맨**
- 생년월일: 1984년 5월 16일
- 출신학교: 미국 Mount Reinier(고)
- 보직: 퓨처스 피칭 코디네이터
- 주요경력: 요코하마/시나노/텍사스/지바롯데/라쿠텐몽키스 선수(2011~2020)

**98 홍민구**
- 생년월일: 1975년 4월 12일
- 출신학교: 부산상고-한양대
- 보직: 재활코치
- 주요경력: -

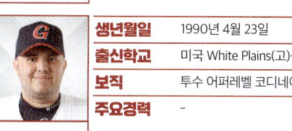
**- 허재혁**
- 생년월일: 1979년 8월 26일
- 출신학교: 단대부고-미국 Oklahoma(대)
- 보직: 트레이닝코치
- 주요경력: -

**- 김종훈**
- 생년월일: 1977년 3월 12일
- 출신학교: 충렬고-동의대
- 보직: 트레이닝코치
- 주요경력: -

**- 김대환**
- 생년월일: 1974년 6월 7일
- 출신학교: 대일고-한양대
- 보직: 트레이닝 코치
- 주요경력: -

**- 김태현**
- 생년월일: 1987년 3월 11일
- 출신학교: 대곡고-경운대
- 보직: 트레이닝 코치
- 주요경력: -

**- 손재원**
- 생년월일: 1981년 11월 11일
- 출신학교: 분당중앙고-일본 Tokyo Sports&Resort College(대)
- 보직: 트레이닝 코치
- 주요경력: -

**- 김용진**
- 생년월일: 1975년 2월 24일
- 출신학교: 광신고-인하대
- 보직: 트레이닝 코치
- 주요경력: -

**- 홍승현**
- 생년월일: 1995년 9월 6일
- 출신학교: 서울고-남서울대
- 보직: 트레이닝 코치
- 주요경력: -

**- 정남훈**
- 생년월일: 1992년 11월 22일
- 출신학교: 대양정보고-경성대
- 보직: 트레이닝 코치
- 주요경력: -

**- 임재호**
- 생년월일: 1993년 7월 15일
- 출신학교: 창원고-남서울대
- 보직: 트레이닝 코치
- 주요경력: -

# 10
# 이대호

**내야수(우투우타)**

| | |
|---|---|
| 생년월일 | 1982년 6월 21일 |
| 신장/체중 | 194cm/130kg |
| 학력 | 부산수영초-대동중-경남고-(영남사이버대) |
| 연봉(2021) | 8억 원 |
| 지명순위 | 2001 롯데 2차 1라운드 4순위 |
| 입단년도 | 2001 롯데 |

'거인의 자존심' 이대호의 2021시즌 각오는 그 어느 때보다 특별하다. 롯데와 2년 총액 24억 원 FA 계약을 하면서 이대호는 우승 옵션을 구단에 제안했다. 1992년 V2 이후 28년간 이뤄지지 않았던 우승이라는 단어를 굳이 꺼내 든 것은 팀을 향한 열정의 증표이자 마지막 불꽃을 태우겠다는 선언과 같았다. 롯데와 2년간 동행을 통해 자신의 꿈을 이루고자 한다. 이대호의 2020년 기록은 '4번 타자' 타이틀에 조금 부족했던 게 사실이다. 타율 0.292에 158안타, 20홈런 110타점을 기록했고 OPS 역시 0.806이었다. 공인구 반발력 저하 직격탄을 맞았던 2019년에 비해선 전반적으로 상승한 수치지만 전성기 방망이와 비교해보면 에이징커브에 접어들었단 평가를 피하지 못하는 분위기다. 팀 내 최다인 병살타 21개를 기록한 점도 득점권에선 약하다는 이미지를 만드는 데 일조했다. 하지만 이대호가 빠진 롯데의 4번은 여전히 상상하기 어렵다. 노련함으로 다져진 승부처에서의 한 방은 상대 마운드를 공포에 떨게 하기에 충분하다. 이대호가 타순에 이름을 올리고 있는 것만으로도 상대 투수들에게는 부담을 줄 수 있다는 게 허문회 감독의 시선이다. 급격한 부진이나 하향세만 없다면 이대호는 올 시즌에도 중심 타선에서 역할이 기대된다. 1루 수비에서도 이대호의 가치는 빛난다. 이대호는 지난해 지명 타자와 1루수를 병행했다. 그동안 체력 관리 차원에서 수비보다 타석에서 역할에 주력했는데 허문회 감독 체제에서는 1루 수비 주축 노릇을 하면서 내야 수비 안정에도 상당히 기여했다는 평가를 받았다. 마땅한 1루수 플래툰 자원이 없는 롯데의 여건을 고려할 때 이대호가 수비에서 갖는 역할은 좀 더 크게 작용할 것이다. 지난 20년간 이대호는 롯데를 상징하는 이름이기도 했다. 하지만 이제는 이런 타이틀과 작별을 고할 시간이 다가온다. 황혼에 접어든 야구 인생, 마지막 목표인 우승에 다가가기 위한 이대호의 의지는 그 어느 때보다 활활 타오른다.

## 2020 시즌 & 통산 성적

| 연도 | 경기 | 타석 | 타수 | 안타 | 2루타 | 3루타 | 홈런 | 타점 | 도루 | 도실 | 볼넷 | 사구 | 삼진 | 타율 | 장타율 | 출루율 | OPS |
|---|---|---|---|---|---|---|---|---|---|---|---|---|---|---|---|---|---|
| 2020 | 144 | 611 | 542 | 158 | 27 | 0 | 20 | 110 | 1 | 0 | 53 | 5 | 68 | 0.292 | 0.452 | 0.354 | 0.806 |
| 통산 | 1,715 | 7,072 | 6,158 | 1,900 | 297 | 6 | 332 | 1,243 | 11 | 11 | 668 | 173 | 919 | 0.309 | 0.520 | 0.388 | 0.909 |

## 2020 시즌 홈 / 원정 성적

| | 경기 | 타석 | 타수 | 안타 | 2루타 | 3루타 | 홈런 | 타점 | 도루 | 도실 | 볼넷 | 사구 | 삼진 | 타율 | 장타율 | 출루율 | OPS |
|---|---|---|---|---|---|---|---|---|---|---|---|---|---|---|---|---|---|
| 홈 | 72 | 300 | 258 | 80 | 17 | 0 | 6 | 51 | 0 | 0 | 32 | 2 | 32 | 0.310 | 0.446 | 0.380 | 0.826 |
| 원정 | 72 | 311 | 284 | 78 | 10 | 0 | 14 | 59 | 1 | 0 | 21 | 3 | 36 | 0.275 | 0.458 | 0.328 | 0.786 |

## 2020 시즌 상황별 기록

| 상황 | 타석 | 안타 | 홈런 | 타점 | 볼넷 | 삼진 | 타율 |
|---|---|---|---|---|---|---|---|
| vs 좌 | 99 | 24 | 4 | 15 | 8 | 13 | 0.270 |
| vs 우 | 431 | 111 | 13 | 81 | 39 | 44 | 0.294 |
| vs 언더 | 81 | 23 | 3 | 14 | 6 | 11 | 0.307 |
| 주자있음 | 325 | 91 | 9 | 99 | 39 | 25 | 0.335 |
| 주자없음 | 286 | 67 | 11 | 11 | 14 | 43 | 0.248 |
| 득점권 | 205 | 53 | 5 | 88 | 28 | 13 | 0.323 |
| 만루 | 19 | 6 | 1 | 22 | 0 | 1 | 0.429 |

## 2020 시즌 상대팀 별 기록

| 구분 | 타석 | 홈런 | 볼넷 | 삼진 | 타율 | 출루율 | 장타율 | OPS |
|---|---|---|---|---|---|---|---|---|
| KIA | 67 | 2 | 7 | 9 | 0.316 | 0.388 | 0.491 | 0.879 |
| KT | 71 | 2 | 12 | 7 | 0.228 | 0.366 | 0.386 | 0.752 |
| LG | 69 | 1 | 3 | 10 | 0.333 | 0.348 | 0.444 | 0.792 |
| NC | 65 | 4 | 7 | 5 | 0.298 | 0.369 | 0.561 | 0.930 |
| SK | 71 | 6 | 1 | 11 | 0.266 | 0.338 | 0.391 | 0.729 |
| 키움 | 66 | 3 | 6 | 9 | 0.180 | 0.212 | 0.246 | 0.458 |
| 두산 | 66 | 0 | 5 | 6 | 0.321 | 0.409 | 0.375 | 0.784 |
| 삼성 | 63 | 4 | 4 | 6 | 0.390 | 0.429 | 0.695 | 1.124 |
| 한화 | 73 | 6 | 8 | 5 | 0.294 | 0.329 | 0.485 | 0.814 |

## 그라운드 구역별 피안타 방향

| 구분 | 타석 | 안타 | 홈런 | 타점 | 볼넷 | 삼진 | 타율 |
|---|---|---|---|---|---|---|---|
| 0-0 | 91 | 27 | 3 | 14 | 0 | 0 | 0.333 |
| 0-1 | 59 | 13 | 3 | 19 | 0 | 0 | 0.236 |
| 0-2 | 54 | 14 | 1 | 6 | 0 | 20 | 0.264 |
| 1-0 | 47 | 11 | 1 | 11 | 0 | 0 | 0.239 |
| 1-1 | 63 | 22 | 4 | 12 | 0 | 0 | 0.349 |
| 1-2 | 68 | 15 | 0 | 12 | 0 | 22 | 0.227 |
| 2-0 | 18 | 7 | 1 | 2 | 0 | 0 | 0.438 |
| 2-1 | 41 | 16 | 2 | 13 | 0 | 0 | 0.421 |
| 2-2 | 70 | 16 | 3 | 9 | 0 | 15 | 0.229 |
| 3-0 | 19 | 2 | 1 | 2 | 15 | 0 | 0.500 |
| 3-1 | 17 | 5 | 3 | 7 | 11 | 0 | 0.357 |
| 3-2 | 53 | 10 | 1 | 6 | 17 | 11 | 0.278 |

## 2020 시즌 수비 성적

| 구분 | 수비이닝 | 실책 | 수비율 |
|---|---|---|---|
| 1B | 443.0 | 2 | 0.996 |

## 2020 시즌 핫 & 콜드존

### VS좌투

| 0.000 0/1 | 0.600 3/5 | 0.000 0/2 | 0.000 0/3 | - 0/0 |
|---|---|---|---|---|
| 0.333 2/6 | 0.429 3/7 | 0.143 1/7 | 0.000 0/2 | - |
| 0.000 3/5 | 0.167 1/6 | 0.143 1/7 | 0.500 2/4 | - 0/0 |
| 0.200 1/5 | 0.250 3/12 | 0.000 0/4 | 0.250 2/8 | |
| 0.000 0/1 | 0.667 2/3 | - 0/0 | 0.000 0/1 | |

### VS우투

| 0.000 0/2 | 0.357 5/14 | 0.143 2/14 | 0.000 0/12 | 1.000 2/2 |
|---|---|---|---|---|
| 0.300 6/20 | 0.429 9/21 | 0.229 8/35 | 0.263 5/19 | 0.250 2/8 |
| 0.147 5/34 | 0.585 24/41 | 0.524 22/42 | 0.371 13/35 | 0.167 1/6 |
| 0.115 3/26 | 0.270 10/37 | 0.229 8/35 | 0.200 3/15 | 0.000 0/2 |
| 0.000 0/9 | 0.222 2/9 | 0.308 4/13 | 0.000 0/2 | 0/0 |

# PLAYERS

## 58
# 댄 스트레일리

**투수(우투우타)**

| | |
|---|---|
| 생년월일 | 1988년 12월 11일 |
| 국적 | 미국 |
| 연봉(2021) | 120만 달러(인센티브 별도) |
| 지명순위 | - |
| 입단년도 | 2020 롯데 |

신장/체중 189cm/100kg

스트레일리는 2020시즌 롯데의 히트상품이었다. 롯데 선발 투수 중 유일하게 두 자릿수 승수(15승)를 따냈고 205탈삼진을 거둬들여 입단 첫해 새로운 외인 에이스의 탄생을 알렸다. 스트레일리의 직구 평균 구속은 145㎞다. 지난해 15승, 205탈삼진을 거둔 비결은 정교한 컨트롤과 변화구 활용에 있다. 낙차 큰 커브, 슬라이더에 체인지업까지 다양한 레퍼토리를 앞세워 타자들을 현혹한다. 직구, 변화구 모두 초속과 종속이 비슷한 것도 타자들이 공략에 애를 먹은 부분으로 꼽혔다. 스트레일리는 지난해 시즌 초반 호투에도 승운이 따르지 않는 과정에서도 평정심을 증명했다. 훌륭한 멘탈을 갖춘 선수라는 평가가 뒤따르는 이유다.

KBO리그 2년 차 시즌에 접어든 스트레일리는 다양한 과제에 직면해 있다. 데뷔 시즌 펼친 활약을 뛰어넘어야 한다는 부담감이 크다. 상대팀의 현미경 분석을 극복하는 것도 과제다. KBO리그 첫해 성공적인 활약을 펼쳤던 외국인 투수들이 2년 차 시즌에서 고전했던 전력은 스트레일리의 올해 활약 재현 여부에 물음표가 붙는 이유다. 2000이닝에 가까운 많은 이닝 수도 올 시즌 활약의 변수로 꼽힌다. 허문회 감독은 지난해 시즌 초반 정보근을 스트레일리의 전담 포수로 활용했으나 후반기에는 김준태에게 바통을 넘겼다. 스트레일리는 포수 기용 여부와 관계없이 안정감을 보였다. 포수 리드보다 스트레일리의 경기 운영 능력이 올해 성적에도 큰 비중을 차지할 것으로 보인다. 지난해 롯데 선발진이 흔들림 없이 시즌을 마칠 수 있었던 것은 1선발인 스트레일리의 역할이 컸다. 무릎 부상 우려를 떨치고 시즌을 완주하면서 중심을 지켰다. 스트레일리는 올해도 일찌감치 입국해 스프링캠프에서 몸을 만들고 있다. 스트레일리가 건강하게 마운드를 지켜준다면 올 시즌에도 롯데 마운드는 충분히 경쟁력을 발휘하는 모습을 보여줄 것으로 기대된다.

### 2020 시즌 & 통산 성적

| | 경기 | 선발 | 승 | 패 | 세이브 | 홀드 | 이닝 | 피안타 | 피홈런 | 볼넷 | 사구 | 삼진 | ERA |
|---|---|---|---|---|---|---|---|---|---|---|---|---|---|
| 2020 | 31 | 31 | 15 | 4 | 0 | 0 | 194.2 | 148 | 10 | 51 | 7 | 205 | 2.50 |
| 통산 | 31 | 31 | 15 | 4 | 0 | 0 | 194.2 | 148 | 10 | 51 | 7 | 205 | 2.50 |

### 2020 시즌 홈 / 원정 성적

| | 경기 | 선발 | 승 | 패 | 세이브 | 홀드 | 타자 | 이닝 | 피안타 | 피홈런 | 볼넷 | 사구 | 삼진 | 실점 | 자책점 | ERA |
|---|---|---|---|---|---|---|---|---|---|---|---|---|---|---|---|---|
| 홈 | 15 | 15 | 8 | 2 | 0 | 0 | 388 | 97.2 | 77 | 5 | 21 | 3 | 99 | 35 | 33 | 3.04 |
| 원정 | 16 | 16 | 7 | 2 | 0 | 0 | 389 | 97.2 | 71 | 5 | 30 | 4 | 106 | 26 | 21 | 1.95 |

### 2020 시즌 구종 구사

| 구종 | 평균구속 | 최고구속 | 구사율(%) | 피안타율 |
|---|---|---|---|---|
| 포심패스트볼 | 145 | 150 | 41.6 | 0.253 |
| 투심/싱커 | 144 | 148 | 4.3 | 0.231 |
| 슬라이더/커터 | 135 | 145 | 36.4 | 0.166 |
| 커브 | 121 | 133 | 5.0 | 0.200 |
| 체인지업 | 135 | 141 | 12.7 | 0.228 |
| 포크/SF | | | | |
| 너클볼/기타 | | | 0 | |

### 2020 시즌 상황별 기록

| 상황 | 안타 | 2루타 | 3루타 | 홈런 | 볼넷 | 사구 | 삼진 | 폭투 | 보크 | 피안타율 |
|---|---|---|---|---|---|---|---|---|---|---|
| vs좌 | 89 | 19 | 1 | 6 | 28 | 2 | 101 | 0 | 0 | 0.239 |
| vs우 | 59 | 8 | 1 | 4 | 23 | 5 | 104 | 4 | 0 | 0.175 |
| 주자없음 | 87 | 14 | 2 | 5 | 31 | 3 | 127 | 1 | 0 | 0.195 |
| 주자있음 | 61 | 13 | 0 | 5 | 20 | 4 | 78 | 3 | 0 | 0.232 |
| 득점권 | 27 | 6 | 0 | 2 | 11 | 4 | 40 | 1 | 0 | 0.196 |
| 만루 | 1 | 0 | 0 | 0 | 0 | 0 | 4 | 0 | 0 | 0.091 |

### 2020 시즌 상대팀 별 기록

| 구분 | 경기 | 방어율 | 승 | 패 | 세이브 | 홀드 | 이닝 | 안타 | 홈런 | 볼넷 | 삼진 | 피안타율 |
|---|---|---|---|---|---|---|---|---|---|---|---|---|
| KIA | 4 | 3.24 | 1 | 2 | 0 | 0 | 25.0 | 21 | 1 | 5 | 28 | 0.223 |
| KT | 4 | 1.75 | 4 | 0 | 0 | 0 | 25.2 | 15 | 2 | 5 | 24 | 0.167 |
| LG | 3 | 1.27 | 2 | 0 | 0 | 0 | 21.1 | 9 | 1 | 4 | 19 | 0.129 |
| NC | 4 | 2.70 | 3 | 0 | 0 | 0 | 16.2 | 18 | 1 | 6 | 22 | 0.269 |
| SK | 3 | 0.90 | 3 | 0 | 0 | 0 | 20.0 | 14 | 1 | 3 | 24 | 0.200 |
| 키움 | 3 | 1.35 | 1 | 0 | 0 | 0 | 20.0 | 8 | 0 | 6 | 25 | 0.123 |
| 두산 | 2 | 7.00 | 0 | 1 | 0 | 0 | 9.0 | 17 | 0 | 2 | 10 | 0.395 |
| 삼성 | 5 | 3.41 | 2 | 1 | 0 | 0 | 31.2 | 25 | 2 | 11 | 25 | 0.217 |
| 한화 | 4 | 2.84 | 3 | 1 | 0 | 0 | 25.1 | 21 | 2 | 6 | 28 | 0.221 |

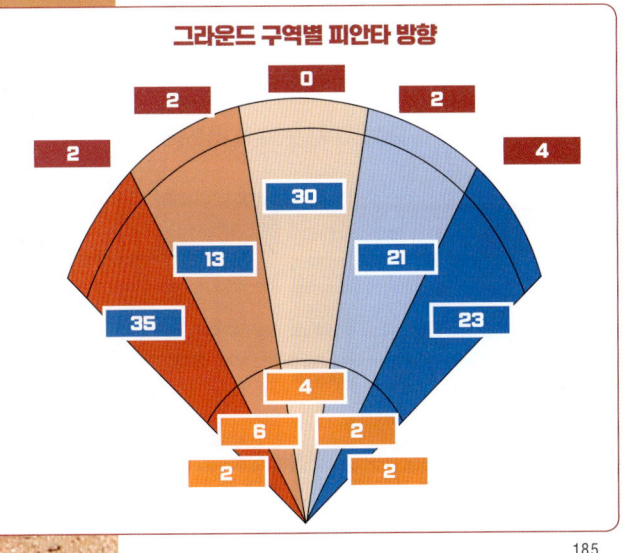

그라운드 구역별 피안타 방향

# 31 손아섭

**외야수(우투좌타)**

| | |
|---|---|
| 생년월일 | 1988년 3월 18일 |
| 신장/체중 | 174cm/84kg |
| 학력 | 양정초-개성중-부산고 |
| 연봉(2021) | 5억 원 |
| 지명순위 | 2007 롯데 2차 4라운드 29순위 |
| 입단년도 | 2007 롯데 |

롯데의 '안타제조기' 손아섭은 올해야말로 생애 첫 타격왕 자리에 오르겠다는 의지에 충만하다. 지난해 2리 차이로 최형우에게 안타왕 자리를 내줬다. 공인구 적응과 살아난 타격감에 특유의 근성과 승부욕을 더해 정상의 자리에 서겠다는 의지가 상당하다. 2019년 손아섭은 타율 0.295로 9시즌 연속 3할 타율이 깨졌다. 출루율(0.360)과 장타율(0.400) 모두 전년 대비 1할 이상 하락했다. 하지만 지난해 타율 0.352, 190안타, 출루율 0.415, 장타율 0.493으로 반등에 성공했다. 장타 욕심을 버리고 출루에만 집중한 게 결과적으로 출루율뿐 아니라 장타율 반등에도 도움을 줬다. 손아섭 스스로도 "나는 중장거리 타자가 아닌데 그런 부분에 너무 신경을 쓰다가 정작 내가 가진 장점마저 잃어버렸다"라고 부진을 솔직하게 인정했다.

지난해 손아섭의 기록 중 가장 주목할 부분은 볼넷과 삼진이다. 볼넷 61개를 얻는 과정에서 삼진은 56번이었다. 줄어들었던 볼넷 획득 개수가 늘어난 반면, 삼진은 전년 대비 절반 가까이 줄었다. 그만큼 타선에서 상대 투수를 물고 늘어지는 능력도 좋아졌다. 190안타의 숨은 비결이다. 출루율에 큰 비중을 두는 허문회 감독의 타선 구성에서 손아섭은 중요한 비중을 차지한다. 강한 2번 역할 뿐만 아니라 리드오프, 중심 타선 역할까지 수행 가능해 상대 타선에 따른 활용법이 다양하다. 전성기에 비해 발은 다소 느려졌다는 평가도 있다. 최근 두 시즌 간 손아섭은 도루를 자제하는 모습을 보인다. 주변 평가와 달리 여전히 기본적인 스피드는 동년배 타자들에 비해 좋다는 점에서 언제든 도루 욕심을 낼 수 있는 선수이기도 하다. 수비는 올 시즌에도 손아섭이 풀어야 할 과제다. 지난해 실책은 단 1개에 그쳤지만 기록되지 않은 실수도 분명히 있었다. 어깨는 강하지만 타구 판단이나 펜스 플레이가 다소 약하다는 평가를 받아왔다. 우익수 자리에 대안이 많지 않은 롯데의 여건상 손아섭이 부상 없이 체력을 관리하면서 시즌을 보내는 것도 중요한 포인트다.

### 2020 시즌 & 통산 성적

| 연도 | 경기 | 타석 | 타수 | 안타 | 2루타 | 3루타 | 홈런 | 타점 | 도루 | 도실 | 볼넷 | 사구 | 삼진 | 타율 | 장타율 | 출루율 | OPS |
|---|---|---|---|---|---|---|---|---|---|---|---|---|---|---|---|---|---|
| 2020 | 141 | 611 | 540 | 190 | 43 | 0 | 11 | 85 | 5 | 0 | 61 | 2 | 56 | 0.352 | 0.493 | 0.415 | 0.908 |
| 통산 | 1,557 | 6,685 | 5,859 | 1,904 | 331 | 25 | 162 | 815 | 194 | 54 | 739 | 32 | 1,002 | 0.325 | 0.473 | 0.401 | 0.874 |

### 2020 시즌 홈 / 원정 성적

| | 경기 | 타석 | 타수 | 안타 | 2루타 | 3루타 | 홈런 | 타점 | 도루 | 도실 | 볼넷 | 사구 | 삼진 | 타율 | 장타율 | 출루율 | OPS |
|---|---|---|---|---|---|---|---|---|---|---|---|---|---|---|---|---|---|
| 홈 | 72 | 312 | 275 | 103 | 20 | 0 | 6 | 47 | 4 | 0 | 32 | 2 | 27 | 0.375 | 0.513 | 0.436 | 0.949 |
| 원정 | 69 | 299 | 265 | 87 | 23 | 0 | 5 | 38 | 1 | 0 | 29 | 1 | 29 | 0.328 | 0.472 | 0.393 | 0.865 |

### 2020 시즌 상황별 기록

| 상황 | 타석 | 안타 | 홈런 | 타점 | 볼넷 | 삼진 | 타율 |
|---|---|---|---|---|---|---|---|
| vs 좌 | 119 | 26 | 0 | 9 | 11 | 15 | 0.245 |
| vs 우 | 409 | 141 | 8 | 62 | 40 | 33 | 0.387 |
| vs 언더 | 83 | 23 | 3 | 14 | 10 | 8 | 0.329 |
| 주자있음 | 291 | 87 | 7 | 81 | 29 | 20 | 0.343 |
| 주자없음 | 320 | 103 | 4 | 4 | 32 | 36 | 0.360 |
| 득점권 | 161 | 47 | 4 | 70 | 13 | 10 | 0.333 |
| 만루 | 24 | 7 | 1 | 15 | 0 | 3 | 0.292 |

### 2020 시즌 상대팀 별 기록

| 구분 | 타석 | 홈런 | 볼넷 | 삼진 | 타율 | 출루율 | 장타율 | OPS |
|---|---|---|---|---|---|---|---|---|
| KIA | 71 | 1 | 10 | 6 | 0.377 | 0.465 | 0.557 | 1.022 |
| KT | 71 | 1 | 5 | 2 | 0.446 | 0.479 | 0.631 | 1.110 |
| LG | 71 | 1 | 7 | 4 | 0.387 | 0.451 | 0.500 | 0.951 |
| NC | 62 | 0 | 8 | 8 | 0.327 | 0.403 | 0.404 | 0.807 |
| SK | 65 | 3 | 2 | 7 | 0.279 | 0.292 | 0.492 | 0.784 |
| 키움 | 74 | 0 | 5 | 5 | 0.333 | 0.384 | 0.409 | 0.793 |
| 두산 | 69 | 1 | 12 | 8 | 0.500 | 0.478 | 0.439 | 0.917 |
| 삼성 | 54 | 1 | 6 | 9 | 0.240 | 0.296 | 0.340 | 0.636 |
| 한화 | 74 | 3 | 6 | 7 | 0.379 | 0.446 | 0.606 | 1.052 |

### 그라운드 구역별 피안타 방향

| 구분 | 타석 | 안타 | 홈런 | 타점 | 볼넷 | 삼진 | 타율 |
|---|---|---|---|---|---|---|---|
| 0-0 | 94 | 34 | 2 | 13 | 2 | 0 | 0.374 |
| 0-1 | 55 | 24 | 2 | 10 | 0 | 0 | 0.436 |
| 0-2 | 40 | 11 | 0 | 0 | 0 | 11 | 0.275 |
| 1-0 | 49 | 16 | 2 | 6 | 0 | 0 | 0.340 |
| 1-1 | 52 | 18 | 1 | 9 | 0 | 0 | 0.360 |
| 1-2 | 66 | 21 | 1 | 6 | 0 | 13 | 0.323 |
| 2-0 | 15 | 5 | 0 | 5 | 0 | 0 | 0.385 |
| 2-1 | 39 | 13 | 1 | 6 | 0 | 0 | 0.342 |
| 2-2 | 74 | 30 | 2 | 11 | 0 | 5 | 0.411 |
| 3-0 | 1 | 1 | 0 | 0 | 6 | 0 | 1.000 |
| 3-1 | 37 | 6 | 0 | 2 | 20 | 0 | 0.353 |
| 3-2 | 80 | 10 | 0 | 4 | 29 | 16 | 0.204 |

### 2020 시즌 수비 성적

| 구분 | 수비이닝 | 실책 | 수비율 |
|---|---|---|---|
| RF | 1056.0 | 1 | 0.996 |

### 2020 시즌 핫 & 콜드존

**VS좌투**

| 1.000 1/1 | 0.750 3/4 | 0.250 1/4 | 0.333 1/3 | - 0/0 |
|---|---|---|---|---|
| 0.500 1/2 | 0.500 1/2 | 0.091 1/11 | 0.200 2/10 | 0.000 0/1 |
| 0.000 0/2 | 0.200 1/5 | 0.222 2/9 | 0.375 6/16 | 0.000 0/1 |
| 0.500 1/2 | 0.000 0/4 | 0.375 3/8 | 0.182 2/11 | 0.250 1/4 |
| - 0/0 | - 0/0 | 0.000 0/2 | 0.000 0/5 | 0.000 0/2 |

**VS우투**

| 0.000 0/3 | 0.167 2/12 | 0.385 5/13 | 0.417 5/12 | 0.333 1/3 |
|---|---|---|---|---|
| 0.143 1/7 | 0.429 9/21 | 0.476 10/21 | 0.429 15/35 | 0.500 3/6 |
| 0.111 1/9 | 0.421 8/19 | 0.375 15/40 | 0.396 21/53 | 0.357 5/14 |
| 0.833 5/6 | 0.500 15/30 | 0.366 15/41 | 0.333 14/42 | 0.417 5/12 |
| 0.000 0/2 | 0.300 3/10 | 0.375 3/8 | 0.091 1/11 | 1.000 1/1 |

# PLAYERS

## 8 전준우

**외야수(우투우타)**

| | | | |
|---|---|---|---|
| 생년월일 | 1986년 2월 25일 | 신장/체중 | 184cm/97kg |
| 학력 | 흥무초-경주중-경주고-건국대 | | |
| 연봉(2021) | 5억 원 | | |
| 지명순위 | 2008 롯데 2차 2라운드 15순위 | | |
| 입단년도 | 2008 롯데 | | |

전준우는 올해 캡틴이라는 새로운 타이틀을 얻었다. 팀의 중심으로 5강을 넘어 우승을 바라보는 목표를 달성하기 위해 앞장서야 하는 어깨가 무겁기만 하다. 지난해 전준우는 타율 0.279, 157안타 26홈런 96타점, 출루율 0.347, 장타율 0.482였다. 2019년(타율 0.301, 164안타 22홈런 83타점, 출루율 0.359, 장타율 0.481)에 비해선 홈런과 타점, 장타율이 상승했지만 타율과 출루율은 낮아졌다. 지난해 중심 타자 역할의 영향과 부담감이 작용했다. 3번 타자 역할을 줄곧 수행하면서 득점권 상황을 책임지는 경우가 잦았다. 해결을 위해 장타에 집중했지만 효율이 썩 좋은 편은 아니었다. 지난해 대부분 타자들이 공인구 반발력에 적응하며 장타율을 끌어올린 부분을 고려해보면 큰 차이가 없는 기록은 더 아쉬울 수밖에 없다.

그런데도 전준우를 향한 롯데의 시선은 여전히 기대에 가득 차 있다. 에이징커브에 접어든 이대호 대신 4번 타자 내지 해결사 역할을 할 수 있는 선수이기 때문이다. 득점권에서 언제든 장타를 만들어낼 수 있다. 스윙 폭이 커지면서 병살타 개수가 늘어났던 지난해의 약점을 보완하고 강한 타구에 집중한다면 반등할 수 있다. 지난해 가장 큰 발전은 수비에서 이뤄졌다. 앞서 타구 판단과 포구에서 불안감을 노출한다는 평가를 받았지만 지난해엔 펜스플레이를 비약적으로 개선했다. 당초 롯데는 전준우의 중심 타선 활용을 극대화하기 위해 1루수 전향도 검토했지만 허문회 감독은 좌익수 기용을 선택해 효과를 어느 정도 증명했다. 올 시즌도 출발은 좌익수 자리에서 할 것으로 보인다. 느린 발이 지적되기도 하지만 수비 범위는 넓은 편이다. 주자로 나설 때 도루 시도가 많은 편이 아니라는 게 선입견으로 작용한다. 하지만 3년 연속 20도루를 할 정도로 언제든 기회가 되면 뛸 수 있는 선수라는 점에서 상대 배터리에 부담을 줄 능력은 충분하다.

### 2020 시즌 & 통산 성적

| 연도 | 경기 | 타석 | 타수 | 안타 | 2루타 | 3루타 | 홈런 | 타점 | 도루 | 도실 | 볼넷 | 사구 | 삼진 | 타율 | 장타율 | 출루율 | OPS |
|---|---|---|---|---|---|---|---|---|---|---|---|---|---|---|---|---|---|
| 2020 | 143 | 628 | 562 | 157 | 34 | 1 | 26 | 96 | 5 | 5 | 52 | 8 | 79 | 0.279 | 0.482 | 0.347 | 0.829 |
| 통산 | 1,214 | 5,080 | 4,524 | 1,323 | 262 | 19 | 161 | 651 | 112 | 57 | 413 | 72 | 793 | 0.292 | 0.466 | 0.358 | 0.824 |

### 2020 시즌 홈 / 원정 성적

| | 경기 | 타석 | 타수 | 안타 | 2루타 | 3루타 | 홈런 | 타점 | 도루 | 도실 | 볼넷 | 사구 | 삼진 | 타율 | 장타율 | 출루율 | OPS |
|---|---|---|---|---|---|---|---|---|---|---|---|---|---|---|---|---|---|
| 홈 | 71 | 304 | 273 | 85 | 21 | 0 | 14 | 52 | 1 | 1 | 24 | 3 | 32 | 0.311 | 0.542 | 0.371 | 0.913 |
| 원정 | 72 | 324 | 289 | 72 | 13 | 1 | 12 | 44 | 4 | 4 | 28 | 5 | 47 | 0.249 | 0.426 | 0.325 | 0.751 |

### 2020 시즌 상황별 기록

| 상황 | 타석 | 안타 | 홈런 | 타점 | 볼넷 | 삼진 | 타율 |
|---|---|---|---|---|---|---|---|
| vs 좌 | 107 | 21 | 3 | 14 | 13 | 12 | 0.228 |
| vs 우 | 432 | 112 | 22 | 69 | 29 | 57 | 0.283 |
| vs 언더 | 89 | 24 | 1 | 13 | 10 | 10 | 0.324 |
| 주자있음 | 344 | 95 | 16 | 86 | 30 | 40 | 0.314 |
| 주자없음 | 284 | 62 | 10 | 10 | 22 | 39 | 0.239 |
| 득점권 | 192 | 44 | 11 | 72 | 21 | 22 | 0.272 |
| 만루 | 18 | 3 | 1 | 9 | 1 | 1 | 0.188 |

### 2020 시즌 상대팀 별 기록

| 구분 | 타석 | 홈런 | 볼넷 | 삼진 | 타율 | 출루율 | 장타율 | OPS |
|---|---|---|---|---|---|---|---|---|
| KIA | 65 | 1 | 2 | 10 | 0.310 | 0.375 | 0.431 | 0.806 |
| KT | 66 | 4 | 3 | 8 | 0.333 | 0.364 | 0.571 | 0.935 |
| LG | 73 | 3 | 5 | 9 | 0.254 | 0.301 | 0.433 | 0.734 |
| NC | 67 | 4 | 6 | 15 | 0.237 | 0.328 | 0.424 | 0.752 |
| SK | 72 | 4 | 7 | 6 | 0.258 | 0.333 | 0.484 | 0.817 |
| 키움 | 71 | 2 | 4 | 6 | 0.308 | 0.366 | 0.492 | 0.858 |
| 두산 | 70 | 4 | 2 | 9 | 0.277 | 0.319 | 0.477 | 0.796 |
| 삼성 | 70 | 3 | 10 | 2 | 0.241 | 0.362 | 0.448 | 0.810 |
| 한화 | 74 | 4 | 8 | 12 | 0.292 | 0.378 | 0.569 | 0.947 |

### 그라운드 구역별 피안타 방향

| 구분 | 타석 | 안타 | 홈런 | 타점 | 볼넷 | 삼진 | 타율 |
|---|---|---|---|---|---|---|---|
| 0-0 | 87 | 25 | 5 | 19 | 0 | 0 | 0.301 |
| 0-1 | 56 | 15 | 2 | 8 | 0 | 0 | 0.278 |
| 0-2 | 32 | 8 | 2 | 4 | 0 | 9 | 0.250 |
| 1-0 | 57 | 17 | 3 | 10 | 0 | 0 | 0.309 |
| 1-1 | 51 | 15 | 1 | 9 | 0 | 0 | 0.300 |
| 1-2 | 71 | 13 | 1 | 3 | 0 | 24 | 0.186 |
| 2-0 | 22 | 10 | 4 | 8 | 0 | 0 | 0.455 |
| 2-1 | 35 | 15 | 5 | 9 | 0 | 0 | 0.441 |
| 2-2 | 90 | 26 | 4 | 15 | 0 | 27 | 0.299 |
| 3-0 | 16 | 0 | 0 | 0 | 14 | 0 | 0.000 |
| 3-1 | 28 | 5 | 1 | 4 | 13 | 0 | 0.333 |
| 3-2 | 83 | 25 | 3 | 25 | 19 | 0 | 0.138 |

### 2020 시즌 수비 성적

| 구분 | 수비이닝 | 실책 | 수비율 |
|---|---|---|---|
| LF | 1154.0 | 5 | 0.983 |

### 2020 시즌 핫 & 콜드존

**VS 좌투**

| 0.000 0/1 | 0.000 0/1 | 0.667 2/3 | 0.000 0/1 | - 0/0 |
|---|---|---|---|---|
| 0.400 2/5 | 0.143 1/7 | 0.375 3/8 | 0.500 1/2 | 0.000 0/2 |
| 0.111 1/9 | 0.250 1/4 | 0.500 2/4 | 0.222 2/9 | 0.500 1/2 |
| 0.000 0/4 | 0.200 1/5 | 0.273 3/11 | 0.250 1/4 | 0.000 0/1 |
| - 0/0 | 0.000 0/4 | 0.000 0/3 | 0.000 0/0 | 0.000 0/1 |

**VS 우투**

| 0.333 1/3 | 0.429 3/7 | 0.154 2/13 | 0.133 2/15 | 0.000 0/3 |
|---|---|---|---|---|
| 0.267 4/15 | 0.342 13/38 | 0.273 9/33 | 0.190 4/21 | 0.333 2/6 |
| 0.421 8/19 | 0.208 10/48 | 0.409 18/44 | 0.364 16/44 | 0.273 3/11 |
| 0.200 4/20 | 0.344 11/32 | 0.262 11/42 | 0.429 9/21 | - 0/0 |
| 0.000 0/5 | 0.250 3/12 | 0.231 3/13 | 0.000 0/5 | - 0/0 |

# 25
# 한동희

**내야수(우투우타)**

| | | | |
|---|---|---|---|
| 생년월일 | 1999년 6월 1일 | 신장/체중 | 181cm/99kg |
| 학력 | 부산대연초-경남중-경남고 | | |
| 연봉(2021) | 1억1000만 원 | | |
| 지명순위 | 2018 롯데 1차 | | |
| 입단년도 | 2018 롯데 | | |

입단 세 시즌 만에 잠재력을 폭발시킨 한동희에 대한 관심은 그 어느 때보다 크다. 우승을 공약하며 2년의 시간을 선택한 이대호의 뒤를 이을 차세대 롯데의 거포 자리를 이어받을 수 있는 역량을 시험받을 시즌이기 때문이다. 한동희는 지난해 타율 0.278, 128안타(17홈런) 67타점, 출루율 0.361, 장타율 0.436을 기록했다. 데뷔 후 두 시즌 간 2할대 초반에 그쳤던 타율이 비약적으로 상승했다. 장타율도 데뷔 후 처음 4할 중반까지 올라갔다. 100안타, 두 자릿수 홈런 돌파의 기록도 썼다. 이런 한동희의 활약은 허문회 감독의 배려가 크게 작용했다. 개막 엔트리부터 주전 3루수로 낙점하면서 출전 기회를 보장했다. 타격 페이스와 관계없이 하위 타선에서 위치를 고정시키면서 부담감을 줄이기 위한 노력도 병행됐다. 한동희는 출전 시간이 늘어나면서 서서히 타격을 끌어 올렸고 결국 후반기 들어 중심 타선 언저리까지 도달해 성장세를 입증했다.

한동희는 그동안 상대 투수의 공을 쫓아가는 형태의 스윙에 그쳤다. 지난해엔 자신이 원하는 포인트에서 공을 맞히는 데 집중한 결과 강점으로 꼽혀온 장타력이 살아나기 시작했다. 고교 시절부터 장타뿐만 아니라 콘택트 능력도 상당한 선수로 꼽혀왔던 부분도 지난 시즌 기록을 통해 입증됐다. 3루 수비에서도 한동희는 비약적인 발전을 이뤘다. 데뷔 초반 두 시즌 동안 수비 부담이 타석의 부진으로 연결되는 악순환에 그쳤지만 롯데 벤치는 실책과 관계없이 자리를 지키는 쪽을 택했다. 후반기 들어 한동희는 타구 판단 및 처리, 송구 능력이 대폭 향상되면서 황재균이 떠난 뒤 이어진 롯데 3루수 고민을 풀어줄 선수로 거듭났다. 느린 발은 한동희가 극복해야 할 숙제다. 장타 생산 능력이 좋은 편임에도 스피드가 느려 기회를 살리지 못한다는 단점이 있다. 타석의 활용뿐 아니라 수비 효율 측면에서도 스피드 향상은 향후 한동희의 활약에 중요한 영향을 끼칠 수 있다.

### 2020 시즌 & 통산 성적

| 연도 | 경기 | 타석 | 타수 | 안타 | 2루타 | 3루타 | 홈런 | 타점 | 도루 | 도실 | 볼넷 | 사구 | 삼진 | 타율 | 장타율 | 출루율 | OPS |
|---|---|---|---|---|---|---|---|---|---|---|---|---|---|---|---|---|---|
| 2020 | 135 | 531 | 461 | 128 | 22 | 0 | 17 | 67 | 0 | 3 | 57 | 5 | 97 | 0.278 | 0.436 | 0.361 | 0.797 |
| 통산 | 281 | 964 | 859 | 215 | 44 | | 23 | 101 | 1 | 4 | 87 | 7 | 212 | 0.250 | 0.384 | 0.322 | 0.706 |

### 2020 시즌 홈 / 원정 성적

| | 경기 | 타석 | 타수 | 안타 | 2루타 | 3루타 | 홈런 | 타점 | 도루 | 도실 | 볼넷 | 사구 | 삼진 | 타율 | 장타율 | 출루율 | OPS |
|---|---|---|---|---|---|---|---|---|---|---|---|---|---|---|---|---|---|
| 홈 | 69 | 275 | 241 | 74 | 12 | 0 | 9 | 41 | 0 | 2 | 28 | 2 | 54 | 0.307 | 0.469 | 0.380 | 0.849 |
| 원정 | 66 | 256 | 220 | 54 | 10 | 0 | 8 | 26 | 0 | 1 | 29 | 3 | 43 | 0.245 | 0.400 | 0.341 | 0.741 |

### 2020 시즌 상황별 기록

| 상황 | 타석 | 안타 | 홈런 | 타점 | 볼넷 | 삼진 | 타율 |
|---|---|---|---|---|---|---|---|
| vs 좌 | 78 | 18 | 3 | 11 | 7 | 12 | 0.290 |
| vs 우 | 386 | 90 | 11 | 44 | 36 | 74 | 0.265 |
| vs 언더 | 67 | 20 | 3 | 12 | 7 | 11 | 0.339 |
| 주자있음 | 245 | 53 | 9 | 59 | 33 | 39 | 0.264 |
| 주자없음 | 286 | 75 | 8 | 9 | 24 | 58 | 0.288 |
| 득점권 | 143 | 28 | 5 | 50 | 22 | 24 | 0.243 |
| 만루 | 14 | 3 | 0 | 8 | 2 | 2 | 0.250 |

### 2020 시즌 상대팀 별 기록

| 구분 | 타석 | 홈런 | 볼넷 | 삼진 | 타율 | 출루율 | 장타율 | OPS |
|---|---|---|---|---|---|---|---|---|
| KIA | 55 | 1 | 6 | 9 | 0.271 | 0.364 | 0.417 | 0.781 |
| KT | 64 | 2 | 6 | 13 | 0.298 | 0.365 | 0.439 | 0.804 |
| LG | 65 | 3 | 7 | 13 | 0.298 | 0.375 | 0.509 | 0.884 |
| NC | 57 | 2 | 9 | 8 | 0.326 | 0.446 | 0.457 | 0.903 |
| SK | 63 | 3 | 11 | 9 | 0.255 | 0.381 | 0.490 | 0.871 |
| 키움 | 43 | 4 | 4 | 8 | 0.368 | 0.419 | 0.447 | 0.866 |
| 두산 | 69 | 1 | 4 | 18 | 0.210 | 0.265 | 0.258 | 0.523 |
| 삼성 | 65 | 1 | 8 | 8 | 0.246 | 0.338 | 0.386 | 0.724 |
| 한화 | 50 | 2 | 8 | 9 | 0.267 | 0.327 | 0.578 | 0.905 |

### 그라운드 구역별 피안타 방향

| 구분 | 타석 | 안타 | 홈런 | 타점 | 볼넷 | 삼진 | 타율 |
|---|---|---|---|---|---|---|---|
| 0-0 | 78 | 27 | 2 | 11 | 0 | 0 | 0.370 |
| 0-1 | 34 | 4 | 1 | 3 | 0 | 0 | 0.242 |
| 0-2 | 36 | 5 | 0 | 0 | 0 | 21 | 0.194 |
| 1-0 | 37 | 10 | 1 | 5 | 0 | 0 | 0.294 |
| 1-1 | 45 | 16 | 4 | 11 | 0 | 0 | 0.356 |
| 1-2 | 71 | 17 | 4 | 13 | 0 | 21 | 0.246 |
| 2-0 | 16 | 4 | 0 | 3 | 6 | 0 | 0.250 |
| 2-1 | 28 | 8 | 3 | 7 | 0 | 0 | 0.421 |
| 2-2 | 84 | 15 | 1 | 5 | 0 | 38 | 0.181 |
| 3-0 | 15 | 3 | 0 | 0 | 14 | 0 | 1.000 |
| 3-1 | 24 | 4 | 0 | 1 | 15 | 0 | 0.444 |
| 3-2 | 71 | 1 | 1 | 9 | 28 | 17 | 0.256 |

### 2020 시즌 수비 성적

| 구분 | 수비이닝 | 실책 | 수비율 |
|---|---|---|---|
| 1B | 130.0 | 1 | 0.993 |
| 3B | 973.0 | 16 | 0.943 |

### 2020 시즌 핫 & 콜드존

**VS좌투**

| - 0/0 | 0.500 1/2 | 0.500 1/2 | 1.000 1/1 | 0.000 0/1 |
|---|---|---|---|---|
| 0.000 0/1 | 0.667 2/3 | 0.500 1/2 | 0.500 2/4 | 1.000 1/1 |
| 0.000 0/4 | 0.250 1/4 | 0.167 1/6 | 0.200 1/5 | - 0/0 |
| 0.200 1/5 | 0.000 0/2 | 0.250 1/4 | 0.375 3/8 | - 0/0 |
| - 0/0 | 0.333 0/1 | 0.000 1/3 | 0.000 0/1 | 0.000 0/2 |

**VS우투**

| 0.667 2/3 | 0.333 1/3 | 0.125 2/16 | 0.200 3/15 | 0.000 0/5 |
|---|---|---|---|---|
| 0.222 2/9 | 0.188 3/16 | 0.372 16/43 | 0.300 9/30 | 0.286 4/14 |
| 0.083 1/12 | 0.321 9/28 | 0.386 17/44 | 0.414 12/29 | 0.429 3/7 |
| 0.083 1/12 | 0.176 6/34 | 0.324 11/34 | 0.462 6/13 | 0.000 0/1 |
| 0.143 1/7 | 0.000 0/10 | 0.091 1/11 | 0.000 0/3 | 0.000 0/0 |

# PLAYERS

## 32 박세웅

**투수(우투우타)**

| | | | |
|---|---|---|---|
| 생년월일 | 1995년 11월 30일 | 신장/체중 | 181cm/78kg |
| 학력 | 대구경운초-경운중-경북고 | | |
| 연봉(2021) | 1억6500만 원 | | |
| 지명순위 | 2014 KT 1차 | | |
| 입단년도 | 2014 KT | | |

3년 만에 본궤도로 돌아온 박세웅은 올 시즌 토종 에이스라는 타이틀에 걸맞은 활약을 펼쳐야 한다. 2017년 12승을 올리며 팀을 가을 야구로 이끌었던 기억을 되살려야 하는 시즌이다. 지난해 박세웅은 28경기 147⅓이닝에서 8승 10패, 평균자책점 4.70을 기록했다. 팔꿈치 뼛조각 제거 수술 이후 재활을 거쳐 2019년 복귀했지만 완벽한 몸 상태는 아니었다. 지난해 풀타임 시즌을 보내면서 비로소 완벽한 선발 투수로 복귀했다. 박세웅은 타자와 볼카운트 싸움에 치중하며 변화구를 활용하던 모습과 달리 직구 구사 비율을 높이면서 빠르게 승부를 가져가는 전략을 택했다. 피안타율이 0.298로 다소 높았지만 탈삼진 108개에 볼넷은 47개로 잘 관리하면서 투구 수를 효율적으로 관리했다. 투구 패턴에도 변화가 생겼다. 포크볼 구사 비율을 줄이는 대신 슬라이더와 커브를 주로 사용하는 쪽을 택했다. 슬라이더 구속과 각을 조절했고 기존 커브뿐만 아니라 너클커브까지 섞어 위력을 배가했다. 140㎞ 초중반의 직구에 투심과 체인지업을 섞어 레퍼토리도 늘렸다. 긴 이닝을 소화할 수 있는 경기 운영 능력이 관건이다. 박세웅은 소위 '공이 긁히는 날'에는 뛰어난 투구를 펼쳤지만 초반부터 투구 수가 늘어나고 흔들릴 때 집중타로 무너지는 경향이 있었다. 투구 폼을 미세하게 조정하면서 돌파구를 찾는 모습도 보였던 만큼 철저한 시즌플랜이 성공의 관건이 될 것이다.

5강을 정조준 중인 롯데의 최대 과제는 마운드 안정, 그중에서도 스트레일리의 뒤를 받칠 두 자릿수 승수 선발 투수의 확보다. 박세웅은 가장 기대를 받는 선수다. 지난해엔 공격적인 승부에 치중한 나머지 잦은 안타와 실점 속에 승수보다 패선이 더 많았다. 지난해 경험을 바탕으로 박세웅이 얼마나 더 성장하는 모습을 보여주느냐에 따라 롯데 선발진의 무게감에도 차이가 생길 것이다.

### 2020 시즌 & 통산 성적

| | 경기 | 선발 | 승 | 패 | 세이브 | 홀드 | 이닝 | 피안타 | 피홈런 | 볼넷 | 사구 | 삼진 | ERA |
|---|---|---|---|---|---|---|---|---|---|---|---|---|---|
| 2020 | 28 | 28 | 8 | 10 | 0 | 0 | 147.1 | 177 | 20 | 47 | 8 | 108 | 4.70 |
| 통산 | 140 | 128 | 33 | 50 | 0 | 0 | 680.2 | 785 | 87 | 271 | 39 | 524 | 5.17 |

### 2020 시즌 홈 / 원정 성적

| | 경기 | 선발 | 승 | 패 | 세이브 | 홀드 | 타자 | 이닝 | 피안타 | 피홈런 | 볼넷 | 사구 | 삼진 | 실점 | 자책점 | ERA |
|---|---|---|---|---|---|---|---|---|---|---|---|---|---|---|---|---|
| 홈 | 12 | 12 | 7 | 3 | 0 | 0 | 281 | 67.2 | 64 | 9 | 19 | 4 | 54 | 28 | 23 | 3.06 |
| 원정 | 16 | 16 | 1 | 7 | 0 | 0 | 377 | 79.2 | 113 | 11 | 28 | 4 | 54 | 57 | 54 | 6.10 |

### 2020 시즌 구종 구사

| 구종 | 평균구속 | 최고구속 | 구사율(%) | 피안타율 |
|---|---|---|---|---|
| 포심패스트볼 | 143 | 151 | 34.5 | 0.321 |
| 투심/싱커 | 140 | 145 | 7.3 | 0.469 |
| 슬라이더/커터 | 134 | 141 | 20.6 | 0.298 |
| 커브 | 118 | 130 | 15.6 | 0.260 |
| 체인지업 | 125 | 132 | 5.1 | 0.273 |
| 포크/SF | 129 | 137 | 16.9 | 0.192 |
| 너클볼/기타 | | | 0 | |

### 2020 시즌 상황별 기록

| 상황 | 안타 | 2루타 | 3루타 | 홈런 | 볼넷 | 사구 | 삼진 | 폭투 | 보크 | 피안타율 |
|---|---|---|---|---|---|---|---|---|---|---|
| vs좌 | 92 | 15 | 2 | 9 | 24 | 2 | 59 | 8 | 0 | 0.313 |
| vs우 | 85 | 6 | 0 | 11 | 23 | 6 | 49 | 5 | 0 | 0.284 |
| 주자없음 | 100 | 15 | 2 | 12 | 27 | 2 | 66 | 0 | 0 | 0.292 |
| 주자있음 | 77 | 12 | 0 | 8 | 20 | 6 | 42 | 13 | 0 | 0.307 |
| 득점권 | 41 | 7 | 0 | 4 | 11 | 6 | 25 | 6 | 0 | 0.293 |
| 만루 | 2 | 0 | 0 | 0 | 0 | 0 | 3 | 0 | 0 | 0.333 |

### 2020 시즌 상대팀 별 기록

| 구분 | 경기 | 방어율 | 승 | 패 | 세이브 | 홀드 | 이닝 | 안타 | 홈런 | 볼넷 | 삼진 | 피안타율 |
|---|---|---|---|---|---|---|---|---|---|---|---|---|
| KIA | 3 | 6.75 | 1 | 2 | 0 | 0 | 16.0 | 23 | 3 | 4 | 11 | 0.338 |
| KT | 5 | 4.74 | 1 | 1 | 0 | 0 | 24.2 | 32 | 2 | 9 | 17 | 0.317 |
| LG | 3 | 6.19 | 1 | 1 | 0 | 0 | 16.0 | 23 | 3 | 4 | 12 | 0.343 |
| NC | 2 | 3.09 | 1 | 1 | 0 | 0 | 11.2 | 15 | 1 | 2 | 9 | 0.319 |
| SK | 3 | 3.15 | 0 | 2 | 0 | 0 | 20.0 | 12 | 5 | 4 | 16 | 0.176 |
| 키움 | 2 | 1.69 | 2 | 0 | 0 | 0 | 10.2 | 8 | 1 | 3 | 11 | 0.200 |
| 두산 | 5 | 2.73 | 1 | 2 | 0 | 0 | 26.1 | 30 | 0 | 11 | 16 | 0.286 |
| 삼성 | 4 | 8.47 | 1 | 1 | 0 | 0 | 17.0 | 24 | 4 | 9 | 13 | 0.324 |
| 한화 | 1 | 7.20 | 0 | 0 | 0 | 0 | 5.0 | 10 | 1 | 1 | 3 | 0.435 |

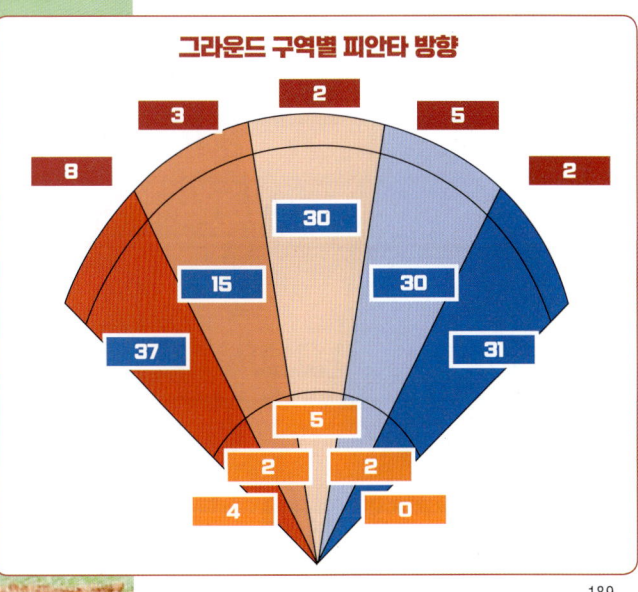

그라운드 구역별 피안타 방향

## 34 김원중

**투수(우투좌타)**

| | | | |
|---|---|---|---|
| 생년월일 | 1993년 6월 14일 | 신장/체중 | 192cm/91kg |
| 학력 | 학강초-광주동성중-광주동성고 | | |
| 연봉(2021) | 1억7000만 원 | | |
| 지명순위 | 2012 롯데 1라운드 5순위 | | |
| 입단년도 | 2012 롯데 | | |

성공적으로 변신한 김원중에게 올해는 수호신 타이틀을 굳힐 기회다. 김원중은 지난해 프로 데뷔 9시즌 만에 선발이 아닌 마무리 투수로 시즌을 시작해 본인도 기대와 우려가 교차했다. 김원중은 58경기 59⅓이닝서 5승 4패 25세이브, 평균자책점 3.94를 기록했다. 마무리 데뷔 첫해 KBO리그 세이브 부문 3위에 이름을 올렸다. 선발 시절 김원중은 제구 난조로 투구 수가 늘어나 스스로 무너지는 경향이 강했다. 마무리 보직 전환 뒤엔 공격적으로 카운트 싸움을 하면서 손쉽게 아웃카운트를 잡아가는 모습을 선보였다. 스스로 템포를 조절하며 힘을 아끼려다 실투로 이어지던 선발 시절과 달리 불펜에서는 직구 위주의 시원시원한 피칭으로 바꾸면서 해답을 찾았다. 192cm의 높은 타점에서 최고 구속 147㎞의 직구를 뿌리는 자신만의 강점을 잘 살렸다.

마무리 2년 차에 접어든 김원중의 과제는 다양한 레퍼토리의 추가다. 힘 있는 직구 위주의 패턴도 위력적이지만 커브, 슬라이더, 스플리터의 구사 비율을 끌어 올리면 더 위력적인 투구를 펼칠 수 있다. 불펜 전환 가능성을 드러낸 2019년 후반기부터 커브와 스플리터를 활용해 좋은 성과를 냈다는 점을 주목해 볼 만하다. 김원중은 우타자 상대 시 슬라이더, 커브 등 스트라이크존을 좌우로 넓게 활용하고 좌타자 상대 시엔 직구와 스플리터 비중이 높은 편이다. 마무리 데뷔 시즌이었던 지난해 비교적 쉽게 패턴이 드러나는 모습이었지만 경험이 쌓인 올해는 다른 노림수를 꺼내 들 것으로 기대된다.

마무리로 안정감을 보여준 김원중에겐 더 많은 세이브 기회가 주어질 것으로 기대된다. 지난해 투입에 신중한 모습을 보였던 허문회 감독은 올해 접전 상황에서 적극적으로 김원중을 활용해 승부를 보겠다는 의지를 드러냈다. 김원중은 선발 시절과 다른 강심장으로 마무리 임무에 부족함이 없는 투수라는 점을 증명해냈다. 이제는 5강 진입을 바라보는 롯데의 수호신으로 자리매김해야 할 때다.

### 그라운드 구역별 피안타 방향

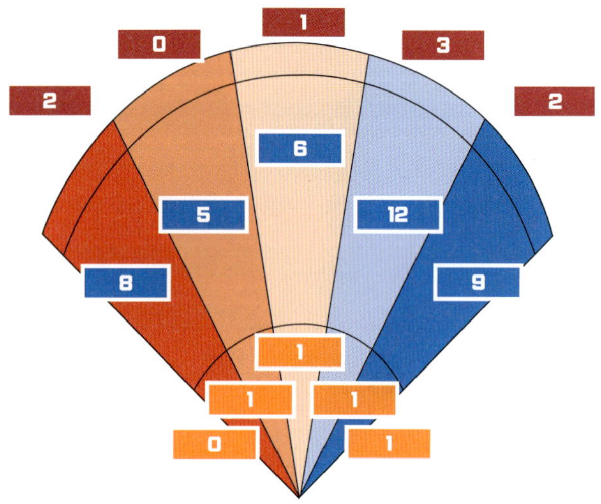

| | 0 | 1 | 3 | |
|---|---|---|---|---|
| 2 | | 6 | | 2 |
| | 5 | | 12 | |
| 8 | | | | 9 |
| | | 1 | | |
| | 1 | 1 | 1 | |
| | 0 | | 1 | |

### 2020 시즌 & 통산 성적

| | 경기 | 선발 | 승 | 패 | 세이브 | 홀드 | 이닝 | 피안타 | 피홈런 | 볼넷 | 사구 | 삼진 | ERA |
|---|---|---|---|---|---|---|---|---|---|---|---|---|---|
| 2020 | 58 | 0 | 5 | 4 | 25 | 0 | 59.1 | 52 | 8 | 23 | 5 | 57 | 3.94 |
| 통산 | 158 | 73 | 25 | 30 | 25 | 2 | 442.1 | 785 | 87 | 271 | 39 | 524 | 5.17 |

### 2020 시즌 홈 / 원정 성적

| | 경기 | 선발 | 승 | 패 | 세이브 | 홀드 | 타자 | 이닝 | 피안타 | 피홈런 | 볼넷 | 사구 | 삼진 | 실점 | 자책점 | ERA |
|---|---|---|---|---|---|---|---|---|---|---|---|---|---|---|---|---|
| 홈 | 28 | 0 | 3 | 1 | 12 | 0 | 110 | 27.1 | 21 | 5 | 0 | 23 | 12 | 10 | 3.29 | |
| 원정 | 30 | 0 | 2 | 3 | 13 | 0 | 139 | 32 | 31 | 3 | 0 | 15 | 0 | 34 | 17 | 16 | 4.50 |

### 2020 시즌 구종 구사

| 구종 | 평균구속 | 최고구속 | 구사율(%) | 피안타율 |
|---|---|---|---|---|
| 포심패스트볼 | 147 | 152 | 55.3 | 0.316 |
| 투심/싱커 | 143 | 143 | 0.1 | |
| 슬라이더/커터 | 134 | 141 | 5.9 | 0.143 |
| 커브 | 118 | 125 | 11.7 | 0.143 |
| 체인지업 | | | 0 | |
| 포크/SF | 132 | 141 | 26.9 | 0.152 |
| 너클볼/기타 | | | | |

### 2020 시즌 상황별 기록

| 상황 | 안타 | 2루타 | 3루타 | 홈런 | 볼넷 | 사구 | 삼진 | 폭투 | 보크 | 피안타율 |
|---|---|---|---|---|---|---|---|---|---|---|
| vs 좌 | 28 | 9 | 0 | 5 | 9 | 0 | 28 | 0 | 0 | 0.237 |
| vs 우 | 24 | 5 | 1 | 3 | 14 | 0 | 29 | 1 | 0 | 0.233 |
| 주자없음 | 33 | 1 | 1 | 4 | 9 | 0 | 35 | 0 | 0 | 0.246 |
| 주자있음 | 19 | 5 | 0 | 4 | 14 | 0 | 22 | 1 | 0 | 0.218 |
| 득점권 | 10 | 3 | 0 | 2 | 11 | 0 | 14 | 1 | 0 | 0.222 |
| 만루 | 3 | 1 | 0 | 1 | 0 | 0 | 1 | 0 | 0 | 0.500 |

### 2020 시즌 상대팀 별 기록

| 구분 | 경기 | 방어율 | 승 | 패 | 세이브 | 홀드 | 이닝 | 안타 | 홈런 | 볼넷 | 삼진 | 피안타율 |
|---|---|---|---|---|---|---|---|---|---|---|---|---|
| KIA | 5 | 7.94 | 0 | 1 | 1 | 0 | 5.2 | 6 | 1 | 4 | 7 | 0.261 |
| KT | 6 | 1.42 | 1 | 0 | 3 | 0 | 6.1 | 2 | 0 | 4 | 4 | 0.095 |
| LG | 5 | 0.00 | 0 | 0 | 5 | 0 | 5.1 | 3 | 0 | 5 | 7 | 0.167 |
| NC | 5 | 5.87 | 1 | 0 | 1 | 0 | 7.2 | 8 | 2 | 2 | 10 | 0.286 |
| SK | 7 | 8.53 | 1 | 0 | 2 | 0 | 6.1 | 8 | 1 | 2 | 5 | 0.296 |
| 키움 | 7 | 1.29 | 0 | 0 | 6 | 0 | 7.0 | 4 | 1 | 3 | 7 | 0.174 |
| 두산 | 5 | 3.38 | 2 | 1 | 2 | 0 | 5.1 | 7 | 1 | 1 | 6 | 0.318 |
| 삼성 | 9 | 5.40 | 0 | 1 | 4 | 0 | 6.2 | 6 | 1 | 3 | 4 | 0.240 |
| 한화 | 9 | 2.00 | 0 | 1 | 3 | 0 | 9.0 | 8 | 1 | 2 | 7 | 0.235 |

# PLAYERS

## 67
# 앤더슨 프랑코

**투수(우투우타)**

| | | | |
|---|---|---|---|
| 생년월일 | 1992년 12월 29일 | 신장/체중 | 185cm/109kg |
| 국적 | 베네수엘라 | | |
| 연봉(2021) | 50만 달러(인센티브 25만 포함) | | |
| 지명순위 | - | | |
| 입단년도 | 2021 롯데 | | |

최근 두 시즌 간 롯데 외국인 원투펀치 자리는 안정적이지 못했다. 두 시즌 연속 외국인 투수가 시즌을 완주하지 못했다. 타격에서는 중상위권으로 평가받는 롯데가 5강 진입에 실패한 원인이었다. 올해 합류한 앤더슨 프랑코의 활약은 중요하다. 베네수엘라 출신 우완 투수인 프랑코는 메이저리그 경력이 많은 선수는 아니다. 2019년 샌프란시스코자이언츠에서 5경기 5⅓이닝 소화가 전부다. 하지만 마이너리그에선 통산 10시즌 동안 183경기에서 45승 59패를 기록했다. 빅리그와 마이너 경계를 오가는 소위 AAAA급 선수라는 평가다.

프랑코의 강점은 빠른 직구다. 최고 구속 155km의 묵직한 직구를 갖췄고 체인지업과 슬라이더, 투심 등을 활용한다. 속구형 파워 피처로 국내 타자들과 힘 대결에서는 충분히 우위를 점할 수 있는 선수로 꼽힌다. 흔히 빅리그로 진출하지 못하는 마이너리그 상위권 투수가 지적받는 제구력이나 멘탈 문제에서도 프랑코는 안정적이라는 평가를 받는다. 결국 국내 적응이 관건이다. 지난해 코로나19 여파로 마이너리그가 열리지 않아 실전 공백이 길었다. 다른 팀 외국인 선수들과 달리 비자 문제가 비교적 빠르게 해결되면서 스프링캠프 초반 선수단 합류가 이뤄졌다. 오랜 실전 공백을 두 달간의 준비로 얼마나 채울 수 있느냐가 올 시즌 프랑코의 성패를 가를 중요한 요소로 지적된다. 가장 첫 과제는 직구 스피드를 얼마나 빠른 시간 안에 끌어 올리느냐가 될 것이다. 구종 추가도 프랑코가 올해 롱런을 위해 풀어야 할 숙제다. 체인지업을 제외하면 느린 변화구가 없다는 점에서 타자와 승부 수가 제한적일 수밖에 없다. 경기 흐름에 따라 체력부담도 커질 수 있는 유형이다. 롯데 마운드에 포크볼, 커브볼을 잘 활용하는 국내 투수가 많다는 점, 또 다른 외국인 투수로 2년 차 시즌에 접어드는 댄 스트레일리의 존재는 프랑코의 안착에 도움을 줄 요소로 꼽힌다.

# 13
# 안치홍

**내야수(우투우타)**

| | | | |
|---|---|---|---|
| 생년월일 | 1990년 7월 2일 | 신장/체중 | 178cm/97kg |
| 학력 | 구지초(구리리틀)-대치중-서울고 | | |
| 연봉(2021) | 2억9000만 원 | | |
| 지명순위 | 2009 KIA 2차 1라운드 1순위 | | |
| 입단년도 | 2009 KIA | | |

아쉬움을 생각할 겨를이 없다. 올 한해 농사가 야구 인생을 가르는 척도가 될 수 있다. 롯데 2루수 안치홍의 2021년 현주소다. 안치홍은 지난해 롯데와 2+2년 총액 56억 원 FA계약으로 롯데에 입단했다. FA 첫해 성적은 타율 0.286, 118안타(8홈런) 54타점, 출루율 0.351, 장타율 0.413이다. 지표상으로는 나쁘지 않아 보이지만 타격은 기복이 있었고 기대했던 수비에서는 부진을 떨치지 못한 게 아쉽다. 시즌 후반기엔 백업 자원으로 분류됐던 오윤석에게 주전 자리를 내주고 벤치를 지키는 시간이 길어지기도 했다. FA 계약의 무게감을 고려하면 안치홍의 첫해 성적에 성공이라는 수식어를 붙이긴 어려운 게 사실이다. 지난해 안치홍은 새로운 팀에서의 적응과 컨디션 관리 등 여러 문제와 싸웠다. 2할대 후반 타율을 유지하기는 했지만 몰아치기와 무안타 사이클이 반복되는 등 좀처럼 감을 찾지 못했다. 허문회 감독은 체력적 부담이 큰 2루 수비와 하위 타선 응집력 강화를 위해 안치홍을 하위 타순에 배치하는 쪽을 택했지만 공수 모두 해답이 되진 않았다.

타격 면에선 여전히 안치홍이 롯데 타선의 한 축을 이뤄줄 것이란 기대가 크다. 콘택트 능력뿐 아니라 장타 생산력도 꾸준히 보여줬던 과거 활약을 돌아보면 하위뿐 아니라 상위 타선에서 활용도 충분하다. 팀 적응, 체력 관리 이슈가 사라진 올해 이런 타격 재능은 좀 더 빛을 발할 것으로 기대된다. 2루 수비도 한층 안정감을 찾을 것으로 보인다. 시즌 초중반까지 풀타임 출전을 반복하며 체력 부담이 커진 게 사실이었다. 후반기 맹활약한 오윤석의 등장으로 올해는 플래툰 기용이 가능해졌다. 출전 시간 분배가 제대로 이뤄지고 부상을 피한다면 안치홍이 보다 안정감 있는 2루수 수비를 보여줄 것으로 전망된다. 지난해 다시 살아난 도루 능력은 롯데의 히든카드 역할을 할 전망이다. KIA 시절 중반 이후엔 타격에 집중하는 모습을 보였으나 롯데에선 다시 뛰는 야구에 시동을 걸었다. 작전에 큰 비중을 두는 롯데 벤치의 구상에서 운동 능력이 좋은 안치홍은 큰 비중을 차지할 것이다.

### 2020 시즌 & 통산 성적

| 연도 | 경기 | 타석 | 타수 | 안타 | 2루타 | 3루타 | 홈런 | 타점 | 도루 | 도실 | 볼넷 | 사구 | 삼진 | 타율 | 장타율 | 출루율 | OPS |
|---|---|---|---|---|---|---|---|---|---|---|---|---|---|---|---|---|---|
| 2020 | 124 | 460 | 412 | 118 | 28 | 0 | 8 | 54 | 14 | 3 | 35 | 7 | 47 | 0.286 | 0.413 | 0.351 | 0.764 |
| 통산 | 1,248 | 4,911 | 4,338 | 1,294 | 247 | 19 | 108 | 640 | 120 | 30 | 400 | 52 | 686 | 0.298 | 0.439 | 0.361 | 0.800 |

### 2020 시즌 홈 / 원정 성적

| | 경기 | 타석 | 타수 | 안타 | 2루타 | 3루타 | 홈런 | 타점 | 도루 | 도실 | 볼넷 | 사구 | 삼진 | 타율 | 장타율 | 출루율 | OPS |
|---|---|---|---|---|---|---|---|---|---|---|---|---|---|---|---|---|---|
| 홈 | 64 | 231 | 208 | 71 | 20 | 0 | 5 | 31 | 9 | 2 | 18 | 3 | 25 | 0.341 | 0.510 | 0.402 | 0.912 |
| 원정 | 60 | 229 | 204 | 47 | 8 | 0 | 3 | 23 | 5 | 1 | 17 | 4 | 22 | 0.230 | 0.314 | 0.300 | 0.614 |

### 2020 시즌 상황별 기록

| 상황 | 타석 | 안타 | 홈런 | 타점 | 볼넷 | 삼진 | 타율 |
|---|---|---|---|---|---|---|---|
| vs 좌 | 79 | 24 | 1 | 11 | 5 | 2 | 0.329 |
| vs 우 | 321 | 81 | 5 | 40 | 27 | 34 | 0.283 |
| vs 언더 | 60 | 13 | 1 | 4 | 3 | 7 | 0.245 |
| 주자있음 | 247 | 61 | 2 | 48 | 22 | 22 | 0.285 |
| 주자없음 | 213 | 57 | 6 | 6 | 13 | 25 | 0.288 |
| 득점권 | 153 | 36 | 1 | 45 | 18 | 15 | 0.288 |
| 만루 | 20 | 6 | 1 | 17 | 2 | 2 | 0.353 |

### 2020 시즌 상대팀 별 기록

| 구분 | 타석 | 홈런 | 볼넷 | 삼진 | 타율 | 출루율 | 장타율 | OPS |
|---|---|---|---|---|---|---|---|---|
| KIA | 41 | 1 | 3 | 8 | 0.162 | 0.220 | 0.270 | 0.490 |
| KT | 54 | 1 | 4 | 6 | 0.122 | 0.189 | 0.184 | 0.373 |
| LG | 32 | 0 | 1 | 2 | | | | |
| NC | 52 | 0 | 1 | 5 | 0.319 | 0.373 | 0.489 | 0.862 |
| SK | 62 | 2 | 5 | 5 | 0.309 | 0.377 | 0.455 | 0.832 |
| 키움 | 55 | 0 | 10 | 7 | 0.356 | 0.473 | 0.467 | 0.940 |
| 두산 | 63 | 0 | 6 | 4 | 0.300 | 0.333 | 0.400 | 0.733 |
| 삼성 | 47 | 2 | 4 | 6 | 0.419 | 0.468 | 0.651 | 1.119 |
| 한화 | 54 | 2 | 3 | 6 | 0.229 | 0.283 | 0.354 | 0.637 |

### 그라운드 구역별 피안타 방향

| 구분 | 타석 | 안타 | 홈런 | 타점 | 볼넷 | 삼진 | 타율 |
|---|---|---|---|---|---|---|---|
| 0-0 | 44 | 8 | 0 | 1 | 2 | 0 | 0.200 |
| 0-1 | 52 | 14 | 0 | 7 | 0 | 0 | 0.269 |
| 0-2 | 36 | 5 | 0 | 0 | 0 | 9 | 0.200 |
| 1-0 | 37 | 12 | 1 | 8 | 0 | 0 | 0.364 |
| 1-1 | 47 | 21 | 3 | 8 | 0 | 0 | 0.477 |
| 1-2 | 74 | 18 | 1 | 5 | 0 | 24 | 0.243 |
| 2-0 | 14 | 4 | 0 | 2 | 0 | 0 | 0.231 |
| 2-1 | 30 | 10 | 1 | 7 | 0 | 4 | 0.345 |
| 2-2 | 41 | 8 | 0 | 4 | 0 | 9 | 0.205 |
| 3-0 | 11 | 0 | 0 | 0 | 11 | 0 | - |
| 3-1 | 20 | 9 | 0 | 5 | 14 | 0 | 0.500 |
| 3-2 | 51 | 13 | 1 | 7 | | | |

### 2020 시즌 수비 성적

| 구분 | 수비이닝 | 실책 | 수비율 |
|---|---|---|---|
| 1B | 6.1 | 0 | 1.000 |
| 2B | 914.0 | 14 | 0.972 |

### 2020 시즌 핫 & 콜드존

**VS좌투**

| - | 0.000 0/3 | 0.500 1/2 | - | - |
|---|---|---|---|---|
| 0.000 0/7 | 0.333 1/3 | 0.000 0/2 | 0.000 0/2 | - |
| 1.000 2/2 | 0.625 5/8 | 0.444 4/9 | 0.167 1/6 | - |
| 0.000 0/3 | 0.286 2/7 | 0.500 6/12 | 0.250 1/4 | - |
| 1.000 1/1 | - | 0.000 0/2 | - | - |

**VS우투**

| 0.000 0/5 | 0.100 1/10 | 0.267 4/15 | 0.364 4/11 | 0.000 0/2 |
|---|---|---|---|---|
| 0.364 4/11 | 0.333 7/21 | 0.393 11/28 | 0.360 9/25 | 0.000 0/3 |
| 0.320 8/25 | 0.357 10/28 | 0.313 10/32 | 0.158 3/19 | 0.143 1/7 |
| 0.200 2/10 | 0.269 7/26 | 0.240 6/25 | 0.167 2/12 | 0.000 0/0 |
| 0.000 0/5 | 0.000 0/10 | 0.714 5/7 | 0.000 0/0 | 0.000 0/1 |

# PLAYERS

## 6
# 딕슨 마차도

**내야수(우투우타)**

| | | | |
|---|---|---|---|
| 생년월일 | 1992년 2월 22일 | 신장/체중 | 185cm/91kg |
| 국적 | 베네수엘라 | | |
| 연봉(2021) | 65만 달러 | | |
| 지명순위 | - | | |
| 입단년도 | 2020 롯데 | | |

마차도는 지난해 롯데가 거둔 최대 수확 중 하나로 꼽힌다. 수비형 외국인 선수에 대한 세간의 우려를 불식시키는 엄청난 수비력으로 한 시즌 만에 롯데 역사상 최고의 유격수 반열에 올랐다. 마차도는 지난해 메이저리그급 수비가 무엇인지를 확실하게 각인했다. 빠른 발과 타구 판단 및 핸들링, 송구 등 완벽한 수비 능력을 자랑했다. 중견수 방면이나 2~3루 간으로 흘러가는 타구를 잇달아 걷어내는 동작은 신기에 가까울 정도였다. 올해도 마차도는 롯데의 대체 불가 유격수다.

2년 차에 접어드는 마차도의 과제는 역시 방망이다. 체력 부담이 큰 유격수 포지션의 특성을 고려하더라도 2할대 후반의 타율과 4할대 초반 장타율은 외국인 타자 기대치에 미치지 못하는 게 사실이다. 12개의 홈런에서 드러나듯 마차도가 언제든 장타를 뽑아낼 능력을 갖췄다는 점은 상대 투수의 공이 어느 정도 눈에 익은 올 시즌의 활약을 더욱 기대케 만드는 요소다. 올 시즌에도 마차도는 전 경기 출전을 목표로 삼는다. 지난해 허문회 감독이 체력 관리 차원에서 마차도의 플래툰을 구상하기도 했지만 "더 뛸 수 있다"라며 출전 의욕을 드러냈다. 후반기 들어 체력 부담이 가중되면서 실책이 늘어난 게 옥에 티다. KBO리그 첫해 경험을 토대로 올 시즌 체력 관리 향상을 꾀한다. 체력이 뒷받침된다면 공수뿐 아니라 주루플레이도 한층 빛을 발할 것으로 기대된다.

가족의 존재도 올 시즌 마차도의 활약을 기대케 한다. 지난해 중반 아내와 아들, 딸이 한국을 찾은 뒤 심적으로 크게 안정을 찾으면서 타격 반등을 이뤘다. 마차도는 올 시즌엔 아예 가족과 함께 입국해 부산 생활을 하면서 스프링캠프를 준비해왔다. 가족과 함께하는 한국 생활로 찾은 심적 안정과 KBO리그에서 1년을 보내면서 쌓은 경험은 올해 마차도가 코리안드림을 완성시키는 힘이 될 것이다.

### 2020 시즌 & 통산 성적

| 연도 | 경기 | 타석 | 타수 | 안타 | 2루타 | 3루타 | 홈런 | 타점 | 도루 | 도실 | 볼넷 | 사구 | 삼진 | 타율 | 장타율 | 출루율 | OPS |
|---|---|---|---|---|---|---|---|---|---|---|---|---|---|---|---|---|---|
| 2020 | 144 | 560 | 486 | 136 | 31 | 1 | 12 | 67 | 15 | 1 | 54 | 8 | 60 | 0.280 | 0.422 | 0.356 | 0.778 |
| 통산 | 144 | 560 | 486 | 136 | 31 | 1 | 12 | 67 | 15 | 1 | 54 | 8 | 60 | 0.280 | 0.422 | 0.356 | 0.778 |

### 2020 시즌 홈 / 원정 성적

| | 경기 | 타석 | 타수 | 안타 | 2루타 | 3루타 | 홈런 | 타점 | 도루 | 도실 | 볼넷 | 사구 | 삼진 | 타율 | 장타율 | 출루율 | OPS |
|---|---|---|---|---|---|---|---|---|---|---|---|---|---|---|---|---|---|
| 홈 | 72 | 275 | 242 | 72 | 24 | 1 | 8 | 44 | 6 | 0 | 24 | 4 | 34 | 0.298 | 0.504 | 0.364 | 0.868 |
| 원정 | 72 | 285 | 244 | 64 | 7 | 0 | 4 | 23 | 9 | 1 | 30 | 4 | 26 | 0.262 | 0.340 | 0.349 | 0.689 |

### 2020 시즌 상황별 기록

| 상황 | 타석 | 안타 | 홈런 | 타점 | 볼넷 | 삼진 | 타율 |
|---|---|---|---|---|---|---|---|
| vs좌 | 90 | 17 | 1 | 7 | 10 | 11 | 0.224 |
| vs우 | 400 | 107 | 11 | 54 | 37 | 40 | 0.304 |
| vs언더 | 70 | 12 | 0 | 4 | 7 | 10 | 0.207 |
| 주자있음 | 269 | 62 | 4 | 59 | 31 | 29 | 0.278 |
| 주자없음 | 291 | 74 | 8 | 8 | 23 | 31 | 0.281 |
| 득점권 | 156 | 34 | 2 | 53 | 23 | 14 | 0.281 |
| 만루 | 24 | 3 | 0 | 14 | 1 | 4 | 0.176 |

### 2020 시즌 상대팀 별 기록

| 구분 | 타석 | 홈런 | 볼넷 | 삼진 | 타율 | 출루율 | 장타율 | OPS |
|---|---|---|---|---|---|---|---|---|
| KIA | 59 | 1 | 3 | 12 | 0.173 | 0.241 | 0.288 | 0.529 |
| KT | 62 | 1 | 5 | 7 | 0.321 | 0.410 | 0.434 | 0.844 |
| LG | 65 | 1 | 5 | 5 | 0.288 | 0.354 | 0.424 | 0.778 |
| NC | 58 | 2 | 5 | 6 | 0.204 | 0.298 | 0.367 | 0.665 |
| SK | 65 | 4 | 7 | 4 | 0.346 | 0.426 | 0.577 | 1.003 |
| 키움 | 64 | 1 | 6 | 3 | 0.373 | 0.422 | 0.525 | 0.947 |
| 두산 | 65 | 1 | 8 | 5 | 0.207 | 0.250 | 0.310 | 0.560 |
| 삼성 | 57 | 0 | 11 | 9 | 0.244 | 0.386 | 0.311 | 0.697 |
| 한화 | 69 | 2 | 8 | 5 | 0.339 | 0.406 | 0.525 | 0.931 |

### 그라운드 구역별 피안타 방향

| 구분 | 타석 | 안타 | 홈런 | 타점 | 볼넷 | 삼진 | 타율 |
|---|---|---|---|---|---|---|---|
| 0-0 | 70 | 21 | 1 | 14 | 2 | 0 | 0.323 |
| 0-1 | 41 | 14 | 0 | 5 | 0 | 0 | 0.359 |
| 0-2 | 38 | 9 | 1 | 3 | 0 | 10 | 0.257 |
| 1-0 | 64 | 19 | 2 | 3 | 16 | 0 | 0.317 |
| 1-1 | 40 | 14 | 1 | 9 | 0 | 0 | 0.378 |
| 1-2 | 78 | 18 | 0 | 4 | 0 | 20 | 0.234 |
| 2-0 | 21 | 8 | 4 | 5 | 11 | 0 | 0.400 |
| 2-1 | 28 | 10 | 1 | 7 | 6 | 0 | 0.357 |
| 2-2 | 63 | 9 | 2 | 9 | 2 | 17 | 0.145 |
| 3-0 | 14 | 1 | 0 | 0 | 13 | 0 | 1.000 |
| 3-1 | 35 | 2 | 0 | 3 | 19 | 0 | 0.125 |
| 3-2 | 68 | 11 | 2 | 3 | 20 | 13 | 0.239 |

### 2020 시즌 수비 성적

| 구분 | 수비이닝 | 실책 | 수비율 |
|---|---|---|---|
| SS | 1180.0 | 10 | 0.984 |

### 2020 시즌 핫 & 콜드존

**VS좌투**

| 0.000 0/1 | 0.000 0/3 | 0.200 1/5 | 0.000 0/1 | - 0/0 |
|---|---|---|---|---|
| 0.500 2/4 | 0.667 2/3 | 0.333 1/3 | 0.667 2/3 | - 0/0 |
| 0.200 1/5 | 0.182 2/11 | 0.200 1/5 | 0.000 0/2 | - 0/0 |
| 0.000 0/5 | 0.200 2/10 | 0.500 3/6 | 0.000 0/3 | 0.000 0/1 |
| - 0/0 | 0.000 0/1 | 0.000 0/2 | 0.000 0/2 | - 0/0 |

**VS우투**

| 0.667 2/3 | 0.222 2/9 | 0.278 5/18 | 0.375 3/8 | 0.000 0/2 |
|---|---|---|---|---|
| 0.462 6/13 | 0.323 10/31 | 0.303 10/33 | 0.385 5/13 | 0.200 2/10 |
| 0.143 4/28 | 0.300 12/40 | 0.434 23/53 | 0.286 6/21 | 0.286 2/7 |
| 0.176 3/17 | 0.281 9/32 | 0.241 7/29 | 0.368 7/19 | 0.500 1/2 |
| 0.000 0/5 | 0.000 0/7 | 0.000 0/7 | 0.000 0/2 | - 0/0 |

### 외야수(우투우타)
## 3 민병헌

민병헌은 올 시즌 야구 인생의 기로에 놓여 있다. 오랜 기간 참고 뛰었던 질병으로 수술대에 올랐다. 복귀 시기를 장담할 수 없는 가운데 모두가 민병헌의 빠른 쾌유를 기원한다. 지난해 민병헌은 타율 0.233, 72안타 2홈런 23타점, 출루율 0.291, 장타율 0.291에 그쳤다. 본격적인 1군 주전 생활을 한 이래 최악의 성적에 그쳤다. 뇌동맥류로 인한 통증을 참고 뛰었지만 외부에 이런 사실이 알려지는 것을 철저히 숨겼다. 자신의 병이 부진에 대한 변명거리로 들리는 것을 경계했다. 두산 시절부터 강한 승부욕을 드러냈던 그를 알기에 동료들도 침묵 속에 응원을 보낼 뿐이었다. 수술을 성공적으로 마친 민병헌은 재활에 신경을 쏟는다. 예상보다 회복 속도가 빠른 편이지만 순간적인 힘을 써야 하는 특성상 완벽하게 그라운드에 나서기까지 시간이 좀 걸릴 전망이다. 리드오프와 중심 타자, 센터라인의 중심인 중견수 수비까지 활용도가 큰 민병헌의 복귀는 롯데가 5강으로 가는 마지막 퍼즐이 될 것으로 보인다.

| 생년월일 | 1987년 3월 10일 | 연봉(2021) | 5억 원 |
|---|---|---|---|
| 신장/체중 | 178cm/87kg | 지명순위 | 2006 두산 2차 2라운드 14순위 |
| 학력 | 화곡초-잠신중-덕수고 | 입단년도 | 2006 두산 |

### 포수(우투좌타)
## 44 김준태

김준태는 지난해 피 말리는 포수 경쟁을 뚫고 최후의 승자로 자리 잡았다. 사실 시즌 개막 전까지 그가 주전 자리를 꿰찰 것으로 본 이는 없었다. 불안한 포구와 수비력 탓에 큰 주목을 받지 못한 채 '좌타 포수'라는 타이틀만이 붙었을 뿐이다. 시즌 개막 엔트리에 정보근과 나란히 이름을 올리더니 후반기부터는 정보근을 밀어내고 주전 자리를 차지하면서 경쟁을 승리로 마쳤다. 타격 면에서 인상적이진 않다. 장타력은 갖췄지만 정교한 콘택트까지 갖추진 못했다. 하지만 뛰어난 선구안을 갖춰 상대 투수에겐 피곤한 유형으로 꼽힌다. 수비에선 그동안 불안 요소로 지적됐던 포구나 블로킹에서 안정감을 찾으며 발전된 모습을 보여줬다. 도루저지율은 0.158로 리그 하위권으로 분류된다. 올 시즌 김준태는 지시완과 주전 포수 경쟁을 펼칠 것으로 보인다. 지난해 한 시즌 간 롯데 안방을 맡아 투수들과 호흡을 맞추고 수비 발전을 이룬 점이 김준태의 경쟁 우위로 꼽힌다.

| 생년월일 | 1994년 7월 31일 | 연봉(2021) | 6500만 원 |
|---|---|---|---|
| 신장/체중 | 175cm/91kg | 지명순위 | 2012 롯데 육성선수 |
| 학력 | 양정초-개성중-경남고-(영남사이버대) | 입단년도 | 2012 롯데 |

### 포수(우투우타)
## 33 지시완

지난해까지 지성준이라는 이름으로 뛰었던 지시완은 올 시즌 개명을 했다. 잊고 싶었던 2020년의 기억을 훌훌 털어내고 도약하고자 하는 의지를 담았다. 지난해 트레이드로 롯데 유니폼을 입을 당시만 해도 지시완은 롯데의 안방 고민을 해결해줌과 동시에 타선에 큰 힘을 보탤 선수로 꼽혔다. 자체 청백전, 연습경기에서 맹타를 휘두르며 기대감을 키웠지만 개막 엔트리 진입에 실패하며 내리막길을 걸었다. 6월 중순 1군 콜업 후 3경기 출전에 그쳤다. 이후 사생활 문제로 구단으로부터 72경기 출전 정지 징계를 받으면서 허무하게 시즌을 마무리했다. 지시완은 징계 중 김해 상동구장에서 묵묵히 훈련했다. 경기에 출전할 수 없어도 감각을 잊지 않기 위해 굵은 땀을 흘렸다. 지시완은 공격력 면에서 롯데 포수 중 가장 우수하다는 평가를 받는다. 콘택트뿐 아니라 장타 생산력까지 뛰어나다. 수비에서도 강한 어깨가 강점이다. 투수와 호흡, 블로킹 등 수비 안정감을 증명해야 올 시즌 주전 경쟁의 승자로 자리매김할 수 있을 것으로 보인다.

| 생년월일 | 1994년 4월 10일 | 연봉(2021) | 3500만 원 |
|---|---|---|---|
| 신장/체중 | 180cm/92kg | 지명순위 | 2014 한화 육성선수 |
| 학력 | 청주우암초-청주중-청주고 | 입단년도 | 2014 한화 |

# PLAYERS

### 투수(우언우타)
# 39 서준원

데뷔 3년차에 접어드는 서준원은 여전히 선발과 불펜의 경계선에 선다. 지난 두 시즌 간 혼란을 겪었던 팀 마운드 사정도 있었지만 서준원 스스로 자리를 잡지 못했던 부분이 있었다. 서준원은 롯데에 흔치 않은 사이드암 투수라는 희소성이 있다. 유연한 투구 폼에서 나오는 150㎞ 이상의 빠른 직구는 여전히 위력적이다. 여전히 변화구를 다듬어야 한다는 숙제가 있다. 허문회 감독은 지난해 서준원의 투구 이닝을 관리하면서 올 시즌 중용하겠다는 뜻을 우회적으로 드러냈다. 주전 자리가 보장된 것은 아니다. 선발진에는 이승헌이라는 새로운 경쟁자가 나타났다. 서준원은 이승헌과 5선발 경쟁 내지 로테이션 역할을 맡을 가능성이 유력하다. 데뷔 첫 시즌 서준원은 과감한 투구로 타자들과 승부에서 유리한 고지를 점하는 모습을 보였다. 제구력이라는 숙제를 풀지 못했다. 올 시즌 주전 경쟁의 포인트는 제구력 회복과 이를 통한 과감한 승부수다.

| 생년월일 | 2000년 11월 5일 | 연봉(2021) | 8500만 원 |
|---|---|---|---|
| 신장/체중 | 187cm/95kg | 지명순위 | 2019 롯데 1차 |
| 학력 | 신금초(부산북구리틀)-개성중-경남고 | 입단년도 | 2019 롯데 |

### 투수(우투우타)
# 38 노경은

지난해 성공적으로 롯데 마운드에 복귀한 노경은은 올 시즌에도 선발 로테이션을 채울 유력 주자로 꼽힌다. 지난해 5승 10패, 평균자책점 4.87로 개인 성적 면에선 만족할 만한 성과를 내지 못했지만 긴 이닝 소화 능력과 변화구 제구를 활용한 안정적 투구는 여전히 강점으로 꼽힌다. 노경은은 강속구나 현란한 변화구를 던지는 화려한 유형이 아니다. 경기 상황에 따라 완급을 조절해 타자들과 노림수를 잘 읽어내는 관록을 자랑한다. 지난해엔 너클볼을 새롭게 장착하면서 위력적인 투구를 펼쳤다. 140㎞ 초반 직구보다는 커브와 슬라이더로 스트라이크 존을 집중적으로 공략하다가 결정구로 던지는 너클볼의 위력은 상당한 편이었다. 올해도 주무기는 너클볼에 맞춰질 것으로 보인다. 예년에 비해 풍부해진 롯데 선발진 상황을 보면 노경은은 서준원, 이승헌과 경쟁할 수도 있다. 긴 이닝 소화 능력 등을 고려하면 롱릴리프 보직을 맡을 가능성도 있다. 노경은은 올해 2년 FA 계약이 마무리된다. 절치부심 끝에 롯데로 돌아와 다시 가치를 증명했던 그의 눈빛은 더욱 빛날 수밖에 없다.

| 생년월일 | 1984년 3월 11일 | 연봉(2021) | 2억 원 |
|---|---|---|---|
| 신장/체중 | 186cm/90kg | 지명순위 | 2003 두산 1차 |
| 학력 | 화곡초-성남중-성남고 | 입단년도 | 2003 두산 |

### 외야수(우투우타)
# 9 정훈

잡초 같은 야구 인생을 살았던 정훈에게 2020시즌은 잊지 못할 한 해였다. 주전 자리를 되찾은 것뿐만 아니라 팀의 당당한 리드오프이자 수비 핵심 중 한 명으로 거듭났다. 올 시즌에도 정훈은 5강 진입을 노리는 롯데의 가려운 부분을 긁어줄 선수다. 정훈은 그동안 특이한 스윙폼으로 중장거리 타구를 간간이 만들어낸 타자였다. 지난해엔 최대한 출루에 집중하면서 리드오프 역할 수행에 초점을 맞췄다. 그 결과 5시즌 만에 다시 120안타를 돌파하는 성과를 만들었다. 빠른 발을 갖추진 않았지만 콘택트 능력이 상당하다는 게 '리드오프 정훈'의 가장 큰 매력이다. 수비에선 올 시즌 중요도가 커졌다. 시즌 초반 이탈이 불가피해진 민병헌이 비운 중견수 자리를 채워야 한다. 이대호의 체력 부담 경감 차원에서 1루수 플래툰 자리도 맡아야 하는 시즌이기에 벤치의 활용법이나 체력 관리가 더 중요하게 작용할 것으로 보인다. 허문회 감독 취임 이후 자신만의 루틴을 정립하면서 반등에 성공한 정훈은 올 시즌 주전 굳히기에 도전한다.

| 생년월일 | 1987년 7월 18일 | 연봉(2021) | 1억 원 |
|---|---|---|---|
| 신장/체중 | 180cm/85kg | 지명순위 | 2006 현대 육성선수 |
| 학력 | 양덕초-마산동중-용마고 | 입단년도 | 2006 현대 |

### 투수(우투좌타)
# 47 이승헌

이승헌은 지난해 타구에 머리를 강타당하는 큰 부상을 딛고 복귀해 롯데 마운드의 새로운 희망으로 거듭났다. 8경기 36²⁄₃이닝을 던져 3승 2패, 평균자책점 4.66의 성적을 남겼다. 결과보다 내용 면에서 큰 주목을 받았다. 이승헌의 주무기는 직구다. 196cm의 큰 키에서 최고 150km짜리 직구를 뿌린다. 이전까진 제구 문제가 대두됐지만 지난해 미국 드라이브라인에서 피칭 디자인을 받은 뒤 구위나 제구가 확연히 개선됐다는 평가다. 여기에 수준급 서클체인지업을 구사해 타자들의 타이밍을 잘 빼앗았다는 평가를 받았다. 체인지업과 낙폭이 큰 슬라이더도 강점으로 꼽힌다. 경기 운영 능력이나 변화구 구사는 가다듬어야 한다는 평가도 뒤따른다. 이승헌은 올 시즌 서준원과 선발의 한 자리를 놓고 경쟁한다. 여전히 성장 중인 두 투수인 만큼 로테이션 체제로 선발 역할을 부여받을 수도 있다. 지난해 경험을 바탕으로 이승헌이 완급조절이나 경기 운영 면에서 얼마나 안정적인 모습을 보여주느냐가 선발 롱런으로 가는 첫걸음이 될 것이다.

| | | | |
|---|---|---|---|
| 생년월일 | 1998년 12월 19일 | 연봉(2021) | 4200만 원 |
| 신장/체중 | 196cm/97kg | 지명순위 | 2018 롯데 2차 1라운드 3순위 |
| 학력 | 무학초-마산동중-용마고 | 입단년도 | 2018 롯데 |

### 투수(우투우타)
# 40 박진형

선발진에 비해 약하다는 평가를 받는 롯데 불펜에서 박진형은 구승민과 함께 필승조 역할을 맡아줘야 할 선수다. 지난해 17홀드를 기록하면서 기대에 걸맞은 활약을 펼치긴 했지만 후반기 체력 저하에 이은 부진은 아쉬움으로 남았다. 박진형의 강점은 최고 147km 직구와 낙폭이 좋은 포크볼이다. 슬라이더와 커브도 갖추고 있지만 기본적인 투구 레퍼토리는 직구와 포크볼이다. 지난 시즌부터 슬라이더 구사율이 올라가면서 효과를 보기도 했다. 올 시즌에도 박진형에게는 체력 유지가 관건이다. 지난해 초반에는 뛰어난 구위를 앞세워 마운드에 큰 힘이 됐지만 갈수록 힘이 떨어지면서 결국 후배 최준용에게 필승조 자리를 넘겨줬다. 초반의 잦은 등판이 결국 무리가 됐다는 평가도 있다. 박진형 스스로 자리를 잡기 위해선 극복해야 할 문제다. 박진형은 올해 스프링캠프에서 일찌감치 투구를 시작하면서 감각을 끌어 올리는 데 집중 중이다. 풀타임 시즌을 버텨줄 체력을 완성한다면 롯데 필승조 구성은 한층 더 탄탄해질 것으로 보인다.

| | | | |
|---|---|---|---|
| 생년월일 | 1994년 6월 10일 | 연봉(2021) | 1억2000만 원 |
| 신장/체중 | 181cm/77kg | 지명순위 | 2013 롯데 2라운드 13순위 |
| 학력 | 영랑초-경포중-강릉고 | 입단년도 | 2013 롯데 |

### 투수(우투우타)
# 22 구승민

롯데 불펜에서 마무리 김원중에 이어 가장 자신 있게 내놓을 수 있는 필승 카드다. 팔꿈치 뼛조각제거 수술에서 회복한 지난해 57경기 60¹⁄₃이닝을 던져 5승 2패 20홀드, 평균자책점 3.58의 커리어하이 시즌을 보내며 기대감은 한층 높아졌다. 지난해 풀타임 시즌을 보내면서 구승민은 한층 공격적인 투구 스타일을 정립했다. 이전까진 마운드 위에서 다소 여린 모습을 보인다는 평가도 받았지만 140km 후반대 직구를 바탕으로 과감하게 타자와 승부하면서 돌파구를 찾았다. 직구 외에 슬라이더, 스플리터를 활용한 스플릿을 레퍼토리로 활용한다. 커브 구사율은 높지 않은 편이다. 김원중에 앞서 셋업맨 역할을 해온 구승민의 위치는 올해도 변함이 없을 것으로 보인다. 현재 롯데 마운드에서 후반부 접전 1이닝을 믿고 맡길 수 있는 최고의 투수다. 관건은 체력 관리. 본격적으로 필승조에 합류한 뒤 시즌 후반부로 갈수록 체력이 떨어지면서 구위도 하락하는 모습을 보여 결국 완벽하게 시즌 마무리에 실패했다. 등판 수가 늘어날 수밖에 없는 올 시즌 체력 관리에 의해 성패가 갈릴 것으로 보인다. 결국 꾸준한 체력 관리와 직구에 치중해 있는 투구 레퍼토리를 다양하게 가져가는 노력이 좀 더 필요하다.

| | | | |
|---|---|---|---|
| 생년월일 | 1990년 6월 12일 | 연봉(2021) | 1억5000만 원 |
| 신장/체중 | 181cm/80kg | 지명순위 | 2013 롯데 6라운드 52순위 |
| 학력 | 동일초(도봉구리틀)-청원중-청원고-홍익대 | 입단년도 | 2013 롯데 |

# PLAYERS

### 투수(우언우타)
## 15 오현택

최근 두 시즌 간 활약을 보여주지 못했다. 2018년 홀드왕(25) 타이틀을 차지한 이후 두 시즌 동안 1, 2군을 오가면서 자리를 잡지 못했다. 급증한 이닝으로 인한 피로 누적이 부진으로 연결됐다. 지난해 출전 경기 수와 이닝을 늘리면서 부활을 알렸다. 하지만 2018년 당시와 같은 필승조보다 추격조 임무에 초점이 맞춰졌다. 올해도 비슷한 출발선에서 새 시즌을 맞이할 공산이 크다. 사이드암인 오현택은 140㎞ 직구와 투심, 슬라이더를 주로 활용한다. 구속 자체가 빠른 편은 아니지만 세 구종 모두 휘는 각이 크다는 평가다. 우타자에겐 몸쪽으로 파고드는 승부를 펼칠 수 있다는 점에서 위력적이고 좌타자에게도 바깥쪽에서 크게 휘어져 들어오는 공이기 때문에 공략이 까다로운 유형의 투수다. 쉽게 흔들리지 않는 멘탈과 노련함도 강점으로 꼽힌다. 지난해에는 꾸준함과 거리가 있었다. 일정치 않은 등판 간격 문제, 등판 상황의 영향도 컸지만 가장 좋았던 2018시즌 구위와 거리를 보이면서 결국 중요한 역할을 맡진 못했다. 허문회 감독이 강조하는 루틴 정립을 통해 풀타임 시즌을 책임질 수 있는 구위를 유지하고 제구 기복을 줄인다면 올해 롯데 마운드에서 중요한 역할을 해줄 것으로 기대해 볼 만한 투수다.

| 생년월일 | 1985년 7월 17일 | 연봉(2021) | 7500만 원 |
|---|---|---|---|
| 신장/체중 | 180cm/73kg | 지명순위 | 2008 두산 육성선수 |
| 학력 | 서울이수초-서울이수중-장충고-원광대 | 입단년도 | 2008 두산 |

### 투수(우투우타)
## 42 김건국

활용도가 높은 투수다. 불펜에서 짧은 이닝뿐 아니라 롱릴리프, 대체 선발까지 맡을 수 있다. 2018시즌부터 본격적으로 상승세를 타기 시작해 지난해에는 어엿한 롯데 불펜의 한 축으로 자리를 잡았다. 하지만 앞선 시즌을 돌아보면 자신만의 자리를 정립하진 못했다. 팀 사정에 따라 등판하면서 풀타임 보직을 맡지 못한 영향도 있지만 스스로 구위를 증명하지 못한 탓도 있었다. 따라서 올해는 자신의 자리를 찾는 게 최대 목표다. 140㎞ 중반대의 직구와 슬라이더, 커브, 스플리터가 주무기다. 슬라이더와 스플리터 구속이 직구와 큰 차이를 보이지 않고 각도가 큰 커브를 활용해 탈삼진도 준수하게 뽑아내는 유형이다. 지난해 롯데 불펜이 강조한 타자와 빠른 승부를 잘 실천하는 것도 강점으로 여겨진다. 뒤늦게 빛을 본 탓에 동년배 투수들에 비해 싱싱한 어깨를 가졌다는 점도 김건국의 롱런을 기대해 볼 수 있는 부분이다. 롯데는 불펜 자원의 양에 비해 롱릴리프 역할을 맡을 선수는 부족하다는 평가를 받는다. 서준원이 불펜으로 전환할 수도 있지만 현재는 김건국이 롱릴리프 역할의 중심을 맡아야 한다. 꾸준하게 상승세를 타고 있는 투수라는 점에서 올 시즌의 활약 역시 기대감을 가져볼 만하다.

| 생년월일 | 1988년 2월 2일 | 연봉(2021) | 6000만 원 |
|---|---|---|---|
| 신장/체중 | 179cm/85kg | 지명순위 | 2006 두산 2차 1라운드 6순위 |
| 학력 | 한서초(서부리틀)-청량중-덕수정보고 | 입단년도 | 2006 두산 |

### 투수(우투우타)
## 56 최준용

최준용은 기대에 비해 빠른 성장세를 보이면서 프로 데뷔 시즌부터 주전 기회를 잡았다. 후반기 롯데 불펜에 합류해 체력 부담 속에 부진했던 박진형의 빈자리를 훌륭하게 메우는 모습을 선보였다. 젊은 투수지만 다양한 구종을 갖추고 있다는 게 매력 포인트다. 직구를 비롯해 슬라이더, 커브, 체인지업, 스플리터 등 여러 가지 레퍼토리로 타자를 상대할 수 있다. 직구와 슬라이더 비중이 높지만 체인지업과 스플리터도 130㎞ 중반을 형성해 활용도가 높은 편이다. 140㎞ 중반의 회전수가 좋은 묵직한 직구도 강점으로 꼽힌다. 올 시즌을 앞두고 최준용은 스플리터 비중을 줄이고 커터와 체인지업 다듬기에 공을 들일 계획이다. 이런 준비가 잘 이뤄진다면 최준용은 지난해처럼 롯데 불펜의 한 축을 담당할 뿐만 아니라 박진형, 구승민과 함께 필승조 요원으로 활약도 기대해 볼 만하다. 지난해 경험을 실전에서 어떻게 풀어낼지가 관건이다. 발전 가능성이 큰 투수라는 점에서 올 시즌 깜짝 성적을 낼 것이라는 기대감도 조심스럽게 품어볼 만하다.

| 생년월일 | 2001년 10월 10일 | 연봉(2021) | 4200만 원 |
|---|---|---|---|
| 신장/체중 | 185cm/85kg | 지명순위 | 2020 롯데 1차 |
| 학력 | 부산수영초-대천중-경남고 | 입단년도 | 2020 롯데 |

## 내야수(우투우타)
### 4 오윤석

지난해부터 육성에 공을 들인 롯데가 만든 히트상품 중 하나였다. 퓨처스에서 갈고닦은 기량을 1군 무대에서 펼쳐 엔트리의 한 자리를 차지했다. 올해도 오윤석은 롯데 백업 자원에서 가장 중요한 선수 중 한 명으로 분류된다. 오윤석은 지난해 출루율을 비약적으로 상승시켰다. 콘택트에 집중하는 타격을 선보인다. 특히 득점권 타율 0.378, 만루시 타율이 0.545까지 치솟는 등 선구안과 집중력이 좋은 타자다. 수비 면에서도 오윤석의 활용도는 높다. 유격수를 제외한 나머지 내야 수비가 모두 가능하다. 올해는 안치홍과 2루 플래툰뿐 아니라 1루 수비도 담당하는 비율이 높아질 것으로 보인다. 다만 볼핸들링이나 송구에서 보완이 이뤄져야 주전 자리 굳히기에 성공할 것으로 보인다. 허문회 감독은 시즌 전 자체 청백전과 연습경기에서 오윤석을 꾸준히 활용하면서 올 시즌 중요한 전력 중 한 명이라는 점을 분명히 했다. 오윤석이 이런 기대치를 충족시키기 위해선 풀타임 시즌 체력과 꾸준하게 컨디션을 유지할 수 있는 준비가 필요하다. 지난해 1군에서 성공 스토리를 쓴 오윤석에게 올 시즌 각오가 남다를 수밖에 없다. 백업 자원들을 대거 정리한 롯데로서도 오윤석의 꾸준한 활약은 5강행 결정 포인트 중 하나가 될 것이다.

| 생년월일 | 1992년 2월 24일 | 연봉(2021) | 6000만 원 |
|---|---|---|---|
| 신장/체중 | 180cm/87kg | 지명순위 | 2014 롯데 육성선수 |
| 학력 | 화중초-자양중-경기고-연세대 | 입단년도 | 2014 롯데 |

## 내야수(우투좌타)
### 51 나승엽

'슈퍼루키' 나승엽의 활약은 올 시즌 롯데뿐 아니라 KBO리그 팬 모두의 관심사다. 메이저리그의 러브콜까지 받았던 그가 국내 무대에서 과연 어떤 재능을 펼쳐 보일지 눈길이 쏠린다. 나승엽은 고교 시절부터 특급 재능으로 인정을 받았다. 190cm의 큰 키에도 유연한 스윙으로 변화구 대응 능력이 뛰어나고 손목 힘이 좋아 장타 생산도 곧잘 해낸다. 기본적인 스피드가 빠르고 수비에서도 송구 능력이 좋다는 평가를 받는다. 고교 시절 주 포지션은 3루수였지만 롯데에서는 외야수 활용이 점쳐진다. 선배 한동희, 김민수가 경쟁 중인 3루보다 외야수로 경험을 쌓게 하는 것도 나쁘지 않다는 판단. 송구능력이 좋다는 점에서 외야 수비도 무난하게 소화할 것으로 기대된다. 다만 주전을 확보하려면 선배들보다 확실히 좋은 재능을 증명해야 한다. 다소 마른 체구로 파워 면에서 약하다는 인상을 지우는 것도 올 시즌 나승엽의 1군 정착 포인트가 될 것이다. 롯데는 민병헌이 이탈하면서 생긴 중견수 공백을 나승엽 활용으로 채우고자 한다. 허문회 감독은 타격에서 나승엽의 활용 가치를 높게 본다. 기존 중견수 자원으로 분류된 선수들과의 경쟁을 이겨낸다면 개막엔트리 합류 및 1군 데뷔 시점은 좀 더 빨라질 전망이다.

| 생년월일 | 2002년 2월 15일 | 연봉(2021) | 3000만 원 |
|---|---|---|---|
| 신장/체중 | 190cm/82kg | 지명순위 | 2021 롯데 2차 2라운드 1순위 |
| 학력 | 남정초-선린중-덕수고 | 입단년도 | 2021 롯데 |

## 투수(좌투좌타)
### 16 김진욱

초고교급 투수로 주목받았던 김진욱은 올 시즌 유력한 신인왕 후보 중 한 명이다. 일거수일투족에 관심이 쏠리는 투수다. 그동안 위력적 좌완 투수에 목말라 했던 롯데 팬들에게 김진욱의 등장은 반가운 소식이 아닐 수 없다. 김진욱은 고교 시절 147km의 직구와 슬라이더, 커브, 체인지업 등 다양한 공을 구사한다. 고교 최상위권의 제구와 나이답지 않은 경기 운영 능력, 특히 어떤 상황에서도 흔들리지 않는 '강심장'은 김진욱이 롯데를 넘어 KBO리그 정상급 좌완 투수로 성장할 것이라는 기대감을 품게 한다. 김진욱 역시 롯데 1차 지명으로 입단한 최순웅과 마찬가지로 전반기 퓨처스에서 몸을 만들고 후반기에 중용되는 코스를 밟을 전망이다. 고교 시절 많은 이닝을 소화했다는 점에서 컨디션 조절에 도움이 될 것으로 보인다. 롯데는 김진욱을 선발로 활용할 계획을 세웠다. 그동안 부족했던 좌완 선발 문제를 해결하겠다는 의지다. 프로 첫 시험무대가 될 퓨처스에서 어느 정도의 구위를 보여주느냐에 따라 김진욱의 1군 데뷔 시기가 결정될 것이다.

| 생년월일 | 2002년 7월 5일 | 연봉(2021) | 3000만 원 |
|---|---|---|---|
| 신장/체중 | 185cm/90kg | 지명순위 | 2021 롯데 1차 |
| 학력 | 수원신곡초-춘천중-강릉고 | 입단년도 | 2021 롯데 |

# PLAYERS

### 내야수(우투우타)
# 5 김민수

김민수는 지난해 롯데 퓨처스 육성 시스템을 통해 중점적으로 키워진 선수다. 2019년 제대 후 3루수로 가능성을 테스트 받았고 지난해에도 퓨처스에서 출전 시간을 꾸준히 늘려가면서 남부리그 타점왕이라는 유의미한 결과물도 남겼다. 김민수는 지난해 1군 3경기 출전에 그쳤지만 퓨처스에선 71경기 타율 0.302, 9홈런 55타점, 출루율 0.402, 장타율 0.467을 기록했다. 약점으로 지적됐던 타격에서 선구안 향상을 바탕으로 출루율을 끌어올렸다. 파워도 뒤떨어지지 않는다는 점을 증명했다. 수비에서는 좋은 운동신경을 갖춰 성장 가능성도 크게 점쳐진다. 올 시즌 김민수는 한동희와 3루수 자리를 놓고 플래툰을 이룰 것으로 보인다. 지난해 재능을 폭발한 한동희의 그림자가 워낙 크고 벤치 신뢰도 상당하다는 점에서 김민수는 퓨처스에서 증명한 출루 능력과 기동성, 수비에 초점을 맞춰야 할 것으로 보인다. 무엇보다 1군 경쟁에서 살아남을 수 있다는 자신감을 보여주는 게 최대 과제로 꼽힌다.

| 생년월일 | 1998년 3월 18일 | 연봉(2021) | 3200만 원 |
|---|---|---|---|
| 신장/체중 | 182cm/96kg | 지명순위 | 2017 롯데 2차 2라운드 13순위 |
| 학력 | 서화초-동산중-제물포고 | 입단년도 | 2017 롯데 |

### 외야수(우투좌타)
# 1 강로한

강로한은 지난해 내야수에서 외야수로 포지션을 변경했다. KBO리그의 트렌드로 자리 잡은 빠른 발을 갖춘 중견수를 육성하고자 하는 팀의 결정이었다. 기대만큼 1군에서 기회를 부여받지 못했고 퓨처스에서 대부분의 시간을 보내면서 경험 쌓기에 집중했다. 강로한의 강점은 높은 출루율과 빠른 발이다. 지난해 퓨처스 46경기에서 기록한 출루율은 0.409였다. 좋은 손목 힘으로 이따금 장타도 뽑아내지만 선구안 교정을 통해 출루에 집중한 결과 유의미한 기록을 남기는 데 성공했다. 18개의 도루를 성공시켜 빠른 발도 증명했다. 민병헌의 공백으로 시즌 초반 강로한에겐 1군 출전 기회가 자주 부여될 것으로 보인다. 주전 중견수로 분류되는 정훈이 이대호의 지명타자 활용 때 1루를 맡고 강로한이 빈자리를 채우는 그림을 그려볼 만하다. 내야수 시절 좋은 운동 신경에 비해 떨어지는 타석 기여도나 수비 집중력 부재 문제가 지적됐던 강로한이 지난해 포지션 변경과 퓨처스 경험을 통해 얼마나 성장했는지를 증명하는 게 중요하다.

| 생년월일 | 1992년 5월 13일 | 연봉(2021) | 3700만 원 |
|---|---|---|---|
| 신장/체중 | 181cm/78kg | 지명순위 | 2015 롯데 2차 7라운드 66순위 |
| 학력 | 울산삼산초-경남중-부경고-경남대 | 입단년도 | 2015 롯데 |

### 외야수(우투좌타)
# 12 김재유

김재유는 지난해 허문회 감독 체제로 변신한 롯데에서 꾸준히 기회를 부여받아 재능을 증명하는 데 성공했다. 백업으로 주로 활용되면서도 기회가 주어질 때마다 타선-수비에서 기여하면서 이름 석 자를 알렸다. 지난해 김재유가 타석에서 빛을 볼 수 있었던 이유는 선구안 향상에 중점을 뒀던 이전의 노력 때문이었다. 득점권 타율은 좋은 편이지만 클러치 능력이 썩 좋은 편이 아니었다. 지난해엔 출루에 집중하면서 간결한 스윙에 집중해 유의미한 성과를 거뒀다. 다만 좌투수에 0.067에 그친 상대 타율은 김재유의 명백한 약점이다. 김재유는 올 시즌 정훈, 강로한과 함께 롯데 중견수 자리를 책임질 선수 중 한 명으로 꼽힌다. 뇌동맥류 수술로 이탈한 민병헌이 복귀하기 전까지 빈자리를 채워야 하는 롯데의 상황상 김재유의 선발 라인업 포함 경기도 늘어나게 될 전망이다. 좋은 집중력과 빠른 발을 갖추고도 공수에서 2% 부족하다는 평가를 받아온 김재유가 지난해 성과를 바탕으로 성장세를 입증할 수 있을지 주목된다.

| 생년월일 | 1992년 8월 7일 | 연봉(2021) | 4200만 원 |
|---|---|---|---|
| 신장/체중 | 181cm/77kg | 지명순위 | 2015 롯데 육성선수 |
| 학력 | 장산초-경남중-부경고-동의대 | 입단년도 | 2015 롯데 |

### 21 송승준

롯데 마운드의 맏형이자 올 시즌 KBO리그 최고령 투수. 올해 플레잉코치로 현역 마지막 시즌을 치른다. 올 시즌에도 불펜에서 어린 투수들의 스승이자 선배로서 경험 전수에 주력하고 은퇴 경기로 피날레를 장식할 예정이다. 롯데 우승이라는 꿈에 누구보다 간절하다.

| 투수<br>우투우타 | 생년월일 | 1980년 6월 29일 | 연봉(2021) | 5000만 원 |
|---|---|---|---|---|
| | 신장/체중 | 184cm/106kg | 지명순위 | 2007 해외진출선수 특별지명 |
| | 학력 | 하단초-경남중-경남고-(퍼시픽대) | 입단년도 | 2007 롯데 |

### 62 정보근

지난해 김준태와 함께 개막 엔트리에 포함돼 1군 풀타임 시즌을 보냈다. 배포 큰 리드와 안정적인 수비 능력, 프레이밍을 갖춘 수준급 포수다. 올해도 김준태, 지시완과 경쟁한다. 지난해 1할대 타율에 그쳤던 타격 면에서 발전을 이뤄야 주전 경쟁의 승리도 이뤄질 것으로 보인다.

| 포수<br>우투우타 | 생년월일 | 1999년 8월 31일 | 연봉(2021) | 3700만 원 |
|---|---|---|---|---|
| | 신장/체중 | 175cm/88kg | 지명순위 | 2018 롯데 2차 9라운드 83순위 |
| | 학력 | 부산수영초-경남중-경남고 | 입단년도 | 2018 롯데 |

### 41 김대우

지난해 롯데 불펜에서 마당쇠 역할을 하면서 좋은 활약을 펼쳤다. 그동안의 제구 불안을 빠른 공과 공격적인 승부로 돌파하면서 프로 데뷔 이후 가장 좋은 성과를 거뒀다. 올 시즌에도 불펜 추격조 역할이 기대된다. 급격히 늘어난 이닝 수와 체력 문제가 변수로 꼽힌다.

| 투수<br>우투좌타 | 생년월일 | 1984년 7월 26일 | 연봉(2021) | 5000만 원 |
|---|---|---|---|---|
| | 신장/체중 | 189cm/95kg | 지명순위 | 2003 롯데 2차 1라운드 1순위 |
| | 학력 | 광주대성초-무등중-광주제일고 | 입단년도 | 2008 롯데 |

### 48 진명호

2018~2019시즌 불펜에서 인상적인 활약을 펼쳤지만 지난해엔 피로 누적 여파 탓에 부진했다. 시즌 후반기 들어 가능성을 보여주기는 했으나 구속 저하 문제를 끝내 풀지 못했다. 올 시즌에도 불펜에서 추격조 임무를 맡게 될 것으로 보인다. 제구 불안, 구속 저하 문제를 풀어야 한다.

| 투수<br>우투좌타 | 생년월일 | 1989년 3월 20일 | 연봉(2021) | 7500만 원 |
|---|---|---|---|---|
| | 신장/체중 | 192cm/98kg | 지명순위 | 2009 롯데 2차 1라운드 2순위 |
| | 학력 | 진북초-전라중-효천고-(영남사이버대) | 입단년도 | 2009 롯데 |

### 55 김유영

지난해 첫 1군 콜업 당시에 부진했는데 후반기 막판 5경기 4이닝에서 평균자책점 2.35로 가능성을 입증했다. 퓨처스리그에서 꾸준한 이닝 소화와 팔 각도를 조정한 결과 투구 밸런스가 상당히 개선됐다는 평가를 받았다. 경기 운영 능력과 구속 향상이 관건이다.

| 투수<br>좌투좌타 | 생년월일 | 1994년 5월 2일 | 연봉(2021) | 4500만 원 |
|---|---|---|---|---|
| | 신장/체중 | 180cm/80kg | 지명순위 | 2014 롯데 1차 |
| | 학력 | 양정초-개성중-경남고 | 입단년도 | 2014 롯데 |

### 35 이인복

지난해 1군 추격조에서 커리어하이 시즌을 보냈다. 140km 초반 투심이 주무기로 직구, 슬라이더, 커브, 스플리터 등 다양한 구종을 소화할 수 있다. 체력 부담 여파 속에 후반기에 부진했던 지난해 모습에서 얼마나 벗어날 수 있느냐가 올 시즌의 관건이다.

| 투수<br>우투우타 | 생년월일 | 1991년 6월 18일 | 연봉(2021) | 4800만 원 |
|---|---|---|---|---|
| | 신장/체중 | 187cm/94kg | 지명순위 | 2014 롯데 2차 2라운드 20순위 |
| | 학력 | 희망대초-성일중-서울고-연세대 | 입단년도 | 2014 롯데 |

### 43 나균안

포수 시절 보이지 못했던 재능을 투수 전향 뒤 꽃피우고 있다. 지난해 퓨처스리그 15경기 65⅔이닝에서 3승 4패, 평균자책점 3.29의 성적을 기록했다. 올 시즌 1군 투수 데뷔 가능성을 키운다. 구속과 제구 향상을 이뤄야 하지만 빠른 발전세를 보여 '깜짝' 1군 데뷔 가능성도 점쳐진다.

| 투수<br>우투우타 | 생년월일 | 1998년 3월 16일 | 연봉(2021) | 4300만 원 |
|---|---|---|---|---|
| | 신장/체중 | 185cm/99kg | 지명순위 | 2017 롯데 2차 1라운드 3순위 |
| | 학력 | 무학초-창원신월중-용마고 | 입단년도 | 2017 롯데 |

### 2 배성근

롯데가 지난해부터 꾸준히 공들여 키운 선수. 마차도의 유격수 백업으로 거론됐다. 지난해 퓨처스리그 68경기서 타율 0.294, OPS 0.767의 성적을 남겼다. 마차도의 체력 관리 시점에서 1군 기회를 받을 가능성이 크다. 손백수에 비해 떨어지는 장타력과 송구력 향상이 관건으로 꼽힌다.

| 내야수<br>우투우타 | 생년월일 | 1995년 4월 27일 | 연봉(2021) | 3200만 원 |
|---|---|---|---|---|
| | 신장/체중 | 181cm/76kg | 지명순위 | 2014 롯데 2차 4라운드 40순위 |
| | 학력 | 본리초-경상중-울산공고 | 입단년도 | 2014 롯데 |

### 7 이병규

지난해 후반기 1군에 콜업돼 이대호와 1루수 플래툰 및 중심 타선에서 기회를 받았다. 올 시즌에도 1루 백업 기회가 예상된다. 에이징커브에서 자유로울 수 없으나 풍부한 경험과 콘택트 능력은 여전히 롯데 타선에 기여할 수 있는 부분으로 꼽힌다. 부상 관리가 풀타임을 위한 관건.

| 내야수<br>좌투좌타 | 생년월일 | 1983년 10월 9일 | 연봉(2021) | 5500만 원 |
|---|---|---|---|---|
| | 신장/체중 | 178cm/90kg | 지명순위 | 2006 LG 육성선수 |
| | 학력 | 율하초-경상중-경북고-한양대 | 입단년도 | 2006 LG |

### 68 신용수

지난해 배성근, 김민수와 더불어 롯데가 육성에 심혈을 기울였던 선수. 퓨처스리그 64경기에서 타율 0.333, OPS 0.846으로 가능성을 증명했다. 타격, 수비, 주루 모두 평균 이상의 재능을 갖춘 선수로 평가된다. 외야 자원이 풍부한 롯데에서 꾸준함을 증명해야 한다.

| 외야수<br>우투우타 | 생년월일 | 1996년 1월 5일 | 연봉(2021) | 3400만 원 |
|---|---|---|---|---|
| | 신장/체중 | 178cm/78kg | 지명순위 | 2019 롯데 2차 10라운드 98순위 |
| | 학력 | 무학초-마산중-마산고-동의대 | 입단년도 | 2019 롯데 |

### 28 손성빈

신인 드래프트 1차 지명. 타격과 수비 모든 면에서 뛰어난 기량을 갖춘 고교 최대어 포수 타이틀의 소유자. 강민호 이후 프랜차이즈 포수 육성에 목말랐던 롯데의 기대가 크다. 지난해 교육리그에서도 좋은 활약을 펼치며 재능을 인정받았다. 퓨처스리그에서 성장 코스를 밟을 예정이다.

| 포수<br>우투우타 | 생년월일 | 2002년 1월 14일 | 연봉(2021) | 3000만 원 |
|---|---|---|---|---|
| | 신장/체중 | 186cm/92kg | 지명순위 | 2021 롯데 1차 |
| | 학력 | 희망대초-신흥중-장안고 | 입단년도 | 2021 롯데 |

### 69 윤성빈

197cm의 큰 키에 최고 154km 직구, 슬라이더, 스플리터 등 뛰어난 체격과 기량을 갖췄다. 제구 불안을 해결하기 위해 투구 폼 수정 등 다양한 방법을 시도했는데 기대만큼 성과를 내지 못했다. 서준원, 최준용 등 먼저 1군에 자리를 잡은 상황도 윤성빈에겐 아프게 다가온다.

| 투수<br>우투우타 | 생년월일 | 1999년 2월 26일 | 연봉(2021) | 3100만 원 |
|---|---|---|---|---|
| | 신장/체중 | 197cm/90kg | 지명순위 | 2017 롯데 1차 |
| | 학력 | 동일중앙초-경남중-부산고 | 입단년도 | 2017 롯데 |

### 14 정태승

지난해 스프링캠프 최우수투수상 후 1군 등판에서 기대 이하의 성적에 그쳐 고개를 떨궜다. 퓨처스에서 준수한 활약을 펼쳤으나 1군에선 고질인 제구 불안이나 소극적 피칭으로 아쉬움을 남겼다. 팀 내 좌완 부족으로 올 시즌 다시 한 번 기회를 부여받을 것으로 보인다.

| 투수<br>좌투좌타 | 생년월일 | 1988년 3월 17일 | 연봉(2021) | 3200만 원 |
|---|---|---|---|---|
| | 신장/체중 | 178cm/96kg | 지명순위 | 2012 롯데 육성선수 |
| | 학력 | 길동초-춘천중-유신고-성균관대 | 입단년도 | 2012 롯데 |

### 29 한승혁

김유영, 정태승과 함께 롯데 불펜의 좌완 부족 문제를 해결해줄 선수로 꼽힌다. 지난해 퓨처스리그 30경기 28⅓이닝에서 1패 7홀드, 평균자책점 3.81을 기록했고 1군 경기에도 9차례 나섰다. 140km에 못 미치는 직구 구속이 아쉽고 제구 향상도 관건으로 꼽힌다.

| 투수<br>좌투좌타 | 생년월일 | 1996년 5월 20일 | 연봉(2021) | 3400만 원 |
|---|---|---|---|---|
| | 신장/체중 | 189cm/83kg | 지명순위 | 2016 롯데 2차 1라운드 4순위 |
| | 학력 | 순천남산초-순천금당중-효천고 | 입단년도 | 2016 롯데 |

### 66 강동호

지난해 퓨처스리그에서 21경기 36이닝을 던져 1승 3패 2홀드, 평균자책점 5.25를 기록했다. 우완 정통파로 189cm, 118kg의 좋은 체격 조건과 140km 후반대의 빠른 공을 갖췄다. 군 복무를 일찌감치 마쳤다. 1군 정착을 위해선 구위와 제구 면에서 꾸준한 모습을 보여야 한다.

| 투수<br>우투우타 | 생년월일 | 1994년 4월 21일 | 연봉(2021) | 3500만 원 |
|---|---|---|---|---|
| | 신장/체중 | 189cm/118kg | 지명순위 | 2017 롯데 2차 3라운드 23순위 |
| | 학력 | 신원초-영남중-배재고-원광대 | 입단년도 | 2017 롯데 |

### 45 최영환

지난해 퓨처스리그에서 꾸준히 출전한 롯데 투수 중 한 명. 20경기 62⅓이닝 4승 5패 1홀드, 평균자책점 3.75를 기록했다. 140km 초반 직구가 강점이고 커브도 수준급으로 꼽히다 2020시즌 막판 1군에서 기회를 부여 받았다. 제구 문제가 해결돼야 다시 기회를 잡을 수 있다.

| 투수<br>우투우타 | 생년월일 | 1992년 2월 20일 | 연봉(2021) | 3500만 원 |
|---|---|---|---|---|
| | 신장/체중 | 179cm/92kg | 지명순위 | 2014 한화 2차 1라운드 2순위 |
| | 학력 | 감천초-대동중-개성고-동아대-(영남사이버대) | 입단년도 | 2014 한화 |

# PLAYERS

### 53 최민재
2020 2차 드래프트로 롯데 유니폼을 입은 외야수. 지난해 퓨처스리그 65경기 타율 0.280이었지만 출루율 0.352나 장타율 0.338 등 기대에 못 미치는 활약에 그쳤다. 타격감이 살아나고 있지만 수비나 주루의 더딘 발전이 아쉽다. 올 시즌 스프링캠프부터 경쟁을 시작했다.

| 외야수 우투좌타 | 생년월일 | 1994년 1월 8일 | 연봉(2021) | 3100만 원 |
|---|---|---|---|---|
| | 신장/체중 | 180cm/84kg | 지명순위 | 2013 SK 4라운드 33순위 |
| | 학력 | 대전신흥초-공주중-화순고 | 입단년도 | 2013 SK |

### 46 정우준
고교 2학년 때 투수로 전향해 대학을 거쳐 프로 입단에 성공했다. 지난해 롯데가 진행한 교육리그에도 참가하는 등 기대를 모은다. 140km 중반의 직구와 슬라이더, 커브, 스플리터를 활용했으나 체인지업을 추가하며 변화를 모색 중이다. 긴 이닝을 소화하는 능력이 장점.

| 투수 우투우타 | 생년월일 | 2000년 3월 17일 | 연봉(2021) | 3000만 원 |
|---|---|---|---|---|
| | 신장/체중 | 183cm/86kg | 지명순위 | 2021 롯데 2차 2라운드 51순위 |
| | 학력 | 태랑초(남양주리틀)-청원중-서울고-강릉영동대 | 입단년도 | 2021 롯데 |

### 36 추재현
지난해 전병우, 차재용과 2대2 트레이드로 키움에서 롯데에 입단했다. 시즌 초반 1군에서 기회를 받았지만 타율 0.125에 그쳐 아쉬움을 남겼다. 올 시즌 초반 민병헌의 이탈로 빈 중견수 자리에서 정훈과 경쟁할 것으로 전망됐다. 1군 스프링캠프 합류에 성공하며 기회를 받은 상태다.

| 외야수 좌투좌타 | 생년월일 | 1999년 2월 22일 | 연봉(2021) | 3400만 원 |
|---|---|---|---|---|
| | 신장/체중 | 179cm/89kg | 지명순위 | 2018 넥센 2차 3라운드 28순위 |
| | 학력 | 경수초(성동구리틀)-건대부중-신일고 | 입단년도 | 2018 넥센 |

### 18 홍민기
고교 시절 140km 중반의 강속구로 주목 받았던 좌완 투수. 프로 데뷔 시즌인 지난해 퓨처스리그 1경기에 나서 3이닝 동안 6실점 하며 패전 투수로 그쳤다. 제구 불안 해소가 성장의 숙제가 될 것으로 보인다. 지난해보다 나은 모습을 보이면 퓨처스리그에서 기회를 받을 수 있다.

| 투수 좌투좌타 | 생년월일 | 2001년 7월 20일 | 연봉(2021) | 3100만 원 |
|---|---|---|---|---|
| | 신장/체중 | 185cm/85kg | 지명순위 | 2020 롯데 2차 1라운드 4순위 |
| | 학력 | 법동초-한밭중-대전고 | 입단년도 | 2020 롯데 |

### 37 김동규
고교 시절까지 내야수였으나 프로 입단 후 투수로 전향했다. 지난해 롯데가 추진한 시카고컵스 유망주 캠프에 파견되는 등 성장 가능 투수로 분류된다. 투수 전향 첫 해였던 지난해 퓨처스리그 9경기 7⅓이닝에서 2패, 평균자책점 20.86으로 성적이 썩 좋지 않았다. 싱싱한 어깨가 강점.

| 투수 우투우타 | 생년월일 | 1999년 4월 8일 | 연봉(2021) | 3000만 원 |
|---|---|---|---|---|
| | 신장/체중 | 185cm/85kg | 지명순위 | 2019 롯데 2차 6라운드 58순위 |
| | 학력 | 안일초(안양시리틀)-현도중-포철고 | 입단년도 | 2019 롯데 |

### 27 강태율
강동관에서 강태율로 개명해 치르는 두 번째 시즌. 제대 후 지난해 복귀해 시즌 막판 1군 무대에 모습을 드러냈다. 올 시즌 김준태, 지시완 뿐만 아니라 신인 손성빈, 군에서 제대하는 안중열까지 포수 경쟁 구도는 치열해졌다. 안정적 포구와 블로킹이라는 강점에 집중하는 게 우선이다.

| 포수 우투우타 | 생년월일 | 1996년 11월 1일 | 연봉(2021) | 3200만 원 |
|---|---|---|---|---|
| | 신장/체중 | 180cm/88kg | 지명순위 | 2015 롯데 1차 |
| | 학력 | 부산수영초-대천중-부경고 | 입단년도 | 2015 롯데 |

### 86 김창훈
김진욱, 나승엽, 손성빈 등 동기생에 비해 덜 주목받지만 고교 시절 부산을 대표하는 투수로 인정받았다. 지난해 황금사자기에서 최고 구속 140km 중반을 기록했고 7이닝 투구를 하면서 지역 내 최고 투수라는 타이틀에 걸맞은 모습을 보였다. 퓨처스리그를 통해 투구를 잘 가다듬는다면 서준원, 최준용처럼 1군에서 기회를 받을 재목으로 분류된다.

| 투수 우투우타 | 생년월일 | 2001년 11월 9일 | 연봉(2021) | 3000만 원 |
|---|---|---|---|---|
| | 신장/체중 | 185cm/98kg | 지명순위 | 2021 롯데 2차 3라운드 21순위 |
| | 학력 | 창원사파초-신월중-경남고 | 입단년도 | 2021 롯데 |

### 24 김강현
한 차례 방출 아픔을 겪은 뒤 지난해 다시 롯데에 육성선수로 입단해 정식 선수 전환됐다. 퓨처스리그에서 좋은 활약을 펼치면서 확대 엔트리 진입의 성과도 올렸다. 좋은 수비 능력을 갖췄으나 아직 경험이 부족하고 타격 면에서도 성장이 필요하다.

| 포수 우투좌타 | 생년월일 | 1995년 2월 27일 | 연봉(2021) | 3000만 원 |
|---|---|---|---|---|
| | 신장/체중 | 177cm/81kg | 지명순위 | 2015 롯데 육성선수 |
| | 학력 | 고명초-청원중-청원고-(세계사이버대) | 입단년도 | 2015 롯데 |

### 61 박명현
프로 데뷔 첫 시즌이었던 지난해 퓨처스리그 33경기에서 30⅔이닝을 던지면서 2패 3세이브 5홀드, 평균자책점 3.82를 기록했다. 쓰리쿼터형 우완 투수로 140km 중반대의 직구가 강점이지만 변화구나 제구 등 아직 보완할 부분이 많은 투수다.

| 투수 우투우타 | 생년월일 | 2001년 6월 16일 | 연봉(2021) | 3200만 원 |
|---|---|---|---|---|
| | 신장/체중 | 185cm/80kg | 지명순위 | 2020 롯데 2차 3라운드 24순위 |
| | 학력 | 부천북초-내원중-야탑고 | 입단년도 | 2020 롯데 |

### 52 나원탁
현역 복무를 마치고 지난해 복귀했다. 타격 재능은 뛰어나지만 수비에서 좀처럼 발전을 이루지 못해 아쉽다. 올 시즌 포수 뎁스가 강화되어 입지는 더 좁아졌다. 롯데는 올 시즌 나원탁을 외야수로 등록하면서 포지션 전향 가능성의 여지를 남겼다. 타격 재능 극대화가 성공의 관건.

| 외야수 우투우타 | 생년월일 | 1994년 8월 20일 | 연봉(2021) | 3400만 원 |
|---|---|---|---|---|
| | 신장/체중 | 183cm/93kg | 지명순위 | 2017 삼성 2차 2라운드 19순위 |
| | 학력 | 석교초-세광중-세광고-홍익대 | 입단년도 | 2017 삼성 |

### 63 박재민
군산중앙초 시절 노히트노런을 달성했다. 고교 시절 팔꿈치를 다쳐 긴 재활을 거쳤으나 전국선수권 준우승 호투를 펼치면서 주목을 받았다. 최고 구속 146km 직구와 투심, 체인지업, 슬라이더 등 여러 구종을 던질 수 있다. 퓨처스리그에서 지난해보다 향상된 모습을 보여줘야 한다.

| 투수 좌투좌타 | 생년월일 | 2001년 8월 27일 | 연봉(2021) | 3000만 원 |
|---|---|---|---|---|
| | 신장/체중 | 186cm/88kg | 지명순위 | 2020 롯데 2차 2라운드 14순위 |
| | 학력 | 군산중앙초-청원중-전주고 | 입단년도 | 2020 롯데 |

### 50 김주현
2020시즌을 앞두고 한화에서 롯데로 트레이드된 1루수. 퓨처스리그 56경기에 출전해 타율 0.200, OPS 0.662로 기대에 못 미쳤다. 188cm, 103kg의 좋은 체격을 갖췄으나 장타력 문제를 풀지 못한다. 올 시즌 퓨처스에서 경쟁하려면 타석에서 꾸준한 모습을 보여야 한다.

| 내야수 좌투좌타 | 생년월일 | 1993년 12월 21일 | 연봉(2021) | 3200만 원 |
|---|---|---|---|---|
| | 신장/체중 | 188cm/103kg | 지명순위 | 2016 한화 1차 |
| | 학력 | 성동초-잠신중-북일고-경희대 | 입단년도 | 2016 한화 |

### 30 박종무
부산고 시절부터 주목 받았던 투수. 140km 중반 직구와 커브, 슬라이더, 체인지업 등 여러 구종을 갖췄다. 퓨처스리그에서 꾸준히 선발 수업을 받았고 지난해엔 15경기 65⅓이닝 3승 4패, 평균자책점 3.17의 성적을 거뒀다. 확실한 결정구가 필요하고 변화구도 가다듬어야 한다.

| 투수 우투우타 | 생년월일 | 1997년 7월 12일 | 연봉(2021) | 3300만 원 |
|---|---|---|---|---|
| | 신장/체중 | 188cm/85kg | 지명순위 | 2016 롯데 1차 |
| | 학력 | 용마초(마산리틀)-창원신월중-부산고 | 입단년도 | 2016 롯데 |

### 19 이호연
하계유니버시아드 대표 출신으로 내야 대부분의 포지션을 소화할 수 있는 선수. 지난해 전역해 정식 선수로 전환됐다. 타격에서 쉽게 물러서지 않는 선구안과 콘택트 등 좋은 재능을 갖췄다. 수비력을 키워야 자리를 확고하게 잡을 수 있다. 올 시즌 퓨처스리그에서 시험대에 오른다.

| 내야수 우투좌타 | 생년월일 | 1995년 6월 3일 | 연봉(2021) | 3000만 원 |
|---|---|---|---|---|
| | 신장/체중 | 177cm/84kg | 지명순위 | 2018 롯데 2차 6라운드 53순위 |
| | 학력 | 광주수창초-진흥중-광주제일고-성균관대 | 입단년도 | 2018 롯데 |

### 94 송재영
올해 입단한 신인 좌완 투수. 고교 시절 직구 구속은 140km. 변화구는 커브, 슬라이더를 활용한다. 좌완 투수가 많지 않은 롯데라는 점에서 퓨처스 성장이 중요하게 여겨진다. 지난해 다소 줄어든 구속을 어느 정도 회복하느냐가 프로 무대에서의 성공을 가를 것이다.

| 포수 좌투좌타 | 생년월일 | 2002년 6월 20일 | 연봉(2021) | 3000만 원 |
|---|---|---|---|---|
| | 신장/체중 | 187cm/88kg | 지명순위 | 2021 롯데 2차 4라운드 31순위 |
| | 학력 | 수원잠원초-매향중-라온고 | 입단년도 | 2021 롯데 |

### 57 김동우
지난해 복무를 마쳤고 올 시즌을 앞두고 정식 등록됐다. 입단 첫해 퓨처스 18경기를 뛰고 입대한 터라 실질적인 프로 2년 차 시즌이다. 대학 시절 최채흥과 함께 1차 지명감으로 평가받았다. 사이드암이 귀한 롯데 마운드 특성상 퓨처스에서 잘해내면 1군 '깜짝' 기회를 얻을 수도 있다.

| 투수 우언우타 | 생년월일 | 1995년 10월 1일 | 연봉(2021) | 3000만 원 |
|---|---|---|---|---|
| | 신장/체중 | 184cm/76kg | 지명순위 | 2018 롯데 2차 4라운드 33번 |
| | 학력 | 서당초-매송중-야탑고-연세대 | 입단년도 | 2018 롯데 |

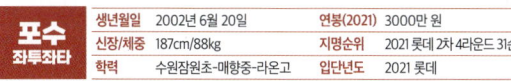

## TEAM PROFILE

| | |
|---|---|
| 팀명 | 삼성 라이온즈 |
| 창립년도 | 1982년 |
| 구단주 | 원기찬, 정흥구 |
| 모기업 | 삼성 그룹 |
| 대표이사 | 원기찬 |
| 단장 | 홍준학 |
| 감독 | 허삼영 |
| 연고지 | 대구광역시 |
| 홈구장 | 대구 삼성라이온즈파크 야구장 |
| 영구결번 | 10 양준혁, 22 이만수, 36 이승엽 |
| 한국시리즈 우승 | 1985, 2002, 2005, 2006, 2011, 2012, 2013, 2014 |

# 2021 SAMSUNG LIONS DEPTH CHART

**MANAGER**
허삼영

**CENTER FIELDER**
박해민
박승규
최선호

**LEFT FIELDER**
피렐라
김헌곤
김동엽

**SHORTSTOP**
이학주
강한울
김호재

**2ND BASE**
김상수
김지찬
김호재

**RIGHT FIELDER**
구자욱
송준석
김성윤

**3RD BASE**
이원석
강한울
최영진

**1ST BASE**
오재일
이성규
이성곤
백승민

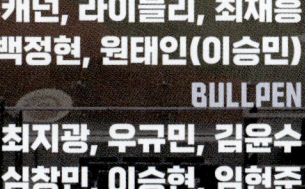

**STARTING PITCHER**
뷰캐넌, 라이블리, 최채흥
백정현, 원태인(이승민)

**BULLPEN**
최지광, 우규민, 김윤수
심창민, 이승현, 임현준

**CLOSER**
오승환

**CATCHER**
강민호
김도환
김응민
권정웅
김민수

**DH**
김동엽
이성곤
백승민

# 2020 REVIEW & 2021 PREVIEW

삼성라이온즈는 'New Blue! New Lions!'를 2020시즌 캐치프레이즈로 내세웠다. 전력분석팀장 출신 허삼영 감독의 파격 선임을 시작으로 기존의 틀을 깨는 새로움을 전면에 내세웠다. 명가의 혈통을 되찾겠다는 선언적 의미였다. 삼성은 V8과 2010년대 4연속 통합우승을 이룩한 전통의 명가다. 롯데자이언츠와 함께 프로야구 창단 이래 팀 이름과 연고지가 변치 않은 '유이한' 팀이기도 하다. 새로움에 대한 지나친 강조는 현실이 만족스럽지 않다는 뜻이다. 현재가 불만스러울수록 화려했던 과거에 대한 향수가 짙어진다.

1년 전 삼성이 꼭 그랬다. 도저히 받아들이기 힘든 현실이 눈앞에 펼쳐져 있었다. 직전 4년간 삼성은 하위권을 맴돌았다. 거의 바닥권인 9위, 9위, 6위, 8위였다. 6년 연속 한국시리즈 진출, 5년 연속 정규시즌 1위와 4년 연속 통합우승 등 화려한 시절로부터 오버랩조차 없는 급추락이라 실망감은 두 배였다. 신축구장 대구 삼성라이온즈파크가 완공된 직후부터 추락이 시작되어 충격은 더했다. 결국 삼성은 여전히 새 구장에서 가을 야구를 경험한 적이 없다. 2015년 원정 도박 사건과 모기업의 지원 축소 속에 FA 선수들이 잇달아 팀을 떠나면서 팀은 급추락을 면치 못했다. 그동안 우승에 집중하면서 팀의 미래인 신진 육성은 소홀히 했던 대가였다. 떨어지기는 순식간이었지만 올라가기는 하세월이었다. 한 번 바닥으로 추락하자 반등은 좀처럼 쉽지 않았다. 김한수 감독 체제였던 2018년 KIA와 치열한 5위 싸움을 펼친 끝에 승차 없는 6위로 아깝게 가을 야구 진출에 실패하며 반등의 희망을 던졌다. 하지만 이듬해인 2019년 다시 8위로 추락하면서 원점으로 회귀했다.

김한수 감독은 재계약에 실패했고 허삼영 체제가 들어섰다. 길어진 암흑기를 탈출하고자 하는 염원과 에너지도 커졌다. 이러한 변화의 열망을 담고자 삼성은 겨우내 구슬땀을 흘렸다. 코로나19 확산 속에 쫓기듯 부랴부랴 짐을 싸서 돌아온 삼성은 대구 경북 지역에 고립돼 지각 개막을 기다렸다. 개막에 맞춰 컨디션을 조절한 선수들은 살짝 혼란에 빠졌다. 5월 5일 개막 후 삼성은 나름 선전을 펼치며 희망을 던졌다. 허삼영 감독의 치밀한 데이터 작전 야구가 현장에 스며들기 시작했다. 신구 조화 속 불펜도 불끈 힘을 냈다. 5년 만의 가을 야구가 손에 잡히는 듯했다.

파란은 오래가지 못했다. 여름 고비가 삼성을 덮쳤다. 부상 악령과 체력 방전에 발목을 잡혔다. 살라디노, 라이블리, 백정현, 이원석, 이학주, 구자욱, 장필준 등의 이탈 공백과 주축 타자들의 슬럼프에도 잇몸으로 버티던 삼성은 불펜 과부하에 걸리며 희망에서 서서히 멀어져갔다. 선발진에서도 원태인과 최채흥이 흔들렸다. 선발진 버팀목은 뷰캐넌이 유일했다. 타일러 살라디노 대체 외인인 빅리그 거포 출신 다니엘 팔카마저 실패하며 삼성은 지난해와 같은 8위로 시즌을 마감했다. 내용은 새로웠지만 결과는 새롭지 않았던 시즌 속에서 5년째 가을 야구 실패라는 결과를 받아들였다. 비밀번호 같은 '99688'이란 악몽의 순위만 남았다.

절치부심 2021시즌. 삼성은 또 한 번 변화에 나선다. 이번에는 진짜다. 모기업의 강력한 의지가 뒷받침돼 있다. FA 오재일을 총액 50억 원에 잡았다. 오재일의 영입으로 삼성은 숙원이던 왼손 거포 1루수 고민을 단숨에 털어냈다. 여기에 일본야구 경험자 호세 피렐라를 잡아 취약했던 좌익수와 중심타선을 강화했다. 오재일과 피렐라의 가세 효과는 기대 이상일 공산이 크다. 보이는 게 전부가 아니다. 삼성 타선은 단숨에 짜임새가 생겼다. 기존에 중심 배치됐던 선수들이 하위 타선으로 내려갔다. 이원석 강민호 등이 대표적이다. 상대 투수로선 쉬어갈 곳이 없어져 그야말로 어마어마한 시너지 효과가 생겼다. 타선 강화는 마운드에도 큰 영향을 미칠 전망이다. 그동안 삼성 투수들은 득점 지원 부족으로 고전해왔다. 넉넉한 점수 차를 만들어주지 못하다 보니 선발 투수들은 매 이닝 전력투구를 해야 했다. 불펜 투수들은 더 죽을 맛이었다. 경기 후반 타이트한 살얼음판 리드 속에서 매 경기 긴장과 싸워야 했다. 여름 고비를 넘지 못하고 집단 붕괴된 근본적 원인이었다.

삼성은 우규민 이원석 등 내부 FA도 큰 잡음 없이 잔류시켰다. 뷰캐넌과 라이블리와도 일사천리로 재계약했다. 부상으로 이탈했던 백정현도 건강하게 돌아왔다. 선발 한 축을 든든하게 맡아줄 좌완 베테랑이다. 적어도 투수 쪽에서는 마이너스가 없다. 모두가 열심히 뛸 분위기를 만들기 위한 장치도 마련했다. 외부 FA 영입 과정에서 기존 선수들이 위화감을 느끼지 않도록 뉴타입 연봉제를 실시했다. 기준을 달성하면 자진 삭감한 연봉의 몇 배를 받을 수 있는 파격적 연봉 시스템이다. 주전급 선수들이라면 무조건 해볼 만한, 선수에게 유리한 연봉제다. 승부욕을 자극하는 새로운 시도라는 평가다. 덕분에 오프시즌 동안 선수들은 충실한 준비로 캠프에 합류했다. 전투 의욕이 최고조다. 희망의 2021년. 기존 전력 유출 없이 어느 정도 쓸 만한 구슬이 모아졌다. 이제는 2년 차로 경험이 쌓인 허삼영 감독의 시간이다. 치밀한 작전야구의 대가가 펼칠 구슬꿰기를 지켜볼 때다.

# TEAM INFO

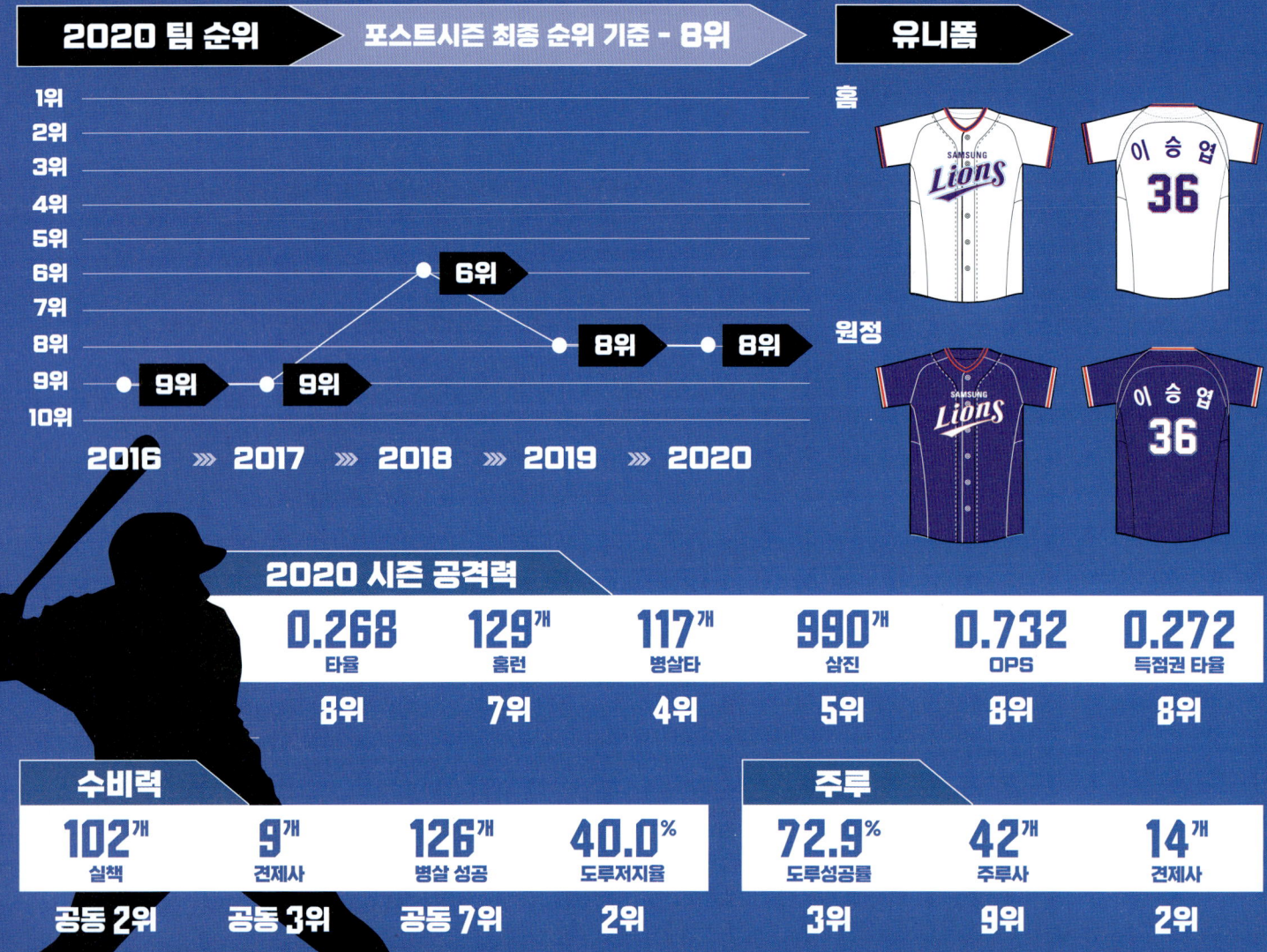

## 2020 팀 순위 — 포스트시즌 최종 순위 기준 - 8위

2016: 9위 → 2017: 9위 → 2018: 6위 → 2019: 8위 → 2020: 8위

## 유니폼
홈 / 원정 (이승엽 36)

## 2020 시즌 공격력

| 타율 | 홈런 | 병살타 | 삼진 | OPS | 득점권 타율 |
|---|---|---|---|---|---|
| 0.268 | 129개 | 117개 | 990개 | 0.732 | 0.272 |
| 8위 | 7위 | 4위 | 5위 | 8위 | 8위 |

## 수비력

| 실책 | 견제사 | 병살 성공 | 도루저지율 |
|---|---|---|---|
| 102개 | 9개 | 126개 | 40.0% |
| 공동 2위 | 공동 3위 | 공동 7위 | 2위 |

## 주루

| 도루성공률 | 주루사 | 견제사 |
|---|---|---|
| 72.9% | 42개 | 14개 |
| 3위 | 9위 | 2위 |

## 2021 예상 베스트 라인업

**수비 포지션별**

| 포수 | 1루수 | 2루수 | 3루수 | 유격수 |
|---|---|---|---|---|
| 강민호 | 오재일 | 김상수 | 이원석 | 이학주 |

| 좌익수 | 중견수 | 우익수 | 지명타자 |
|---|---|---|---|
| 피렐라 | 박해민 | 구자욱 | 김동엽 |

**선발 로테이션**
뷰캐넌-라이블리-최채흥-백정현-원태인(이승민)

**필승조**
최지광-우규민-김윤수-심창민-이승현-임현준

**마무리**
오승환

## 2020년 팀별 상대전적표

| VS | 승-무-패 | 타율 | 홈런 | ERA |
|---|---|---|---|---|
| NC | 5승 2무 9패 | 0.256 | 17 | 4.83 |
| KT | 4승 0무 12패 | 0.283 | 9 | 5.82 |
| LG | 9승 0무 7패 | 0.241 | 14 | 3.94 |
| 두산 | 8승 1무 7패 | 0.306 | 16 | 5.01 |
| 키움 | 7승 0무 9패 | 0.293 | 14 | 5.43 |
| KIA | 6승 0무 10패 | 0.27 | 14 | 6.2 |
| 롯데 | 8승 0무 8패 | 0.261 | 15 | 4.4 |
| SSG | 9승 0무 7패 | 0.254 | 17 | 3.88 |
| 한화 | 8승 2무 6패 | 0.24 | 13 | 3.6 |

# PARK FACTOR
## 대구 삼성라이온즈파크 야구장

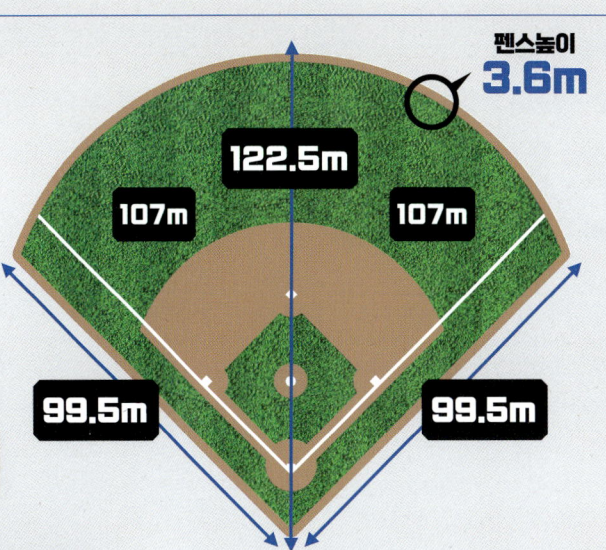

펜스높이 3.6m
122.5m
107m  107m
99.5m  99.5m

### 경기수
**72 홈팀** / **72 원정팀**

| 홈팀 | 원정팀 |
|---|---|
| 타율 0.268 | 타율 0.276 |
| 홈런 79 | 홈런 93 |
| 실책 53 | 실책 56 |

### 좌타자 타율
0.265 홈팀
0.285 원정팀

### 우타자 타율
0.270 홈팀
0.269 원정팀

### 좌타자 홈런
26 홈팀 \ 45 원정팀

### 우타자 홈런
53 홈팀 \ 44 원정팀

대한민국 최초의 팔각 구장. 각진 옥타곤형 펜스로 좌·우중간 펜스거리가 107m 에 불과해 홈런이 잘 나오는 기존 사직, 인천보다 6~8m 나 짧다. 이 때문에 플라이가 될 타구가 홈런이 되는 경우가 빈번하다. 파울 지역마저 좁은 편이라 대표적 타자 친화형 구장으로 자리매김했다.

**좌석 2만 4000석**

**천연잔디**

# 70 허삼영

| | |
|---|---|
| 생년월일 | 1972년 6월 08일 |
| 출신학교 | 대구옥산초-대구중-대구상고 |
| 주요경력 | 삼성 선수(1991~1995), 삼성 프런트-전력분석팀장, 운영팀장 등(1996년~2019년) |
| 연봉 | 2억 원 |

화제를 모았던 파격적 사령탑. 올해로 부임 2년 차다. 첫 시즌은 용두사미였다. 데뷔 초는 강렬했다. 파격 선임 과정처럼 기발한 접근법으로 세상을 놀라게 했다. 짧은 선수 생활과 은퇴 후 긴 프런트 생활. 허 감독은 오직 삼성에서만 일해온 삼성 전문가다. 선수단을 가장 잘 아는 인물로 통한다. 전력분석 파트에서만 수십 년간 일을 하며 선수 하나하나 특성과 데이터까지 죄다 머릿속에 넣고 있는 분석가다.

포지션과 파트를 넘어 폭넓게 파악하지만 허 감독은 선을 철저히 지켰다. 각 파트의 코칭스태프에게 철저한 자율 권한을 부여하면서도 "책임은 감독이 진다"라며 창의적 사고를 독려했다. 약한 뎁스를 만회하기 위해 멀티포지션도 적극적으로 추진했다. 내야수가 외야수 훈련까지 겸업했다. 한정된 자원 활용을 극대화해보자는 취지에서 나온 시도다.

정작 시즌에 들어가자 이론과 현실의 괴리는 생각보다 컸다. 시즌 초 허 감독의 효율성 극대화 야구는 파란을 일으켰다. 젊은 투수들의 선전을 바탕으로 승승장구하며 5년 만의 가을 야구 진출에 대한 기대감을 한껏 높였다. 지속성이 문제였다. 투수들은 캐치볼 단계부터 강하게 팡팡 뿌려대며 스피드업에 성공했지만 풀시즌 계산을 철저하게 하지 못했다. 체력적 한계를 드러내며 여름 이후 퍼지기 시작했다. 날이 더워지고 피로가 누적될수록 젊은 선수들의 페이스는 눈에 띄게 느려졌다. 설상가상 라이블리, 백정현, 살라디노 등 투타에 걸쳐 주요 부상자까지 나오면서 더는 버틸 재간이 없었다. 가뜩이나 얇은 전력층에서 멀티포지션으로 버티기에는 한계가 있었다. 특히 시즌 초 승승장구하던 젊은 선발진과 불펜진이 흔들리자 둑은 걷잡을 수 없이 무너졌다. 5할 이상을 노렸던 허 감독은 부임 첫해 64승 5무 75패로 시즌을 마감했다. 2019년에 이어 2년 연속 8위다. 수치상 진전은 없는 아쉬움 가득한 첫 시즌이었다.

시행착오를 인정하지 않을 수 없는 결과였다. 첫 1년간 시행착오를 솔직히 인정하고 발전을 이야기했다. 허삼영 감독은 "막판에 틀이 잡힌 라인업을 구성하지 못한 점이 아쉬웠다. 슬기롭게 냉정하게 숲을 봤어야 했다. 지키려는 의욕이 강해서 마음이 흐트러졌다. 냉정하게 임했어야 했다"라고 반성했다. 이어 "복합적 요소가 있었다. 벤치의 운영 미숙도 있었고 선수들이 힘에 부친 이유도 있었다. 딱 하나를 찍어 말하기 힘들다. 하지만 (실패 이유를) 각자 잘 알고 있으니 이를 잘 새기면서 진행하고 있다"라며 궤도 수정이 원활하게 이뤄지고 있음을 암시했다.

부임 2년 차. 철저한 분석가에게 지난 1년 치 경험은 몸에 좋은 보약이 될 참이다. 때마침 구단도 대대적 지원에 나섰다. 서둘러 약점 메우기에 돌입했다. 결국 FA 오재일을 통해 거포 1루수에 대한 갈증을 채웠다. 좌익수 약점도 일본 야구 경력자 호세 피렐라를 영입해 메웠다. 투타의 베테랑 중심 FA 우규민 이원석도 잔류시켰다. 15승 투수 데이비드 뷰캐넌과 3년 차 외인 투수 벤 라이블리와 재계약에도 성공했다. 전력 유출 없이 온전한 플러스 전력을 만들어내는 데 성공했다.

허삼영 감독은 2021년을 삼성 야구의 진정한 승부처로 본다. 명문구단으로 복귀하느냐, 긴 추락을 이어가느냐의 분수령이다. 허 감독 스스로 "더는 물러날 곳이 없다"라며 전의를 불태운다. 그는 "올해는 말이 필요 없다. 결과로 보여드려야 한다"라고 배수의 진을 쳤다. 구체적으로 언급하지 않지만 목표는 누구나 알고 있다. 최소 5강 이상이다. 2015년 이후 5년 연속 실패했던 가을 야구를 향한 팬들의 갈증을 이번만큼은 풀어주겠다는 각오다.

장담할 수는 없지만 분위기는 좋다. 빡빡해진 경쟁과 신연봉제 속에 선수 하나하나 동기 부여가 잘 돼 있다. 미리 준비를 잘해서 캠프에 합류했다. 허 감독도 "작년과 다른 라이온즈를 확신한다"라며 "멀리 간다, 4강 간다는 등 목표를 말하기보다는 매 경기, 오늘 하루에 매진하면 좋은 결과가 있지 않을까 싶다"라며 발톱을 감췄다.

일단 서 말의 구슬은 준비됐다. 꿰는 건 사령탑의 몫이다. 초보 딱지를 뗀 2년 차 사령탑. 20년 전력분석 노하우와 선수 개개인의 기량 및 성향을 가장 잘 파악하고 소통에 능한 허삼영 감독의 진정한 평가가 이뤄질 2021시즌이다.

# COACHING STAFF

**85 최태원**
- 생년월일: 1970년 8월 19일
- 출신학교: 미성초-성남중-성남고-경희대
- 보직: 수석 코치
- 주요경력: 쌍방울(1993)/SK(2000) 선수, SK 코치(2005), KIA 코치(2008), LG 코치(2012), 한화 코치(2017), KT 코치(2018), 삼성 코치(2019)

**91 정현욱**
- 생년월일: 1978년 12월 2일
- 출신학교: 장안초 - 건대부중 - 동대문상고
- 보직: 투수 코치
- 주요경력: 삼성(1996)/LG 선수(2013), 삼성 코치(2017)

**87 김용달**
- 생년월일: 1956년 5월 10일
- 출신학교: 대구인지초-대구중앙중-대광고-중앙대
- 보직: 타격 코치
- 주요경력: MBC 선수(1982), LG 코치(1994), 현대 코치(2000), LG 코치(2007), 한화 코치(2012), KIA 코치(2013), 삼성 코치(2020)

**79 박진만**
- 생년월일: 1976년 11월 30일
- 출신학교: 서화초-상인천중-인천고-경기대
- 보직: 작전 코치
- 주요경력: 현대(1996)/삼성(2005)/SK 선수(2011), SK 코치(2016), 삼성 코치(2017)

**71 조동찬**
- 생년월일: 1983년 7월 27일
- 출신학교: 공주중동초-공주중-공주고
- 보직: 수비 코치
- 주요경력: 삼성 선수(2002), 삼성 코치(2019)

**99 황두성**
- 생년월일: 1976년 11월 16일
- 출신학교: 길동초-배명중-배명고
- 보직: 불펜 코치
- 주요경력: 해태(1999)/현대 선수(2001), 히어로즈 선수(2008), 삼성 코치(2012)

**97 강명구**
- 생년월일: 1980년 10월 25일
- 출신학교: 광주중앙초-진흥중-진흥고-탐라대
- 보직: 작전, 주루 코치
- 주요경력: 삼성 선수(2003), 삼성 코치(2017)

**76 이영수**
- 생년월일: 1981년 5월 9일
- 출신학교: 대구수창초-경운중-대구상고-한양대
- 보직: 타격지원 코치
- 주요경력: KIA 선수(2005), 상무 코치(2014), 삼성 코치(2018)

**89 이정식**
- 생년월일: 1981년 11월 2일
- 출신학교: 중대초-자양중-장충고-경성대
- 보직: 배터리 코치
- 주요경력: 삼성 선수(2004), 삼성 코치(2017)

**88 오치아이 에이지**
- 생년월일: 1969년 7월 25일
- 출신학교: 니혼대
- 보직: 2군 감독
- 주요경력: 삼성 코치(2010), 삼성 코치(2018)

**90 권오원**
- 생년월일: 1979년 8월 16일
- 출신학교: 연천초-사직중-부산상고-동아대
- 보직: 2군 투수 코치
- 주요경력: 삼성 선수(2002), 삼성 코치(2011)

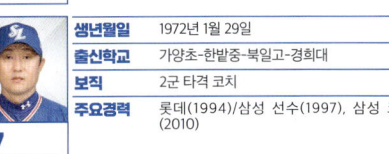
**77 김종훈**
- 생년월일: 1972년 1월 29일
- 출신학교: 가양초-한밭고-북일고-경희대
- 보직: 2군 타격 코치
- 주요경력: 롯데(1994)/삼성 선수(1997), 삼성 코치(2010)

**73 김재걸**
- 생년월일: 1972년 9월 7일
- 출신학교: 영일초-우신중-덕수상고-단국대
- 보직: 2군 수비 코치
- 주요경력: 삼성 선수(1995), 삼성 코치(2010), LG 코치(2010), 삼성 코치(2021)

**74 박한이**
- 생년월일: 1979년 1월 28일
- 출신학교: 초량초-부산중-부산고-동국대
- 보직: 육성군 야수 코치
- 주요경력: 삼성 선수(2001), 삼성 코치(2021)

**98 채상병**
- 생년월일: 1979년 12월 18일
- 출신학교: 효제초-홍은중-휘문고-연세대
- 보직: 2군 배터리 코치
- 주요경력: 한화(2002)/두산(2004)/삼성 선수(2009), 삼성 코치(2015)

**78 강봉규**
- 생년월일: 1978년 01월 12일
- 출신학교: 부천초-개성중-경남고-고려대
- 보직: 2군 주루/외야 코치
- 주요경력: 두산(2000)/삼성 선수(2006), 삼성 코치(2017)

**72 이윤효**
- 생년월일: 1970년 5월 9일
- 출신학교: 남도초-경복중-대구상고-미래대
- 보직: 2군/육성군 야수총괄 코치
- 주요경력: 삼성 코치(2016)

**75 조규제**
- 생년월일: 1967년 10월 7일
- 출신학교: 금광초-군산중-군산상고-연세대
- 보직: 육성군 투수 코치
- 주요경력: 쌍방울(1991)/현대(1998)/SK(2001)/현대(2003)/KIA 선수(2004), 현대 코치(2007), 히어로즈 코치(2008), KIA 코치(2011), LG 코치(2014), KIA 코치(2015), 삼성 코치(2016)

**73 윤성철**
- 생년월일: 1973년 12월 20일
- 출신학교: 효목초-동원중-성광고-대구대
- 보직: 컨디셔닝 코치
- 주요경력: 삼성 코치(2012), 삼성 코치(2020)

**82 김현규**
- 생년월일: 1978년 10월 17일
- 출신학교: 장평초-장평중-동대부고-경원대
- 보직: 컨디셔닝 코치
- 주요경력: 삼성 코치(2012), 삼성 코치(2020)

**86 한흥일**
- 생년월일: 1987년 4월 6일
- 출신학교: 울산미포초-일산중-방어진고-대구대
- 보직: 컨디셔닝 코치
- 주요경력: 삼성 코치(2020)

**80 황승현**
- 생년월일: 1991년 11월 10일
- 출신학교: 남계초-현일중-현일고-대구한의대
- 보직: 컨디셔닝 코치
- 주요경력: 삼성 코치(2020)

**81 권오경**
- 생년월일: 1974년 4월 23일
- 출신학교: 대동초-영암중-관악고-신구대
- 보직: 컨디셔닝 코치
- 주요경력: 삼성 코치(2012), 삼성 코치(2020)

**84 이상일**
- 생년월일: 1984년 5월 5일
- 출신학교: 내당초-경상중-경북고-미네소타주립대
- 보직: 컨디셔닝 코치
- 주요경력: 삼성 코치(2020)

**96 류호인**
- 생년월일: 1977년 9월 19일
- 출신학교: 대구경진초-침산중-대륜고-김천대
- 보직: 컨디셔닝 코치
- 주요경력: 삼성 코치(2012), 삼성 코치(2020)

**83 윤석훈**
- 생년월일: 1986년 8월 31일
- 출신학교: 녹수초-현대중-현대고-대구한의대
- 보직: 컨디셔닝 코치
- 주요경력: 삼성 코치(2020)

**95 전일우**
- 생년월일: 1987년 3월 30일
- 출신학교: 대구대남초-학산중-대구고-영남대
- 보직: 컨디셔닝 코치
- 주요경력: 삼성 코치(2020)

# 63
# 호세 피렐라

**외야수(우투우타)**

| | |
|---|---|
| 생년월일 | 1989년 11월 21일 |
| 신장/체중 | 183cm/92kg |
| 국적 | 베네수엘라 |
| 연봉(2021) | 50만 달러 |
| 지명순위 | - |
| 입단년도 | 2021 삼성 |

삼성의 새 외인 타자 피렐라는 강해진 라이온즈 타선의 키를 쥔다. 구자욱, 오재일, 김동엽 사이에서 타선 폭발의 도화선이 돼야 한다. 삼성은 공수에 걸친 활약을 기대한다. 내외야 만능인 피렐라는 삼성에서는 주로 좌익수로 뛸 예정이다. 외야 수비는 충분히 안정적이라는 것이 내부 판단이다. 가장 중요한 것은 방망이 화력이다. 침체한 타선을 활활 태울 불쏘시개 역할을 기대한다. 한국야구 적응 여부에 따라 결과가 크게 달라질 수 있기 때문이다. 한국 오기 직전 일본 프로야구 히로시마에서 1년 뛴 경험이 큰 도움이 될 전망이다. 삼성과 팬들은 최상의 시나리오로 제2의 나바로를 꿈꾼다. 체격 조건이나 외모, 호쾌한 스윙 등이 나바로를 떠올리게 한다. 피렐라는 빅리그 6시즌 302경기 통산 17홈런에 불과했다. 하지만 리그 적응 여부에 따라 나바로처럼 깜짝 파워히터로 자리매김할 가능성이 있다. 자신감을 갖는다면 타자 친화적 라이온즈파크에서 30홈런 이상을 기록할 잠재력을 갖췄다. 자가격리 후 캠프 합류한 피렐라에 대한 시선은 긍정적이다. 철저한 성실파에 오픈마인드를 갖췄다. 첫 대면식에서 노래와 춤을 췄다. 훈련 분위기도 흥겹게 만든다. 새 외인 돕기에 팔을 걷어붙인 코치들과 수시로 장난치며 소통한다. 허삼영 감독도 "오픈마인드 선수다. 일본에서 동양 문화를 1년간 경험했다는 점이 큰 도움이 될 것"이라고 전망할 정도다. 피렐라는 "나에 대한 믿음이 생겼으면 좋겠다. 유쾌한 훈련 분위기를 띄우려 하고 있다"라고 노력의 이유를 설명했다. 자신을 낮춰 새로운 팀, 새로운 문화에 빠르게 적응하려는 피렐라의 열린 마음이 새로운 간판 외인 타자 탄생에 대한 기대감을 높인다. 피렐라가 연착륙하면 삼성은 쉬어갈 곳 없는 지뢰밭 타선을 구축하게 된다. 공을 기다리기보다 적극적으로 호쾌한 스윙을 하는 스타일이다. 집요한 국내 투수들의 변화구 유인구에 어떤 대처법을 가져가느냐에 따라 KBO 리그 첫해 성적이 좌우될 전망이다.

# PLAYERS

## 44 오재일

**내야수(좌투좌타)**

| | |
|---|---|
| 생년월일 | 1986년 10월 29일 |
| 신장/체중 | 187cm/95kg |
| 학력 | 인창초(구리리틀)-구리인창중-야탑고 |
| 연봉(2021) | 6억 원 |
| 지명순위 | 2005 현대 2차 3라운드 24순위 |
| 입단년도 | 2005 현대 |

2021년 삼성 라이온즈의 상징적 변화는 오재일 영입이다. 4년 최대 총액 50억 원에 푸른 유니폼을 입은 왼손 거포의 계약은 스토브리그 내내 '삼재일'을 외쳤던 삼성 팬들의 염원이 현실이 되는 순간이었다. 삼성이 거액을 들여 오재일을 영입한 이유는 분명하다. 장타 갈증 해소다. 타자 친화적 라이온즈파크를 안방으로 쓰면서도 삼성은 번번이 손해를 봤다. 타자들의 기를 세워주지 못하고 오히려 투수들의 기만 죽였다. 코너 외야수 1루수 지명타자 등 홈런 포지션 선수들이 취약했던 탓이다. 가장 드넓은 잠실을 홈으로 쓰면서도 4년 연속 20홈런을 기록한 거포 1루수 오재일 영입은 어쩌면 당연한 수순이었다. 잠실과 대비되는 작은 라이온즈파크에서 훨씬 많은 홈런을 기대하고 있다. 오재일 영입 효과는 홈런 플러스만이 아니다. 견제가 집중됐던 구자욱, 김동엽, 이원석, 강민호 등 다른 선수들에 대한 정면승부가 늘어날 수밖에 없다. 동반 상승의 시너지 효과가 기대된다. 실제 오재일은 높은 출루율과 장타력을 겸비한 OPS 히터다. 엄청난 장타력 때문에 투수들이 정면승부를 꺼려 출루율도 높다. 찬스에 강한 다른 거포들에게 더 많은 타점 기회가 생길 수 있다는 뜻이다. '천적 제거 효과'도 있다. 오재일은 삼성의 영건 선발 듀오 원태인 최채흥에게 무척 강했다. 지난해 원태인을 상대로 5타수 4안타(0.800), 3홈런, 7타점, 7득점으로 강했다. 좌완 최채흥을 상대로도 8타수 5안타(0.625), 1홈런, 4타점, 5득점을 기록했다. 두 젊은 투수로선 천적이 도우미로 변한 이중 효과다. 1루수 수비 가치도 무시할 수 없다. 큰 덩치로 타깃이 확실한데 유연한 몸으로 어지간한 송구를 척척 받아낸다. 포구만큼은 리그 1루수 중 최고라고 할 수 있다. 오재일은 "삼성에 좋은 내야수들이 많으니까 조금이나마 도움 주지 않을까 하는 기대가 있다"라고 겸손하게 말한다. 오재일은 내야수가 송구를 잘못해도 티를 내지 않는 배려심 있는 선수라 멋진 송구를 자주 볼 수 있을 전망이다.

### 2020 시즌 & 통산 성적

| 연도 | 경기 | 타석 | 타수 | 안타 | 2루타 | 3루타 | 홈런 | 타점 | 도루 | 도실 | 볼넷 | 사구 | 삼진 | 타율 | 장타율 | 출루율 | OPS |
|---|---|---|---|---|---|---|---|---|---|---|---|---|---|---|---|---|---|
| 2020 | 127 | 534 | 471 | 147 | 32 | 0 | 16 | 89 | 2 | 1 | 61 | 0 | 92 | 0.312 | 0.482 | 0.390 | 0.872 |
| 통산 | 1,025 | 3,461 | 2,999 | 848 | 179 | 6 | 147 | 583 | 10 | 6 | 388 | 24 | 695 | 0.283 | 0.493 | 0.365 | 0.858 |

### 2020 시즌 홈 / 원정 성적

| | 경기 | 타석 | 타수 | 안타 | 2루타 | 3루타 | 홈런 | 타점 | 도루 | 도실 | 볼넷 | 사구 | 삼진 | 타율 | 장타율 | 출루율 | OPS |
|---|---|---|---|---|---|---|---|---|---|---|---|---|---|---|---|---|---|
| 홈 | 64 | 251 | 218 | 57 | 13 | 0 | 3 | 28 | 1 | 0 | 32 | 0 | 43 | 0.261 | 0.362 | 0.355 | 0.717 |
| 원정 | 63 | 283 | 253 | 90 | 19 | 0 | 13 | 61 | 2 | 0 | 29 | 0 | 49 | 0.356 | 0.585 | 0.420 | 1.005 |

### 2020 시즌 상황별 기록

| 상황 | 타석 | 안타 | 홈런 | 타점 | 볼넷 | 삼진 | 타율 |
|---|---|---|---|---|---|---|---|
| vs 좌 | 155 | 40 | 4 | 23 | 17 | 33 | 0.290 |
| vs 우 | 338 | 90 | 9 | 52 | 41 | 52 | 0.305 |
| vs 언더 | 41 | 17 | 3 | 14 | 3 | 7 | 0.447 |
| 주자있음 | 280 | 76 | 7 | 80 | 37 | 49 | 0.315 |
| 주자없음 | 254 | 71 | 9 | 24 | 43 | 0.309 | |
| 득점권 | 170 | 53 | 3 | 72 | 27 | 28 | 0.376 |
| 만루 | 20 | 2 | 0 | 10 | 5 | | 0.143 |

### 2020 시즌 상대팀 별 기록

| 구분 | 타석 | 홈런 | 볼넷 | 삼진 | 타율 | 출루율 | 장타율 | OPS |
|---|---|---|---|---|---|---|---|---|
| KIA | 70 | 1 | 12 | 12 | 0.328 | 0.443 | 0.448 | 0.891 |
| KT | 68 | 5 | 10 | 13 | 0.322 | 0.412 | 0.458 | 0.870 |
| LG | 55 | 0 | 1 | 14 | 0.226 | 0.236 | 0.264 | 0.500 |
| NC | 66 | 2 | 7 | 14 | 0.322 | 0.394 | 0.492 | 0.886 |
| SK | 52 | 2 | 8 | 7 | 0.341 | 0.442 | 0.568 | 1.010 |
| 키움 | 68 | 1 | 7 | 10 | 0.393 | 0.456 | 0.508 | 0.964 |
| 롯데 | 55 | 3 | 6 | 11 | 0.320 | 0.382 | 0.600 | 0.982 |
| 삼성 | 43 | 5 | 6 | 4 | 0.333 | 0.419 | 0.778 | 1.197 |
| 한화 | 57 | 1 | 6 | 10 | 0.216 | 0.298 | 0.333 | 0.631 |

### 그라운드 구역별 피안타 방향

| 구분 | 타석 | 안타 | 홈런 | 타점 | 볼넷 | 삼진 | 타율 |
|---|---|---|---|---|---|---|---|
| 0-0 | 84 | 30 | 3 | 15 | 1 | 0 | 0.361 |
| 0-1 | 31 | 12 | 1 | 7 | 0 | 0 | 0.387 |
| 0-2 | 34 | 12 | 1 | 4 | 0 | 11 | 0.353 |
| 1-0 | 48 | 22 | 4 | 16 | 0 | 0 | 0.468 |
| 1-1 | 44 | 17 | 3 | 10 | 0 | 0 | 0.395 |
| 1-2 | 68 | 16 | 1 | 10 | 0 | 28 | 0.235 |
| 2-0 | 12 | 5 | 2 | 2 | 0 | 0 | 0.417 |
| 2-1 | 26 | 10 | 1 | 9 | 0 | 0 | 0.385 |
| 2-2 | 61 | 12 | 2 | 8 | 0 | 28 | 0.197 |
| 3-0 | 9 | 0 | 0 | 1 | 0 | 0 | 0.000 |
| 3-1 | 15 | 3 | 1 | 4 | 17 | 0 | 0.375 |
| 3-2 | 92 | 8 | 0 | 10 | 35 | 25 | 0.140 |

### 2020 시즌 수비 성적

| 구분 | 수비이닝 | 실책 | 수비율 |
|---|---|---|---|
| 1B | 927.0 | 3 | 0.997 |

### 2020 시즌 핫 & 콜드존

**VS좌투**

| | | | | |
|---|---|---|---|---|
| 0.000 0/1 | - 0/0 | 0.667 2/3 | 1.000 1/1 | 0.000 0/0 |
| 0.000 0/0 | 0.500 3/6 | 0.200 2/10 | 0.600 6/10 | 0.000 0/2 |
| - 0/0 | 0.222 2/9 | 0.235 4/17 | 0.400 8/20 | 0.000 0/5 |
| 0.000 0/1 | 0.500 2/4 | 0.294 5/17 | 0.250 2/8 | 0.111 1/9 |
| - 0/0 | - 0/0 | 0.167 1/6 | 0.250 1/4 | 0.000 0/2 |

**VS우투**

| | | | | |
|---|---|---|---|---|
| 0.000 0/1 | 0.000 0/3 | 0.250 1/4 | 0.714 5/7 | - 0/0 |
| 0.000 0/2 | 0.111 2/18 | 0.333 9/27 | 0.310 9/29 | 0.250 2/8 |
| - 0/0 | 0.200 1/5 | 0.278 5/18 | 0.286 6/21 | 0.426 20/47 | 0.250 3/12 |
| 0.000 0/2 | 0.417 5/12 | 0.313 10/32 | 0.414 12/29 | 0.313 5/16 |
| 0.000 0/1 | 0.357 5/14 | 0.308 4/13 | 0.300 3/10 | 0.000 0/0 |

# 13
# 박해민

**외야수(우투좌타)**

| | |
|---|---|
| 생년월일 | 1990년 2월 24일 |
| 신장/체중 | 180cm/75kg |
| 학력 | 영중초-양천중-신일고-한양대 |
| 연봉(2021) | 3억8000만 원 |
| 지명순위 | 2012 삼성 육성선수 |
| 입단년도 | 2012 삼성 |

캡틴 박해민은 블루 유니폼에 대한 애정이 각별하다. 경산캠프 훈련 중 인터뷰에서 그는 "전통적으로 2년씩 주장을 맡는데 저는 내년 시즌까지 캡틴을 맡아 가교 구실을 하고 싶다"라는 바람을 밝혔다. 올 시즌 종료 후 FA 자격을 얻어 사실상 삼성 잔류 선언이다. 그럴 만도 하다. 2012년 육성선수로 입단해 4년 연속 도루왕에 오르며 최고의 중견수로 자리매김한 입지전적 선수다. 삼성은 박해민의 오늘을 있게 해준 고마운 팀이다. 주장으로서 선수들을 챙기고 구단과 가교 역할을 하는 인물도 박해민이다. 그랬던 박해민도 2019년은 힘이 들었다. 늘 3할에 육박하던 타율이 0.239로 뚝 떨어졌다. 가혹할 정도로 팬들의 비난이 쇄도했다. 설상가상 오프시즌에는 구단과 연봉 마찰을 빚던 구자욱의 적정 연봉을 둘러싸고 박해민에게 불똥이 튀기도 했다. 이래저래 힘들었던 2019시즌이었다. 이듬해 박해민은 실력으로 마음고생을 멋지게 털어냈다. 시즌 초반 어려움을 겪었지만 2군에서 김종훈 코치로부터 하체 타격에 관한 조언을 듣고 난 뒤 반등에 성공했다. 0.290의 타율에 커리어하이인 11홈런을 기록했다. 전매특허인 도루도 34개로 1위 같은 2위를 차지했다. 그야말로 정확도와 장타력, 기동력을 두루 뽐냈다.

박해민에게 2021년은 무척 중요하다. 캡틴 2년 차로서 성적으로 성과를 만들고 싶다. 목표는 가을 야구다. "올해는 기필코 가을 야구에 가야 한다. 지는 데 익숙해지면 안된다. 패배의식을 버리고 비상해야 한다"라고 선수들의 파이팅을 촉구한다. 개인적으로는 올 시즌을 마치면 FA가 된다. 'FA로이드'가 기대되는 시즌이다. 외야와 타선에서 박해민이 중심을 잡아줘야 6년 만의 가을 야구 진출도 실현될 수 있다. 지난해 새로 깨달은 하체 타격 메커니즘을 올해는 완벽하게 자기 것으로 만들 참이다. 타석에서 초구부터 적극적으로 치는 공격 성향에도 살짝 변화를 줄 예정이다. 박해민은 "볼카운트를 빼앗기더라도 조금 더 적극적으로 내 볼을 완벽하게 만들어 치려고 한다. 한 번의 스윙을 완벽하게 하는 것이 중요하다고 느꼈다"라고 말한다. 공수주 완벽함을 향해 성큼 다가선 박해민이 삼성 도약의 선봉에 서있다.

### 2020 시즌 & 통산 성적

| 연도 | 경기 | 타석 | 타수 | 안타 | 2루타 | 3루타 | 홈런 | 타점 | 도루 | 도실 | 볼넷 | 사구 | 삼진 | 타율 | 장타율 | 출루율 | OPS |
|---|---|---|---|---|---|---|---|---|---|---|---|---|---|---|---|---|---|
| 2020 | 132 | 541 | 489 | 142 | 11 | 5 | 11 | 55 | 34 | 12 | 39 | 5 | 77 | 0.290 | 0.415 | 0.345 | 0.760 |
| 통산 | 969 | 4,031 | 3,540 | 1,012 | 148 | 53 | 37 | 360 | 282 | 72 | 345 | 20 | 594 | 0.286 | 0.389 | 0.350 | 0.739 |

### 2020 시즌 홈 / 원정 성적

| | 경기 | 타석 | 타수 | 안타 | 2루타 | 3루타 | 홈런 | 타점 | 도루 | 도실 | 볼넷 | 사구 | 삼진 | 타율 | 장타율 | 출루율 | OPS |
|---|---|---|---|---|---|---|---|---|---|---|---|---|---|---|---|---|---|
| 홈 | 67 | 274 | 246 | 70 | 11 | 3 | 7 | 26 | 14 | 7 | 21 | 3 | 32 | 0.285 | 0.423 | 0.347 | 0.770 |
| 원정 | 65 | 267 | 243 | 72 | 7 | 4 | 4 | 29 | 20 | 5 | 18 | 0 | 45 | 0.296 | 0.407 | 0.342 | 0.749 |

### 2020 시즌 상황별 기록

| 상황 | 타석 | 안타 | 홈런 | 타점 | 볼넷 | 삼진 | 타율 |
|---|---|---|---|---|---|---|---|
| vs 좌 | 119 | 28 | 1 | 12 | 10 | 11 | 0.277 |
| vs 우 | 355 | 97 | 8 | 38 | 26 | 55 | 0.298 |
| vs 언더 | 67 | 20 | 2 | 5 | 3 | 11 | 0.270 |
| 주자있음 | 205 | 53 | 8 | 52 | 13 | 25 | 0.293 |
| 주자없음 | 336 | 89 | 3 | 3 | 26 | 52 | 0.289 |
| 득점권 | 116 | 30 | 4 | 43 | 8 | 12 | 0.294 |
| 만루 | 14 | 3 | 0 | 7 | 1 | 2 | 0.250 |

### 2020 시즌 상대팀 별 기록

| 구분 | 타석 | 홈런 | 볼넷 | 삼진 | 타율 | 출루율 | 장타율 | OPS |
|---|---|---|---|---|---|---|---|---|
| KIA | 59 | 1 | 2 | 9 | 0.196 | 0.293 | 0.314 | 0.607 |
| KT | 65 | 0 | 4 | 7 | 0.344 | 0.385 | 0.459 | 0.844 |
| LG | 54 | 1 | 4 | 8 | 0.280 | 0.302 | 0.480 | 0.782 |
| NC | 54 | 4 | 1 | 10 | 0.327 | 0.333 | 0.615 | 0.948 |
| SK | 68 | 2 | 7 | 10 | 0.279 | 0.353 | 0.426 | 0.779 |
| 키움 | 63 | 1 | 6 | 8 | 0.333 | 0.365 | 0.400 | 0.765 |
| 두산 | 57 | 1 | 3 | 6 | 0.280 | 0.345 | 0.371 | 0.715 |
| 롯데 | 58 | 0 | 8 | 10 | 0.294 | 0.368 | 0.314 | 0.682 |
| 한화 | 63 | 1 | 4 | 9 | 0.264 | 0.371 | 0.321 | 0.692 |

### 그라운드 구역별 피안타 방향

| 구분 | 타석 | 안타 | 홈런 | 타점 | 볼넷 | 삼진 | 타율 |
|---|---|---|---|---|---|---|---|
| 0-0 | 52 | 17 | 4 | 15 | 0 | 0 | 0.333 |
| 0-1 | 62 | 18 | 2 | 6 | 0 | 0 | 0.300 |
| 0-2 | 43 | 12 | 0 | 0 | 0 | 16 | 0.286 |
| 1-0 | 25 | 6 | 1 | 0 | 0 | 0 | 0.261 |
| 1-1 | 51 | 16 | 2 | 4 | 0 | 0 | 0.320 |
| 1-2 | 93 | 25 | 0 | 4 | 0 | 24 | 0.269 |
| 2-0 | 6 | 0 | 0 | 0 | 6 | 0 | 0.000 |
| 2-1 | 31 | 12 | 2 | 6 | 0 | 0 | 0.414 |
| 2-2 | 82 | 22 | 1 | 7 | 0 | 29 | 0.272 |
| 3-0 | 15 | 0 | 0 | 0 | 15 | 0 | — |
| 3-1 | 14 | 6 | 0 | 3 | 9 | 0 | 0.400 |
| 3-2 | 67 | 17 | 0 | 7 | 15 | 8 | 0.231 |

### 2020 시즌 수비 성적

| 구분 | 수비이닝 | 실책 | 수비율 |
|---|---|---|---|
| 1B | 36.0 | 0 | 1.000 |
| CF | 1020.0 | 1 | 1.000 |

### 2020 시즌 핫 & 콜드존

**VS좌투**

| 0.000 0/1 | 0.000 0/2 | 0.167 1/6 | — | 0/0 |
|---|---|---|---|---|
| 0.500 1/2 | 0.500 3/6 | 0.400 2/5 | 0.400 2/5 | — 0/0 |
| 0.000 0/1 | 0.000 0/6 | 0.286 2/7 | 0.222 2/9 | 0.250 1/4 |
| — 0/0 | 0.500 2/4 | 0.250 5/20 | 0.222 2/9 | 0.500 1/2 |
| — 0/0 | — 0/0 | 0.400 2/5 | 0.286 2/7 | — 0/0 |

**VS우투**

| 0.000 0/2 | 0.500 1/2 | 0.182 2/11 | 0.375 3/8 | 0.333 1/3 |
|---|---|---|---|---|
| 1.000 1/1 | 0.125 1/8 | 0.308 8/26 | 0.200 4/20 | 0.182 2/11 |
| 0.500 2/4 | 0.174 4/23 | 0.425 17/40 | 0.293 12/41 | 0.474 9/19 |
| 0.667 2/3 | 0.278 5/18 | 0.277 13/47 | 0.326 14/43 | 0.182 2/11 |
| 0.000 0/3 | 0.500 2/4 | 0.316 6/19 | 0.167 3/18 | 0.000 0/3 |

# PLAYERS

## 38 김동엽

**외야수(우투우타)**

| | |
|---|---|
| 생년월일 | 1990년 7월 24일 |
| 신장/체중 | 186cm/101kg |
| 학력 | 천안남산초-천안북중-북일고 |
| 연봉(2021) | 2억1000만 원 |
| 지명순위 | 2016 SK 2차 9라운드 86순위 |
| 입단년도 | 2016 SK |

삼성 이적 후 김동엽의 화두는 '확신 찾기'였다. 누구 못지않은 성실파이지만 이적 직후 부담과 생각이 많았다. 누구에게나 찾아오는 고비에 잠시 흔들렸다. 이적 첫해, 아쉬움이 남은 이유다. 2년째인 지난해 역시 혼돈에 빠질 뻔했지만 멋지게 극복했다. 시즌 후반, 오픈스탠스로 기술적 변화 속에 반전하며 최고의 시즌을 완성했다. 후반에 보여준 김동엽의 모습은 그야말로 4번 타자로 손색이 없는 맹활약 그 자체였다. 데뷔 후 첫 3할 타율(0.312)과 20홈런 복귀는 물론 장타율이 무려 0.508에 달했다. 성적보다 소중한 얻음은 스스로에 대한 확신이었다. 최고 시즌에 대한 희망으로 스프링캠프를 시작한 김동엽은 "기술적인 변화가 마인드와 복합적으로 결합해 긍정적인 마인드를 가질 수 있었다. 그동안 굴곡이 많았는데 시행착오와 고난의 시간 속에서 저 스스로 더 단단해진 거 같다"라며 활약을 예고했다. 김동엽은 반등을 노리는 삼성 타선의 핵이다. 설명이 필요 없는 어마어마한 힘과 지난 시즌 정교함까지 더한 4번 타자 후보다. 그가 중심을 잡아줘야 새 얼굴 오재일과 피렐라가 시너지 효과 속에 크게 폭발할 수 있다. 좌익수 피렐라의 입단으로 송구 부담이 있는 외야 수비에 나가는 경기는 줄어들 전망. 지명타자로 타격 컨디션을 꾸준히 유지할 수 있느냐가 관건이다. 지난해 드디어 찾아낸 몸에 맞는 타격폼을 완전히 자기 것으로 만들 수 있느냐가 성공 시즌을 가늠할 변수다. 전망은 밝다. 오재일, 피렐라의 합류로 타선의 파괴력이 강해졌다. 집중 견제를 피할 수 있다. 김동엽도 "가을 야구에 대한 기대가 큰 만큼 제 역할만 하면 도움이 될 것 같다"라며 활약을 예고했다. 오재일에 대해 "수년간 정상을 경험한 팀에서 온 선배라 이기는 DNA가 있을 것"이라며 기대감을 감추지 않았다. 오재일, 김동엽이 그려낼 좌우 쌍포에 대한 기대감이 커진다. 삼성 타선이 그토록 바라던 거포 듀오의 탄생이다.

### 2020 시즌 & 통산 성적

| 연도 | 경기 | 타석 | 타수 | 안타 | 2루타 | 3루타 | 홈런 | 타점 | 도루 | 도실 | 볼넷 | 사구 | 삼진 | 타율 | 장타율 | 출루율 | OPS |
|---|---|---|---|---|---|---|---|---|---|---|---|---|---|---|---|---|---|
| 2020 | 115 | 451 | 413 | 129 | 21 | 0 | 20 | 74 | 4 | 4 | 29 | 4 | 79 | 0.312 | 0.508 | 0.360 | 0.868 |
| 통산 | 481 | 1,686 | 1,565 | 434 | 66 | 2 | 81 | 268 | 21 | 12 | 86 | 20 | 337 | 0.277 | 0.477 | 0.321 | 0.798 |

### 2020 시즌 홈 / 원정 성적

| | 경기 | 타석 | 타수 | 안타 | 2루타 | 3루타 | 홈런 | 타점 | 도루 | 도실 | 볼넷 | 사구 | 삼진 | 타율 | 장타율 | 출루율 | OPS |
|---|---|---|---|---|---|---|---|---|---|---|---|---|---|---|---|---|---|
| 홈 | 56 | 213 | 195 | 58 | 12 | 0 | 13 | 41 | 1 | 0 | 13 | 1 | 39 | 0.297 | 0.559 | 0.340 | 0.899 |
| 원정 | 59 | 238 | 218 | 71 | 9 | 0 | 7 | 33 | 3 | 4 | 16 | 3 | 40 | 0.326 | 0.463 | 0.378 | 0.841 |

### 2020 시즌 상황별 기록

| 상황 | 타석 | 안타 | 홈런 | 타점 | 볼넷 | 삼진 | 타율 |
|---|---|---|---|---|---|---|---|
| vs 좌 | 80 | 25 | 7 | 21 | 2 | 14 | 0.325 |
| vs 우 | 302 | 83 | 10 | 42 | 21 | 52 | 0.302 |
| vs 언더 | 69 | 21 | 3 | 11 | 6 | 13 | 0.344 |
| 주자있음 | 221 | 65 | 6 | 60 | 21 | 33 | 0.335 |
| 주자없음 | 230 | 64 | 14 | 14 | 8 | 46 | 0.292 |
| 득점권 | 145 | 39 | 2 | 51 | 16 | 24 | 0.315 |
| 만루 | 8 | 2 | 0 | 6 | 0 | 0 | 0.286 |

### 2020 시즌 상대팀 별 기록

| 구분 | 타석 | 홈런 | 볼넷 | 삼진 | 타율 | 출루율 | 장타율 | OPS |
|---|---|---|---|---|---|---|---|---|
| KIA | 32 | 1 | 2 | 4 | 0.259 | 0.344 | 0.444 | 0.788 |
| KT | 56 | 2 | 1 | 14 | 0.314 | 0.357 | 0.510 | 0.867 |
| LG | 59 | 2 | 3 | 7 | 0.370 | 0.407 | 0.519 | 0.926 |
| NC | 61 | 2 | 4 | 11 | 0.327 | 0.383 | 0.473 | 0.856 |
| SK | 53 | 5 | 5 | 10 | 0.292 | 0.358 | 0.458 | 0.816 |
| 키움 | 52 | 3 | 1 | 16 | 0.333 | 0.346 | 0.569 | 0.915 |
| 두산 | 40 | 3 | 3 | 10 | 0.270 | 0.325 | 0.595 | 0.920 |
| 롯데 | 55 | 1 | 5 | 12 | 0.260 | 0.327 | 0.400 | 0.727 |
| 한화 | 43 | 3 | 2 | 4 | 0.350 | 0.372 | 0.625 | 0.997 |

### 그라운드 구역별 피안타 방향

| 구분 | 타석 | 안타 | 홈런 | 타점 | 볼넷 | 삼진 | 타율 |
|---|---|---|---|---|---|---|---|
| 0-0 | 58 | 21 | 4 | 9 | 0 | 0 | 0.382 |
| 0-1 | 45 | 14 | 4 | 10 | 0 | 0 | 0.318 |
| 0-2 | 33 | 7 | 2 | 7 | 0 | 11 | 0.219 |
| 1-0 | 29 | 10 | 0 | 3 | 0 | 0 | 0.357 |
| 1-1 | 32 | 12 | 5 | 8 | 0 | 0 | 0.375 |
| 1-2 | 85 | 22 | 2 | 13 | 0 | 33 | 0.265 |
| 2-0 | 12 | 3 | 1 | 4 | 0 | 0 | 0.250 |
| 2-1 | 25 | 14 | 2 | 9 | 0 | 0 | 0.560 |
| 2-2 | 69 | 15 | 4 | 9 | 0 | 24 | 0.217 |
| 3-0 | 12 | 0 | 0 | 0 | 11 | 0 | 0.000 |
| 3-1 | 12 | 4 | 0 | 1 | 6 | 0 | 0.333 |
| 3-2 | 43 | 10 | 1 | 5 | 12 | 11 | 0.333 |

### 2020 시즌 수비 성적

| 구분 | 수비이닝 | 실책 | 수비율 |
|---|---|---|---|
| LF | 230.0 | 2 | 0.971 |

### 2020 시즌 핫 & 콜드존

**VS좌투**

| 0.000 0/1 | – 0/0 | 0.333 1/3 | 1.000 1/1 | – 0/0 |
|---|---|---|---|---|
| 0.000 0/2 | 0.400 2/5 | 0.333 1/3 | 0.000 0/1 | 0.000 0/1 |
| 0.333 1/3 | 0.222 2/9 | 0.455 5/11 | 0.500 2/4 | – 0/0 |
| 0.000 0/2 | 0.375 3/8 | 0.667 6/9 | 0.000 0/4 | 0.000 0/1 |
| 0.500 1/2 | 0.000 0/3 | 0.000 0/1 | 0.000 0/3 | – 0/0 |

**VS우투**

| 0.000 0/1 | 0.286 2/7 | 0.250 2/8 | 0.375 3/8 | 0.000 0/2 |
|---|---|---|---|---|
| 0.333 2/6 | 0.318 7/22 | 0.350 7/20 | 0.438 7/16 | 0.333 2/6 |
| 0.350 7/20 | 0.355 11/31 | 0.387 12/31 | 0.333 6/18 | 0.167 1/6 |
| 0.071 1/14 | 0.256 10/39 | 0.500 17/34 | 0.273 3/11 | 0.000 0/5 |
| 0.000 0/10 | 0.143 1/7 | 0.300 3/10 | 0.000 0/2 | 0.000 0/2 |

# 5
# 구자욱

**외야수(우투좌타)**

| | |
|---|---|
| 생년월일 | 1993년 2월 12일 |
| 신장/체중 | 189cm/75kg |
| 학력 | 본리초-경복중-대구고 |
| 연봉(2021) | 3억6000만 원 |
| 지명순위 | 2012 삼성 2라운드 12순위 |
| 입단년도 | 2012 삼성 |

구자욱은 명실상부한 라이온즈 간판타자이자 프랜차이즈 스타다. 부드러운 몸과 감각적 배팅으로 많은 안타 생산하는 과정에서 장타를 터뜨리는 중장거리형 타자. 장타력에 주력, 강한 어깨까지 갖춘 5툴 플레이어다. 2015년 혜성처럼 등장해 4년 연속 3할을 훌쩍 넘는 고타율로 최고 좌타자를 향해 승승장구하던 그는 2019년 브레이크가 걸렸다. 원인 모를 슬럼프를 겪으면서 데뷔 첫 2할대 타율을 기록했다. 지난 시즌 구자욱은 3할 타율에 복귀하며 슬럼프 탈출을 알렸다. 118경기에 출전해 0.307의 타율과 15홈런, 78타점, 70득점, 19도루를 기록했다. 완벽한 부활을 선언하기엔 살짝 아쉬움이 있었다. 고질이던 팔꿈치 통증 때문이었다. 송구와 타격에도 지장을 줄 정도의 아픔이었다. 오른쪽 팔꿈치에서 떨어져 나간 뼛조각 때문에 통증을 참고 시즌을 완주했다. 구자욱은 시즌을 마치기 무섭게 수술대에 올랐다. 11월 9일 서울 김진섭 정형외과에서 오른쪽 팔꿈치 뼛조각제거를 위한 관절경 수술을 받았다. 삼성트레이닝센터 재활을 거쳐 스프링 캠프에 합류하자마자 송구를 전력으로 할 수 있을 만큼 회복 과정이 순조로웠다. 통증을 말끔하게 털어내고 맞이할 올 시즌 기대가 커진다.

'성장 정체'라는 반갑지 않은 평가 꼬리표를 떼기 위해서는 선택과 집중이 필요하다. 타격 자세와 지향에 대한 확실한 선택이 요구된다. 구자욱은 거포가 부족한 팀 사정과 타자 친화적인 라이온즈파크 팩터로 인해 장타에 대한 욕심을 버리지 못했다. 정답은 정교함에 있다. 콘택트 능력 극대화가 리그 최고타자를 향한 지름길이다. 파워와 정확도, 두 마리 토끼에 대한 욕심을 부리다 이도 저도 아닌 결과가 나올 수 있기 때문이다. 공인구 반발력이 뚝 떨어졌던 2019시즌이 대표적이다. 조바심에 타격 폼이 무너졌던 시행착오를 반복해서는 안 된다. 오재일 등 거포가 많아진 만큼 더욱 구자욱의 최대 장점에 집중할 필요가 있다. 시즌 내내 건강한 몸 상태를 유지하는 것도 삼성 타선의 극대화를 위해 구자욱이 신경 써야 할 점이다.

### 2020 시즌 & 통산 성적

| 연도 | 경기 | 타석 | 타수 | 안타 | 2루타 | 3루타 | 홈런 | 타점 | 도루 | 도실 | 볼넷 | 사구 | 삼진 | 타율 | 장타율 | 출루율 | OPS |
|---|---|---|---|---|---|---|---|---|---|---|---|---|---|---|---|---|---|
| 2020 | 118 | 510 | 446 | 137 | 27 | 2 | 15 | 78 | 19 | 5 | 51 | 8 | 91 | 0.307 | 0.478 | 0.385 | 0.863 |
| 통산 | 724 | 3,172 | 2,801 | 888 | 171 | 41 | 96 | 474 | 77 | 24 | 295 | 41 | 574 | 0.317 | 0.510 | 0.386 | 0.896 |

### 2020 시즌 홈 / 원정 성적

| | 경기 | 타석 | 타수 | 안타 | 2루타 | 3루타 | 홈런 | 타점 | 도루 | 도실 | 볼넷 | 사구 | 삼진 | 타율 | 장타율 | 출루율 | OPS |
|---|---|---|---|---|---|---|---|---|---|---|---|---|---|---|---|---|---|
| 홈 | 62 | 262 | 226 | 77 | 14 | 1 | 8 | 44 | 11 | 5 | 29 | 5 | 54 | 0.341 | 0.518 | 0.424 | 0.942 |
| 원정 | 56 | 248 | 220 | 60 | 13 | 1 | 7 | 34 | 8 | 0 | 22 | 3 | 37 | 0.273 | 0.436 | 0.344 | 0.780 |

### 2020 시즌 상황별 기록

| 상황 | 타석 | 안타 | 홈런 | 타점 | 볼넷 | 삼진 | 타율 |
|---|---|---|---|---|---|---|---|
| vs 좌 | 125 | 37 | 3 | 26 | 11 | 24 | 0.333 |
| vs 우 | 319 | 80 | 10 | 43 | 34 | 58 | 0.288 |
| vs 언더 | 66 | 20 | 2 | 9 | 6 | 9 | 0.351 |
| 주자있음 | 250 | 76 | 1 | 74 | 28 | 34 | 0.360 |
| 주자없음 | 260 | 61 | 4 | 4 | 23 | 57 | 0.260 |
| 득점권 | 144 | 38 | 5 | 57 | 21 | 22 | 0.336 |
| 만루 | 10 | 3 | 0 | 9 | 0 | 2 | 0.375 |

### 2020 시즌 상대팀 별 기록

| 구분 | 타석 | 홈런 | 볼넷 | 삼진 | 타율 | 출루율 | 장타율 | OPS |
|---|---|---|---|---|---|---|---|---|
| KIA | 52 | 2 | 3 | 12 | 0.407 | 0.439 | 0.593 | 1.032 |
| KT | 50 | 1 | 4 | 7 | 0.357 | 0.429 | 0.500 | 0.929 |
| LG | 52 | 1 | 5 | 9 | 0.239 | 0.327 | 0.413 | 0.740 |
| NC | 59 | 0 | 7 | 9 | 0.200 | 0.305 | 0.240 | 0.545 |
| SK | 50 | 3 | 6 | 8 | 0.381 | 0.480 | 0.571 | 1.051 |
| 키움 | 58 | 1 | 5 | 10 | 0.321 | 0.379 | 0.434 | 0.813 |
| 두산 | 65 | 3 | 8 | 13 | 0.304 | 0.385 | 0.536 | 0.921 |
| 롯데 | 53 | 3 | 5 | 12 | 0.304 | 0.377 | 0.565 | 0.942 |
| 한화 | 66 | 1 | 5 | 14 | 0.263 | 0.364 | 0.456 | 0.820 |

### 그라운드 구역별 피안타 방향

| 구분 | 타석 | 안타 | 홈런 | 타점 | 볼넷 | 삼진 | 타율 |
|---|---|---|---|---|---|---|---|
| 0-0 | 60 | 32 | 4 | 24 | 1 | 0 | 0.582 |
| 0-1 | 32 | 17 | 2 | 8 | 0 | 0 | 0.567 |
| 0-2 | 42 | 10 | 0 | 0 | 0 | 15 | 0.238 |
| 1-0 | 7 | 2 | 0 | 5 | 0 | 0 | 0.333 |
| 1-1 | 50 | 14 | 3 | 10 | 0 | 0 | 0.280 |
| 1-2 | 85 | 18 | 1 | 10 | 0 | 38 | 0.212 |
| 2-0 | 12 | 2 | 0 | 1 | 1 | 0 | 0.200 |
| 2-1 | 27 | 9 | 1 | 5 | 0 | 0 | 0.333 |
| 2-2 | 71 | 14 | 2 | 7 | 0 | 24 | 0.203 |
| 3-0 | 14 | 0 | 0 | 0 | 14 | 0 | - |
| 3-1 | 28 | 4 | 1 | 2 | 18 | 0 | 0.400 |
| 3-2 | 67 | 10 | 1 | 7 | 17 | 14 | 0.213 |

### 2020 시즌 수비 성적

| 구분 | 수비이닝 | 실책 | 수비율 |
|---|---|---|---|
| LF | 445.0 | 1 | 0.992 |
| RF | 390.0 | 1 | 0.989 |

### 2020 시즌 핫 & 콜드존

**VS좌투**

| 0.000 0/1 | - 0/0 | 0.333 1/3 | 0.000 0/1 | - 0/0 |
|---|---|---|---|---|
| 0.333 1/3 | 0.750 3/4 | 0.500 3/6 | 0.000 0/3 | 0.000 0/2 |
| 0.333 1/3 | 0.333 1/3 | 0.111 1/9 | 0.438 7/16 | 0.200 1/5 |
| 0.500 1/2 | 0.750 6/8 | 0.222 2/9 | 0.333 5/15 | 0.333 2/6 |
| - 0/0 | 0.000 0/2 | 0.200 1/5 | 0.333 1/3 | 0.000 0/2 |

**VS우투**

| 0.000 0/2 | 0.600 3/5 | 0.333 2/6 | 0.333 2/6 | 0.000 0/2 |
|---|---|---|---|---|
| 0.333 1/3 | 0.167 1/6 | 0.368 7/19 | 0.429 6/14 | 0.000 0/2 |
| 0.250 1/4 | 0.455 10/22 | 0.379 11/29 | 0.325 13/40 | 0.067 1/15 |
| 0.250 1/4 | 0.400 8/20 | 0.368 14/38 | 0.294 10/34 | 0.133 2/15 |
| 0.333 1/3 | 0.000 0/9 | 0.063 1/16 | 0.263 5/19 | 0.000 0/2 |

# PLAYERS

## 47
## 강민호

**포수(우투우타)**

| | | | |
|---|---|---|---|
| 생년월일 | 1985년 8월 18일 | 신장/체중 | 185cm/100kg |
| 학력 | 제주신광초-포철중-포철공고 | | |
| 연봉(2021) | 5억 원 | | |
| 지명순위 | 2004 롯데 2차 3라운드 17순위 | | |
| 입단년도 | 2004 롯데 | | |

강민호는 자타공인 '소통왕'이다. 스스로 "소통하는 걸 좋아한다"라고 말할 정도다. 특유의 밝고 쾌활한 성격으로 젊은 투수, 베테랑 투수, 외국인 투수를 가리지 않고 스스럼없이 먼저 다가선다. 선수의 특성을 고려한 대화법을 통해 해법을 찾아낸다. 많은 투수가 지난해 강민호와 대화를 통해 터닝 포인트를 찾았다. 뷰캐넌, 라이블리, 오승환 등 팀의 주축 투수들이 모두 베테랑 포수의 도움을 받았다. 시즌 초 자신의 그림대로 전략을 짜고 나온 뷰캐넌에게는 몇 차례 시행착오 후 먼저 다가섰다. "나 한번 믿고 맡겨보라"라는 말로 뷰캐넌의 마음을 사로잡았다. 이후 승승장구 한 뷰캐넌은 이후 강민호의 사인에 고개를 젓는 법이 없다. 수훈 인터뷰 때는 "강민호와 사전에 짜고 나온 전략과 리드 덕분이었다"라는 찬사를 잊지 않는다. 라이블리도 예외가 아니었다. 두 달 여의 부상 후 복귀 이후 반등하지 못하던 상황에서 강민호가 해결사로 나섰다. "구위가 충분히 좋으니 가운데 내 헬멧을 보고 던져라. 만약 안타나 홈런 맞으면 내가 밥을 사겠다"라고 장담했다. 시즌 막판 맹활약으로 이어진 반전의 계기다. 투수의 기를 살려주는 파이팅과 노련한 리드, 그리고 강견까지 강민호는 여전히 리그 정상급 안방마님이다. 도루저지율이 41.1%에 달한다. 주전 포수 중 NC 양의지에 이어 2위다. 2019년 최악의 슬럼프를 딛고 타격도 반등했다. 지난해 119경기 타율 0.287, 19홈런, 61타점. 장타율이 0.487에 달한다. 특유의 한 방이 살아난 셈이다. 하지만 강민호의 목표는 개인 성적은 아니다. 오로지 삼성 투수진을 잘 이끌어 팀을 가을 야구 무대에 올려놓는 것이다. "한국시리즈 우승이 소원이자 꿈"이라는 강민호가 과연 은퇴 전까지 그 꿈을 이룰 수 있을까. 2018시즌을 앞두고 삼성과 맺은 FA 4년 계약의 마지막 시즌이다. 'FA로이드'와 가을 야구를 향한 간절함이 시너지 효과를 이루어야 한다.

### 2020 시즌 & 통산 성적

| 연도 | 경기 | 타석 | 타수 | 안타 | 2루타 | 3루타 | 홈런 | 타점 | 도루 | 도실 | 볼넷 | 사구 | 삼진 | 타율 | 장타율 | 출루율 | OPS |
|---|---|---|---|---|---|---|---|---|---|---|---|---|---|---|---|---|---|
| 2020 | 119 | 393 | 355 | 102 | 14 | 0 | 19 | 61 | 0 | 0 | 31 | 4 | 54 | 0.287 | 0.487 | 0.349 | 0.836 |
| 통산 | 1,855 | 6,856 | 5,981 | 1,643 | 295 | 10 | 272 | 955 | 23 | 32 | 633 | 141 | 1,301 | 0.275 | 0.464 | 0.355 | 0.819 |

### 2020 시즌 홈 / 원정 성적

| | 경기 | 타석 | 타수 | 안타 | 2루타 | 3루타 | 홈런 | 타점 | 도루 | 도실 | 볼넷 | 사구 | 삼진 | 타율 | 장타율 | 출루율 | OPS |
|---|---|---|---|---|---|---|---|---|---|---|---|---|---|---|---|---|---|
| 홈 | 60 | 208 | 188 | 63 | 8 | 0 | 14 | 35 | 0 | 0 | 17 | 1 | 29 | 0.335 | 0.601 | 0.389 | 0.990 |
| 원정 | 59 | 185 | 167 | 39 | 6 | 0 | 5 | 26 | 0 | 0 | 14 | 3 | 25 | 0.234 | 0.359 | 0.303 | 0.662 |

### 2020 시즌 상황별 기록

| 상황 | 타석 | 안타 | 홈런 | 타점 | 볼넷 | 삼진 | 타율 |
|---|---|---|---|---|---|---|---|
| vs 좌 | 60 | 15 | 4 | 14 | 5 | 7 | 0.278 |
| vs 우 | 271 | 71 | 15 | 43 | 25 | 37 | 0.293 |
| vs 언더 | 62 | 16 | 0 | 4 | 1 | 10 | 0.271 |
| 주자있음 | 187 | 50 | 10 | 52 | 17 | 22 | 0.301 |
| 주자없음 | 206 | 52 | 9 | 9 | 14 | 32 | 0.275 |
| 득점권 | 101 | 27 | 9 | 47 | 9 | 15 | 0.303 |
| 만루 | 12 | 5 | 2 | 16 | 1 | 2 | 0.500 |

### 2020 시즌 상대팀 별 기록

| 구분 | 타석 | 홈런 | 볼넷 | 삼진 | 타율 | 출루율 | 장타율 | OPS |
|---|---|---|---|---|---|---|---|---|
| KIA | 40 | 1 | 1 | 6 | 0.368 | 0.400 | 0.526 | 0.926 |
| KT | 49 | 1 | 4 | 5 | 0.250 | 0.306 | 0.341 | 0.647 |
| LG | 45 | 4 | 1 | 6 | 0.238 | 0.267 | 0.548 | 0.815 |
| NC | 38 | 2 | 6 | 2 | 0.278 | 0.316 | 0.472 | 0.788 |
| SK | 48 | 3 | 5 | 9 | 0.286 | 0.375 | 0.452 | 0.827 |
| 키움 | 36 | 3 | 2 | 7 | 0.235 | 0.278 | 0.353 | 0.631 |
| 두산 | 44 | 3 | 4 | 3 | 0.371 | 0.500 | 0.686 | 1.186 |
| 롯데 | 51 | 2 | 3 | 6 | 0.298 | 0.333 | 0.532 | 0.865 |
| 한화 | 42 | 2 | 5 | 4 | 0.270 | 0.357 | 0.486 | 0.843 |

### 그라운드 구역별 피안타 방향

| 구분 | 타석 | 안타 | 홈런 | 타점 | 볼넷 | 삼진 | 타율 |
|---|---|---|---|---|---|---|---|
| 0-0 | 33 | 9 | 1 | 7 | 1 | 0 | 0.290 |
| 0-1 | 40 | 6 | 1 | 2 | 0 | 0 | 0.154 |
| 0-2 | 28 | 5 | 0 | 2 | 0 | 10 | 0.179 |
| 1-0 | 39 | 18 | 3 | 13 | 0 | 0 | 0.474 |
| 1-1 | 42 | 12 | 1 | 5 | 0 | 0 | 0.286 |
| 1-2 | 52 | 13 | 2 | 9 | 0 | 19 | 0.260 |
| 2-0 | 8 | 2 | 0 | 1 | 0 | 0 | 0.286 |
| 2-1 | 24 | 12 | 2 | 7 | 0 | 0 | 0.522 |
| 2-2 | 42 | 8 | 0 | 7 | 0 | 11 | 0.190 |
| 3-0 | 7 | 0 | 0 | 0 | 7 | 0 | - |
| 3-1 | 18 | 5 | 3 | 4 | 9 | 0 | 0.556 |
| 3-2 | 60 | 15 | 7 | 12 | 13 | 14 | 0.261 |

### 2020 시즌 수비 성적

| 구분 | 수비이닝 | 실책 | 수비율 |
|---|---|---|---|
| C | 862.0 | 8 | 0.988 |

### 2020 시즌 핫 & 콜드존

**VS좌투**

| 1.000 1/1 | 0.000 0/1 | 0.000 0/3 | - 0/0 | 0.000 0/1 |
|---|---|---|---|---|
| 0.000 0/2 | 0.429 3/7 | 0.000 0/2 | 0.000 0/1 | - 0/0 |
| 0.000 0/3 | 0.429 3/7 | 0.200 1/5 | 0.000 0/1 | - 0/0 |
| 0.250 1/4 | 0.000 0/4 | 0.667 4/6 | 0.500 1/2 | - 0/0 |
| - 0/0 | 0.000 0/1 | 0.500 1/2 | 0.000 0/1 | - 0/0 |

**VS우투**

| 0.500 1/2 | 0.000 0/2 | 0.000 0/8 | 0.500 2/4 | 0.000 0/2 |
|---|---|---|---|---|
| 0.143 1/7 | 0.267 4/15 | 0.208 5/24 | 0.182 2/11 | 0.500 1/2 |
| 0.188 3/16 | 0.310 9/29 | 0.552 16/29 | 0.250 4/16 | 0.286 2/7 |
| 0.200 3/15 | 0.333 10/30 | 0.409 18/44 | 0.222 2/9 | - 0/0 |
| 0.000 0/8 | 0.222 2/9 | 0.222 2/9 | 0.000 0/3 | - |

# 56
# 최채흥

**투수(좌투좌타)**

| | | | |
|---|---|---|---|
| 생년월일 | 1995년 1월 22일 | 신장/체중 | 186cm/97kg |
| 학력 | 동천초-포항중-대구상원고-한양대 | | |
| 연봉(2021) | 1억6000만 원 | | |
| 지명순위 | 2018 삼성 1차 | | |
| 입단년도 | 2018 삼성 | | |

최채흥은 매년 발전하는 투수다. 2018년 입단 이후 4승, 6승, 11승으로 꾸준히 성장했다. 지난해는 터닝포인트였다. 명실상부 삼성 라이온즈 토종 에이스로 거듭났다. 26경기 11승 6패, 평균자책점 3.58은 국내 선수 1위다. 국내 선수 유일의 좌완 3점대에 두 자릿수 승수 투수에 올랐다. 개인적으로는 데뷔 첫 규정이닝 소화와 10승 이상을 기록하는 의미 있는 시즌을 보냈다. 10월 20일 인천 SK전에서 7⅓이닝 동안 105구를 던지며 5안타 1볼넷 8탈삼진 2실점으로 12대2 대승을 이끌며 승리투수가 됐다. 3번째 도전 만에 이뤄낸 데뷔 첫 10승 달성이었다. 삼성 토종 10승은 2017년 윤성환 이후 3년 만, 토종 좌완 10승은 2016년 차우찬 이후 4년 만이다. 최채흥의 성공 비결은 다양한 레퍼토리에 있다. 우타자 상대로 바깥쪽으로 흘러져 나가는 체인지업을 효과적으로 구사한다. 느린 커브와 슬라이더로 타이밍을 빼앗는다. 허삼영 감독도 시즌 중 "채흥이는 위기를 탈출할 수 있는 레퍼토리가 많다"라며 선발로 롱런할 수 있는 장점을 언급했다. 삼성 전성기를 이끌던 좌완 에이스 장원삼과 많이 비교되기도 한다. 장원삼보다 구속이 빠른 편이라 제구력을 더 정교하게 가다듬는다면 팀의 10년 미래를 책임질 에이스가 될 수 있다. 무엇보다 풀시즌을 관통할 수 있는 스태미나 보강이 중요하다. 최채흥은 2019년에 이어 지난해에도 여름에 브레이크가 걸리면서 살짝 고전했다. 스스로 과제도 잘 안다. 틈나는 대로 루틴의 중요성을 이야기한다. 최채흥은 "뷰캐넌이 운동하면서 구위가 떨어지고 체력이 달리는 모습을 한 번도 보여준 적이 없었다. 바로 루틴이 확실하기 때문이다. 웨이트를 통한 나만의 루틴을 만들겠다"라고 다짐했다. 각오대로 겨울을 충실하게 보냈다. 만개할 좌완 에이스를 기대해도 좋을 시즌이다. 대졸 출신으로 적지 않은 나이로 인한 병역 문제에 해결이 시급하다. 도쿄올림픽이 정상 개최되고 시즌 초부터 맹활약해 대표팀에 승선한다면 최상의 시나리오가 될 것이다.

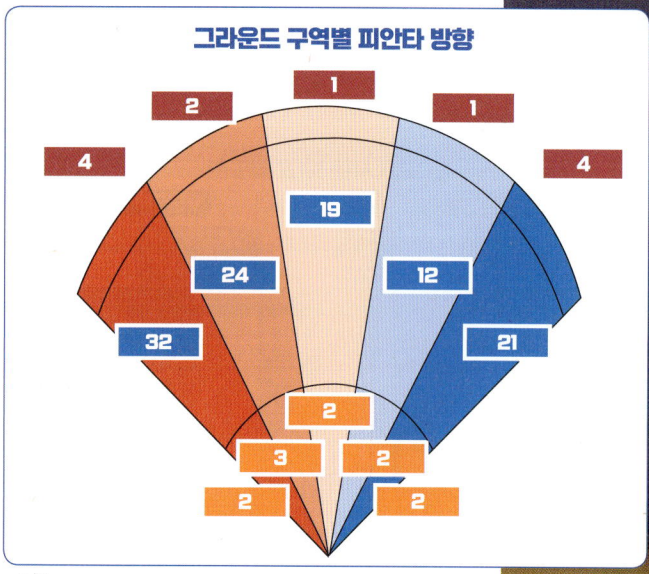

### 2020 시즌 & 통산 성적

| | 경기 | 선발 | 승 | 패 | 세이브 | 홀드 | 이닝 | 피안타 | 피홈런 | 볼넷 | 사구 | 삼진 | ERA |
|---|---|---|---|---|---|---|---|---|---|---|---|---|---|
| 2020 | 26 | 26 | 11 | 6 | 0 | 0 | 146 | 131 | 12 | 51 | 7 | 123 | 3.58 |
| 통산 | 62 | 45 | 21 | 13 | 0 | 2 | 280.2 | 288 | 27 | 95 | 9 | 237 | 4.01 |

### 2020 시즌 홈 / 원정 성적

| | 경기 | 선발 | 승 | 패 | 세이브 | 홀드 | 타자 | 이닝 | 피안타 | 피홈런 | 볼넷 | 사구 | 삼진 | 실점 | 자책점 | ERA |
|---|---|---|---|---|---|---|---|---|---|---|---|---|---|---|---|---|
| 홈 | 14 | 14 | 5 | 4 | 0 | 0 | 330 | 76.1 | 73 | 6 | 25 | 6 | 61 | 38 | 31 | 3.66 |
| 원정 | 12 | 12 | 6 | 2 | 0 | 0 | 287 | 69.2 | 58 | 6 | 26 | 1 | 62 | 29 | 27 | 3.49 |

### 2020 시즌 구종 구사

| 구종 | 평균구속 | 최고구속 | 구사율(%) | 피안타율 |
|---|---|---|---|---|
| 포심패스트볼 | 139 | 147 | 46.6 | 0.285 |
| 투심/싱커 | | | | |
| 슬라이더/커터 | 129 | 139 | 28.3 | 0.218 |
| 커브 | 113 | 122 | 6.8 | 0.222 |
| 체인지업 | 124 | 134 | 18.2 | 0.145 |
| 포크/SF | | | 0 | |
| 너클볼/기타 | | | 0 | |

### 2020 시즌 상황별 기록

| 상황 | 안타 | 2루타 | 3루타 | 홈런 | 볼넷 | 사구 | 삼진 | 폭투 | 보크 | 피안타율 |
|---|---|---|---|---|---|---|---|---|---|---|
| vs좌 | 60 | 8 | 1 | 4 | 15 | 3 | 52 | 1 | 0 | 0.258 |
| vs우 | 71 | 19 | 0 | 8 | 36 | 4 | 71 | 2 | 0 | 0.222 |
| 주자없음 | 80 | 14 | 0 | 10 | 24 | 4 | 75 | 0 | 0 | 0.242 |
| 주자있음 | 51 | 13 | 1 | 2 | 27 | 3 | 48 | 3 | 0 | 0.230 |
| 득점권 | 32 | 8 | 1 | 1 | 17 | 2 | 25 | 0 | 1 | 0.264 |
| 만루 | 3 | 0 | 0 | 1 | 2 | 0 | 0 | 0 | 0 | 0.250 |

### 2020 시즌 상대팀 별 기록

| 구분 | 경기 | 방어율 | 승 | 패 | 세이브 | 홀드 | 이닝 | 안타 | 홈런 | 볼넷 | 삼진 | 피안타율 |
|---|---|---|---|---|---|---|---|---|---|---|---|---|
| KIA | 2 | 1.86 | 1 | 1 | 0 | 0 | 9.2 | 8 | 1 | 6 | 12 | 0.235 |
| KT | 2 | 6.52 | 0 | 1 | 0 | 0 | 9.2 | 12 | 1 | 6 | 9 | 0.316 |
| LG | 4 | 0.36 | 2 | 0 | 0 | 0 | 25.0 | 13 | 1 | 6 | 19 | 0.144 |
| NC | 3 | 4.24 | 2 | 1 | 0 | 0 | 17.0 | 16 | 2 | 6 | 15 | 0.246 |
| SK | 4 | 3.16 | 2 | 1 | 0 | 0 | 25.2 | 19 | 5 | 9 | 21 | 0.204 |
| 키움 | 2 | 9.00 | 1 | 1 | 0 | 0 | 11.0 | 16 | 0 | 5 | 13 | 0.340 |
| 두산 | 3 | 9.00 | 0 | 1 | 0 | 0 | 14.0 | 25 | 2 | 5 | 6 | 0.391 |
| 롯데 | 3 | 2.20 | 2 | 0 | 0 | 0 | 16.1 | 11 | 0 | 5 | 10 | 0.190 |
| 한화 | 3 | 1.02 | 1 | 0 | 0 | 0 | 17.2 | 11 | 1 | 4 | 17 | 0.172 |

## PLAYERS

# 21
# 오승환

**투수(우투우타)**

| | | | |
|---|---|---|---|
| 생년월일 | 1982년 7월 15일 | 신장/체중 | 178cm/93kg |
| 학력 | 도신초-우신중-경기고-단국대 | | |
| 연봉(2021) | 11억 원 | | |
| 지명순위 | 2005 삼성 2차 1라운드 5순위 | | |
| 입단년도 | 2005 삼성 | | |

'라첸카 세이브 어스'가 다시 울려 퍼졌다. '돌아온 끝판왕' 오승환은 삼성 뒷문의 수호신이다. 복귀 과정에서 시행착오는 잠시였을 뿐이었다. 천하의 오승환에게도 7년 만의 국내 복귀 과정은 순탄치만은 않았다. 찰나의 당혹스러움과 이듬해에 대한 기대가 교차했다. 팔꿈치 수술 이후 재활 과정, 코로나19 등으로 복귀가 더 늦어졌다. 정상 컨디션을 유지하기 쉽지 않았다. 오랜만에 조우한 국내 타자들도 많이 발전해 있었다. 오승환은 "공 하나하나를 완벽하게 가져가려다 보니까 오히려 경직됐다. 편하게 마음을 먹으면서 나아졌다"라며 시즌을 돌아봤다. 비운 마음의 자리에 그의 원래 모습이 채워졌다. 잠시 주춤했던 7월을 끝으로 빠르게 자신의 궤도를 찾았다. 전반기 4.58의 평균자책점이 후반기 1.50으로 뚝 떨어졌다. 시즌 막판인 10월 12경기 평균자책점 0.71을 기록했다. 우리가 알던 바로 그 오승환이었다. 결국 복귀 초반 살짝 치솟았던 평균 자책점을 2.64까지 낮췄다. 3승 2패 18세이브, 2홀드였다. 변화구 구사가 늘었지만 피하지 않고 빠르게 승부를 펼치는 모습은 여전히 오승환답다. 한미일을 평정한 끝판왕은 복귀 2년 차 시즌을 앞두고 여전히 배울 점을 강조한다. 지난해의 시행착오를 진짜 오승환다움의 동력으로 삼을 참이다. 오승환은 "분명하게 설명하기는 힘들지만 달라진 리그에 적응하는 거나 그 리듬에 맞춰야 한다는 걸 깨달았다"라며 도약을 다짐했다. 이를 위해 더 강하게 자신을 채찍질했다. 겨우내 한순간도 쉬지 않고 후배들과 함께 몸을 만들었다. 오승환은 6년 만에 가을 야구 진출을 노리는 삼성 야구의 키플레이다. 지난해보다 리드 경기가 더 늘어날 전망이기 때문이다. 과거처럼 강력한 모습으로 리드하는 경기를 다 잡아준다면 삼성의 상위권 진출 가능성은 매우 높아질 전망이다. 불펜 전체에 미칠 시너지 효과까지 감안하면 설명이 필요 없는 끝판왕의 존재감이다.

### 2020 시즌 & 통산 성적

| | 경기 | 선발 | 승 | 패 | 세이브 | 홀드 | 이닝 | 피안타 | 피홈런 | 볼넷 | 사구 | 삼진 | ERA |
|---|---|---|---|---|---|---|---|---|---|---|---|---|---|
| 2020 | 45 | 0 | 3 | 2 | 18 | 2 | 47.2 | 44 | 6 | 15 | 2 | 39 | 2.64 |
| 통산 | 489 | 2 | 31 | 15 | 295 | 13 | 558.0 | 342 | 34 | 135 | 11 | 664 | 1.77 |

### 2020 시즌 홈 / 원정 성적

| | 경기 | 선발 | 승 | 패 | 세이브 | 홀드 | 타자 | 이닝 | 피안타 | 피홈런 | 볼넷 | 사구 | 삼진 | 실점 | 자책점 | ERA |
|---|---|---|---|---|---|---|---|---|---|---|---|---|---|---|---|---|
| 홈 | 27 | 0 | 3 | 2 | 7 | 2 | 130 | 29.2 | 32 | 2 | 12 | 2 | 20 | 13 | 13 | 3.94 |
| 원정 | 18 | 0 | 0 | 0 | 11 | 0 | 71 | 18 | 12 | 0 | 3 | 0 | 19 | 1 | 1 | 0.50 |

### 2020 시즌 구종 구사

| 구종 | 평균구속 | 최고구속 | 구사율(%) | 피안타율 |
|---|---|---|---|---|
| 포심패스트볼 | 146 | 151 | 52.3 | 0.284 |
| 투심/싱커 | | | 0 | |
| 슬라이더/커터 | 135 | 144 | 33.4 | 0.194 |
| 커브 | 118 | 127 | 4.6 | 0.250 |
| 체인지업 | 133 | 141 | 5.6 | 0.111 |
| 포크/SF | 135 | 140 | 4.2 | 0.333 |
| 너클볼/기타 | | | 0 | |

### 2020 시즌 상황별 기록

| 상황 | 안타 | 2루타 | 3루타 | 홈런 | 볼넷 | 사구 | 삼진 | 폭투 | 보크 | 피안타율 |
|---|---|---|---|---|---|---|---|---|---|---|
| vs 좌 | 23 | 4 | 1 | 1 | 9 | 2 | 20 | 1 | 0 | 0.237 |
| vs 우 | 21 | 6 | 1 | 0 | 6 | 0 | 19 | 0 | 0 | 0.253 |
| 주자없음 | 23 | 6 | 1 | 1 | 0 | 0 | 26 | 0 | 0 | 0.223 |
| 주자있음 | 21 | 4 | 0 | 1 | 11 | 2 | 13 | 1 | 0 | 0.273 |
| 득점권 | 12 | 3 | 0 | 1 | 10 | 2 | 9 | 1 | 0 | 0.240 |
| 만루 | 3 | 1 | 0 | 0 | 0 | 0 | 0 | 0 | 0 | 0.333 |

### 2020 시즌 상대팀 별 기록

| 구분 | 경기 | 방어율 | 승 | 패 | 세이브 | 홀드 | 이닝 | 안타 | 홈런 | 볼넷 | 삼진 | 피안타율 |
|---|---|---|---|---|---|---|---|---|---|---|---|---|
| KIA | 3 | 15.43 | 0 | 1 | 0 | 0 | 2.1 | 7 | 1 | 1 | 2 | 0.538 |
| KT | 4 | 6.23 | 0 | 0 | 1 | 0 | 4.1 | 6 | 0 | 1 | 4 | 0.353 |
| LG | 5 | 3.86 | 0 | 0 | 2 | 0 | 4.2 | 3 | 1 | 3 | 2 | 0.176 |
| NC | 4 | 2.45 | 0 | 0 | 1 | 0 | 3.2 | 4 | 1 | 1 | 4 | 0.267 |
| SK | 4 | 0.00 | 0 | 0 | 3 | 0 | 4.1 | 4 | 0 | 1 | 4 | 0.235 |
| 키움 | 4 | 5.40 | 0 | 1 | 1 | 1 | 5.0 | 5 | 0 | 3 | 4 | 0.263 |
| 두산 | 6 | 0.00 | 1 | 0 | 5 | 0 | 7.2 | 5 | 0 | 4 | 6 | 0.185 |
| 롯데 | 6 | 0.00 | 1 | 0 | 2 | 0 | 6.0 | 3 | 0 | 1 | 3 | 0.158 |
| 한화 | 9 | 0.93 | 1 | 0 | 4 | 0 | 9.2 | 7 | 0 | 1 | 11 | 0.194 |

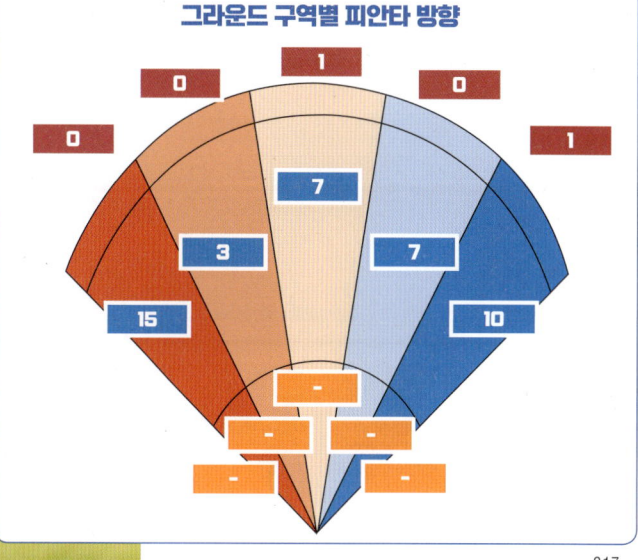

그라운드 구역별 피안타 방향

# 39
# 벤 라이블리

**투수(우투우타)**

| | |
|---|---|
| 생년월일 | 1992년 3월 5일 |
| 신장/체중 | 193cm/86kg |
| 학력 | 미국 Central Florida(대) |
| 연봉(2021) | 50만 달러 |
| 지명순위 | 2019 삼성 자유선발 |
| 입단년도 | 2019 삼성 |

벤 라이블리는 괴짜다. 배트를 들고 감독에게 대타를 조르기도 하고 경기를 망치면 머리를 벽에 쿵쿵 찧기도 한다. 이번 국내 스프링캠프 때는 머리를 파랗게 염색하고 등장했다. "뉴 블루 라이온즈의 캐치프레이즈에 맞춘 색깔"이란 설명이다. 그토록 원했던 라이온즈와 3년째 재계약에 성공한 뒤 뼈를 묻겠다는 의지의 표현이기도 하다. 그는 "각오의 표현이기도 하지만 색다른 걸 하고 싶었다. 야구 못하면 바로 밀어버릴 것"이라고 말한다.

라이블리에게 지난해는 지우고 싶었던 시즌이었다. 올 시즌 21경기 112이닝 6승 7패 평균자책점 4.26. 옆구리 파열로 인한 2개월 공백이 치명적이었다. 보장 연봉도 20만 달러나 깎였다. 재계약 실패 위기였지만 9월 이후 9경기 4승 무패 평균자책점 3.16의 호투로 기회를 다시 잡았다. 유독 승운이 따르지 않았다. 두산전 7이닝 노히트노런에도 승리를 챙기지 못했다.

그토록 원했던 삼성 복귀. 이제 꾸준함을 보여줘야 할 시간이다. 2019년 맥과이어 대체 외인으로 한국 땅을 밟은 라이블리는 풀시즌을 소화한 적이 없다. 삼성 재도약 원년인 올 시즌은 풀타임 활약의 내구성을 입증해야 한다. 40만 달러에 달하는 인센티브가 라이블리의 투지를 자극할 전망. 익스텐션, 구위, 무브먼트 모두 강력한 편이고 우타자 안쪽으로 살짝 휘는 투심성 패스트볼이 위력적이다. 초구 스트라이크를 잡는 공격적 피칭, 탈삼진 능력, 땅볼 유도능력이 모두 뛰어나다.

보완 과제도 있다. 좋을 때와 나쁠 때가 너무 다르다. 경기를 스스로 망칠 때가 있다. 지나친 승부욕에서 비롯된 다혈질 기질 탓이다. 마운드 위에서 뜻대로 안 되면 지나치게 흥분해 공이 가운데로 몰리며 집중타를 허용해 자멸하는 모습을 종종 보인다. 이럴 때 덕아웃에서 글러브나 공을 패대기치는 모습도 팀 케미스트리 차원에서 자제하는 편이 낫다. 본인의 뜻과 달리 자칫 야수들의 오해를 불러 수비나 공격 때 위축될 수도 있다. 그저 유쾌하고 패기 넘치는 라이블리의 모습으로 충분하다.

## 그라운드 구역별 피안타 방향

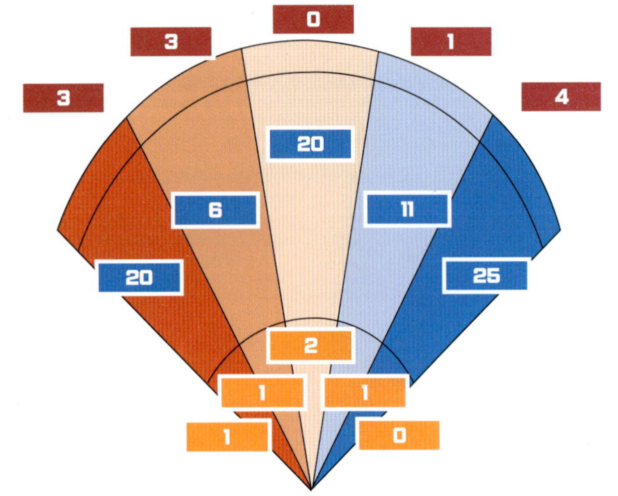

|  |  |  |  |  |
|---|---|---|---|---|
| 3 | 0 | | 1 | |
| 3 | | 20 | | 4 |
| | 6 | | 11 | |
| 20 | | 2 | | 25 |
| | 1 | | 1 | |
| | 1 | | 0 | |

## 2020 시즌 & 통산 성적

| | 경기 | 선발 | 승 | 패 | 세이브 | 홀드 | 이닝 | 피안타 | 피홈런 | 볼넷 | 사구 | 삼진 | ERA |
|---|---|---|---|---|---|---|---|---|---|---|---|---|---|
| 2020 | 21 | 21 | 6 | 7 | 0 | 0 | 112 | 98 | 11 | 39 | 12 | 95 | 4.26 |
| 통산 | 30 | 30 | 10 | 11 | 0 | 0 | 169.0 | 149 | 15 | 52 | 17 | 153 | 4.15 |

## 2020 시즌 홈 / 원정 성적

| | 경기 | 선발 | 승 | 패 | 세이브 | 홀드 | 타자 | 이닝 | 피안타 | 피홈런 | 볼넷 | 사구 | 삼진 | 실점 | 자책점 | ERA |
|---|---|---|---|---|---|---|---|---|---|---|---|---|---|---|---|---|
| 홈 | 11 | 11 | 4 | 3 | 0 | 0 | 238 | 55 | 51 | 7 | 22 | 6 | 50 | 30 | 30 | 4.91 |
| 원정 | 10 | 10 | 2 | 4 | 0 | 0 | 240 | 57.2 | 47 | 4 | 17 | 6 | 45 | 24 | 23 | 3.63 |

## 2020 시즌 구종 구사

| 구종 | 평균구속 | 최고구속 | 구사율(%) | 피안타율 |
|---|---|---|---|---|
| 포심패스트볼 | 146 | 153 | 34.9 | 0.181 |
| 투심/싱커 | 144 | 149 | 19.1 | 0.200 |
| 슬라이더/커터 | 133 | 145 | 27.3 | 0.267 |
| 커브 | 121 | 132 | 16.6 | 0.329 |
| 체인지업 | 133 | 138 | 2.0 | 0.200 |
| 포크/SF | | | 0 | |
| 너클볼/기타 | | | | |

## 2020 시즌 상황별 기록

| 상황 | 안타 | 2루타 | 3루타 | 홈런 | 볼넷 | 사구 | 삼진 | 폭투 | 보크 | 피안타율 |
|---|---|---|---|---|---|---|---|---|---|---|
| vs 좌 | 55 | 6 | 0 | 7 | 24 | 3 | 50 | 1 | 0 | 0.248 |
| vs 우 | 43 | 10 | 0 | 4 | 15 | 9 | 45 | 1 | 0 | 0.217 |
| 주자없음 | 50 | 8 | 0 | 7 | 23 | 5 | 60 | 0 | 0 | 0.210 |
| 주자있음 | 48 | 8 | 0 | 4 | 16 | 7 | 35 | 2 | 0 | 0.264 |
| 득점권 | 25 | 4 | 0 | 2 | 13 | 3 | 15 | 0 | 0 | 0.263 |
| 만루 | 5 | 0 | 0 | 0 | 3 | 0 | 0 | 0 | 0 | 0.500 |

## 2020 시즌 상대팀 별 기록

| 구분 | 경기 | 방어율 | 승 | 패 | 세이브 | 홀드 | 이닝 | 안타 | 홈런 | 볼넷 | 삼진 | 피안타율 |
|---|---|---|---|---|---|---|---|---|---|---|---|---|
| KIA | 3 | 6.19 | 1 | 1 | 0 | 0 | 16.0 | 21 | 3 | 4 | 21 | 0.318 |
| KT | 3 | 6.23 | 0 | 2 | 0 | 0 | 13.0 | 13 | 1 | 4 | 11 | 0.277 |
| LG | 3 | 2.25 | 1 | 0 | 0 | 0 | 20.0 | 12 | 2 | 4 | 16 | 0.167 |
| NC | 2 | 2.77 | 1 | 0 | 0 | 0 | 13.0 | 9 | 2 | 4 | 14 | 0.200 |
| 키움 | 3 | 4.96 | 0 | 3 | 0 | 0 | 16.1 | 18 | 2 | 9 | 6 | 0.277 |
| 두산 | 4 | 3.06 | 1 | 0 | 0 | 0 | 17.2 | 8 | 1 | 9 | 17 | 0.129 |
| 롯데 | 2 | 4.50 | 2 | 0 | 0 | 0 | 10.0 | 12 | 0 | 2 | 6 | 0.293 |
| 한화 | 1 | 6.00 | 0 | 1 | 0 | 0 | 6.0 | 5 | 2 | 4 | 6 | 0.227 |
| 한화 | 9 | 2.00 | 0 | 0 | 0 | 3 | 9.0 | 8 | 1 | 3 | 6 | 0.235 |

# PLAYERS

## 4
# 데이비드 뷰캐넌

**투수(우투우타)**

| | | | |
|---|---|---|---|
| 생년월일 | 1989년 5월 11일 | 신장/체중 | 190cm/90kg |
| 학력 | 미국 Georgia State(대) | | |
| 연봉(2021) | 90만 달러 | | |
| 지명순위 | 2020 삼성 자유선발 | | |
| 입단년도 | 2020 삼성 | | |

뷰캐넌은 지난해 실망스러웠던 삼성의 희망이었다. 에이스의 탄생. 그는 최근 실패로 점철됐던 삼성 외인 투수 흑역사를 바꿔놓았다. 2015년 피가로, 클로이드 이후 5년 만의 외국인 10승에 성공했다. 끝이 아니었다. 1998년 스캇 베이커 이후 22년 만에 역대 삼성 외국인 투수 한 시즌 최다 승수 타이기록을 세웠다. 27경기 15승 7패 평균자책점 3.45. 가장 고무적인 사실은 꾸준히 로테이션을 지킨 이닝이터였다는 점이다. 등판했던 거의 모든 경기에서 6이닝을 소화했다. 부상 이탈과 짧은 이닝 소화를 반복하며 골머리를 안겼던 최근 5년간 삼성 외인 투수 역사를 생각하면 이런 효자가 없었다. 꾸준함의 대명사다. 비결은 철저한 자기관리에 있었다. 식단과 훈련 등 자신만의 철저한 루틴을 지키며 흔들림 없는 퍼포먼스를 완성했다. 그의 루틴을 본받는 팀 내 젊은 투수들이 있을 정도다. 뷰캐넌 영입의 부수효과다. 뷰캐넌의 장점은 공격적이고 효율적인 피칭이다. 평균 6이닝 이상을 소화하는 비결이다. 150㎞를 넘나드는 빠른 공과 좌타자 상대 체인지업, 우타자 상대 슬라이더, 커브로 적극적 승부를 펼친다. 땅볼 유도형 투수로서 병살타 유도율 1위를 기록했다. 제5의 내야수로서 수비도 좋고 견제와 퀵모션이 최정상급이다. 지난해 뷰캐넌 등판 시 도루시도 횟수가 제로였다. 주자가 스타트를 끊을 수 없는 슬라이드 스텝이다. 규정 이닝을 채우고도 도루 허용을 하지 않은 투수와 규정 이닝을 채울 동안 도루 시도 자체가 없었던 투수는 뷰캐넌이 유일했다. 마운드 위에서 완벽에 가까운 뷰캐넌이지만 과제는 있다. 공격적 성향으로 컨디션이 나쁠 때 공이 몰리며 집중타를 허용, 대량 실점하는 경우가 종종 있다. 특유의 강한 승부근성이 겹쳐 걷잡을 수 없는 최악의 상황이 순식간에 초래되기도 한다. 지난해 한미일 통산 최다인 174⅔이닝을 소화했다는 점도 작은 불안 요소다.

### 2020 시즌 & 통산 성적

| | 경기 | 선발 | 승 | 패 | 세이브 | 홀드 | 이닝 | 피안타 | 피홈런 | 볼넷 | 사구 | 삼진 | ERA |
|---|---|---|---|---|---|---|---|---|---|---|---|---|---|
| 2020 | 27 | 27 | 15 | 7 | 0 | 0 | 174.2 | 172 | 16 | 50 | 7 | 121 | 3.45 |
| 통산 | 27 | 27 | 15 | 7 | 0 | 0 | 174.2 | 172 | 16 | 50 | 7 | 121 | 3.45 |

### 2020 시즌 홈/원정 성적

| | 경기 | 선발 | 승 | 패 | 세이브 | 홀드 | 타자 | 이닝 | 피안타 | 피홈런 | 볼넷 | 사구 | 삼진 | 실점 | 자책점 | ERA |
|---|---|---|---|---|---|---|---|---|---|---|---|---|---|---|---|---|
| 홈 | 15 | 15 | 7 | 6 | 0 | 0 | 418 | 100.1 | 102 | 12 | 26 | 6 | 67 | 48 | 47 | 4.22 |
| 원정 | 12 | 12 | 8 | 1 | 0 | 0 | 310 | 74.1 | 70 | 4 | 24 | 1 | 54 | 23 | 20 | 2.42 |

### 2020 시즌 구종 구사

| 구종 | 평균구속 | 최고구속 | 구사율(%) | 피안타율 |
|---|---|---|---|---|
| 포심패스트볼 | 147 | 153 | 33.8 | 0.281 |
| 투심/싱커 | 146 | 150 | 9.8 | 0.329 |
| 슬라이더/커터 | 142 | 147 | 14.9 | 0.257 |
| 커브 | 121 | 144 | 19.0 | 0.257 |
| 체인지업 | 132 | 140 | 22.3 | 0.194 |
| 포크/SF | | | 0 | |
| 너클볼/기타 | | | 0 | |

### 2020 시즌 상황별 기록

| 상황 | 안타 | 2루타 | 3루타 | 홈런 | 볼넷 | 사구 | 삼진 | 폭투 | 보크 | 피안타율 |
|---|---|---|---|---|---|---|---|---|---|---|
| vs 좌 | 75 | 8 | 0 | 8 | 24 | 3 | 72 | 1 | 0 | 0.229 |
| vs 우 | 97 | 10 | 0 | 8 | 26 | 4 | 49 | 1 | 0 | 0.292 |
| 주자없음 | 97 | 13 | 1 | 10 | 30 | 1 | 61 | 0 | 0 | 0.266 |
| 주자있음 | 75 | 5 | 0 | 6 | 20 | 6 | 60 | 2 | 0 | 0.255 |
| 득점권 | 32 | 4 | 1 | 4 | 14 | 3 | 31 | 0 | 0 | 0.216 |
| 만루 | 3 | 0 | 0 | 0 | 2 | 0 | 0 | 0 | 0 | 0.300 |

### 2020 시즌 상대팀별 기록

| 구분 | 경기 | 방어율 | 승 | 패 | 세이브 | 홀드 | 이닝 | 안타 | 홈런 | 볼넷 | 삼진 | 피안타율 |
|---|---|---|---|---|---|---|---|---|---|---|---|---|
| KIA | 3 | 3.18 | 2 | 1 | 0 | 0 | 17.0 | 24 | 1 | 4 | 12 | 0.338 |
| KT | 2 | 1.42 | 2 | 0 | 0 | 0 | 12.2 | 11 | 2 | 2 | 10 | 0.220 |
| LG | 1 | 18.00 | 0 | 1 | 0 | 0 | 5.0 | 10 | 3 | 4 | 1 | 0.435 |
| NC | 3 | 4.82 | 1 | 1 | 0 | 0 | 18.2 | 15 | 2 | 5 | 10 | 0.221 |
| SK | 5 | 1.54 | 4 | 0 | 0 | 0 | 35.0 | 28 | 4 | 10 | 26 | 0.220 |
| 키움 | 4 | 4.75 | 3 | 1 | 0 | 0 | 30.1 | 30 | 0 | 15 | 18 | 0.278 |
| 두산 | 2 | 0.64 | 2 | 0 | 0 | 0 | 14.0 | 13 | 0 | 2 | 14 | 0.265 |
| 롯데 | 2 | 1.29 | 0 | 2 | 0 | 0 | 14.0 | 10 | 1 | 2 | 13 | 0.204 |
| 한화 | 4 | 4.50 | 1 | 1 | 0 | 0 | 28.0 | 31 | 3 | 6 | 17 | 0.272 |

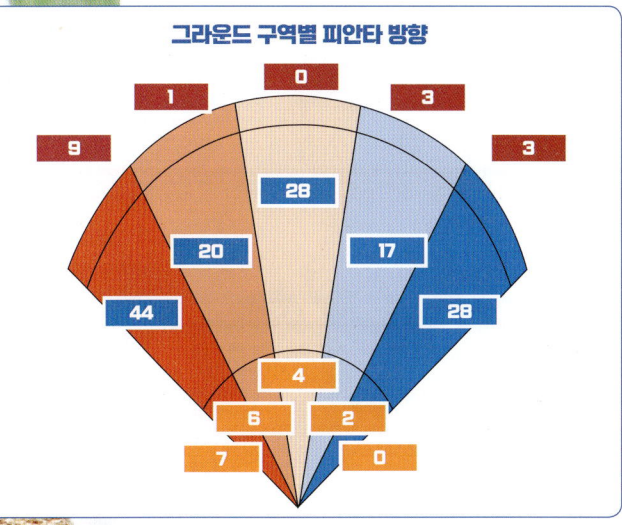

그라운드 구역별 피안타 방향

### 외야수(우투우타)
## 34 김헌곤

김헌곤을 보면서 사람들은 이런 말을 한다. "저런 선수가 잘 돼야 하는데"라고. 야구밖에 모르는 사나이. 그만 좀 하라고 말릴 만큼 배트를 손에서 놓지 않는 성실파다. 노력은 2008년에 빛을 봤다. 생애 첫 3할 타율과 두자릿수 홈런, 20도루를 돌파했다. 2019년도 0.297의 타율을 기록했다. 지난해는 아쉬웠다. 97경기 타율 0.248 3홈런 34타점 26득점 7도루에 그쳤다. 올 시즌도 위기다. 외국인 타자 호세 피렐라가 가세하면서 주전 자리가 없어졌다. 내 탓으로 돌린 김헌곤에게 포기는 없다. 그의 야구인생은 늘 도전의 연속이었다. 훈련 강도뿐 아니라 식단에도 변화를 줬다. 탄수화물과 당류를 끊었다. 더 가벼워지기 위한 노력이다. 김헌곤은 삼성에 없어서는 안 될 선수다. 결정적 순간에 상대 주자를 홈에서 잡아내는 명품 송구는 여전하다. 타석 집중도도 투수들에게는 위협적이다. 위기 속에서 악바리 김헌곤은 다시 한번 독기를 품었다. 반전의 기회는 준비된 자의 몫이다.

| 생년월일 | 1988년 11월 9일 | 연봉(2021) | 1억6000만 원 |
|---|---|---|---|
| 신장/체중 | 174cm/81kg | 지명순위 | 2011 삼성 5라운드 36순위 |
| 학력 | 회원초-경복중-제주관광고-영남대 | 입단년도 | 2011 삼성 |

### 내야수(우투좌타)
## 58 김지찬

김지찬은 리그 최단신 선수. 하지만 작은 고추가 맵다는 사실을 입증한다. 정근우가 인정한 '매운맛' 작은 선수. 악바리 근성으로 신인 첫해부터 1군 무대에서 활약했다. 132경기나 출전해 0.232의 타율과 47득점, 1홈런, 13타점, 21도루를 기록했다. 폭넓은 내야 수비와 리그 정상급 주루플레이로 쓰임새가 많은 재간둥이다. 구단도 연봉 최고인상률로 기대감을 표현했다. 올 시즌은 더 발전된 모습을 준비 중이다. 풀시즌을 관통하기 위해 체력을 길렀다. 체중도 5kg를 늘려 타구 스피드를 높였다. 스스로 "타구에 더 힘이 실리는 것 같다"라며 긍정적인 효과를 이야기한다. 발 빠른 사나이 김지찬은 최고의 주루 지도자 강명구 코치와 함께 도루 타이밍에 대한 끊임 없는 연구를 했다. 과감함과 자신감의 중요성을 강조한다. 리그를 지배할 대도가 되기에 충분한 자질을 갖췄다. 올해는 어떤 모습을 보여줄까. 체력을 길러 타격에서 향상된 모습을 보이면 완벽한 선수로 거듭날 수 있다. '미래 삼성'의 빠른 성장에 팬들의 설렘이 커진다.

| 생년월일 | 2001년 3월 8일 | 연봉(2021) | 7000만 원 |
|---|---|---|---|
| 신장/체중 | 163cm/64kg | 지명순위 | 2020 삼성 2차 2라운드 15순위 |
| 학력 | 백사초(이천시리틀)-모가중-라온고 | 입단년도 | 2020 삼성 |

### 내야수(우투우타)
## 26 이성규

이성규는 큰 기대 속에 2020년을 시작했다. 퓨처스리그를 주름잡던 거포로서 전역 후 첫 풀시즌에 대한 기대감은 컸다. 시즌 초 침묵 속에 퓨처스리그에 다녀온 뒤 이성규는 각성하는 듯했다. 유인구에 어이없는 스윙으로 일관하던 모습이 사라졌다. 끈질긴 볼카운트 승부도 보여줬다. 하지만 끝내 크게 반등하지 못했다. 배트에 걸리면 큰 타구를 만들지만 정확도가 떨어졌다. 시즌 타율 0.181. 4사구 28개에 비해 삼진 92개는 너무 많았다. 생애 첫 두 자릿수 홈런을 날리며 거포로서 가능성을 확인했다는 점이 수확이었다. 어떻게 하면 효율적으로 배트 중심에 맞힐 것이냐에 대한 과제가 생겼다. 환경도 빡빡해졌다. 오재일 영입으로 수비 경쟁력이 있던 1루수 자리가 없어졌다. 올 시즌은 대타나 대수비의 백업으로 시작해야 한다. 그나마 내야 백업이 풍부한 삼성이라 자칫하면 퓨처스리그로 떨어질 수도 있다. 가치를 입증해야 할 시즌이다. 거포로서 확실한 장점을 살리기 위해서는 우선 콘택트 해법부터 찾아야 한다.

| 생년월일 | 1993년 8월 3일 | 연봉(2021) | 7000만 원 |
|---|---|---|---|
| 신장/체중 | 178cm/82kg | 지명순위 | 2016 삼성 2차 4라운드 31순위 |
| 학력 | 광주대성초-광주동성중-광주동성고-인하대 | 입단년도 | 2016 삼성 |

# PLAYERS

### 내야수(우투좌타)
# 6 강한울

강한울은 팔방미인이다. 내야 전 포지션 소화가 가능하다. 강한 어깨로 3루를 지킨다. 유격수가 주 포지션인데 2루 경험도 많다. 배팅도 수준급이다. 상무 전역 직후 "끼니를 잘 챙겨 먹고 웨이트 등 훈련도 체계적으로 이뤄지다 보니 체중이 많이 늘었다. 60kg대였던 체중이 지금은 74kg까지 나간다"라고 말했다. 파워도 좋아졌다. 군 입대 전 콘택트에 집중했던 스윙을 상무 때부터 제 자리에서 돌린다는 생각으로 확실한 스윙을 한다. 체중이 늘면서 타구 질이 좋아졌다. 실제로 전역 후 개인 통산 첫 홈런을 쏘아 올리기도 했다. 그것도 드넓은 잠실벌에서였다. 강한울은 작전수행능력과 클러치 능력, 선구안까지 두루 갖춘 만능 플레이어다. 공수에 걸쳐 벤치를 안심시키는 주전 같은 백업이다. 2019년 퓨처스리그 타격왕을 수상하는 등 부쩍 날카로워진 타격 솜씨로 돌아온 그는 "타격 정확도, 에버리지를 높이고 싶다"라고 말한다. 팔방미인 강한울의 존재감이 벤치에는 선택지를, 삼성 야구에는 짜임새를 더한다.

| 생년월일 | 1991년 9월 12일 | 연봉(2021) | 1억2000만 원 |
|---|---|---|---|
| 신장/체중 | 181cm/66kg | 지명순위 | 2014 KIA 2차 1라운드 5순위 |
| 학력 | 사당초-중앙중-안산공고-원광대 | 입단년도 | 2014 KIA |

### 내야수(우투좌타)
# 53 이학주

이학주의 얼굴에 웃음기가 싹 사라졌다. 캠프 내내 진지하게 훈련에만 집중한다. 인터뷰에서도 "죄송하다"는 말뿐이다. 올 시즌 완벽 부활에 대한 굳은 의지가 느껴진다. 그야말로 절치부심의 해다. 지난해 이학주는 잔부상에 시달리며 고전했다. 등록일수(87일)보다 말소일수(92일)가 더 많았다. 64경기 출전에 그쳤다. 2할2푼8리의 타율과 4홈런, 28타점, 30득점. 아쉬운 기록이었다. 캠프 합류도 늦었고, 잔부상으로 중도 귀국해야 했다. 준비가 덜 됐던 시즌을 되풀이하지 않을 참이다. 가장 먼저 연봉 사인을 하고 운동에 몰두했다. 연봉도 3400만원이나 깎였다. 상처받은 자존심을 실력으로 채워 넣을 각오다. 그래서 비활동 기간도 충실히 보냈다. 천부적 재능의 소유자라서 의지만 있으면 반등은 시간문제다. 악전고투했던 지난 시즌이었지만 수비만큼은 안정된 모습이었다. 첫 시즌이던 2019년 종종 나왔던 쉬운 타구 처리 실수는 거의 사라졌다. 화려함보다 안정감에 치중한 결과다. 이학주는 타격에도 큰 재능이 있다. 중장거리포를 쏘아 올릴 배팅 파워도 있고 클러치 상황에서 승부사 기질이 다분해 하위 타선의 뇌관이 될 수 있다. 이학주까지 터지면 삼성은 1번부터 9번까지 공포의 타선을 꾸릴 수 있다.

| 생년월일 | 1990년 11월 4일 | 연봉(2021) | 7000만 원 |
|---|---|---|---|
| 신장/체중 | 187cm/87kg | 지명순위 | 2019 삼성 2차 1라운드 2순위 |
| 학력 | 하안북초-양천중-충암고 | 입단년도 | 2019 삼성 |

### 내야수(우투우타)
# 16 이원석

이원석은 두 가지 부담을 덜었다. 두번째 FA 계약과 4번 타자 부담감을 동시에 내려놓았다. 2+1년 최대 총액 20억원에 삼성에 남았다. 원하던 계약이었다. 절친 오재일의 삼성 입단 속에 4번 부담도 덜었다. 타선에 큰 신경을 쓰지 않는다고는 했지만 4번 부담이 아예 없을 수 없었다. 타점 생산 클러치 능력이 빼어나지만 홈런을 펑펑 치는 4번 타자 몸에 맞는 옷이 아니다. 올 시즌을 앞두고 이원석이 4번 타순에 설 일은 없어 보인다. 오재일, 피렐라, 김동엽 등이 앞에 배치되면 부담 없는 하위 타선에서 맹활약할 수 있을 전망이다. 많은 찬스와 헐거워질 견제로 부담을 덜고 타석에 서면 더 좋은 경기력을 보여줄 수 있다. 이원석은 클러치히터다. 지난해 득점권 타율 0.336이 말해주듯 찬스가 오면 더 집중하는 타입이다. 오재일의 입단으로 원하던 3루수 수비에 더 집중할 수 있다. 안정된 수비를 위해 감량하는 등 준비를 철저히 했다. 한결 가벼워진 마음으로 공수에 걸쳐 훨훨 비상할 일만 남았다.

| 생년월일 | 1986년 10월 21일 | 연봉(2021) | 3억 원 |
|---|---|---|---|
| 신장/체중 | 182cm/82kg | 지명순위 | 2005 롯데 2차 2라운드 9순위 |
| 학력 | 학강초-광주동성중-광주동성고 | 입단년도 | 2005 롯데 |

### 내야수(우투우타)
## 7 김상수

야구 인생에 실패가 없었던 천재 김상수. FA 첫해였던 2019년 포지션 변경이란 큰 변화 속에 중요한 깨달음을 얻었다. 평생 해오던 유격수를 버리고 2루수 변신에 성공했다. 타격 쪽에도 변화를 줬다. 한결같이 길게 잡던 배트 그립을 짧게 쥐기 시작했다. 새로운 변화의 노력이 새로운 길을 보여줬다. "짧게 잡고 스탠스를 바꿨는데 잘 맞는다. 좋은 방향으로 가는 것 같다"라며 변화를 지속하겠다는 뜻을 밝혔다. 결과는 달콤했다. 김상수는 지난해 데뷔 후 처음으로 3할 타자(0.304) 반열에 올랐다. 늘 한 끗 차로 모자랐던 숙원 해소였다. 2015년 이후 5년 만에 4할대 장타율(0.401)에 복귀했다. 변경된 2루 포지션에도 연착륙하면서 김상수는 공수에 걸쳐 매년 여러 방면의 커리어하이 시즌을 경험했다. 배트를 짧게 쥐고 3년째를 맞는 올 시즌에는 완성형 퍼포먼스를 준비 중이다. "국내 캠프라 더 빨리 준비했다"라는 그의 다짐이 든든하다. 올 시즌은 FA 3년 계약의 마지막 시즌이기 때문에 동기부여가 단단하다. 오지환, 허경민 등 1990년생 황금세대 동기 내야수들과 "함께 흥하자"는 약속을 지키기 위해 구슬땀을 흘린다. 삼성 센터라인의 한 축이자 내야와 타선의 핵인 김상수의 존재감. 라이온즈의 힘이다.

| 생년월일 | 1990년 03월 23일 | 연봉(2021) | 2억5000만 원 |
|---|---|---|---|
| 신장/체중 | 175cm/68kg | 지명순위 | 2009 삼성 1차 |
| 학력 | 대구옥산초-경복중-경북고 | 입단년도 | 2009 삼성 |

### 투수(우투우타)
## 15 양창섭

투수 양창섭에게는 잃어버린 2년이 있다. 신인이던 2018년 7승 6패 평균 자책점 5.05로 거두며 고졸 신인 돌풍을 일으켰다. 부푼 희망 속에 2019시즌을 준비하던 그에게 악몽이 찾아왔다. 일본 오키나와 캠프 중 팔꿈치 통증으로 중도 귀국, 3월 오른쪽 팔꿈치 인대접합 및 뼛조각제거 수술을 받았다. 긴 재활 끝 지난해 말 752일 만에 1군 경기에 등판한 양창섭은 7경기 6⅔이닝 2.70의 평균자책점으로 시동을 걸었다. 다시 마운드에 섰지만 완전한 복귀라고 단언할 수는 없었다. 진짜 출발은 2021년이다. 시동을 빨리 걸었다. 겨우내 대선배 오승환과 함께 개인훈련을 하며 구슬땀을 흘렸다. 대선배 오승환을 지켜보며 부상 방지와 지속성을 위한 웨이트트레이닝의 중요성을 깨달았다. 워낙 성실하고 성공 의지가 큰 선수로서 자신만의 루틴도 확실하다. 올 시즌은 승부를 거는 동시에 원점에서 재출발하는 시점이다. 보직은 미정이다. 일단 불펜에서 출발한다. 언제든 선발 복귀의 길은 열려 있다. 부상 방지가 첫 번째 과제다. 출발은 좋다. 실전 첫 경기부터 147km를 빵빵 찍으며 희망을 던졌다. 10년 미래를 위해 매를 일찍 맞은 양창섭이 새로운 출발선에 섰다. 양창섭의 부활은 곧 삼성의 부활을 의미한다.

| 생년월일 | 1999년 9월 22일 | 연봉(2021) | 5000만 원 |
|---|---|---|---|
| 신장/체중 | 182cm/85kg | 지명순위 | 2018 삼성 2차 1라운드 2순위 |
| 학력 | 녹천초(노원구리틀)-청량중-덕수고 | 입단년도 | 2018 삼성 |

### 투수(우투우타)
## 25 김윤수

최지광과 함께 삼성 불펜의 미래를 책임질 파이어볼러. 패스트볼 평균 구속이 149km에 달할 만큼 빠른 영건이다. 혜성처럼 등장해 61경기나 등판해 58이닝 3승 5패 12홀드, 평균자책점 4.66을 기록했다. 한창 좋을 때는 신인왕 후보로 거론되기까지 했다. 한화 투수 김범수의 친동생으로 형제가 모두 파이어볼러다. 제구 등 세기만 가다듬으면 특급으로 거듭날 잠재력을 갖췄다. 지난해 여름 체력 부족을 겪은 김윤수는 웨이트트레이닝의 중요성을 깨달았다. 비시즌 내내 체력 단련에 힘쓴 이유였다. 최대 화두는 제구력 향상이다. 특히 변화구 제구력 안정에 힘을 쏟고 있다. 구속을 조금 포기하더라도 제구에 더 집중하겠다는 의지가 강하다. 공격적 투구로 스트라이크를 많이 잡아 유리한 카운트 승부가 목표다. 알고도 못 칠 정도로 위력적인 패스트볼이 영점까지 잡히면 김윤수를 공략하기란 쉽지 않을 것이다. 멘털도 좋다. 지난해 최고 타자 로하스와 패스트볼 정면승부를 공언해 실천했다. 돌아온 빅리거 추신수를 상대로도 이미 정면승부를 선언했다. 오승환 앞에서도 마무리를 하고 싶다고 할 정도의 두둑한 배짱으로 "경쟁하자"라는 말을 꺼낸 패기의 유망주. 미래의 마무리를 꿈꾸는 김윤수의 성장이 가파르다.

| 생년월일 | 1999년 12월 8일 | 연봉(2021) | 8000만 원 |
|---|---|---|---|
| 신장/체중 | 183cm/94kg | 지명순위 | 2018 삼성 2차 6라운드 52순위 7순위 |
| 학력 | 온양온천초-온양중-북일고 | 입단년도 | 2018 삼성 |

# PLAYERS

### 투수(우언우타)
## 17 김대우

김대우는 삼성 마운드의 마당쇠다. 선발, 롱릴리프 가리지 않고 필요할 때 마운드에 오른다. 그렇게 지난해 개인 최다 77⅔이닝을 소화했다. 지난해 28경기에 선발 등판해서 77⅔이닝 3승 7패 1홀드 평균자책점 5.10을 기록했다. 선발 투수 벤 라이블리, 백정현 등의 부상 공백이 생길 때마다 벤치는 스윙맨 김대우를 찾았다. 그리고 공백을 잘 메웠다. 5이닝 정도를 막아주는 견실한 피칭이 돋보였다. 불펜으로 돌아가서는 신인 선발 허윤동, 이승민이 흔들리면 등판해 긴 이닝을 소화해줘 불펜 부담을 최소화 했다. 그야말로 소금 같은 존재였던 셈이다. 구단도 공로를 인정해 4000만원 인상된 1억5500만원에 재계약했다. 올해도 김대우는 여러 가지 역할을 소화할 전망이다. 개인적 불만은 없다. 그저 "주어진 팀 상황에 맞게 팀이 필요로 하는 위치에서 최선을 다하는 게 맞다"라며 의연한 모습이다. 보이지 않는 곳에서 궂은일을 도맡는 김대우의 자기희생이 있어 삼성 마운드가 힘을 낼 수 있다.

| | | | |
|---|---|---|---|
| 생년월일 | 1988년 11월 21일 | 연봉(2021) | 1억5500만 원 |
| 신장/체중 | 183cm/85kg | 지명순위 | 2011 넥센 9라운드 67순위 |
| 학력 | 역삼초-대치중-서울고-홍익대 | 입단년도 | 2011 넥센 |

### 투수(우투우타)
## 20 이승현

차우찬 보상 선수로 삼성 유니폼을 입은 이후 2019 시즌부터 불펜 필승조로 꾸준히 제 몫을 해주는 투수다. 2019년 승승장구하다 연골이 찢어져 7월 8일 봉합수술을 받은 뒤 재활을 거쳐 복귀했다. 복귀 후 연습경기에서 위력적인 투구 내용을 되찾아 희망을 던졌다. 5, 6월에 많이 등판해 살짝 흔들렸다. 하지만 2군에 다녀온 7월 이후부터 안정을 찾아 불펜을 이끌었다. 65경기는 리그 네 번째로 많은 등판이었다. 그만큼 불펜 마당쇠로 꾸준하게 활약했음을 의미한다. 54⅓이닝 1승 2패, 14홀드, 3.48의 평균자책점을 기록했다. 활약을 인정받아 시즌 후 연봉도 1억원에서 50% 인상된 1억5000만원으로 점프했다. 2019 시즌을 앞두고 정현욱 코치의 조언으로 바꾼 투구 폼이 제구를 잡는 데 도움이 되고 있다. 켄리 잰슨, 클레이튼 커쇼처럼 왼발을 올렸다가 잠시 멈추고 앞으로 내딛는 동작으로 안정된 밸런스를 유지한다. 날카로운 슬라이더와 포크볼, 여기에 체인지업을 가미해 타자들의 타이밍을 빼앗는다. 올 시즌 삼성 불펜의 안정감에 힘을 보탤 자원이다.

| | | | |
|---|---|---|---|
| 생년월일 | 1991년 11월 20일 | 연봉(2021) | 1억5000만 원 |
| 신장/체중 | 181cm/92kg | 지명순위 | 2010 LG 2라운드 16순위 |
| 학력 | 화순초-진흥중-화순고 | 입단년도 | 2010 LG |

### 투수(우투우타)
## 40 최지광

최지광에게 2020년은 희망과 과제를 동시에 안겼다. 2019년 활약을 시즌 초반에 기세 좋게 이어갔다. 거침이 없었다. 개막 후 11경기 11이닝 연속 무실점. 6월 말까지 0점대 평균자책점을 유지했다. 8월 중순까지 2점대 평균자책점을 지켰다. 하지만 여름 고비를 넘지 못했다. 8월 말과 9월 4차례 대량 실점을 하면서 4.87의 평균자책점으로 시즌을 마쳤다. 최종 기록은 51경기 44⅓이닝 1승 3패 15홀드였다. 스스로 과제를 발견했던 시즌이었다. 원인을 알면 해결이 쉬워진다. 결론은 체력 문제였다. 기본 체력이 받쳐줘야 제구가 되는 힘찬 공을 뿌릴 수 있다는 사실을 깨달았다. 의욕 과다가 낳는 오버페이스도 경계해야 할 점임을 분명히 깨달았다. 한 시즌을 균형 있게 유지할 수 있는 방법을 찾았다. 오프시즌은 물론 시즌 중에도 꾸준한 웨이트를 통한 체력 관리로 풀시즌을 완주할 참이다. 체력만 유지한다면 제구와 스피드는 절로 따라온다. 작은 체구에도 150km의 패스트볼과 140km대 고속 슬라이더를 시원하게 뿌리는 파이어볼러 최지광의 단기 목표는 "20홀드"로 소박하다. 장기 목표는 분명하다. 단연 삼성 불펜 필승조의 에이스다.

| | | | |
|---|---|---|---|
| 생년월일 | 1998년 3월 13일 | 연봉(2021) | 1억2000만 원 |
| 신장/체중 | 173cm/85kg | 지명순위 | 2017 삼성 2차 1라운드 9순위 |
| 학력 | 감천초-대신중-부산고 | 입단년도 | 2017 삼성 |

### 투수(우투우타)
# 23 장필준

장필준은 삼성 필승조의 핵심 멤버다. 한때 마무리로도 활약해온 파이어볼러인데 최근 페이스가 주춤했다. 지난해 31경기, 3패 4홀드 평균 자책점 5.75의 아쉬운 성적표를 받아들였다. 접전 상황에서 심리적으로 쫓기는 압박감이 독이 됐다. 장타와 출루를 허용하지 않으려 완벽을 기하는 습관이 소극적 투구로 이어졌다. 볼넷에 이은 장타 악순환이었다. 분위기 쇄신 차 시즌 종료 전 두 차례 올랐던 선발 마운드에서 가능성을 보였다. 허삼영 감독이 "이렇게 던진다면 선발을 안 시킬 수 없다"고 말할 정도로 인상적이었다. 허삼영 감독은 아직 장필준의 보직에 대해 말을 아낀다. "선수가 가진 장점을 살려주는 게 중요하다"라면서 선발보다 원래 보직인 불펜 필승조 복귀를 암시했다. 투수조의 소통 창구 역할도 장필준이 해야 할 몫이다. 젊은 투수들이 부쩍 늘어난 만큼 최고참 오승환 등 선후배를 이을 가교와 중간 리더 역할이 필요하다. 과연 장필준이 마무리급 불펜으로 돌아올 수 있을까. 삼성 불펜의 안정에 있어 중요한 키플레이어다.

| 생년월일 | 1988년 4월 8일 | 연봉(2021) | 1억6500만 원 |
|---|---|---|---|
| 신장/체중 | 190cm/90kg | 지명순위 | 2015 삼성 2차 1라운드 9순위 |
| 학력 | 온양온천초-온양중-북일고 | 입단년도 | 2015 삼성 |

### 투수(우언우타)
# 18 심창민

지난해 말 상무 전역한 심창민은 삼성의 후반기 반전 카드로 기대를 모았다. 입대 전 1군 통산 387경기 25승 22패 51세이브 61홀드(평균 자책점 3.80)를 거둔 필승조 핵심 투수였다. 상무에서도 마무리로 지난해 11세이브, 평균 자책점 0.50으로 승승장구했다. 하지만 복귀 후 기대에 부응하지 못했다. 23경기에 등판해 2승 2패 3홀드, 평균 자책점 7.52에 그쳤다. 잘해야 한다는 부담감과 불안감에 발목이 잡혔다. 마운드에서 신인처럼 떨렸다. 2년간의 1군 공백과 자칫 나락으로 떨어질 수도 있다는 불안감이 원인이었다. 복귀 풀시즌에 앞선 예방주사다. 올 시즌 준비에 있어 몸에 좋은 쓴 약이 될 전망이다. 권오준, 우규민 등 대선배의 조언을 멘탈코칭 삼아 스스로 자기 암시를 하고 있다. 심창민은 이제 전성기 나이다. FA도 머지않았다. 지난해 말 가정을 꾸려 아들을 둔 가장으로 책임감도 막중하다. 이제 앞으로 나아갈 일만 남았다. 잃어버린 밸런스를 찾은 만큼 입대 전 심창민을 기대해도 좋을 것 같다.

| 생년월일 | 1993년 2월 1일 | 연봉(2021) | 2억8000만 원 |
|---|---|---|---|
| 신장/체중 | 185cm/86kg | 지명순위 | 2011 삼성 1라운드 4순위 |
| 학력 | 동삼초-경남중-경남고 | 입단년도 | 2011 삼성 |

### 투수(좌언좌타)
# 57 임현준

좌완 스페셜리스트. 원포인트에서 확장해 1이닝을 막아내기도 하지만 임현준은 여전히 좌타자 승부에 모든 것을 건다. 최형우, 손아섭, 김현수, 나성범, 김재환, 이정후, 강백호, 라모스, 페르난데스, 터커 등 무수한 왼손 강타자가 긴박한 승부처에서 넘어야 할 산이다. 여기에 빅리거 추신수까지 가세했다. 리그 최강 좌타자들을 상대할 왼손 투수는 이미 품귀 상태다. 좌완 사이드암스로 임현준은 더더욱 '래어템'이다. 삼성으로 이적한 오재일도 임현준 이야기에 "두산 시절 좋았던 기억이 없다"라며 고개를 절레절레 젓는다. 지난해 왼손 타자 상대 결과가 썩 만족스럽지 않았다. 좌타자 상대 피안타율이 2019년 0.195에서 지난해 0.279로 높아졌다. 올 시즌은 오른손 타자 승부를 위해서 준비해온 비장의 무기 체인지업도 좌타자에게 꺼내쓸 참이다. "좌타자 상대가 바로 내 역할인데 너무 잘하고 싶은 마음에 뭔가 좀 초반에 잘 안 풀렸던 것 같다"라며 반성한 성실파 투수. 결국 마음가짐이 가장 중요하다. 깨달은 만큼 올 시즌 활약을 다짐했다. 임현준은 "감독, 코치님께서 기회를 많이 주시고 기대도 했을 텐데 보답을 못 한 것 같다. 올해는 보답하기 위해 후회 없이 열심히 했다. 자신도 있다"라며 듬직한 모습이다.

| 생년월일 | 1988년 12월 21일 | 연봉(2021) | 1억 원 |
|---|---|---|---|
| 신장/체중 | 185cm/88kg | 지명순위 | 2011 삼성 4라운드 29순위 |
| 학력 | 본리초-대구중-대구고-경성대 | 입단년도 | 2011 삼성 |

# PLAYERS

### 투수(좌투좌타)
## 29 백정현

백정현은 올 시즌 삼성 라이온즈 선발진의 키플레이어다. 지난해는 아쉬운 시즌이었다. 11경기에 등판해 4승 4패, 평균 자책점 5.19에 그쳤다. 데뷔 후 첫 정규시즌 개막전 선발 중책을 맡아 큰 주목을 받았으나 종아리, 팔꿈치 통증에 발목을 잡혔다. 7월 21일 창원 NC전 등판을 끝으로 재활에 들어갔다. FA 시즌도 1년을 미뤄야 했다. 가장 큰 관건은 건강한 몸 상태 회복인데 과정이 순조롭다. 백정현은 부활을 위해 일찌감치 시동을 걸었다. 비활동 기간 중 거의 매일 출근 도장을 찍었다. 통증도 완전히 사라졌다. 일찌감치 50m까지 강한 캐치볼을 소화했던 그는 2월 중순 부상 후 첫 불펜 피칭을 소화하며 개막전 이상무를 알렸다. 허삼영 감독도 "모든 게 순조롭게 잘 진행되고 있다. 큰 부상 없이 좋은 시즌이 기대된다. 미뤘던 FA도 대박을 냈으면 좋겠다"라고 말했다. 베테랑 백정현이 건강한 몸으로 부활하면 삼성 선발진의 밸런스가 좋아질 전망이다. 외인 투수 2명과 함께 영건 듀오 최채흥, 원태인을 이끌어줄 토종 베테랑 선발투수로서 미뤘던 'FA로이드'도 기대감을 키우는 요인이다.

| 생년월일 | 1987년 07월 13일 | 연봉(2021) | 2억5500만 원 |
|---|---|---|---|
| 신장/체중 | 184cm/80kg | 지명순위 | 2007 삼성 2차 1라운드 8순위 |
| 학력 | 대구옥산초-대구중-대구상원고 | 입단년도 | 2007 삼성 |

### 투수(우언우타)
## 2 우규민

두 번째 FA 자격을 취득한 우규민의 계약은 첫 번째 FA 때와 대조적이었다. 2017년 4년 총액 65억 원의 대형 계약으로 삼성으로 이적했던 그의 두 번째 FA계약 규모는 1+1년 최대 총액 10억 원이었다. 첫 1년간 성적이 선수와 구단이 합의한 기준을 충족해야 2년째 계약이 자동으로 연장된다. 매년 연봉 2억 원과 인센티브 3억 원씩 최대 5억원 규모로 보장금액보다 인센티브가 더욱 큰 구조다. 지난해 우규민은 3승 3패 7세이브 11홀드 평균 자책점 6.19로 기대에 미치지 못했다. 오승환 복귀 전까지 마무리를 맡아 승승장구했지만 여름 고비를 넘기지 못했다. 올 시즌 우규민의 허리 역할이 중요하다. 불혹의 마무리 오승환과 최지광, 김윤수 등 젊은 불펜 사이에서 안정감을 불어넣어야 할 선수가 바로 베테랑 우규민이다. 반등 가능성은 충분하다. 부드러운 투구폼과 빼어난 투구감각에서 이어지는 정교한 제구와 예리한 변화구는 여전히 경쟁력이 있다. 불펜진이 두터워 지면서 과부하로 인한 체력 부담도 줄었다. 꼭 필요한 순간 킬러 본능을 발휘할 공산이 크다. 우규민이 버텨주면 삼성 불펜에 숨통이 트인다.

| 생년월일 | 1985년 01월 21일 | 연봉(2021) | 2억 원 |
|---|---|---|---|
| 신장/체중 | 184cm/75kg | 지명순위 | 2003 LG 2차 3라운드 19순위 |
| 학력 | 성동초-휘문중-휘문고 | 입단년도 | 2003 LG |

### 투수(우투우타)
## 46 원태인

원태인의 2년 차는 아쉬움 가득한 용두사미 시즌이었다. 출발은 산뜻했다. 전반기에 승승장구했지만 후반기에 퍼지고 말았다. 전반기 13경기 5승 2패(평균자책점 3.56), 후반기 14경기 1승 8패(평균자책점 6.15). 2019년 패턴의 반복이라서 더 아쉬웠다. 1년 전 다 잡았던 신인왕을 놓친 패턴을 고스란히 재연하고 말았다. 로테이션을 지켰지만 후반기를 8연패로 마감하며 27경기 6승 10패 4.89의 평균자책점을 기록했다. 시즌 막판 연속 퀄리티스타트 속에 2021년 희망을 찾았다. 어느덧 3년 차 시즌을 맞는 천재 투수의 각오가 단단하다. 최충연, 최채흥 등 3년 차에 잠재력을 터트린 선배들을 언급하며 희망을 이야기한다. 준비도 철저했다. '전강후약' 이유를 체력 부족으로 진단해 "웨이트트레이닝 강도를 높였다"라고 말한다. 영상 분석을 통해 가장 좋을 때의 투구 폼도 찾았다. 데뷔 첫 10승 달성은 꿈이 아니다. "10승 하면 커피를 사겠다"는 약속을 지킬 수 있다고 호언한다. 이미 기술적으로는 충분한 가능성을 입증한 미래의 에이스. 분명했던 리스크를 노력으로 지웠다. 지금부터 크게 도약할 시점이다. 원태인 이름 앞에 '토종에이스'라는 수식어가 붙는 순간 삼성의 가을 야구도 성큼 현실이 될 전망이다.

| 생년월일 | 2000년 04월 06일 | 연봉(2021) | 1억3000만 원 |
|---|---|---|---|
| 신장/체중 | 183cm/92kg | 지명순위 | 2019 삼성 1차 |
| 학력 | 율하초(중구리틀)-경복중-경북고 | 입단년도 | 2019 삼성 |

### 68 주한울

빠른 발과 파워를 동시에 갖춘 호타준족 외야수. 타구 방향이 좌중우 고른 스프레이히터다. 발이 빠르고 수비 범위가 넓어 2021 신인 지명 대상 고교 중견수 중 랭킹 1위로 꼽힌다. 대통령배 홈런상을 수상할 정도로 배팅 파워가 있다. 파워가 있어 '리틀 김하성'으로 불리기도 한다.

| 외야수 우투우타 | 생년월일 | 2002년 6월 8일 | 연봉(2021) | 3000만 원 |
|---|---|---|---|---|
| | 신장/체중 | 183cm/83kg | 지명순위 | 2021 삼성 2차 4라운드 33번 |
| | 학력 | 성동초-건대부중-배명고 | 입단년도 | 2021 삼성 |

### 66 오현석

고교 시절 투수와 외야수를 겸업했던 강타자. 파워와 콘택트가 뛰어난 타자로 장타를 양산한다. 스프레이히터라는 장점도 있다. 투수 출신이라 어깨가 강한 외야수인데 삼성은 오재일 영입 전 1루수 자원으로 스카우트했다. 상황에 따라 본래 포지션인 외야수로 나설 공산이 크다.

| 내야수 우투좌타 | 생년월일 | 2001년 3월 5일 | 연봉(2021) | 3000만 원 |
|---|---|---|---|---|
| | 신장/체중 | 183cm/99kg | 지명순위 | 2021 삼성 2차 3라운드 23번 |
| | 학력 | 고명초-홍은중-안산공고 | 입단년도 | 2021 삼성 |

### 62 홍무원

명품 체인지업의 소유자. 구속이 140km 초반대로 빠르지 않지만 성장 가능성이 무궁무진하다. 고교 시절 키가 10cm 넘게 컸을 만큼 체구가 뒤늦게 커진 케이스다. 1학년 때 120km대에 불과하던 볼스피드도 프로에서 체계적 훈련을 받으면 충분히 150km대로 올라올 수 있다는 평가다.

| 투수 우투우타 | 생년월일 | 2002년 1월 11일 | 연봉(2021) | 3000만 원 |
|---|---|---|---|---|
| | 신장/체중 | 188cm/92kg | 지명순위 | 2021 삼성 2차 2라운드 13번 |
| | 학력 | 인천시리틀-신월중-경기고 | 입단년도 | 2021 삼성 |

### 60 이재희

대전고에서 투수로 전향했다. 고교 1학년 120km대, 2학년 130km대, 3학년 140km대로 구속이 단계적으로 올랐다. 최고 구속 148km의 패스트볼과 슬라이더, 커브와 커터를 구사한다. 스플리터도 연습 중이다. 늦게 투수를 시작해 어깨가 싱싱하다. 향후 선발 투수로 성장 가능성이 크다.

| 투수 우투좌타 | 생년월일 | 2001년 10월 11일 | 연봉(2021) | 3000만원 |
|---|---|---|---|---|
| | 신장/체중 | 187cm/88kg | 지명순위 | 2021 삼성 2차 1라운드 3번 |
| | 학력 | 대전신흥초-한밭중-대전고 | 입단년도 | 2021 삼성 |

### 54 이승현

최고 150km를 넘나드는 뛰어난 구위와 안정된 제구력을 갖춘 좌완 특급. 이의리, 김진욱, 김건우와 함께 좌완 빅4로 불린 유망주다. 5월 이후 1군 기회가 주어질 것으로 보인다. 야구에 대한 열정과 의지가 대단하다. 배짱이 두둑해 좌완 불펜이 부족한 삼성에 큰 도움이 된다.

| 투수 좌투좌타 | 생년월일 | 2002년 5월 19일 | 연봉(2021) | 3000만 원 |
|---|---|---|---|---|
| | 신장/체중 | 183cm/102kg | 지명순위 | 2021 삼성 1차 |
| | 학력 | 남도초-경북중-상원고 | 입단년도 | 2021 삼성 |

### 3 이현동

빠른 볼을 던지는 유망주 투수에서 타자로 전향한 선수. 1라운드에서 지명을 받을 만큼 큰 기대를 모았던 선수였다. 하지만 아직까지 이렇다할 잠재력을 터뜨리지 못했다. 올 시즌이 선수 인생 기로에서 중요한 변곡점이 될지도 모른다.

| 외야수 우투우타 | 생년월일 | 1993년 3월 27일 | 연봉(2021) | 3000만 원 |
|---|---|---|---|---|
| | 신장/체중 | 183cm/83kg | 지명순위 | 2012 삼성 1라운드 7순위 |
| | 학력 | 광주화정초-충장중-광주제일고 | 입단년도 | 2012 삼성 |

### 35 이태훈

거포 외야수로 성장이 기대되는 선수. 대학 시절 140km 후반대를 뿌리는 투수를 겸업하기도 했다. 어깨가 강하고 배팅 소질도 있지만 아직 거포로서 잠재력을 터뜨리지 못한 미완의 대기다.

| 외야수 우투우타 | 생년월일 | 1995년 4월 3일 | 연봉(2021) | 3000만 원 |
|---|---|---|---|---|
| | 신장/체중 | 183cm/95kg | 지명순위 | 2018 삼성 2차 4라운드 32순위 |
| | 학력 | 광주수창초-광주동성중-광주동성고-홍익대 | 입단년도 | 2018 삼성 |

### 67 김성윤

김지찬 입단 전 삼성라이온즈의 원조 작은 거인. 작지만 다부진 체구로 공수에서 빠르고 근성 있는 플레이를 펼친다. 지난해 전역 후 퓨처스리그 15경기에서 56타수 19안타 타율 0.339 12득점. 1군 무대에서도 9경기 7타수 2안타 1득점 타율 0.286로 가능성을 인정받았다.

| 외야수 좌투좌타 | 생년월일 | 1999년 2월 2일 | 연봉(2021) | 3300만 원 |
|---|---|---|---|---|
| | 신장/체중 | 163cm/62kg | 지명순위 | 2017 삼성 2차 4라운드 39순위 |
| | 학력 | 창신초(부산진리틀)-원동중-포항제철고 | 입단년도 | 2017 삼성 |

### 52 송준석

청소년대표 출신 당시 오타니 쇼헤이에게 2루타를 날린 강타자 출신. 당시 팀 내 최다안타 1위로 한국선수 유일하게 대회 올스타로 뽑혔다. 그만큼 박승규와 함께 삼성 외야의 미래로 꼽힌다. 시원한 타격에 비해 수비가 다소 약하다는 평가를 받는다. 부상 관리도 과제다.

| 외야수 좌투좌타 | 생년월일 | 1994년 5월 4일 | 연봉(2021) | 5000만 원 |
|---|---|---|---|---|
| | 신장/체중 | 176cm/78kg | 지명순위 | 2013 삼성 4라운드 32순위 |
| | 학력 | 서울청구초-배명중-장충고 | 입단년도 | 2013 삼성 |

### 55 이성곤

배팅파워를 갖춘 슬러거형 외야수. 그동안 숨겨진 잠재력이 지난해 폭발했다. 62경기 0.281의 타율에 5홈런, 18타점. 장타율이 0.439에 이른다. 타석에 서면 상대 투수를 주눅들게 하는 파워를 지녔다. 배트스피드가 빠른 편이 아니라 빠른 공 대응책이 필요하다.

| 외야수 우투좌타 | 생년월일 | 1992년 3월 25일 | 연봉(2021) | 5400만 원 |
|---|---|---|---|---|
| | 신장/체중 | 186cm/93kg | 지명순위 | 2014 두산 2차 3라운드 32순위 |
| | 학력 | 성동초-잠실중-경기고-연세대 | 입단년도 | 2014 두산 |

### 65 박승규

미래 삼성 외야의 중심이 될 특급 유망주. 승부욕과 파이팅이 넘친다. 불가능해 보이는 타구를 악착같이 쫓아가 슈퍼캐치로 낚아채는 에너자이저다. 2루타를 도둑 맞은 키움 박동원이 그 자리에서 "미친 거 아니야"라고 탄식했던 바로 그 플라잉캐치의 주인공이다.

| 외야수 우투우타 | 생년월일 | 2000년 9월 02일 | 연봉(2021) | 5700만 원 |
|---|---|---|---|---|
| | 신장/체중 | 178cm/78kg | 지명순위 | 2019 삼성 2차 9라운드 82순위 |
| | 학력 | 일산초-덕수중-경기고 | 입단년도 | 2019 삼성 |

### 14 안주형

전역 후 지난해 말 팀에 합류한 내야 기대주. 1군 통산 25경기, 타율 0.278(18타수 5안타) 3타점 2득점 1도루를 기록했다. 내야 전 포지션을 소화할 수 있고 단독 도루가 가능할 정도로 발이 빨라 쓰임새가 많다. 고교 시절 외야수로 뛰었던 터라 그야말로 올라운드플레이어다.

| 내야수 우투좌타 | 생년월일 | 1993년 8월 14일 | 연봉(2021) | 3300만 원 |
|---|---|---|---|---|
| | 신장/체중 | 176cm/68kg | 지명순위 | 2016 삼성 육성선수 |
| | 학력 | 부산중앙초-부산중-부경고-영남대 | 입단년도 | 2016 삼성 |

### 31 양우현

차세대 삼성 2루수를 꿈꾸는 유망주. 지난 시즌 전 청백전 모든 경기에 출장해 10안타 1도루 2타점, 타율 0.323을 기록하며 기대를 모았지만 1군 기회는 좀처럼 오지 않았다. 프로 데뷔 첫 안타를 기록했는데 1군 성적은 7경기 타율 0.130에 그쳤다. 정근우 같은 2루수가 성장 모델.

| 내야수 우투좌타 | 생년월일 | 2000년 4월 13일 | 연봉(2021) | 3300만 원 |
|---|---|---|---|---|
| | 신장/체중 | 175cm/82kg | 지명순위 | 2019 삼성 2차 3라운드 22순위 |
| | 학력 | 남정초-충암중-충암고 | 입단년도 | 2019 삼성 |

### 9 김성표

지난해 청백전에서 타율 0.375로 벤치의 눈도장을 받았다. 빠른 발과 수비도 안정적이라는 평가를 받았다. 2군에서 사실상 외야수로 전향했다. 힘을 더 길러 타구 속도를 높여야 더 많은 기회를 얻을 수 있다. 걸그룹 스텔라 가영의 친동생으로 연예인급 훈남 외모를 자랑한다.

| 내야수 우투우타 | 생년월일 | 1994년 3월 17일 | 연봉(2021) | 3300만 원 |
|---|---|---|---|---|
| | 신장/체중 | 179cm/65kg | 지명순위 | 2013 삼성 6라운드 50순위 |
| | 학력 | 포이초(서초구리틀)-대치중-휘문고 | 입단년도 | 2013 삼성 |

### 24 백승민

타격 센스가 좋은 왼손 1루수 백업 요원. 특히 득점권에서 강한 집중력으로 찬스에 강한 타자로 인식된다. 1군에 머물면 대타 요원으로 쏠쏠하게 활약할 수 있다. 다만 오재일의 입단으로 설 자리가 좁아졌다. 이재규, 이성곤 등 타격이 출중한 선수들과 1군 경쟁을 펼쳐야 한다.

| 내야수 좌투좌타 | 생년월일 | 1990년 7월 9일 | 연봉(2021) | 4700만 원 |
|---|---|---|---|---|
| | 신장/체중 | 184cm/78kg | 지명순위 | 2014 삼성 2차 10라운드 97순위 |
| | 학력 | 남도초-경상중-대구상원고-영남대 | 입단년도 | 2014 삼성 |

### 0 김재현

수비력이 빼어난 내야 백업 요원. 안정된 수비에 비해서 아직 터지지 않는 방망이가 관건이다. 경찰청에서 제대한 2018년 이후 반전을 노렸지만 두터워진 삼성 내야 뎁스에서 아직 자리를 찾지 못했다.

| 내야수 우투우타 | 생년월일 | 1991년 8월 30일 | 연봉(2021) | 5000만 원 |
|---|---|---|---|---|
| | 신장/체중 | 176cm/73kg | 지명순위 | 2014 삼성 2차 7라운드 54순위 |
| | 학력 | 홍파초(도봉구리틀)-건대부중-배명고-한양대 | 입단년도 | 2014 삼성 |

### 8 김호재

내야 전 포지션 소화가 가능한 유틸리티플레이어. 안정된 수비 능력에 비해 타격이 미지수로 65경기 0.322의 타율과 2득점, 10타점을 기록했다. 상대 투수가 볼을 많이 던지게 하는 선구안이 좋다. 내야 어디든 즉각 메울 수 있는 실력파다. 주전 못지않은 듬직한 백업 요원이다.

| 내야수 우투우타 | 생년월일 | 1995년 5월 31일 | 연봉(2021) | 6000만 원 |
|---|---|---|---|---|
| | 신장/체중 | 178cm/72kg | 지명순위 | 2014 삼성 육성선수 |
| | 학력 | 서울도곡초-서울이수중-장충고 | 입단년도 | 2018 삼성 |

### 32 최영진

팀에 꼭 필요한 성실파. 내야 전 포지션이 가능한 올라운드플레이어. 그중 1, 3루 수비를 특히 안정적으로 소화한다. 찬스에 강한 면모와 장타력까지 갖췄다. 왼손 투수에 강점이 있어 대타 요원으로 활용도가 높다. 지난 58경기 0.297, 1홈런, 11타점을 기록했다. 올 시즌도 만능 키.

| 내야수 우투우타 | 생년월일 | 1988년 5월 10일 | 연봉(2021) | 7500만 원 |
|---|---|---|---|---|
| | 신장/체중 | 185cm/87kg | 지명순위 | 2011 LG 육성선수 |
| | 학력 | 영랑초-설악중-속초상고-한일장신대 | 입단년도 | 2011 LG |

# PLAYERS

### 27 김응민
지난해 데뷔 후 가장 많은 45경기에 출전해 0.224의 타율과 5타점, 7득점을 기록했다. 성실하고 투수 위주의 리드를 하며 안정감 있는 포구 능력을 갖춘 포수다. 또래 포수 중에는 타격 솜씨가 가장 나은 편이다. 약점은 어깨다. 지난해 12차례 도루 허용에서 저지는 한 차례 뿐이었다.

| 포수 우투우타 | 생년월일 | 1991년 10월 22일 | 연봉(2021) | 4900만 원 |
|---|---|---|---|---|
| | 신장/체중 | 178cm/90kg | 지명순위 | 2010 두산 육성선수 |
| | 학력 | 서울이수초-건대부중-중앙고 | 입단년도 | 2010 두산 |

### 48 권정웅
지난 시즌 말 제대 후 합류한 포수. 한양대 시절 최채흥과 배터리를 이룬 선수다. 포수로서 좋은 자질을 두루 갖췄지만 상대적으로 약한 타격으로 출전 기회를 잡지 못했다. 상무에서도 많은 경기를 뛰지 못했다. 타격을 더 끌어올려야 백업 1순위 경쟁에서 유리한 고지를 점령할 수 있다.

| 포수 우투우타 | 생년월일 | 1992년 11월 15일 | 연봉(2021) | 4000만 원 |
|---|---|---|---|---|
| | 신장/체중 | 180cm/88kg | 지명순위 | 2015 삼성 2차 6라운드 55순위 |
| | 학력 | 서울이수초-영동중-덕수고-한양대 | 입단년도 | 2015 삼성 |

### 12 김민수
2018년 희망더하기 자선야구 경기에서 '가오나시' 분장으로 큰 사랑을 받은 포수. 강한 어깨로 절반 가까이 도루를 저지한다. 타격이 약점으로 지적된다. 2019시즌을 제외하고 매 시즌 1할대 타율에 머물렀다. 아직 홈런이 없다. 타격 향상 없이는 백업 1순위가 되기 어렵다.

| 포수 우투우타 | 생년월일 | 1991년 3월 2일 | 연봉(2021) | 4700만 원 |
|---|---|---|---|---|
| | 신장/체중 | 177cm/80kg | 지명순위 | 2014 한화 2차 2라운드 24순위 |
| | 학력 | 대구옥산초-경북중-대구상원고-영남대 | 입단년도 | 2014 한화 |

### 42 김도환
삼성 차세대 안방마님 후보. 공수에 걸친 잠재력을 두루 갖춘 대형 포수감이다. 양의지가 롤모델인 김도환은 꼭 양의지 스타일이다. 중학교 시절 대표팀에서 주전 포수와 4번을 맡을 정도로 타격도 빼어나 '이만수 포수상'을 받았다. 캠프 초기 어깨 부상 탓에 재활군으로 빠졌다.

| 포수 우투우타 | 생년월일 | 2000년 04월 14일 | 연봉(2021) | 5200만 원 |
|---|---|---|---|---|
| | 신장/체중 | 178cm/90kg | 지명순위 | 2019 삼성 2차 2라운드 12순위 |
| | 학력 | 언북초(의정부리틀)-영동중-신일고 | 입단년도 | 2019 삼성 |

### 50 박세웅
2013년 동기생 주권(KT)과 함께 청주고 좌우 원투펀치 출신. 프로 입단 후 구속을 끌어올리던 중 2018 2차 드래프트로 삼성 유니폼을 입었다. 좌완 유망주 후보 중 한 명이다. 2020년 봄 군 복무를 마치고 퓨처스리그 10경기 12이닝 동안 16안타 4사구 17개 19실점으로 부진했다.

| 투수 좌투좌타 | 생년월일 | 1996년 5월 10일 | 연봉(2021) | 3000만원 |
|---|---|---|---|---|
| | 신장/체중 | 180cm/87kg | 지명순위 | 2015 SK 2차 4라운드 40순위 |
| | 학력 | 대해초-포항중-청주고 | 입단년도 | 2015 SK |

### 30 홍원표
지난해 3라운드에서 뽑은 우완 유망주. 지난해 퓨처스리그 23경기에서 주로 불펜으로 뛰며 34이닝 1승 3패, 5.29의 성적을 기록했다. 시즌 막판 7경기에서 6이닝 1실점으로 안정된 피칭을 했다. 1군 등판 기록은 1경기 1이닝 1인디 1볼넷 무실점. 구속을 끌어올리면 성장할 수 있다.

| 투수 우투우타 | 생년월일 | 2001년 3월 27일 | 연봉(2021) | 3100만원 |
|---|---|---|---|---|
| | 신장/체중 | 183cm/86kg | 지명순위 | 2020 삼성 2차 3라운드 25순위 |
| | 학력 | 신도초-부천중-부천고 | 입단년도 | 2020 삼성 |

### 61 황동재
원태인의 경북고 1년 직속 후배. 2년 연속 경북고 출신 1차지명 계보를 이었다. 원태인보다 큰 체구를 지녔지만 더 가다듬어야 대형 투수로 성장할 원석이다. 지난해 5월 23일 두산전에서 데뷔전을 치렀는데 1⅓이닝 8안타 4볼넷 8실점으로 신고식을 치렀다. 군 복무 후 복귀 예정이다.

| 투수 우투우타 | 생년월일 | 2001년 11월 3일 | 연봉(2021) | 3100만 원 |
|---|---|---|---|---|
| | 신장/체중 | 191cm/97kg | 지명순위 | 2020 삼성 1차 |
| | 학력 | 율하초-경운중-경북고 | 입단년도 | 2020 삼성 |

### 41 봉민호
2020 2차 드래프트에서 삼성이 SK로부터 뽑은 투수. 왼손 갈증을 풀어줄 유망주 픽이었다. 1군 등판 기록은 2018년 1경기가 전부로 지난해 제대 후 올 시즌부터 본격적인 1군 도전에 나선다. 입대 전 140km대 빠른 공을 회복했는데 이를 고스란히 살려낼 수 있을지가 관건이다.

| 투수 좌투좌타 | 생년월일 | 1996년 6월 26일 | 연봉(2021) | 3000만 원 |
|---|---|---|---|---|
| | 신장/체중 | 184cm/88kg | 지명순위 | 2015 SK 2차 8라운드 80순위 |
| | 학력 | 우암초-자양중-경기고 | 입단년도 | 2015 SK |

### 19 구준범
제구력으로 타자를 상대하는 좌완 투수. 프로 초창기 팔꿈치 내측인대 재건술도 받았고 2017년 말 입대해 병역도 해결했다. 2020년 퓨처스리그에서 선발 투수 가능성을 확인했다. 8월 말 복귀 후 5경기에서 21이닝 동안 단 3실점(1자책)밖에 하지 않는 안정감으로 주목받는다.

| 투수 좌투좌타 | 생년월일 | 1995년 3월 18일 | 연봉(2021) | 3100만원 |
|---|---|---|---|---|
| | 신장/체중 | 175cm/68kg | 지명순위 | 2014 삼성 2차 6라운드 57순위 |
| | 학력 | 서울학동초-대치중-배명고 | 입단년도 | 2014 삼성 |

### 45 이재익
오랜 유망주로 머물다 지난해 처음 1군 무대를 밟았다. 7월 10일 수원 KT전에 첫 등판해 로하스와 강백호에게 연속 타자 홈런을 내주며 혹독한 신고식을 치렀다. 퓨처팀 오치아이 감독에게 배운 포크볼과 패스트볼 구속을 140㎞ 중반대로 끌어올려 1군 30경기가 목표다.

| 투수 좌투좌타 | 생년월일 | 1994년 3월 18일 | 연봉(2021) | 3200만 원 |
|---|---|---|---|---|
| | 신장/체중 | 180cm/76kg | 지명순위 | 2013 삼성 8라운드 68순위 |
| | 학력 | 삼일초-중앙중-유신고 | 입단년도 | 2020 삼성 |

### 64 이승민
크지 않은 체구, 평균 구속 131㎞인데 영점이 잡히면 공략하기 어려운 투수다. 7경기 26⅓이닝 1승 3패, 평균자책점 6.84를 기록했다. 아쉬웠지만 가능성을 확인했다. 유희관급 선발로 자리매김할 가능성이 크다. 체인지업, 슬라이더, 커브 등 다양한 변화구를 고르게 던질 줄 안다.

| 투수 좌투좌타 | 생년월일 | 2000년 08월 26일 | 연봉(2021) | 3700만 원 |
|---|---|---|---|---|
| | 신장/체중 | 174cm/79kg | 지명순위 | 2020 삼성 2차 4라운드 35순위 |
| | 학력 | 본리초-경상중-대구고 | 입단년도 | 2020 삼성 |

### 68 이상민
입단 테스트를 통해 지난해 삼성에 안착한 베테랑 좌완 투수. 지난해 임시선발과 롱릴리프로 인정받았다. 정교한 제구력과 볼끝 구위로 승부한다. 17경기 1패 1홀드, 평균자책점 6.43. 올 시즌도 선발과 롱릴리프를 오가며 늦깎이 신화에 도전한다. 좌완이 부족한 팀에 큰 보탬.

| 투수 좌투좌타 | 생년월일 | 1990년 11월 4일 | 연봉(2021) | 4000만 원 |
|---|---|---|---|---|
| | 신장/체중 | 180cm/85kg | 지명순위 | 2013 NC 7라운드 66순위 |
| | 학력 | 남도초(수성리틀)-대구중-경북고-동의대 | 입단년도 | 2013 NC |

### 43 장지훈
묵직하고 빠른 공과 예리한 슬라이더를 갖춘 장신의 대형투수 후보. 삼성의 미래 에이스 성장이 기대된다. 아직 잠재력을 터뜨리지 못했다. 심리적 한계를 극복하지 못해 아쉽다. 지난해 가장 많은 29경기에 출전했다. 병역 의무를 마친 뒤 본격적인 재도전에 나설 전망이다.

| 투수 우투우타 | 생년월일 | 1997년 3월 31일 | 연봉(2021) | 4200만 원 |
|---|---|---|---|---|
| | 신장/체중 | 190cm/92kg | 지명순위 | 2017 삼성 1차 |
| | 학력 | 동천초-경주중-경주고 | 입단년도 | 2017 삼성 |

### 51 최충연
아쉬움 가득한 삼성의 미래. 3년 차였던 2018년 불펜 에이스로 도약한 대형투수. 2019년 선발 전환에 실패하며 방황이 시작됐다. 음주운전 사건 징계로 2020년을 날렸다. 2021년 시즌 중 복귀 예정이었지만 2020 시즌 이후 의문의 팔꿈치 수술로 복귀가 1년 더 미뤄진 상태다.

| 투수 우투우타 | 생년월일 | 1997년 3월 05일 | 연봉(2021) | 4500만 원 |
|---|---|---|---|---|
| | 신장/체중 | 190cm/85kg | 지명순위 | 2016 삼성 1차 |
| | 학력 | 대구수창초-대구중-경북고 | 입단년도 | 2016 삼성 |

### 49 허윤동
유신고 시절 소형준과 쌍두마차를 이룬 좌완투수. 청소년대표를 거친 유망주로서 빠른 공은 아니지만 종속이 좋고 슬라이더 각도가 예리해 쉽게 공략당하지 않는다. 지난해 선발 공백을 메우는 임시 선발로 1군 경험을 쌓았다. 11경기 7승 1패, 4.80의 평균자책점 열정이 잡히면 이닝을 버티는 능력이 있다. 올 시즌도 6, 7선발로 대기한다. 성장 가능성이 미래의 좌완 선발 자원이다.

| 투수 좌투좌타 | 생년월일 | 2001년 6월 19일 | 연봉(2021) | 4500만 원 |
|---|---|---|---|---|
| | 신장/체중 | 181cm/90kg | 지명순위 | 2020 삼성 2차 1라운드 5순위 |
| | 학력 | (덕양구리틀)-금릉중-유신고 | 입단년도 | 2020 삼성 |

### 11 홍정우
묵직한 패스트볼과 각도 큰 포크볼, 슬라이더를 갖춘 우완 영건. 불펜의 롱릴리프 역할을 담당할 수 있다. 2019년 1군 첫 경험 이후 지난해 30경기에서 30이닝을 소화하며 경험을 쌓았다. 1홀드, 6.60의 평균자책점을 기록했다. 세기를 가다듬으면 필승조로 발탁될 수 있는 잠재력의 소유자다.

| 투수 우투우타 | 생년월일 | 1996년 3월 16일 | 연봉(2021) | 4500만 원 |
|---|---|---|---|---|
| | 신장/체중 | 182cm/85kg | 지명순위 | 2015 삼성 2차 4라운드 35순위 |
| | 학력 | 도신초-강남중-충암고 | 입단년도 | 2015 삼성 |

### 37 노성호
2차 드래프트로 삼성 유니폼을 입은 지난 시즌 반전 계기를 마련했다. 빠르고 묵직한 공에 대한 장점을 살린 삼성 벤치의 지도 철학이 연착륙의 배경이었다. 45경기 36⅔이닝 2승 3패 4.46의 평균자책점이었다. 제구 안정성에 대한 확신만 서면 삼성 불펜에 꼭 필요한 좌완 파이어볼러다.

| 투수 좌투좌타 | 생년월일 | 1989년 10월 22일 | 연봉(2021) | 7000만 원 |
|---|---|---|---|---|
| | 신장/체중 | 182cm/100kg | 지명순위 | 2012 NC 우선지명 |
| | 학력 | 서흥초-상인천중-화순고-동국대 | 입단년도 | 2012 NC |

### TEAM PROFILE

| | |
|---|---|
| 팀명 | SSG 랜더스 |
| 창립년도 | 2000년 |
| 구단주 | 정용진 |
| 모기업 | 신세계 |
| 대표이사 | 민경삼 |
| 단장 | 류선규 |
| 감독 | 김원형 |
| 연고지 | 인천광역시 |
| 홈구장 | 인천 SSG랜더스필드 |
| 영구결번 | 26 박경완 |
| 한국시리즈 우승 | 2007, 2008, 2010, 2018 |

# 2021 SSG LANDERS DEPTH CHART

**MANAGER**
김원형

**CENTER FIELDER**
최지훈
김강민
정진기

**LEFT FIELDER**
추신수
오태곤
고종욱

**SHORTSTOP**
박성한
김성현
정현

**2ND BASE**
최주환
김성현
최항

**RIGHT FIELDER**
한유섬
정진기
정의윤

**3RD BASE**
최정
오태곤
고명준

**1ST BASE**
로맥
오태곤
전의산

**STARTING PITCHER**
폰트, 르위키
박종훈, 문승원

**CLOSER**
서진용

**BULLPEN**

김태훈
이태양
김상수

**CATCHER**

이재원
이흥련
이현석

**DH**

로맥
추신수
정의윤

# 2020 REVIEW & 2021 PREVIEW

2019년 팀 역대 최다승인 88승을 거두고도 웃지 못했다. 두산과 동률을 이뤘지만 상대 전적에서 2위로 밀렸다. 줄곧 1위를 달리면서 두산에 9게임 차까지 앞섰다가 시즌 최종일에 2위로 내려갔다는 박탈감 때문인지 플레이오프에서도 키움에 무기력하게 패해 최종 성적 3위로 2019년을 마쳤다.

아쉬움을 떨치고 다시 우승을 향한 SK는 2020년 스프링캠프부터 각오를 새롭게 했다. 특히 창단 20주년이라 더욱 의욕적으로 나섰다. 성적과 육성의 두 마리 토끼를 모두 잡겠다는 목표를 가지고 1군 캠프에 코칭스태프 14명에 선수 41명 등 55명 규모의 선수단이 참가했다. 주로 국내에서 훈련했던 퓨처스팀도 플로리다에서 전지훈련을 하는 등 스프링캠프에 많은 투자를 했다.

전력상 2019년보다 약하다는 평가가 많았다. 에이스 김광현이 메이저리그로 떠났고 외국인 에이스 앙헬 산체스가 일본으로 떠났다. 둘이 거둔 34승을 어떻게 채우느냐가 팀의 가장 큰 숙제였다. 외부 FA 영입이나 대형 트레이드 등 별다른 전력 보강도 없이 시즌을 준비했다. 외국인 투수가 가장 중요하다고 생각해 안정감 있는 닉 킹엄과 강속구 투수 리카르도 핀토를 영입했다. 킹엄이 메릴 켈리, 핀토가 산체스와 같은 스타일이라 그들과 같은 성적을 내주길 바랐다. 결과는 실패였다. 킹엄은 6경기 만에 팔꿈치 부상으로 이탈했고 핀토는 제구가 좋지 않은 데다 멘탈 문제까지 나와 6승 15패로 2020시즌 최다패 투수가 됐다. 가장 기본적인 외국인 투수의 실패는 결국 팀의 추락을 가져왔다. 여기에 2019년 세이브왕에 올랐던 하재훈이 초반부터 부진하더니 어깨 부상으로 시즌 아웃됐다. 김광현을 대신해 5선발이 된 김태훈은 선발에서 제 역할을 못 했고 약해진 불펜은 재건이 어려웠다. 마운드는 2019시즌 팀 평균자책점 1위(3.48)에서 2020년 최하위(5.57)로 추락했다. 10위인 한화(5.28)보다 마운드가 약했다.

타격은 더 심각했다. 2019년 1위를 내준 가장 큰 이유였던 타격이 2020년에 더 심각하게 떨어졌다. 시즌 초반 제대로 치는 선수가 없었다. 3경기 만에 손가락 골절로 이탈한 이재원을 시작으로 한유섬, 고종욱 등 타자들이 줄줄이 부상으로 엔트리에서 빠졌다. 시즌 내내 부상자가 속출해 완전체로 경기를 한 적이 없었다. 시즌 초반부터 10연패에 빠져 5강 싸움에서 멀어진 이후 팀은 한화와 '탈꼴찌' 싸움을 해야 했다.

예상하지 못했던 악재가 계속된 와중에 급기야 사령탑이 쓰러지는 일까지 벌어졌다. 6월 25일 두산전서 경기 도중 염경엽 감독이 더그아웃에서 쓰러져 병원으로 후송되었다. 극도의 스트레스 속에서 제대로 먹지도 못 하는 일이 반복되면서 기력이 떨어졌기 때문이다. 두 달 정도 요양 후 9월 1일 LG전부터 지휘봉을 잡았지만 팀이 연패에 빠지면서 복귀 6일 만에 다시 건강에 이상 신호가 나타났다. 결국 구단은 시즌 끝까지 박경완 감독대행 체제로 치러야 했다. 팀 창단 때인 2000년에 기록한 팀 최다 연패인 11연패 타이기록까지 왔던 팀은 역대 최악인 9위로 시즌을 마무리했다. 5월에 7승 16패로 시작해 9월까지 월별 승률 5할을 한 번도 기록하지 못했다. 다행히 주전들이 대부분 돌아온 10월 11승 11패로 첫 5할 승률을 올리며 시즌을 마쳤다.

시즌 초반 팀이 성적 부진에 빠지면서 구단은 사실상 시즌을 포기하고 일찌감치 2021시즌 준비에 들어갔다. 2020년 실패의 원인을 분석했고 부활을 위해 분위기를 바꾸기 위해 노력했다. 시즌 막바지부터 본격적으로 움직였다. 민경삼 대표이사, 류선규 단장으로 프런트가 개편됐다. 건강에 대한 확신을 주지 못한 염경엽 감독은 시즌이 끝난 뒤 팀 성적 부진 책임으로 사퇴했다. 쌍방울, SK에서 활약했던 레전드인 김원형 신임 감독이 팀을 이끌게 됐다. 조웅천, 이대진 등 경험이 많은 코치를 영입하면서 코치진의 무게감도 늘었다.

2020년의 우울한 분위기를 없애기 위해 빠르게 희망을 칠하기 시작했다. 시즌 최종전이 끝난 다음 날 윌머 폰트, 아티 르위키의 영입과 제이미 로맥과 재계약을 발표해 10개 구단 중 가장 빠르게 외국인 구성을 했다. FA 시장이 열리자 팀에 가장 필요한 2루수 최주환을 데려왔다. 베테랑 불펜 투수 김상수를 사인&트레이드 방식으로 영입해 불안정한 불펜도 보강했다. 외부 FA 영입은 2012년 조인성, 임경완 이후 9년 만이었다. 확실한 전력 보강으로 희망을 품을 수 있는 계기가 되었다.

그리고, 1월 26일 충격적인 일이 일어났다. 신세계 그룹이 SK 와이번스를 인수한다고 전격 발표했다. 다음 날에는 양자는 1352억 원에 인수한다는 내용의 양해각서를 체결해 와이번스가 역사 속으로 사라지고 새로운 역사가 시작됐다. 새롭게 프로야구판에 발을 내디딘 신세계 그룹은 의욕을 실행에 옮겼다. 스프링캠프가 한창이던 2월 23일 메이저리거 추신수 영입을 깜짝 발표했다. 16년간 메이저리그로 활약했던 추신수와 연봉 27억 원의 역대 최고액에 영입하며 기대감은 절정에 이르렀다. 김상수와 최주환을 데려와 5강 이상을 바라볼 수 있는 팀으로 분류된 SSG였지만 추신수가 가세하자 단숨에 우승 후보로 떠올랐다. 지난 2년간 타격 약화로 어려움을 겪었기에 메이저리그에서 홈런 20개 이상을 기록한 추신수의 가세는 천군만마 다름없다. 역대 KBO리그에 온 메이저리거 중 최고의 몸값과 경력을 갖춘 추신수는 팀 성적은 물론 흥행에도 어마어마한 플러스 요인이 될 것으로 기대를 모으다 3월 12일 신세계 그룹은 새 구단의 공식 명칭인 'SSG 랜더스'를 공개했다. 2021시즌 SSG는 모든 것이 바뀌어 새출발한다. 지난해 9위의 기억을 이미 잊었다.

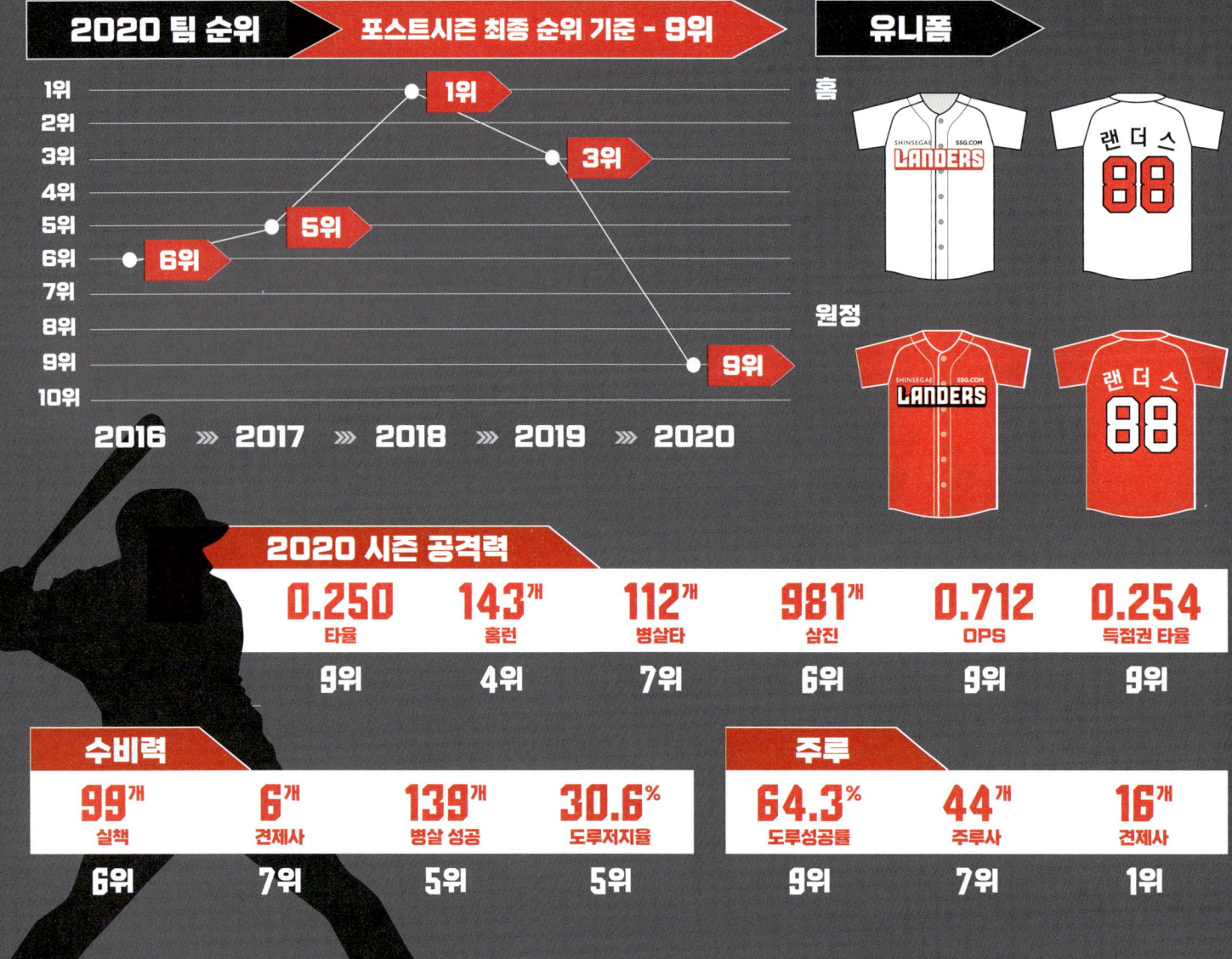

# PARK FACTOR
## 인천 SSG랜더스필드

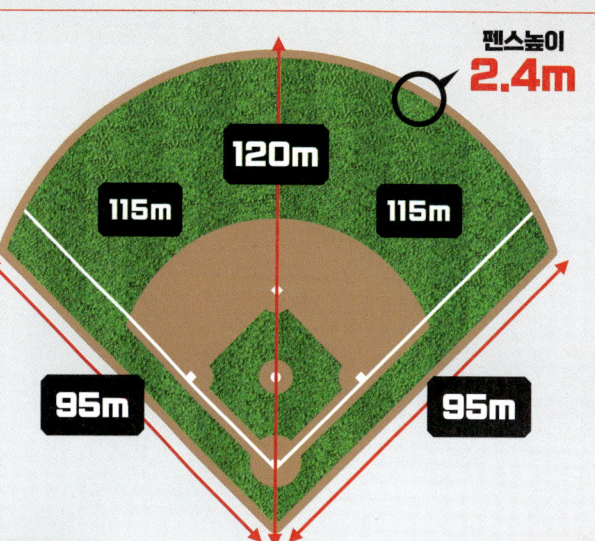

펜스높이 **2.4m**
120m / 115m / 115m / 95m / 95m

### 경기수

**72 홈팀** | **72 원정팀**

| 홈팀 | | 원정팀 |
|---|---|---|
| 타율 0.257 | | 타율 0.275 |
| 홈런 76 | | 홈런 93 |
| 실책 50 | | 실책 37 |

### 좌타자 타율
- 0.280 홈팀
- 0.239 원정팀

### 우타자 타율
- 0.281 홈팀
- 0.270 원정팀

### 좌타자 홈런
- 21 홈팀
- 41 원정팀

### 우타자 홈런
- 55 홈팀
- 51 원정팀

프로야구가 열리는 구장 중에서 가장 작은 편에 속한다. 펜스 거리가 짧은 데다 펜스 높이도 낮아 쉽게 잡는 '이지' 플라이볼이 홈런이 되는 경우가 가끔 나온다. 외야수가 점프해서 홈런이 되는 공을 잡는 파인플레이도 볼 수 있다.

**좌석 2만 3000석**

**천연잔디**

# 70 김원형

| | |
|---|---|
| 생년월일 | 1972년 7월 5일 |
| 출신학교 | 전주중앙초-전주동중-전주고 |
| 주요경력 | 쌍방울/SK 선수(1991~2011), SK코치(2012~2016), 롯데 코치(2017~2018), 두산 코치(2019~20), SSG 감독(2021) |
| 연봉 | 2억5000만 원 |

김원형 신임 감독은 프랜차이즈 스타 출신으로 언젠가 감독이 될 가능성이 큰 인물로 꾸준히 꼽혔다. 전주고 졸업 후 1991년 쌍방울레이더스 고졸 우선지명으로 KBO리그에 데뷔한 김 감독은 팀이 SK로 바뀐 이후에도 꾸준히 팀을 지켰다. 21년간 선발과 중간 투수를 오가며 총 545경기에 등판해 133승 144패 12홀드 26세이브 평균자책점 3.92를 기록했다. 1993년 전주 OB 베어스전에서 달성한 노히트노런은 27년이 지난 현재까지 최연소 기록(만 20세 9개월 25일)으로 남아있다. '어린 왕자'라는 별명처럼 어려 보이는 얼굴에 유순한 듯한 인상과 다르게 승부욕이 강했고 후배들을 이끄는 리더십도 갖췄다. 과묵한 스타일이지만 자신의 철학을 지키는 모습이었다. 코칭스태프와 선수단의 신망을 받은 김 감독은 2007년부터 2년간 주장을 맡았다. 보통 주장은 투수보다 야수 쪽에서 맡는 경우가 많은데 김 감독의 주장 선임은 그만큼 리더십이 있고 동료들이 그를 신뢰하고 따른다는 사실을 의미했다. '주장 김원형' 체제에서 2년간 SK는 최강 팀으로 발전했다. 2007년 창단 첫 우승을 이뤘고 2008년에도 우승해 2년 연속 통합 우승을 달성했다. 2011시즌으로 현역 생활을 마감한 김 감독은 당연히(?) SK에서 지도자 생활을 시작했다. 2012년부터 루키팀 투수 코치를 맡았고 2016년까지 1군 불펜 코치와 투수 코치를 역임하며 착실하게 지도자 경력을 쌓아갔다. 이후 SK를 떠나 2017년부터 2년간 롯데자이언츠에서 1군 수석 코치와 투수 코치를 맡았고 2019~2020년에는 두산베어스 1군 투수 코치로 투수들을 지도했다.

SK는 2020년 9위라는 처참한 성적을 거뒀다. 그리고 SK의 적자인 김 감독을 불러들였다. 당초 투수코치로 영입하려 했지만 감독 후보 1순위였던 선동열 전 대표팀 감독과 협상이 결렬되면서 방향을 틀었다. 구단은 "오랫동안 몸 담아 팀 이해도가 높아 팀 분위기 쇄신 및 재건에 적임자로 판단했다"라고 선임 이유를 밝혔다. 몇몇 젊은 선수를 제외한 대부분 주전들과 함께 생활했기에 선수 파악이 빠르다. 타 구단에서 얻은 4년 경험도 새로운 분위기를 만들 수 있다고 판단한 것이다.

아직 김 감독이 어떤 야구를 보여줄지는 모른다. 일단 승부에 강한 집념을 보였다. 김 감독은 "선수 때 승부욕을 갖고 야구를 했다. 상대에게 지기 싫어했다. 이겨야 기분이 좋아졌다. 선발 투수와 불펜 투수가 역할을 하고 공격에서도 해야 할 부분을 하는 가운데 이기고 싶은 마음이 크다"라고 말한다. 자신이 보여줄 야구로 "끈끈한 야구, 물고 늘어지는 팀 색깔을 만들고 싶다. 쉽게 포기하지 않았으면 좋겠다"라고 설명했다. 특히 기본을 강조하는 지도자로 꼽힌다. 자신이 추구하는 야구가 확실하기에 선수들에게 자신의 생각을 확실히 주입한다. 프로 선후배로서 운동장에서 꼭 해야 하는 기본과 예의도 중요하게 여기고 사회인으로서 갖춰야 할 덕목을 강조한다. 사람의 기본을 갖춰야 야구도 잘 할 수 있다는 믿음이다.

김 감독은 2년간 계약금 2억 원, 연봉 2억5000만 원으로 총액 7억 원에 계약했다. 2년 동안 자신의 감독으로서 역량을 보여야 한다. 현실적으로 2021시즌부터 확실한 퍼포먼스가 있어야 한다. SK가 신세계그룹에 인수되면서 팀이 새롭게 출발하기 때문이다. 새 유니폼을 입고 가을 야구에서 맹활약하는 모습을 보여야 한다. 이런 중압감 속에서 SSG는 FA 최주환과 김상수를 영입하고 메이저리거 추신수까지 데려와 팀 분위기가 긍정적으로 바뀌었다. 팀의 주인이 바뀌었지만 오히려 인수한 신세계그룹이 더 강력하게 투자할 수 있다는 분위기도 선수들에게 동기부여가 된다. 시즌 초반이 중요하다. 분위기가 전체적으로 바뀌었다고 하지만 지난해 실패의 기억은 분명하기 때문이다. 초반 성적이 중요한 김 감독이다.

# COACHING STAFF

**76 김민재**
- 생년월일: 1973년 1월 3일
- 출신학교: 중앙초-경남중-부산공고
- 보직: 수석 코치
- 주요경력: 롯데/SK/한화 선수(1991~2009), 한화 코치(2010~2012), 두산 코치(2013), KT 코치(2014~2016), 롯데 코치(2017~2018), 두산 코치(2019), SK 코치(2021)

**80 조웅천**
- 생년월일: 1971년 3월 17일
- 출신학교: 광주남초-무등중-순천상고
- 보직: 투수 코치
- 주요경력: 태평양/현대/SK 선수(1990~2009), SK 코치(2011~2016), 두산 코치(2017~2019), 롯데 코치(2020), SSG 코치(2021)

**85 이대진**
- 생년월일: 1974년 6월 9일
- 출신학교: 서림초-진흥중-진흥고
- 보직: 투수 코치
- 주요경력: KIA/LG(1993~2012), 한화 코치(2013), KIA 코치(2011~2019), SSG 코치(2021)

**75 이진영**
- 생년월일: 1980년 6월 15일
- 출신학교: 군산초-군산남중-군산상고
- 보직: 타격 코치
- 주요경력: 쌍방울/SK/LG/KT 선수(1999~2018), SK/SSG 코치(2020~)

**72 홍세완**
- 생년월일: 1978년 1월 16일
- 출신학교: 구로남초-경원중-장충고-성균관대
- 보직: 타격 코치
- 주요경력: 해태/KIA 선수(2000~2010), KIA 코치(2011~2019), SK/SSG 코치(2020~)

**82 세리자와**
- 생년월일: 1968년 4월 12일
- 출신학교: 오오미야히가시고
- 보직: 배터리 코치
- 주요경력: SK 코치(2010~2011), 삼성 코치(2012~2014, 2017), LG 코치(2019~2020), SSG 코치(2021)

**71 손지환**
- 생년월일: 1978년 11월 13일
- 출신학교: 인현초-휘문중-휘문고
- 보직: 수비 코치
- 주요경력: LG/KIA/삼성/SK/한화 선수(1997~2010), SK/SSG 코치(2013~)

**84 조동화**
- 생년월일: 1981년 3월 22일
- 출신학교: 공주중동초-공주중-공주고
- 보직: 1루 주루 코치
- 주요경력: SK 선수(2000~2018), SK 코치(2018~)

**92 전형도**
- 생년월일: 1971년 10월 30일
- 출신학교: 사당초-휘문중-휘문고-단국대
- 보직: 작전 주루 코치
- 주요경력: 한화/두산 선수(1994~2001), 두산 코치(2011~2017), 한화 코치(2018~2020), SSG 코치(2021)

**74 조원우**
- 생년월일: 1971년 4월 8일
- 출신학교: 수영초-부산중-부산고-고려대
- 보직: 퓨처스 감독
- 주요경력: 쌍방울/SK/한화(1994~2008), 한화 코치(2009), 롯데 코치(2011~2012), 두산(2013), SK 코치(2014~2015), 롯데 감독(2016~2018), SSG 2군 감독(2021)

**83 박정권**
- 생년월일: 1981년 7월 21일
- 출신학교: 효자초-전주동중-전주고-동국대
- 보직: 타격 코치
- 주요경력: SK 선수(2004~2019), SK/SSG 코치(2020~)

**79 최창호**
- 생년월일: 1966년 11월 8일
- 출신학교: 옥산초-대구중-경북고
- 보직: 퓨처스 투수 코치
- 주요경력: 청보/태평양/현대/LG(1987~2002), 넥센 코치(2011~2013), SK/SSG 코치(2013~)

**89 제춘모**
- 생년월일: 1982년 4월 5일
- 출신학교: 유안초-동성중-동성고
- 보직: 퓨처스 투수 코치
- 주요경력: SK 선수(2002~2014), SK/SSG 코치(2015~)

**78 김일경**
- 생년월일: 1978년 7월 1일
- 출신학교: 영일초-우신중-경동고
- 보직: 퓨처스 수비 코치
- 주요경력: 현대/넥센/LG 선수(1997~2013), KT 코치(2016), LG 코치(2017~2018), SK/SSG 코치(2019~)

**77 백재호**
- 생년월일: 1974년 6월 30일
- 출신학교: 호제초-보성중-신일고-동국대
- 보직: 퓨처스 작전 주루 코치
- 주요경력: 한화 선수(1997~2007), 한화 코치(2008~2009), SK/SSG 코치(2012~)

**81 최경철**
- 생년월일: 1980년 8월 15일
- 출신학교: 효자초-전주동중-전주고-동국대
- 보직: 퓨처스 배터리 코치
- 주요경력: SK/넥센/LG/삼성 선수(2003~2017), SK/SSG 코치(2020~)

**87 김석연**
- 생년월일: 1968년 8월 16일
- 출신학교: 태안초-태안중-대전고-동아대
- 보직: 루키 총괄 코치
- 주요경력: 빙그레 선수(1991~1993), 동아대 감독(2007~2013), 넥센 코치(2014~2016), SK/SSG 코치(2017~)

**88 이대수**
- 생년월일: 1981년 8월 21일
- 출신학교: 군산중앙초-군산중-군산상고
- 보직: 루키 수비 코치
- 주요경력: SK/두산/한화/SK 선수(2002~2018), SK/SSG 코치(2019~)

**90 전병두**
- 생년월일: 1984년 10월 14일
- 출신학교: 중아초-부산중-부산고
- 보직: 루키 투수 코치
- 주요경력: 두산/KIA/SK선수(2003~2016), SK/SSG 코치(2019~)

**91 이승호**
- 생년월일: 1981년 9월 9일
- 출신학교: 군산남초-군산남중-군산상고
- 보직: 루키 재활 코치
- 주요경력: SK/롯데/NC/SK 선수(2000~2016), 상무 코치(2017~2019), SK/SSG 코치(2020~)

**고윤형**
- 생년월일: 1979년 9월 20일
- 출신학교: 대현초-휘문중-휘문고-용인대
- 보직: 컨디셔닝 코치
- 주요경력: -

**길강남**
- 생년월일: 1991년 12월 23일
- 출신학교: 평촌초-범계중-평촌고-성균관대
- 보직: 컨디셔닝 코치
- 주요경력: -

**김기태**
- 생년월일: 1990년 6월 15일
- 출신학교: 배봉초-전동중-동대부고-국민대
- 보직: 컨디셔닝 코치
- 주요경력: -

**김상용**
- 생년월일: 1983년 5월 7일
- 출신학교: 대야초-대흥중-소래고-한남대
- 보직: 컨디셔닝 코치
- 주요경력: -

**김주윤**
- 생년월일: 1982년 5월 20일
- 출신학교: 양재초-영동중-양재고-경남대
- 보직: 멘탈 코치
- 주요경력: -

**류재준**
- 생년월일: 1986년 11월 10일
- 출신학교: 상북초-반림중-창원경일고-인제대
- 보직: 컨디셔닝 코치
- 주요경력: -

**박창민**
- 생년월일: 1976년 7월 13일
- 출신학교: 여수초-여수중-여천고-캘리포니아 주립대
- 보직: 컨디셔닝 수석 코치
- 주요경력: -

**이형삼**
- 생년월일: 1982년 7월 18일
- 출신학교: 상원초-온곡중-청원고-남서울대
- 보직: 컨디셔닝 코치
- 주요경력: -

**최현석**
- 생년월일: 1984년 10월 29일
- 출신학교: 신학초-신방학중-신일고-노스캐롤라이나대
- 보직: 컨디셔닝 코치
- 주요경력: -

**브랜든 나이트**
- 생년월일: 1975년 10월 1일
- 출신학교: 부에나고-벤투라칼리지
- 보직: 외국인 투수 전담 코치
- 주요경력: 뉴욕양키스/후쿠오카다이에호크스/뉴욕메츠/삼성/히어로즈 선수(2001~2014), 화성히어로즈 코치(2016~17), 히어로즈 코치(2017~20), SSG 코치(2021~)

# 17
# 추신수

**외야수(좌투좌타)**

| | |
|---|---|
| 생년월일 | 1982년 7월 13일 |
| 신장/체중 | 180cm/95kg |
| 학력 | 수영초-부산중-부산고 |
| 연봉(2021) | 27억 원 |
| 지명순위 | 2007 해외파 특별 드래프트 |
| 입단년도 | 2021 SSG |

한국인 타자로 가장 성공한 선수. 메이저리그에서 16년을 뛰며 1652경기에서 타율 0.275, 1671안타 218홈런 782타점 157도루를 기록했다. 2009년엔 아시아 출신 최초로 3할-20홈런-20도루를 기록했고 2015년엔 아시아 출신 타자 최초 사이클링 히트도 기록했다. 20(홈런)-20(도루) 클럽은 세 번이나 가입했다. 아시아 출신 타자로 최다 홈런(218개)과 최다 타점(782개) 기록도 보유한다. 한국에 온 어떤 외국인 타자보다도 스펙이 뛰어나다. 추신수보다 메이저리그에서 많은 홈런과 안타를 친 선수가 없었다. 그래서 이런 선수가 KBO리그에서 어떤 성적을 올릴지에 관심이 쏠린다.

메이저리그에서 추신수의 강점은 출루였다. 통산 출루율이 0.377이었다. 전체 24위에 해당할 정도로 높은 수치다. 선구안이 엄청나게 좋다. 심판의 스트라이크 판정에 추신수가 반응을 하면 영락없이 볼인 경우가 많았다. 출루율이 높다 보니 추신수는 톱타자로 뛰었다. 그럼에도 추신수는 20개 이상의 홈런을 치는 장타력까지 갖췄다. 2017년부터 2019년까지 3년 연속 20홈런 이상을 때려냈었다.

SSG에서는 톱타자로 나설 가능성은 낮아 보인다. 추신수는 2010 광저우 아시안게임 때 3번 타자로 나섰다. 최정, 제이미 로맥, 최주환, 한유섬 등과 함께 중심 타자를 맡을 가능성이 큰데 출루율이 높아 2번 타자에 배치될 수도 있다. 추신수가 치는 공이 대부분 스트라이크라서 양질의 타구가 나온다. 내야 뜬공이 거의 없는 타자다. 7157타석 동안 내야 뜬공이 36개에 불과했다.

직구에 대한 강점이 큰 선수다. 변화구에 약한 단점이 있어 삼진이 많다. 통산 삼진이 1579개로 삼진율이 22.1%다. 하지만 KBO리그의 변화구가 메이저리그 수준보다는 못하기에 추신수가 크게 어려워하지는 않을 것이란 예상이 많다. 직구에 워낙 강한 점도 변화구 약점을 커버할 수 있을 듯하다. 좌투수에 약한 단점도 있다. 우투수를 상대로 타율 0.289, 출루율 0.394를 기록했는데 좌투수에겐 타율 0.240, 출루율 0.340으로 상대적으로 낮았다. 그래서 플래툰 시스템으로 나가는 경우도 있었다. 발도 어느 정도 빠른 데다 센스도 있어서 KBO리그에서는 어려움이 없을 전망이다. 39세의 나이라 도루를 많이 감행하지는 않겠지만 뛰는 것에 거부감이 있지는 않다.

# PLAYERS

## 42 문승원

**투수(우투우타)**

| | |
|---|---|
| 생년월일 | 1989년 11월 28일 |
| 신장/체중 | 180cm/88kg |
| 학력 | 가동초-배명중-배명고-고려대 |
| 연봉(2021) | 3억 원 |
| 지명순위 | 2012 SK 1라운드 8순위 |
| 입단년도 | 2012 SK |

2012년 1라운드 지명 때부터 팀의 선발 자원으로 키워온 유망주. 2017년부터 풀타임 선발로 뛰었고 기대대로 성장해 이제는 팀 내에서 김광현의 공백을 메울 국내 에이스로서 모습을 기대할 정도가 됐다. 지난해 25경기에서 145⅔이닝을 던지며 평균자책점 3.65를 기록해 평균자책점 순위 9위에 올랐다. 국내 투수 중에선 삼성 최채흥(3.58)에 이어 2위다. 선발 투수로서는 갖출 것을 다 갖췄다는 평가다. 140㎞대 후반의 빠른 직구와 슬라이더, 체인지업, 커브 등을 주로 구사한다. 예전엔 구종은 많은데 확실한 결정구가 없었지만 갈수록 완성도가 높아져 이젠 모든 공을 결정구로 쓸 수 있을 정도가 됐다. 스스로 루틴을 정립하면서 더 단단해지고 있다. 안정된 피칭을 하지만 아직 확실하게 톱클래스라는 평가는 받지 못한다. 기복이 있다. 경기 중 잘 던지다가 갑자기 무너지는 모습을 보인다. 좋은 피칭을 해 여유 있는 퀄리티스타트가 예상되다가 갑자기 4, 5회에 안타를 얻어맞아 투구 수가 급증하는 경기가 가끔 나왔다. 그러다 보니 승리 투수 기회를 여러 차례 놓쳐 적은 승리(6승)에 그친 이유 중 하나로 작용했다. 본인 스스로 이런 단점을 고치려 집중력을 높이기 위해 노력해 시즌 중반엔 좋아지는 모습을 보이기도 했다. 문승원은 지난해 10월 4일 키움 히어로즈전에서 7이닝 5안타 무실점의 깔끔한 피칭으로 승리 투수가 됐다. 이날 피칭으로 규정이닝을 채운 문승원은 그동안 괴롭혔던 팔꿈치 뼛조각제거 수술을 받았다. 팀이 이미 9위로 처져있는 상황에서 굳이 시즌 끝까지 던지기보다 빨리 수술을 받아 2021시즌을 준비하는 쪽이 낫다는 판단이었다. 수술 이후 재활 과정을 잘 견뎌내 전지훈련도 정상적으로 참가했다. 타선 보강도 이뤄져 충분히 2019년 기록한 자신의 커리어하이인 11승을 넘길 수 있을 것으로 기대를 모은다.

### 2020 시즌 & 통산 성적

| | 경기 | 선발 | 승 | 패 | 세이브 | 홀드 | 이닝 | 피안타 | 피홈런 | 볼넷 | 사구 | 삼진 | ERA |
|---|---|---|---|---|---|---|---|---|---|---|---|---|---|
| 2020 | 25 | 25 | 6 | 8 | 0 | 0 | 145.2 | 136 | 13 | 45 | 6 | 117 | 3.65 |
| 통산 | 149 | 117 | 35 | 41 | 1 | 3 | 685.2 | 744 | 102 | 208 | 31 | 489 | 4.63 |

### 2020 시즌 홈 / 원정 성적

| | 경기 | 선발 | 승 | 패 | 세이브 | 홀드 | 타자 | 이닝 | 피안타 | 피홈런 | 볼넷 | 사구 | 삼진 | 실점 | 자책점 | ERA |
|---|---|---|---|---|---|---|---|---|---|---|---|---|---|---|---|---|
| 홈 | 11 | 11 | 4 | 3 | 0 | 0 | 275 | 69 | 57 | 5 | 17 | 3 | 60 | 21 | 20 | 2.61 |
| 원정 | 14 | 14 | 2 | 5 | 0 | 0 | 335 | 76.2 | 79 | 8 | 28 | 3 | 57 | 43 | 39 | 4.58 |

### 2020 시즌 구종 구사

| 구종 | 평균구속 | 최고구속 | 구사율(%) | 피안타율 |
|---|---|---|---|---|
| 포심패스트볼 | 143 | 153 | 46.2 | 0.260 |
| 투심/싱커 | 126 | 126 | 0 | |
| 슬라이더/커터 | 135 | 141 | 28.5 | 0.227 |
| 커브 | 122 | 142 | 12.4 | 0.267 |
| 체인지업 | 130 | 136 | 12.9 | 0.239 |
| 포크/SF | | | 0 | |
| 너클볼/기타 | | | 0 | |

### 2020 시즌 상황별 기록

| 상황 | 안타 | 2루타 | 3루타 | 홈런 | 볼넷 | 사구 | 삼진 | 폭투 | 보크 | 피안타율 |
|---|---|---|---|---|---|---|---|---|---|---|
| vs 좌 | 76 | 18 | 0 | 4 | 23 | 2 | 62 | 2 | 0 | 0.265 |
| vs 우 | 60 | 11 | 0 | 9 | 22 | 4 | 55 | 0 | 0 | 0.229 |
| 주자없음 | 80 | 13 | 0 | 10 | 28 | 2 | 68 | 0 | 0 | 0.245 |
| 주자있음 | 56 | 16 | 0 | 3 | 17 | 4 | 49 | 2 | 0 | 0.252 |
| 득점권 | 26 | 8 | 0 | 2 | 10 | 3 | 25 | 1 | 0 | 0.239 |
| 만루 | 2 | 1 | 0 | 0 | 1 | 0 | 0 | 0 | 0 | 0.250 |

### 2020 시즌 상대팀 별 기록

| 구분 | 경기 | 방어율 | 승 | 패 | 세이브 | 홀드 | 이닝 | 안타 | 홈런 | 볼넷 | 삼진 | 피안타율 |
|---|---|---|---|---|---|---|---|---|---|---|---|---|
| KIA | 3 | 3.10 | 1 | 1 | 0 | 0 | 20.1 | 12 | 1 | 8 | 19 | 0.176 |
| KT | 2 | 8.10 | 0 | 1 | 0 | 0 | 10.0 | 16 | 2 | 5 | 6 | 0.356 |
| LG | 1 | 7.50 | 0 | 1 | 0 | 0 | 6.0 | 8 | 1 | 1 | 5 | 0.348 |
| NC | 5 | 1.55 | 1 | 1 | 0 | 0 | 29.0 | 24 | 1 | 9 | 26 | 0.226 |
| 키움 | 4 | 2.59 | 1 | 0 | 0 | 0 | 24.1 | 21 | 1 | 6 | 15 | 0.231 |
| 두산 | 2 | 3.09 | 1 | 0 | 0 | 0 | 11.2 | 11 | 0 | 2 | 7 | 0.239 |
| 롯데 | 1 | 6.35 | 0 | 0 | 0 | 0 | 5.2 | 9 | 4 | 1 | 7 | 0.360 |
| 삼성 | 4 | 4.79 | 1 | 2 | 0 | 0 | 20.2 | 23 | 3 | 8 | 17 | 0.291 |
| 한화 | 3 | 3.50 | 1 | 1 | 0 | 0 | 18.0 | 12 | 2 | 5 | 15 | 0.182 |

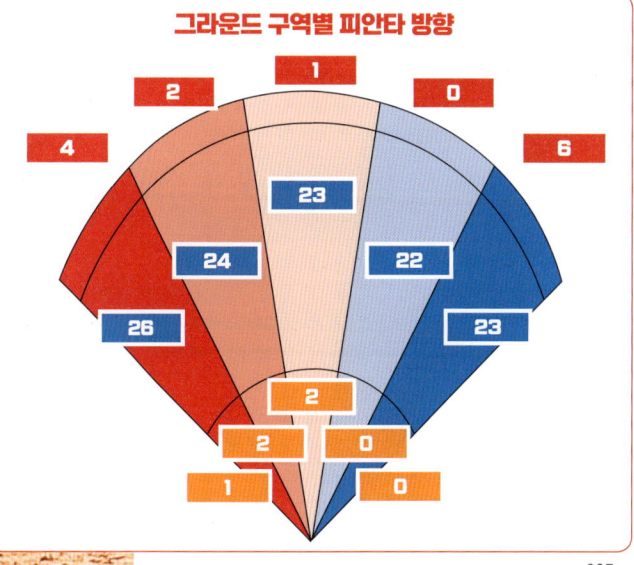

**그라운드 구역별 피안타 방향**

# 50
# 박종훈

**투수(우언우타)**

| | |
|---|---|
| 생년월일 | 1991년 8월 13일 |
| 신장/체중 | 186cm/90kg |
| 학력 | 군산중앙초-군산중-군산상고 |
| 연봉(2021) | 3억2000만 원 |
| 지명순위 | 2010 SK 2라운드 9순위 |
| 입단년도 | 2010 SK |

지난해 예상외로 힘겨운 시즌을 보냈다. 손이 마운드에 닿을 정도로 낮게 내려와서 던지는 언더핸드 투수라 투구 폼이 느린 단점이 있어 도루 허용 위험을 안고 있었던 박종훈은 지난해 너무 많은 도루를 허용했다. 지난해 29경기에서 157⅓이닝을 던졌는데 허용한 도루가 무려 44개나 된다. 잡아낸 도루가 14개였으니 상대가 58차례나 도루를 시도했고 허용률은 75.9%나 됐다. 2019년에도 도루를 많이 허용하기는 했다. 34회 시도 중 28회 허용으로 도루 허용률은 82.3%였다. 도루 시도 횟수가 무려 70%나 늘어난 것은 이례적이다. 도루에 신경 쓰기보다 타자와 승부에 집중했던 박종훈은 시즌 초반부터 도루를 많이 허용하자 흔들릴 수밖에 없었다. 빠른 주자는 물론이고 잘 뛰지 않는 주자마저 도루를 시도해 멘탈이 흔들렸다. 당연히 타자와 승부가 잘 안 되었다. 2019년 피안타율이 0.300이었을 때도 평균자책점이 3.88이었는데 0.249로 떨어진 2020년에 4.81로 오히려 크게 높아진 것은 도루 허용이 실점과 연결이 됐기 때문이다. 그런데도 박종훈은 13승(11패)을 거둬 팀 내 최다승은 물론, 전체 토종 투수 중에서도 다승 공동 1위에 올랐다. 들쭉날쭉하던 제구력이 점점 좋아지면서 투구엔 자신감이 더 붙었다. 2020시즌이 끝난 뒤 퀵모션과 주자가 나갔을 때 템포 조절도 연구해 어느 정도 대비 중이다. 목표는 15승으로 잡았다. 2018년에 거둔 개인 최다인 14승을 넘는 기록. 또 하나의 작은 목표는 한화이글스전 연승이다. 2017년부터 무려 15연승 중이다. 2020년에도 팀 성적이 부진했지만 박종훈은 한화를 상대로 4승을 거뒀다. 박종훈이 "상대하지 않고 그냥 맞서서 내보내고 싶다"라고 할 정도로 상대 전적에서 압도적으로 우위를 보였던 김하성이 메이저리그로 떠난 것도 작은 호재가 될 듯하다.

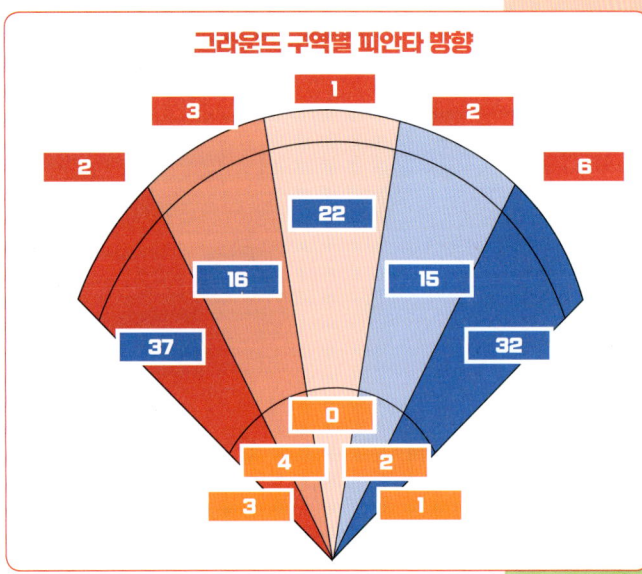

### 2020 시즌 & 통산 성적

| | 경기 | 선발 | 승 | 패 | 세이브 | 홀드 | 이닝 | 피안타 | 피홈런 | 볼넷 | 사구 | 삼진 | ERA |
|---|---|---|---|---|---|---|---|---|---|---|---|---|---|
| 2020 | 29 | 28 | 13 | 11 | 0 | 0 | 157.1 | 146 | 14 | 78 | 22 | 134 | 4.81 |
| 통산 | 192 | 169 | 62 | 60 | 0 | 1 | 894.2 | 895 | 83 | 413 | 124 | 704 | 4.66 |

### 2020 시즌 홈 / 원정 성적

| | 경기 | 선발 | 승 | 패 | 세이브 | 홀드 | 타자 | 이닝 | 피안타 | 피홈런 | 볼넷 | 사구 | 삼진 | 실점 | 자책점 | ERA |
|---|---|---|---|---|---|---|---|---|---|---|---|---|---|---|---|---|
| 홈 | 13 | 12 | 6 | 6 | 0 | 0 | 308 | 68.2 | 67 | 8 | 36 | 10 | 53 | 44 | 42 | 5.50 |
| 원정 | 16 | 16 | 7 | 5 | 0 | 0 | 383 | 88.2 | 79 | 6 | 42 | 12 | 81 | 46 | 42 | 4.26 |

### 2020 시즌 구종 구사

| 구종 | 평균구속 | 최고구속 | 구사율(%) | 피안타율 |
|---|---|---|---|---|
| 포심패스트볼 | 134 | 141 | 28.5 | 0.292 |
| 투심/싱커 | 132 | 140 | 25.2 | 0.246 |
| 슬라이더/커터 | 125 | 125 | 0.0 | 1.000 |
| 커브 | 120 | 128 | 40.0 | 0.206 |
| 체인지업 | 123 | 129 | 6.3 | 0.256 |
| 포크/SF | | | 0 | |
| 너클볼/기타 | | | 0 | |

### 2020 시즌 상황별 기록

| 상황 | 안타 | 2루타 | 3루타 | 홈런 | 볼넷 | 사구 | 삼진 | 폭투 | 보크 | 피안타율 |
|---|---|---|---|---|---|---|---|---|---|---|
| vs 좌 | 86 | 11 | 1 | 10 | 42 | 16 | 63 | 4 | 0 | 0.261 |
| vs 우 | 60 | 10 | 2 | 4 | 36 | 6 | 71 | 5 | 0 | 0.233 |
| 주자없음 | 76 | 13 | 1 | 7 | 40 | 13 | 77 | 0 | 0 | 0.235 |
| 주자있음 | 70 | 8 | 2 | 7 | 38 | 9 | 57 | 5 | 0 | 0.265 |
| 득점권 | 47 | 6 | 1 | 6 | 29 | 4 | 42 | 4 | 0 | 0.273 |
| 만루 | 3 | 1 | 0 | 0 | 3 | 1 | 5 | 0 | 0 | 0.150 |

### 2020 시즌 상대팀 별 기록

| 구분 | 경기 | 방어율 | 승 | 패 | 세이브 | 홀드 | 이닝 | 안타 | 홈런 | 볼넷 | 삼진 | 피안타율 |
|---|---|---|---|---|---|---|---|---|---|---|---|---|
| KIA | 3 | 7.56 | 0 | 2 | 0 | 0 | 16.2 | 17 | 3 | 5 | 15 | 0.270 |
| KT | 3 | 5.06 | 1 | 2 | 0 | 0 | 16.0 | 16 | 1 | 5 | 14 | 0.262 |
| LG | 4 | 3.97 | 1 | 2 | 0 | 0 | 22.2 | 18 | 2 | 10 | 17 | 0.220 |
| NC | 1 | 9.64 | 0 | 1 | 0 | 0 | 4.2 | 10 | 0 | 3 | 1 | 0.476 |
| 키움 | 3 | 3.38 | 2 | 1 | 0 | 0 | 16.0 | 16 | 2 | 10 | 14 | 0.271 |
| 두산 | 3 | 10.38 | 0 | 2 | 0 | 0 | 13.0 | 14 | 3 | 6 | 9 | 0.259 |
| 롯데 | 2 | 3.65 | 2 | 0 | 0 | 0 | 12.1 | 9 | 1 | 7 | 10 | 0.200 |
| 삼성 | 4 | 2.49 | 3 | 1 | 0 | 0 | 21.2 | 15 | 1 | 12 | 25 | 0.190 |
| 한화 | 6 | 3.67 | 4 | 0 | 0 | 0 | 34.1 | 31 | 1 | 20 | 29 | 0.252 |

# PLAYERS

## 22 서진용

**투수(우투우타)**

| | |
|---|---|
| 생년월일 | 1992년 10월 2일 |
| 신장/체중 | 184cm/88kg |
| 학력 | 남부민초-대동중-경남고 |
| 연봉(2021) | 1억7000만 원 |
| 지명순위 | 2011 SK 1라운드 7순위 |
| 입단년도 | 2011 SK |

2021시즌 SSG의 불펜진에서 가장 중요한 인물은 서진용이다. 승리를 지키는 마무리로 나선다. 서진용이 마무리로 안착하면 김상수, 김태훈, 이태양 등 불펜진도 확실한 보직을 갖고 안정감을 찾을 수 있다. 만약 서진용이 마무리로 불안하다면 불펜진이 흔들린다. 지난 시즌 마무리 경험이 도움이 될 듯하다. 2019년 세이브왕이었던 하재훈이 어깨 통증으로 빠지면서 서진용이 마무리를 맡아 시즌 끝까지 팀의 뒷문을 지켰다. 서진용으로선 큰 수업이 됐다. 63경기에 나와 61이닝을 소화하며 2승 7패 8세이브 12홀드, 평균자책점 4.13을 기록했다. 2019년의 3승 1패 4세이브 33홀드, 평균자책점 2.38과 비교하면 좋지 않은 성적이었지만 스스로 어려움을 이겨내는 모습을 보였다. 지난 시즌 퍼포먼스가 좋았던 것은 아니다. 가장 큰 무기였던 직구가 빠르지 않았다. 140km 후반에서 형성되던 직구가 140km 초반으로 내려왔다. 주무기인 포크볼도 잘 듣지 않았다. 그런 어려움 속에서 밸런스를 잡아가며 계속 마운드에 올라 공을 던졌다. 어려운 순간 해답을 찾았다. 상체를 세워 던지면서 팔 스윙을 편하게 만들어 구속을 올렸다. 시즌 후반 140km대 후반까지 올리면서 안정감을 찾았다. 최악의 상황 속에서 마무리로 팀 승리를 지켰던 서진용은 자신감을 갖고 2021시즌을 맞이했다. 직구, 포크볼의 투피치에서 슬라이더와 커브를 추가하기 위해 노력했다. 시즌 초반부터 마무리를 맡은 적이 없었기 때문에 출발이 중요하다. 초반, 특히 첫 세이브 상황 등판에서 결과를 챙긴다면 그 자신감을 바탕으로 마무리로서 연착륙이 가능하다. 반대로 첫 등판에서 블론세이브를 하거나 실점을 내주면서 불안한 모습을 보인다면 서진용의 마무리 안착을 장담하기 힘들다. 지난해 9위의 악몽에서 벗어나야 하는 SSG로서는 시즌 초반부터 안정된 전력으로 치고 올라가야 하고 그러기 위해선 서진용이 승리를 지켜내야 한다.

### 2020 시즌 & 통산 성적

| | 경기 | 선발 | 승 | 패 | 세이브 | 홀드 | 이닝 | 피안타 | 피홈런 | 볼넷 | 사구 | 삼진 | ERA |
|---|---|---|---|---|---|---|---|---|---|---|---|---|---|
| 2020 | 63 | 0 | 2 | 7 | 8 | 12 | 61 | 52 | 11 | 34 | 1 | 56 | 4.13 |
| 통산 | 268 | 4 | 10 | 13 | 16 | 63 | 273.0 | 251 | 38 | 127 | 7 | 299 | 4.22 |

### 2020 시즌 홈 / 원정 성적

| | 경기 | 선발 | 승 | 패 | 세이브 | 홀드 | 타자 | 이닝 | 피안타 | 피홈런 | 볼넷 | 사구 | 삼진 | 실점 | 자책점 | ERA |
|---|---|---|---|---|---|---|---|---|---|---|---|---|---|---|---|---|
| 홈 | 30 | 0 | 2 | 3 | 4 | 6 | 129 | 29 | 23 | 5 | 20 | 1 | 25 | 14 | 14 | 4.34 |
| 원정 | 33 | 0 | 0 | 4 | 4 | 6 | 135 | 32 | 29 | 6 | 14 | 0 | 31 | 19 | 14 | 3.94 |

### 2020 시즌 구종 구사

| 구종 | 평균구속 | 최고구속 | 구사율(%) | 피안타율 |
|---|---|---|---|---|
| 포심패스트볼 | 143 | 149 | 58.8 | 0.277 |
| 투심/싱커 | | | 0 | |
| 슬라이더/커터 | 131 | 135 | 4.8 | 0.250 |
| 커브 | 124 | 124 | 0.1 | |
| 체인지업 | | | 0 | |
| 포크/SF | 129 | 136 | 36.3 | 0.167 |
| 너클볼/기타 | | | 0 | |

### 2020 시즌 상황별 기록

| 상황 | 안타 | 2루타 | 3루타 | 홈런 | 볼넷 | 사구 | 삼진 | 폭투 | 보크 | 피안타율 |
|---|---|---|---|---|---|---|---|---|---|---|
| vs 좌 | 25 | 1 | 1 | 2 | 21 | 0 | 28 | 2 | 0 | 0.234 |
| vs 우 | 27 | 3 | 0 | 9 | 13 | 1 | 28 | 5 | 0 | 0.235 |
| 주자없음 | 26 | 3 | 0 | 6 | 17 | 0 | 29 | 0 | 0 | 0.213 |
| 주자있음 | 26 | 1 | 1 | 5 | 17 | 1 | 27 | 7 | 0 | 0.260 |
| 득점권 | 16 | 1 | 0 | 1 | 9 | 0 | 19 | 4 | 0 | 0.254 |
| 만루 | 4 | 1 | 0 | 0 | 1 | 0 | 7 | 0 | 0 | 0.235 |

### 2020 시즌 상대팀 별 기록

| 구분 | 경기 | 방어율 | 승 | 패 | 세이브 | 홀드 | 이닝 | 안타 | 홈런 | 볼넷 | 삼진 | 피안타율 |
|---|---|---|---|---|---|---|---|---|---|---|---|---|
| KIA | 7 | 4.15 | 0 | 0 | 2 | 3 | 8.2 | 6 | 2 | 2 | 7 | 0.194 |
| KT | 5 | 5.06 | 0 | 2 | 0 | 0 | 5.1 | 2 | 1 | 4 | 6 | 0.125 |
| LG | 6 | 7.20 | 0 | 1 | 0 | 1 | 5.0 | 8 | 1 | 6 | 6 | 0.348 |
| NC | 6 | 16.62 | 0 | 1 | 0 | 0 | 4.1 | 8 | 2 | 3 | 2 | 0.421 |
| 키움 | 6 | 3.38 | 0 | 2 | 1 | 2 | 10.2 | 8 | 2 | 7 | 12 | 0.205 |
| 두산 | 3 | 0.00 | 1 | 0 | 0 | 2 | 2.2 | 3 | 0 | 3 | 2 | 0.333 |
| 롯데 | 9 | 5.14 | 1 | 0 | 2 | 1 | 7.0 | 9 | 3 | 2 | 2 | 0.310 |
| 삼성 | 7 | 1.17 | 0 | 0 | 0 | 2 | 7.2 | 3 | 0 | 5 | 6 | 0.130 |
| 한화 | 10 | 0.00 | 0 | 1 | 0 | 4 | 9.2 | 5 | 0 | 2 | 13 | 0.152 |

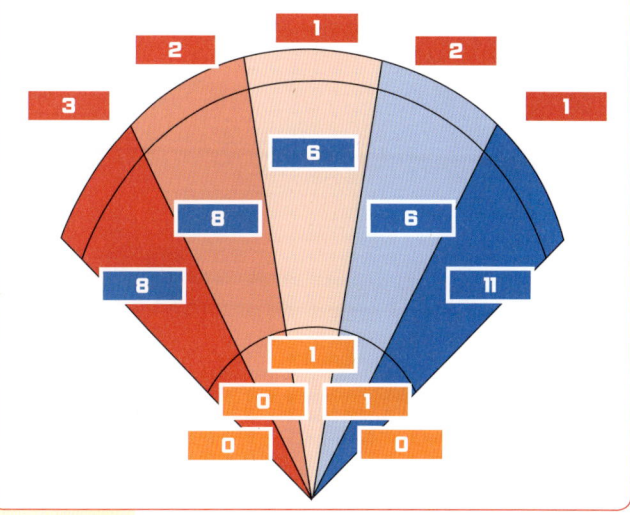

그라운드 구역별 피안타 방향

# 34
# 아티 르위키

**투수(우투우타)**

| 생년월일 | 1992년 4월 8일 | 신장/체중 | 190cm/88kg |
|---|---|---|---|
| 국적 | 미국 | | |
| 연봉(2021) | 75만 달러(인센티브 10만 포함) | | |
| 지명순위 | - | | |
| 입단년도 | 2021 SSG | | |

르위키의 계약 소식이 발표됐을 때 많은 SSG 팬은 부상 이력을 이유로 걱정의 목소리를 냈다. 2020년 1선발로 데려온 닉 킹험이 팔꿈치 부상으로 2경기 만에 빠졌고 결국 돌아오지 못하면서 팀이 무너진 광경을 봤기에 부상 걱정은 당연했다. 하지만 SSG는 그가 건강하게 던질 수 있다는 확신으로 총액 75만 달러(계약금 10만, 연봉 55만, 인센티브 10만)에 계약했다. 르위키는 두 차례나 팔꿈치 수술을 받았다. 최근엔 2018년에 받았고 2019년엔 재활에만 몰두했다. 2020년 마운드로 돌아온 르위키는 메이저리그에서 2경기, 3⅓이닝만 던졌다. 마이너리그가 열리지 않아 마이너리그 등판 성적은 없지만 르위키는 메이저리그 등판을 위해 연습경기에 올라 80이닝을 던졌다. 2020년 불펜에서 최고 153㎞를 기록했다. 2020년에 80이닝 이상을 던졌다는 점과 구속이 괜찮았다는 점은 그만큼 팔꿈치 상태가 좋다는 뜻이다. 2021년 부활을 위해 외국인 선수에 공을 들인 SSG가 확신을 갖고 계약에 나설 수 있었다. 2014년 8라운드로 디트로이트에 입단한 르위키는 선발 자원으로 분류돼 마이너리그에서 꾸준히 선발로 던지면서 성장했다. 2017년에 트리플A에서 뛰었고 2018년부터는 트리플A와 메이저리그를 오갔다. 선발로 뛰면서도 평균 148㎞의 빠른 공을 뿌리고 슬라이더, 커브, 체인지업을 던진다. 엄청난 구속으로 상대를 압도하는 유형은 아니지만 KBO리그에서 충분히 통하는 구속을 지녔고 높은 타점도 장점으로 꼽힌다. 마이너리그에서 9이닝당 볼넷이 2개 정도로 제구가 안정적이라는 평가다. 투구 동작에서 디셉션이 우수해 상대 타자가 공략하기 쉽지 않다. 피홈런이 적은 것도 SSG와 궁합이 맞다. 핀토의 경우 공은 빨랐지만 제구가 좋지 않아 어려움을 겪었다. 특히 홈런 19개 허용은 뼈아팠다. 위기에서 홈런으로 무너지는 경우가 많았다. 르위키는 제주도에서 열린 전지훈련에서 터줏대감 제이미 로맥에게 "형님"이라고 부르면서 오픈마인드로 한국 문화에도 기꺼이 다가갔다.

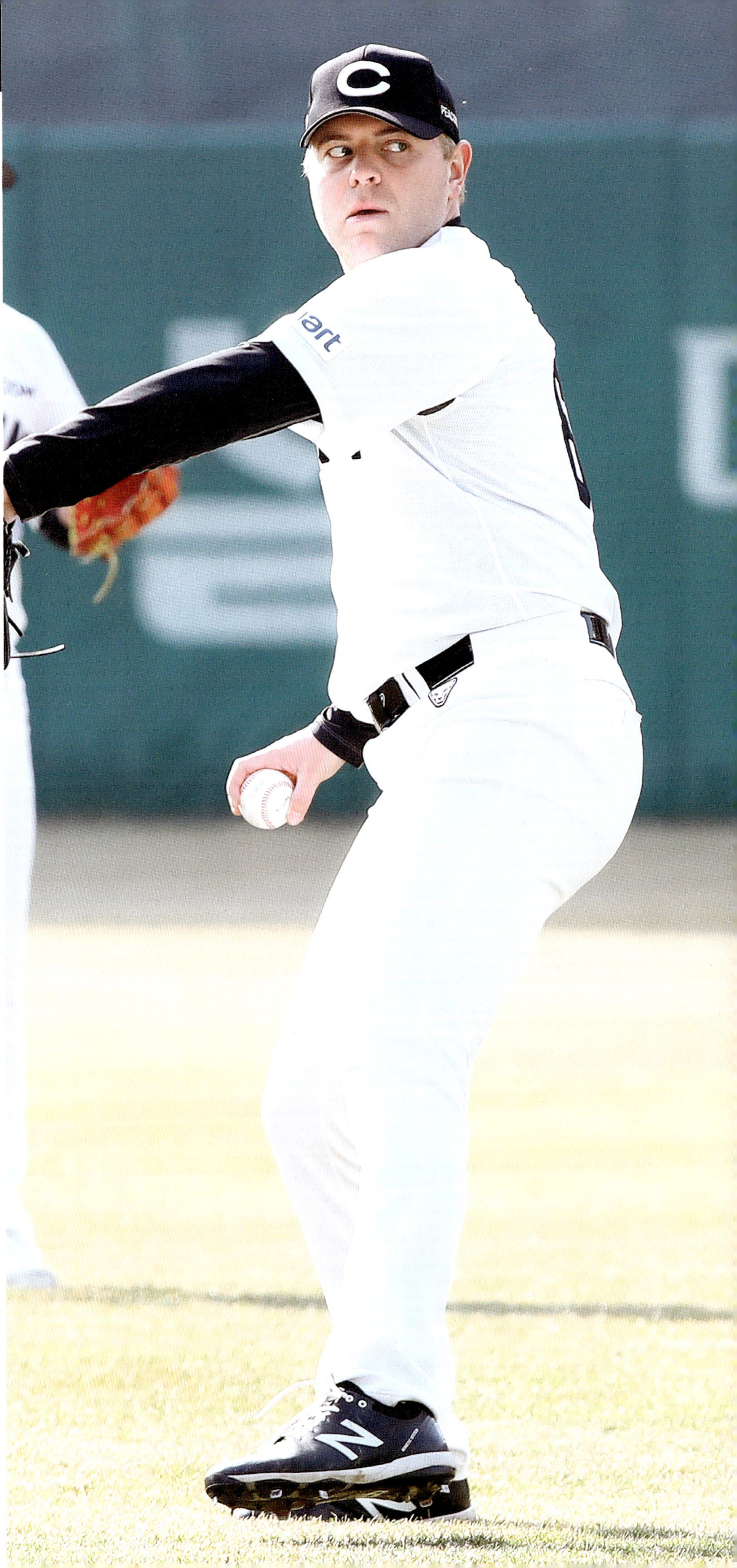

# PLAYERS

## 63
# 윌머 폰트

**투수(우투우타)**

| | | | |
|---|---|---|---|
| **생년월일** | 1990년 5월 24일 | **신장/체중** | 193cm/113kg |
| **국적** | 베네수엘라 | | |
| **연봉(2021)** | 100만 달러 | | |
| **지명순위** | - | | |
| **입단년도** | 2021 SSG | | |

폰트는 SSG가 2017년부터 공을 들였다가 지난해 토론토에서 양도지명 명단에 오르자 곧바로 달려들어 계약을 따냈다. 베네수엘라 출신으로 2006년 텍사스레인저스에 입단한 폰트는 2012년 메이저리그에 데뷔해 LA다저스, 오클랜드, 탬파베이, 뉴욕메츠, 토론토를 거쳤다. 2018년부터 2020년까지 메이저리그에서만 활약했다. 2019년에는 선발과 중간을 오가며 48경기에 등판해 84⅓이닝 동안 4승 5패 95탈삼진 평균자책점 4.48을 기록했다. 2020년 직구 평균 구속이 153㎞나 된다. 선발로 뛰면 약간 줄어들 수 있어도 평균 153㎞는 무시무시한 스피드다. 2020년 KBO리그 최고 강속구 투수였던 라울 알칸타라(151.6㎞), 2위였던 리카르도 핀토(149.9㎞)를 뛰어넘는다. 스태미나도 좋아 80구가 넘어가도 150㎞를 쉽게 뿌린다. 공이 아무리 빨라도 치기 좋은 공이 있지만 폰트의 직구는 지저분하다. 싱커성 무브먼트를 보여 직구마저 공략이 까다롭다. 커브와 스플리터, 슬라이더 등 변화구도 좋다. 커브와 스플리터는 메이저리그에서도 좋은 평가를 받았다. 그래서 탈삼진 능력이 좋다. 2019년에는 9이닝당 탈삼진 10.14개를 기록했고 2020년에도 8.27개였다. 메이저리그 6년 통산은 8.9개였다. 2020년 KBO리그 탈삼진왕인 롯데 댄 스트레일리의 메이저리그 통산 9이닝당 탈삼진이 7.6개였고 KIA의 애런 브룩스와 두산 크리스 플렉센이 6.5개였다. 폰트의 구위는 그만큼 좋다. 이런 좋은 투수가 시장에 나왔으니 당연히 경쟁이 붙을 수밖에 없었다. 일본에서도 관심을 보였지만 폰트는 꾸준히 관심을 보였던 SSG의 손을 잡았다. 폰트는 계속 자신에게 후의를 보였던 SSG에 "고맙다"라고 답했다. SSG는 당연히 그에게 외국인 선수 영입 상한선인 100만 달러를 꽉 채워 계약했다. 계약금 15만 달러에 연봉 85만 달러다. 인센티브 없이 보장액으로 100만 달러를 줬다. 그만큼 그의 실력을 인정했다.

# 27
# 제이미 로맥

**내야수(우투우타)**

| | |
|---|---|
| 생년월일 | 1985년 9월 30일 |
| 신장/체중 | 188cm/100kg |
| 국적 | 캐나다 |
| 연봉(2021) | 90만 달러 |
| 지명순위 | - |
| 입단년도 | 2017 SK |

로맥은 시즌 중반까지만 해도 퇴출 가능성이 높아 보였다. 팔꿈치 통증으로 퇴출된 킹험 대신 타자 타일러 화이트를 데려온 것은 분명히 로맥의 교체를 염두에 두고 화이트를 시험하려는 조치였다. 화이트의 영입은 로맥이 오히려 살아나는 계기가 됐다. 시즌 후반기에 맹타를 날리면서 구단의 시각을 돌려놓았다. 화이트는 투구에 손가락을 두 번이나 맞는 불운 속에 돌아갔다. 로맥은 매우 성실하고 한국 야구와 문화에도 잘 적응을 한 4년 차 외국인 타자였다. 본인 타격에 대한 자존심이 셌다. 조금만 바꾸면 더 잘 칠 수 있을 것 같았지만 로맥은 코칭스태프의 조언을 거부해왔다. 그랬던 그가 중반까지 타격이 살아나지 않자 이진영 타격코치에게 구원을 요청했다. 이 코치는 그동안 문제점과 해결 방안을 설명했고 로맥이 움직였다. 타격 준비 때 손의 위치를 바꾸면서 스윙의 파워가 향상됐다. 8월까지 93경기에서 타율 0.265, 18홈런, 56타점을 기록했던 로맥은 타격을 조정한 9월 이후 타율 0.317, 14홈런, 35타점을 올렸다. 8월까지 OPS가 0.876이었는데 9월 이후 1.086까지 올랐다. 전체 4위였다. 중요한 찬스에서 약하다는 평가도 있었는데 시즌 후반엔 클러치 능력도 보였다. SSG는 고민 끝에 로맥과 1년 더 하기로 했다. 1985년생인 로맥은 올해 한국 나이로 37세다. 현역 생활이 얼마 남지 않았다. 고집을 꺾은 이유이기도 했다. 구단에선 조금이라도 더 야구를 하기 위해 보여준 그의 노력과 절실함이 긍정적인 결과로 돌아올 가능성을 높게 본다. 올해가 로맥의 한국 5번째 시즌이다. 4년간 홈런은 135개로 역대 외국인 타자 3위다. 그보다 더 많이 친 타자는 타이론 우즈(두산·174개)와 제이 데이비스(한화·167개)뿐이다. 33개를 치면 역대 2위가 되고 40개를 치면 1위가 된다.

## 2020 시즌 & 통산 성적

| 연도 | 경기 | 타석 | 타수 | 안타 | 2루타 | 3루타 | 홈런 | 타점 | 도루 | 도실 | 볼넷 | 사구 | 삼진 | 타율 | 장타율 | 출루율 | OPS |
|---|---|---|---|---|---|---|---|---|---|---|---|---|---|---|---|---|---|
| 2020 | 139 | 586 | 485 | 137 | 32 | 0 | 32 | 91 | 4 | 2 | 91 | 6 | 116 | 0.282 | 0.546 | 0.399 | 0.945 |
| 통산 | 519 | 2,207 | 1,876 | 530 | 98 | 1 | 135 | 357 | 21 | 11 | 286 | 28 | 472 | 0.283 | 0.552 | 0.382 | 0.934 |

## 2020 시즌 홈 / 원정 성적

| | 경기 | 타석 | 타수 | 안타 | 2루타 | 3루타 | 홈런 | 타점 | 도루 | 도실 | 볼넷 | 사구 | 삼진 | 타율 | 장타율 | 출루율 | OPS |
|---|---|---|---|---|---|---|---|---|---|---|---|---|---|---|---|---|---|
| 홈 | 71 | 299 | 243 | 68 | 12 | 0 | 14 | 43 | 2 | 1 | 50 | 3 | 60 | 0.280 | 0.502 | 0.405 | 0.907 |
| 원정 | 68 | 287 | 242 | 69 | 20 | 0 | 18 | 48 | 2 | 1 | 41 | 3 | 56 | 0.285 | 0.591 | 0.394 | 0.985 |

## 2020 시즌 상황별 기록

| 상황 | 타석 | 안타 | 홈런 | 타점 | 볼넷 | 삼진 | 타율 |
|---|---|---|---|---|---|---|---|
| vs 좌 | 95 | 21 | 6 | 15 | 17 | 27 | 0.273 |
| vs 우 | 412 | 90 | 18 | 57 | 66 | 76 | 0.266 |
| vs 언더 | 79 | 26 | 8 | 19 | 8 | 13 | 0.371 |
| 주자있음 | 275 | 65 | 17 | 76 | 56 | 53 | 0.310 |
| 주자없음 | 311 | 72 | 15 | 15 | 35 | 63 | 0.262 |
| 득점권 | 159 | 36 | 9 | 59 | 38 | 27 | 0.316 |
| 만루 | 12 | 3 | 0 | 9 | 1 | 2 | 0.300 |

## 2020 시즌 상대팀 별 기록

| 구분 | 타석 | 홈런 | 볼넷 | 삼진 | 타율 | 출루율 | 장타율 | OPS |
|---|---|---|---|---|---|---|---|---|
| KIA | 74 | 2 | 10 | 17 | 0.333 | 0.459 | 0.509 | 0.968 |
| KT | 68 | 3 | 14 | 10 | 0.245 | 0.412 | 0.472 | 0.884 |
| LG | 63 | 4 | 2 | 18 | 0.262 | 0.286 | 0.525 | 0.811 |
| NC | 57 | 4 | 7 | 9 | 0.306 | 0.404 | 0.633 | 1.037 |
| 키움 | 72 | 2 | 12 | 16 | 0.375 | 0.485 | 0.821 | 1.306 |
| 두산 | 57 | 0 | 11 | 11 | 0.196 | 0.351 | 0.239 | 0.590 |
| 롯데 | 67 | 6 | 9 | 10 | 0.298 | 0.403 | 0.649 | 1.052 |
| 삼성 | 60 | 4 | 12 | 8 | 0.370 | 0.483 | 0.739 | 1.222 |
| 한화 | 72 | 2 | 12 | 20 | 0.167 | 0.306 | 0.333 | 0.639 |

## 그라운드 구역별 피안타 방향

| 구분 | 타석 | 안타 | 홈런 | 타점 | 볼넷 | 삼진 | 타율 |
|---|---|---|---|---|---|---|---|
| 0-0 | 72 | 24 | 3 | 10 | 3 | 0 | 0.353 |
| 0-1 | 36 | 11 | 2 | 7 | 0 | 0 | 0.306 |
| 0-2 | 29 | 4 | 0 | 0 | 0 | 13 | 0.138 |
| 1-0 | 32 | 12 | 6 | 11 | 1 | 0 | 0.414 |
| 1-1 | 36 | 13 | 7 | 14 | 0 | 0 | 0.394 |
| 1-2 | 72 | 10 | 1 | 7 | 0 | 33 | 0.141 |
| 2-0 | 16 | 6 | 2 | 6 | 0 | 0 | 0.462 |
| 2-1 | 27 | 11 | 4 | 11 | 0 | 0 | 0.407 |
| 2-2 | 95 | 21 | 6 | 17 | 0 | 39 | 0.223 |
| 3-0 | 14 | 0 | 0 | 1 | 10 | 0 | 0.000 |
| 3-1 | 42 | 5 | 3 | 8 | 19 | 0 | 0.500 |
| 3-2 | 115 | 18 | 7 | 16 | 48 | 31 | 0.269 |

## 2020 시즌 수비 성적

| 구분 | 수비이닝 | 실책 | 수비율 |
|---|---|---|---|
| 1B | 1035.0 | 10 | 0.990 |
| 3B | 44.0 | 2 | 0.846 |
| LF | 1.0 | 0 | - |

## 2020 시즌 핫 & 콜드존

### VS좌투

| - | 0.333 1/3 | 0.333 1/3 | 0.000 0/2 | - |
|---|---|---|---|---|
| 0/0 | | | | 0/0 |
| 0.000 0/3 | 0.250 1/4 | 0.111 1/9 | 0.333 1/3 | - |
| | | | | 0/0 |
| 0.143 1/7 | 0.500 2/4 | 0.500 1/2 | 0.000 0/1 | 0.000 0/1 |
| 0.000 0/6 | 0.286 2/7 | 0.600 3/5 | 0.625 5/8 | 0.000 0/1 |
| - | 0.000 0/1 | 0.333 2/6 | - | 0.000 0/1 |
| 0/0 | | | 0/0 | |

### VS우투

| 0.000 0/1 | 0.000 0/9 | 0.000 0/9 | 0.167 1/6 | 0.000 0/1 |
|---|---|---|---|---|
| 0.308 4/13 | 0.148 4/27 | 0.259 7/27 | 0.214 3/14 | 0.250 2/8 |
| 0.318 7/22 | 0.408 20/49 | 0.500 15/30 | 0.381 8/21 | 0.200 1/5 |
| 0.250 7/28 | 0.234 11/47 | 0.395 15/38 | 0.214 3/14 | 0.000 0/2 |
| 0.400 4/10 | 0.133 2/15 | 0.250 2/8 | 0.000 0/4 | - 0/0 |

# PLAYERS

## 14 최정

**내야수 (우투우타)**

| | | | |
|---|---|---|---|
| 생년월일 | 1987년 2월 28일 | 신장/체중 | 180cm/90kg |
| 학력 | 대일초-평촌중-유신고 | | |
| 연봉(2021) | 12억 원 | | |
| 지명순위 | 2005 SK 1차 | | |
| 입단년도 | 2005 SK | | |

최정은 상당히 까다로운 타자다. 일반인이 보기엔 항상 변함없는 스윙을 하는 것처럼 보이지만 전문가들은 그만큼 스윙을 바꾸는 선수가 없다고 한다. 손 위치부터 타이밍 등 작은 변화가 끊임없다. 얼마 전에 "이 타격 폼으로 시즌 끝까지 가겠다"라고 했다가 며칠 후 또 폼을 바꿨다고 한다. 조금이라도 만족한 타격이 나오지 않으면 다시 고민에 빠진다. 그만큼 잘하고 싶은 욕심이 크다. 그래서 전문가들은 최정을 천재라고 한다. 수없이 교정을 해가면서도 잘 치기 때문이다. 그래서 약점도 있다. 슬럼프에 한 번 빠지면 헤어나오는 데 시간이 걸린다. 2018년을 보면 시즌 초반엔 홈런을 펑펑 쏘아 올리며 홈런왕 경쟁을 했지만 갈수록 타격 부진에 시달렸다. 6월까지만 해도 홈런 25개로 두산 김재환(26개), 팀 동료 로맥(25개)과 홈런왕을 경쟁했는데 7월 이후 홈런 10개에 그치면서 최종 7위(35개)로 마감했다. 타율도 0.244리에 그쳐 그해 규정타석을 채운 62명 중 꼴찌를 기록했다. 2020시즌도 힘들었다. 처음 주장을 맡아 선수단을 이끌었지만 시즌 초반부터 부진에 빠졌다. 5월 한 달간 23경기에서 타율이 겨우 0.205였다. 홈런 2개, 11타점에 그쳤다. 팀이 초반 10연패에 빠지면서 일찌감치 하위권으로 떨어질 때 최정은 아무것도 하지 못했다. 6, 7월에 타율 0.329, 15홈런, 34타점으로 타격감이 올라왔지만 8, 9월 다시 부진에 빠지는 등 롤러코스터를 탔다. 시즌 최종 성적은 타율 0.270에 33홈런, 96타점. 홈런 4위와 타점 14위로 어느 정도 체면치레를 했지만 타격의 정확성은 아쉬움이 컸다. 특히 주장으로서 팀의 추락을 막지 못한 책임감이 그를 시즌 내내 짓눌렀다. 2021시즌 최정은 주장 완장을 이재원에게 물려주고 홀가분하게 다시 출발대에 섰다. 최주환의 영입이 최정의 타격에도 도움이 될 가능성이 크다. 최정에게 집중되는 상대의 견제가 줄어들 가능성이 커지기 때문이다.

### 2020 시즌 & 통산 성적

| 연도 | 경기 | 타석 | 타수 | 안타 | 2루타 | 3루타 | 홈런 | 타점 | 도루 | 도실 | 볼넷 | 사구 | 삼진 | 타율 | 장타율 | 출루율 | OPS |
|---|---|---|---|---|---|---|---|---|---|---|---|---|---|---|---|---|---|
| 2020 | 133 | 553 | 452 | 122 | 22 | 0 | 33 | 96 | 2 | 3 | 75 | 20 | 98 | 0.270 | 0.538 | 0.392 | 0.930 |
| 통산 | 1,781 | 7,276 | 6,103 | 1,762 | 325 | 8 | 368 | 1,180 | 146 | 60 | 773 | 272 | 1,373 | 0.289 | 0.525 | 0.389 | 0.914 |

### 2020 시즌 홈 / 원정 성적

| | 경기 | 타석 | 타수 | 안타 | 2루타 | 3루타 | 홈런 | 타점 | 도루 | 도실 | 볼넷 | 사구 | 삼진 | 타율 | 장타율 | 출루율 | OPS |
|---|---|---|---|---|---|---|---|---|---|---|---|---|---|---|---|---|---|
| 홈 | 65 | 263 | 217 | 59 | 11 | 0 | 19 | 52 | 1 | 3 | 30 | 13 | 43 | 0.272 | 0.585 | 0.388 | 0.973 |
| 원정 | 68 | 290 | 235 | 63 | 11 | 0 | 14 | 44 | 1 | 0 | 45 | 7 | 55 | 0.268 | 0.494 | 0.397 | 0.891 |

### 2020 시즌 상황별 기록

| 상황 | 타석 | 안타 | 홈런 | 타점 | 볼넷 | 삼진 | 타율 |
|---|---|---|---|---|---|---|---|
| vs 좌 | 77 | 14 | 3 | 7 | 16 | 12 | 0.233 |
| vs 우 | 407 | 92 | 26 | 75 | 51 | 76 | 0.276 |
| vs 언더 | 69 | 16 | 4 | 14 | 8 | 10 | 0.271 |
| 주자있음 | 268 | 63 | 13 | 76 | 30 | 47 | 0.284 |
| 주자없음 | 285 | 59 | 20 | 20 | 45 | 51 | 0.257 |
| 득점권 | 154 | 34 | 7 | 61 | 18 | 32 | 0.276 |
| 만루 | 8 | 3 | 0 | 6 | 2 | 4 | 0.375 |

### 2020 시즌 상대팀 별 기록

| 구분 | 타석 | 홈런 | 볼넷 | 삼진 | 타율 | 출루율 | 장타율 | OPS |
|---|---|---|---|---|---|---|---|---|
| KIA | 66 | 4 | 14 | 7 | 0.327 | 0.500 | 0.633 | 1.133 |
| KT | 68 | 4 | 6 | 10 | 0.288 | 0.368 | 0.525 | 0.893 |
| LG | 65 | 1 | 8 | 19 | 0.176 | 0.338 | 0.294 | 0.632 |
| NC | 36 | 0 | 3 | 12 | 0.182 | 0.250 | 0.242 | 0.492 |
| 키움 | 59 | 2 | 3 | 9 | 0.204 | 0.271 | 0.352 | 0.623 |
| 두산 | 64 | 5 | 12 | 6 | 0.388 | 0.531 | 0.755 | 1.286 |
| 롯데 | 63 | 6 | 7 | 6 | 0.232 | 0.286 | 0.589 | 0.875 |
| 삼성 | 58 | 5 | 9 | 11 | 0.271 | 0.397 | 0.625 | 1.022 |
| 한화 | 74 | 6 | 15 | 6 | 0.340 | 0.500 | 0.736 | 1.236 |

### 그라운드 구역별 피안타 방향

| 구분 | 타석 | 안타 | 홈런 | 타점 | 볼넷 | 삼진 | 타율 |
|---|---|---|---|---|---|---|---|
| 0-0 | 73 | 22 | 9 | 22 | 0 | 0 | 0.328 |
| 0-1 | 43 | 16 | 3 | 12 | 0 | 0 | 0.421 |
| 0-2 | 29 | 8 | 2 | 5 | 0 | 13 | 0.296 |
| 1-0 | 44 | 16 | 5 | 14 | 1 | 0 | 0.390 |
| 1-1 | 41 | 14 | 2 | 10 | 0 | 0 | 0.378 |
| 1-2 | 75 | 8 | 1 | 8 | 2 | 41 | 0.107 |
| 2-0 | 16 | 2 | 1 | 2 | 0 | 0 | 0.125 |
| 2-1 | 32 | 15 | 5 | 16 | 0 | 0 | 0.484 |
| 2-2 | 68 | 10 | 1 | 3 | 0 | 26 | 0.159 |
| 3-0 | 14 | 0 | 0 | 0 | 14 | 0 | - |
| 3-1 | 33 | 1 | 0 | 0 | 24 | 0 | 0.111 |
| 3-2 | 85 | 16 | 3 | 9 | 4 | 36 | 18 | 0.208 |

### 2020 시즌 수비 성적

| 구분 | 수비이닝 | 실책 | 수비율 |
|---|---|---|---|
| 3B | 987.0 | 11 | 0.957 |

### 2020 시즌 핫 & 콜드존

**VS좌투**

| - 0/0 | 0.000 0/2 | - 0/0 | - 0/0 | 0.000 0/1 |
|---|---|---|---|---|
| - 0/0 | 0.500 1/2 | 0.500 2/4 | 0.333 1/3 | - 0/0 |
| 0.200 1/5 | 0.000 0/4 | 0.000 0/3 | 0.400 2/5 | 0.000 0/2 |
| - 0/0 | 0.143 1/7 | 0.400 4/10 | 0.000 0/1 | 0.000 0/2 |
| - 0/0 | 0.250 1/4 | 0.000 0/2 | 0.333 1/3 | - 0/0 |

**VS우투**

| 0.000 0/3 | 0.000 0/3 | 0.000 0/7 | 0.000 0/3 | - 0/0 |
|---|---|---|---|---|
| 0.000 0/5 | 0.063 1/16 | 0.259 7/27 | 0.231 3/13 | 0.000 0/3 |
| 0.421 8/19 | 0.486 18/37 | 0.324 12/37 | 0.269 7/26 | 0.143 1/7 |
| 0.238 5/21 | 0.359 14/39 | 0.473 26/55 | 0.143 2/14 | 0.000 0/2 |
| 0.000 0/16 | .063 1/16 | 0.154 2/13 | 0.100 1/10 | - 0/0 |

# 53
# 최주환

**내야수(우투좌타)**

| | | | |
|---|---|---|---|
| 생년월일 | 1988년 2월 28일 | 신장/체중 | 178cm/73kg |
| 학력 | 학강초-동성중-동성고 | | |
| 연봉(2021) | 6억5000만 원 | | |
| 지명순위 | 2006 두산 2차 6라운드 46순위 | | |
| 입단년도 | 2006 두산 | | |

2021년 SSG 부활의 키포인트는 당연히 최주환이다. 최주환이 기대한 만큼 타격 능력을 발휘해 팀 타선에 불을 지펴야 한다. 최주환은 SSG가 지난 시즌 초반부터 영입을 생각했던 선수였다. 시즌 후 나올 FA 중 SSG에 가장 필요한 선수로 꼽았기 때문이다. 정근우가 떠난 뒤 SSG엔 타격 좋은 확실한 2루수가 없었다. 최근 계속 2루수와 유격수에서 아쉬움이 컸고 지난해도 마찬가지였다. 2루수에는 2년 차 김창평을 주전으로 내세웠다가 부진과 부상으로 계획은 실패로 돌아갔다. 최주환의 강점은 당연히 타격이다. 지난해 두산에서 타율 0.306, 156안타, 16홈런, 88타점을 올렸다. 이 기록을 SSG 타선과 비교하면 타율 1위, 안타 1위, 홈런 3위, 타점 3위다. 그동안 최주환이 홈으로 썼던 잠실구장보다 이제부터 쓸 인천 문학구장에서 홈런이 더 많다는 통계를 감안하면 최주환의 장타력이 훨씬 더 좋아질 것으로 기대를 모은다. 그동안 최정, 제이미 로맥의 듀오의 타격에 의존해왔던 SSG는 최주환까지 가세해 중심타선이 훨씬 강해졌다. 수비가 약하다는 평가를 받지만 SSG에 오면 그 말도 달라진다. 최주환 정도의 수비라면 팀 내부 경쟁에서도 충분히 이길 수 있다는 평가다. 성실한 태도도 팀 내 젊은 선수들에게도 귀감이 될 것으로 프런트는 생각했다. 빠르게 전력 보강을 계획한 SSG는 FA 시장이 열리자마자 최주환에게 접근해 4년간 총액 42억 원에 잡았다. SSG뿐 아니라 몇몇 팀이 최주환 영입에 나섰지만 SSG와 최주환의 뜻이 제일 잘 맞았다. 최주환은 3루수나 1루수도 가능하지만 애착이 많은 2루수로 뛰고 싶었고 확실하게 2루수로 영입을 제의한 팀은 SSG뿐이었다. 최주환이 2021시즌 기대한대로 20홈런 이상을 치면서 최정, 로맥과 공격 트리오를 이룬다면 SSG의 '떡상' 확률은 훨씬 높아진다. 최주환은 프런트의 시무식에까지 참석하는 등 벌써부터 SSG 선수로 소속감을 보여줬다. 이제 방망이로 FA 모범생이 되는 일만 남았다.

## 2020 시즌 핫 & 콜드존

### VS좌투

| - | 0.000 | 0.500 | 0.000 | - |
|---|---|---|---|---|
| 0/0 | 0/1 | 2/4 | 0/1 | 0/0 |
| - | 0.000 | 0.143 | 0.500 | - |
| 0/0 | 0/1 | 1/7 | 4/8 | 0/0 |
| 0.500 | 0.714 | 0.333 | 0.350 | 0.143 |
| 1/2 | 5/7 | 4/12 | 7/20 | 1/7 |
| - | 0.250 | 0.385 | 0.250 | 0.167 |
| 0/0 | 1/4 | 5/13 | 4/16 | 1/6 |
| - | 0.500 | 0.462 | 0.167 | 0.000 |
| 0/0 | 2/4 | 6/13 | 1/6 | 0/4 |

### VS우투

| 0.000 | 0.333 | 0.455 | 0.333 | 0.000 |
|---|---|---|---|---|
| 0/1 | 1/3 | 5/11 | 3/9 | 0/2 |
| 0.000 | 0.222 | 0.214 | 0.368 | 0.250 |
| 0/1 | 2/9 | 6/28 | 14/38 | 1/4 |
| 1.000 | 0.235 | 0.371 | 0.250 | 0.300 |
| 1/1 | 4/17 | 13/35 | 14/56 | 6/20 |
| 0.000 | 0.235 | 0.472 | 0.326 | 0.125 |
| 0/3 | 4/17 | 17/36 | 14/43 | 1/8 |
| 0.000 | 0.143 | 0.200 | 0.167 | 0.250 |
| 0/4 | 1/7 | 2/10 | 1/6 | 1/4 |

## 2020 시즌 & 통산 성적

| 연도 | 경기 | 타석 | 타수 | 안타 | 2루타 | 3루타 | 홈런 | 타점 | 도루 | 도실 | 볼넷 | 사구 | 삼진 | 타율 | 장타율 | 출루율 | OPS |
|---|---|---|---|---|---|---|---|---|---|---|---|---|---|---|---|---|---|
| 2020 | 140 | 574 | 509 | 156 | 29 | 4 | 16 | 88 | 2 | 2 | 47 | 7 | 66 | 0.306 | 0.473 | 0.366 | 0.839 |
| 통산 | 921 | 2,975 | 2,631 | 781 | 156 | 22 | 68 | 423 | 12 | 11 | 242 | 40 | 366 | 0.297 | 0.450 | 0.359 | 0.809 |

## 2020 시즌 홈 / 원정 성적

| | 경기 | 타석 | 타수 | 안타 | 2루타 | 3루타 | 홈런 | 타점 | 도루 | 도실 | 볼넷 | 사구 | 삼진 | 타율 | 장타율 | 출루율 | OPS |
|---|---|---|---|---|---|---|---|---|---|---|---|---|---|---|---|---|---|
| 홈 | 70 | 274 | 245 | 75 | 11 | 3 | 8 | 42 | 2 | 1 | 21 | 6 | 27 | 0.306 | 0.473 | 0.355 | 0.828 |
| 원정 | 70 | 300 | 264 | 81 | 18 | 1 | 8 | 46 | 0 | 1 | 26 | 1 | 39 | 0.307 | 0.473 | 0.377 | 0.850 |

## 2020 시즌 상황별 기록

| 상황 | 타석 | 안타 | 홈런 | 타점 | 볼넷 | 삼진 | 타율 |
|---|---|---|---|---|---|---|---|
| vs 좌 | 152 | 45 | 3 | 21 | 14 | 21 | 0.333 |
| vs 우 | 370 | 91 | 11 | 53 | 32 | 39 | 0.282 |
| vs 언더 | 52 | 20 | 2 | 14 | 1 | 6 | 0.392 |
| 주자있음 | 280 | 84 | 8 | 80 | 24 | 31 | 0.347 |
| 주자없음 | 294 | 72 | 8 | 8 | 23 | 35 | 0.270 |
| 득점권 | 174 | 52 | 7 | 76 | 13 | 16 | 0.349 |
| 만루 | 16 | 6 | 0 | 12 | 0 | 2 | 0.400 |

## 2020 시즌 상대팀 별 기록

| 구분 | 타석 | 홈런 | 볼넷 | 삼진 | 타율 | 출루율 | 장타율 | OPS |
|---|---|---|---|---|---|---|---|---|
| KIA | 61 | 2 | 3 | 5 | 0.304 | 0.328 | 0.518 | 0.846 |
| KT | 64 | 4 | 4 | 8 | 0.379 | 0.406 | 0.655 | 1.061 |
| LG | 59 | 2 | 5 | 6 | 0.423 | 0.492 | 0.615 | 1.107 |
| NC | 66 | 0 | 3 | 6 | 0.210 | 0.242 | 0.274 | 0.516 |
| SK | 68 | 0 | 2 | 3 | 0.303 | 0.324 | 0.394 | 0.718 |
| 키움 | 64 | 1 | 5 | 11 | 0.304 | 0.391 | 0.393 | 0.784 |
| 롯데 | 61 | 2 | 9 | 9 | 0.306 | 0.400 | 0.510 | 0.910 |
| 삼성 | 66 | 3 | 5 | 7 | 0.237 | 0.303 | 0.508 | 0.811 |
| 한화 | 65 | 1 | 11 | 8 | 0.314 | 0.431 | 0.431 | 0.862 |

## 그라운드 구역별 피안타 방향

| 구분 | 타석 | 안타 | 홈런 | 타점 | 볼넷 | 삼진 | 타율 |
|---|---|---|---|---|---|---|---|
| 0-0 | 27 | 5 | 2 | 8 | 3 | 0 | 0.238 |
| 0-1 | 56 | 17 | 1 | 12 | 0 | 0 | 0.340 |
| 0-2 | 47 | 10 | 0 | 4 | 0 | 17 | 0.217 |
| 1-0 | 43 | 15 | 4 | 13 | 0 | 0 | 0.366 |
| 1-1 | 53 | 20 | 1 | 7 | 0 | 0 | 0.377 |
| 1-2 | 83 | 24 | 2 | 11 | 0 | 19 | 0.289 |
| 2-0 | 19 | 4 | 2 | 5 | 0 | 0 | 0.235 |
| 2-1 | 39 | 16 | 1 | 9 | 0 | 0 | 0.410 |
| 2-2 | 86 | 22 | 5 | 17 | 0 | 16 | 0.262 |
| 3-0 | 1 | 1 | 0 | 3 | 2 | 10 | 1.000 |
| 3-1 | 40 | 7 | 1 | 2 | 16 | 0 | 0.304 |
| 3-2 | 68 | 13 | 5 | 17 | 14 | 0 | 0.265 |

## 2020 시즌 수비 성적

| 구분 | 수비이닝 | 실책 | 수비율 |
|---|---|---|---|
| 1B | 104.0 | 0 | 1.000 |
| 2B | 813.0 | 8 | 0.982 |
| 3B | 141.0 | 2 | 0.951 |

# PLAYERS

## 35 한유섬 (개명전 한동민)

**외야수(우투좌타)**

| | |
|---|---|
| 생년월일 | 1989년 8월 9일 |
| 신장/체중 | 190cm/105kg |
| 학력 | 중앙초-대천중-경남고-경성대 |
| 연봉(2021) | 1억8000만 원 |
| 지명순위 | 2012 SK 9라운드 85순위 |
| 입단년도 | 2012 SK |

2021시즌 새롭게 태어났다. 야구 팬들은 한유섬이란 이름에 고개를 갸웃하겠지만 한동민이라 하면 모두가 알 것이다. 한동민이 프로 10년 차, 나이 32세에 이름을 바꾸는 모험을 단행했다. 등번호까지 바꿨다. 데뷔 때 95번을 달았던 한동민은 이듬해부터 레전드 박재홍의 62번을 달고 줄곧 써왔다. SSG의 62번은 한동민이었고 특유의 파워히팅으로 '동미니칸'이란 별명까지 얻었다. 하지만 올해 대학 시절 번호인 35번으로 바꿨다. 부상 없이 뛰기 위해서다. 한동민은 좋은 타격을 하지만 이상하리만치 부상이 잦았다. 한동민은 2017년 도루하다 왼쪽 발목 골절상을 당했다. 당시 타율 0.294, 29홈런, 73타점을 기록하며 팬들에게 확실하게 이름을 알릴 때였다. 29홈런은 당시 두산 김재환과 함께 공동 2위였다. 부상에서 돌아온 2018년엔 홈런 41개로 팀의 한국시리즈 우승까지 이끌어내며 최고의 한 해를 보냈지만 2019년 새 공인구 적응에 실패하며 12홈런에 그쳤다. 2020시즌 절치부심했고 시즌 초반 장타력을 회복했다. 5월 첫 17경기에서 타율 0.317에 6홈런을 기록했다. 당시 팀 타선이 극심한 부진에 빠져 있던 가운데에 한유섬이 그나마 희망이었다. 그런데 5월 24일 KIA전에서 자신이 친 파울 타구가 오른쪽 정강이를 강타한 것이 불운의 시작이었다. 타박상이었는데 이상하게 통증이 사라지지 않았다. 7월 중순 돌아왔지만 시즌 초반의 한유섬이 아니었다. 타격감이 뚝 떨어졌다. 끝까지 만회의 시간이 오지 않았다. 9월 8일 키움전에서 수비 도중 왼쪽 엄지손가락 인대 파열로 수술을 받고 시즌 아웃되었다. 결국 62경기에서 타율 0.249, 15홈런, 31타점으로 끝냈다. 한유섬의 각오는 그 어느 때보다 진지하다. 그에겐 불운을 떨쳐내고 싶은 마음이 크다. 공교롭게도 팀도 새롭게 신세계로 바뀌었다. 새 유니폼에 새 이름, 새 등번호를 새긴 한유섬의 2021시즌은 그야말로 승부의 해다.

### 2020 시즌 & 통산 성적

| 연도 | 경기 | 타석 | 타수 | 안타 | 2루타 | 3루타 | 홈런 | 타점 | 도루 | 도실 | 볼넷 | 사구 | 삼진 | 타율 | 장타율 | 출루율 | OPS |
|---|---|---|---|---|---|---|---|---|---|---|---|---|---|---|---|---|---|
| 2020 | 62 | 231 | 193 | 48 | 5 | 0 | 15 | 31 | 2 | 0 | 30 | 6 | 49 | 0.249 | 0.508 | 0.364 | 0.872 |
| 통산 | 605 | 2,226 | 1,909 | 520 | 102 | 7 | 114 | 347 | 11 | 8 | 215 | 79 | 494 | 0.272 | 0.512 | 0.367 | 0.879 |

### 2020 시즌 홈 / 원정 성적

| | 경기 | 타석 | 타수 | 안타 | 2루타 | 3루타 | 홈런 | 타점 | 도루 | 도실 | 볼넷 | 사구 | 삼진 | 타율 | 장타율 | 출루율 | OPS |
|---|---|---|---|---|---|---|---|---|---|---|---|---|---|---|---|---|---|
| 홈 | 30 | 118 | 97 | 31 | 2 | 0 | 10 | 19 | 2 | 0 | 18 | 3 | 21 | 0.320 | 0.649 | 0.441 | 1.090 |
| 원정 | 32 | 113 | 96 | 17 | 3 | 0 | 5 | 12 | 0 | 0 | 12 | 3 | 28 | 0.177 | 0.365 | 0.283 | 0.648 |

### 2020 시즌 상황별 기록

| 상황 | 타석 | 안타 | 홈런 | 타점 | 볼넷 | 삼진 | 타율 |
|---|---|---|---|---|---|---|---|
| vs 좌 | 37 | 9 | 4 | 10 | 3 | 12 | 0.290 |
| vs 우 | 163 | 37 | 9 | 19 | 22 | 31 | 0.272 |
| vs 언더 | 31 | 2 | 2 | 2 | 5 | 6 | 0.077 |
| 주자있음 | 118 | 29 | 6 | 22 | 16 | 24 | 0.302 |
| 주자없음 | 113 | 19 | 9 | 9 | 14 | 25 | 0.196 |
| 득점권 | 64 | 8 | 1 | 10 | 7 | 17 | 0.154 |
| 만루 | 5 | 0 | 0 | 0 | 0 | 2 | 0.000 |

### 2020 시즌 상대팀 별 기록

| 구분 | 타석 | 홈런 | 볼넷 | 삼진 | 타율 | 출루율 | 장타율 | OPS |
|---|---|---|---|---|---|---|---|---|
| KIA | 27 | 0 | 2 | 5 | 0.120 | 0.185 | 0.120 | 0.305 |
| KT | 25 | 0 | 4 | 5 | 0.190 | 0.320 | 0.238 | 0.558 |
| LG | 28 | 3 | 3 | 3 | 0.261 | 0.357 | 0.565 | 0.922 |
| NC | 17 | 1 | 3 | 3 | 0.286 | 0.412 | 0.500 | 0.912 |
| 키움 | 27 | 3 | 3 | 7 | 0.250 | 0.333 | 0.667 | 1.000 |
| 두산 | 27 | 0 | 3 | 9 | 0.130 | 0.259 | 0.391 | 0.650 |
| 롯데 | 29 | 0 | 7 | 7 | 0.222 | 0.417 | 0.444 | 0.685 |
| 삼성 | 16 | 0 | 4 | 2 | 0.455 | 0.625 | 0.545 | 1.170 |
| 한화 | 35 | 5 | 8 | 5 | 0.440 | 0.600 | 1.080 | 1.680 |

### 그라운드 구역별 피안타 방향

| 구분 | 타석 | 안타 | 홈런 | 타점 | 볼넷 | 삼진 | 타율 |
|---|---|---|---|---|---|---|---|
| 0-0 | 18 | 6 | 2 | 3 | 1 | 0 | 0.400 |
| 0-1 | 13 | 3 | 1 | 2 | 1 | 0 | 0.250 |
| 0-2 | 18 | 3 | 0 | 0 | 0 | 12 | 0.167 |
| 1-0 | 15 | 6 | 4 | 4 | 0 | 0 | 0.429 |
| 1-1 | 30 | 7 | 4 | 9 | 0 | 0 | 0.250 |
| 1-2 | 23 | 5 | 2 | 2 | 0 | 12 | 0.217 |
| 2-0 | 5 | 2 | 0 | 2 | 0 | 0 | 0.400 |
| 2-1 | 12 | 2 | 1 | 2 | 0 | 0 | 0.167 |
| 2-2 | 45 | 8 | 2 | 5 | 0 | 20 | 0.182 |
| 3-0 | 5 | 0 | 0 | 0 | 5 | 0 | - |
| 3-1 | 10 | 0 | 0 | 0 | 10 | 0 | - |
| 3-2 | 37 | 6 | 0 | 7 | 14 | 6 | 0.273 |

### 2020 시즌 수비 성적

| 구분 | 수비이닝 | 실책 | 수비율 |
|---|---|---|---|
| RF | 391.0 | 2 | 0.975 |

### 2020 시즌 핫 & 콜드존

**VS좌투**

| - | - | - | 0.667 2/3 | 0.000 0/1 |
|---|---|---|---|---|
| 0.000 0/0 | 0.000 0/0 | 0.000 0/0 | | |
| 0.000 0/1 | 0.000 0/2 | 0.600 3/5 | - 0/0 | - 0/0 |
| - 0/0 | - 0/0 | 0.250 1/4 | 0.500 2/4 | 0.000 0/1 |
| - 0/0 | - 0/0 | 0.000 0/1 | 0.500 1/2 | 0.000 0/2 |
| 0.000 0/1 | - 0/0 | 0.000 0/1 | 0.000 0/2 | 0.000 0/2 |

**VS우투**

| - 0/0 | 0.000 0/1 | 0.333 1/3 | 0.000 0/2 | 0.000 0/1 |
|---|---|---|---|---|
| 0.000 0/4 | 0.000 0/2 | 0.100 1/10 | 0.286 4/14 | 0.333 1/3 |
| 0.143 1/7 | 0.400 2/5 | 0.200 2/10 | 0.286 6/21 | 0.000 0/2 |
| 0.333 1/3 | 0.667 4/6 | 0.438 7/16 | 0.259 7/27 | 0.000 0/1 |
| 0.000 0/2 | 0.000 0/7 | 0.000 0/5 | 0.222 2/9 | 0.000 0/1 |

### 투수 (우투우타)
# 31 김상수

KBO리그의 대표적인 중간 계투다. 2019년에 최초이자 유일하게 40홀드 고지에 올랐다. 2020년엔 3승 5패 11홀드에 그쳤다. 평균자책점도 2019년 3.02에서 2020년 4.73으로 높아졌다. 팀은 2019년 성적을 기대하지 않아도 2020년 성적 정도를 보고 영입한 것이 아니다. 2019년 당시 좋은 불펜진이 서로 보완하면서 좋은 성적을 만들어냈다. 2020년에는 홀드왕인 김상수가 이끌어야 했다. 이영준, 안우진, 양현, 김태훈 등 젊은 투수들이 좋은 활약을 했지만 김상수는 부진했다. SSG는 김상수가 핵심 셋업맨으로 활약할 것까지 기대를 하진 않았다. 불펜으로 돌아온 김태훈이나 제구력이 향상된 김택형, 지난해 후반 구속이 올라온 이태양 등 중간 계투진과 시너지 효과를 낸다면 좋았던 2019년 모습을 보여줄 수 있다는 기대감으로 그를 영입했다. 피홈런이 적은 것도 장점이다. 아무래도 홈런이 많이 나오는 작은 구장을 가진 SSG로서는 홈런은 투수들에게 공포의 대상이다. 김상수가 그라운드볼보다 플라이볼이 더 많은 유형의 투수이긴 하지만 홈런은 적었다. 지난 2년간 108이닝을 던졌는데 피홈런은 6개에 불과했다. 지난해에도 51⅓이닝 동안 3홈런에 그쳤다. 홈런 위험이 적기에 믿음을 줄 수 있다.

| 생년월일 | 1988년 1월 2일 | 연봉(2021) | 3억 원 |
|---|---|---|---|
| 신장/체중 | 180cm/88kg | 지명순위 | 2006 삼성 2차 2라운드 15순위 |
| 학력 | 신자초-자양중-신일고 | 입단년도 | 2006 삼성 |

### 투수 (우투우타)
# 36 정수민

지난 시즌 막판에 던진 단 3경기 만에 팀 선발진의 강력한 후보로 떠올랐다. 정수민은 2019시즌 후 열린 2차 드래프트에서 SSG로 이적했다. 10월 10일 KIA전에서야 데뷔했다. 팔꿈치 수술을 받은 상태에서 이적이 결정되어 재활이 필요했기 때문이다. 7월부터 피칭에 들어갔고 시즌 막판 내년 시즌을 위해 경험을 쌓는 차원에서 1군에 올렸는데 예상외의 결과를 얻었다. 세 차례 선발에서 15⅔이닝 동안 단 2실점만 해 1승 평균자책점 1.15의 좋은 모습을 보였다. 1군 체질인 듯했다. 2군에서 던질 땐 직구 구위가 그리 좋지 않았고 주무기인 포크볼 낙차도 크지 않았지만 1군에서는 좋은 모습을 보였다. NC 때도 2016년 드래프트 때 2차 1라운드 8순위로 지명될 정도로 기대감을 모았고 빠른 직구와 포크볼로 선발 감으로 주목받았으면서도 제구 불안으로 끝내 자리를 잡지 못했었다. SSG에서는 일단 출발이 좋았다. 팀과 정수민의 궁합이 좋아 보인다.

| 생년월일 | 1990년 4월 1일 | 연봉(2021) | 3600만 원 |
|---|---|---|---|
| 신장/체중 | 188cm/92kg | 지명순위 | 2016 NC 2차 1라운드 8순위 |
| 학력 | 김해한림초-부산중-부산고 | 입단년도 | 2016 NC |

### 투수 (우투우타)
# 18 정영일

2020시즌은 미스터리였다. 정영일은 자기 공에 대한 확신이 강한 투수다. 150km 전후의 빠르고 묵직한 직구에 슬라이더, 포크볼, 커브 등 다양한 변화구를 자유롭게 던진다. 자기 공에 믿음을 갖고 던지는 타입. 선발이 내려간 뒤 올라와 셋업맨에게 리드를 잇는 역할을 맡아 2018년 3승 13홀드, 2019년 1승 2패 1세이브 8홀드로 좋은 흐름을 이어갔다. 2020년은 그야말로 '폭망'이었다. 29경기 등판에 불과했고 2승 2패 2세이브 2홀드에 그쳤다. 부상으로 인해 플로리다 전지훈련에 참가하지 못한 것이 불운의 시작이었다. 국내에서 열심히 공을 던지면서 빠르게 컨디션을 끌어올렸으나 너무 빨리 올린 게 역효과로 돌아왔다. 이상하게 구속이 나오지 않았다. 직구 구속이 140km 초반대로 떨어져 본인다운 투구가 나오지 못했다. 1, 2군을 오가며 노력했지만 공은 나아지지 않았다. 정영일은 시즌이 끝난 뒤에도 공을 놓지 않고 꾸준히 훈련에 몰두했다. 흐트러진 투구 밸런스를 찾는 데 집중했고 스스로 나아지는 것을 확인하면서 자신감도 올라갔다.

| 생년월일 | 1988년 11월 16일 | 연봉(2021) | 6500만 원 |
|---|---|---|---|
| 신장/체중 | 188cm/98kg | 지명순위 | 2014 SK 2차 5라운드 53순위 |
| 학력 | 화정초-충장중-진흥고 | 입단년도 | 2014 SK |

# PLAYERS

### 투수(좌투좌타)
# 21 김정빈

김정빈은 지난해 불펜에서 깜짝 활약했다. 상무에서 돌아와 첫 시즌을 맞은 김정빈은 개막 후 6월 말까지 22경기 연속 무실점 맹활약을 펼쳤다. 초반 패전 처리용으로 나왔던 김정빈은 주무기인 체인지업을 앞세워 곧 필승조로 활약했다. 시즌 중반 이후 구위가 떨어지며 어려움을 겪었다. 풀타임이 처음이라 체력이 떨어졌기 때문이다. 57경기에서 1승 1패 1세이브 10홀드 평균자책점 5.13을 기록했다. 9위로 떨어진 팀 상황에서 그나마 희망을 준 인물이었다. 2021시즌에도 필승조로 나설 것으로 보였지만 선발 후보가 됐다. 원래 선발 자원으로 분류됐던 투수다. 공이 빠르고 최강의 무기 체인지업이 좋았기 때문. 2군에서 기복이 있었지만 컨디션 좋은 날은 특급 에이스 피칭을 했다고 한다. 상무에서도 꾸준히 던져 약점으로 꼽혔던 멘탈 관리가 좋아졌다. 좋은 슬라이더도 가져 제구만 더 잡힌다면 선발로서 성공할 가능성이 크다. 선발에서 떨어지더라도 지난해처럼 중간에서 활약할 수 있기 때문에 활용도는 높다.

| 생년월일 | 1994년 6월 8일 | 연봉(2021) | 4000만 원 |
|---|---|---|---|
| 신장/체중 | 182cm/90kg | 지명순위 | 2013 SK 3라운드 28순위 |
| 학력 | 광주화정초-무등중-화순고 | 입단년도 | 2013 SK |

### 투수(좌투좌타)
# 51 김태훈

김태훈은 2020년 김광현이 미국으로 떠나면서 생긴 선발 자리를 꿰차 꿈을 이루었지만 오래가지 못했다. 2018년 전천후 투수로 나서서 9승 3패 10홀드를 기록했고 2019년엔 마무리와 셋업맨으로 나서 4승 5패 7세이브 27홀드를 올려 불펜 투수로 입지를 굳히는 듯했다. 선수 본인은 오랫동안 선발을 원했다. 팔꿈치 뼛조각제거 수술도 하고 전지훈련부터 착실하게 준비한 김태훈의 시즌 초반은 나쁘지 않았다. 구속이 예상만큼 오르지 않아도 5선발 역할을 다했다. 결국 구속이 발목을 잡았다. 구종이 다양하지 않았던 김태훈은 140㎞ 초반대 직구로 긴 이닝을 버틸 수 없었다. 부진이 계속되고 불펜이 무너지면서 김태훈은 다시 불펜으로 보직을 바꿨다. 이미 무너진 멘탈과 밸런스는 정상으로 오지 않았다. 33경기(8경기 선발)에서 1승 6패 4홀드, 평균자책점 7.40의 아쉬운 성적표를 받았다. 시즌 후 김태훈은 결단을 내렸다. 하고 싶은 것과 잘하는 것 중에 후자를 선택해 선발 미련을 버리고 중간 계투에 전념키로 했다. 구속 올리기에 집중하면서 시즌을 준비했다. 불펜 경험이 많기에 마음잡은 김태훈을 걱정하는 이는 별로 없다.

| 생년월일 | 1990년 5월 19일 | 연봉(2021) | 1억6000만 원 |
|---|---|---|---|
| 신장/체중 | 176cm/88kg | 지명순위 | 2009 SK 1차 |
| 학력 | 동구초-인창중-인창고 | 입단년도 | 2009 SK |

### 투수(우언우타)
# 41 박민호

박민호는 우울하기만 했던 2020시즌에서 그나마 미소를 띠며 볼 수 있는 투수였다. 불펜에서 유일하게 제 몫을 했다는 평가를 들었다. 57경기에서 2승 1패 4세이브 11홀드, 평균자책점 2.42를 기록했다. WHIP도 1.19로 좋았고, 피안타율도 0.231로 안정적이었다. 좋은 제구력과 피하지 않는 공격적 피칭이 경험을 쌓으면서 실패보다 성공이 많아졌다. 2021시즌에도 박민호는 당연히 주축 불펜으로 활약할 예정이다. 시동이 조금 늦다. 박민호는 2020시즌 후 오른쪽 손목 수술을 받았다. 웃자란 뼈를 깎아냈다. 예정대로 돌아오면 5월부터 마운드에 오를 수 있을 듯하다. FA 김상수를 영입했고 이태양도 2020시즌 막판에 좋은 피칭을 했다. 베테랑 왼손 김태훈도 불펜으로 돌아와 사이드암 박민호까지 가세하는 불펜은 분명히 양과 질에서 모두 2020시즌보다 좋아질 가능성이 크다. 사이드암 투수로 레전드 불펜 투수였던 조웅천 코치의 가세는 박민호에게 업그레이드 기회가 될 것으로 보인다.

| 생년월일 | 1992년 2월 25일 | 연봉(2021) | 1억1000만 원 |
|---|---|---|---|
| 신장/체중 | 185cm/95kg | 지명순위 | 2014 SK 2차 3라운드 33순위 |
| 학력 | 인천동막초-동인천중-인천고-인하대 | 입단년도 | 2014 SK |

### 투수(우투우타)
## 23 이건욱

이건욱은 2014년 SK 1차 지명 출신이다. 청소년 대표 때 일본의 오타니 쇼헤이와 선발 맞대결을 펼쳤다. 팀에서 차세대 에이스로 점찍었던 유망주였지만 생각보다 성장이 더뎠다. 직구는 최고 146km에 평균 구속이 143km 정도로 최고 구속과 평균 구속의 차이가 적다는 장점을 지녔다. 변화구도 준수해 선발로 꾸준하게 키웠지만 많이 맞았다. 지나치게 제구를 정확하게 하려다 보니 볼이 많아지면서 가운데로 몰려 얻어맞았다. 잔부상이 많아 꾸준하지 못한 점도 성장의 걸림돌이었다. 2020년 들어 기회를 잡았다. 외국인 에이스 킹험의 부상 공백으로 선발로 나섰고 안정적인 피칭을 하며 풀타임 선발로 활약했다. 첫 선발이었던 5월 28일 두산전에서 5⅓이닝 동안 3안타 1실점으로 첫 승을 거둬 자신의 공에 생긴 믿음이 잠재력을 마운드로 끌어냈다. 시즌 후반엔 체력적인 어려움을 겪었지만 완주해 27경기 (25경기 선발)에서 122이닝 6승 12패, 평균자책점 5.68을 기록했다. 첫 풀타임 선발로 자신감과 경험을 얻어 한발 더 나아갈 힘이 생겼다.

| 생년월일 | 1995년 2월 13일 | 연봉(2021) | 6000만 원 |
|---|---|---|---|
| 신장/체중 | 182cm/85kg | 지명순위 | 2014 SK 1차 |
| 학력 | 신도초-동산중-동산고 | 입단년도 | 2014 SK |

### 투수(우투좌타)
## 15 이태양

이태양은 2020시즌 중반 트레이드로 한화에서 SK로 이적했다. 인천으로 온 그에게 주어진 과제는 구속 끌어올리기였다. 팀에 오자마자 1군에서 뿌린 최고 구속은 143km였다. 이태양의 주무기인 포크볼이 위력을 발휘하기 위해서는 구속이 145km 이상 나와야 했다. 그래야 빠른 직구에 맞춰 나온 스윙이 포크볼에 대처를 할 수 없기 때문이다. 이태양은 1군에서 롱릴리프 개념으로 꾸준하게 나왔지만 구속은 오르지 않은 끝에 7월 11일 2군으로 내려갔다. 미션은 오로지 구속 올리기였다. 2군에서 노력이 결과로 이어졌다. 내려간 지 얼마 되지 않아 공에 힘이 붙기 시작했다. 구속이 올라왔다는 소식에 7월 23일 다시 1군에 복귀했다. 구속이 빨라지자 자신감이 붙은 이태양은 갈수록 안정적인 피칭을 선보이면서 2021시즌 기대감을 높였다. SSG는 이태양을 영입하면서 선발과 불펜을 모두 생각했었다. 한화 시절 선발로서도 좋은 모습을 보였기 때문에 5선발도 가능해 보였다. 하지만 일단 2021시즌은 불펜으로 준비한다. 선발진이 어느 정도 안정된 상황인 덕분에 김상수와 함께 필승조를 맡아 팀 승리를 지키는 임무를 받는다. 경험 많은 베테랑이라 믿음을 준다.

| 생년월일 | 1990년 7월 3일 | 연봉(2021) | 1억 원 |
|---|---|---|---|
| 신장/체중 | 192cm/97kg | 지명순위 | 2010 한화 5라운드 36순위 |
| 학력 | 여수서초-여수중-효천고 | 입단년도 | 2010 한화 |

### 투수(우투우타)
## 13 하재훈

하재훈은 입단 2년 동안 롤러코스터를 탔다. 2019년 SK 2차 2라운드로 입단하자마자 세이브왕(36개)에 올랐지만 지난해엔 어깨 부상으로 단 4세이브에 그치며 일찌감치 시즌 아웃돼 재활을 해왔다. 연봉도 지난해 2700만 원에서 단숨에 1억5천만 원까지 올랐지만 올 시즌 7천만 원으로 큰 폭의 오르내림이 있었다. 다행히 재활이 순조로워 스프링캠프에서 시즌 초반 복귀를 꿈꿀 수 있었다. 돌아오자마자 다시 마무리를 맡지는 않을 테지만 본인이 어떤 피칭을 선보이냐에 따라 다시 마무리로 돌아올 수도 있다. 보직보다는 건강하게 예전처럼 회전력 극강의 빠른 공을 뿌릴 수 있는 것이 최우선이다. 워낙 빠른 공의 구위가 좋기에 돌아오기만 한다면 불펜 쪽엔 큰 도움이 될 수 있다. 메이저리그 최상급이라는 평가를 받는 회전력 좋은 직구에 낙차 큰 커브로 타자의 타이밍을 뺏는다. 포수 출신에 외야수로 전향했다가 SSG로 와서야 본격적으로 투수를 시작해 투구 폼이 야수 폼이어서 부상 위험이 있지만 고쳐 나가는 중이다. 야구 센스가 워낙 좋다 보니 제구력도 갖췄다. 타격 능력도 좋은 것으로 알려져 있다. 혹시 연장 승부에서 대타가 없을 때 깜짝 등장할지도 모른다.

| 생년월일 | 1990년 10월 29일 | 연봉(2021) | 7000만 원 |
|---|---|---|---|
| 신장/체중 | 182cm/90kg | 지명순위 | 2019 SK 2차 2라운드 16순위 |
| 학력 | 양덕초-마산동중-용마고 | 입단년도 | 2019 SK |

# PLAYERS

### 포수(우투우타)
## 20 이재원

이재원에게 2021년은 중요할 수밖에 없다. 지난 시즌 극심한 부진으로 'FA 먹튀'라는 말까지 들었다. 80경기 출전에 타율 0.185, 2홈런, 21타점에 그쳤다. 개막 3번째 경기였던 5월 7일 한화전에서 선발 장시환의 공에 엄지가 골절되어 재활부터 시작했다. 그렇게 흐트러진 시즌은 끝까지 이재원에게 기회를 주지 않았다. 수비에서 아쉬움을 공격으로 커버했던 공격형 포수였는데 타격이 제대로 이뤄지지 않으면서 아무것도 되지 않았다. 40여 일이 지난 6월 20일에 돌아왔지만 타격감은 이재원 안에 없었다. 7월에 다시 2군으로 내려가 21일간 컨디션을 조절하고 올라왔지만 부진은 시즌 끝까지 계속됐다. NC가 포수 양의지를 앞세워 한국시리즈 우승까지 차지하며 같은 포수인 이재원에게 쏟아지는 비난도 컸다. 탈출의 길은 훈련이었다. 상위 팀들이 가을 야구를 할 때 마무리 훈련에 돌입한 이재원은 타격 훈련에만 1시간 이상을 할애했다. 2021시즌 주장까지 맡아 더 큰 책임감까지 짊어진다. 주장이 잘 쳐야 팀도 살아난다.

| 생년월일 | 1988년 2월 24일 | 연봉(2021) | 11억 원 |
|---|---|---|---|
| 신장/체중 | 195cm/98kg | 지명순위 | 2006 SK 1차 |
| 학력 | 숭의초-상인천중-인천고 | 입단년도 | 2006 SK |

### 포수(우투우타)
## 55 이흥련

이흥련의 2020년은 기구했다. 두산에서 백업 포수로 있던 이흥련은 5월 29일 2대2 트레이드로 SK로 왔다. 30일 곧바로 인천에 오자마자 마스크를 쓰고 선발 출전했다. 연이틀 홈런포를 쏘아 올리며 이재원 부상 공백을 메울 복덩이가 됐다. 이재원이 빠진 사이에 주전 포수 자질을 증명해야 했지만 쉽지 않았다. 부상이 가로막았다. 한창 주전으로 나서던 상황에서 6월 20일 1군에서 빠졌다. 스윙을 하다가 왼쪽 가슴에 통증을 느껴 8월 5일 복귀까지 한 달이 넘게 걸렸다. 돌아와 맹타를 휘둘렀지만 또 부상이 왔고 이번엔 시즌 아웃이 됐다. 9월 25일 고척 키움전에서 홈에서 송구를 받다가 박정음과 부딪혀 왼쪽 손목이 꺾였다. 다행히 뼈에는 이상이 없었지만 인대가 손상되었다. 재활만 3개월이 걸려 이흥련은 마무리 훈련도 못 했다. 충실한 재활 후 제주 스프링캠프에 정상적으로 참가했다. 이흥련은 2021시즌 이재원의 백업 멤버로 나선다. 장타력을 갖춘 포수로서 공수 모두 강점이 있기 때문에 활용도가 높다.

| 생년월일 | 1989년 5월 16일 | 연봉(2021) | 6000만 원 |
|---|---|---|---|
| 신장/체중 | 183cm/91kg | 지명순위 | 2013 삼성 2차 5라운드 47순위 |
| 학력 | 상탑초-매송중-야탑고-홍익대 | 입단년도 | 2013 삼성 |

### 내야수(우투우타)
## 16 김성현

지난해 SSG는 김성현을 버려서는 안 된다는 것을 절감했다. SSG는 시즌 초반 2루수 김창평, 유격수 정 현으로 라인업을 구성했다. 유망주를 키운다는 생각이었다. 2019시즌 주전 유격수였던 김성현은 어쩔 수 없이 백업으로 시작했다. 하지만 어느새 다시 주전이 되었고 133경기서 타율 0.271, 2홈런 25타점으로 하위 타선에서 자기 몫을 했다. 정현이 부진해지자 다시 유격수로 돌아왔고, 시즌 후반엔 2루수로 자리를 옮겨 안정적인 수비를 선보였다. 지난 시즌 후 FA로 2+1년, 총액 11억 원(계약금 2억 원, 연봉 21년 2.5억 원, 22년 2억 원, 23년 1.5억 원, 옵션 총액 3억 원)에 계약했다. 2021시즌에도 김성현의 출발점은 백업이다. 2루 최주환, 유격수 박성한이 SSG의 라인업이다. 김성현은 둘의 백업으로 나선다. SSG에선 김성현의 역할이 중요하다. 최주환과 박성한이 부상이나 부진에 빠졌을 때 그 자리를 메워야 한다. 34세인 그가 주전으로 전 경기를 소화하긴 어렵다. 체력을 잘 관리하는 편이 존재감을 드러낼 좋은 기회가 될 수 있다.

| 생년월일 | 1987년 3월 9일 | 연봉(2021) | 2억5000만 원 |
|---|---|---|---|
| 신장/체중 | 172cm/72kg | 지명순위 | 2006 SK 2차 3라운드 20순위 |
| 학력 | 송정동초-충장중-광주일고 | 입단년도 | 2006 SK |

### 내야수 (우투좌타)
# 2 박성한

2021년 SSG의 수비 라인업에서 가장 약점으로 꼽히는 곳이 유격수다. 지난해 2루수와 유격수가 약했는데 2루 자리는 FA 최주환의 영입으로 메워졌다. 겨우내 유격수 영입을 위해 트레이드도 추진했지만 별다른 성과가 없어 팀은 박성한에게 기대를 걸고 있다. 지난해 상무에서 제대한 뒤 주전 유격수로 활약하면서 1군 적응을 마쳤다. 올 시즌 기대한 만큼 활약해준다면 주전 유격수로 입지를 굳힐 수 있다. 지난해 정현을 주전 유격수로 내세웠지만 실패했고 김성현은 유격수로서 수비 능력이 아쉬웠다. 이때 박성한이 상무에서 돌아와 주전 유격수로 나섰다. 팀 내 유격수 중 수비가 가장 좋다는 평가를 받은 덕분이었다. 수비 자세가 간결하고 빠르다. 1군에 와서 초반엔 잔실수가 있었으나 1군 경험 부족이 원인이었다. 타격은 간결하게 바꾸고 있는 중이다. 상무 시절 코디 벨린저 타격폼을 따라 했으나 자신의 몸과 맞지 않았다. 41경기에서 타율 0.242에 2홈런 8타점을 올렸다. 구단은 일단 타율은 2할5푼 정도만 쳐주고 수비를 안정적으로 해주길 원한다. 당연히 타격까지 좋으면 금상첨화다. 시즌 초반 실수 없이 잘 넘기면 유격수 대안을 찾을 필요는 없을 것으로 보인다.

| 생년월일 | 1998년 3월 30일 | 연봉(2021) | 3000만 원 |
|---|---|---|---|
| 신장/체중 | 180cm/77kg | 지명순위 | 2017 SK 2차 2라운드 16순위 |
| 학력 | 여수초-여수중-효천고 | 입단년도 | 2017 SK |

### 내야수 (우투우타)
# 6 정현

정현은 지난해 좋은 기회를 날려버렸다. 시즌 초반 주전 유격수로 나섰지만 타격 부진으로 자리를 내놓고 말았다. 스프링캠프부터 일찌감치 주전 유격수로 낙점받았지만 끝내 부담을 이겨내지 못했다. 타격이 부진했는데 팀이 초반 연패에 빠지면서 심적 부담이 커졌고 그것이 강점이던 수비까지 영향을 끼쳤다. 결국 베테랑 김성현에게 유격수 자리를 내줬다. 백업으로 내려온 후에도 타격은 끝내 살아나지 않았다. 타율 0.152, 2홈런 4타점이 정현의 2020년 타격 성적표였다. 여전히 쓰임새는 많은 선수다. 일단 내야 전 포지션을 커버한다. 김성현이 2루와 유격수만 가능하지만 정현은 3루수와 1루까지도 볼 수 있어 백업 활용도가 크다. 자신감만 찾는다면 타격에서도 큰 도움을 줄 실력을 갖췄다는 평가다. 지난 시즌 실패의 아픔을 얼마나 극복하느냐가 키포인트. 멘탈을 잡는다면 가능성은 크다.

| 생년월일 | 1994년 6얼 1일 | 연봉(2021) | 3000만 원 |
|---|---|---|---|
| 신장/체중 | 181cm/88kg | 지명순위 | 2013 삼성 1라운드 8순위 |
| 학력 | 수영초-대천중-부산고 | 입단년도 | 2013 삼성 |

### 외야수 (우투좌타)
# 38 고종욱

2019년 SK로 오자마자 타율 0.323, 159안타, 3홈런, 56타점, 76득점을 기록하며 테이블세터로 활약했던 고종욱은 2020시즌엔 그야말로 망했다. 92경기에 출전해 타율 0.283, 3홈런 26타점, 24득점에 그쳤다. 2019년 31개였던 도루도 1개에 그쳤다. 컨디션을 끌어올려 시즌을 시작했는데 곧바로 발목 부상으로 빠지며 밸런스가 깨져 타격 페이스가 급격하게 떨어졌다. 5월 13일 잠실 LG전에서 수비를 하다 발목을 다쳐 2군에 갔다. 재활을 거쳐 6월 12일 다시 1군에 왔으나 7월 3일 다시 말소됐다. 발목이 완전치 않아 타격은 물론 주루에서도 제 능력을 발휘하지 못했다. 2군에서 좋은 활약을 펼치자 7월 17일 1군에 재등록됐지만 8월 2일 또 2군으로 내려갔다. 36경기서 타율 0.198은 고종욱의 이름엔 어울리지 않았다. 8월 15일 다시 올라와 56경기 타율 3할3푼3리를 기록해 본모습을 찾았다. 등번호를 53번에서 2019년에 달았던 38번으로 바꿔 AGAIN 2019를 다짐했다.

| 생년월일 | 1989년 1월 11일 | 연봉(2021) | 1억1000만 원 |
|---|---|---|---|
| 신장/체중 | 184cm/83kg | 지명순위 | 2011 넥센 3라운드 19순위 |
| 학력 | 역삼초-대치중-경기고-한양대 | 입단년도 | 2011 넥센 |

# PLAYERS

### 외야수(우투우타)
# 0 김강민

외야수들의 홍수 속에서 자리를 잃을 것 같던 베테랑 김강민은 2020시즌에 오히려 더 활발했다. 122경기에 출전해 타율 0.253, 12홈런, 45타점을 올렸다. 주로 대타, 대수비 요원으로 나서고 상대 좌완 선발일 때 우타자로 나설 것으로 보였지만 의외로 주전으로 활약했다. 한유섬, 고종욱, 정의윤 등이 부상과 부진에 빠지면서 김강민이 나서는 일이 많아진 덕분이었다. 1982년생으로 올해 입단 22년 차가 된 김강민의 입지는 좁아질 것으로 보인다. 추신수가 오면서 추신수-최지훈-한유섬으로 외야 라인업이 완성됐기 때문이다. 만약 백업 요원이 나서더라도 좌타자 요원으로 고종욱, 우타자 요원으로는 오태곤이 있다. 내야수에서 외야수로 전향한 유서준 김창평도 기회를 바라고 있는 상황. 공교롭게도 동갑인 친구로 인해 설자리를 잃게 된 모양새다. 선발 출전이 김강민에겐 좋은 일이겠지만 SSG의 플랜대로는 되지 않는다는 뜻이다. 이젠 자신의 노하우를 후배들에게 나눠줘야 할 시간이다.

| | | | |
|---|---|---|---|
| 생년월일 | 1982년 9월 13일 | 연봉(2021) | 2억 원 |
| 신장/체중 | 182cm/87kg | 지명순위 | 2001 SK 2차 2라운드 18순위 |
| 학력 | 본리초-대구중-경북고 | 입단년도 | 2001 SK |

### 외야수(우투우타)
# 24 오태곤

지난 시즌 트레이드로 영입한 선수 중에서 올해 가장 기대를 모은다. 정의윤의 타격이 내리막길을 타면서 SSG의 외야엔 강한 우타자가 마땅히 없었다. 그래서 영입한 오태곤인데 가능성을 보였다. 8월 13일 이홍구와 트레이드로 온 이후 54경기에서 타율 0.288, 5홈런, 30타점, 29득점을 기록했다. 겨우 54경기에 나섰는데 타점이 팀 내 타자 중 5위에 해당한다. 그만큼 영양가 있는 타격을 했다는 뜻이다. 14개의 도루(6번 실패)를 기록해 빠른 발도 과시했다. 롯데와 KT에서 유망주로서 기회를 얻으면서 잠재력을 폭발하지 못했지만 SSG에서는 확실한 존재감을 보여줬다. 좋은 타격을 갖춘 외야수인데 내야수 출신이라 3루수, 유격수, 1루수를 볼 수 있는 멀티플레이어라는 점도 매력적이다.
메이저리거 추신수가 오면서 외야 경쟁은 더 치열해졌다. 하지만 오태곤은 외야 전쟁에서 자신을 써야 하는 장점을 가졌다. 멀티 수비가 가능한 우타자가 오태곤뿐이다. 준수한 타격을 보인다면 꼭 외야가 아니더라도 팀이 부족한 곳을 메워주는 중요한 키플레이어가 될 수 있다.

| | | | |
|---|---|---|---|
| 생년월일 | 1991년 11월 18일 | 연봉(2021) | 8500만 원 |
| 신장/체중 | 186cm/88kg | 지명순위 | 2010 롯데 3라운드 22순위 |
| 학력 | 쌍문초-신월중-청원고 | 입단년도 | 2010 롯데 |

### 외야수(우투좌타)
# 54 최지훈

최지훈은 우울했던 지난해를 볼 때 거의 유일하게 미소를 짓게 한 선수다. 대졸 신인으로 스프링캠프부터 정규 시즌까지 1군에서 살아남은 유일한 주인공이었기 때문이다. 지난 시즌 풀타임을 뛰면서 경험을 쌓았다. 제2의 김강민이라는 평가를 받은 수비는 실전에서 확실하게 인정을 받았다. 빠른 타구 판단과 공을 쫓아가는 주력, 강한 송구 능력까지 김강민의 젊은 시절을 보는 듯했다. 펜스 앞에서 홈런을 걷어내거나 끝까지 쫓아가다 이빙 캐치로 상대 공격의 흐름을 끊어내는 모습은 확실히 차세대 주전 외야수임을 입증했다. 타격은 보완이 필요했다. 타율 0.258, 1홈런 27타점 66득점을 기록했다. 대졸 신인으로서 첫해부터 잘 치는 것은 기대하지 않았기에 나쁘지 않았다는 평가다. 체력을 보강하면 타율은 자연스레 높아질 것으로 예상된다. 낮은 출루율(0.318)은 아쉬웠다. SSG는 최지훈을 1번 타자로 생각하고 있다. 1번 타자라면 0.380 이상 출루율을 기록해야 한다. 삼진(80개)-볼넷(38개) 비율이 2.10으로 볼넷이 적었다. 기본적으로 공격적으로 치려는 성향이 강했다. 최지훈이 1번을 맡아야 SSG 타선이 매끄러워진다. 안타를 많이 치든지 볼넷을 더 얻든지 출루율 향상이 최우선 과제다.

| | | | |
|---|---|---|---|
| 생년월일 | 1997년 7월 23일 | 연봉(2021) | 8000만 원 |
| 신장/체중 | 178cm/82kg | 지명순위 | 2020 SK 2차 3라운드 30순위 |
| 학력 | 수창초-무등중-광주일고-동국대 | 입단년도 | 2020 SK |

### 99 강지광

투수로 입단해 타자, 투수로 포지션을 바꿨던 강지광은 지난해 다시 타자로 마지막 도전을 했다가 또다시 투수로 돌아왔다. 2군에서 업그레이드됐다. 제구가 향상됐고 투심, 슬라이더, 체인지업의 움직임도 좋아졌다. 이제 완급 조절이 가능해졌다.

| 투수 우투우타 | 생년월일 | 1990년 10월 23일 | 연봉(2021) | 3000만 원 |
|---|---|---|---|---|
| | 신장/체중 | 181cm/100kg | 지명순위 | 2009 LG 2차 3라운드 20순위 |
| | 학력 | 전북초-상인천중-인천고 | 입단년도 | 2009 LG |

### 47 오원석

2020년 1차 지명 투수. 지난해 왜소한 체격이었지만 웨이트트레이닝으로 6kg 이상 벌크업을 하면서 점점 공에 힘이 붙는 중이다. 지난해 최고 구속이 137km 정도였으나 최근엔 141km까지 구속이 상승했다. 경기 운영 능력이 좋아 기대감이 높아진다.

| 투수 좌투좌타 | 생년월일 | 2001년 4월 23일 | 연봉(2021) | 3000만 원 |
|---|---|---|---|---|
| | 신장/체중 | 182cm/80kg | 지명순위 | 2020 SK 1차 |
| | 학력 | 수진초-매송중-야탑고 | 입단년도 | 2020 SK |

### 67 김건우

2021년 1차 지명 신인. 최고 146km의 빠른 직구만으로 타자를 압도할 위력을 가졌다. 경기 후반까지 스피드를 유지하는 스태미나까지 가졌다. 수준급 서클체인지업과 슬라이더 구사 능력도 뛰어나다. 미래의 좌완 선발 자원이다.

| 투수 좌투좌타 | 생년월일 | 2002년 7월 12일 | 연봉(2021) | 3000만 원 |
|---|---|---|---|---|
| | 신장/체중 | 185cm/88kg | 지명순위 | 2021 SSG 1차 |
| | 학력 | 가현초-동산중-제물포고 | 입단년도 | 2021 SSG |

### 95 장지훈

대졸 신인. 최고 143km인데 뛰어난 제구력과 빠른 템포로 자유자재로 경기를 이끌어가는 운영 능력이 뛰어나 상황에 맞는 피칭을 할 줄 안다. 떨어지는 싱커와 휘어져 나가는 슬라이더로 땅볼 유도 능력도 뛰어나다. 원래 야수 출신이라 투구 폼이 조금 와일드하지만 그래서 강해 보인다.

| 투수 우사우타 | 생년월일 | 1998년 12월 6일 | 연봉(2021) | 3000만 원 |
|---|---|---|---|---|
| | 신장/체중 | 177cm/78kg | 지명순위 | 2021 SSG 2차 4라운드 38순위 |
| | 학력 | 김해삼성초-내동중-김해고-동의대 | 입단년도 | 2021 SSG |

### 33 김세현

지난 시즌 막바지에 좋아졌다. 일단 직구 구속이 146~147km까지 올랐고 제구도 안정감을 찾았다. 느려진 직구가 가운데로 몰려서 맞았는데 시즌 막판 제구력을 갖추면서 예전 직구 위주의 단조로운 승부 패턴을 체인지업 커브 투심 등으로 바꿔 안정감을 찾았다.

| 투수 우투우타 | 생년월일 | 1987년 8월 7일 | 연봉(2021) | 8000만 원 |
|---|---|---|---|---|
| | 신장/체중 | 188cm/104kg | 지명순위 | 2006 현대 2차 2라운드 16순위 |
| | 학력 | 도신초-우신중-덕수정보고 | 입단년도 | 2006 현대 |

### 62 정동윤

2016년 1차 지명으로 입단할 땐 최고 148km를 찍는 파워 피처였는데 상무에서 스타일을 바꿨다. 최고 구속이 144km 정도로 낮아졌지만 제구력이 좋아져 체인지업과 커브 등 변화구로 잡아내는 유형이 됐다. 성실함도 가능성을 키운다.

| 투수 우투좌타 | 생년월일 | 1997년 10월 22일 | 연봉(2021) | 3000만 원 |
|---|---|---|---|---|
| | 신장/체중 | 193cm/103kg | 지명순위 | 2016 SK 1차 |
| | 학력 | 덕성초-중앙중-야탑고 | 입단년도 | 2016 SK |

### 57 김주온

너무 힘으로만 던지려는 경향이 있어 제구가 한번 흔들리면 불안감이 커지는 스타일. 제구 안 되면 더 신경을 써서 흔들린다. 구속과 구위는 분명히 가능성이 크다. 커브처럼 떨어지는 슬라이더라는 결정구도 있다. 체인지업도 연습하지만 아직 완성도는 떨어져 투피치. 경험이 더 필요하다.

| 투수 우투우타 | 생년월일 | 1996년 12월 8일 | 연봉(2021) | 3000만 원 |
|---|---|---|---|---|
| | 신장/체중 | 187cm/89kg | 지명순위 | 2015 삼성 2차 7라운드 72순위 |
| | 학력 | 대현초-구미중-울산공고 | 입단년도 | 2015 삼성 |

### 97 조병현

2차 3번 고졸 신인. 좌우 타자를 가리지 않고 최고 147km의 공을 몸쪽에 뿌릴 수 있는 과감이 돋보인다. 조금 와일드한 투구 폼에 디셉션도 좋고 공을 끝까지 앞으로 끌고 나와 스윙을 하는 게 장점이다. 온몸을 써서 던지는 느낌을 받는다. 파워를 보강하면 선발, 불펜을 오가는 전천후 스윙맨으로 활용 가능성이 크다.

| 투수 우투우타 | 생년월일 | 2002년 5월 8일 | 연봉(2021) | 3000만 원 |
|---|---|---|---|---|
| | 신장/체중 | 182cm/83kg | 지명순위 | 2021 SSG 2차 3라운드 28순위 |
| | 학력 | 온양온천초-세광중-세광고 | 입단년도 | 2021 SSG |

### 43 김택형

공이 빠르지만 제구가 잡히지 않는 단점을 극복하기 힘들었다. 시즌 중 투구 폼을 고치면서 구속이 떨어졌지만 제구를 잡는 모습이었다. 징계 이후에는 그다지 좋은 모습이 아니었다. 올해도 제구와 싸움은 계속된다.

| 투수 좌투좌타 | 생년월일 | 1996년 10월 10일 | 연봉(2021) | 3000만 원 |
|---|---|---|---|---|
| | 신장/체중 | 185cm/90kg | 지명순위 | 2015 넥센 2차 1라운드 10순위 |
| | 학력 | 창영초-재능중-동산고 | 입단년도 | 2015 넥센 |

### 48 조성훈

불펜형 파워 피처. 150km가 넘는 빠른 공을 던진다. 입단 당시엔 제구가 불안했지만 투구 폼을 간결하게 바꾸면서 제구가 안정됐다. 구단에선 미래의 마무리형으로 생각한다. 상무에선 선발로 나서 13경기서 4승 4패 평균자책점 2.76을 기록했다.

| 투수 우투우타 | 생년월일 | 1999년 3월 22일 | 연봉(2021) | 3000만 원 |
|---|---|---|---|---|
| | 신장/체중 | 188cm/85kg | 지명순위 | 2018 SK 2차 1라운드 5순위 |
| | 학력 | 응봉초-건대부중-청원고 | 입단년도 | 2018 SK |

### 37 서동민

구속이 빠르지는 않지만 안정적이다. 최고 구속이 144km, 평균 구속은 142km로 편차가 적다. 슬라이더가 가장 큰 무기다. 슬라이더로 스트라이크도 잡고 헛스윙도 유도한다. 상대 타자가 슬라이더인 것을 알아도 헛스윙할 정도로 각이 좋다. 선발보다 중간형 투수다.

| 투수 우투우타 | 생년월일 | 1994년 3월 7일 | 연봉(2021) | 3000만 원 |
|---|---|---|---|---|
| | 신장/체중 | 186cm/90kg | 지명순위 | 2014 SK 2차 6라운드 58순위 |
| | 학력 | 율하초-경복중-대구고 | 입단년도 | 2014 SK |

### 1 조영우

FA 송은범의 보상선수로 와서 2020년 롱릴리프와 선발로 가능성을 보였다. 구속이 140km 초반에 그치지만 제구력과 변화구가 좋다. 좋은 포크볼에 비해 슬라이더가 밋밋한 단점이 있었는데 그립을 바꾼 뒤 카운트도 잡고 결정구로 쓸 정도가 되었다. 몸쪽 승부도 과감한 편. 롱릴리프로 활용도가 높다.

| 투수 우투좌타 | 생년월일 | 1995년 6월 27일 | 연봉(2021) | 5000만 원 |
|---|---|---|---|---|
| | 신장/체중 | 185cm/95kg | 지명순위 | 2014 한화 2차 5라운드 47순위 |
| | 학력 | 송정동초-배재중-제주고 | 입단년도 | 2014 한화 |

### 11 신재웅

구속이 아직도 140km 중반 정도를 찍는데 최근에 변화구가 좋아졌다는 평가다. 예전엔 직구 하나 믿고 강하게 던졌는데 이제 체인지업과 슬라이더가 향상됐다. 변화구 비중을 높이면서 안정감이 좋아졌다.

| 투수 좌투좌타 | 생년월일 | 1982년 3월 28일 | 연봉(2021) | 5500만 원 |
|---|---|---|---|---|
| | 신장/체중 | 181cm/85kg | 지명순위 | 2005 LG 2차 3라운드 19순위 |
| | 학력 | 사파초-신월중-마산중-동의대 | 입단년도 | 2005 LG |

### 30 최민준

상무에서 지난해 중반 돌아왔다. 최고구속이 145km 정도이고 평균 142km다. 제구가 장점이고 구종이 다양하다. 커브의 각이 크고 슬라이더, 체인지업도 잘 던진다. 경기 운영을 잘하고 위기에 강해서 주자를 내보내도 실점을 잘 안하는 스타일이다. 올해 1군에서 자주 볼 수도 있을 듯.

| 투수 우투우타 | 생년월일 | 1999년 6월 11일 | 연봉(2021) | 3000만 원 |
|---|---|---|---|---|
| | 신장/체중 | 178cm/83kg | 지명순위 | 2018 SK 2차 2라운드 15순위 |
| | 학력 | 수영초-경남중-경남고 | 입단년도 | 2018 SK |

### 59 이채호

사이드암 투수로서 최고 145km를 찍는다. 투심의 움직임이 좋고 슬라이더 각이 좋다는 평가다. 커브도 메뉴에 있다. 공격적 스타일도 매력적이다. 차세대 1군 주전으로 키우는 투수로 올해 상황에 따라 기회를 얻을 수도 있다.

| 투수 우언우타 | 생년월일 | 1998년 11월 23일 | 연봉(2021) | 3000만 원 |
|---|---|---|---|---|
| | 신장/체중 | 185cm/85kg | 지명순위 | 2018 SK 2차 6라운드 55순위 |
| | 학력 | 동광초-원동중-용마고 | 입단년도 | 2018 SK |

### 25 이현석

디펜스형 포수로 빠른 동작의 2루 송구가 좋다. 대학 시절 많은 우승 경험에서 오는 운영 능력이 좋다. 타격 정확성은 떨어지지만 장타 파워가 있다.

| 포수 우투우타 | 생년월일 | 1992년 6월 7일 | 연봉(2021) | 3000만 원 |
|---|---|---|---|---|
| | 신장/체중 | 175cm/90kg | 지명순위 | 2015 1차 |
| | 학력 | 노암초-대한중-제물포고-동국대 | 입단년도 | 2015 SK |

# PLAYERS

### 65 조형우
2차 1라운드 신인. 큰 체격에 비해 순발력이 좋고 강한 어깨를 바탕으로 한 송구 능력도 매우 우수하다. 타격에선 스윙 궤도가 좋아 여러 구종에 대처할 수 있다. 빠른 공 대처가 좋고 장타력도 지녔다. 향후 주전급 포수로 성장할 자질을 갖췄다.

| 포수<br>우투우타 | 생년월일 | 2002년 4월 4일 | 연봉(2021) | 3000만 원 |
|---|---|---|---|---|
| | 신장/체중 | 187cm/95kg | 지명순위 | 2021 SSG 2차 1라운드 8순위 |
| | 학력 | 송정동초-무등중-광주일고 | 입단년도 | 2021 SSG |

### 56 김경호
지난해 2대2 트레이드로 합류했다. 발이 빨라 도루 능력이 있고 외야 수비도 좋다. 타격 정확성이 뛰어나다는 평가다. 왜소한 체격으로 파워가 없어 전형적인 교타자 스타일이다.

| 외야수<br>우투좌타 | 생년월일 | 1995년 7월 31일 | 연봉(2021) | 3000만 원 |
|---|---|---|---|---|
| | 신장/체중 | 180cm/68kg | 지명순위 | 2014 두산 2차 6라운드 59순위 |
| | 학력 | 희망대-매송중-야탑고 | 입단년도 | 2014 두산 |

### 3 현원회
공격형 포수다. 타격으로는 성공 가능성을 보인다. 정확성과 타이밍이 좋아 콘 택트 능력이 뛰어나다는 평가다. 수비에선 경험을 쌓아야 한다. 송구 능력이 뛰어나지는 않은데 어깨가 강한 편이라 발전 가능성은 크다.

| 포수<br>우투우타 | 생년월일 | 2001년 7월 8일 | 연봉(2021) | 3000만 원 |
|---|---|---|---|---|
| | 신장/체중 | 180cm/95kg | 지명순위 | 2020 SK 2차 4라운드 40순위 |
| | 학력 | 가동초-경상중-대구고 | 입단년도 | 2020 SK |

### 69 류효승
2020년 대졸 선수로 강한 파워가 장점. 외야수지만 송구능력이 떨어져 외야 주전을 꿰차긴 힘들다는 평가다. 1루나 지명타자로 활용 가능성이 크다. 지난해 왼쪽 무릎이 좋지 않아 재활했다. 정확성에 중점을 둔 타격 재능을 입증했다.

| 외야수<br>우투우타 | 생년월일 | 1996년 7월 16일 | 연봉(2021) | 3000만 원 |
|---|---|---|---|---|
| | 신장/체중 | 190cm/100kg | 지명순위 | 2020 SK 2차 6라운드 60순위 |
| | 학력 | 칠성초-경상중-상원고-성균관대 | 입단년도 | 2020 SK |

### 68 고명준
배트스피드가 좋고 밀어쳐 홈런을 만들 수 있는 파워가 일품이다. 체격이 크지만 다리 움직임이 좋고 안정된 포구 능력과 강한 어깨를 지녀 향후 주전급 코너 내야수로 성장할 가능성이 있다.

| 내야수<br>우투우타 | 생년월일 | 2002년 7월 8일 | 연봉(2021) | 3000만 원 |
|---|---|---|---|---|
| | 신장/체중 | 185cm/94kg | 지명순위 | 2021 SSG 2차 2라운드 18순위 |
| | 학력 | 서원초-세광중-세광고 | 입단년도 | 2021 SSG |

### 7 유서준
유격수였으나 송구 정확성이 떨어지고 잔실수가 많아 지난 시즌 중반 외야수로 전향했다. 어깨가 좋고 타구 판단 능력도 나쁘지 않아 외야 적응이 빨랐다. 발 빠르고 중장거리 파워도 갖췄다.

| 외야수<br>우투우타 | 생년월일 | 1995년 12월 4일 | 연봉(2021) | 3000만 원 |
|---|---|---|---|---|
| | 신장/체중 | 180cm/80kg | 지명순위 | 2014 SK 2차 2라운드 18순위 |
| | 학력 | 사우초-양천중-성남고 | 입단년도 | 2014 SK |

### 5 김성민
2년 차 유격수. 움직임과 포구 능력은 수준급, 어깨는 최상급이다. 송구 문제만 해결하면 어디서도 구하기 힘든 유격수 자원이라는 평가다. 방망이도 소질이 있다. 지난해 데뷔 첫 1군 경기에서 3점 홈런을 날렸다. 9경기에서 타율 0.286, 2홈런 4타점으로 가능성을 보였다.

| 내야수<br>우투우타 | 생년월일 | 2001년 4월 30일 | 연봉(2021) | 3000만 원 |
|---|---|---|---|---|
| | 신장/체중 | 184cm/88kg | 지명순위 | 2020 SK 2차 2라운드 20순위 |
| | 학력 | 학동초-자양중-경기고 | 입단년도 | 2020 SK |

### 39 오준혁
2군에서는 톱클래스다. 타격 재능이 워낙 뛰어나다. 정확성, 타이밍도 좋고 투수와 싸울 줄 안다. 아쉬운 점은 수비 능력이다. 지난해 1군에서 뛰면서 경험을 쌓았지만 아무래도 수비가 약해 경쟁에서 밀렸다.

| 외야수<br>우투좌타 | 생년월일 | 1992년 3월 11일 | 연봉(2021) | 4000만 원 |
|---|---|---|---|---|
| | 신장/체중 | 187cm/80kg | 지명순위 | 2011 한화 8라운드 64순위 |
| | 학력 | 순천북초-천안북중-북일고 | 입단년도 | 2011 한화 |

### 52 남태혁
KT에서 우타 거포로 영입했지만 아직 기대한 모습을 보여주지 못했다. 타격에서 자신의 철학이 강하다 보니 코칭스태프의 조언을 받아들이지 못했다. 지난 시즌을 치르면서 스스로 인정해 힘만으로 치던 스윙을 간결하게 바꾸는 중이다.

| 내야수<br>우투우타 | 생년월일 | 1991년 3월 13일 | 연봉(2021) | 3000만 원 |
|---|---|---|---|---|
| | 신장/체중 | 187cm/107kg | 지명순위 | 2016 KT 2차 1라운드 1순위 |
| | 학력 | 서화초-대헌중-제물포고 | 입단년도 | 2016 KT |

### 10 정의윤
우타 외야수로 타격에 재능이 있는 선수지만 갈수록 기록이 떨어진다. 지난해엔 76경기에서 타율 0.241, 1홈런 20타점에 머물렀다. 외야에 자원이 많아 올해 기회를 많이 얻을지 미지수다.

| 외야수<br>우투우타 | 생년월일 | 1986년 7월 25일 | 연봉(2021) | 3억 원 |
|---|---|---|---|---|
| | 신장/체중 | 185cm/90kg | 지명순위 | 2005 LG 2차 1라운드 3순위 |
| | 학력 | 신곡초-대천중-부산고 | 입단년도 | 2005 LG |

### 96 전의산
고등학교 때 포수였는데 SSG는 지명 때부터 내야수로 키우기로 했다. 팔꿈치 수술 후 7월부터 훈련을 시작했다. 최정 다음의 3루수로 키우려 했으나 현재는 1루수로 바꾸는 중. 타격에 특화된 중장거리형 선수로서 정확성과 타이밍에 파워도 갖췄다.

| 내야수<br>우투좌타 | 생년월일 | 2000년 11월 25일 | 연봉(2021) | 3000만 원 |
|---|---|---|---|---|
| | 신장/체중 | 188cm/98kg | 지명순위 | 2020 SK 2차 2라운드 10순위 |
| | 학력 | 수영초-개성중-경남고 | 입단년도 | 2020 SK |

### 19 정진기
최고의 능력치를 가진 선수로 매년 주전 후보로 꼽혔다. 타격의 정확성과 파워가 좋고 발도 빠르며 어깨도 좋다. 그 뛰어난 재능이 아직 현실에서 터지지 않았다. 가진 능력은 출중해 올해도 기대감은 크다.

| 외야수<br>우투좌타 | 생년월일 | 1992년 10월 10일 | 연봉(2021) | 3500만 원 |
|---|---|---|---|---|
| | 신장/체중 | 185cm/92kg | 지명순위 | 2011 SK 3라운드 23순위 |
| | 학력 | 화순초-화순중-화순고 | 입단년도 | 2011 SK |

### 4 최항
최정의 동생. 스윙 궤도나 타이밍이 좋다. 입단 당시엔 파워와 수비, 주루가 모두 약했지만 갈수록 좋아지는 중이다. 지난 시즌 2루수로 좋은 모습을 보였는데 9월 15일 KIA전서 홈슬라이딩하다가 어깨가 탈구되어 수술을 받았다.

| 내야수<br>우투좌타 | 생년월일 | 1994년 1월 3일 | 연봉(2021) | 5500만 원 |
|---|---|---|---|---|
| | 신장/체중 | 183cm/88kg | 지명순위 | 2012 SK 8라운드 70순위 |
| | 학력 | 대일초-매송중-유신고 | 입단년도 | 2012 SK |

### 94 채현우
주루에 특화된 선수인데 의외로 방망이도 소질도 있다. 스타트가 좋지 않은데도 워낙 주력이 좋아 늦게 출발해도 세이프될 정도다. 1군에서도 대주자로 많이 뛰었다. 다만 수비력이 떨어지다 보니 대주자로만 써야 하는 약점이 있다.

| 외야수<br>우투우타 | 생년월일 | 1995년 11월 21일 | 연봉(2021) | 3000만 원 |
|---|---|---|---|---|
| | 신장/체중 | 182cm/80kg | 지명순위 | 2019 SK 2차 8라운드 76순위 |
| | 학력 | 칠성초-경복중-상원고-송원대 | 입단년도 | 2019 SK |

### 32 김창평
2019년 신인 드래프트 2차 1라운드로 뽑힌 유격수. 지난 시즌 2루 수비 도중 어깨 탈구로 장기간 이탈했다. 수비 스트레스 때문에 장점인 타격도 어려웠던 김창평은 시즌 후 외야수로 전향했다. 워낙 외야 전력층이 두터워 기회 부여 여부는 미지수다. 지난 시즌 도루 시도 7개를 모두 성공했던 만큼 대타, 대수비, 대주자 요원으로 기회를 얻을 수 있다. 타격 재능만큼은 분명하다.

| 외야수<br>우투좌타 | 생년월일 | 2000년 6월 14일 | 연봉(2021) | 3000만 원 |
|---|---|---|---|---|
| | 신장/체중 | 183cm/78kg | 지명순위 | 2019 SK 2차 1라운드 6순위 |
| | 학력 | 학강초-무등중-광주일고 | 입단년도 | 2019 SK |

## TEAM PROFILE

| | |
|---|---|
| 팀명 | 한화 이글스 |
| 창립년도 | 1986년 |
| 구단주 | 김승연 |
| 모기업 | 한화 |
| 대표이사 | 박찬혁 |
| 단장 | 정민철 |
| 감독 | 카를로스 수베로 |
| 연고지 | 대전광역시 |
| 홈구장 | 대전한화생명이글스파크 |
| 영구결번 | 35 장종훈 21 송진우 23 정민철 |
| 한국시리즈 우승 | 1회(1999) |

# 2021 HANWHA EAGLES DEPTH CHART

**MANAGER**
카를로스 수베로

**CENTER FIELDER**
노수광
이동훈
유장혁

**LEFT FIELDER**
정진호
최인호

**RIGHT FIELDER**
임종찬
김민하

**SHORTSTOP**
하주석
박정현

**2ND BASE**
정은원
조한민

**3RD BASE**
노시환
오선진

**1ST BASE**
힐리
이성열

**STARTING PITCHER**
킹험, 카펜터, 김민우
장시환, 김진욱(김이환)

**BULLPEN**
강재민, 윤대경, 김진영
김종수, 김범수

**CLOSER**
정우람

**CATCHER**
최재훈
이해창
박상언

**DH**
이성열
최재훈

# 2020 REVIEW & 2021 PREVIEW

"팬들에게 늘 올해는 잘해보겠다는 이야기를 했는데 결과적으로 그동안 거짓말만 한 것 같아 미안하다." 2001년 데뷔 이래 '독수리'를 자처해온 레전드의 마지막 인사에는 시원섭섭함과 후련함이 아닌 안타까움과 미안함, 미련이 짙게 묻어났다. 암담했던 한 해를 떠나보내고 2021년을 맞이하는 한화 팬들의 속내에는 불안함과 기대감이 가득하다. 사상 유례가 없을 강도의 대대적 쇄신을 통해 기회를 얻은 젊은 선수들, 그리고 KBO리그 역사상 처음으로 감독과 수석, 투수 및 타격 코치에 걸친 이른바 빅4 코칭스태프를 모두 외국인으로 채운 파격의 한 해가 기다리고 있기 때문이다.

한화는 2020시즌을 앞두고 야구 관계자 모두가 시복한 최하위 후보였다. 정민철 단장과 장종훈, 송진우 코치라는 영구결번 3명, '원클럽맨 120승' 한용덕 전 감독과 김태균이 힘을 합친 것만으로는 부족했다. 10개 구단 체제로 바뀐 2015년 이래 단 한 번도 최하위를 하지 않았거나 직전 시즌 꼴찌를 하지 않았다는 사실만으로는 가리기 힘든 한계가 명백했다. 4년 연속 이뤄지지 않은 전력 보강(FA), 여전히 라인업의 중추를 차지한 노장들의 무뎌진 배트, 불확실성으로 가득 찬 마운드까지. SK의 갑작스러운 몰락과 KT의 창단 첫 가을 야구 진출 등 변수는 있었지만 한화는 예상대로 최하위로 추락했다.

돌아보면 외국인 선수 3명과 모두 재계약할 때부터 불안감이 감돌았다. 제라드 호잉은 이미 지난 2년간 이미 약점이 명백하게 드러난 타자였다. 30홈런 이상을 때릴 수 있는 확실한 거포가 필요했던 팀의 요구와 맞지 않았다. 모험보다 안정을 택했다기엔 한화는 전년도 9위 팀인 데다 하루하루 늙어가는 베테랑들이 주력인 팀이라는 부분이 문제였다. 외국인 투수 워윅 서폴드와 채드 벨 역시 앞선 시즌 투구 수 1위(3142개)와 6위(2843개)에 이름을 올렸다. 서폴드는 리그 유일의 3000구를 넘긴 투수였다. 성적은 준수했지만 재계약을 보장할 만큼 리그를 대표하는 에이스로 자리 잡은 선수들은 아니었다. 위험요소는 여기저기 드러나 있었다. 좋은 쪽만 보고자 했던 한화의 전략은 결국 실패했다. 결국 채드벨은 시즌 전부터 팔꿈치 부상으로 이탈과 회복을 반복한 끝에 일찌감치 퇴출당했다. 서폴드도 풀시즌을 소화하며 팀 내 유일의 두 자릿수 승수(10승)를 올리긴 했지만 피로 누적과 과도한 부담감에 짓눌려 부진을 거듭했다. 팀 성적이 워낙 좋지 않은 데다 마운드 의존도가 지나치게 서폴드에게 쏠리면서 선수의 인센티브(이닝, 승수)를 위한 출전 요구도 거절하기 난감해졌다. 결국 무리가 쌓이면서 팀에 더욱 악영향을 끼쳤다. 호잉 대신 영입한 브랜든 반즈는 파이팅이 넘쳤지만 타격은 기대에 미치지 못했다. 오히려 1루수와 외야를 오가며 구멍 난 수비진을 메운 공헌도가 컸다. 10월 들어 맹타를 휘두르며 고춧가루의 일익을 담당했지만 월간 최고 성적조차 OPS 0.936에 그칠 만큼 장타력이 부족했다.

팀 전력 자체도 약한데 시즌 내내 불운한 부상까지 거듭됐다. 악몽의 시작을 알렸던 하주석과 오선진의 같은 날(5/17) 부상이 대표적이다. 주전과 백업 유격수가 한꺼번에 이탈하자 그나마 전력이 탄탄해 신예 양성이 더뎠던 유격수 자리에 거대한 구멍이 뚫렸다. 거듭된 내야 실책은 감연히 팀을 떠받치던 서폴드의 멘털마저 무너뜨렸다. 결국 그 과정에서 사령탑은 지휘봉을 내려놓았고 팀의 얼굴들은 패전 책임을 지고 2군으로 쫓겨났다. 선발 라인업은 한화 팬들조차 잘 모르는 이름들로 가득 채워졌다.

단순히 미래만을 준비하기엔 남은 경기 수가 너무 많고 기간도 길었다. 3일 연속 어이없는 내야 실책으로 팬들의 복장을 터뜨렸다. 멀쩡히 잘 던지던 정우람이 비에 젖은 마운드에 미끄러지며 부상으로 교체되어 역전패한 경기(6/24)도 있었다. 천하의 정우람이 패하는 경기에 나오는 일이 다반사였고 승리가 유력할 때는 멀티이닝 마무리를 소화했다. 그나마 정우람마저 불규칙한 등판 간격과 부족한 동기부여에는 흔들림을 피하지 못했다. 불행 중 다행으로 단일 시즌 연패 기록은 1985년 삼미 슈퍼스타즈와 같은 18연패에서 끝났다. 한화라는 이름이 '사상 최초', '신기록'으로 기록되진 않았다. 시즌 최저 승률(1982 삼미 0.188), 최다패(97패, 1999 쌍방울 2002 롯데) 등도 기존보다 웃돌았다. 2020년 한화는 잘 치지도, 보지도, 뛰지도, 던지지도 못했다. 규정타석을 채운 타자는 이용규, 두 자릿수 홈런은 노시환, 두 자릿수 승수 투수는 서폴드 각 1명뿐이었다. 팀 타율(0.245), 팀 홈런(79개), 팀 OPS(출루율+장타율, 0.658) 모두 꼴찌였다. 10개 구단 중 팀 홈런이 두 자릿수인 팀은 한화가 유일했다.

지평선 너머에서 아련하게 흩날리던 희망은 모두의 한숨을 타고 슬그머니 찾아왔다. 애증의 유망주 김민우가 풀시즌을 소화하며 마침내 눈을 떴다. 금쪽같은 포수 지시완과 트레이드로 영입한 장시환은 확고하게 선발의 한 축을 지켜주는 동시에 투수조 고참으로서 후배들의 멘토 역할까지 해냈다. 수비나 잘해달라며 데려왔던 최재훈은 어느덧 공수의 중심으로 성장했다. 불펜에도 강재민과 윤대경이라는 샛별이 떠올랐다. 충분한 출전 시간을 보장받은 노시환은 파워만큼 진짜임을 증명했다.

힘든 시즌을 마친 한화는 과거와 단절에 나섰다. 겨울의 시작은 이용규와 결별이었다. 안영명, 송광민, 윤규진도 15년 넘게 입어온 주황색 유니폼을 벗었다. 힘주어 누른 리셋 버튼. 하지만 정수빈은 한밭의 뜨거운 러브콜에도 고개를 저었다. 1군 라인업 25명을 가리기도 벅찬, 얇은 선수층만 남았다. 마지막 기댈 곳은 사람 좋은 미소의 외국인 감독과 ML 출신 코치진에 대한 기대감뿐이다. 지난해 꽃피운 유망주들은 '반짝'이 아니어야 한다. 양지 바른 곳에서 물을 주며 잘 키우는 동시에 새로운 꽃도 피워야 한다. 바쁜 마음을 팬들만큼이나 차분하게 잘 다스려야 한다. 가을 야구조차 아직은 먼 목표다. 두꺼운 벽도 단 한 줄의 벽돌 쌓기부터 시작된다. 백지상태에서 한 줄씩 바닥부터 채우고 쌓아 올려야 한다.

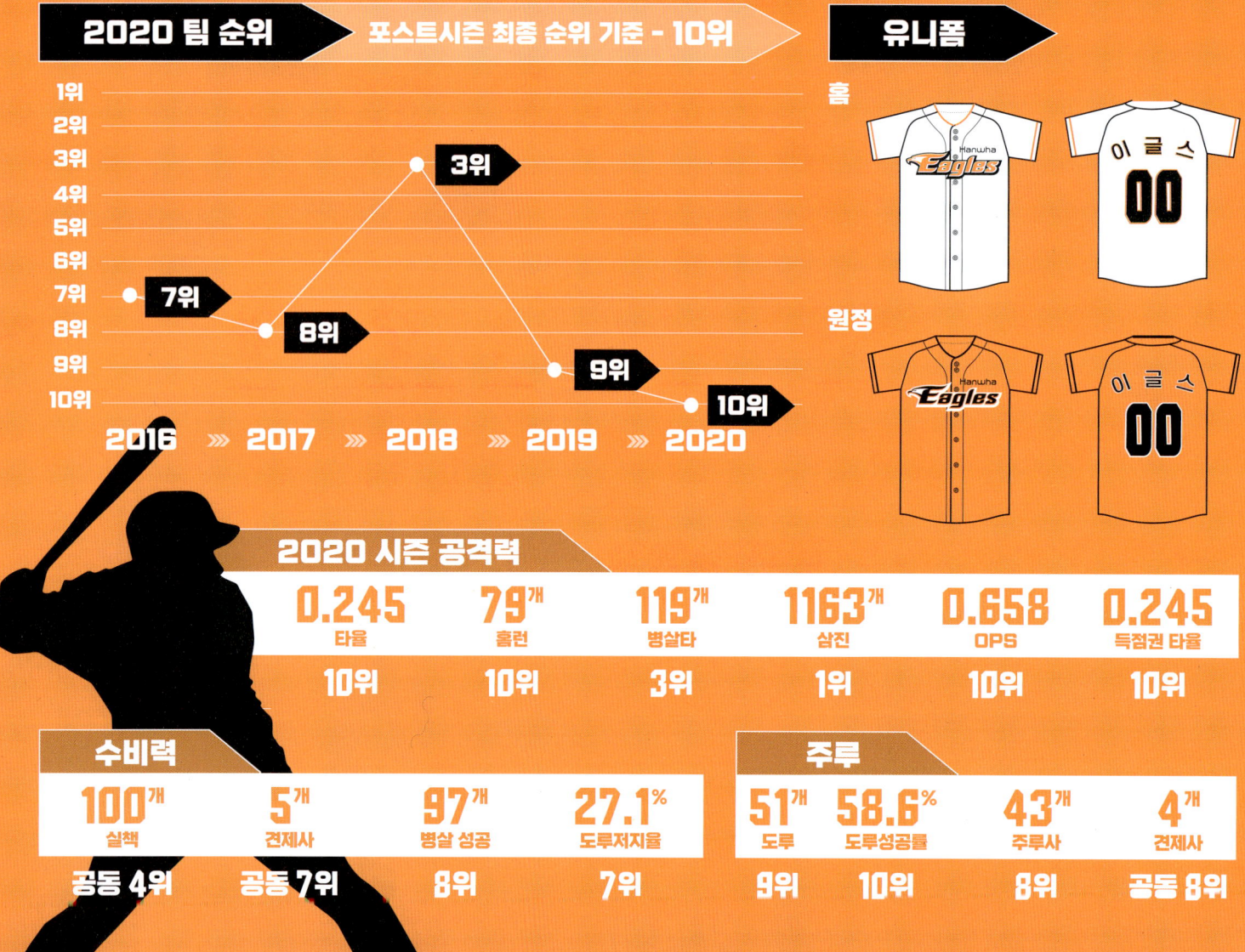

# PARK FACTOR
## 대전한화이글스파크

**펜스높이** 중앙 **4m** 좌우 **3.2m**

122m / 99m / 99m / 100m / 100m

### 경기수

| 홈팀 | 원정팀 |
|---|---|
| 타율 0.243 | 타율 0.278 |
| 홈런 41 | 홈런 88 |
| 실책 7 | 실책 6 |

**0.357** 25승 45패 2무 홈팀
**0.643** 45승 25패 2무 원정팀

### 좌타자 타율
0.231 홈팀
0.281 원정팀

### 우타자 타율
0.256 홈팀
0.268 원정팀

### 좌타자 홈런
11 홈팀 / 35 원정팀

### 우타자 홈런
30 홈팀 / 53 원정팀

1964년 개장, KBO리그 최고(最古)의 야구장. 대전보다 오래된 구장은 메이저리그 3곳, 일본 3곳뿐이다. 총 8번에 걸친 증축과 리모델링을 거친 결과 현대화 시설을 갖췄지만 좌석 수가 워낙 적고 앞뒤 간격이 좁은 등 불편함이 있다. 2024년 완공 예정인 신축 야구장을 기다려야 한다.

**좌석** 1만 4500석

**천연잔디**

# 3 카를로스 수베로
## MANAGER

| 생년월일 | 1972년 6월 15일 |
|---|---|
| 출신학교 | 그랜드콜럼버스 고교 |
| 주요경력 | 캔자스시티 싱글A팀(1991~1994)/피츠버그-텍사스 싱글A팀 선수(1995), 텍사스 루키팀 코치(2001~2002), 마이애미 싱글A팀 감독(2003~2007), 시카고화이트삭스 더블A팀 감독(2008), 다저스 싱글A팀 감독(2009~2013), 밀워키 더블A팀 감독(2014~2015), 메이저리그 밀워키 1루 주루코치(2016~2019), 베네수엘라 국가대표팀 감독(2019), 한화 감독(2021~) |
| 연봉 | - |

한용덕 전 감독은 금의환향한 첫해 11년 만의 가을 야구 진출을 이뤄내 환호를 받았던 주인공이나, 아시만 2020년 개막 30경기 만인 6월 7일, 팀과 이별했다. 팀과 팬 모두가 그에게 등을 돌린 씁쓸한 작별이었다. 한화는 최원호 2군 감독을 승격시켜 시즌 끝까지 1군 사령탑을 맡겼다. 김우열(1995 쌍방울, 102경기)을 뛰어넘는 역대 최장기간, 최다 경기(114경기) 1군 감독 대행의 탄생이었다. 최원호 감독 대행의 임무는 명백했다. 한 시즌 성적을 어느 정도 포기하더라도 리빌딩의 초석을 닦는 일이었다. 한화의 2020시즌은 사실상 한 전 감독의 경질과 함께 끝났다. 이후는 모두 올 시즌을 위한 예행연습과 유망주 선발 및 성장 과정으로 쓰였다. 아스라이 피어오르는 희망만을 바라보는, 1986년 창단 이래 가장 길고 참담했던 시즌을 뒤로하고, 한화는 마이너리그 출신 외국인 감독 사단이라는 뜻밖의 선택을 했다. 카를로스 수베로 신임 감독은 대럴 케네디 수석코치, 호세 로사도 투수코치, 조니 워싱턴 타격코치와 함께 한화행을 결정했다. KBO리그 역사상 1군 사령탑 포함 주요 코치진 네 자리를 모두 외국인으로 채운 것은 한화가 처음이다. 그만큼 한화의 속내도 절박했다.

마이너리그 코칭스태프 15년, 메이저리그(MLB) 밀워키 브루어스 코치로 4년, 베네수엘라 대표팀 사령탑. 수베로 감독의 주요 경력이다. 2019년 베네수엘라 대표팀을 맡아 프리미어12에 출전했다. 도쿄올림픽 개최 시 대표팀 감독으로 나설 예정이었다. 제리 로이스터, 트레이 힐만, 맷 윌리엄스에 이은 KBO리그 4번째 외국인 감독이지만 수베로는 색다르다. 스타 출신이자 MLB 감독상에 빛나는 윌리엄스의 대척점에 선다. MLB-일본프로야구(NPB) 사령탑(힐만)은커녕 감독 대행(로이스터)조차 해보지 못했다. 선수 시절에도 눈에 띄는 기록을 남기지 못했고 코칭스태프 경험의 대부분은 마이너리그다. 시작점으로 이보다 더 어울리는 사령탑이 있을까. 케네디 코치도 21년간 마이너리그 감독으로 1915경기를 지휘한 메이저리그 팜시스템의 베테랑이다. 지난해 캔자스시티에서 수비 코디네이터로 인정받았다. 로사도 코치는 25세 비운의 은퇴 후 뉴욕양키스 마이너리그에서 투수코치로서 잠재력을 터뜨렸다. 워싱턴 코치도 샌디에이고 역사상 최연소(35세) 메이저 타격코치로 역임했다. 자 피디슨, 고기 띠기, 트디 벨린저, 페르난도 타티스 주니어 등 빅리그 거포들을 지도한 것으로 유명하다. 빅리그에서도 인정받는 거물급 코치들의 한국행 소식에 외국인 선수, 현지 관계자 들도 놀랐다는 후문이다. 이들이 뭉친 이유는 친구 또는 사제로 끈끈한 관계를 맺어온 수베로 감독의 러브콜 때문이다.

수베로의 전문 분야는 적극적인 주루 플레이다. 한화는 노시환과 라이온 힐리를 제외하면 장타가 절대 부족하다. 올겨울 1980년대생 선수가 단 10명뿐인 '청년 팀'으로 거듭났다. 주장 노수광의 별명인 '노토바이'처럼 뜨겁게 내달릴 젊음과 에너지가 가득하다. 지난겨울 한화는 새 감독의 부임을 앞두고 뼈를 깎는 쇄신을 단행했다. 김태균과 윤규진, 송창식이 은퇴했고 이용규, 안영명, 송광민, 최진행 등 베테랑 선수들도 대거 떠나보냈다. 1군 코치진 또한 미국식 현대 야구 데이터에 익숙한 비교적 젊은 코치들로 채웠다. 리빌딩에 내한 성민설 난상과 그룹 차원의 의지가 돋보인다.

한화는 롯데, LG와 더불어 가장 오랫동안 한국시리즈 우승 트로피를 안아보지 못한 팀이다. 마지막 한국시리즈 우승은 1999년, 진출은 2006년이다. 가을 야구는 2007년 준플레이오프 이래로 2018년 딱 한 번뿐이다. 같은 기간 롯데와 LG는 각각 다섯 차례 가을 야구에 진출했다. 한화 팬들이 '보살로 불리는 이유이기도 하다. 수베로 감독은 리빌딩을 천명하면서도 우승 열망을 버리지 말아야 한다고 역설한다. 3년 계약 기간 동안 한화를 지속가능한 강팀으로 만들겠다는 포부가 돋보인다. 그 뒤를 최원호 감독을 중심으로 한 2군 스태프들이 받친다. 육성 전문가인 최원호 감독은 올해는 2군에서 유망주 관리에 집중한다. 수베로 감독과 최원호 2군 감독, 정민철 단장은 공교롭게도 1972년생 동갑내기다. 72년생 삼총사가 만들어갈 한화의 2021년이 벌써 뜨겁게 달아오른다.

# COACHING STAFF

**70 호세 로사도**
- 생년월일: 1974년 11월 9일
- 출신학교: 갤버스턴대학
- 보직: 투수 코치
- 주요경력: 캔자스시티 선수(1996~2000), 양키스 마이너 코치(2011~2019), 푸에르토리코 국가대표팀 코치(2013, 2017), 한화 코치(2021)

**71 이동걸**
- 생년월일: 1983년 8월 12일
- 출신학교: 휘문고-동국대
- 보직: 불펜 코치
- 주요경력: 삼성/한화 선수(2007~2018), 한화 전력분석원(2019~2020)/코치(2021)

**72 조성환**
- 생년월일: 1976년 12월 23일
- 출신학교: 충암고-원광대
- 보직: 수비 코치
- 주요경력: 롯데 선수(1999~2014), 두산 코(2018~2020), 한화 코치(2021)

**73 이희근**
- 생년월일: 1985년 6월 7일
- 출신학교: 중앙고-성균관대
- 보직: 2군 배터리 코치
- 주요경력: 한화/KT 선수(2008~2016), 한화 코치(2017~)

**74 백승룡**
- 생년월일: 1982년 8월 16일
- 출신학교: 경남상고-경성대
- 보직: 육성군 수비 코치
- 주요경력: 한화/넥센/키움(2005~2015), 한화 코치(2016~)

**75 박정진**
- 생년월일: 1976년 5월 27일
- 출신학교: 세광고-연세대
- 보직: 2군 투수 코치
- 주요경력: 한화 선수(1999~2018), 한화 코치(2020~)

**76 송구홍**
- 생년월일: 1968년 6월 23일
- 출신학교: 선린상고-건국대
- 보직: 2군 수비 코치
- 주요경력: LG/해태/쌍방울/LG 선수(1991~2000), LG 코치(2002~2012)/운영팀장(2013~2016)/단장(2017)/2군 감독(2018), 한화 코치(2019), 한화 육성총괄(2020), 한화 코치(2021)

**77 정현석**
- 생년월일: 1984년 3월 1일
- 출신학교: 대전고-경희대
- 보직: 육성군 타격 코치
- 주요경력: 한화 선수(2007~2017), 한화 코치(2018~)

**78 전상렬**
- 생년월일: 1972년 6월 12일
- 출신학교: 대구상고
- 보직: 작전주루 코치
- 주요경력: 삼성/한화/두산 선수(1991~2009), 두산 코치(2012~2019), 한화 코치(2020~)

**79 마일영**
- 생년월일: 1981년 5월 28일
- 출신학교: 대전고-경기대
- 보직: 육성군 투수 코치
- 주요경력: 현대/히어로즈/한화 선수(2000~2015), 한화 코치(2016~)

**80 고동진**
- 생년월일: 1980년 4월 1일
- 출신학교: 대전고-성균관대
- 보직: 2군 1루/외야 코치
- 주요경력: 한화 선수(2004~2016), 한화 코치(2017~)

**81 이상훈**
- 생년월일: 1987년 5월 4일
- 출신학교: 경북고-성균관대
- 보직: 1루/외야 코치
- 주요경력: 한화/삼성/KT 선수(2010~2017), 한화 전력분석원(2018~2020)/코치(2021)

**82 조니 워싱턴**
- 생년월일: 1984년 5월 6일
- 출신학교: 마운틴 샌하신토 칼리지
- 보직: 타격 코치
- 주요경력: 텍사스 마이너리그 선수(2003~2009), LA다저스 마이너 코치(2010~2015), 샌디에이고 마이너 코치(2016)/메이저 코치(2017~2019)

**83 정경배**
- 생년월일: 1974년 2월 20일
- 출신학교: 인천고-홍익대
- 보직: 2군 타격 코치
- 주요경력: 삼성/SK 선수(1996~2009), SK 코치(2010~2018), 두산 코치(2019), 한화 코치(2020~)

**85 김기남**
- 생년월일: 1982년 7월 15일
- 출신학교: 세광고-원광대
- 보직: 배터리 코치
- 주요경력: 현대/한화 선수(2005~2012), 한화 코치(2013~2014), 상무 코치(2015~2019), 한화 코치(2020~)

**86 김남형**
- 생년월일: 1988년 5월 8일
- 출신학교: 인천고
- 보직: 타격보조 코치
- 주요경력: 현대/히어로즈 선수(2007~2014), NC 코치(2015~2017), 한화 코치(2018~)

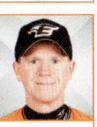
**87 추승우**
- 생년월일: 1979년 9월 24일
- 출신학교: 청주기계공고-성균관대
- 보직: 2군 작전주루 코치
- 주요경력: LG/한화 선수(2002~2015), 상무 코치(2015~2017), 한화 코치(2018~)

**88 대럴 케네디**
- 생년월일: 1969년 1월 23일
- 출신학교: 노스플로리다 대학교
- 보직: 수석 코치
- 주요경력: 텍사스/샌프란시스코 마이너 선수(1991~1997), 텍사스 마이너 감독(1998~2006), 캔자스시티 마이너 감독(2007~2018)/메이저 수비 코디네이터(2020), 한화 코치(2021~)

**92 최원호**
- 생년월일: 1972년 3월 13일
- 출신학교: 인천고-단국대
- 보직: 2군 감독
- 주요경력: 현대/LG 선수(1996~2010), LG 코치(2011~2012), XTM-SBS스포츠 해설위원(2014~2019), 한국 국가대표팀 코치(2019), 한화 2군 감독(2020~)

**김회성**
- 생년월일: 1979년 11월 3일
- 출신학교: 양명고-단국대
- 보직: 전력분석원
- 주요경력: -

**김형욱**
- 생년월일: 1983년 8월 23일
- 출신학교: 남산고-동서대
- 보직: 트레이너
- 주요경력: -

**김소중**
- 생년월일: 1987년 6월 27일
- 출신학교: 광양제철고-상명대
- 보직: 트레이너
- 주요경력: -

**최우성**
- 생년월일: 1993년 3월 4일
- 출신학교: 대구덕원고-대구한의대
- 보직: 트레이너
- 주요경력: -

**김재민**
- 생년월일: 1988년 1월 28일
- 출신학교: 분당대진고-가톨릭관동대
- 보직: 트레이너
- 주요경력: -

**서진영**
- 생년월일: 1990년 2월 3일
- 출신학교: 홍대부고-연세대
- 보직: 트레이너
- 주요경력: -

**배민규**
- 생년월일: 1983년 12월 27일
- 출신학교: 울산중앙고-울산대
- 보직: 트레이너
- 주요경력: -

**김연규**
- 생년월일: 1989년 1월 20일
- 출신학교: 성남서고-세명대
- 보직: 트레이너
- 주요경력: -

# 20
# 닉 킹험

**투수(우투우타)**

| | |
|---|---|
| 생년월일 | 1991년 11월 8일 |
| 신장/체중 | 196cm/106kg |
| 국적 | 미국 |
| 연봉(2021) | 55만 달러(인센티브 20만 포함) |
| 지명순위 | - |
| 입단년도 | 2020 |

지난해 단 2경기 만에 퇴출됐던 그를 기억한다. 유쾌한 '쌍따봉'에 마냥 웃을 수만은 없었던 이유다. 90만 달러에 달했던 연봉은 55만 달러까지 내려앉았다. 높이 196cm에서 내리꽂히는 150km대의 강력한 직구가 위력적이다. 슬라이더, 커브, 체인지업 등 변화구도 미국 현지에서 메이저리그 평균 이상으로 평가받은 바 있다. 2018년 피츠버그파이어리츠에서 풀타임 메이저리거로 활약하며 18경기(선발 15) 5승 7패 평균자책점 5.21을 기록했다. 한때 빅리그 유망주 순위 50위권까지 올라선 경험도 있다. 부상 리스크는 여전히 마음에 걸린다. 지난해 신세계를 울린 팔꿈치 뼛조각 수술 외에도 2014년 토미존 수술, 2017년 무릎 수술 등 여러 차례 수술을 거친 불안감이 있다. 풀시즌 소화가 2014년, 2018년 두 차례뿐이며 그나마도 120이닝 미만이었다. 한화는 외국인 에이스가 많은 이닝을 책임져야 하는 팀이다. 킹험은 "걱정하지 말라"고 목소리를 높인다. 1년 만에 돌아온 한국에서 자신의 건강을 보여주길 원한다. 한화에 앞서 SSG에 "연봉 전액에 옵션을 걸어도 좋다"며 다시 영입을 요청했을 정도다. 한화도 계약에 앞서 면밀한 조사를 거쳤다며 킹험의 건강을 자신했다. 수베로 감독과 로사도 코치를 위시한 메이저리그 출신 코치진은 킹험을 세세히 관리할 예정이다. 이름 표기를 바꾼 것도 다시 태어나기 위한 노력 중 하나다. 비시즌 동안 우리말 공부를 한 결과, 킹엄보다는 '킹험'이 정확하다는 본인의 주장이다. 건강하기만 하다면 정민철 단장의 '신의 한 수'가 될 수 있다. 코로나19 여파가 몰아친 지난해 많은 훈련을 소화한 경험이 있고 신세계 시절 '킬링'로 '킹김미'를 만큼 동료들과 적극적으로 어울릴 줄도 안다. 노수광과 재회도 반갑다. 킹험은 "노수광이 한화에 있다니 외야로 나가는 공은 걱정 없다"라며 웃었다. 한국을 잘 아는, 믿고 맡길 수 있는, 포기하지 않는 에이스. 2021시즌 킹험의 청사진이다. 두 번째 기회를 놓치지 않겠다는 의지로 가득하다.

### 그라운드 구역별 피안타 방향

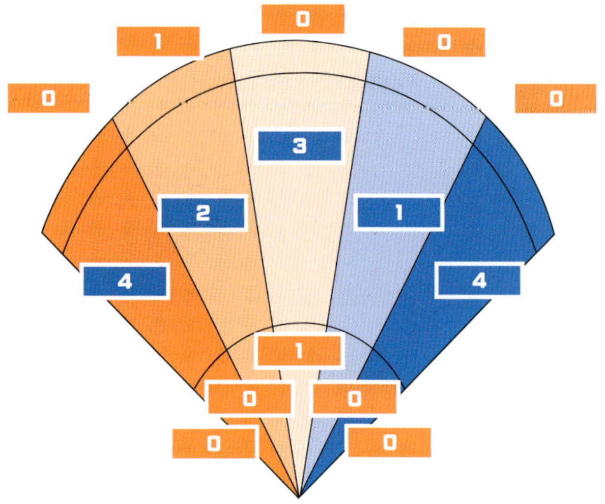

```
        1     0     0
  0                       0
           3
      2        1
   4              4
           1
        0     0
           0
```

### 2020 시즌 & 통산 성적

| | 경기 | 선발 | 승 | 패 | 세이브 | 홀드 | 이닝 | 피안타 | 피홈런 | 볼넷 | 사구 | 삼진 | ERA |
|---|---|---|---|---|---|---|---|---|---|---|---|---|---|
| 2020 | 2 | 2 | 0 | 2 | 0 | 0 | 10.2 | 16 | 1 | 4 | 0 | 6 | 6.75 |
| 통산 | 0 | 0 | 0 | 0 | 0 | 0 | 0.0 | 0 | 0 | 0 | 0 | 0 | 0 |

### 2020 시즌 홈 / 원정 성적

| | 경기 | 선발 | 승 | 패 | 세이브 | 홀드 | 타자 | 이닝 | 피안타 | 피홈런 | 볼넷 | 사구 | 삼진 | 실점 | 자책점 | ERA |
|---|---|---|---|---|---|---|---|---|---|---|---|---|---|---|---|---|
| 홈 | 1 | 1 | 0 | 1 | 0 | 0 | 28 | 7.2 | 6 | 0 | 2 | 0 | 4 | 3 | 3 | 3.86 |
| 원정 | 1 | 1 | 0 | 1 | 0 | 0 | 24 | 3.2 | 10 | 1 | 2 | 0 | 2 | 8 | 5 | 12.27 |

### 2020 시즌 구종 구사

| 구종 | 평균구속 | 최고구속 | 구사율(%) | 피안타율 |
|---|---|---|---|---|
| 포심패스트볼 | 143 | 146 | 24.6 | 0.500 |
| 투심/싱커 | 140 | 145 | 22.5 | 0.400 |
| 슬라이더/커터 | 134 | 140 | 20.4 | 0.083 |
| 커브 | 123 | 127 | 11.5 | 0.333 |
| 체인지업 | 132 | 134 | 20.9 | 0.400 |
| 포크/SF | | | 0 | |
| 너클볼/기타 | | | 0 | |

### 2020 시즌 상황별 기록

| 상황 | 안타 | 2루타 | 3루타 | 홈런 | 볼넷 | 사구 | 삼진 | 폭투 | 보크 | 피안타율 |
|---|---|---|---|---|---|---|---|---|---|---|
| vs 좌 | 11 | 2 | 0 | 1 | 1 | 0 | 5 | 0 | 0 | 0.355 |
| vs 우 | 5 | 2 | 0 | 0 | 3 | 0 | 1 | 0 | 0 | 0.313 |
| 주자없음 | 8 | 3 | 0 | 0 | 0 | 0 | 1 | 0 | 0 | 0.381 |
| 주자있음 | 8 | 1 | 0 | 1 | 4 | 0 | 5 | 1 | 0 | 0.308 |
| 득점권 | 5 | 1 | 0 | 0 | 3 | 0 | 3 | 1 | 0 | 0.333 |
| 만루 | 1 | 0 | 0 | 0 | 0 | 0 | 0 | 0 | 0 | 0.333 |

### 2020 시즌 상대팀 별 기록

| 구분 | 경기 | 방어율 | 승 | 패 | 세이브 | 홀드 | 이닝 | 안타 | 홈런 | 볼넷 | 삼진 | 피안타율 |
|---|---|---|---|---|---|---|---|---|---|---|---|---|
| KIA | | | | | | | | | | | | |
| KT | | | | | | | | | | | | |
| LG | 1 | 12.27 | 0 | 1 | 0 | 0 | 3.2 | 10 | 1 | 2 | 2 | 0.455 |
| NC | | | | | | | | | | | | |
| 키움 | | | | | | | | | | | | |
| 두산 | | | | | | | | | | | | |
| 롯데 | | | | | | | | | | | | |
| 삼성 | | | | | | | | | | | | |
| 한화 | 1 | 3.86 | 0 | 1 | 0 | 0 | 7.0 | 6 | 0 | 2 | 4 | 0.240 |

# PLAYERS

## 22
# 라이언 카펜터

**투수(좌투좌타)**

| | | | |
|---|---|---|---|
| 생년월일 | 1990년 8월 22일 | 신장/체중 | 196cm/104kg |
| 국적 | 미국 | | |
| 연봉(2021) | 50만 달러(인센티브 10만 포함) | | |
| 지명순위 | - | | |
| 입단년도 | 2021 | | |

196cm의 왼손 투수는 각도만으로도 숨이 막힌다. 카펜터는 킹험과 함께 한화의 쌍돛대를 이룰 수 있을까. 올 시즌 KBO리그 외국인 투수들 중 가장 몸값이 낮다. 하지만 한화의 기대는 크다. 카펜터는 콜로라도로키스와 디트로이트타이거즈의 마이너리그 팀을 거쳐 2018년 메이저리그에 데뷔했다. 콜로라도 트리플A에서는 9년간 185경기에 등판, 50승 61패 평균자책점 4.90을 기록했다. 디트로이트에서 뛴 2년간 빅리그 성적은 아쉬움이 많이 남는 편이다. 2년 통산 15경기에서 63이닝 2승 8패 8.57에 그쳤다. 현지에서도 잠재력을 발휘하지 못한 유망주로 평가받는다. 지난해에는 코로나19로 인해 마이너리그가 열리지 않자 대만프로야구(CPBL)로 향했다. 라쿠텐 몽키스에서 10승 7패 평균자책점 4.00을 기록했다. 최대 장점은 안정된 커맨드를 바탕으로 한 위기관리와 이닝이팅 능력이다. 대다수 외국인 투수들과 달리 마이너리그 시절부터 불펜이 아닌 선발이 주 보직이었다. 위기 시 좌타자 상대로는 슬라이더, 우타자 상대로는 체인지업을 즐겨 구사한다. 우타자 상대로 결정적인 순간 던지는 체인지업이 위력적이라는 평가다. 지난해에도 대만에서 157⅓이닝을 소화한 점이 가장 긍정적이다. 큰 기복 없이 풀시즌 로테이션을 소화하는 내구성만큼은 인정받았다. 본인이 꼽는 올 시즌 목표도 삼진과 다승, 이닝의 상위권 등극이다. '씨움닭' 같은 강한 승부욕도 돋보인다. 딩소 기교파 유형으로 알려졌지만 한화에서는 스프링캠프도 채 끝나기 전에 직구 구속을 149km까지 끌어 올리며 코치진을 기쁘게 했다. 카펜터 본인에 따르면 대만 공인구보다 한국 공인구가 더 자신의 손에 잘 맞는다고 한다. 그간 카펜터는 슬라이더와 체인지업 외에 컷패스트볼(커터)과 커브까지 갖췄음에도 이를 끌고 갈 직구 구위가 부족하다는 지적이 있었다. 직구가 힘을 받는다면 이를 뒷받침하는 변화구는 충분히 매력적이다.

# 53
# 김민우

**투수(우투우타)**

| | |
|---|---|
| 생년월일 | 1995년 7월 25일 　 신장/체중　189cm/105kg |
| 학력 | 사파초-마산중-용마고 |
| 연봉(2021) | 9000만 원 |
| 지명순위 | 2015 한화 2차 1라운드 |
| 입단년도 | 2015 |

"김민우는 KBO리그를 대표하는 투수가 될 것"이라던 서폴드의 호언장담은 실현될 수 있을까. 2020년은 잦은 부상과 긴 부진으로 한화 팬들의 애증을 한 몸에 받던 김민우가 조금이나마 꽃을 피운 1년이었다. 데뷔 이후 처음으로 2차 1지명에 걸맞은 존재감을 발휘했다. 고교 시절 토미존 수술, 프로 데뷔 첫해 어깨 관절 손상 부상으로 2년 넘게 1군에서 이렇다 할 활약을 펼치지 못했다. 꾸준히 선발 기회를 받았음에도 한 번도 100이닝을 넘기지 못했다. 하지만 2020시즌 마침내 터닝포인트를 만들었다. 132⅔이닝을 소화하며 5승 10패 평균자책점 4.34로 국내 투수 중 톱10에 꼽힐 만한 성적을 냈다. 만약 최원호 2군 감독이 부상을 염려해 시즌을 마무리시키지 않았다면 생애 첫 규정 이닝(144이닝) 소화도 가능했다. 당당한 체격과 더불어 높은 타점에서 꽂히는 직구가 최대 장점이다. 역동적인 투구 폼에서 뿜어져 나오는 직구의 회전수는 팀 내 톱급이다. 여기에 한화의 '데이터 야구'가 더해져 전성기를 맞이했다. 직구와 포크볼의 '피치터널' 활용을 통해 타자의 선구안을 흔듦으로써 자신의 클래스를 한 단계 끌어 올릴 수 있었다. 지난겨울 집중 연마한 시너지 효과가 찬란하게 빛을 발한 셈이다. 반면 볼넷 6위(72개), 삼진 12위(124개)라는 기록에서 나타나듯이 구위 대비 좋지 않은 제구력의 약점은 2021년에도 김민우의 숙제다. 지난해 규정 이닝을 채우지 못한 것 또한 시즌아웃에 앞서 김민우가 걸핏하면 5이닝 만에 투구 수 100개를 넘겼기 때문이다. 많은 삼진이 단순한 자랑이 될 수 없는 이유다. 지난 시즌 활약 덕분에 연봉이 4200만 원에서 9천만 원으로 두 배 넘게 올랐다. 하지만 김민우는 "적어도 개인 기록 순위권에 이름이 올라야 '잘했다'고 할 수 있다"라며 만족하지 못한다. 자타공인 한화의 토종 에이스로서 KBO를 대표하는 우완 투수로 불리는 게 그의 꿈이다. 지난해 3타수 3안타(3홈런)를 허용한 '천적' 한유섬(신세계) 극복도 올해의 목표다.

### 그라운드 구역별 피안타 방향

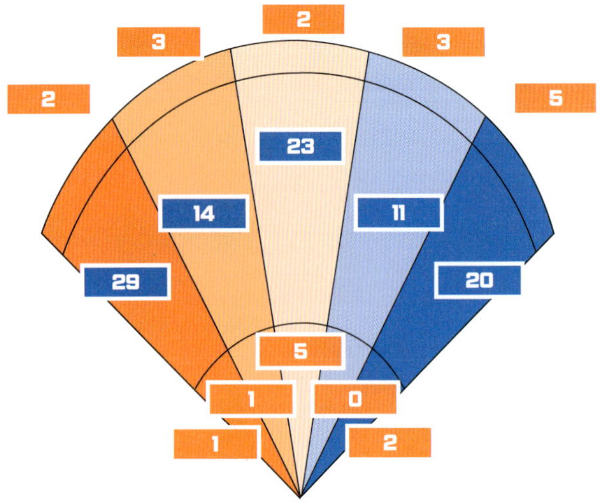

```
              2
        3           3
  2                       5
           23
     14        11
   29            20
         5
       1   0
        1   2
```

### 2020 시즌 & 통산 성적

| | 경기 | 선발 | 승 | 패 | 세이브 | 홀드 | 이닝 | 피안타 | 피홈런 | 볼넷 | 사구 | 삼진 | ERA |
|---|---|---|---|---|---|---|---|---|---|---|---|---|---|
| 2020 | 26 | 25 | 5 | 10 | 0 | 0 | 132.2 | 121 | 15 | 72 | 7 | 124 | 4.34 |
| 통산 | 110 | 70 | 13 | 32 | 0 | 0 | 387.0 | 442 | 48 | 195 | 34 | 305 | 6.00 |

### 2020 시즌 홈 / 원정 성적

| | 경기 | 선발 | 승 | 패 | 세이브 | 홀드 | 타자 | 이닝 | 피안타 | 피홈런 | 볼넷 | 사구 | 삼진 | 실점 | 자책점 | ERA |
|---|---|---|---|---|---|---|---|---|---|---|---|---|---|---|---|---|
| 홈 | 10 | 10 | 2 | 4 | 0 | 0 | 237 | 55 | 41 | 5 | 29 | 3 | 62 | 24 | 22 | 3.60 |
| 원정 | 16 | 15 | 3 | 6 | 0 | 0 | 356 | 77.2 | 80 | 10 | 43 | 4 | 62 | 48 | 42 | 4.87 |

### 2020 시즌 구종 구사

| 구종 | 평균구속 | 최고구속 | 구사율(%) | 피안타율 |
|---|---|---|---|---|
| 포심패스트볼 | 142 | 151 | 47.2 | 0.222 |
| 투심/싱커 | 141 | 145 | 1.2 | 0.429 |
| 슬라이더/커터 | 129 | 139 | 1.9 | 0.143 |
| 커브 | 114 | 131 | 15.6 | 0.207 |
| 체인지업 | | | | |
| 포크/SF | 130 | 142 | 34.1 | 0.268 |
| 너클볼/기타 | | | 0 | |

### 2020 시즌 상황별 기록

| 상황 | 안타 | 2루타 | 3루타 | 홈런 | 볼넷 | 사구 | 삼진 | 폭투 | 보크 | 피안타율 |
|---|---|---|---|---|---|---|---|---|---|---|
| vs좌 | 71 | 10 | 0 | 9 | 45 | 1 | 65 | 5 | 1 | 0.289 |
| vs우 | 50 | 6 | 1 | 6 | 27 | 6 | 59 | 5 | 1 | 0.193 |
| 주자없음 | 66 | 9 | 1 | 9 | 41 | 4 | 63 | 0 | 0 | 0.249 |
| 주자있음 | 55 | 7 | 0 | 6 | 31 | 3 | 61 | 10 | 2 | 0.229 |
| 득점권 | 31 | 4 | 0 | 2 | 20 | 2 | 39 | 4 | 1 | 0.211 |
| 만루 | 2 | 0 | 0 | 0 | 0 | 0 | 2 | 0 | 0 | 0.286 |

### 2020 시즌 상대팀 별 기록

| 구분 | 경기 | 방어율 | 승 | 패 | 세이브 | 홀드 | 이닝 | 안타 | 홈런 | 볼넷 | 삼진 | 피안타율 |
|---|---|---|---|---|---|---|---|---|---|---|---|---|
| KIA | 4 | 2.86 | 1 | 1 | 0 | 0 | 22.0 | 15 | 1 | 10 | 21 | 0.190 |
| KT | 2 | 5.06 | 0 | 2 | 0 | 0 | 10.2 | 8 | 1 | 7 | 9 | 0.211 |
| LG | 2 | 3.48 | 1 | 0 | 0 | 0 | 10.1 | 5 | 1 | 7 | 16 | 0.135 |
| NC | 4 | 6.75 | 0 | 2 | 0 | 0 | 18.2 | 25 | 1 | 12 | 17 | 0.325 |
| SK | 4 | 7.02 | 1 | 2 | 0 | 0 | 16.2 | 19 | 5 | 10 | 13 | 0.284 |
| 키움 | 3 | 3.18 | 2 | 0 | 0 | 0 | 17.0 | 18 | 2 | 7 | 15 | 0.277 |
| 두산 | 2 | 2.25 | 1 | 1 | 0 | 0 | 12.0 | 11 | 0 | 6 | 9 | 0.239 |
| 롯데 | 3 | 4.40 | 0 | 1 | 0 | 0 | 14.1 | 11 | 4 | 9 | 11 | 0.200 |
| 삼성 | 2 | 3.27 | 0 | 1 | 0 | 0 | 11.0 | 9 | 1 | 4 | 13 | 0.220 |

# PLAYERS

## 28 장시환

**투수(우투우타)**

| | |
|---|---|
| 생년월일 | 1987년 11월 1일 |
| 신장/체중 | 184cm/93kg |
| 학력 | 태안초-태안중-북일고 |
| 연봉(2021) | 1억 5400만 원 |
| 지명순위 | 2007 현대 2차 1라운드 |
| 입단년도 | 2007 |

4승 14패 평균자책점 5.02. 리카르도 핀토(전 SK)를 제외하고 국내 투수들만 보면 2020 KBO리그 '다패왕'이었다. 팀 전력이 조금만 더 강했다면 장시환은 KBO리그 수준급 선발 투수 리스트에 오를 만한 해였다. 11차례 퀄리티스타트(6이닝 3자책점 이하)는 장시환의 꾸준함을 말한다. 기존 5선발 중 서폴드를 제외한 선발진이 송두리째 무너진 한 해였다. 장시환은 마운드에서 최대한 오랜 시간을 버팀으로써 경험이 부족한 젊은 불펜의 체력을 아꼈다. 장시환이 아니었다면 한화의 후반기 반격도 볼 수 없었을 가능성이 크다. 불안 요소가 있다면 2020시즌 종료와 함께 받은 팔꿈치 뼛조각제거 수술이다. 다음 시즌을 위한 선택이긴 하지만 염원하던 규정 이닝 소화가 눈앞에서 날아간 만큼 안타까움이 두 배가 됐다. 150km에 육박하는 묵직한 직구 하나만큼은 어린 시절부터 인정받았다. 이를 바탕으로 2015년 이후 KT위즈에서는 불펜과 마무리로 활약했다. 2019년 롯데 시절을 기점으로 선발 투수로 꽃을 피웠다. 어린 시절과 달리 커브와 슬라이더, 포크볼 등 다양한 레퍼토리에 흔들림 없는 멘털까지 장착한 덕분이다. 한화에서는 젊은 불펜의 방화로 역전패하더라도 자신의 과거를 떠올리며 볼멘소리 한번 하지 않은 '보살'이 됐다. 안영명 윤규진을 비롯한 베테랑 투수들이 대거 팀을 떠남에 따라 단숨에 팀 내에서 두 번째로 나이가 많은 투수가 됐다. 정우람과 더불어 젊음이 가득한 한화 투수진의 정신적 지주다. 현대를 제외하고 넥센(2011), KT(2015~2016), 롯데(2019), 한화(2020)까지 모든 소속팀에서 리그 최하위를 경험한 불운의 사나이다. 그런데도 오뚝이처럼 일어선 강단이 있다. "실패를 두려워하지 말라"라는 수베로 감독의 말에 이처럼 잘 어울리는 선수가 있을까. 2021년에도 선발진의 큰형님으로 활약할 예정이다.

### 2020 시즌 & 통산 성적

| | 경기 | 선발 | 승 | 패 | 세이브 | 홀드 | 이닝 | 피안타 | 피홈런 | 볼넷 | 사구 | 삼진 | ERA |
|---|---|---|---|---|---|---|---|---|---|---|---|---|---|
| 2020 | 26 | 26 | 4 | 14 | 0 | 0 | 132.2 | 139 | 15 | 74 | 8 | 115 | 5.02 |
| 통산 | 264 | 69 | 25 | 54 | 19 | 16 | 586.1 | 649 | 52 | 323 | 33 | 529 | 5.33 |

### 2020 시즌 홈 / 원정 성적

| | 경기 | 선발 | 승 | 패 | 세이브 | 홀드 | 타자 | 이닝 | 피안타 | 피홈런 | 볼넷 | 사구 | 삼진 | 실점 | 자책점 | ERA |
|---|---|---|---|---|---|---|---|---|---|---|---|---|---|---|---|---|
| 홈 | 14 | 14 | 2 | 7 | 0 | 0 | 328 | 74.1 | 72 | 9 | 42 | 3 | 53 | 40 | 36 | 4.36 |
| 원정 | 12 | 12 | 2 | 7 | 0 | 0 | 275 | 58.1 | 67 | 6 | 32 | 5 | 62 | 41 | 38 | 5.86 |

### 2020 시즌 구종 구사

| 구종 | 평균구속 | 최고구속 | 구사율(%) | 피안타율 |
|---|---|---|---|---|
| 포심패스트볼 | 144 | 151 | 40.5 | 0.338 |
| 투심/싱커 | | | 0 | |
| 슬라이더/커터 | 135 | 143 | 27.1 | 0.259 |
| 커브 | 118 | 127 | 24.0 | 0.214 |
| 체인지업 | | | 0 | |
| 포크/SF | 134 | 139 | 8.4 | 0.245 |
| 너클볼/기타 | | | | |

### 2020 시즌 상황별 기록

| 상황 | 안타 | 2루타 | 3루타 | 홈런 | 볼넷 | 사구 | 삼진 | 폭투 | 보크 | 피안타율 |
|---|---|---|---|---|---|---|---|---|---|---|
| vs 좌 | 78 | 15 | 1 | 8 | 46 | 2 | 52 | 5 | 0 | 0.313 |
| vs 우 | 61 | 12 | 0 | 7 | 28 | 6 | 63 | 5 | 0 | 0.231 |
| 주자없음 | 68 | 12 | 1 | 8 | 37 | 6 | 53 | 0 | 0 | 0.276 |
| 주자있음 | 71 | 15 | 0 | 7 | 37 | 2 | 62 | 10 | 0 | 0.266 |
| 득점권 | 33 | 5 | 0 | 2 | 27 | 1 | 39 | 5 | 0 | 0.201 |
| 만루 | 5 | 2 | 0 | 0 | 2 | 0 | 5 | 1 | 0 | 0.238 |

### 2020 시즌 상대팀 별 기록

| 구분 | 경기 | 방어율 | 승 | 패 | 세이브 | 홀드 | 이닝 | 안타 | 홈런 | 볼넷 | 삼진 | 피안타율 |
|---|---|---|---|---|---|---|---|---|---|---|---|---|
| KIA | 3 | 2.37 | 1 | 2 | 0 | 0 | 19.0 | 15 | 0 | 9 | 20 | 0.217 |
| KT | 2 | 7.20 | 0 | 2 | 0 | 0 | 10.0 | 13 | 2 | 6 | 5 | 0.325 |
| LG | 3 | 2.00 | 1 | 1 | 0 | 0 | 18.0 | 9 | 2 | 8 | 17 | 0.155 |
| NC | 4 | 6.55 | 0 | 3 | 0 | 0 | 22.0 | 29 | 4 | 14 | 16 | 0.322 |
| SK | 5 | 4.82 | 2 | 3 | 0 | 0 | 28.0 | 28 | 3 | 13 | 30 | 0.257 |
| 키움 | 2 | 11.74 | 0 | 1 | 0 | 0 | 7.2 | 7 | 1 | 10 | 7 | 0.241 |
| 두산 | 2 | 3.60 | 1 | 1 | 0 | 0 | 10.0 | 14 | 3 | 4 | 12 | 0.350 |
| 롯데 | 2 | 6.00 | 0 | 1 | 0 | 0 | 9.0 | 10 | 2 | 7 | 5 | 0.263 |
| 삼성 | 2 | 6.00 | 0 | 1 | 0 | 0 | 9.0 | 14 | 0 | 4 | 13 | 0.350 |

### 그라운드 구역별 피안타 방향

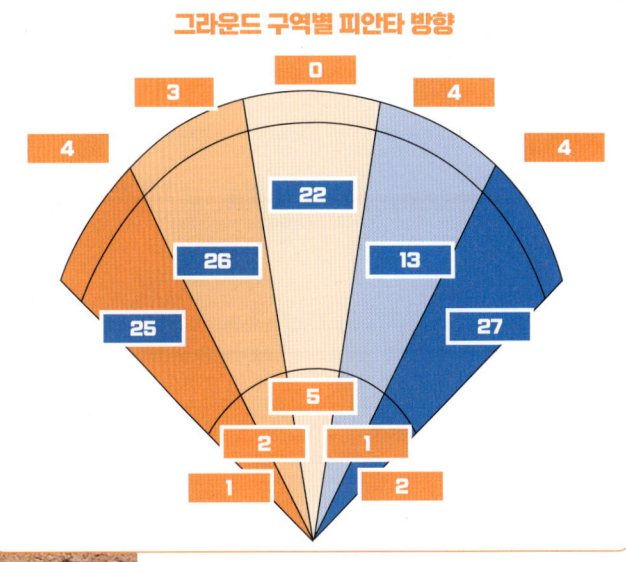

# 55
# 강재민

**투수(우사우타)**

| | |
|---|---|
| 생년월일 | 1997년 4월 3일 |
| 신장/체중 | 180cm/86kg |
| 학력 | 양덕초-마산중-용마고-단국대 |
| 연봉(2021) | 7900만 원 |
| 지명순위 | 2020 한화 2차 4라운드 |
| 입단년도 | 2020 |

2020시즌 한화 연봉 고과 1위. 드래프트 당시 2차 4라운드에 비로소 지목됐던 대졸 사이드암이 1년 만에 팀을 대표하는 스타로 도약했다. 비록 팀은 최하위에 머물렀지만 정우람의 뒤를 이을 '차세대 마무리' 강재민의 발견만으로도 의미 있는 시즌이었다. 첫 1군 데뷔는 어수선했다. 6월초 한용덕 전 감독의 사임 이후 대규모 콜업 때 1군에 첫선을 보인 뒤 바로 2군으로 내려갔다. 보석의 진가는 7월부터 본격적으로 드러났다. 140km를 상회하는 직구와 슬라이더의 조화가 훌륭하다. 빠른 슬라이더는 컷패스트볼에 준하는 구속을 자랑한다. 느린 슬라이더는 타자 앞에서 뚝 떨어지는 각도를 지녔다. 12경기 연속 평균자책점 0점 행진을 펼치며 단숨에 필승조 한자리를 꿰찼다. 최종 성적은 1승 2패 1세이브 14홀드, 평균자책점 2.57. 14홀드는 박정진(2011 16홀드, 2015 15홀드) 이후 팀 내 최다 기록이다. 승계 주자 실점율이 눈에 띈다. 강재민은 주자가 있는 상황에서 35차례 마운드에 올라 실점 허용이 4차례(11.4%)뿐이다. 조현우(KT, 1/32), 이승현(삼성, 4/39), 전상현(KIA, 2/19)에 이은 전체 4위다. 강재민은 2021년 한화 역대 단일 시즌 최다 홀드와 승계주자 실점률 1위 도전을 천명했다. 데뷔 첫 시즌 마지막 경기에서 올해 최고의 공을 던질 만큼 탄탄한 체력도 갖춘 덕분에 연말도 풍성했다. 신인상 투표에서도 7위에 이름을 올리며 KBO리그 팬들 모두의 주목을 받았다. 연봉은 무려 193% 오른 7900만 원을 받는다. 사이드암치곤 팔이 높은 편이다. KBO 공식 프로필에는 '우투우타'로 표기된다. 하지만 강재민은 자신을 사이드암 투수로 지칭한다. 이쪽이 한층 더 무거웠다. 팬들은 정우람을 대신할 한화 마무리의 존재감까지 요구한다. 스스로 마무리 욕심도 있다. 긴 이닝을 고민하며 던지는 선발 투수보다는 스스로에게만 집중하는 불펜을 편하게 느끼기 때문이다. 좌타자 상대를 위해 연마한 체인지업의 완성도가 관건이다.

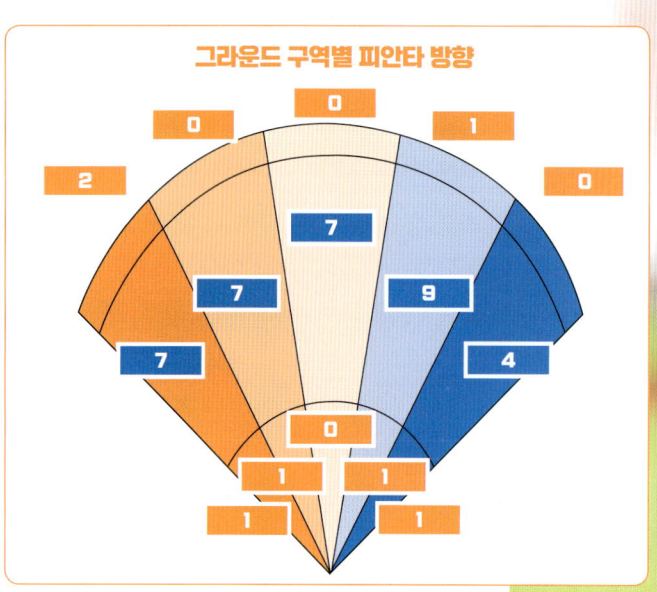

### 2020 시즌 & 통산 성적

| | 경기 | 선발 | 승 | 패 | 세이브 | 홀드 | 이닝 | 피안타 | 피홈런 | 볼넷 | 사구 | 삼진 | ERA |
|---|---|---|---|---|---|---|---|---|---|---|---|---|---|
| 2020 | 50 | 0 | 1 | 2 | 1 | 14 | 49 | 41 | 3 | 18 | 0 | 57 | 2.57 |
| 통산 | 50 | 0 | 1 | 2 | 1 | 14 | 49.0 | 41 | 3 | 18 | 0 | 57 | 2.57 |

### 2020 시즌 홈 / 원정 성적

| | 경기 | 선발 | 승 | 패 | 세이브 | 홀드 | 타자 | 이닝 | 피안타 | 피홈런 | 볼넷 | 사구 | 삼진 | 실점 | 자책점 | ERA |
|---|---|---|---|---|---|---|---|---|---|---|---|---|---|---|---|---|
| 홈 | 28 | 0 | 1 | 2 | 0 | 9 | 110 | 26 | 23 | 1 | 10 | 0 | 33 | 12 | 10 | 3.46 |
| 원정 | 22 | 0 | 0 | 0 | 1 | 5 | 93 | 23.1 | 18 | 2 | 8 | 0 | 24 | 4 | 4 | 1.57 |

### 2020 시즌 구종 구사

| 구종 | 평균구속 | 최고구속 | 구사율(%) | 피안타율 |
|---|---|---|---|---|
| 포심패스트볼 | 141 | 146 | 39.5 | 0.389 |
| 투심/싱커 | 138 | 140 | 1.1 | 0.500 |
| 슬라이더/커터 | 124 | 133 | 33.5 | 0.149 |
| 커브 | 120 | 126 | 25.4 | 0.135 |
| 체인지업 | 128 | 132 | 0.2 | 1.000 |
| 포크/SF | 133 | 133 | 0.2 | |
| 너클볼/기타 | | | 0 | |

### 2020 시즌 상황별 기록

| 상황 | 안타 | 2루타 | 3루타 | 홈런 | 볼넷 | 사구 | 삼진 | 폭투 | 보크 | 피안타율 |
|---|---|---|---|---|---|---|---|---|---|---|
| vs 좌 | 18 | 4 | 0 | 1 | 10 | 0 | 22 | 1 | 0 | 0.254 |
| vs 우 | 23 | 1 | 0 | 2 | 8 | 0 | 35 | 1 | 1 | 0.209 |
| 주자없음 | 20 | 2 | 0 | 2 | 11 | 0 | 33 | 0 | 0 | 0.200 |
| 주자있음 | 21 | 3 | 0 | 1 | 7 | 0 | 24 | 1 | 2 | 0.259 |
| 득점권 | 8 | 1 | 0 | 0 | 6 | 0 | 14 | 2 | 0 | 0.163 |
| 만루 | 1 | 0 | 0 | 0 | 0 | 0 | 2 | 0 | 0 | 0.125 |

### 2020 시즌 상대팀 별 기록

| 구분 | 경기 | 방어율 | 승 | 패 | 세이브 | 홀드 | 이닝 | 안타 | 홈런 | 볼넷 | 삼진 | 피안타율 |
|---|---|---|---|---|---|---|---|---|---|---|---|---|
| KIA | 5 | 8.31 | 0 | 1 | 0 | 0 | 4.1 | 5 | 1 | 2 | 3 | 0.313 |
| KT | 6 | 0.00 | 1 | 0 | 0 | 1 | 6.0 | 7 | 0 | 4 | 9 | 0.292 |
| LG | 7 | 2.84 | 0 | 0 | 0 | 2 | 6.1 | 5 | 1 | 1 | 4 | 0.217 |
| NC | 2 | 5.40 | 0 | 0 | 0 | 0 | 1.2 | 1 | 1 | 1 | 2 | 0.167 |
| SK | 5 | 9.00 | 0 | 0 | 0 | 1 | 4.0 | 6 | 0 | 2 | 4 | 0.300 |
| 키움 | 6 | 0.00 | 0 | 0 | 0 | 3 | 6.2 | 1 | 0 | 2 | 10 | 0.048 |
| 두산 | 5 | 0.00 | 0 | 0 | 0 | 3 | 5.0 | 4 | 0 | 2 | 4 | 0.235 |
| 롯데 | 5 | 1.50 | 0 | 0 | 0 | 1 | 6.0 | 4 | 1 | 1 | 9 | 0.190 |
| 삼성 | 9 | 2.00 | 0 | 1 | 1 | 2 | 9.0 | 8 | 0 | 3 | 12 | 0.242 |

## PLAYERS

# 5
# 윤대경

**투수(우투우타)**

| | |
|---|---|
| 생년월일 | 1994년 4월 9일 |
| 신장/체중 | 178cm/77kg |
| 학력 | 서림초-동인천중-인천고 |
| 연봉(2021) | 7700만 원 |
| 지명순위 | 2013 삼성 7라운드 |
| 입단년도 | 2013 |

프로 입단 8년 만의 1군 데뷔. 방출과 일본 독립리그의 설움을 거쳐 어느덧 한화를 대표하는 불펜 투수로 자리 잡았다. 5승 7홀드 평균자책점 1.59 성적이면 KBO리그 어느 팀에 가도 필승조로 기용될 '믿을맨'이다. 지난겨울 연봉협상에서는 강재민에 이어 고과 2위에 이름을 올렸다. 윤대경의 직구 구속은 평균 142km로 빠른 편은 아니지만 체인지업 외에도 커브와 포크볼까지, 다양한 구종을 갖췄다. 송진우(체인지업), 김해님(커브), 정민태(포크볼) 등 분야별 대가들에게서 직접 전수받은 명품 변화구들이다. 무명의 생소함에 갑자기 등장하는 불펜투수, 뜻밖의 강심장, 여기에 허를 찌르는 변화구가 윤대경의 성공적인 1군 첫해를 만들었다. 2021년은 윤대경에겐 검증의 한 해다. 한화를 제외한 9개 팀의 현미경 분석이 그를 살펴봤을 것이기 때문이다. 윤대경은 "어머니께 처음 생일 선물을 사드렸다"라는 인터뷰로 많은 한화 팬을 눈물짓게 했다. 한화 입단, 1군 데뷔 전부 행운이라 부를 만하다. 윤대경은 '운이 좋았다'는 말을 가장 싫어한다. 2020년의 호성적은 윤대경이 거듭된 고난에도 좌절하지 않고 미래를 노크하며 스스로를 연마한 결과물이기 때문이다. 윤대경은 1년 반짝이 아닌 당당한 한화의 불펜 에이스를 꿈꾼다. 일각에서는 사이드암인 강재민보다 정통파인 윤대경을 '포스트 정우람' 후보로 꼽는다. 윤대경도 욕심이 없진 않다. 하지만 조심스럽다. 지난해 최원호 감독은 강재민과 달리 윤대경만큼은 철저하게 상성을 따져 투입했다. 윤대경은 우타자보다 오히려 좌타자에 강한 '역스플릿' 스타일의 투수였다. 완성도 높은 체인지업 덕분이다. 흔히 마무리의 안정감을 뽐내려면 주지기 있어도 압도할 수 있어야 한다고 한다. 꼭 그렇지만은 않다. 한화에는 제구력과 치명적인 변화구, 심리전을 통해 오랫동안 신뢰를 주는 마무리로 군림해온 정우람이 있다. 윤대경에겐 가까운 곳에서 하나하나 보고 배워야 할 교과서다.

### 2020 시즌 & 통산 성적

| | 경기 | 선발 | 승 | 패 | 세이브 | 홀드 | 이닝 | 피안타 | 피홈런 | 볼넷 | 사구 | 삼진 | ERA |
|---|---|---|---|---|---|---|---|---|---|---|---|---|---|
| 2020 | 55 | 0 | 5 | 0 | 0 | 7 | 51 | 48 | 3 | 25 | 3 | 42 | 1.59 |
| 통산 | 55 | 0 | 5 | 0 | 0 | 7 | 51.0 | 48 | 3 | 25 | 3 | 42 | 1.59 |

### 2020 시즌 홈 / 원정 성적

| | 경기 | 선발 | 승 | 패 | 세이브 | 홀드 | 타자 | 이닝 | 피안타 | 피홈런 | 볼넷 | 사구 | 삼진 | 실점 | 자책점 | ERA |
|---|---|---|---|---|---|---|---|---|---|---|---|---|---|---|---|---|
| 홈 | 28 | 0 | 2 | 0 | 0 | 4 | 118 | 28 | 25 | 2 | 13 | 0 | 26 | 10 | 6 | 1.93 |
| 원정 | 27 | 0 | 3 | 0 | 0 | 3 | 107 | 23.1 | 23 | 1 | 12 | 3 | 16 | 6 | 3 | 1.17 |

### 2020 시즌 구종 구사

| 구종 | 평균구속 | 최고구속 | 구사율(%) | 피안타율 |
|---|---|---|---|---|
| 포심패스트볼 | 142 | 148 | 53.6 | 0.206 |
| 투심/싱커 | | | | |
| 슬라이더/커터 | 128 | 133 | 4.1 | 0.444 |
| 커브 | 114 | 129 | 10.9 | 0.400 |
| 체인지업 | 126 | 134 | 23.0 | 0.208 |
| 포크/SF | 128 | 134 | 8.2 | 0.250 |
| 너클볼/기타 | | | 0 | |

### 2020 시즌 상황별 기록

| 상황 | 안타 | 2루타 | 3루타 | 홈런 | 볼넷 | 사구 | 삼진 | 폭투 | 보크 | 피안타율 |
|---|---|---|---|---|---|---|---|---|---|---|
| vs 좌 | 21 | 4 | 0 | 0 | 14 | 1 | 22 | 1 | 0 | 0.216 |
| vs 우 | 27 | 3 | 0 | 3 | 11 | 2 | 20 | 0 | 0 | 0.287 |
| 주자없음 | 22 | 5 | 0 | 1 | 14 | 1 | 15 | 0 | 0 | 0.286 |
| 주자있음 | 26 | 2 | 0 | 2 | 11 | 2 | 27 | 1 | 0 | 0.228 |
| 득점권 | 17 | 2 | 0 | 2 | 10 | 2 | 20 | 1 | 0 | 0.236 |
| 만루 | 1 | 0 | 0 | 0 | 0 | 0 | 1 | 0 | 0 | 0.125 |

### 2020 시즌 상대팀 별 기록

| 구분 | 경기 | 방어율 | 승 | 패 | 세이브 | 홀드 | 이닝 | 안타 | 홈런 | 볼넷 | 삼진 | 피안타율 |
|---|---|---|---|---|---|---|---|---|---|---|---|---|
| KIA | 4 | 6.75 | 0 | 0 | 0 | 1 | 2.2 | 8 | 1 | 4 | 3 | 0.500 |
| KT | 6 | 0.00 | 0 | 0 | 0 | 1 | 3.2 | 6 | 0 | 3 | 7 | 0.353 |
| LG | 8 | 2.00 | 0 | 0 | 0 | 0 | 9.0 | 10 | 0 | 3 | 5 | 0.278 |
| NC | 5 | 4.50 | 0 | 0 | 0 | 1 | 4.0 | 4 | 1 | 4 | 5 | 0.267 |
| SK | 5 | 0.00 | 0 | 0 | 0 | 1 | 5.0 | 3 | 1 | 4 | 3 | 0.214 |
| 키움 | 9 | 0.00 | 3 | 0 | 0 | 0 | 9.1 | 4 | 0 | 5 | 9 | 0.125 |
| 두산 | 8 | 1.23 | 1 | 0 | 0 | 2 | 7.1 | 5 | 0 | 3 | 8 | 0.192 |
| 롯데 | 4 | 3.86 | 0 | 0 | 0 | 0 | 4.2 | 6 | 0 | 1 | 0 | 0.316 |
| 삼성 | 6 | 0.00 | 0 | 0 | 0 | 0 | 5.1 | 2 | 0 | 4 | 2 | 0.125 |

### 그라운드 구역별 피안타 방향

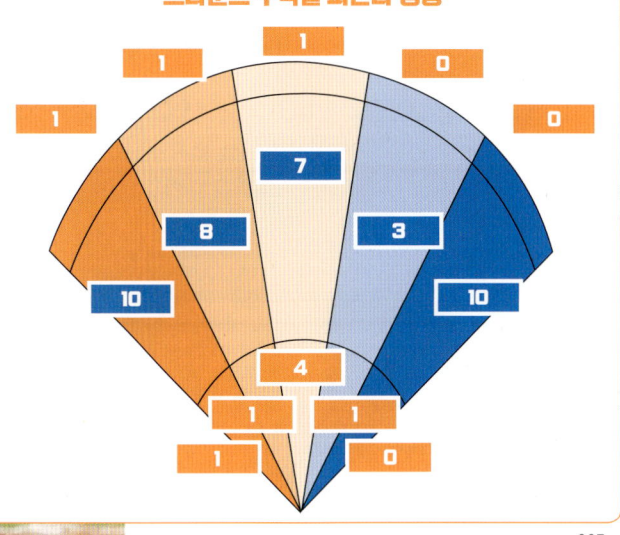

# 57 정우람

**투수(좌투좌타)**

| | |
|---|---|
| 생년월일 | 1985년 6월 1일 |
| 신장/체중 | 181cm/82kg |
| 학력 | 하단초-대동중-경남상고-서남대 |
| 연봉(2021) | 8억 원 |
| 지명순위 | 2004 SK 2차 2라운드 |
| 입단년도 | 2004 |

두 번째 FA 계약 후 첫 시즌의 부담이 컸을까. 정우람답지 않은 1년이었다. 2019년 겨울 한화와 4년 총액 39억 원 계약을 맺어 KBO리그 불펜 투수 중 최초로 FA 총액 120억 원을 돌파했다. 올 시즌 성적은 3승 5패 16세이브 50경기 54 1/2이닝 평균자책점 4.80이었다. 평균자책점 1.54를 기록한 1년 전 대비 급격한 하락을 겪었다. 팀 내 몇 안 되는 고액 연봉자이자 최고참의 몫을 해주지 못했다. 다수의 1군 코치들이 2군으로 강등됨에 따라 정우람이 불펜 코치 역할을 수행하는 장면도 연출됐다. 최원호 2군 감독 대행도 한화의 반등을 만들지 못했다. 가뭄에 콩 나듯 있는 앞서는 경기는 반드시 잡으려다 보니 예년과 달리 정우람에게 1이닝 이상을 맡긴 횟수도 10번이 넘었다. 수차례 거듭된 연패 속 승패와 무관한 등판도 잦았다. 정우람답지 않게 4차례 블론세이브를 기록하는가 하면 6월 24일 삼성 전에서는 빗물이 고인 마운드에 미끄러져 부상을 당하기도 했다. 정우람뿐 아니라 하주석, 오선진의 부상 이후 신예 내야진의 거듭된 실책, 이용규, 노수광 등 주력 선수들의 줄부상이 이어지는 등 불운이 거듭됐다. 그런가 하면 우승팀 NC의 불안한 뒷문과 맞물려 수 차례 구체적인 트레이드설도 제기됐다. 천하의 정우람도 멘탈을 유지하기 어려운 시즌이었다. 정우람은 통산 181세이브로 역대 7위를 기록 중이다. 200세이브까진 19개 남았다. 24개를 추가하면 진필중(191세이브)과 구대성(214세이브)을 넘어 역대 5위로 올라선다. 지난해 모습으로는 마무리 자리마저 위험하다. 강재민과 윤대경의 도전이 만만찮다. 어느덧 야구 선수의 황혼이 가까워진 38세의 나이. 200세이브는 정우람에겐 새로운 출발점이 될 수 있다. 정우람은 2021시즌 와신상담을 꿈꾼다. 한화의 전력은 시즌 전 최하위가 유력했던 2020년보다 더욱 약화됐다는 평가를 받는다. 카를로스 수베로 신임 감독과 새로운 코치진의 매직만을 기대하는 상황이다. 베테랑답게 스스로를 다잡고 버팀목이 돼야 한다.

### 그라운드 구역별 피안타 방향

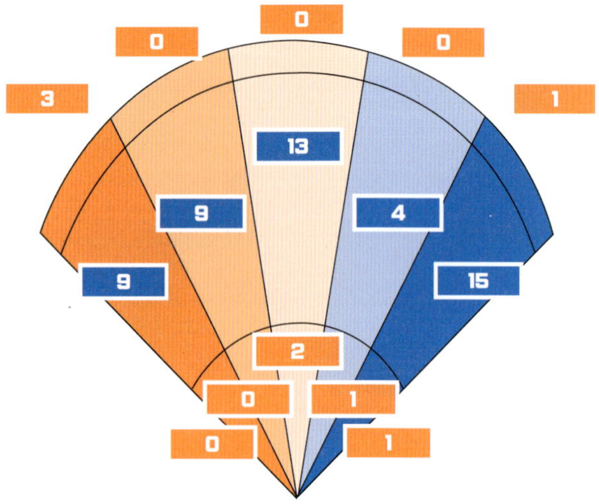

```
       0      0      0
   3                     1
           13
       9        4
   9                15
           2
       0    1
           0  1
```

### 2020 시즌 & 통산 성적

| | 경기 | 선발 | 승 | 패 | 세이브 | 홀드 | 이닝 | 피안타 | 피홈런 | 볼넷 | 사구 | 삼진 | ERA |
|---|---|---|---|---|---|---|---|---|---|---|---|---|---|
| 2020 | 50 | 0 | 3 | 5 | 16 | 0 | 54.1 | 58 | 4 | 12 | 5 | 53 | 4.80 |
| 통산 | 879 | 0 | 63 | 41 | 181 | 129 | 874.0 | 698 | 61 | 317 | 38 | 855 | 2.96 |

### 2020 시즌 홈 / 원정 성적

| | 경기 | 선발 | 승 | 패 | 세이브 | 홀드 | 타자 | 이닝 | 피안타 | 피홈런 | 볼넷 | 사구 | 삼진 | 실점 | 자책점 | ERA |
|---|---|---|---|---|---|---|---|---|---|---|---|---|---|---|---|---|
| 홈 | 25 | 0 | 2 | 2 | 8 | 0 | 126 | 29.2 | 29 | 1 | 8 | 3 | 24 | 14 | 14 | 4.25 |
| 원정 | 25 | 0 | 1 | 3 | 8 | 0 | 104 | 24.2 | 29 | 3 | 4 | 2 | 29 | 15 | 15 | 5.47 |

### 2020 시즌 구종 구사

| 구종 | 평균구속 | 최고구속 | 구사율(%) | 피안타율 |
|---|---|---|---|---|
| 포심패스트볼 | 138 | 146 | 50.3 | 0.287 |
| 투심/싱커 | 131 | 133 | 2.3 | |
| 슬라이더/커터 | 125 | 132 | 15.8 | 0.400 |
| 커브 | 115 | 118 | 1.4 | 0.500 |
| 체인지업 | 122 | 141 | 30.2 | 0.208 |
| 포크/SF | | | 0 | |
| 너클볼/기타 | | | 0 | |

### 2020 시즌 상황별 기록

| 상황 | 안타 | 2루타 | 3루타 | 홈런 | 볼넷 | 사구 | 삼진 | 폭투 | 보크 | 피안타율 |
|---|---|---|---|---|---|---|---|---|---|---|
| vs좌 | 26 | 4 | 1 | 1 | 5 | 1 | 17 | 1 | 0 | 0.317 |
| vs우 | 32 | 7 | 0 | 3 | 7 | 4 | 36 | 1 | 0 | 0.260 |
| 주자없음 | 34 | 6 | 0 | 1 | 1 | 2 | 36 | 0 | 0 | 0.286 |
| 주자있음 | 24 | 5 | 1 | 3 | 11 | 3 | 17 | 2 | 0 | 0.279 |
| 득점권 | 14 | 2 | 1 | 1 | 6 | 1 | 12 | 0 | 0 | 0.264 |
| 만루 | 3 | 1 | 0 | 0 | 3 | 1 | 5 | 0 | 0 | 0.150 |

### 2020 시즌 상대팀 별 기록

| 구분 | 경기 | 방어율 | 승 | 패 | 세이브 | 홀드 | 이닝 | 안타 | 홈런 | 볼넷 | 삼진 | 피안타율 |
|---|---|---|---|---|---|---|---|---|---|---|---|---|
| KIA | 6 | 7.11 | 0 | 2 | 2 | 0 | 6.1 | 6 | 2 | 0 | 5 | 0.261 |
| KT | 5 | 7.71 | 0 | 1 | 1 | 0 | 4.2 | 5 | 0 | 0 | 5 | 0.313 |
| LG | 5 | 5.06 | 0 | 0 | 3 | 0 | 5.1 | 7 | 0 | 4 | 5 | 0.350 |
| NC | 5 | 7.11 | 0 | 0 | 3 | 0 | 6.1 | 8 | 0 | 3 | 8 | 0.308 |
| SK | 5 | 4.26 | 0 | 0 | 2 | 0 | 6.1 | 6 | 0 | 2 | 5 | 0.250 |
| 키움 | 5 | 0.00 | 0 | 0 | 2 | 0 | 4.1 | 4 | 0 | 2 | 6 | 0.267 |
| 두산 | 4 | 5.40 | 0 | 1 | 0 | 0 | 5.0 | 7 | 0 | 2 | 5 | 0.333 |
| 롯데 | 6 | 3.68 | 1 | 1 | 1 | 0 | 7.1 | 5 | 1 | 1 | 2 | 0.200 |
| 삼성 | 8 | 3.12 | 2 | 0 | 1 | 0 | 8.2 | 10 | 1 | 4 | 13 | 0.286 |

# PLAYERS

## 13 최재훈

**포수(우투우타)**

| | |
|---|---|
| 생년월일 | 1989년 8월 27일 |
| 신장/체중 | 178cm/80kg |
| 학력 | 화곡초-덕수중-덕수고 |
| 연봉(2021) | 2억 6000만 원 |
| 지명순위 | 2008 두산 신고선수 |
| 입단년도 | 2008 |

프로 선수의 가치는 연봉으로 증명된다. 최재훈의 4년 전 연봉은 6500만 원, 2021년에는 2억6천만 원이다. 4년 사이 4배나 올랐다. 한화 입단 후 전성기를 맞이했다. 어느덧 양의지의 뒤를 잇는 넘버2 포수를 다투는 위치로 올라섰다. FA 계약인 정우람과 이성열을 제외하면 한화 '연봉킹'이다. 올 시즌 종료 후 FA까지 앞두고 있다. 기분이 남다를 수밖에 없다. 포수 기본기는 국내 단연 톱레벨. 프레이밍과 포구, 블로킹뿐 아니라 2루 도루 저지 능력도 탁월하다. 투수와 내야를 이끄는 리더십도 호평받는다. 여기서 한화 이적 후 수준급 타자로도 거듭났다. 장타력이 다소 부족하지만 4할에 육박하는 출루율로 보충한다. 지난해 규정 타석에는 조금 부족했지만(389타석) 타율 3할1리, OPS 0.766의 호성적은 어느 팀에 내밀어도 빛난다. 올 겨울 FA A등급이 유력하다. 기회의 땅이 되어준 한화에 대한 선수의 애정은 뜨겁다. 하지만 양의지의 NC, 유강남의 LG 등 일부 팀을 제외하면 모두가 원하는 상품이다. 함께 FA로 풀리는 강민호, 장성우의 행보에 따라 영향을 받을 전망이다.

두산 시절 팀은 우승했지만 안방에는 그가 아닌 양의지가 앉아 있었다. 한화의 마지막 한국시리즈 우승은 1999년. 최재훈은 20년간 한화를 대표해온 김태균조차 안지 못한 영광을 꿈꾼다. 지난해 한화는 5월 이후 최하위를 벗어나지 못하고 리빌딩에 전념했다. 더는 떨어질 곳도 없는 처지지만 자칫 더 우울한 시즌이 될 수도 있다. 올 시즌도 야구계가 바라보는 한화의 예상 성적은 최하위. 다수의 베테랑들과 결별하면서 지난해보다도 전력이 약화됐다는 전망이 대부분이다. 최재훈은 팀 내 중견 선수로서 어린 선수들이 패배에 익숙해지지 않게 이끌어야 하는 위치다. 특히 포지션 특성상 한화의 젊은 마운드는 최재훈의 손에 달렸다. "어려움은 내가 다 감당한다. 날 믿고 따라와"라고 말하는 든든한 선배이자 안방마님이다.

### 2020 시즌 & 통산 성적

| 연도 | 경기 | 타석 | 타수 | 안타 | 2루타 | 3루타 | 홈런 | 타점 | 도루 | 도실 | 볼넷 | 사구 | 삼진 | 타율 | 장타율 | 출루율 | OPS |
|---|---|---|---|---|---|---|---|---|---|---|---|---|---|---|---|---|---|
| 2020 | 126 | 389 | 339 | 102 | 19 | 0 | 3 | 36 | 0 | 0 | 29 | 16 | 44 | 0.301 | 0.383 | 0.383 | 0.766 |
| 통산 | 764 | 1,963 | 1,688 | 445 | 80 | 1 | 12 | 147 | 11 | 14 | 151 | 77 | 281 | 0.264 | 0.334 | 0.349 | 0.683 |

### 2020 시즌 홈 / 원정 성적

| | 경기 | 타석 | 타수 | 안타 | 2루타 | 3루타 | 홈런 | 타점 | 도루 | 도실 | 볼넷 | 사구 | 삼진 | 타율 | 장타율 | 출루율 | OPS |
|---|---|---|---|---|---|---|---|---|---|---|---|---|---|---|---|---|---|
| 홈 | 64 | 197 | 167 | 53 | 8 | 0 | 1 | 19 | 0 | 0 | 21 | 4 | 21 | 0.317 | 0.383 | 0.406 | 0.789 |
| 원정 | 62 | 192 | 172 | 49 | 11 | 0 | 2 | 17 | 0 | 0 | 8 | 12 | 23 | 0.285 | 0.384 | 0.359 | 0.743 |

### 2020 시즌 상황별 기록

| 상황 | 타석 | 안타 | 홈런 | 타점 | 볼넷 | 삼진 | 타율 |
|---|---|---|---|---|---|---|---|
| vs 좌 | 61 | 16 | 1 | 1 | 3 | 7 | 0.296 |
| vs 우 | 260 | 73 | 2 | 33 | 21 | 31 | 0.311 |
| vs 언더 | 68 | 13 | 0 | 2 | 5 | 6 | 0.232 |
| 주자있음 | 150 | 45 | 0 | 33 | 9 | 18 | 0.354 |
| 주자없음 | 239 | 57 | 3 | 3 | 20 | 26 | 0.269 |
| 득점권 | 88 | 25 | 0 | 30 | 6 | 12 | 0.325 |
| 만루 | 9 | 3 | 0 | 7 | 1 | 2 | 0.375 |

### 2020 시즌 상대팀 별 기록

| 구분 | 타석 | 홈런 | 볼넷 | 삼진 | 타율 | 출루율 | 장타율 | OPS |
|---|---|---|---|---|---|---|---|---|
| KIA | 43 | 0 | 5 | 3 | 0.405 | 0.488 | 0.486 | 0.974 |
| KT | 25 | 0 | 0 | 3 | 0.440 | 0.440 | 0.440 | 0.880 |
| LG | 31 | 0 | 3 | 4 | 0.148 | 0.258 | 0.259 | 0.517 |
| NC | 42 | 1 | 3 | 3 | 0.222 | 0.317 | 0.333 | 0.650 |
| SK | 47 | 0 | 7 | 11 | 0.189 | 0.362 | 0.270 | 0.632 |
| 키움 | 54 | 0 | 4 | 6 | 0.295 | 0.392 | 0.364 | 0.756 |
| 두산 | 49 | 1 | 2 | 6 | 0.304 | 0.347 | 0.370 | 0.717 |
| 롯데 | 49 | 0 | 2 | 5 | 0.302 | 0.375 | 0.372 | 0.747 |
| 삼성 | 49 | 1 | 2 | 3 | 0.386 | 0.449 | 0.523 | 0.972 |

### 그라운드 구역별 피안타 방향

| 구분 | 타수 | 안타 | 홈런 | 타점 | 볼넷 | 삼진 | 타율 |
|---|---|---|---|---|---|---|---|
| 0-0 | 43 | 13 | 0 | 2 | 0 | 0 | 0.394 |
| 0-1 | 46 | 14 | 0 | 1 | 0 | 0 | 0.311 |
| 0-2 | 27 | 5 | 0 | 0 | 0 | 7 | 0.185 |
| 1-0 | 21 | 2 | 0 | 2 | 0 | 0 | 0.105 |
| 1-1 | 32 | 10 | 0 | 6 | 0 | 0 | 0.313 |
| 1-2 | 59 | 15 | 0 | 6 | 0 | 14 | 0.273 |
| 2-0 | 16 | 6 | 1 | 3 | 0 | 0 | 0.375 |
| 2-1 | 21 | 7 | 0 | 5 | 0 | 0 | 0.333 |
| 2-2 | 54 | 12 | 1 | 4 | 0 | 18 | 0.226 |
| 3-0 | 1 | 0 | 0 | 0 | 7 | 0 | - |
| 3-1 | 21 | 9 | 1 | 2 | 10 | 0 | 0.444 |
| 3-2 | 41 | 14 | 1 | 5 | 12 | 5 | 0.483 |

### 2020 시즌 수비 성적

| 구분 | 수비이닝 | 실책 | 수비율 |
|---|---|---|---|
| C | 857.0 | 5 | 0.994 |

### 2020 시즌 핫 & 콜드존

**VS좌투**

| 0.500 1/2 | 0.250 1/4 | 0.000 0/1 | 0.000 0/1 | - 0/0 |
| 0.000 0/1 | 0.000 0/1 | 0.667 2/3 | 0.000 0/3 | - 0/0 |
| 0.500 3/6 | 0.250 2/8 | 0.333 1/3 | 0.250 1/4 | - 0/0 |
| - 0/2 | 0.500 1/2 | 0.429 3/7 | 0.000 0/2 | 0.000 0/1 |
| - | 1.000 1/1 | - 0/0 | 0.000 0/2 | - 0/0 |

**VS우투**

| - 0/0 | 0.500 1/2 | 0.455 5/11 | 0.667 2/3 | 0.000 0/2 |
| 0.333 2/6 | 0.200 2/10 | 0.294 5/17 | 0.308 4/13 | 0.111 1/9 |
| 0.333 2/6 | 0.368 14/38 | 0.292 7/24 | 0.375 9/24 | 0.000 0/3 |
| 0.250 2/8 | 0.286 10/35 | 0.324 11/34 | 0.455 5/11 | 0.000 0/1 |
| 0.100 1/10 | 0.125 1/8 | 0.250 2/8 | 0.000 0/2 | - 0/0 |

# 25
# 라이온 힐리

**1루수(우투우타)**

| 생년월일 | 1992년 1월 10일 | 신장/체중 | 195cm/104kg |
| --- | --- | --- | --- |
| 국적 | 미국 | | |
| 연봉(2021) | 100만 달러(인센티브 20만 포함) | | |
| 지명순위 | - | | |
| 입단년도 | 2021 | | |

지난해 팀타율, 팀홈런, 팀OPS 등 공격 전 부문에 걸쳐 하위권이었던 한화 타선의 운명을 쥔 사나이. '메이저리그 69홈런' 힐리의 2021년은 어떨까. 2020년 한화 팀 내 홈런 1위는 노시환(12개)이었다. 김태균을 비롯한 베테랑들이 일제히 부진에 빠졌고 외국인 타자 제라드 호잉과 브랜든 반즈는 기대만큼 장타력을 보이지 못했다. 결국 FA 계약이 1년 남은 이성열을 제외하고 최진행과 송광민이 지난겨울 팀을 떠났다. 한화는 노시환을 제외하면 통산 1홈런에 불과한 임종찬이나 유장혁, 또는 신인 정민규에게 장타를 기대해야 하는 상황이다. 노시환도 이제 데뷔 3년 차다. 따라서 힐리의 역할은 분명하다. 확실한 1루수 겸 4번 타자. 고비마다 확실한 해결사 노릇을 해야 한다. 노시환을 비롯한 젊은 한화 타자들이 성장할 수 있도록 우산도 씌워줘야 한다. 확실한 파워를 갖춘 힐리는 한화에 꼭 필요한 타입의 외국인 타자다. 타고난 힘도 확실하지만 매끄럽고 간결한 스윙에 힘을 싣는 능력이 돋보인다. 빅리그 기준으로도 장타력만큼은 평균 이상이다. 수비력 역시 범위는 좁지만 경우에 따라 3루수를 맡을 정도도 된다. 무엇보다 외국인 투수 2명을 합쳐 105만 달러를 쓴 한화가 힐리 한 명에만 외국인 선수 첫해 한도인 100만 달러를 '올인'한 이유가 있다. 연봉만 보면 킹험과 카펜터를 합친 값어치를 해줘야 하는 상황이다. 힐리 역시 리빌딩 팀에서 자신의 역할을 잘 안다. 개인 기록을 욕심내기보단 팀의 승리와 어린 선수들의 성장에 초점을 맞췄다. 메이저리그 시절 안면이 있는 댄 스트레일리(롯데)와 다니엘 멩덴(KIA)를 꼽으며 "맞붙어보고 싶다"는 속내도 드러냈다.

배럴 타구(장타율 1.500 이상이 예상되는 강한 타구) 비율이 7.9%에 달할 만큼 타구 질도 좋다. 공을 인내하고 기다리기보다 적극적으로 공략하는 스타일 때문에 볼넷 대 삼진의 비율, 타율 대비 출루율이 낮은 편이다. 위험부담은 있지만 장타 한 방이 간절하고 후속 타선이 약한 한화에 장점으로 작용할 수도 있다. 밀워키 시절 함께 뛰었던 데이비드 프레이타스가 키움에 입단하면서 빅리그 타자 자존심 싸움도 치열할 전망이다. 힐리는 한화 타선의 구세주가 될 수 있을까.

# PLAYERS

## 8 노시환

**3루수(우투우타)**

| | |
|---|---|
| 생년월일 | 2000년 12월 3일 |
| 신장/체중 | 185cm/90kg |
| 학력 | 부산수영초-경남중-경남고 |
| 연봉(2021) | 6000만 원 |
| 지명순위 | 2019 한화 2차 1라운드 |
| 입단년도 | 2019 |

'타격은 김태균, 수비는 이범호'. 노시환을 향한 한화 팬들의 기대감이 가득 담긴 수식어다. 타고난 막강 하드웨어의 매력을 거침없이 뽐낸 한 해였다. 시즌 초에는 유격수로도 무난한 수비를 펼쳤고 시즌 중후반 3루수 자리를 차지했다. 시즌 초에는 선구안에 문제를 드러냈다. 특히 오른손 투수의 슬라이더에 약점을 보였다. 대선배 김태균의 '토탭(Toe-tap)' 타격 폼을 전수받은 뒤 선구안이 빠르게 개선됐다. 이 타격 폼의 단점인 파워 부족은 타고난 힘으로 메울 수 있다. 정민철 단장과 최원호 감독이 일치단결해 한화의 미래를 맡길 유망주로 점찍었다. 타율은 0.220에 그쳤지만 홈런 12개로 팀 내 홈런 1위에 오르는 등 한화의 유일무이한 거포 유망주임을 재확인했다. 시즌 내내 '탈꼴찌'에 실패한 한화는 한 시즌을 고스란히 노시환의 성장에 바쳤다. 부진한 성적에도 불구하고 사실상 타석을 보장해 경험을 쌓을 기회를 열어줬다. 강한 어깨에 기반한 3루수로서의 수비력도 지난해를 기점으로 크게 발전했다. 유격수로도 뛸 수 있을 만큼 체격 대비 발놀림과 순발력이 좋다. 경남고 1년 선배 한동희와 동 포지션에 보기 드문 거포 유망주라는 점까지 더해 라이벌 구도를 이룬다. 한동희가 '포스트 이대호'라면 노시환은 '포스트 김태균'이다. KBO리그를 대표하는 거물들의 후계자다. 한동희가 3년 차인 2020년 비약적인 발전을 뽐낸 만큼 노시환을 향한 올 시즌 시선이 뜨겁다. 기대감이 큰 만큼 반작용도 크다. 새로운 시즌을 기다리는 한화 팬들의 마음은 지난해만큼 여유롭지 않다. 그 배경에는 지난 13년 동안 단 1번밖에 오르지 못한 가을 야구를 향한 열망이 깔려 있다. 노시환 역시 자신을 향한 뜨거운 기대감을 잘 안다. 평소에는 나이에 걸맞게 유쾌하고 말이 많은 성격이지만 야구 이야기가 나오면 진중해진다. "김태균 선배의 이름에 먹칠하지 않겠다"라는 노시환의 다짐, 한화 팬들은 그 무게감이 현실로 다가오길 기대한다.

### 2020 시즌 & 통산 성적

| 연도 | 경기 | 타석 | 타수 | 안타 | 2루타 | 3루타 | 홈런 | 타점 | 도루 | 도실 | 볼넷 | 사구 | 삼진 | 타율 | 장타율 | 출루율 | OPS |
|---|---|---|---|---|---|---|---|---|---|---|---|---|---|---|---|---|---|
| 2020 | 106 | 387 | 346 | 76 | 18 | 2 | 12 | 43 | 0 | 1 | 33 | 6 | 116 | 0.220 | 0.387 | 0.298 | 0.685 |
| 통산 | 197 | 579 | 523 | 109 | 26 | 3 | 13 | 56 | 2 | 1 | 44 | 8 | 188 | 0.208 | 0.344 | 0.279 | 0.623 |

### 2020 시즌 홈 / 원정 성적

| | 경기 | 타석 | 타수 | 안타 | 2루타 | 3루타 | 홈런 | 타점 | 도루 | 도실 | 볼넷 | 사구 | 삼진 | 타율 | 장타율 | 출루율 | OPS |
|---|---|---|---|---|---|---|---|---|---|---|---|---|---|---|---|---|---|
| 홈 | 54 | 198 | 177 | 40 | 10 | 0 | 5 | 26 | 0 | 1 | 15 | 5 | 56 | 0.226 | 0.367 | 0.303 | 0.670 |
| 원정 | 52 | 189 | 169 | 36 | 8 | 2 | 7 | 17 | 0 | 0 | 18 | 1 | 60 | 0.213 | 0.408 | 0.293 | 0.701 |

### 2020 시즌 상황별 기록

| 상황 | 타석 | 안타 | 홈런 | 타점 | 볼넷 | 삼진 | 타율 |
|---|---|---|---|---|---|---|---|
| vs 좌 | 58 | 18 | 4 | 16 | 6 | 9 | 0.346 |
| vs 우 | 277 | 47 | 7 | 25 | 26 | 94 | 0.191 |
| vs 언더 | 52 | 11 | 1 | 2 | 1 | 13 | 0.229 |
| 주자있음 | 179 | 34 | 6 | 37 | 18 | 55 | 0.218 |
| 주자없음 | 208 | 42 | 6 | 6 | 15 | 61 | 0.221 |
| 득점권 | 92 | 12 | 2 | 27 | 14 | 27 | 0.160 |
| 만루 | 9 | 2 | 0 | 7 | 2 | 1 | 0.286 |

### 2020 시즌 상대팀 별 기록

| 구분 | 타석 | 홈런 | 볼넷 | 삼진 | 타율 | 출루율 | 장타율 | OPS |
|---|---|---|---|---|---|---|---|---|
| KIA | 41 | 1 | 7 | 9 | 0.206 | 0.341 | 0.382 | 0.723 |
| KT | 34 | 1 | 3 | 12 | 0.194 | 0.265 | 0.355 | 0.620 |
| LG | 46 | 2 | 0 | 21 | 0.250 | 0.283 | 0.455 | 0.738 |
| NC | 59 | 2 | 3 | 15 | 0.245 | 0.293 | 0.472 | 0.765 |
| SK | 23 | 1 | 1 | 8 | 0.136 | 0.174 | 0.318 | 0.492 |
| 키움 | 43 | 0 | 4 | 15 | 0.135 | 0.256 | 0.135 | 0.391 |
| 두산 | 50 | 2 | 6 | 13 | 0.279 | 0.380 | 0.535 | 0.915 |
| 롯데 | 45 | 2 | 4 | 12 | 0.171 | 0.244 | 0.341 | 0.585 |
| 삼성 | 46 | 1 | 3 | 11 | 0.293 | 0.370 | 0.390 | 0.760 |

### 그라운드 구역별 피안타 방향

| 구분 | 타석 | 안타 | 홈런 | 타점 | 볼넷 | 삼진 | 타율 |
|---|---|---|---|---|---|---|---|
| 0-0 | 53 | 17 | 1 | 4 | 1 | 0 | 0.340 |
| 0-1 | 34 | 18 | 3 | 8 | 0 | 0 | 0.563 |
| 0-2 | 42 | 3 | 1 | 2 | 0 | 31 | 0.071 |
| 1-0 | 18 | 4 | 1 | 6 | 0 | 0 | 0.235 |
| 1-1 | 23 | 5 | 0 | 4 | 0 | 0 | 0.227 |
| 1-2 | 79 | 14 | 2 | 7 | 0 | 38 | 0.179 |
| 2-0 | 5 | 2 | 1 | 1 | 0 | 0 | 0.400 |
| 2-1 | 7 | 2 | 0 | 0 | 0 | 0 | 0.286 |
| 2-2 | 54 | 4 | 1 | 5 | 0 | 32 | 0.074 |
| 3-0 | 7 | 0 | 0 | 2 | 6 | 0 | 0.000 |
| 3-1 | 12 | 2 | 0 | 2 | 7 | 0 | 0.200 |
| 3-2 | 52 | 9 | 3 | 6 | 19 | 15 | 0.182 |

### 2020 시즌 수비 성적

| 구분 | 수비이닝 | 실책 | 수비율 |
|---|---|---|---|
| P | 1.0 | 0 | |
| 1B | 9.0 | 0 | 1.000 |
| 3B | 629.0 | 10 | 0.945 |
| SS | 146.0 | 3 | 0.956 |

### 2020 시즌 핫 & 콜드존

**VS좌투**

| - | 1.000<br>1/1 | 0.000<br>0/1 | 0.000<br>0/1 | - |
|---|---|---|---|---|
| 0.000<br>0/1 | 1.000<br>1/1 | 0.600<br>3/5 | 0.000<br>0/1 | 0.000<br>0/1 |
| 1.000<br>2/2 | 0.200<br>1/5 | 0.500<br>3/6 | 0.000<br>0/4 | - |
| 0.500<br>1/2 | 0.286<br>2/7 | 0.400<br>2/5 | 0.333<br>1/3 | 1.000<br>1/1 |
| - | 0.000<br>0/2 | 0.000<br>0/1 | 0.000<br>0/2 | - |

**VS우투**

| - | 0.000<br>0/5 | 0.222<br>2/9 | 0.000<br>0/8 | 0.000<br>0/3 |
|---|---|---|---|---|
| 0.333<br>2/6 | 0.143<br>2/14 | 0.111<br>2/18 | 0.000<br>0/16 | - |
| 0.143<br>1/7 | 0.257<br>9/35 | 0.333<br>11/33 | 0.286<br>4/14 | 0.000<br>0/7 |
| 0.091<br>1/11 | 0.148<br>4/27 | 0.545<br>12/22 | 0.333<br>5/15 | - |
| 0.059<br>1/17 | 0.083<br>1/12 | 0.083<br>1/12 | 0.000<br>0/2 | 0.000<br>0/1 |

## 투수(좌투좌타)
# 47 김범수

2020년 성적은 3승 6패, 55이닝 평균자책점 5.24. 아직은 기대치에 비해 초라한 성적표다. 6월 말 한화 반격의 선봉에 김범수가 있었다. 하지만 고관절이 또 말썽을 부려 그를 좌절시켰다. 연봉도 동결됐다. 2021년에도 선발진의 한 축으로 활약하리라던 기대감과 달리 김범수 스스로 선발 보직에 부담감을 드러내는 원인도 부상 때문이다. 최원호 2군 감독의 원포인트 레슨이 바로 고관절 근육을 다스리는 방법이었기 때문이다. 현재 한화의 5선발은 킹험, 카펜터, 김민우, 장시환, (김진욱, 김이환)으로 구성된다. 김범수가 빠질 만큼 여유롭지 않은 게 사실이다. 또 선발과 불펜 김범수의 가치는 완전히 다르다. 김범수의 최대 가치는 압도적인 직구와 더불어 투구 수 100개를 채우고도 150km의 강속구를 꽂아 넣는 무한 체력이다. 반면 제구력에 약점이 있는 김범수가 불펜에서 지금보다 나은 활약을 펼치긴 쉽지 않다. 또한 불펜으로 나설 경우 선발만큼 세심한 컨디션 관리를 받을 수 있을지도 미지수다. 동기생 김민우는 고질적인 어깨 통증을 다스린 뒤 에이스급 투수로 거듭났다. 김범수도 "나만 잘하면 가을야구 간다"는 기대감을 현실로 보여줄 때다.

| 생년월일 | 1995년 10월 3일 | 연봉(2021) | 6500만 원 |
|---|---|---|---|
| 신장/체중 | 181cm/78kg | 지명순위 | 2015 한화 1차지명 |
| 학력 | 온양온천초-온양중-북일고 | 입단년도 | 2015 |

## 투수(우투우타)
# 37 김진영

한화 입단 이래 터닝포인트가 된 한 해였다. 선발 유망주로 육성되던 과거와 달리 불펜에 집중하면서 공에 힘이 붙고 한층 안정감이 생겼다. 58경기에 출전해 3승 3패 8홀드 54이닝 평균자책점 3.33을 기록해 불펜의 핵심 선수로 성장했다. 역동적이면서도 디셉션이 좋은 투구 폼을 지녔다. 손끝 감각이 좋아 다양한 구종을 구사할 줄 안다. 우타자 상대로는 슬라이더, 좌타자 상대로는 서클체인지업을 구사해 지난해 쏠쏠한 재미를 봤다. 타고난 리더의 면모도 있다. 2년 연속 한화 투수조 조장이다. 장민재와 더불어 류현진과 함께 훈련한 노하우를 전하기에도 조장 역할에 적합하다. 카를로스 수베로 감독을 비롯한 외국인 코치진이 부임하면서 김진영의 중요성은 더 커졌다. 더그아웃에 코치와 선수를 합쳐 외국인만 7명이다. 김진영은 4년간 미국 시카고컵스 산하 마이너리그 팀에서 뛰며 빅리그를 두드린 과거가 있다. 실전 영어만큼은 현지인 못지않다. '이글스TV 방송인', '한화 핵인싸'로 불릴 만큼 팬덤 몰이에서도 중심이다. 객관적 전력 면에서 2021년 한화는 최하위권이라는 평가를 피하기 어렵다. 그럴수록 김진영 같은 더그아웃 에너자이저의 역할이 중요하다. 김진영도 이를 잘 안다.

| 생년월일 | 1992년 4월 16일 | 연봉(2021) | 7900만 원 |
|---|---|---|---|
| 신장/체중 | 180cm/89kg | 지명순위 | 2017 한화 2차 1라운드 |
| 학력 | 경희초-홍은중-덕수고 | 입단년도 | 2017 |

## 투수(우투우타)
# 1 김종수

오랜 기다림 끝에 눈을 떴다. 두 차례 팔꿈치 수술에도 좌절하지 않았다. 지루한 재활을 이겨내고 성실함으로 승부한 결과, 2019년 감격의 1군 데뷔전을 치렀다. 2020년에는 한화 불펜의 주축 투수로 우뚝 섰다. 평균 144km에 달하는 직구의 구위만큼 누구에게나 인정받는다. 다만 위기 때 흔들리는 기복은 바로 잡을 필요가 있다. 불펜 투수는 한번 흔들리면 끝장이다. 선발 투수처럼 만회할 기회가 많지 않다. 1승 1패 1세이브 7홀드. 이제 본격적인 궤도에 올라온 지 1년이다. 아직 통했다고 자신할 수 있는 상황은 아니다. 슬라이더와 체인지업을 던지지만 아직 직구 의존도가 크다. 위기 상황에도 자신 있게 구사할 만큼 완성도를 높일 필요가 있다. 끈끈한 케미의 한화 불펜들 중에서도 윤대경과 절친이다. 같은 불펜 투수로서 많은 고민을 공유하고 공감하는 사이다. 두 사람 모두 '1군에서 1경기라도 던져보고 싶다'는 열망에 고민하고 밤을 새우던 시절이 있다. 피차 1군 마운드의 소중함을 잘 안다. 만일 2021시즌 한화가 예상외의 반등에 성공한다면 그 중심은 지난 시즌을 통해 검증된 젊은 불펜일 가능성이 높다. 김종수는 강재민, 윤대경, 김진영과 더불어 그 중심에 선다.

| 생년월일 | 1994년 6월 3일 | 연봉(2021) | 6100만 원 |
|---|---|---|---|
| 신장/체중 | 180cm/80kg | 지명순위 | 2013 한화 8라운드 |
| 학력 | 성동초-덕수중-울산공고 | 입단년도 | 2013 |

# PLAYERS

### 투수(우투우타)
## 32 김진욱

크지 않은 체격에도 불구하고 김범수와 더불어 팀 내에서 가장 빠른 공을 지녔다. 몸의 유연함을 활용한 투구 폼이 역동적이다. 3년 전 2차 지명 10라운드, 전체 94순위로 가까스로 프로에 입단했다. 시즌 초만 해도 유신고 시절 원투펀치였던 김민(KT)를 부러워하는 처지였다. 지난해까지 총 4경기 6⅔이닝밖에 출전하지 못했다. 오랫동안 갈고닦은 묵직한 직구가 마침내 빛을 발했다. 선배 장시환의 승리를 날린 뒤 쏟았던 눈물이 밑거름이 됐다. 직구 외에도 커브와 슬라이더, 체인지업, 포크볼 등 다양해진 레퍼토리가 돋보인다. 7월 11일 대체 선발로 발탁돼 시즌 첫 등판에서 합격점을 받았다. 이후 꾸준히 1군에 머물렀다. 채드벨, 장시환, 김민우 등이 잇따라 이탈한 시즌 막판에는 선발 한 자리를 꿰찼다. 9월 9일 삼성을 상대로 6이닝 무실점으로 쾌투하며 생애 첫 선발승을 거머쥐기도 했다. 과거엔 마무리 투수를 꿈꿨다. 그래서 롤모델도 오승환이었다. 온 힘을 모아 1구 1구 던지는 모습에 반했기 때문이다. 하지만 이제 목표가 선발로 바뀌었다. 이를 위해서는 오랜 시간 구속을 유지하는 능력을 키워야 한다. 때문에 올봄 김진욱은 기존의 와일드했던 투구 폼을 더욱 자연스럽게 교정하고 체력훈련에 힘을 쏟는 중이다.

| 생년월일 | 2000년 1월 31일 | 연봉(2021) | 3900만 원 |
|---|---|---|---|
| 신장/체중 | 178cm/77kg | 지명순위 | 2018 한화 2차 10라운드 |
| 학력 | 망원초-신일중-유신고 | 입단년도 | 2018 |

### 투수(우투우타)
## 36 장민재

14kg이나 감량하며 의욕적으로 시작한 시즌이었다. 커리어 최고의 피칭을 선보이다 후반기부터 부상으로 급격히 무너진 끝에 시즌아웃된 지난해 아쉬움을 풀겠다는 의지가 컸다. 장시환의 뒤를 잇는 4선발의 책임감도 만만찮았다. 하지만 직구의 구위가 받쳐주지 못하면 다양한 구종과 제구력에 기반한 '느림의 미학'이 발휘되기 힘들다는 진리를 깨달은 한 해였다. 선발과 불펜을 종횡무진했지만 팀과 함께 가뭇없이 흔들렸다. 선발 10경기 포함 24경기에 출전해 2승 7패 57⅓이닝 평균자책점 6.75에 그쳤다. 연봉도 천만 원 삭감됐다. 시즌 초 날카로운 제구력으로 연속 퀄리티스타트를 기록했지만 이후 팀과 함께 무너졌다. 프로 데뷔 11년 차 투수의 위기관리 노하우나 여유를 찾아보기 힘들었다. 선발로 시즌을 시작했지만 6월 중순 2군에 다녀온 뒤 불펜으로 밀렸고 그 역할도 원활하지 못했다. 9월에는 8경기 평균자책점 0.66으로 깜짝 반등을 선보였지만 상승세를 10월에도 이어가진 못했다. 선배 류현진과 함께 매년 개인 훈련을 함께하는 사이다. 올해는 팀은 더 내려갈 곳이 없다. 본인도 서른을 넘긴 베테랑으로서 책임감을 짊어질 위치에 섰다.

| 생년월일 | 1990년 3월 19일 | 연봉(2021) | 1억 원 |
|---|---|---|---|
| 신장/체중 | 184cm/91kg | 지명순위 | 2009 2차 3라운드 |
| 학력 | 광주화정초-무등중-광주일고 | 입단년도 | 2009 |

### 투수(우투우타)
## 45 김이환

데뷔 첫해부터 선발로 낙점받았고 4승 3패 38이닝 평균자책점 4.26으로 가능성을 보여줬다. 선발 2년 차였던 지난해에는 2승 7패 64⅔이닝 평균자책점 6.82로 주저앉았다. 스프링캠프의 상승세를 바탕으로 5선발로 시작했지만 팀의 부진에 휩쓸려버린 느낌이다. 퀄리티스타트 2회를 포함해 가끔 좋은 모습을 보였는데 기복이 심했다. 채드벨, 김범수, 장민재, 박주홍 등이 잇따라 무너지는 사이 15차례 선발 등판을 하며 충분한 기회를 받았다. 완급 조절과 커맨드가 좋다는 평가를 받지만 구속과 제구력 사이에서 다소 길을 잃은 느낌을 지울 수 없다. 2000년생의 나이에 걸맞지 않게 패기가 없어 보이는 피칭을 개선하는 게 급선무다. 전력투구시 140km 이상의 직구를 던질 수 있음에도 시즌 내내 지나치게 변화구에 의존한 점은 비판을 피할 수 없다. 구속 유지 능력이 좋은 자신의 장점을 잘 살리지 못했다. 커브와 슬라이더, 체인지업 등 다양한 변화구를 던질 줄 아는 것은 장점이지만 결국 투구의 기본은 직구다. 2021년에도 김범수, 김진욱과 5선발을 경쟁할 전망이다. 팬들은 공격적이고 자신감 넘치는 피칭을 강조하는 로사도 코치의 조련 하에 달라질 김이환의 모습을 기대한다.

| 생년월일 | 2000년 9월 13일 | 연봉(2021) | 3700만 원 |
|---|---|---|---|
| 신장/체중 | 183cm/87kg | 지명순위 | 2019 한화 2차 4라운드 |
| 학력 | 길원초-잠신중-신일고 | 입단년도 | 2019 |

### 포수(우투우타)
## 27 이해창

히어로즈와 KT를 거친 베테랑 백업포수. 2019년 극심한 부진을 딛고 반등했다. KT 시절에는 이준수와 안승한에게도 밀려났던 처지였지만 2차 드래프트에서 자신을 지명한 한화의 기대에 걸맞게 제 몫을 해냈다. 토종 1선발로 자리 잡은 장시환과 KT 시절부터 호흡을 맞췄다. 장시환과 장민재의 전담 포수로 활약해 잔부상으로 고생하는 최재훈에게 충분한 휴식 시간을 부여했다. 때론 지명 타자로 출전해 빈약했던 타선의 무게감을 높였다. 규정 타석에는 한참 모자라지만 OPS 0.722는 생애 두 번째로 높은 기록이다. 시즌 후반기로 갈수록 젊은 투수진 비중이 커진 한화에서 마운드가 아닌 더그아웃에서 역할도 자주 눈에 띄었다. 포지션 특성상 젊은 투수진의 케어를 맡아야 하는데 김진욱 등 어린 투수를 위로하고 격려하는 모습이 여러 차례 포착됐다. 2021년에도 변함없이 최재훈의 뒤를 받칠 예정이다. 박상언, 허관회 등 젊은 포수들에 비해 아직 이해창의 존재감이 크다. 포수의 대표적인 덕목 도루 저지 약점의 보완이 관건이다. 31회 도루 시도 중 8회 저지(0.205)에 그쳤다. 올해는 박상언과 백업 포수 경쟁을 벌일 전망이다.

| 생년월일 | 1987년 5월 11일 | 연봉(2021) | 6000만 원 |
|---|---|---|---|
| 신장/체중 | 184cm/85kg | 지명순위 | 2010 히어로즈 7라운드 |
| 학력 | 강남초-이수중-경기고-한양대 | 입단년도 | 2010 |

### 내야수(우투좌타)
## 43 정은원

본격 리빌딩을 추진 중인 한화에서 노시환과 더불어 타선의 코어다. 데뷔 시즌만큼의 센세이션에는 부족해도 타격에서는 매년 꾸준한 발전을 보인다. 올해는 볼넷과 삼진의 비율을 1대1로 맞출 만큼 눈부신 선구안의 발전을 보여줬다. 기복이 심해지며 타율 자체는 하락했지만 직구와 바깥쪽 떨어지는 변화구, 커브 등에 대처가 좋아졌다. 덕분에 삼진이 급격히 줄었고 타율과 출루율이 1할 이상 차이 날 만큼 선구안을 끌어올렸다. 8월 도중 사구에 맞아 손목 부상으로 시즌아웃된 것이 안타까웠을 따름이다. 고교 시절 잠재력에 예상치 못했던 장타 잠재력까지 드러낸다. 반면 '포근이'라 불릴 만큼 호평받던 수비에서 안정감은 떨어지는 중이다. 센스는 좋지만 2루수치고 수비범위가 좁은 편이고 성장이 정체됐다는 평가다. 보다 기민한 발놀림이 필요하다. 2019년 142경기를 소화하며 지친 기색이 역력했고 2020년에도 극심한 타선의 부진 속 충분한 휴식시간을 갖지 못했다. 거듭 쌓인 피로도가 시즌아웃으로 연결된 모양새다. 잠재력은 충분히 보여준 만큼 정은원의 성장세는 한화의 선수 육성 관리 시스템을 가늠하는 척도가 될 전망이다.

| 생년월일 | 2000년 1월 17일 | 연봉(2021) | 1억2000만 원 |
|---|---|---|---|
| 신장/체중 | 179cm/75kg | 지명순위 | 2018 한화 2차 3라운드 |
| 학력 | 상인천초-상인천중-인천고 | 입단년도 | 2018 |

### 내야수(우투좌타)
## 16 하주석

한때 메이저리그 도전까지 거론되던 초대형 유망주. 강백호(KT)와 더불어 지난 10년간 단 2명뿐인 전체 1순위 야수 지명자다. 지난 9년 커리어는 뜻대로 성장하지 못한 아쉬움으로 가득하다. 새 감독이 부임할 때마다 주목받았고 타순도 테이블세터와 클린업트리오에 기용됐다. 2017년에는 김태균을 넘어 한화 유니폼 판매량 1위를 달성할 만큼 팬들의 기대감도 뜨거웠다. 고질적인 선구안 부족에 발목을 잡혔다. 당당한 체격에 비해 장타력 아쉬움도 크다. 트레이드마크인 1루 전력 질주 과정에서 나오는 내야 안타의 비중이 높다. 2년 연속 부상 시즌아웃이 가장 아쉽다. 2019년 개막 5경기 만에 무릎 십자인대 부상을 당했다. 2020년에도 두 차례 허벅지 부상으로 72경기 출전에 그쳤다. 지난해 최원호 감독 대행은 '1루 전력 질주 금지'라는 이례적 지시를 내렸다. 수비에서는 팀 내에 대안이 없는 수준이다. 넓은 수비 범위와 부드러운 캐칭과 강한 어깨를 겸비했다. 올해도 클린업트리오에 배치될 가능성이 크다. 입단 당시 거포 유격수로 주목받던 존재감을 회복할 필요가 있다. 김태균 은퇴 후 팀 내 라커룸 리더 역할도 주어졌다. 2년 연속 연봉 삭감의 굴욕을 끊고 '130경기 이상 출전'이라는 목표도 달성해야 한다.

| 생년월일 | 1994년 2월 25일 | 연봉(2021) | 1억3500만 원 |
|---|---|---|---|
| 신장/체중 | 184cm/81kg | 지명순위 | 2012 한화 1라운드 |
| 학력 | 강남초-덕수중-신일고 | 입단년도 | 2012 |

## PLAYERS

### 내야수(우투좌타)
### 50 이성열

걸리면 넘어가는 강렬한 파워의 소유자. 준족까지 갖춘 포수 유망주라는 호평 속 프로에 입성했지만 데뷔 후 외야수로 전향했다. 두산 시절인 2010년 24홈런(공동 6위), OPS 0.847을 기록하며 눈을 떴다. 이후 3차례나 두 자릿수 홈런을 기록했지만 강렬한 파워 대비 정교함이 떨어지는 약점을 노출했다. 양훈과 트레이드로 한화 유니폼으로 갈아입은 뒤 2017~2019년 3년간 타율 0.284, 76홈런, 252타점, OPS 0.882의 호성적을 거두며 한화의 거포 갈증을 풀었다. 선구안과 정확도에서 급격한 발전을 이뤄 팀의 중심 타자로 자리 잡았고 이를 바탕으로 2020시즌을 앞두고 2년 14억 원 FA 계약에 성공했다. FA 첫해 타율 0.203, 8홈런, 34타점, OPS 0.601을 기록해 믿을 수 없는 추락을 경험했다. 6월초 2군행을 통보받아 8월 중순까지 대부분 2군에서 보내야했다. 실망스런 성적에도 FA 계약이 1년 남았던 덕분에 팀에 잔류했다. 김태균과 송광민이 떠난 올해 팀내 최고참 타자다. 선수 인생의 최대 고비를 맞이한 상황. 거포가 부족하고 젊은 팀 특성상 이성열이 해야 하는 역할은 아직 남아있다. 베테랑으로 최하위에 그친 팀 분위기를 다독이고 본인부터 지난해의 부진을 벗어던져야 한다.

| | | | |
|---|---|---|---|
| 생년월일 | 1984년 7월 13일 | 연봉(2021) | 5억 원 |
| 신장/체중 | 185cm/102kg | 지명순위 | 2003 LG 2차 1라운드 |
| 학력 | 순천북초-순천이수중-효천고 | 입단년도 | 2003 |

### 내야수(우투우타)
### 6 오선진

데뷔 이래 한화의 암흑기를 함께 한 베테랑 내야수다. 내야 전 포지션을 소화하는 '멀티맨'이다. 어느 포지션을 맡겨도 안정감이 돋보인다. 내야에 구멍이 생겼을 때 오선진만한 선수가 없었다. 꾸준히 타 팀의 트레이드 제안을 받았음에도 한화가 오선진을 내주지 않은 이유다. 지난해 하주석과 오선진이 같은 날 부상 이탈하자 한화 내야가 공황에 빠진 게 대표적인 예였다. 결국 오선진은 부상이 완치되지 않은 상태로 예정보다 빠르게 돌아와야 했다. 다만 나이가 서른을 넘기면서 수비 범위가 좁아졌다는 지적도 나온다. 여전히 2루와 3루에선 믿을만하지만 유격수를 보기엔 좌우 움직임이 원활하지 못하다는 평가도 있다. 커리어하이는 2017년이었다. 209타석을 소화하며 타율 0.310 OPS 0.773을 기록했다. 하주석 대신 주전 유격수를 꿰찼던 2019년에도 개막 첫 달에는 타율 0.333을 기록하며 팀 타선을 이끌었다. 하지만 체력이 약해 이 같은 기량을 유지하지 못한다. 적지 않은 기회를 받은 2020년 성적 역시 0.234 2홈런 17타점, OPS 0.585에 그쳤다. 올겨울 500만 원 삭감된 연봉에 도장을 찍었다. 올 시즌에도 내야 백업, 특히 3루수 1순위로는 오선진이 기용될 가능성이 크다.

| | | | |
|---|---|---|---|
| 생년월일 | 1989년 7월 7일 | 연봉(2021) | 1억 원 |
| 신장/체중 | 177cm/77kg | 지명순위 | 2008 한화 2차 4라운드 |
| 학력 | 화곡초-성남중-성남고 | 입단년도 | 2008 |

### 내야수(우투좌타)
### 7 강경학

정은원 이전 한화 최고의 내야 유망주였다. 아이러니하게도 커리어하이였던 2017년 이후 정은원에게 주전 자리를 내줬다. 콘택트와 선구안을 겸비했다. 배트스피드도 빠르고 날카로운 편이어서 2루수라는 포지션 대비 타구 질이 좋다. 매년 한 번쯤 불타오르는 시기가 있다. 지난해 최종 성적은 타율 0.228, 4홈런, 19타점, OPS 0.689였는데 7월에 타율 2할7푼3리, OPS 0.815의 호성적을 냈다. 2019년 8월에는 타율 0.348, OPS 0.874를 기록하기도 했다. 잔부상이 많고 체력이 약해 좋은 컨디션을 시즌 내내 끌고 가지 못하는 약점이 있다. 그러다 보니 어느덧 '멀티맨'으로 굳어진 게 아쉽다. 수비에서도 신인 시절 부상으로 인해 3루수 출전 시 송구에 문제가 있어 포지션이 1루와 2루로 제한된다. 지난해부터 외야수 출전까지 병행하며 포지션의 폭을 넓힌 상황이다. 2021년 한화 주전 내야는 노시환, 하주석, 정은원의 입지가 견고하다. 내야 멀티의 안정감은 검증된 오선진을 따르기 어렵고 이도윤, 조한민, 정민규 등 '젊은피'의 도전도 만만치 않다. 자칫하면 뛰어난 재능에도 불구하고 전성기조차 맞이하지 못한 채 흘러갈지도 모를 위기다. 강경학에겐 절박한 한 해다.

| | | | |
|---|---|---|---|
| 생년월일 | 1992년 8월 11일 | 연봉(2021) | 8700만 원 |
| 신장/체중 | 180cm/75kg | 지명순위 | 2011 한화 2차 6라운드 |
| 학력 | 광주대성초-광주동성중-광주동성고 | 입단년도 | 2011 |

### 외야수(우투좌타)
## 17 노수광

2021시즌 주장이자 이용규가 빠진 외야 중심의 유일무이한 대안이다. 육성 선수로 시작해 트레이드당했다가 지난해 친정팀으로 금의환향한 만큼 의욕이 남다르다. '노토바이'라는 별명에 드러나듯 폭발적 열정이 트레이드마크다. 베이스를 돌 때마다 가속력을 붙여 한 베이스를 더 가는 주루 플레이가 명품이다. 공격에서는 지난해 타율 0.251, OPS 0.649로 아쉬움을 남겼다. 트레이드 직후 뜻밖의 부상으로 한 달 가까이 결장하는 불운에 휘말리는가 하면 9월 타율은 2할 미만까지 내려앉기도 했다. 외야 수비에서도 넓은 커버 범위가 장점이다. 다만 빠른 타구 판단보다는 뛰어난 운동 능력과 적극성에 의존하는 바가 크다. 한화는 지난겨울 이용규, 최진행 등 베테랑 외야수들과 대거 작별한 데다 FA 정수빈 영입에도 실패하면서 노수광의 어깨는 단연 무거워진 상황이다. 아직 노쇠화를 이야기하기엔 이른 나이다. 노수광은 올해 타율 0.313, 8홈런, 53타점, 25도루, OPS 0.815를 기록했던 2018년의 영광을 재현하겠다는 각오다. 한화로서도 노수광의 반등을 기대하는 처지다. 중견수 후보로 이동훈, 김지수, 강상원 등이 거론되지만 현재로선 대체자가 사실상 없다.

| | | | |
|---|---|---|---|
| 생년월일 | 1990년 8월 6일 | 연봉(2021) | 1억 7300만 원 |
| 신장/체중 | 180cm/79kg | 지명순위 | 2013 한화 신고선수 |
| 학력 | 대전 유천초-청주중-청주고-건국대 | 입단년도 | 2013 |

### 외야수(우투좌타)
## 33 정진호

올해는 주전 한자리를 꿰찰 수 있을까. 외야 뎁스가 약한 한화에서 정진호의 존재감은 남다르다. 노수광과 더불어 어린 선수들을 이끌어주되 후배들과 경쟁을 이겨내야 하는 모순적인 부담감도 있다. 지난해 타율 0.277, OPS 0.703, 2홈런, 19타점의 성적이 준수했지만 한화가 일찌감치 최하위로 밀려난 탓에 생각보다 많은 기회를 받진 못했다. 정진호 개인으로서도 두산 시절과 달리 유독 찬스에 약한 모습을 보이며 스스로 가치를 강하게 어필하지 못했다. 주자 만루 시 11타수 무안타, 득점권 타율 0.192는 정진호 본인도 "이해가 안 간다"라고 말할 만큼 부진하다. 평생 전천후 백업 외야수로 살아온 정진호로선 주전 한자리가 간절하다. 지난해 326타석에 출전하며 데뷔 이래 가장 많은 타석을 소화했지만 리빌딩 차원에서 신인 임종찬과 최인호에게 기회가 몰린 게 사실이다. 올해도 이런 기조는 마찬가지일 가능성이 크다. 상무에 지원했던 유장혁과 최인호가 모두 탈락했기 때문이다. 정진호보다는 이들에게 주전 기회가 먼저 돌아갈 가능성이 있다. 어느덧 자신보다 고참이 5명밖에 남지 않았다. 1988년생 정진호로선 터닝포인트가 필요하다. 정진호는 백업의 껍데기를 벗고 주전으로 거듭날 수 있을까.

| | | | |
|---|---|---|---|
| 생년월일 | 1988년 10월 2일 | 연봉(2021) | 1억2000만 원 |
| 신장/체중 | 185cm/78kg | 지명순위 | 2011 두산 5라운드 |
| 학력 | 서울 인현초-선린중-유신고-중앙대 | 입단년도 | 2011 |

### 외야수(우투좌타)
## 24 임종찬

키움전 연장 결승타 포함 인상적인 결승타만 3번이나 됐던 임종찬의 2020년은 알찼다. 올 시즌에도 유력한 주전 우익수 후보다. 두려움 없이 패기만만한 플레이가 일품이다. 데뷔 시즌 목표였던 1군 진입, 첫 안타와 홈런은 모두 이뤘다. 데뷔 첫해부터 뜻밖의 기대 속 많은 기회를 받았다. 후반기 내내 사실상 붙박이 주전 우익수를 소화했다. 지난겨울 베테랑 선수들과 대거 작별한 만큼 무주공산이 된 한화 외야에서 임종찬의 팀 내 비중은 더 커질 전망이다. 투수 출신답게 외야 깊숙한 곳에서도 홈에 레이저빔 송구를 꽂아 넣는 강견은 확실한 무기다. 임종찬 외에 한화의 어떤 외야수도 갖지 못한 확실한 강점이다. 타격도 배트스피드가 좋고 체격에 걸맞은 펀치력도 지녔다는 평가를 받는다. 최원호 감독은 한화에서 장타력을 기대할 만한 유망주로 유장혁과 임종찬을 꼽은 바 있다. 냉정하게 지난해 타율 0.231, 1홈런, 12타점, OPS 0.602라는 성적만 보면 흔한 미완의 유망주다. 최하위로 주저앉은 팀 성적이 아니었다면 이만한 기회를 부여받기도 어려웠을 것이다. 임종찬의 2021시즌 목표는 두 자릿수 홈런이다. 수비뿐 아니라 공격에서도 확실한 강점을 보여야 한다. 타석에서 너무 많은 생각을 하기보다 자신감과 본능에 충실한 타격을 할 필요가 있다.

| | | | |
|---|---|---|---|
| 생년월일 | 2001년 9월 28일 | 연봉(2021) | 3600만 원 |
| 신장/체중 | 184cm/85kg | 지명순위 | 2020 한화 2차 3라운드 |
| 학력 | 청주우암초-청주중-북일고 | 입단년도 | 2020 |

# PLAYERS

### 외야수(우투좌타)
## 34 최인호

꿈꾸던 상무 입대는 실패했다. 뜻하지 않게 팀에 남아 외야 주전경쟁에 임해야 한다. 2020시즌은 최인호가 가진 잠재력을 보여준 한 해였다. 퓨처스에서 타율 0.389, OPS 0.925의 훌륭한 성적을 냈다. 변화구에 잘 대처하는 콘택트 능력이 돋보인다. 유려한 타격 폼은 이미 완성단계다. 1군에서 증명만 남은 유망주라는 평가를 받는다. 1군 데뷔전부터 멀티히트를 터뜨렸고 수비 시프트에 밀어치기로 대처하는 영리한 타격도 보여줬다. 덕분에 후반기 주전 좌익수를 도맡아 충분한 경험을 부여받았다. 냉정하게 보면 가능성은 보여줬지만 1군 성적은 임종찬만도 못했다. 타율 0.236, 0홈런, 8타점, OPS 0.497로 맞히는 능력은 좋지만 적극적인 타격을 하다 보니 출루율이 높지 않고 힘이 부족해 장타가 없다시피 한 약점이 고스란히 드러났다. 지난해 쌓은 경험치를 터뜨려야 하는 올 시즌이다. 고교 시절 뒤늦게 외야로 전향한 만큼 타구 판단이나 펜스 플레이 등 수비 디테일에는 아쉬움이 있다. 최인호의 타격이 수베로 감독과 워싱턴 코치의 눈에는 어떻게 비칠까. 최인호는 주어진 기회를 잡을 수 있을까.

| 생년월일 | 2000년 1월 30일 | 연봉(2021) | 3400만 원 |
|---|---|---|---|
| 신장/체중 | 178cm/82kg | 지명순위 | 2020 한화 2차 6라운드 |
| 학력 | 송정동초-광주동성중-포철고 | 입단년도 | 2020 |

### 외야수(우투우타)
## 68 유장혁

유장혁의 상무 탈락은 전화위복이 될까. 올 시즌 한화 외야 경쟁의 큰 변수다. 동기인 변우혁, 노시환과 함께 '변노유'로 묶이며 타선 리빌딩의 핵으로 꼽히던 시절도 있었다. 내야에서 외야로 전향한 만큼 타구 판단은 아쉽지만 빠른 발로 만회한다. 덕분에 코너 외야를 맡는 다른 유망주들과 달리 중견수로도 기용됐다. 체격도 탄탄해 향후 한화의 부족한 장타력을 보강할 잠재력을 평가받는다. 문제는 고비마다 부상에 발목을 잡힌다. 2020년 한화의 외야는 사실상 무주공산이었다. 최원호 감독은 이용규, 정진호, 노수광 등 베테랑들에게 충분한 휴식을 주고 임종찬, 최인호 등을 적극적으로 기용했다. 사실상 최하위가 확정된 덕분에 찾아온 흔치 않은 기회였다. 하지만 유장혁은 6월에는 무릎 부상, 9월에는 어깨 부상으로 1군에 올라오지 못했다. 신인 시절 선배들 틈바구니에서 받은 기회와 신인 임종찬, 최인호가 부여받은 출전 기회를 비교하면 속상할 만도 하다. 입대는 유장혁 본인의 의지였다는 평이다. 뜻밖의 상무 탈락 덕분에 수베로 감독과 워싱턴 코치를 비롯한 메이저리그 출신 코치진에게 배울 기회가 생겼다. 한화 수뇌부가 주목해온 프로젝트 유망주인 만큼 1군에서도 충분한 기회를 부여받을 전망이다.

| 생년월일 | 2000년 5월 30일 | 연봉(2021) | 3300만 원 |
|---|---|---|---|
| 신장/체중 | 186cm/86kg | 지명순위 | 2019 한화 2차 2라운드 |
| 학력 | 광주서림초-동성중-광주제일고 | 입단년도 | 2019 |

### 외야수(좌투좌타)
## 51 이동훈

이용규 방출과 정수빈 영입 실패로 인해 노수광의 주전 중견수는 확정됐다. 그렇다면 '노수광의 뒤를 받칠 선수는 누구냐'라는 질문에 한화 측이 가장 먼저 제시한 대안이 바로 이동훈이다. 한화 외야에서 보기 드물게 내야수 출신이 아닌 순수 외야수다. 수비력 면에서는 한화 외야 유망주 중 단연 첫 손에 꼽힌다. 타구 판단이 탁월하고 대주자로 활용될 만큼 빠른 발도 갖춰 넓은 수비 범위를 뽐낸다. 데뷔 첫해부터 1군에서 꾸준한 기회를 받은 이유다. 타격의 약점도 분명하다. 맞히는 능력은 있지만 파워가 부족하고 선구안도 좋지 못하다는 평가를 받는다. 지난해 1군 성적은 39타석의 적은 표본이긴 하지만 타율 0.105, OPS 0.294에 불과하다. 퓨처스리그 타율은 0.353을 기록했지만 안타 47개 중 장타는 2루타 2개, 3루타 1개뿐이다. 홈런은 없었다. 데뷔 6년 차 시즌을 앞둔 지금도 2군 생활 통산 홈런은 5개뿐이다. 이미 햄스트링 파열을 두 차례나 겪은 바 있어 과도한 벌크업을 하기에도 부담이 있다. 검증된 콘택트를 통해 '이용규 스타일'로 변신이 필요하다. 그러자면 선구안을 발전시키는 게 급선무다.

| 생년월일 | 1996년 7월 24일 | 연봉(2021) | 3300만 원 |
|---|---|---|---|
| 신장/체중 | 178cm/72kg | 지명순위 | 2016 한화 2차 2라운드 |
| 학력 | 본리초-경운중-대구상원고 | 입단년도 | 2016 |

### 56 송윤준

지난 시즌만 보면 오른손 타자에 피안타율 0.183으로 강한 '역스플릿'형 투수. 수준급 체인지업 덕분이다. 프로 복귀 후 첫 시즌임에 26경기 등판 기회를 받아 23이닝 ERA 4.30을 기록했다. 좌투수임에도 우타자 상대 피안타율 0.183으로 강했지만 좌타자 상대 피안타율 0.333으로 처참한 성적을 기록하였다. 슬라이더 완성도를 높이면 솔리드한 불펜으로 거듭날 것으로 보인다.

| 투수 좌투좌타 | 생년월일 | 1992년 7월 16일 | 연봉(2021) | 4000만 원 |
|---|---|---|---|---|
| | 신장/체중 | 186cm/78kg | 지명순위 | 2011 LG 4라운드 |
| | 학력 | 천안남산초-공주중-북일고 | 입단년도 | 2011 |

### 38 문동욱

대학 시절 포수에서 투수로 전향했고 롯데 시절에는 토미존 수술을 받는 등 우여곡절이 많은 투수다. 지난해 최고 150km짜리 직구를 무기로 32경기에 출전, 35⅔이닝을 소화해 1승 2패 1세이브홀드 평균자책점 4.50을 기록했다. 이번 스프링캠프에서 수베로 감독이 '만족스런 구위를 지녔다'고 호평하며 선발 후보로 점찍었다.

| 투수 우투좌타 | 생년월일 | 1992년 1월 7일 | 연봉(2021) | 3600만 원 |
|---|---|---|---|---|
| | 신장/체중 | 187cm/88kg | 지명순위 | 2014 롯데 2차 1라운드 |
| | 학력 | 광주수창초-광주동성중-광주동성고-건국대 | 입단년도 | 2014 |

### 46 장웅정

대학교 2학년 때 투수로 전향한 만큼 싱싱한 어깨가 장점. 높은 타점에서 던지는 직구와 슬라이더의 각이 좋다. 지난 시즌 퓨처스리그 12경기 3승 3패 3.60을 기록했다. 시즌 말미 1군으로 콜업된 뒤에도 신인답지 않은 준수한 기량을 선보였다. 빠른 공은 아니지만 구석구석 찌르는 제구와 안정감이 돋보였다. 올 시즌에도 꾸준히 선발 한자리를 노크할 전망이다.

| 투수 우투우타 | 생년월일 | 1997년 4월 11일 | 연봉(2021) | 3300만 원 |
|---|---|---|---|---|
| | 신장/체중 | 181cm/76kg | 지명순위 | 2020 한화 2차 5라운드 |
| | 학력 | 수원신곡초-수원북중-유신고-동국대 | 입단년도 | 2020 |

### 29 김기탁

입단 1년 만에 방출된 뒤 복무를 마치고 육성선수로 재입단한 선수다. 좌타자를 상대하는 슬라이더가 좋아 향후 원포인트 릴리프로의 활용이 기대된다. 지난해 8월 등록 후 1군에 올라왔지만 뜻하지 않은 2군의 코로나 파동에 휘말렸다. 밀접접촉자로 분류돼 2주 자가격리를 거치는 불운이 겹쳤다. 1군 복귀 이후 눈에 띄는 모습을 보여주진 못했다.

| 투수 좌투좌타 | 생년월일 | 1998년 9월 30일 | 연봉(2021) | 3300만 원 |
|---|---|---|---|---|
| | 신장/체중 | 182cm/90kg | 지명순위 | 2017 한화 2차 8라운드 |
| | 학력 | 김해분성초-내동중-김해고 | 입단년도 | 2017 |

### 58 오동욱

입단 직후 부상과 재활로 1년을 보냈다. 사실상 첫 해였던 2020시즌 2군에서 8월 14일 퍼펙트게임을 눈앞에서 놓쳤다. 마지막 아웃 카운트 하나를 잡지 못하고 마운드를 내려와야 했다. 1군 콜업이 결정된 계기였다. 1군에서는 눈에 띄는 성적을 내진 못했지만 좋은 제구력과 슬로커브로 깊은 인상을 남겼다. 올해도 계속 선발 수업을 받을 것으로 예상된다.

| 투수 우사양타 | 생년월일 | 2001년 2월 4일 | 연봉(2021) | 3300만 원 |
|---|---|---|---|---|
| | 신장/체중 | 185cm/80kg | 지명순위 | 2019 한화 2차 6라운드 |
| | 학력 | 광주서림초-진흥중-진흥고 | 입단년도 | 2019 |

### 60 황영국

입단 7년 차에 생애 첫 1군 등록의 기회를 잡았다. 힘 있는 직구와 배짱 있는 피칭으로 한때 김진영과 필승조를 이루며 주목받기도 했다. 현재는 급격하게 구위와 세구너기 흔들리는 약점을 노출했다. 한때 김진영과 필승조를 이룰 만큼 구위 면에서는 합격점을 받았다. 사실상 프로 첫 시즌이었던 만큼 체력이 약한 점이 아쉬웠다.

| 투수 좌투좌타 | 생년월일 | 1995년 12월 26일 | 연봉(2021) | 3300만 원 |
|---|---|---|---|---|
| | 신장/체중 | 185cm/83kg | 지명순위 | 2014 한화 1차지명 |
| | 학력 | 우암초-청주중-청주고 | 입단년도 | 2014 |

### 59 한승주

기본기가 좋고 밸런스가 탄탄해 지명 당시 '1차지명감 투수'라는 호평을 받았다. 2군에서 꾸준히 선발수업을 받았고 18연패 와중이던 6월 13일 두산전에 선발 등판해 1⅔이닝 2실점한 뒤 교체됐다. 7월 2일 경기 후 통증을 호소했는데 우측 주관절 내측 인대 파열 진단을 받아 구단을 당황케 했다. 결국 토미존 수술을 받아 2022년 복귀가 예상된다.

| 투수 우투우타 | 생년월일 | 2001년 3월 17일 | 연봉(2021) | 3000만 원 |
|---|---|---|---|---|
| | 신장/체중 | 184cm/82kg | 지명순위 | 2020 한화 2차 2라운드 |
| | 학력 | 부산수영초-대천중-부산고 | 입단년도 | 2020 |

### 18 윤호솔

메이저리그 LA 다저스의 영입 제안을 받았고 오타니 쇼헤이(LA 에인절스)에 비견되기도 했다. 빠른 공에 비해 제구가 좋지 않아 프로에선 잠재력을 보여주지 못했다. 2018년 정범모와 맞트레이드로 한화에 입단한 뒤로도 마찬가지다. 2021년에도 6경기에 출전했지만 크게 달라지지 않았다. 한화로선 팀내 보기 드문 150km 직구에 대한 미련이 있다.

| 투수 우투우타 | 생년월일 | 1994년 7월 15일 | 연봉(2021) | 3100만 원 |
|---|---|---|---|---|
| | 신장/체중 | 183cm/99kg | 지명순위 | 2013 NC 우선지명 |
| | 학력 | 온양온천초-온양중-북일고 | 입단년도 | 2013 |

### 41 박주홍

한화의 선발 장기 프로젝트 중 한 명. 직구의 수직 무브먼트, 회전수, 제구에서 모두 호평받는 자원이다. 타고난 체력도 좋고 품이 부드러워 구속 유지 능력도 좋다는 평가다. 성실성도 인정받는다. 덕분에 입단 직후부터 꾸준히 1군 기회를 얻었다. 아직 가능성을 현실로 보여주진 못했다. 하지만 2021년에도 선발 후보로 거론되는 등 구단의 기대는 여전히 크다.

| 투수 우투우타 | 생년월일 | 1999년 8월 20일 | 연봉(2021) | 3300만 원 |
|---|---|---|---|---|
| | 신장/체중 | 178cm/109kg | 지명순위 | 2018 한화 2차 2라운드 |
| | 학력 | 광주 서석초-충장중-광주고 | 입단년도 | 2018 |

### 54 서균

중학교 때까지 스위치히터 외야수였다가 고등학교 때 사이드암 투수로 전향한 드문 케이스. 드래프트 3순위만의 인간승리를 이뤘다. 2018년 24경기 15⅓이닝 연속 무실점 등 폭발적 호투로 올스타전에도 뽑혔지만 후반기 들어 부진에 빠졌다. 2020년 퓨처스리그 9⅓이닝 평균자책점 4.66. 지난해 10월 1년 5개월여 만의 1군 무대에서도 무실점이었지만 강렬한 인상은 없었다.

| 투수 우언양타 | 생년월일 | 1992년 1월 11일 | 연봉(2021) | 3700만 원 |
|---|---|---|---|---|
| | 신장/체중 | 185cm/81kg | 지명순위 | 2014 한화 2차 8라운드 |
| | 학력 | 화곡초-영동중-청원고-제주산업정보대-원광대 | 입단년도 | 2014 |

### 11 임준섭

KIA 시절 이미 잠재력을 인정받은 좌완 정통파 투수. 140km대 중반의 묵직한 직구와 각이 좋은 커브를 구사한다. 2차례 팔꿈치 수술을 받는 등 우여곡절을 겪으면서도 꾸준히 1군에서 중용받았다. 2020년에는 부상으로 빠진 채드벨을 대신해 일약 개막 2선발로 나섰다가 조기 강판되어 패전 투수가 됐다. 이후 주로 2군에 머물렀다. 올해도 언제든 대체 선발로 기용될 가능성이 있다.

| 투수 좌투좌타 | 생년월일 | 1989년 7월 16일 | 연봉(2021) | 5800만 원 |
|---|---|---|---|---|
| | 신장/체중 | 181cm/88kg | 지명순위 | 2012 KIA 2라운드 |
| | 학력 | 대연초-부산중-개성고-경성대 | 입단년도 | 2012 |

### 31 신정락

야구밖에 모르는 베테랑 투수. 2020년 KBO리그 코로나19 확진자 1호 불명예를 뒤집어썼다. 감염 직후 실명이 노출되며 한때 폭발적인 비난에 노출되기도 했다. 의도치 않게 한화 2군 전체가 2주간 자가격리에 들어가며 시즌 플랜을 크게 뒤틀렸다. 선수 본인이 심기일전하는 방법 뿐이다. 마구로 불리던 신정락표 슬라이더의 부활을 기대해본다.

| 투수 우사좌타 | 생년월일 | 1987년 5월 13일 | 연봉(2021) | 8000만 원 |
|---|---|---|---|---|
| | 신장/체중 | 177cm/78kg | 지명순위 | 2010 LG 1라운드 |
| | 학력 | 천안남산초-천안북중-북일고-고려대 | 입단년도 | 2010 |

### 10 남지민

신생팀 부산정보고 최초의 태극마크. 완성도 높은 선발 유망주, 즉시전력감 투수라는 호평을 받았다. 도쿄올림픽 사전 엔트리에도 포함됐고 2군에서 선발 수업을 받다가 8월 오른쪽 팔꿈치 수술로 시즌을 마쳤다. 친구의 SNS에 불필요한 댓글을 달았다가 유패하지 못한 이슈에 휘말렸다. 구단 자체 징계로 벌금 500만 원, KBO 상벌위원회에서 제재금 200만 원의 징계를 받았다.

| 투수 우투우타 | 생년월일 | 2001년 2월 12일 | 연봉(2021) | 3000만 원 |
|---|---|---|---|---|
| | 신장/체중 | 181cm/95kg | 지명순위 | 2020 한화 2차 1라운드 |
| | 학력 | 양정초-개성중-부산정보고 | 입단년도 | 2020 |

### 40 신지후

한화의 프랜차이즈 포수 신경현의 아들로 유명하다. 큰 키와 그에 걸맞는 골격 구조를 지닌 육성형 유망주. 뛰어난 유연성도 갖췄다. 고교 시절 150km 안팎의 직구를 던져 주목받았다. 스프링캠프에서 햄스트링 부상으로 재활에 많은 시간을 허비했다. 제구 불안의 원인으로 지적받은 투구 폼 변경 후 현재로선 구속이나 제구 모두 기대에 미치지 못하는 상황이다.

| 투수 우투좌타 | 생년월일 | 2001년 6월 12일 | 연봉(2021) | 3000만 원 |
|---|---|---|---|---|
| | 신장/체중 | 198cm/105kg | 지명순위 | 2020 한화 1차 |
| | 학력 | 대전 유천초-충남중-북일고 | 입단년도 | 2020 |

### 26 허관회

퓨처스리그에서 51경기에 출전, 타율 0.300, OPS 0.826으로 가능성을 보였다. 시즌 종료 직전인 10월 28일 1군에 첫 등록돼 마지막날인 30일 선발 출전해 첫 안타를 때렸다.

| 포수 우투우타 | 생년월일 | 1999년 2월 12일 | 연봉(2021) | 3100만 원 |
|---|---|---|---|---|
| | 신장/체중 | 174cm/83kg | 지명순위 | 2019 한화 2차 9라운드 |
| | 학력 | 경동초-건대부중-경기고 | 입단년도 | 2019 |

### 42 박상언

지시완이 롯데로 이적하면서 백업 포수 유망주로 주목받았다. 최원호 감독 대행 부임 직후 이뤄진 대규모 콜업 때 1군에 올라왔다. 최재훈과 이해창의 뒤를 받칠 제 3포수로 기용될 전망이다.

| 포수 우투우타 | 생년월일 | 1997년 3월 3일 | 연봉(2021) | 3200만 원 |
|---|---|---|---|---|
| | 신장/체중 | 185cm/82kg | 지명순위 | 2016 한화 2차 8라운드 |
| | 학력 | 무원초-수원북중-유신고 | 입단년도 | 2016 |

### 2 노태형

자칫 KBO 단일 시즌 최다 연패 팀이 될 뻔했던 한화의 명예를 지켰다. 입단 7년 만에 1군 콜업은 물론 첫 안타, 첫 선발 출전 등의 감격을 모두 누렸는데 첫 타점이 바로 18연패를 끊은 6월 14일 두산전이었다. 8월 28일 때린 첫 홈런은 우천 노게임으로 취소됐다. 올해도 강경학, 이도윤, 조한민 등과 내야 백업으로 경쟁할 듯.

| 내야수 우투좌타 | 생년월일 | 1995년 2월 8일 | 연봉(2021) | 3400만 원 |
|---|---|---|---|---|
| | 신장/체중 | 182cm/74kg | 지명순위 | 2014 한화 2차 10라운드 |
| | 학력 | 천안남산초-천안북중-북일고 | 입단년도 | 2014 |

### 4 조한민

내야 전 포지션이 가능하고 타격 자질이 뛰어난 타격 유망주. 지난해 5월 부상으로 빠진 하주석과 오선진 대신 박한결과 함께 유격수를 맡았다. 데뷔전 멀티히트를 치는 날카로운 타격과 더불어 실책을 거듭 범하며 기본기 부족을 드러냈다. 시즌 종료 후 상무에 지원했지만 탈락했다. 올 시즌도 백업 내야수로 1군에 모습을 보일 예정.

| 내야수 우투우타 | 생년월일 | 2000년 10월 20일 | 연봉(2021) | 3400만 원 |
|---|---|---|---|---|
| | 신장/체중 | 182cm/77kg | 지명순위 | 2019 한화 2차 8라운드 |
| | 학력 | 군산중앙초-군산중-대전고 | 입단년도 | 2019 |